2018·总第24期

新余年鉴

新余市史志办公室　新余市档案局　编

国家图书馆出版社

图书在版编目(CIP)数据

新余年鉴·2018/新余市史志办公室　新余市档案局编--北京:国家图书馆出版社,2018 .11

ISBN 978-7-5013-6599-9

Ⅰ.①新…　Ⅱ.①新…　Ⅲ.①新余-2018-年鉴　Ⅳ.①Z525.63

中国版本图书馆 CIP 数据核字(2018)第 226814 号

国家图书馆出版社官方微信

书　　名　新余年鉴(2018)
编　　著　新余市史志办公室　新余市档案局　编
责任编辑　于春媚
助理编辑　潘肖蔷
特邀编审　夏红兵

出　　版　国家图书馆出版社(100034　北京市西城区文津街 7 号)
　　　　　(原书目文献出版社　北京图书馆出版社)
发　　行　010-66114536　66126153　66151313　66175620
　　　　　66121706(传真)　66126156(门市部)
E-mail　nlcpress.@nlc.cn　(邮购)
Website　www.nlcpress.com→投稿中心
经　　销　新华书店
印　　装　新余日报社印刷厂
版　　次　2018 年 11 月第 1 版　2018 年 11 月第 1 次印刷

开　　本　889×1194(毫米)　1/16
印　　张　28
字　　数　690 千字

书　　号　ISBN978-7-5013-6599-9
定　　价　200.00 元

新余市政区图

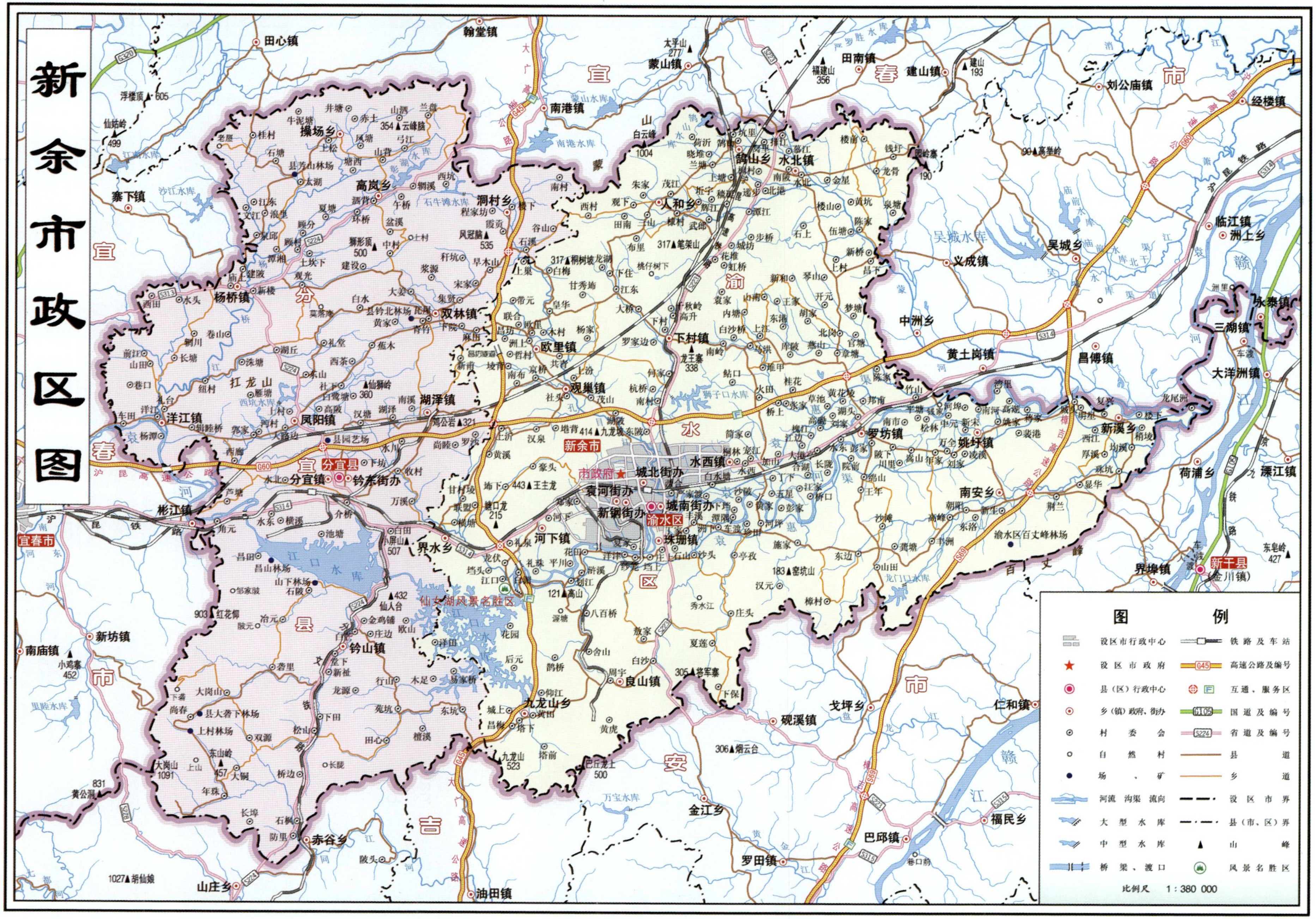

审图号：赣S（2015）18号

江西省测绘地理信息局编制

新余市城区图

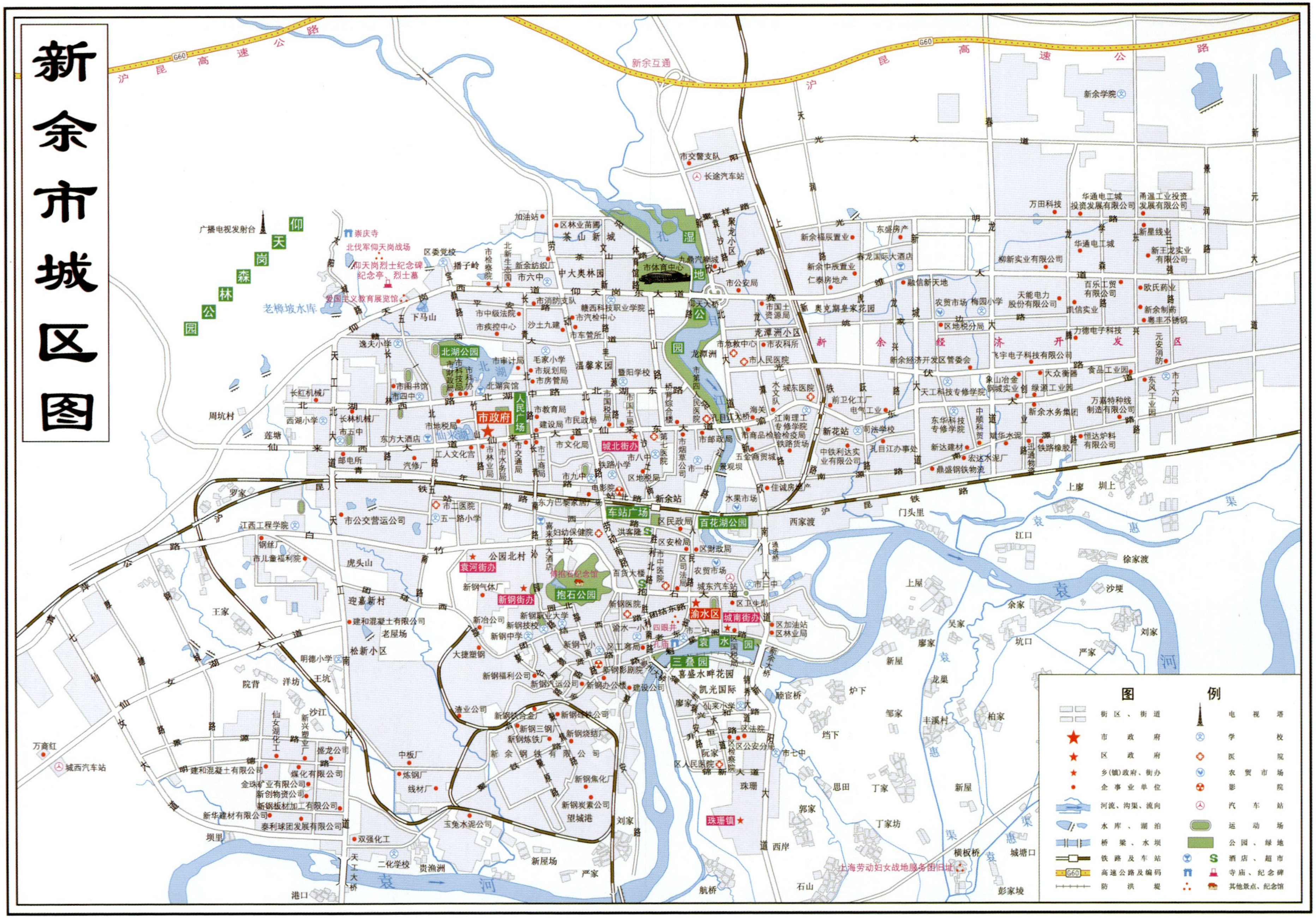

审图号：赣S（2015）18号

江西省测绘地理信息局编制

2018年3月26日,市委书记蒋斌（右一）到分宜县洞村乡程家坊村走访慰问扶贫联系对象 （胡凌云/供稿）

2018年4月17日，市委副书记、代市长犹璒（右三）到分宜县行政服务中心调研指导“放管服”改革工作 （张太盛/供稿）

2018年7月25日，市委副书记曾萍（前右三）在界水乡高家村调研拆“三房”建“三园”工作　　（谢敏/供稿）

2018年4月28日，市人大常委会主任胡高平（前排右二）带队到新余绿园肉类食品有限公司进行食品安全现场检查　　（周斌/供稿）

2017年9月21日，市政协主席卢伟平（左三）视察新余蒙山实业有限公司扶贫基地　　（傅艳辉/供稿）

2018年5月2日，市委常委、常务副市长万广明（左二）到江西雅保公司调度项目建设和安全生产工作

（邓飞/供稿）

2017年11月8日，市委常委、宣传部部长郭力根（右二）在新余日报社调研融媒体改革工作

（廖小伟/供稿）

2018年4月2日，市委常委、统战部部长李新华主持2018渝郎回乡创业大会　（祁锐/供稿）

2018年7月18日，市委常委、市纪委书记徐鸿（右一）在分宜县钤山镇下田村调研指导扶贫领域监督执纪问责工作，实地走访了解当地扶贫产业项目　（张烨/供稿）

2018年1月25日，市委常委、组织部部长赖国根（左二）在渝水区下村镇调研“颐养之家”工作

（吴琼/供稿）

2017年12月12日，市委常委、政法委书记黄文辉（左二）在暨阳社区人大代表工作站接待群众　（肖丙生/供稿）

2018年5月30日，市委常委、新余军分区政委卢伟（左二）到华腾地毯调研指导工作　（周平/供稿）

2018年5月22日，市委常委、副市长胡尔纲（右二）到江西恩达麻世纪科技股份有限公司调研　（傅睿/供稿）

2017年2月20日，一季度新余市重点项目集中开工仪式
（赵春亮/供稿）

2017年6月28日，新余市召开环城路、备用水源工程开工暨重点民生项目建设推进大会 （赵春亮/供稿）

2017年11月 10日新余国科在深圳证券交易所首发上市，新余国科公司党委书记、董事长金卫平致辞 （邓涛/供稿）

2018年4月17日，江西沃格光电在上海证券交易所成功上市 （喻媛/供稿）

十佳最美乡村旅游景点

2016年5月—2017年1月，为响应江西省“乡村旅游提升年”活动，打造乡村旅游标杆品牌，由新余市农业局、新余日报社、新余市旅发委等5家单位联合举办“美丽乡村·休闲乐园”新余市十佳最美乡村旅游点评选活动。评选活动历时半年，从各县区选送的20家景点中，通过记者实地采访，在《新余日报》《新余旅游》、“新余发布”等网络媒体宣传推介。经过微信和网络公开票选15家入围，最后专家评审确定10家。

新余市旅游产业发展领导小组决定对凯光植物园、昌坊度假村、芦茅沟山庄、仙女湖云锦庄、岩宏山庄、龙水湾生态园、良山镇下保村、罗坊镇湖头村、枫塘湾山庄、浒水山庄10家乡村旅游景点授予2016年“新余市十佳最美乡村旅游点”称号。

昌坊度假村

仙女湖云锦庄

岩宏山庄

芦茅沟山庄

凯光亚热带植物园

（本版图片由新余日报社提供）

龙水湾生态园

良山镇下保村

枫塘湾山庄

浒水山庄

罗坊镇湖头村

（本版图片由新余日报社提供）

民间艺术
——新余夏布绣

江西渝州绣坊有限公司

新余夏布绣是以夏布为绣地的手工艺术刺绣，是一种以材质命名的绣种。俗称麻布刺绣。起源于北宋，流传于民间，20世纪80年代，新余市刺绣艺人张小红在前人的基础上开启夏布艺术刺绣先河，并创办新余市渝州绣坊有限责任公司，将夏布绣带入产业化发展轨道，使夏布绣“活”在当下，“传”在未来。

夏布绣博物馆

夏布绣艺术融合夏布自然的肌理及水墨丹青的绘画神韵，使夏布绣作品色泽古朴、典雅深沉，绣地的特性和夏布绣特有的刺绣工艺及灵活多变的独创针法，组成夏布绣作品独有的语言体系，体现厚重的历史文化底蕴，形成独特的个性和地域风格。2014年，被列为国家级非物质文化遗产保护项目。

张小红在传习所指导夏布绣技艺

2017年5月，渝州绣坊·夏布绣《仙女湖畔人家》获第十三届中国（深圳）文博会金奖

编辑说明

一、《新余年鉴(2018)》是由新余市人民政府组织,新余市史志办公室、新余市档案局负责编纂的系统记述本行政区域自然、政治、经济、文化、社会等方面情况的年度资料性文献。

二、《新余年鉴(2018)》是一部资料、知识、信息高度密集的大型地方综合性年鉴,它为认识新余、研究新余、建设新余提供翔实资料;为科学决策、指导工作提供可靠依据和最新信息;为教学提供纪实资料和乡土教材;为“让新余走向世界,让世界了解新余”提供窗口,发挥桥梁作用。

三、《新余年鉴(2018)》主要收录2017年新余市基本情况及重大事件。其中,对首次入选的“夏布绣”在时间上进行了上溯,以便更完整地向读者介绍新余夏布绣的发展状况。为了便于组稿,年鉴彩页部分的图片在时间上横跨2017年至2018年。

四、《新余年鉴(2018)》为准确、系统地记载新余市经济建设和社会发展的全貌,全书设新余概况、大事记、中国共产党新余市委员会、新余市人民代表大会、新余市人民政府、中国人民政治协商会议新余市委员会、中国共产党新余市纪律检查委员会、民主党派·工商联、群众团体、国防、法治、城市建设·房地产业、工业·交通、信息产业、农业、商业贸易、经济管理与监督、财税·审计、金融、教育·科技、文化·报纸·广播电视、卫生计生·体育、人力资源和社会保障、旅游业·园林·文博、县区概况、人物、附录、索引等28个部类。

五、《新余年鉴(2018)》采用分类编辑法,以“部类”为单位,“部类”由“分目”和“条目”组成。“条目”是记载资料的基本单元,标题用黑体字加【】符,以便检索。大事记中的符号▲表示与上一条信息同日或同月。

六、年鉴资料均由各部门、各单位提供,经该单位领导人审核。撰稿人姓名加括号列条目之后。年鉴中主要经济指标数据均以市统计局年报数据为准。

七、本年鉴内容层次设置完全是为方便分卷编辑和读者系统阅读,机关、企事业单位等排序和层次并不表示其地位和规模。所载市级领导及市直单位负责人名录,截至2017年12月。

撰稿单位主审名单

（按姓氏笔画排序）

丁　强	万　鑫	马青峰	王安林	王利辉	王南山	王　胜
王　睿	邓迪荣	卢玉坤	卢新敏	卢蔚兰	叶兴志	田丽娜
朱少平	朱泰东	刘子集	刘　云	刘永荣	刘兴涛	刘国胜
刘贱平	刘　峰	刘家迪	孙时勇	苏　莉	杜志勇	杨金星
李志玉	李灿华	李康平	李　清	李端平	肖庆花	肖国庆
肖　亮	肖　洁	肖裕兵	吴晓荣	吴　喆	何文锋	何春霞
何拾芽	邹立新	邹　程	应　姿	闵小晶	宋春敏	宋海明
宋新勇	张正道	张有红	张向东	张红萍	张志海	张草根
张晓林	张　萍	张　晨	张殿松	陈小毛	陈小宝	陈文春
陈文燕	陈亚芬	陈红惠	陈国平	陈金水	陈　健	林军贵
林建勇	欧阳宇平	罗贤清	周青峰	宗小云	官爱珍	胡小宁
胡军辉	胡绍平	胡　珍	胡　涌	胡雅坤	胡　蓉	钟向军
钟志清	段乌钢	侯　芳	施建钰	姚中国	秦立明	袁　军
袁芙蓉	袁晋琰	贾志峰	夏　历	晏小明	高增忠	郭　明
黄光荣	黄　伟	黄红阳	黄　芳	黄绍斌	黄绍强	黄荣兴
黄爱忠	黄慧平	曹智勇	龚卫亮	龚伟斌	符木明	谌赤军
彭才辉	彭卫东	彭　敏	彭雅群	董　鹏	蒋小勇	稂小毛
傅国栋	傅绍清	曾建国	谢平生	谢新桂	赖文胜	雷世文
简志坚	简艳兵	詹瑜璐	詹慧珍	蔡巾帼	蔡新良	廖永健
廖绍敏	廖怒平	廖根宝	廖敏华	漆　辉	熊　丽	熊　涛
熊里胜	熊国宝	熊海燕	黎仕强	黎礼珠	黎　宇	

撰稿单位主笔名单

（按姓氏笔画排序）

马尚芹　王文江　王　乐　王　希　王佳佳　王建刚　王　信
王　真　王海龙　王　勤　邓志刚　邓俊明　邓　涛　邓海平
邓清华　卢　俊　白　雪　兰　晶　司芳芳　朱永辉　伍伏海
刘凤生　刘　闯　刘红平　刘劲平　刘　欣　刘　波　刘奕晖
刘　洪　刘艳霞　刘淑琳　刘隐乐　刘　瑶　孙扬生　严　斌
杨小牙　杨小明　杨怀宇　杨　诚　杨　亮　李小方　李子明
李四清　李冬波　李　刚　李陆根　李　玲　李桂林　李根华
李维欢　李智明　李新强　吴亚弟　吴　翔　何阳洋　何　强
邹　瑜　宋　涛　宋　琳　张小彬　张　旻　张　晓　张凌韬
张寒静　陈飞帆　陈小花　陈　文　陈　栋　陈　新　陈慧敏
罗　佳　罗　俊　罗艳青　周　平　周远贵　周春闽　周　剑
周凌琳　周慧瀚　郑晓军　荣宗茂　胡小云　胡小勇　胡　卉
胡　青　胡建民　胡细平　胡娇娇　胡益学　钟会根　钟宜菲
钟耀兵　侯淑敏　饶晓君　施星颂　姚继超　敖白梅　敖丽阳
敖雪蓉　袁丽卉　袁国富　袁剑青　袁　瑛　袁楚芸　顾　海
柴仁勇　徐洪清　高　浪　郭　姗　黄小虎　黄江涛　黄　芳
黄　欣　黄怡惠　黄茶根　黄晓娟　黄雄辉　黄聪艳　曹　莹
龚招生　符　剑　梁永成　谌　业　彭　欣　彭金敏　彭莉萍
彭菊菊　彭雪飞　彭　磊　彭燕玲　董耐金　董湖江　程　颖
傅思平　傅艳辉　傅高傅　曾　飞　曾淑勇　谢　坤　廖卫华
廖小春　廖宇晖　廖林强　廖　凯　廖思玉　廖勇生　廖　裕
廖　婷　熊文珍　黎燕平

目　录

中国共产党新余市委员会

新余市人民代表大会

新余市人民政府

中国人民政治协商会议新余市委员会

中国共产党新余市纪律检查委员会

民主党派·工商联

群众团体

国　防

法　　治

城市建设·房地产业

工业·交通

信息产业

农　　业

商业贸易

经济管理与监督

财税·审计

金　融

教育·科技

文化·报纸·广播电视

卫生计生·体育

人力资源和社会保障

旅游业・园林・文博

县区概况

人　　物

附　　录

索　　引

新余概况

自然环境

【区域位置】 新余市位于江西省中部偏西，浙赣铁路西段，地处北纬 27°33′—28°05′，东经 114°29′—115°24′。全境东西最长处 101.9 公里，南北最宽处 65 公里，东距省会南昌市 150 公里。东临樟树市、新干县，西接宜春市袁州区，南连吉安市青原区、安福县、峡江县，北毗上高县、高安市。全市总面积 3177.68 平方公里（占全省总面积的 1.9%），其中渝水区面积 1785.92 平方公里，分宜县面积 1391.76 平方公里。赣粤高速公路、武吉高速公路、沪瑞高速公路分别自北向南、自东向西穿越市境，在市境内共设有 7 个出入口（收费站）：新余、新余东（罗坊）、分宜、洞村、仙女湖、新余南（九龙山）、南安。

【地质地貌】 新余市处于九岭、武功山、峰顶山交接地带，地跨扬子准地台、华南褶皱系两大构造单元，地质构造较为复杂。南部褶皱基底由元古界变质岩系组成，局部有多期花岗岩、基性岩、超基性岩浆侵入，构造线方向呈北北东、北东和北东东，构造的干扰作用十分强烈。

境内多数山地，是由变质岩系、花岗岩、石灰岩、砂质岩组成。北面蒙山由花岗岩组成，山峭谷深。西北边境山地为石灰岩，由北向西呈现鹄山、人和、欧里、界水等乡镇一带的山峦，南面的高丘陵区，如九龙山、良山和百丈峰，均为变质岩组成。

中部是新生代红土层，以红壤、砂质岩为主，因冲刷、流失的长期作用，形成地势起伏较平缓的低丘陵，河谷宽展，发育着小范围的冲积平原。

袁河平原是由粉砂、粗砂、砾石堆积而成，地势低平，起伏不超过 20 米。

新余市地貌，根据江西省地貌图划分，隶属于赣西中低山与丘陵区（大区）之“萍乡—高安侵蚀剥蚀丘陵盆地（亚区）和赣抚中游河谷阶地与丘陵区”（大区）中段，南北高，中间低平，袁河横贯其间，东部敞开。地貌基本形态有低山、高丘陵、低丘陵、岗地、阶地、平原 6 种类型。地貌成因类型有侵蚀构造地形、侵蚀剥蚀地形、溶蚀侵蚀地形和堆积地形。

【山川河流】 新余市土地利用构成大体是“六山半水二分田，分半道路和庄园”。境内山地，大都分布在境界边缘，南部为武功山和九龙山，北部为蒙山，西南部为大岗山。海拔高度为 500—1000 米，成为与邻县的边界线或分水岭。山脉走向，以由北到西南为主。由于地质结构关系，一般表现为山峰耸立、山势险峻、沟谷深壑。地处分宜县西南部的大岗山主峰海拔 1091.8 米，为境内第一高峰；蒙山主峰海拔 1004.5 米。市区的西北边界山地沿北向西南发展，即人和、欧里、界水一线；南面山地相对高度为 120—200 米。山脉由西向东延伸至百丈峰，形成与峡江、吉安、新干等县的山地边界。袁河是流经新余市的主要河流，属赣江水系，横贯东西，境内河段长 116.9 公里。袁河发源于萍乡市武功山北麓，自西向东，经萍乡、宜春两市，在分宜县的洋江乡车田村进入新余市，从渝水区的新溪乡龙尾周村出境，于樟树市张家山的荷埠馆注入赣江。市内各小河溪水,大都以南北向注入袁河,整个水系呈叶脉状。袁河在新余境内有17条支流:塔前江、界水河、周宇江(即划江)、天水江、孔目江、雷陂江、安和江、白杨江、陈家江(即板桥江)、蒙河、姚家江、南安江、杨桥江、凤阳河、新祉河、苑坑河、陂源河。

【四季气候】 新余市属亚热带湿润性气候,具有四季分明、气候温和、日照充足、雨量充沛、无霜期长、严冬较短的特征。3月下旬初至5月下旬中为春季,气温回升,雨水增加,冷暖多变,常有低温阴雨天气。5月下旬中至9月下旬中为夏季,初夏(5月下旬中至6月底)温度适宜,雨水充沛;盛夏(7—8月)天气炎热,常有干旱。9月下旬中至11月下旬初为秋季,晴天多雨天少,有干旱,9月下旬多秋寒(寒露风)。11月下旬初至3月下旬初为冬季,严冬多霜雪,冻害常发生。

气候温和,年平均气温17.7℃,年平均地温值20.1℃,年平均相对湿度80%。年平均降雨量1594.8毫米,第二季度占46%,年平均蒸发量1497.8毫米。历年平均日照时数为1655.4小时,年平均日照百分率为38%。

资　源

【水土资源】 新余市土地资源较为丰富,自然环境较好,袁河贯穿东西,中部属丘陵平原,南北地形高,自西向东中间低。全市水资源总量达到59.5395亿立方米,其中区域外流入25.4368亿立方米,地下水平均储量达8.79亿立方米(可供开发利用的有3.44亿立方米);水能资源蕴藏总量为6.76万千瓦,可开发量为5.75万千瓦。新余市区土壤共划为7个土类:水稻土、潮土、紫色土、石灰土、红色石灰土、山地黄壤。从地形上分类有平原(面积130543.3公顷,占土地面积的41.26%,主要分布在渝水区袁河两岸、江口水库以下的河谷冲积平原)、丘陵和低丘(面积为13306.4公顷,占土地面积的4.2%,主要分布在分宜县、渝水区的中部和东部)、高丘(面积为12386.8公顷,占土地面积的3.92%,位于分宜县的高岚、洞村、凤阳,渝水区的良山和仙女湖区的九龙山、河下等乡镇的南部)、低山(面积为160130.1公顷,占土地面积的50.61%,分布于分宜县的西南和西北部,以及渝水区的东部和西北部),分宜县的西南部和渝水区的西北部有大岗山海拔1092米、蒙山主峰海拔1004米的中山。全市年末有耕地面积5.465万公顷,其中水田4.476万公顷。

【植物资源】 植物资源种类有254科、841属、1888种,其中木本植物126科、356属、913种。木本植物中主要用材树种189种、珍贵速生树种37种、油料树种19种、果品树种15种,庭院绿化树种35种,药用植物217种。林业用地面积17.43万公顷,占土地总面积55.02%,森林总蓄积量549.3万立方米,毛竹立竹总株数2790万株,森林覆盖率达53.8%,城市绿化率达到39.16%。主要树种有杉、松、樟、槠、楠、梓、柏、油茶、毛竹等,主要植被类型有常绿针叶林(杉木林、马尾松、湿地松)、常绿阔叶林、落叶阔叶林、混交林、毛竹林、油茶林、人工林、灌木林等。

【动物资源】 野生动物兽类有豹、狼、豺、狐、山羊、獐、野猪、短毛猴等37种,禽类有麻雀、布谷、喜鹊、杜鹃、斑鸠、野鸡、啄木鸟、画眉、猫头鹰等39种,鳞甲类有鲤、鳗、鲶、鲂、鳙、鲢、鳊、草鱼、鳝、鳅、鳖、龟、蟹、蚌、螺、虾、穿山甲等,蛇类有蝮蛇、金环蛇、银环蛇、棋盘蛇、菜花蛇、竹叶青、泥蛇等28种。

【矿产资源】 全市已发现的矿产资源种类有32个矿种。其中,黑色金属矿产主要有铁矿,有色金属矿产主要有钨、铋、钼、铍、铜、铅、锌、锑、汞等,贵金属主要有金、银,非金属矿产主要有硅灰石、透辉石、硫铁矿、粉石英、高岭土、熔剂灰岩、水泥灰岩、大理石、白云石、镁质黏土、水晶、萤石、冰洲石、磷、石棉、海泡石等,燃料矿产有煤、泥炭。

【旅游资源】 仙女湖风景名胜区是国家AAAA级重点风景名胜区，位于袁河中游，河下镇和分宜镇交界处，东西长达25公里，景区面积198平方公里（其中湖面面积50平方公里），湖内2亩以上的岛屿97个，胜地古迹有万年（严嵩）桥、卢肇读书台、钤岗岭、昌山庙、洪阳洞（又名严嵩洞）、钟山峡谷（称袁河三峡）、洋田大岛、九龙山等，主要景点有闻仙塔、会仙岛、蛇岛、猴岛（龙王庙）、名人岛、仙来岛、蒙古族度假村、傣族度假村、刀山演艺苑、情人岛、桃花岛、彩弹野战场、动物群雕等。

百丈峰位于渝水区东南部，海拔424米，相对高度300余米，主山脉为东西走向，南与峡江县、新干县交界，东、西、北三面均与南安乡相连，距新余市城区45公里。百丈峰风景区自然环境优美，森林资源十分丰富，景区森林面积达3079公顷，总蓄积量21.6万立方米，森林覆盖率达90.8%，生态环境极为良好，有一大批国家、省级重点和有益的野生动植物资源；百丈峰人文底蕴深厚，境内文物古迹遍布，有云峰禅寺、皇帝洞、岳飞点将台、葛仙坛、东峰坛、雷庙等，曾经是佛道兴隆之地，历代名人在此或修道参禅，或探幽访胜，留下无数胜迹与名篇。百丈峰景区定位为养生度假休闲区，以“慢游”为理念，突出“养生”主题，景区规划由中端养生度假区、高端养生度假区、山林生态游赏区三大块组成，其中中端养生度假区包括佛禅文化、仿古商业街、养生度假山庄、农家乐客栈、旅游观光花果园等建设项目；高端养生度假区包括高档度假山庄、马术俱乐部、抱石画家村、SPA水疗中心及其他养生度假设施；山林生态游赏区包括水上俱乐部、垂钓中心、篝火广场等内容。同时，利用百丈峰森林公园丰富的森林资源，延伸开发建设罗坊至百丈峰“修身养性”休闲区，使其真正成为乡村型生态观光、体验式旅游为主的景区。

九龙山红色旅游主要景点有：花桥党支部旧址、红色战壕遗址、红宝树、红军洞、红军泉、望泉亭、花桥暴动集合点、天峰观景台、龙潭虎穴、观音洞、来西庙。

蒙山风景名胜区位于渝水区北部的人和乡、鹄山乡与上高县交界处，蒙山主峰白云峰海拔1004米。名胜古迹有弹子岭、灵隐寺（俗名“乱石庵”）、西华寺、圣济寺（又名“胜济寺”）、压石庵、泥湖庵、九龙庵、慈惠庵、盘膝庵、蒙山书院、竹山书院、正德书院、石门书院、楚蒙书房、龙施泉（又名“压石洞”）。

大岗山景区位于分宜县南部山区，设有大岗山自然保护区，中国林科院亚热带林业实验中心的上村实验林场、年珠实验林场、长埠实验林场都在景区内。主要景点有白石岩石刻、防里古樟、观音岩瀑布、西晋广庆寺遗址、黄子澄故里、黄毛洞瀑布、胡仙洞、大砻下古银杏、李宪墓等。

抱石公园位于市区抱石大道西端卧龙山上，因著名中国画家、金石家、美术教育家和美术史论家傅抱石之出生地，经省政府批准而命名，是国内第一个以美术家命名的公园，始建于1984年秋，1985年正式开放。1989年公园进行第二期工程建设，使其设施进一步完善。2006年，公园进行全面改造。改造后的抱石公园面积由原来的29.07万平方米扩大到47.40万平方米，主要格局为繁、雅、秀、融、乐5幅画卷。保留原有的抱石展览馆、醉笔亭、二湘亭、对弈亭、双亭出水、坚石关、红雨桥、水榭丝竹、碧海松涛、艺峰塔等景观，新增银杏大道、落英怀石、曲廊夕照、蝶谷花溪、秋林水阁、印章亭、赏心亭、邀月亭、云起亭、月来舫、竹里馆、景观塔等景点，新辟8450平方米的东广场和5520平方米的北广场，新增水映鸢香水系10500平方米，疏浚西湖水系15200平方米。动物园扩大为8000平方米，游乐园扩大为120亩。

市区城南虎瞰山上有孔子庙、魁星阁等古迹。革命胜迹有罗坊会议旧址、红一方面军总部旧址、毛泽东开兴国调查会旧址、中共新余县花桥支部旧址、罗坊会议纪念馆、九龙山革命烈士纪念碑与烈士墓。全国重点文物保护单位有罗坊会议旧址、兴国调查会旧址、拾年山遗址、凤凰山古矿冶遗址、上高会战遗址（中国军队74军58师师部遗址），省级文物保护单位有昼锦堂、棋盘山遗址、蓉泉桥、邓家围垅屋。

仰天岗革命烈士陵园位于仰天岗南麓的蟠龙岭，面积26.67公顷，建有一馆一碑四亭：爱国主义教育馆位于烈士陵园的最南端地势最低处，占地面积1万平方米，建筑面积3000平方米，是古今风格混融的园林式庭院建筑，内设古代新余、近代新余、当代新余等3部分；纪念碑位于陵园的东面，为钢筋水泥结构，碑高22米，碑体为三柄枪刺刀与花环相连，正面是萧克将军题写的碑额“新余烈士纪念碑”与碑文；北伐纪念亭位于纪念碑西北500米处，高8米，为六角重檐钢筋水泥亭，上覆琉璃瓦；红军纪念亭位于陵园最高点九龙坡，高6米，为8根水泥柱支撑而起的单层双穹结构；抗战纪念亭高6米，为水泥圆柱支撑的单层六角花岗岩石亭；解放纪念亭位于陵园西南端，占地800多平方米，双层钢筋混凝土结构，呈天圆地方状。

孔目江国家湿地公园位于城区西北角的孔目江中下游，自2006年起动工建设，由孔目江、东江湿地景观带和湖陂村、港背村、孝头村的部分土地构成，规划总面积1563.9公顷，属低山丘陵区，最高处海拔近400米，最低处海拔仅40米，高差较大。公园内整体地形为西高东低，南北高、中间低的格局，呈现谷岭相间、溪流交错的景观。该公园湿地资源丰富，类型多样，按1971年国际《湿地公约》分类系统，可分为河流湿地、湖泊湿地、沼泽湿地、灌溉地和库塘湿地，湿地总面积728.8公顷，占土地总面积的46.6%。公园的旅游风景资源主要表现为：以孔目江和白云水库多姿多彩的水文景观为主体，以绿荫盈野、阡陌纵横的田园风光和大气磅礴、独具特色的地文景观为辅，以丰富的生物景观和人文景观镶嵌互补的风景资源体系，充分展示出水灵秀、林郁野、天碧蓝、境清幽的显著特点。湿地公园物种丰富，有湿地植物171种，公园及周边山林发现脊椎动物188种；人文景观源远流长，公园内还保存着当时留下的水坝遗址，记录着中华民族劳动人民的智慧；环境质量优良，没有大的污染源，空气中的含尘量、含菌量极少，水质状况良好，土壤基本没有污染。孔目江湿地公园水网密集，各种动植物资源丰富。以优越的湿地生态环境为依托，以保护为前提，以改造为重点，以湿地风光、水库风光和田园风光为特色，通过发展水库观光、休闲娱乐、湿地游憩和农耕体验等旅游项目，把公园建设成一处既美化城市又净化水源的城郊生态型湿地公园，成为新余的“绿色之肾”。

仰天岗国家森林公园总面积6.7平方公里。仰天岗本名仰岗、仰山，因传说北宋新喻道童黄希璋曾显身助国，力退金兵，被宋钦宗敕封为“仰天岗开山得道护国孚惠石丘黄公真人”后改名仰天岗。这里群山起伏，重峦叠嶂，林木葱郁、翠竹如画，山谷幽幽，怪石嶙峋，有鸡冠岭、狮子流涎、一片门、写帽石等巧夺天工、神奇美妙的自然景观。主峰梁山脑，海拔450米，相传扎过“梁山寨”。伫立峰顶，近瞰高楼林立、街道纵横的城市雄姿，远眺稻谷飘香、河溪如练的田园风光，顿有独生孤峰，静观万化之感。仰岗庙、崇庆寺坐落公园之中。

国家亚热带植物园位于仰天岗国家森林公园西北面，总占地面积6200亩。景区以亚洲最大的亚热带植物园为生态基底，以绿色低碳、尊重自然为核心理念，以展现亚热带植物为特色，形成集浪漫山水风光、植物科普教育、非遗文化体验、高端服务配套为一体的生态文化休闲度假区。景区主要由百果园、夏布展廊、玉兰谷、非物质文化遗产景观盒、彩色村、七彩花海、花海许愿廊、庆典中心、乡土植物园、亚热带珍稀植物园、热带植物农业观光馆等景点组成。彩色村，意大利设计大师对新余原来的旧村落进行保护性开发，巧妙结合当地原始民居并精心改造，将欧洲乡村风格带到新余，形成五颜六色的欧式乡村民居，同时利用新余本地的石材、毛竹、溪流，将丽江的小桥流水引入到新余，蝉鸣蛙叫，鸟语稻香，加上留住时光的现代陶艺吧，还可以品尝各地美食，住在有异国风情的欧式乡村，晚风悠悠，花香阵阵。

万年桥，又名万岁桥，俗称东门桥，横亘于仙女湖风景名胜区钤阳湖南部，全长384米，通宽7.68米，是一座拥有11孔的大型石拱桥，也是古分宜城通往南方的主要通道。该桥由严嵩于明嘉靖三十五年（1556年）九月开始修建，次年六月竣工。耗银二万余两。新桥落成后，取名为万年桥。据严嵩撰写《分宜县万年桥记》所载：“斯桥曰‘万年桥’，以无忘天子之恩，以仰祝万寿与天地相为无穷焉!”1958 年兴建江口水库,分宜县城乔迁新址,万年桥便同老县城一起被淹没了。后来,为了勘测或通航的便利,将跨度 14.4 米的中拱炸毁。令人欣慰的是:每当枯水季节,万年桥那悠长的身躯便全然探出水面,这种海市蜃楼般的妙趣,这种饱经沧桑的残缺之美,使之成为游客竞相凭吊的胜地!

中国洞都,即北乡溶洞群。蒙山横贯新余市北部,喀斯特地貌发育明显,洞村、高岚、操场、下村、人和等乡镇已查明的洞穴多达百余处。特别是以洞村乡南村的神牛洞为中心,方圆 10 余公里范围内密集七八个绮幻多姿、特色各异的特大溶洞,成为华东地区密度最大的溶洞群之一。神牛洞雄伟奇特,绵延6500 米,是国内已发现的罕见峡谷型溶洞,因洞口有一横卧巨石神似水牛而得名。入洞沿行,两侧峭壁陡立,气势磅礴,中间河谷深切,令人目眩,酷似实物的石床、石桌遍布,云盘阡陌,有如长城蜿蜒,石戏台硕大无比,岩顶“天幕”波澜起伏,钟乳石千姿百态,出神入化。置身其间,神清气爽,心旌摇动。寨口洞位于神牛洞之南1500 米处,为一处河道型溶洞,以水取胜,洞前瀑布高悬,水声如雷,洞内水流滔滔,莫测高深。汗毛洞毗邻寨口洞,又名寒坡洞,以幽称奇,该洞内小洞接大洞,圆洞套方洞,洞洞相连,洞洞皆景。洞口洞位于高岚乡北部,洞厅极为宽敞,洞内钟乳倒悬,各种造型巧夺开工,惟妙惟肖。桃源洞在操场乡境内,以深引人,洞口高轩,顶部石壁镌刻有“桃源古洞”四个古字,洞尾岩穴深邃,又套有大小不一的洞穴,蜿蜒曲折,远通至上高县末山。洞内石钟、石磬,皆扣之有声;石猴、石狮、石象、石虎以及“九龙戏水”“八仙过海”等景观,俨然天造地设。

新余古民居。新余地区的古民居建筑具有典型的江南建筑特色和地方特点,多为祠堂式天井式院落,砖木石陶三合土混合构造,这些古建筑一栋紧挨一栋,有的两三栋或多栋横向连成一排或多排,成为一体,栋与栋之间有的共墙相连,有的小巷相隔。外观建筑为清一色的两面夹封火墙,民间亦称作风火墙或风火垛子;有的因其高出屋面随坡叠落部分,略似马头形,称作马头墙,也叫叠落山墙,在罗坊下寸、南安的哲山等都保留有;也有的四面山墙直砌到顶,称为封护墙。建筑内部结构基本为穿斗式木构架,即以梁、檩、枋、椽、柱组成屋架,立柱主要起承重作用,墙体不承重,主要起封闭、隔断围护作用。现存较好的古民居有:尚睦邓家围垅屋、南安哲山古民居群、水北黄坑古村落、罗坊下寸古村落、新溪西江古村落、人和棣村古村落、水北慕江民居、操场大院村钟氏民居、操场塘西村刁氏兄弟进士民居、分宜介桥古村落、钤山防里古村落。

历史沿革

新余市历史悠久。在市区东北部拾年山原始社会遗址出土的大量石器、陶器表明,远在5000 年前的新石器时代,先人就在这里繁衍生息。

自三国吴宝鼎二年(267)置新渝县(分宜春置新渝,因境内有渝水,故名)以来,其行政建制几经变更。隋朝开皇九年(589)撤县,并入吴平县。开皇十八年(598)由宜春划出复置新渝县。唐朝武德五年(622)撤县,分新渝东北部置始平县,县西南地域为西吴州。武德七年(624)始平、西吴州俱废,复置新渝县。唐朝天宝元年(742)县名因传写之误将渝改为喻,以后相承作喻。元朝元贞元年(1295)因有人口 5 万余户,升为州。明朝洪武二年(1369)改州复县,隶属临江府。清沿明制。中华民国时期亦为县建制。

第二次国内革命战争时期(1930—1934),在中国共产党领导下,先后建立大片革命根据地。民国 19 年(1930)5 月在良山镇的上木元村成立新喻县苏维埃政府,下辖东区、西区、南区。民国 21 年(1932)3 月,新喻、峡江两县苏维埃政区合并,成立新峡县。新喻设水口、丰城、东路、姚泗等 4 个区。民国 23 年(1934)10 月,红军长征,苏区全部丧失。1949 年 7 月 14 日,新喻解放,属袁州专区(专员公署驻宜春)。

中华人民共和国成立以后仍为县建制。1953 年,新喻县属南昌专区(袁州、南昌两专区合并,称南昌专区,专员公署驻南昌)。1957年5月,国务院公布,将新喻改名新余,沿用至今。1958年,新余县属宜春专区(专署驻地由南昌迁宜春,改名宜春专区)。1960年9月,为适应钢铁工业发展,经国务院批准撤销新余县设立新余市,由省直辖。1963年,由于新余钢铁工业建设规模压缩,撤销新余市,恢复新余县,仍属宜春专区(后改称宜春地区)。以后,新余地区工业建设得以复苏并迅速发展,以钢铁工业为主体的多门类工业形成体系。1983年7月经国务院批准恢复新余市,仍为省直属,同时将宜春地区的分宜县划归新余市管辖。1983年10月,江西省人民政府批准在原新余县管辖的范围内设置渝水区。2000年,市委、市政府决定设立中共新余市仙女湖风景名胜区委员会和新余市仙女湖风景名胜区管理委员会,赋予其县级党政管理职能。2001年,中共新余市高新技术经济开发区工作委员会和新余市高新技术经济开发区管理委员会成立,分别为市委、市政府的派出机构,正县级建制。2005年更名为新余市经济开发区。2009年4月,升格为副厅级建制省级开发区;9月更名为江西新余高新技术产业园区。2010年11月升级为国家高新技术产业开发区。2006年10月,仰天岗管委会成立,为市委、市政府正县级派出机构。2010年7月,中共新余市仰天岗工作委员会、新余市仰天岗管理委员会分别更名为中共新余市孔目江生态经济区工作委员会、新余市孔目江生态经济区管理委员会。2014年1月,为整合全市旅游资源,加快建设旅游强市,市委、市政府决定将孔目江生态经济区和江西省职教园区成建制并入仙女湖风景名胜区。

新余县的行政区域自唐朝武德七年(624)后几无变化。中华人民共和国成立后,1953年,新余东部区域稍有变动;1959年,新余北部行政区域有少许变化。

行政区划

【概况】 新余市辖分宜县、渝水区、高新技术产业开发区、仙女湖风景名胜区,设9个乡、17个镇、12个办事处,有114个居民委员会、407个村民委员会、3817个村民小组。

【分宜县】 钤东街道办事处、分宜镇、杨桥镇、湖泽镇、钤山镇、双林镇、洋江镇、凤阳镇、洞村乡、高岚乡、操场乡。

【渝水区】 城南街道办事处、城北街道办事处、袁河街道办事处、仙来办事处、通洲办事处、新钢街道办事处、良山镇、水北镇、下村镇、罗坊镇、姚圩镇、珠珊镇、鹄山乡、人和乡、界水乡、南安乡、新溪乡。

【高新技术产业开发区】 水西镇、城东办事处、马洪办事处。

【仙女湖风景名胜区】 钤阳办事处、凤凰湾办事处、仰天岗办事处、河下镇、观巢镇、欧里镇、九龙山乡。

(年鉴编辑部)

气　象

【天气气候特点】 2017年平均气温偏高,降水偏少,日照偏少。

2017年平均气温为18.6℃,较历年平均值偏高0.3℃,年极端最高气温为38.5℃,出现在7月22日,年极端最低气温为0.1℃,出现在2月24日。总降水量为1527.4毫米,较历年平均值偏少75.9毫米,其中6月降水量最大,为407.5毫米。2017年,一日最大降水量为64.7毫米,出现在6月1日。年内出现暴雨3次,而且全部出现在6月。总日照时数为1607.5小时,较历年平均值偏少25.3小时。

【重大气象事件及影响】 2017年气温偏高,暖冬、酷暑和"秋老虎"相继出现,阶段性高温过程明显;春季出现持续阴雨寡照天气和历史少见冰雹大风灾害；汛期雨量前少后多，后汛期出现持续强降水致洪涝灾害严重；11 月—12 月静稳天气多，大气自净能力差。

①冬季出现历史最强“暖冬”。2016 年—2017 年冬季（即 2016 年 12 月—2017 年 2 月）全市平均气温 9.6℃，较常年同期（7.2℃）偏高 2.4℃，为历史最强“暖冬”。暖冬天气降低油菜、蔬菜等冬种作物以及柑橘、油茶幼树等经济林果的冻害风险，并导致作物生育进程加快，油菜开花期较正常年份提前。因冬季未出现明显的低温雨雪冰冻天气，不利于农田减少病虫害越冬基数。②春季出现持续阴雨寡照天气和历史少见冰雹大风灾害。3 月 10 日—25 日，出现持续阴雨寡照天气，全市平均日照时数仅 3.1 小时，为常年同期的 1 成，为 1959 年以来历史同期第二少值。持续阴雨寡照天气对早稻播种育秧、油菜开花结荚均造成不利影响。4 月、5 月降雨过程少、雨日少，累积降水量仅为 219 毫米，较常年偏少 5 成，为同期第三少雨年。5 月 11 日出现强对流天气，新余市本站降水量 31.9 毫米，并出现冰雹、雷雨大风天气，最大冰雹直径 23 毫米；河下、水西、东边、珠珊、罗坊、钤阳等乡镇分别出现八级以上大风天气，其中以河下镇 24.9 m/s（十级）最大。此次强对流天气导致城区大部分路段积水严重，部分地区农作物受灾，造成全市 36828 人受灾，雷击死亡 1 人，紧急转移安置人口 320 人，农作物受灾面积 2777 公顷，其中成灾面积 2454 公顷，损坏房屋 3050 间，倒塌房屋 70 间，直接经济损失 2399 万元（其中农业损失 1389 万元）。③后汛期持续强降水，洪涝致灾。6 月 5 日—6 日，出现一次大到暴雨天气，5 日 11 时至 6 日 11 时，全市平均降雨量 53 毫米。此次降雨过程造成城区积水严重，部分乡镇水稻、大棚蔬菜以及葡萄等作物受灾，全市 3.13 万人受灾，紧急转移安置人口 12 人，农作物受灾面积 2765 公顷（其中成灾面积 1087 公顷），直接经济损失 651 万元（其中农业损失 385 万元）。6 月 21 日—28 日出现持续 8 天的降水集中期，过程雨量较同期偏多 2 倍，为历史同期第三位，其中 21 日出现暴雨天气。持续降水造成严重洪涝灾害，部分乡镇农作物被淹，部分道路、桥梁等基础设施受损，全市 4.366 万人受灾，紧急转移安置人口 17 人，农作物受灾面积 4631 公顷（其中成灾面积 3008 公顷），直接经济损失 1932 万元（其中农业损失 1223 万元）。④7 月高温来势猛，“秋老虎”威力强。7 月 12 日—30 日，全市平均气温 31.1℃，较常年偏高 1.4℃，高温持续时间长，35℃以上高温日数持续达 17 天，以 22 日 38.5℃最高，平均降雨仅 7 毫米，由于持续高温少雨和蒸发量大，局部乡镇出现轻度干旱。9 月下旬和 10 月上旬，秋老虎威力爆发，再次遭遇高温天气，平均气温 25.6℃创同期新高，最高气温为历史同期第四位。⑤10 月中旬出现强降温天气。10 月 1 日—3 日秋老虎余威不减，多地仍受高温煎熬，但接连而至的两股强冷空气导致新余市各地气温急剧下降。首股冷空气于 10 月 3 日影响新余市，各地最高气温下降 9℃—14℃，冷空气过后，气温逐步回升。10 日晚至 12 日强冷空气再次来袭，全市普遍出现 5 级以上偏北阵风，最高气温从 33℃—34℃下降至 15℃左右，降温幅度达 18℃—19℃。强降温伴随大风，人体感觉异常寒冷，穿衣指数从短袖着装迅速变换到秋衣夹克，似乎一夜之间从夏季进入到秋季。⑥11 月—12 月静稳天气多，大气自净能力差。11 月—12 月由于冷空气势力相对偏弱，静稳天气较多、中雨以上降水过程较少，大气污染物扩散气象条件偏差，同时受北方污染物输送及本地秸秆燃烧影响，空气质量以良到轻度污染为主，局部短时出现中度污染。市气象局适时开展人工增雨作业，增强大气自净能力，改善空气质量。

【气象服务】　2017 年，市气象部门坚持以科学发展观为指导，紧紧围绕为构建和谐社会提供优质气象服务这一中心，不断完善观测网络体系，千方百计提高天气预报准确率，努力扩大气象预警信息覆盖面，力争为防灾减灾工作提供优质气象服务。

天气预报准确率不断提高，公共气象服务不断加强。市气象局对春运、汛期、节假日和重大活动期间天气过程均作出比较准确的预报，并及时通过电视、报纸、手机短信、微博、微信等媒体发布。召开春节、端午节、高考、国庆新闻发布会4次,发布预警信息67次。春运期间制定工作方案,建立春运领导小组成员短信发布平台;高(中)考期间与教育局建立直通渠道,在12121上开通高(中)考天气预报专栏;防汛期间,成功预报5月11日强对流天气、6月1日暴雨天气以及6月21日—28日降雨集中期,预报预警信息及时向社会公众发布。2017年,中央电视台综艺频道在仙女湖景区录制七夕晚会“天下有情人”期间,市气象局在省气象台和省预警中心的支持下,全程提供现场气象保障服务,开展逐小时天气预报。

生态农业气象保障服务及时高效。积极开展“三农”服务专项建设和管理任务,促进全市气象为农服务“两个体系”健康发展,气象灾害防御体系逐步向乡村延伸,气象为农服务能力不断提升。围绕重要天气及灾害性天气过程、作物重要生长发育期及重大农事季节,及时准确的开展动态气象服务,不断拓展新的服务方式和手段,通过微信公众号“江西微农”发布每日天气与农事、农业高影响天气、灾害天气预警服务信息。选派专家深入田间地头、农户家了解情况,发放服务材料,通过走访农民专业合作社,制定相应的个性化服务方案,将部分农民合作社、专业大户、农产品基地、家庭农场等列为重点服务对象,建立重点服务对象信息库,积极开展“直通式”信息服务。

助力“蓝天行动”,打赢蓝天保卫战。市气象局作为新余市环境保护工作委员会成员单位,积极融入全市大气污染防治行动中,与环保部门建立重污染天气监测预警、空气质量预报联合会商和服务机制,开展大气污染扩散气象条件预报并对外发布,配合市政府“蓝天行动”,市、县(区)气象局共开展人工影响天气作业11次,有效改善空气质量。

气象科普活动丰富多彩。市气象局结合2017年世界气象日主题“观云测天”,通过世界气象日、防灾减灾周、科技活动周、科普志愿者活动月,开展气象科普进农村、进学校、进社区等科普宣传活动14次,积极参与提高地方全民科学素质行动。在新余一中、渝水一小、逸夫小学开展“首席预报员进校园”活动。建设渝水区下村中学、渝水区珠山镇凯鑫农庄、分宜中学、分宜一小4个校园气象站。 (马尚芹)

环境保护

【概况】 2017年,全市生态环境保护工作深入贯彻落实党中央和省委、省政府以及市委、市政府关于推进生态文明建设、打造美丽中国“江西样板”战略部署,立足“工小美”城市定位,以改善环境质量为目标,积极推进中央、省环保督察问题落实整改,扎实开展“保家行动”“蓝天行动”、劣Ⅴ类水质治理和水源地生态保护工作,较好地完成各项年度目标任务,推动环境质量不断改善,全市环境质量总体基本保持平稳。12个地表水质监测断面达标率为66.7%,其中候村、平川、浮桥、水西、罗坊、下蒋家、孔目江江口、第四水厂等8个河流断面均达到Ⅲ类水质标准;仙女湖湖库中的塘边、湖心岛、傣家村、江口等4个湖库断面水质均超过Ⅲ类水质标准。3个城镇集中式生活饮用水源地水质达标率为91.7%,其中孔目江第四水厂、分宜芦塘饮用水水质达标率为100%。城区环境空气质量优良率为84.9%,可吸入颗粒物(PM10)浓度均值为82微克每立方米,细颗粒物(PM2.5)浓度均值为48微克每立方米。

【水质保护治理】 开展以水环境问题专项整治为主要内容的“保家行动”,市、县(区)、乡(镇)、村四级全力推进水环境整治,畜禽养殖整治、山塘水库退养、工业污染整治三项工作成效明显,全市共筹措5.1亿元就业转型引导资金,关停拆迁禁养区养殖场6322家,关停或生态化改造可限养区养殖场826家,333座水库、2293座山塘全部退出承包养殖,对1033家工矿企业的废水排放情况进行全面排查监测,53家排放不达标的工矿企业投入整改资金1334.3万元全部完成整改。加强城镇集中饮用水水源地保护工作,完成生活饮用水水源地规范化建设及防护工程，拆除饮用水源一级保护区内57个违法违规项目，仙女湖沿湖各乡镇全部列为禁养区，取缔仙女湖115座“水上漂”，清理孔目江第四水厂水源地一级保护区内菜地60亩并复绿。狠抓黑臭水体治理及城乡污水处理工作，加大入湖河流水质治理，制定湖心岛、傣家村、孔目江口等8个断面水质治理方案，各级财政投入工业园区管网建设、维修改造和污水处理设施建设资金3780万元，完成新建管网5公里、改造修复旧管网14公里、管网清淤74.2公里，启动分宜县污水处理厂提标改造和三期扩建工程项目，对龙须沟、新祉河、苑坑河、冶元河的污水进行综合整治。积极探索分布式为主、集中式为辅的城乡污水处理新模式，89座村镇污水处理设施建成投运。

【大气污染防治】 开展以工矿企业、道路运输、渣土清运、建设工地、物料堆放、餐饮油烟、机动车污染等为重点的大气污染整治“蓝天行动”。强化工业大气污染管控，加强重点企业，重点区域整治，新钢公司投资1亿多元完成焦炉除尘、6号高炉和4号高炉烧结机除尘改造等工程，吨钢环保成本达到160元。强化建筑扬尘管控，严格要求各建筑工地落实“两个到位”“四个一律”“六个百分之百”的抑尘措施，全市工地购置防尘雾炮机75台，累计发出督办单68份，立案查处现场搅拌砂浆企业7家，停工整改企业5家，限期整治16家，约谈76家，行政处罚16家。强化道路扬尘管控，严查道路货运车辆超载抛洒，共查处超载抛洒行为1.4万余起，处罚144万元；投入5亿元开展城区道路维修，升级改造；市、县（区）购置雾炮车7辆、真空吸尘车4辆，加大清扫保洁力度，做到主干道每天洒水不少于4次。强化餐饮油烟及锅炉整治，强制餐饮单位安装净化器300余台，取缔城区露天烧烤摊180处，淘汰改造燃煤锅炉117台，立案查处违规使用燃煤锅炉企业6家，查封扣押6家。强化机动车尾气管控，全市主城区道路全面禁止无标及黄标的机动车通行，查处违反禁令标志指示交通违法行为380余起；淘汰黄标车及老旧车2610辆，提前4个月完成省政府下达的年度任务。强化污染源针对性管控，加大重污染日和中元节等重要时期的焚烧管控力度，启动污染天气应急响应10余次，加大垃圾秸秆焚烧治理工作，安排宣传车在全市宣传，派驻巡查组进行日常巡查，制止焚烧秸秆220余起，下发督办单40余份、通报2份，约谈乡镇主要负责人3人次。加强霾天气监测预警和空气污染气象条件预报，抓住有利时机开展生态服务型人工增雨作业6次。

【土壤污染防治】 编制完成《新余市土壤污染防治工作方案》，启动土壤污染状况详查工作，布设土壤详查点位1251个，争取上级土壤污染治理资金2496万元，开展原前卫化工厂场地土壤综合治理与修复工作。加强危险废物管理工作，对全市61家产废单位、5家危废经营企业进行全面摸底排查，严把危险废物转移手续，全年危废转移备案113家次。

【自然生态保护】 启动实施新余市“五山”矿区废弃地生态修复及植被恢复技术集成示范项目，编制《矿山地质环境恢复治理方案》，累计缴存治理保证金1.028亿元。开展孔目江流域水生态补偿工作，设立1000万元补偿基金，补助孔目江水环境治理项目8个，对水质超标的乡镇征缴补偿金20余万元。深入开展生态示范创建与农村环境综合整治，完成分宜县双林镇4个村庄农村环境连片整治项目，创建省级生态乡镇1个、省级生态村4个，全市拥有省级生态乡镇27个、省级生态村39个，省级乡镇创建比例达96.4%。开展生态红线划定工作和“绿盾2017”专项行动，初步确定生态保护红线473平方公里，占国土面积比例的14.95%，对蒙山、大岗山、石门寨3个县级自然保护区进行监督检查，查处有关问题5起。

【环境执法监管】 严格从源头控制污染，在建设项目审批中，严格按照省、市有关建设项目环评审批的有关规定，切实把好环保审批关和验收关，查处未批先建项目19家，涉及项目总投资5897.71万元，罚款金额62.63万元。认真组织落实排污许可证核发工作组织保障和核发规程，全面完成2017年火电、造纸等4个行业排污许可证核发工作，实际发放11张，其中火电企业2张，水泥企业6张，焦化企业1张，印染企业2张。严格执行新《中华人民共和国环境保护法》等法律法规，创新环境执法形式，采取"联合执法、时差执法、零点执法、驻厂监察"等多种形式，开展饮用水水源地环境综合整治、工矿企业及工业园区污染整治、火电造纸行业排污许可证执法检查、砖瓦行业检查和环境保护执法大练兵等22项环保专项行动。加大环境执法监管力度，加强与公安、法院等司法部门联动，积极探索环境违法司法审判、环境公益诉讼，累计出动环保专项巡查2000余人次，关停取缔散乱污企业50余家，责令停产整改210余家，对60余家存在环境违法行为的企业实施540万元行政处罚；对34家重点排污企业安装在线监控设施；查处环境违法案件40件，其中按日计罚1件，查封扣押22件，限产2家，约谈2家，移送行政拘留9件，移送涉嫌犯罪案件4件，保持环保执法的高压态势。

【环境监测工作】 完成水质62项目检测能力扩项工作和5个国考水质断面监测桩的设立工作。在市环保局网站上发布集中式饮用水源地水质监测月报和水质监测月报；每天在市政府网站、市环保局网站、新余电视台和市气象局上发布环境空气质量日报。完成仙女湖三水厂及孔目江四水厂饮用水源地水质例行监测，监测数据1630个；完成洋江、平川、浮桥、水西、罗坊、孔目江江口、湖心岛、傣家村、江口、塘边、侯村河流湖库水质例行监测，监测数据5608个；完成大气例行监测，空气自动监测站点上报日均值监测数据10950个；完成降尘例行监测，监测数据48个；完成降水例行监测，监测数据1476个；完成功能区、区域环境噪声、道路交通噪声例行监测，监测数据4507个；对下村镇千秋岭村等3个点位的地下饮用水源地、环境空气、地表水和土壤进行监测，共获取监测数据930个。同时完成重点污染源例行监测、委托性监督性监测、应急与预警监测等检测工作。

【辐射安全监管】 严格辐射安全许可证管理，受理辐射安全许可证延续手续4份，辐射安全许可证变更1份，新颁发辐射安全许可证2份，全市核技术应用单位辐射安全许可证持证率保持100%。对20家涉源单位辐射安全与防护现场监督检查做到全覆盖，20家涉源单位建立"一企一档"档案。加强废旧放射源的收贮力度，督促2家停产、破产企业将暂停使用的放射源放入暂存库封存，确保辐射环境安全。

【环境宣传教育】 在市级新闻媒体开设"保家行动""蓝天行动"等专栏，组织召开环境保护新闻发布会4场，全年环保类新闻稿件上稿200余篇，其中中国环境报上稿70篇。做好信息公开工作，按时公开各类环境信息350余条，公开省环保督察组转办件226件，维护政务微信"新余环保"，每日发布环保新闻、工作动态、空气质量日报等信息。组织2次环保讲座进市委党校，为中青干部、县级干部授课。深化学校环境教育，新钢中学、分宜二小成功申报省级"绿色学校"。第四十六个世界环境日期间，围绕"绿水青山就是金山银山"这一主题，开展丰富多彩的系列宣传活动。一是开展集中宣传。市环保局、团市委、渝水区环保局在抱石公园举行"6·5"世界环境日暨新余高校青年志愿者环保宣传实践活动。二是开展环保宣传走进校园。联合北师大新余附属学校开展环境日宣传，展示小学生们利用废旧物品制作的环保手工艺品；在逸夫小学多功能会议室，环保工作人员给孩子们上了一堂生动有趣的校园环保主题课；组织分宜一小学生来到污水处理厂现场观摩生活污水处理过程。三是开展环保宣传走进农村。市环保局高新分局在水西镇组织开展全区"6·5"世界环境日主题宣传活动，重点展示高新区"保家行动"和大气污染治理情况。四是开展媒体公益环保宣传。制作的环保公益短片——"绿水青山就是金山银山"《水环境整治篇》《大气污染治理篇》在市级电视台陆续播出，以此呼吁更多的公众关心环保、支持环保、参与环保。

【环保督察整改】 针对中央、省环保督察反馈问题，全市自上而下层层传导责任和压力，切实推动问题整改落实工作。18 件中央环保督察组环境问题信访件，除 3 件不属实外，其余 15 件全部整改到位；中央环保督察组反馈全省的环境质量改善不明显等 7 方面的共性问题，完成 3 个销号工作。省环保督察组交办的 257 件有效信访件 252 办结，省环保督察组督查反馈的 25 个问题解决 6 个，19 个达到序时进度。 （黎燕平）

国民经济和社会发展

【概况】 2017 年，全市上下以习近平新时代中国特色社会主义思想为指引，牢牢把握稳中求进工作总基调，立足“工小美”战略定位，着力推进“三区两典范”建设，全面做好稳增长、促改革、调结构、惠民生、防风险各项工作，全市经济运行质量和效益明显提升，社会发展活力和动力不断增强，为全面建成小康社会，再铸新时代“工小美”新辉煌奠定良好基础。全年地区生产总值 1108.51 亿元，比上年增长 8.5%。其中，第一产业增加值 66.28 亿元，增长 4.4%；第二产业增加值 558.58 亿元，增长 8.3%；第三产业增加值 483.65 亿元，增长 9.3%。人均生产总值 94165 元，增长 7.9%。三次产业对经济增长的贡献率分别为 2.9%、54.6% 和 42.5%。三次产业结构调整为 6.0:50.4:43.6。非公有制经济增加值 647.52 亿元，增长 8.6%，占 GDP 的比重达 58.4%。

全年财政总收入 144.18 亿元，比上年增长 5.1%。其中，一般公共预算收入 92.6 亿元，下降 3.3%。财政总收入占地区生产总值的比重为 13.0%，下降 0.3 个百分点；税收总收入 108.05 亿元，增长 7.7%，占财政总收入的比重 74.9%，比上年提高 1.7 个百分点。分宜县、渝水区财政总收入超过 30 亿元，高新区、仙女湖区超过 20 亿元。全年一般公共预算支出 161.97 亿元，增长 5.7%。其中，城乡社区事务支出 35.74 亿元，增长 37.0%；社会保障和就业支出 22.69 亿元，增长 21.8%；医疗卫生与计划生育支出 11.56 亿元，增长 11.8%；住房保障支出 6.17 亿元，增长 45.3%。

全年居民消费价格比上年上涨 2.0%。其中非食品价格上涨 3.1%，服务项目价格上涨 5.5%。商品零售价格上涨 0.6%。

年末，全社会从业人员 67.29 万人，比上年末增加 0.08 万人；分产业看，第一产业 22.65 万人，第二产业 23.81 万人，第三产业 20.83 万人。

【农业】 全年粮食种植面积 99943 公顷，比上年增长 0.7%。其中，谷物种植面积 93038 公顷，增长 0.6%；豆类种植面积 4106 公顷，增长 3.2%；薯类种植面积 2799 公顷，增长 1.5%。油料种植面积 11217 公顷，增长 1.1%。蔬菜种植面积 11720 公顷，增长 2.6%。棉花种植面积 2113 公顷，下降 4.6%。甘蔗种植面积 47 公顷，增长 6.8%。全年粮食总产量 620007 吨，比上年增长 1.1%。其中，早稻 248904 吨，增长 0.5%；中稻及一季晚稻 29382 吨，增长 8.6%；二季晚稻 314801 吨，增长 0.7%。全年油料产量 20471 吨，比上年增长 6.0%。其中，花生 11068 吨，增长 13.7%；油菜籽 8952 吨，下降 2.2%。棉花产量 3399 吨，下降 9.3%。茶叶产量 310 吨，增长 4.0%。水果产量 127794 吨，增长 6.0%。蔬菜产量 205169 吨，增长 1.9%。

全年肉类总产量 93103 吨，比上年增长 4.5%。其中，猪肉产量 77024 吨，增长 6.0%；牛肉产量 6185 吨，下降 1.7%；羊肉产量 232 吨，增长 0.9%。禽蛋产量 14227 吨，增长 12.1%。牛奶产量 58 吨，下降 47.3%。水产品产量 56504 吨，增长 2.6%。

【工业和建筑业】 全年全部工业增加值 476.87 亿元，比上年增长 8.7%，占地区生产总值比重为 43.0%，比上年下降 2.2 个百分点。规模以上工业增加值比上年增长 8.5%。分轻重工业看，轻工业增长 14.8%；重工业增长 7.6%。分经济类型看，集体企业增长 6.0%；股份制企业增长 4.5%；私营企业增长 13.2%；外商及中国港澳台商投资企业增长8.4%。

出台支持新钢公司跨越发展30条措施，实施锂电、手机触控、LED、装备制造产业集群三年倍增计划，引进江苏禾禾能源、芜湖华融两公司作为赛维战略重整投资方。钢铁、新能源、光电信息、装备制造四大产业增加值保持较快增长，占规模工业的比重达82.3%，比上年提高3.5个百分点。其中，钢铁产业增长3.0%，新能源产业增长12.9%，光电信息产业增长31.4%，装备制造产业增长17.9%。

列入重点监测的主要工业产品产量中，灯具及照明装置增长9.5%，液晶显示屏增长18.1%，饲料增长83.8%，锂离子电池增长145.6%，布匹增长71.2%，原煤下降14.7%。

全年规模以上工业主营业务收入1508.11亿元，增长19.0%。实现利税141.05亿元，增长70.6%。其中，利润100.55亿元，增长89.9%。全年工业经济效益综合指数306.11%，比上年提高64.6个百分点。

年末高新区、分宜工业园、袁河经济开发区三大园区投产企业312家；安置从业人数6.64万人，增长0.2%。全年园区工业增加值增长7.7%；主营业务收入806.05亿元，增长8.9%。实现利税66.15亿元，增长27.3%。其中，利润49.92亿元，增长31.3%。

全年全社会建筑业增加值81.72亿元，增长5.1%，占地区生产总值比重为7.4%。全市具有资质以上建筑业企业实现总产值167.05亿元，增长21.2%。年末具有一级总承包资质的建筑企业20家，比上年增加5家。

【固定资产投资】　全年500万元以上项目完成固定资产投资（不含农户）1035.04亿元，比上年增长12.3%。分产业看，第一产业投资46.66亿元，增长19.9%；第二产业投资641.45亿元，增长18.6%；第三产业投资346.93亿元，增长1.5%。分投资主体看，国有经济投资207.18亿元，增长5.7%；非国有经济投资827.86亿元，增长14.1%。其中，民间投资771.73亿元，增长13.1%。环城路、城市备用水源地等一批重大工程开工建设。赣锋锂业1.5万吨电池级碳酸锂等一批项目建成投产。

全年房地产开发投资23.97亿元，比上年增长19.4%。其中，住宅投资18.25亿元，增长29.4%；办公楼投资0.86亿元，下降8.3%；商业营业用房投资3.02亿元，下降21.0%。商品房竣工面积65.45万平方米，增长120.3%。其中，住宅37.07万平方米，增长37.0%。商品房销售面积196.55万平方米，增长33.6%。其中，住宅186.01万平方米，增长32.8%。商品房待售面积70.74万平方米，下降20.0%。其中，住宅36.1万平方米，下降32.0%。商品房销售额78.40亿元，增长32.0%。其中，住宅71.04亿元，增长30.0%。年末商品房去化周期缩短至8.9个月，住宅去化周期缩短至6.0个月。

【国内贸易和对外经济】　全年社会消费品零售总额269.58亿元，比上年增长12.4%。按城乡分，城镇消费品零售额236.97亿元，增长12.2%；乡村消费品零售额32.61亿元，增长13.6%。按消费类型分，餐饮收入63.63亿元，增长12.0%；商品零售205.95亿元，增长12.4%。全年限额以上批零住餐企业实现零售额100.19亿元，比上年增长16.4%。其中，批发零售企业零售额88.40亿元。增长16.8%；住宿餐饮企业零售额11.79亿元，增长13.3%。分商品看，粮油、食品类增长27.4%，服装、鞋帽、针纺织品类增长16.7%，日用品类增长7.3%。与消费升级相关商品保持快速增长，娱乐用品类实现零售额增长39.2%，建筑及装潢材料类增长35.4%，通信器材类增长30.5%，中西药品类增长28.2%，家具类增长20.5%，金银珠宝类增长17.7%。“互联网+”消费业态势头向好。全市限额以上批发零售业通过公共网络实现零售额增长41.8%。

全年，外贸进出口总额182.35亿元，比上年增长46.7%。其中，出口85.36亿元，增长1.5%；进口96.98亿元，增长141.4%。

全年，新批外商投资企业5个。实际使用外商直接投资43500万美元，比上年增长9.1%。实际利用省外2000万元以上项目资金472.42亿元，增长11.2%。

【交通、邮电和旅游】 全年，铁路、公路、水运旅客运输量1607.53万人（其中铁路、公路、水运分别为334.83万人、1228.00万人、44.70万人），比上年增长2.2%；货物运输量19158.88万吨（其中铁路、公路、水运分别为455.28万吨、18663.00万吨、40.60万吨），增长12.3%。

全市，年末，民用汽车保有量159901辆，比上年末增长13.3%。其中，个人汽车保有量133009辆，增长15.9%。年末民用轿车保有量92296辆，增长15.9%。其中，个人轿车保有量88565辆，增长16.8%。

全年，完成邮电业务总量23.10亿元，比上年增长63.1%。其中，邮政业务量2.37亿元，增长10.2%；电信业务量20.73亿元，增长72.6%。年末全市固定电话用户12.7万户，移动电话用户117.48万户。互联网用户数达33.47万户，增长15.0%。全市快递服务企业业务量620.88万件，增长4.0%；快递业务收入7498.59万元，增长16.5%。

全年，接待国内旅游人数3000.11万人次，增长90.3%；国内旅游收入278.66亿元，增长100.2%。接待入境旅游人数32731人次，增长9.1%；旅游外汇收入1079.61万美元，增长22.7%。引进复星爱必依公司、省旅游集团参与仙女湖5A景区创建。

【金融、证券和保险业】 全市年末，金融机构本外币各项存款余额1082.72亿元，比上年末增长11.8%。其中，人民币各项存款余额1076.24亿元，增长12.2%。年末金融机构本外币各项贷款余额768.18亿元，增长7.5%。其中，人民币各项贷款余额766.47亿元，增长7.3%。年末城乡居民人民币储蓄存款余额481.34亿元，增长7.6%。

年末，全市证券营业网点10家，全年证券交易额2871.19亿元。证券业总产值0.89亿元，营业收入1.21亿元，营业利润0.76亿元。新余国科在创业板成功上市，泰达长林在“新三板”挂牌。年末拥有保险公司24家，其中寿险公司12家，财产险公司12家。全年保费收入22.60亿元，比上年增长7.3%。其中，寿险保费收入15.48亿元，增长5.6%；财产险保费收入7.12亿元，增长11.2%。支付各类赔款及给付7.64亿元，增长1.0%。其中，寿险给付4.21亿元，下降2.8%；财产险赔款3.43亿元，增长6.3%。

【教育和科学技术】 全年，普通高校在校生3.78万人，高中在校生2.53万人，初中在校生4.50万人，小学在校生10.43万人。中等职业学校在校生1.37万人。特殊教育在校生229人。幼儿园352所，在园幼儿4.83万人。各类民办学校（不含幼儿园）12所，在校学生2.68万人，其中独立设置民办高校3所。高中阶段毛入学率91%，提高0.5个百分点；初中适龄人口入学率100%；小学适龄儿童入学率100%，学前教育毛入园率88.0%。全年，普通高校毕业生11632人，中等职业学校毕业生3828人，普通高中毕业生8472人，普通初中毕业生12673人，普通小学毕业生16611人。

年末，拥有国家工程技术研究中心1个，省工程技术研究中心13个，高新技术企业76家。全年获省部级以上科技成果5项。全年，受理专利申请2210件，增长22.5%；授权专利942件，下降31.6%。

年末，产品质量检验机构45个，法定计量技术机构2个，全年强制检定计量器具2.33万台件，开展产品质量监督抽查173批次。

【文化、卫生和体育】 年末，拥有公共图书馆3个，博物馆4个，文化馆4个。广播电台3座，电视台3座。有线广播电视用户27.75万户，数字电视用户23.21万户。广播节目综合人口覆盖率99.90%；电视节目综合人口覆盖率99.90%。

年末，拥有各类医疗卫生机构1194个（含村卫生室），其中医院14个，卫生院32个，妇幼保健院（所、站）3个。卫生技术人员6834人，其中执业医师和执业助理医师2509人，注册护士3186人。医院和卫生院床位5423张。入选城市公立医院改革国家示范城市。“晓康诊所”实现行政村全覆盖。

2017年年末，共有全民健身中心2个，青少年俱乐部5个，体育传统项目学校11个，体育场馆19个。成功举办环鄱阳仙女湖站国际自行车大赛、环仙女湖国际马拉松等赛事。全市体育健儿在国内重大比赛中共获得2枚金牌、2枚银牌和3枚铜牌。

【人口、人民生活和社会保障】 全市年末，常住人口118.07万人（其中女性57.03万人），比上年末增长0.6%。其中，城镇人口82.66万人，占总人口的比重为70.01%，比上年末提高1.15个百分点。在常住人口中，0—14岁21.36万人、15—64岁84.81万人、65岁及以上11.90万人，分别占总人口的比重为18.09%、71.83%、10.08%。全年出生人口16304人，出生率13.85‰；死亡人口6957人，死亡率5.91‰；自然增长率7.94‰，比上年提高0.35个千分点。

全年，城镇居民人均可支配收入34775元，比上年增长8.1%；农村居民人均可支配收入16581元，增长9.1%。城镇居民人均消费支出22180元，增长9.0%；农村居民人均消费支出11808元，增长7.9%。

全年，新增城镇就业2.48万人，新增转移农村劳动力1.53万人，城镇登记失业率控制在3.3%。就业困难人员实现就业0.16万人。共发放创业担保贷款4.38亿元，扶持个人创业0.26万人次，带动就业1.14万人次。年末参加城镇基本养老保险人数27.32万人，其中参保职工19.03万人，参保离退休人员8.29万人。参加城镇职工医疗保险人数19.0万人，其中职工12.1万人，退休人员6.9万人。参加城乡居民医疗保险人数101.53万人，参加工伤保险人数23.1万人，参加失业保险人数11.32万人，发放失业保险金787.79万元，参加生育保险人数13.7万人。

年末，拥有各类收养性社会福利机构45个，提供床位5287张，收养人数3846人，临时救济困难户4628户次。年末，城市居民享受最低生活保障人数17095人，农村居民享受最低生活保障人数37065人，农村五保供养人数3896人。全年资助城市困难群众参加医疗保险32556人，资助农村困难群众参加新型农村合作医疗42776人。3479人实现脱贫，贫困发生率降至1.1%。“颐养之家”实现行政村全覆盖。

全年，销售社会福利彩票1.6亿元，筹集社会福利资金1136.2万元。

【环境、能源和安全生产】 大力实施“蓝天行动”，全年城区空气环境质量优良率85.6%，优良天数310天。“保家行动”深入推进，全市畜禽养殖禁养区内6343家规模养殖场全部关停拆迁，333座水库、2293座山塘全部退出承包养殖，53家废水排放不达标企业全部完成整改。

全年，全社会能源消费总量967.38万吨标准煤，比上年增长2.48%。万元GDP能耗0.8624吨标准煤，下降5.51%。规模以上工业综合能源消费量665.69万吨标准煤，下降0.4%；规模以上工业增加值能耗下降8.21%。

全年生产安全事故51起，其中生产经营性道路交通事故34起，工矿商贸企业生产安全事故16起，其他生产安全事故1起。全年生产安全事故死亡45人，其中生产经营性道路交通事故死亡27人，工矿商贸事故死亡17人，其他安全生产事故死亡1人。

（年鉴编辑部）

编辑　李立峰

大 事 记

1月

4日

2016年度县级党(工)委书记抓基层党建工作述职评议会召开。市委书记蒋斌主持并讲话。市领导董晓健、万广明、郭力根、邹健生、黄文辉、周杰等出席评议会。省委组织部相关人员到会指导。

▲

全市离退休干部形势报告会在市会展中心召开。市委副书记、市长董晓健通报全市经济社会发展情况,市委常委、组织部部长赖国根主持报告会。

5日

市委常委班子民主生活会征求意见座谈会召开。市委书记蒋斌出席座谈会并讲话。市委常委、宣传部部长郭力根,市委常委、市委秘书长、市委统战部部长李新华出席。市委常委、组织部部长赖国根主持座谈会。

▲

全市农村"党建+颐养之家"暨乡、村两级重点工作推进会在分宜召开。市委书记蒋斌出席会议并讲话,市委常委、市委秘书长、市委统战部部长李新华出席会议,市委常委、组织部部长赖国根主持会议。

▲

正式启动春节"过年难"困难群众生活紧急救助工作。凡是新余市范围内符合条件的救助对象家庭,均可在春节前夕领取到一定金额的救助物资。

6日

中共新余市委八届三次全体会议召开。表决通过新余市推荐提名江西省出席中共十九大代表候选人名单。市委书记蒋斌主持。

▲

市委书记蒋斌主持召开市委理论学习中心组"两学一做"专题四"依靠群众求胜利"学习会。

▲

2017年全国卫生计生工作会议在京召开。市委副书记、市长董晓健代表新余市作推进城市公立医院综合改革典型发言,向大会介绍城市公立医院综合改革经验和做法。新余市是本次大会全国唯一作典型发言的设区市。

6日—7日

市委副书记、市长董晓健到泰豪集团、浪潮集团等公司,考察调研智慧新余项目建设进展情况。

10日—12日

政协新余市第九届委员会第二次会议在市会展中心召开。会议通过市政协九届二次会议期间提案审查情况的报告;通过市政协九届二次会议决议。

11日

全省中央环保督察问题整改工作动员部署视频会在南昌召开。市委副书记、市长董晓健在省主会场参加会议,副市长、市公安局局长肖铁军在新余分会场收听收看。

▲

新余市组织收听收看全国、全省安全生产电

视电话会议并召开全市安全生产电视电话会议，迅速贯彻落实全国、全省安全生产电视电话会议精神，安排部署全市安全生产工作。市委副书记、市长董晓健在全省主会场参加会议，副市长徐绍荣出席新余分会场会议。

11日—13日

市九届人大二次会议在市会展中心召开。会议表决通过《政府工作报告》等六项决议，表决通过《新余市立法条例》，报请省人大常委会批准后公布。

13日

新余市组织收听收看省纪委十四届二次全会。市领导蒋斌、董晓健、胡高平、卢伟平等在新余分会场收听收看。

14日—20日

新余代表团在南昌参加江西省第十二届人民代表大会第七次会议。

18日

新余市政府与江西济民可信集团战略合作框架协议签署仪式在南昌举行。市领导蒋斌、董晓健，江西济民可信集团董事长兼总裁李义海，悦新大健康公司总经理刘木生等出席活动。董晓健致辞。李新华主持签署仪式。

19日

市法学会第六届理事会第二次会议召开。市委常委、政法委书记黄文辉出席会议并讲话。会议增补黄文辉为新余市法学会会长。

20日

全球首款蓝宝石手机在新余高新区正式量产，首批手机订单2万个。该款手机采用蓝宝石玻璃做触摸屏，具有过滤保护视力、屏蔽辐射等作用。

21日

市委常委班子2016年度民主生活会及专题民主生活会召开。市委书记蒋斌主持会议并讲话。省纪委常委郑光泉和省委组织部有关人员到会指导。

▲

新余市与蒙西华中铁路股份有限公司合作协议签写仪式在蒙华铁路新余综合基地举行。市委副书记、市长董晓健，蒙西华中铁路股份有限公司董事长张梅出席签约仪式。仪式结束后，董晓健、张梅等领导共同为蒙华铁路新余综合基地培土奠基。

22日

环保督察问题整改工作动员部署会在市会展中心召开。市委副书记、市长董晓健出席会议并讲话。市委常委、常务副市长万广明主持会议。

▲

省外侨办党组书记、主任赵慧一行到新余市，看望慰问归侨和侨眷侨属。副市长徐绍荣陪同走访。

22日—23日

省委副书记姚增科到新余市，就党建工作和特色产业发展进行调研。市委书记蒋斌，省委副秘书长李绪先，市委副书记、市长董晓健，省农业厅党委书记陈日武，省妇联党组书记、主席王庆，市委副书记曾萍等陪同或随同调研。

24日

市委书记蒋斌到分宜县，指导县委常委班子2016年度民主生活会，并走访部分困难群众、老党员以及农村敬老院和颐养之家。

▲

市委副书记、市长董晓健到新钢公司走访慰问。

25日

举行新余市2017年各界人士迎春茶话会。市委书记蒋斌致辞。市委副书记、市长董晓健主持茶话会。曾萍、胡高平、卢伟平等市委、市人大、市政府、市政协领导班子成员出席。

▲

中国共产党新余市第八届纪律检查委员会第二次全体会议召开。市委书记蒋斌出席并讲话。市领导董晓健、曾萍、胡高平、卢伟平等出席会议。市委常委、市纪委书记邹健生代表市纪委常委会作工作报告。

▲

市委副书记、市长董晓健到市广播电视台看

望慰问新闻工作者并录制发表2017新春贺词,向全市人民送上新春的祝福和诚挚的问候。

▲

新余“十佳最美乡村旅游点”表彰奖励、颁发牌匾仪式在昌坊度假村举行。市委常委、宣传部部长郭力根出席颁奖仪式。

▲

国家AAAA级景区——昌坊旅游度假村、创意中国旅游联盟商务顾问有限公司、新余市昌坊古村文化旅游产业发展有限公司联合举办的2017新余昌坊大型新春民俗灯会开启。市委常委、宣传部部长郭力根出席亮灯仪式。

26日

市委副书记、市长董晓健到环卫一线、赣西供电公司、部队布防涉密部队进行新春走访。

本月

美国华文媒体《侨报》发布“2016年北卡——中美交流十大新闻”,市委副书记、市长董晓健访问美国夏洛特市入选,位列第三。

▲

中国城市竞争力研究会在香港发布2016中国最安全城市排行榜。新余市为全省唯一上榜城市,位列榜单第二十七位。

▲

省工商行政管理局公布2016年新认定江西省著名商标。新余高新区江西省金锂科技股份有限公司的“金锂科技”、江西普润食品有限公司的“归云山”、新余市小清翠冠果业农民专业合作社的“小清翠冠”等3个商标获得认定。原有的江西伯乐软件股份有限公司“伯乐安点”、江西增鑫牧业科技股份有限公司的“增鑫”等商标也获得延续认定,此次认定的有效期为3年。

▲

江西鼎立农业机械制造公司生产的型号为4LZ-4.0首批联合收割机正式下线,填补江西省联合收割机生产的空白。

▲

文化部发文公布2016年文化志愿服务活动典型案例名单,新余市选送的“新余版画作品展内蒙古呼和浩特行”入围“‘春雨工程’——全国文化志愿者边疆行”典型案例,受到文化部通报表彰。

▲

由中国智慧城市论坛、中国科学技术法学智慧城市工作委员会举办的2017年第七届中国智慧城市大会在北京召开。新余市获2016年中国智慧城市领军城市,市信息化服务中心主任丁朝阳获评2016年中国智慧城市杰出贡献人物。

▲

国家互联网信息办公室指导,中国文化网络传播研究会主办,中国网信网等协办的“2016·网络中国节”优秀网络文化内容推选展示活动成果发布大会在北京召开。由市委网信办、新余日报社新媒体部(新余发布)选送出品的《记忆中的年味儿·你还记得啥?》(制作:吴彦樾)获网络优秀节日作品,为全省两件获奖作品之一。

2月

3日—4日

新余市第八届领导干部读书班暨全市县处级以上领导干部学习贯彻中共十八届六中全会精神研讨班在市会展中心影剧院举行。受市委书记蒋斌委托,市委副书记、市长董晓健作动员讲话。市委副书记曾萍主持开班仪式并作小结讲话。

6日

省委常委、组织部部长赵爱明到新钢公司调研,看望慰问一线职工。这是赵爱明连续第四次春节期间到联系点企业——新钢公司视察、指导和慰问。市委副书记、市长董晓健,省委组织部副部长徐忠等陪同或随同调研。

8日

市委书记蒋斌到蒙华铁路MHTJ——32标段项目部调研,看望慰问铁路建设职工,并召开座谈会。

9日

省政协副主席陈俊卿到新余调研相关企业,了解企业发展情况,听取企业的意见和建议。市委书记蒋斌，省政协副秘书长徐良平，市委副书记曾萍，市政协主席卢伟平，省委宣传部副部长黎隆武，等等陪同或随同走访。

10 日

市委书记蒋斌会见华泰证券公司党委副书记马骁一行。

14 日

全市社会信用体系建设工作推进会召开。市委副书记、市长董晓健主持会议并讲话。

14 日—15 日

省民政厅副巡视员李小荣率省消防工作考核组到新余市，考核指导 2016 年度全市消防工作。副市长、市公安局局长肖铁军出席情况汇报会。

14 日—16 日

市委书记蒋斌率团到江苏省南京市、常州市武进区招商，学习先进地区发展经验，深入座谈交流，探讨合作事宜。

15 日

全市城乡建设工作会议在市会展中心召开。市委副书记、市长董晓健出席会议并讲话。

16 日

董晓健、曾萍、胡高平、卢伟平、郭力根、邹健生、赖国根、周杰等市四套班子领导到高新区阳光大道，和市直机关干部职工、部队官兵一起，开展新春义务植树活动。

▲

新余芾禾商业保理有限公司与南昌物资集团、南昌第三建设工程公司、江西铁建公司、江西八鑫实业公司战略合作协议签约仪式举行。市委常委、常务副市长万广明出席并讲话。

16 日—17 日

以省鄱湖办副主任刘兵为组长的省公共机构节能考评组到新余，就 2016 年度公共机构节能工作进行全面考评。市委常委、副市长周杰出席情况汇报会与反馈会。

17 日

全市农村工作（新农村建设）暨扶贫开发工作会议在会展中心召开。市委书记蒋斌，市委副书记、市长董晓健出席并分别讲话。市委副书记曾萍主持会议。

21 日

市委书记蒋斌会见乐清客商代表团，双方就五金工具产业基地项目进行交流。

▲

全市开放型经济工作总结表彰暨招商引资工作动员大会在市会展中心召开。市委副书记、市长董晓健出席会议并讲话。市委副书记曾萍主持会议。

▲

由市纪委、市委组织部和市委宣传部联合主办的“学习贯彻十八届六中全会精神，深入推进全面从严治党”党章党规党纪知识竞赛决赛在市广播电视台演播大厅举行。市委常委、宣传部部长郭力根，市委常委、市纪委书记邹健生，市人大常委会副主任涂群出席活动并为获奖选手颁奖。

22 日

副省长、省公安厅厅长郑为文到新余市，对中央环境保护督察反馈意见整改工作进行实地调研。

▲

全市政法暨信访工作会议召开。市委书记蒋斌出席并讲话。市委副书记、市长董晓健向各县（区）下发综治责任书、信访责任书。市委常委、政法委书记黄文辉作工作报告。市人大常委会党组成员、市总工会主席谢桂生宣读表彰决定。副市长、市公安局局长肖铁军部署信访工作。

▲

全市人大代表建议政协提案交办暨政务督查工作会议召开。会议总结 2016 年人大代表建议、政协提案和政务督查工作，安排部署下一步工作，表彰先进。市委常委、常务副市长万广明出席会议并讲话。

23 日

“新余有爱”2016 年度人物发布会在市会展中心举行。市委副书记曾萍，市人大常委会主任胡高平等出席发布会。

▲

全市宣传思想文化工作会议召开。市委常

委、宣传部部长郭力根出席会议并讲话,副市长陈文华主持会议。

23 日—24 日

江西省“央企入赣投资合作洽谈会”在九江召开。在参会期间,市委书记蒋斌会见中国交通建设股份有限公司总裁陈奋健一行和中国大唐集团公司董事长陈进行等客商代表,就加快推进项目建设进行交流。

24 日

市委副书记、市长董晓健率队赴北京走访相关企业,洽谈项目,加快推动京企到新余投资。

▲

市总工会六届八次委员(扩大)会议在会展中心召开。市委副书记曾萍出席并讲话,市人大常委会党组成员、市总工会主席谢桂生主持会议。

▲

高新区传感器产品招商座谈会在市会展中心召开。无锡、桂林、台湾、香港等地的 14 家相关企业的考察团代表参加座谈,市委常委、常务副市长万广明出席座谈会。

25 日

全市安全生产工作紧急会议召开,部署下一步安全生产工作。市委副书记、市长董晓健主持会议并讲话。副市长徐绍荣、市政府秘书长傅水珠参加会议。

27 日

全省市厅级主要领导干部学习贯彻中共十八届六中全会暨省第十四次党代会精神专题研讨班在南昌召开。市委书记蒋斌,市委副书记、市长董晓健,等等在新余分会场收听收看。

28 日

全市组织工作会议在市会展中心召开。市委书记蒋斌对全市组织工作作出批示。市委常委、组织部部长赖国根出席会议并讲话。

▲

全省文化市场管理工作会议在新余召开。会议传达全国文化市场工作会议精神,部署 2017 年全省文化市场工作。省文化厅副巡视员谌洪敏出席,新余市、九江市、南昌市、丰城市、上饶市 5 个城市作典型经验介绍。

本月

根据人社部公布的消息,2016 年新余市有 3 人获得国务院特殊津贴专家称号,分别是江西赣锋锂业股份有限公司李良彬,新余钢铁集团有限公司赵和明,江西新余国科科技股份有限公司金卫平。至此,全市享受国务院颁发政府特殊津贴人员达 56 人。

▲

司法部下发《关于表彰第五届全国法律援助工作先进集体和先进个人的决定》,市法律援助中心林小菊获“全国法律援助工作先进个人”称号,江西弘道律师事务所获“全国法律援助工作先进集体”称号。

▲

省林业厅公布全省第三批森林食品基地名单,新余市 2 家林业企业食品基地榜上有名,分别是市欣欣荣农业科技有限公司的食用菌生产基地和市新龙果业开发有限公司的油茶果生产基地。至此,全市共有 6 家林业企业基地被评为全省森林食品基地。

▲

在庆祝香港回归 20 周年“星光耀香港”2017 年全国校园艺术大赛上,由分宜县雅艺舞蹈学校选送的舞蹈《春天的布谷》摘得金奖。

▲

文化部公布第一批第二次国家文化消费试点城市名单,新余市成为江西省唯一上榜城市。

3 月

1 日

爱必依仙女湖风景名胜区揭牌仪式在仙女湖畔举行。市委副书记曾萍出席揭牌仪式。

3 日

全市城市管理工作暨“强基础、转作风、树形象”动员大会召开。会议宣读市委市政府《关于深入推进城市执法体制改革改进城市管理工作方案》。市委副书记、市长董晓健对全市城管工作作批示。副市长徐文泊出席并讲话。

7日

全市食品安全委员会2017年第一次全体会议在市会展中心召开。市委副书记、市长、市食安委主任董晓健出席并讲话。

▲

纪念“三八”国际劳动妇女节107周年暨第三届妇女运动会举行。市委副书记曾萍出席开幕式并宣布运动会开幕,市委常委、副市长周杰致开幕词。

8日

全市城乡规划委员会2017年第一次会议在市会展中心渝水厅召开。市委副书记、市长董晓健主持会议。

10日

市关工委成立25周年纪念大会暨全市关工委工作会议在市会展中心召开。市委书记蒋斌,市委副书记、市长董晓健对关心下一代工作作出批示,市委副书记、市关工委名誉主任曾萍出席会议并讲话,市委常委、组织部部长、市关工委名誉副主任赖国根主持会议,副市长、市关工委名誉副主任陈文华传达全省关工委工作会议精神,市关工委主任陈九根作工作报告。

▲

仙女湖旅游推介暨中国七夕节活动发布会在北京维景国际大酒店启幕。市委副书记、市长董晓健致欢迎辞,国家旅游局港澳台司副司长祁丽娟,市委常委、宣传部部长郭力根出席活动发布会。活动发布会结束后,举行中国七夕节活动相关事项的新闻发布会。

14日

市广播电视台文化旅游和农村特色栏目开播仪式暨新闻发布会举行。市委常委、宣传部部长郭力根出席并讲话。

15日—16日

市委副书记曾萍到上海、江苏、浙江等地,走访雅保管理(上海)有限公司、恒润集团、上海睿银盛嘉资产管理有限公司、唯品会华东运营总部、嘉兴良求机械有限公司等企业,座谈交流,推动在谈项目落地见效。

16日

全市工业和信息化工作会议在市会展中心召开。市委常委、常务副市长万广明出席会议并讲话。

18日—19日

中纪委驻人社部纪检组组长、人社部党组成员耿文清到新余,调研人力资源和社会保障工作。

20日

市委党校2017年春季主体班举行开学典礼。市委副书记、市委党校校长曾萍出席典礼并讲话,市委常委、组织部部长赖国根主持典礼。

21日

全市争做“五强”村党组织书记专题培训班在市委党校开班。市委书记蒋斌出席开班仪式并讲话。

▲

省林业厅厅长阎钢军到新余,调研林业产业发展情况。

22日

市委副书记、市长董晓健到市委党校为2017年春季主体班学员授课,主题为《认清发展形势 强化责任担当 推动全市经济社会发展上新台阶》。市委副书记、市委党校校长曾萍出席。

23日

市委书记、市委深化改革领导小组组长蒋斌主持召开市委全面深化改革领导小组第十二次全体会议。会议传达中央深改组第三十二次会议精神及省委深改组第十一次会议精神,审议《新余市委全面深化改革领导小组专项小组工作规则》《新余市委全面深化改革领导小组会议议事规则(试行)》《新余市全面深化改革工作考核办法(试行)》《市委全面深化改革领导小组2017年工作要点》《新余市2017年改革项目库》。

▲

市委常委、组织部部长赖国根带领全市争做“五强”村党组织书记专题培训班第一期学员,到井冈山江西干部学院开展集中培训,接受理想信念教育。

24日

全市加快推进仙女湖创建国家AAAAA级旅游景区和创建国家全域旅游示范区工作动员会在市会展中心召开。市委副书记、市长董晓健出席并讲话。市委常委、宣传部部长郭力根主持会议。

▲

共青团新余市第八届委员会第五次全体(扩大)会议在北湖宾馆召开。会议通过《共青团新余第八届委员会第五次全体会议关于团市委委员、候补委员、常委卸职确认案》,并学习《团省委改革方案》,集体讨论全市共青团改革工作。市委副书记曾萍出席并讲话。

27日

市政协委员学习报告会在市会展中心召开。报告会邀请全国政协委员、民盟江西省委会副主委、江西师大教授王东林作"全国政协十二届五次会议精神"主题宣讲报告。市政协主席卢伟平出席学习报告会。

28日

亚洲开发银行项目——新余市孔目江流域洪水防控及环境治理项目实施启动大会在市投资控股集团公司举行。市委常委、常务副市长万广明,亚洲开发银行项目经理奥斯提出席会议。

▲

全市绩效考核(评议)社会评议大会在市会展中心召开。市委常委、常务副市长万广明出席并讲话,市委常委、组织部部长赖国根主持并作评议说明。

29日—30日

省委书记鹿心社到新余市调研。省委副秘书长犹璟,省工信委主任杨贵平,省农业厅党委书记陈日武,省林业厅厅长阎钢军等随同调研。市委书记蒋斌,市委副书记、市长董晓健,等等陪同调研。

31日

市委书记、新余军分区党委第一书记蒋斌出席新余军分区党委八届四次全体(扩大)会议。军分区司令员常如平传达省委书记、省军区党委第一书记鹿心社重要讲话精神。军分区政治部主任李平东宣读表彰奖励通报。

▲

新余农商杯"互联网+"创业创新大赛决赛举行。市委副书记曾萍到场观赛,并为获奖选手颁奖。

▲

八届市委第二轮巡察工作动员部署会召开。会议传达部署八届市委第二轮巡察工作任务分工。市委常委、市纪委书记邹健生,市委常委、组织部部长赖国根出席并讲话。

▲

省妇联主席王庆率调研组到新余市,调研免费婚前医学检查工作。省妇联党组成员、组织部部长李景芝陪同调研。

本月

2017年第一期"江西好人"发布,江西工程学院救人群体入选"江西好人"(见义勇为类),分宜县公路分局的陈东平入选"江西好人"(助人为乐类)。

▲

中国科协授予分宜一小科技活动中心"全国优秀科普教育基地"称号,全省仅有2家获此殊荣。至此,全市拥有全国科普教育基地1家,全省科普教育基地3家,市级科普教育基地6家。

▲

新余学院"江西省太阳电池新材料与应用重点实验室"培育基地顺利通过省科技厅验收,标志着新余学院首个省级重点实验室建成。

4月

1日

"祭奠先烈英魂、传承红色基因——我们的节日·清明"祭扫活动在仰天岗烈士纪念碑陵园内举行,缅怀为新余的革命和建设事业献出宝贵生命的先烈们。市委常委、宣传部部长郭力根出席并讲话。

3日

全国优秀共产党员、全国道德模范提名奖获得者、全国最美乡村教师蒋国珍祭奠仪式在长安陵园举行。市委常委、宣传部部长郭力根以普通党员身份参加祭奠仪式，全市有上百万党员、群众自发参加祭奠仪式。

5日

新余举行“渝郎回乡”创业大会。市委书记蒋斌出席并讲话。市委副书记、市长董晓健致辞。市委副书记曾萍等出席。会议现场举行项目签约仪式。

▲

市委副书记、市长董晓健在市会展中心分别会见北京新余商会、深圳新余商会、上海新余商会、海南新余商会、广东分宜商会、云南江西商会、温州新余商会、东莞新余商会等部分“渝郎”代表。

▲

北京新余商会捐资助学启动仪式在市青少年宫举行。北京新余商会现场向市青少年发展基金会捐助10万元，用于帮扶100名困难学生。副市长陈文华出席启动仪式。

5日—6日

“渝郎回乡”创业代表考察团到渝水区、分宜县、仙女湖区、高新区考察，共商发展之计。市委常委、市委秘书长、统战部部长李新华，市政协副主席、市工商联主席孔祥筛陪同。

6日

省委常委、政法委书记尹建业到新余调研政法工作。省委政法委常务副书记林强随同调研。市委书记蒋斌陪同调研。

▲

全市新任县级领导干部集体廉政谈话会召开。会议传达学习中共十八届六中全会和十八届中央纪委七次全会对领导干部的有关要求，书面学习《关于新形势下党内政治生活的若干准则》《中国共产党党内监督条例》。市委常委、纪委书记邹健生出席并讲话。

▲

新余首个村级商会——分宜县杨桥镇潭湘商会挂牌成立。

7日

全市科技创新大会在市会展中心召开，部署全市科技创新及加大社会研发投入工作，对获得全市科学技术进步奖和科技创新奖的有关人员进行表彰。市委副书记、市长董晓健出席并讲话，市委副书记曾萍主持。

10日

第三届赣西经济转型加快发展区域合作会议在萍乡召开。省委常委、常务副省长毛伟明出席并讲话。新余、宜春、萍乡市政府市长汇报本地经济转型加快发展工作情况和恳请省政府支持解决的事项。市委副书记、市长董晓健出席作汇报。

10日—12日

省人大常委会委员、环资委副主任委员屠永发率督导组到新余，督导仙女湖“湖长制”落实暨水污染防治情况。

12日

市委书记蒋斌到高新区和渝水区，调研全市乡村两级重点工作和“保家行动”，召开调度会部署工作。

13日—14日

市人大常委会组织调研组对全市道路交通安全工作情况开展专题调研，并召开征求意见座谈会。市人大常委会主任胡高平、党组成员谢桂生、副主任邹永清参加调研。

▲

中国科学院化学所李永舫院士率专家组到新余，考察调研新能源产业。

18日

全市光电信息产业发展座谈会在市会展中心召开。座谈会分析新余市光电信息产业发展现状及未来趋势，探讨推动全市光电信息产业发展对策和措施。市委副书记、市长董晓健主持座谈会。

19日

省委常委、省委宣传部部长赵力平到新余调研宣传思想文化工作。市委常委、宣传部部长郭力根陪同调研。

20日

著名诗人、诗评家、一级作家、《诗选刊》杂志社社长、国务院特殊津贴专家简明到新余,参加新余文艺讲坛活动,并作新诗创作技法讲座。市委常委、宣传部部长郭力根会见并宴请客人。

21 日

市委书记蒋斌主持召开市委理论学习中心组专题学习会。会议邀请省纪委副书记、省监察厅厅长潘东军作辅导报告,学习中共中央总书记习近平中中共十八届中央纪委七次全会重要讲话精神和《关于新形势下党内政治生活的若干准则》《中国共产党党内监督条例》。

21 日—23 日

2017 仙女湖第三届汽车展览会在仙女湖万商红广场举行。车展期间现场成交车辆 743 辆,总成交额过亿元,现场登记的意向购车客户 2731 人。

▲

市委副书记、市长董晓健率队到广东深圳、惠州、东莞三地招商。

23 日

新余在深圳举行双向股权招商推介会,现场签约项目 14 个,签约资金 16 亿元。市委副书记、市长董晓健出席并致辞。

24 日

水利部长江水利委员会副主任陈琴率队到新余,督导检查全面推行"河长制"工作,市委副书记曾萍、省河长办专职副主任姚毅臣、副市长林愚陪同督查。

25 日

新余市推动移风易俗、促进乡风文明第一次联席会议召开。会议部署全市农村移风易俗工作。市委常委、宣传部部长郭力根主持并讲话。

27 日

全市脱贫攻坚整改部署暨社会扶贫动员会召开。市委书记蒋斌出席并作动员讲话。董晓健、曾萍等市领导参加会议。

▲

新余市与中石油江西销售分公司签订战略合作框架协议。市委副书记、市长董晓健,中石油江西销售分公司总经理张文荣出席签约仪式。市委常委、常务副市长万广明代表市政府签约,中石油江西销售分公司副总经理李亚刚代表公司签约。

▲

由天津市卫计委巡视员、副主任申长虹率队的国务院医改办复评组到新余,就 2016 年度公立医院综合改革效果情况进行复评。市委副书记、市长董晓健出席座谈会。省卫计委副主任朱烈滨,副市长陈文华陪同复评。

28 日

市委副书记、市长董晓健出席全市脱贫攻坚整改部署暨社会扶贫工作动员大会。市政协主席卢伟平主持。副市长林愚作全市脱贫攻坚整改暨社会扶贫工作部署。

▲

新余市"五一"国际劳动节表彰大会在市工人文化宫天工大剧院举行。会议表彰获得五一劳动奖状、奖章、工人先锋号的先进个人和先进集体。市委副书记曾萍出席并讲话。

本月

省开放办确定 120 家企业为 2017 年全省重点出口企业,新余市新钢、法瑞新、伟恒数码、亿铂电子、汶赋德、赣锋锂业、沃格光电、瑞晶和恩达 9 家企业入围。

▲

在省工信委组织的 2016 年度江西省优秀新产品评选中,新余市推荐申报的 6 个新产品入选江西省优秀新产品。

▲

在第十三届全国见义勇为英雄模范评选表彰活动上,新余"最美新郎"何洪成因勇斗歹徒被授予"全国见义勇为模范"称号,并在人民大会堂受到中央有关领导接见。

▲

全市建成颐养之家 471 个,实现全市 409 个行政村颐养之家全覆盖,供养"入家"老人 6184 名。

5 月

3 日

全市推进新型工业化表彰奖励暨深化降成本

优环境专项行动大会在市会展中心召开。市委副书记、市长董晓健出席会议并讲话。市委常委、常务副市长万广明主持会议。

▲

全市“扫黄打非”工作会议召开。会议学习贯彻全省第三十次“扫黄打非”工作电视电话会议精神,部署全市2017年“扫黄打非”工作。市委常委、宣传部部长郭力根出席会议并讲话,副市长陈文华主持会议。

4日

市委书记蒋斌到新余学院调研高校思想政治工作,出席“青春喜迎十九大”纪念共青团建团95周年暨全市各界青年座谈会。

5日

《江西省食品小作坊小餐饮小食杂店小摊贩管理条例》全省宣传月活动启动仪式在抱石公园广场举行。省食品药品监督管理局局长上官新晨、副市长徐文泊出席仪式,省食品药品监督管理局副巡视员黄富强主持仪式。

8日

省委副书记、省长刘奇到新余调研教育卫生工作。省政府秘书长、办公厅主任张勇,市委书记蒋斌,市委副书记、市长董晓健等陪同调研。

▲

全市“保家行动”动员大会在市会展中心召开。市委副书记曾萍出席会议并讲话。市人大常委会副主任姚尚伟参加会议,副市长林愚主持会议,副市长徐绍荣宣读《关于开展“保家行动”的通知》,副市长、市公安局局长肖铁军宣读《关于加强“保家行动”水环境长效管理的通知》。

10日

国务院安委会办公室宣讲团到新余,就安全生产领域改革发展工作开展宣传贯彻活动。国家安监总局监管二司副司长、高级工程师官山月就《中共中央 国务院关于推进安全生产领域改革发展的意见》进行宣讲和解读。市四套班子领导出席。

▲

省委组织部副部长兼省人大常委会选任联工委主任龚绍林率调研组到新余市高新区、渝水区,就基层党组织建设、非公企业党建工作、“党建+颐养之家”“党建+商会”等工作进行调研。

10日—12日

由国家质检总局法规司副司长孔丽英带队的国务院督查组到新余,督查“放管服”改革工作。市委常委、常务副市长万广明陪同。

11日—12日

川滇黔赣冀湘六省二十二市州政协第四十一次联系会议在新余召开。会议围绕“发展绿色能源、建设生态文明”的主题,交流各市州政协在绿色能源和生态文明方面履职献策的做法和经验。市委书记蒋斌致辞。市委副书记曾萍、市人大常委会主任胡高平出席。市政协主席卢伟平、市政协副主席贺为华分别主持会议。

▲

市委常委、宣传部部长郭力根率新余参展团参加第十三届中国(深圳)国际文化产业博览交易会,并走访深圳新余商会、深圳科润视讯技术有限公司,与商会和企业负责人交流。

12日

省第一环境保护督察组督察新余市工作动员会召开。省第一环境保护督察组组长李春燕、副组长石晶出席会议讲话。市委书记蒋斌作动员讲话,市委副书记、市长董晓健主持。

15日

2017年创建全国文明城市攻坚大会在市会展中心召开。市委书记蒋斌对创建工作作出批示。市委副书记、市长董晓健出席并讲话。市委副书记曾萍主持会议。

16日

2017年全市生态文明建设工作暨市级总河长会议召开。市委副书记、市长董晓健出席会议并讲话。市委副书记曾萍主持会议。

17日

副省长李利到新余,调研新余教育和旅游发展情况。市委副书记、市长董晓健,市委常委、宣传部部长郭力根陪同。

▲

省人大常委会副主任冯桃莲率调研组到新余,调研渝水区袁河经济开发区开展降成本优环境专项行动总体情况。市委副书记曾萍等陪同调研。

18日

全市新农村建设业务培训班开班。市委副书记曾萍出席开班仪式并讲话,省委农工部副部长、省新村办常务副主任刘伟参加活动。

19日

2017"中国旅游日"(新余)主题活动在市天工大剧院举行。市委常委、宣传部部长郭力根,市人大常委会副主任马小红,副市长林恳,市政协副主席孔祥筛出席启动仪式,并走访参观各大旅游商品展示区。

21日

以"防范非法集资、普及金融知识、维护金融稳定"为主题的新余市防范非法集资大型集中宣传日活动在抱石公园广场举行。市委常委、副市长周杰巡视活动现场。

23日—24日

由省国土资源执法监察总队总队长蔡建平率队的省三厅(局)考核组到新余,考核2016年度耕地保护责任目标落实情况。副市长林恳出席情况汇报会。

24日

法治新余建设领导小组第三次会议召开。会议听取2016年法治新余建设工作情况和考核结果汇报,审议《2017法治新余建设工作要点》(送审稿)等相关文件。市委书记蒋斌,市委副书记、市长董晓健作批示。市委常委、常务副市长万广明出席并讲话。

▲

新余市2017年传统村落和古建筑保护发展工作调度会在罗坊会议纪念馆召开。市委常委、宣传部部长郭力根出席会议并讲话。

25日—26日

全国沼肥生态循环农业技术培训班在新余开班。农业部农业生态与资源保护总站副站长高尚宾出席开班仪式,市委常委、常务副市长万广明出席并讲话。

26日

省政协副主席陈俊卿到分宜县,开展入企帮扶活动,并调研降成本优环境专项行动工作。

27日

全市打击传销工作暨表彰会议在市会展中心召开。市委常委、政法委书记、市打击传销工作领导小组组长黄文辉出席会议并讲话。

28日—30日

分宜县首届龙舟文化旅游节。市委常委、宣传部部长郭力根,市人大常委会副主任马小红出席28日开幕仪式。此次文化旅游节开展"龙舟朝圣""千人竞渡"" 包粽大拼""舞龙巡游"等11项活动。

本月

由市史志办、市旅发委联合编纂的《文游新余》出版发行。市委书记蒋斌为该书作序,市委常委、市委秘书长、统战部部长李新华担任编委会顾问。

▲

国家知识产权局确定新一批国家知识产权强县工程、传统知识知识产权保护示范、试点县(区)名单。渝水区入选国家知识产权强县工程试点县(区),试点时限自2017年3月至2019年3月。

▲

省政府办公厅通报2016年度全省政府网站绩效评估情况,新余市人民政府网站获全省政府网站绩效评估优秀网站。

▲

全国公安系统英雄模范立功集体表彰大会在北京人民大会堂举行,会议对中共十八大以来全国公安系统涌现出的615个先进集体和1320名先进个人进行表彰。市公安局刑事侦查支队政委胡仁平获"全国特级优秀人民警察""全国优秀人民警察"称号,市公安局交通警察支队城南大队获"全国优秀公安基层单位"称号。

▲

全国老龄工作委员会下发《关于表彰第二届

全国“敬老文明号”和“全国敬老爱老助老模范人物”的决定》，水北商会获“敬老文明号”，市万家惠服务有限公司邓忠平、渝水区罗坊镇北岗敬老院晏文优、分宜县高岚乡敬老院黄平才3人获全国“敬老爱老助老模范人物”称号。

6月

1日

市委副书记、市长董晓健到市蓓蕾幼儿园和高新一小走访慰问学校师生。

▲

全市第二批产业引导专项资金8个项目投放工作正式启动。渝水区城乡建设投资有限责任公司到新余市投资控股集团有限公司办理第一笔借款手续，借款总额为2000万元，其中江西智锂科技有限公司和新余市渝水高科有限公司各借款1000万元。

▲

市直国有粮食企业改革动员大会召开，标志着市直国有粮食企业二次改革正式启动。会议对市直5家国有粮食企业深化改革工作进行部署，决定组建新余粮油发展有限责任公司，下设5个分公司。6月28日举行揭牌仪式，副市长林愚出席。

2日

全国第十三届运动会群众比赛乒乓球预赛暨“李宁·红双喜杯”2017年全国业余乒乓球锦标赛（南部赛区·星期壹俱乐部）在市体育中心开幕。原国家体育总局乒羽中心副主任、原国家乒乓球女队主教练张燮林，省体育局副局长、省乒乓球协会主席林军，副市长陈文华出席开幕仪式。

▲

上海宋庆龄基金会志愿者一行到渝水区姚圩小学，为留守儿童捐建1个藏书4000余册的图书室，并自筹善款7000元为建档立卡贫困家庭的孩子们购买学习和生活用品。

6日

由中央文明办主办、中国文明网承办的“我推荐、我评议身边好人”活动在陕西咸阳发布5月“中国好人榜”入选名单。市文明办推荐的新余市都康有机农业有限公司总经理邱乐安荣登“中国好人榜”（助人为乐类）。

6日—12日

市委常委、组织部部长赖国根深入分宜县钤山镇、杨桥镇、分宜镇、凤阳镇、洋江镇、操场乡、高岚乡，仙女湖区河下镇、凤凰湾办事处等地，调研指导“党建+颐养之家”工作。至此，赖国根走遍全市409个行政村的460个颐养之家。

7日

由中组部干部教育局副局长石中和带队的调研组一行到新余，就中央《2013—2017年干部教育培训规划》贯彻落实情况进行实地调研。市委书记蒋斌，市委副书记、市委党校校长曾萍等陪同调研。

▲

2017年普通高考开考，全市参加考试总人数9575人。市委常委、宣传部部长郭力根等对新余市高考考点进行巡视。

7日—9日

以“新理念、新发展、新动能”为主题的第十六届赣港经贸合作交流活动在香港举行。市委副书记、市长董晓健率新余市代表团参加。活动期间，新余市共邀请8位重点客商，签约项目7个，投资总额超7亿美元。

8日

昌坊老年公寓的食堂开通天然气，昌坊村成为全市首个安装并使用天然气的村庄。该天然气项目总投资300余万元。

▲

全市首家医养结合重点项目——投资1.2亿元的分宜钤东医院（原分宜二医院）一期工程封顶。

9日

新余市人民政府与国家开发银行江西省分行签署开发性金融合作备忘录，重点支持新余“十三五”发展规划实施，支持新余经济转型升级，支持新余争创“三区两典范”。市委书记蒋斌，国开行江西省分行行长吴守华分别致辞。市委副书记曾萍主持签约仪式。

10 日

省检察院党组书记、检察长刘铁流率队到新余,就生态检察、司法体制改革等工作进行调研。市委书记蒋斌陪同调研。

11 日

第十一届中国电子政务高峰论坛暨"2017 中国新型智慧城市创新 50 强"发布会在北京大学中关新园召开。新余市获"2017 中国新型智慧城市创新 50 强"。

12 日

新余(深圳)锂电暨光电产业招商推介会在广东省深圳市举行。市委副书记、市长董晓健出席推介会并讲话。推介会上,现场签约项目 7 个,投资总额 9.1 亿元。

▲

新余市申报"中国制造 2025"城市试点示范专家考察调研座谈会召开。市委常委、常务副市长万广明出席并致辞。座谈会邀请国家制造强国建设战略咨询委员会专家、中国工程院制造业研究室主任屈贤明,中国工程院制造业研究室特聘教授、机械科学研究总院教授陈警,中国工程院战略咨询中心制造业研究室副主任、高级工程师杨晓迎,就申报"中国制造 2025"城市试点示范工作进行指导。

13 日

新余下村商会"双百"爱心工程 100 名会员结对帮扶百名颐养之家困难老人活动启动。市委常委、秘书长、统战部部长李新华,市委常委、组织部部长赖国根出席仪式。

14 日

以宜春市政协原副主席涂水泉为组长的省脱贫攻坚工作第八检查督导组到渝水区,督导精准扶贫工作。副市长、市社会扶贫工作领导小组副组长林愚陪同。

15 日

全市推进"两学一做"学习教育常态化制度化工作部署会召开。市委书记蒋斌出席并讲话。市委常委、秘书长、统战部部长李新华主持。市委常委、市纪委书记邹健生出席。市委常委、组织部部长赖国根宣读《新余市推进"两学一做"学习教育常态化制度化实施方案》。

▲

江西省民建同心扶贫基金会捐赠分宜德仁苑 20 万元,民建新余市委会赠送德仁苑孩子们价值近万元的服装及生活物资,并将德仁苑作为"爱心帮扶基地"长期帮扶。省政协副主席、民建省委会主委孙菊生,市政协主席卢伟平,市委常委、秘书长、统战部部长李新华出席捐赠和揭牌仪式。

▲

国家旅游局规划财务司副司长吴科锋率队到新余,调研指导仙女湖国家 AAAAA 级景区创建工作。市委常委、宣传部部长郭力根,市人大常委会副主任马小红陪同调研。

16 日

中铁物贸深圳公司广州地铁 11 号线物资采购签约仪式在深圳举行,30 万吨新钢钢材正式"签约"广州地铁 11 号线。新钢公司是唯一一家向该工程直供钢材的广东省外国有钢企。

17 日

以江西调查总队副总队长陈悟朝为组长的省脱贫攻坚整改工作巡查组到新余,巡查脱贫攻坚整改工作。市委副书记、市长董晓健出席汇报会。副市长林愚汇报全市脱贫攻坚整改工作情况。

19 日

新余市住房公积金异地转移业务正式接入全国住房公积金异地转移接续平台,实现公积金异地转移"全国漫游"。

20 日

全市领导干部统计知识培训会在市会展中心多功能厅召开。省统计局党组书记、局长万庆胜出席并讲话,市委副书记、市长董晓健主持培训会。

20 日—21 日

省委常委、省纪委书记孙新阳深入新余高铁新区、仙女湖区、分宜县、渝水区、新钢公司、高新区调研。省纪委常委、省监察厅副厅长何刚随同。

市委书记蒋斌，市委副书记、市长董晓健等分别陪同调研。

21日

全市文明导游风采大赛在新余学院举办。市委常委、宣传部部长郭力根出席。

22日

省委常委、省委秘书长刘捷到新余督导降成本优环境专项行动，并深入挂点的高新区，走访调研联系企业。市委书记蒋斌，省直机关工委书记彭世东，市委副书记、市长董晓健，等等陪同或随同督导并出席座谈会。

22日—23日

省人大常委会委员、农委主任委员陈永华率调研组到新余，就发展绿色生态农业和农村土地“三权分置”工作情况开展调研。

23日

市委书记、市委全面深化改革领导小组组长蒋斌主持召开市委全面深化改革领导小组第十三次全体会议。会议通报全市改革督查情况；审议新余市群团改革1+5方案、《新余市化解政府债务风险工作方案》和省政府《关于支持赣西（新余）跨行政区转型合作试验区建设若干意见》，听取房地产去库存工作情况、城管体制改革情况、公立医院改革情况和农村建房规划整治工作情况汇报。

▲

主题为“弘扬工匠精神，技能成就梦想”的全市中式面点职业技能大赛举行。

24日

由市文联主办、市作协承办的新余文艺讲坛第三期举行。省知名散文作家、中国作协全委会委员、省作协副主席江子（曾清生）应邀主讲。市人大常委会主任胡高平与市内外80多位作家作者聆听讲座。

▲

凯光欢乐谷水上乐园开业。市人大常委会主任胡高平出席开业仪式，市委常委、宣传部部长郭力根出席仪式并致辞。凯光欢乐谷水上乐园总投资5000万元，为赣西地区最大的水上乐园。

25日

新余市丰城商会成立。市委常委、秘书长、统战部部长李新华等出席庆典仪式。

26日

市委书记蒋斌，市委副书记、市长董晓健分别深入市防汛指挥部办公室、高新区支干三渠、袁河闸坝桥，实地调研全市防汛工作情况。24日18时至26日8时，新余市遭遇2017年入汛的第六次强降雨，全市普降大到暴雨，平均降雨达到316.7毫米，比多年均值偏多24%。

▲

由市禁毒委员会主办、市公安局承办的“6·26”禁毒集中教育宣传启动仪式在抱石公园举行。市委常委、政法委书记黄文辉，市人大常委会党组成员、市总工会主席谢桂生，副市长、市公安局局长、市禁毒委主任肖铁军，市政协副主席傅明明出席启动仪式。

27日

全市创建国家公共文化服务体系示范区推进会暨创建国家文化消费试点城市动员大会在市会展中心召开。会议宣读市委书记蒋斌关于做好国家文化消费试点城市建设的批示。市委副书记、市长董晓健出席会议并做动员讲话。

▲

新余市与中国建筑股份有限公司举行国省道一级公路绕城改建工程（环城路）PPP项目签约仪式。市委副书记、市长董晓健，中国建筑股份有限公司副总经济师张翌出席并致辞。

28日

市环城路、备用水源工程开工暨重点民生项目建设推进会召开。市委书记蒋斌宣布开工令。市委副书记、市长董晓健讲话。

▲

全省首家渣土处置协会——新余市渣土处置协会挂牌成立。

29日

全市“保家行动”和“党建+颐养之家”现场会在渝水区罗坊镇召开。市委书记蒋斌出席并讲话。市委副书记、市长董晓健主持现场会。市委副书记曾萍就全市“保家行动”作工作部署。市委常委、组织部部长赖国根通报部署“党建+颐养之家”工作。

▲

全市城市管理和综合行政执法知识讲座在市会展中心影剧院举行。邀请住房和城乡建设部城市管理监督局局长王早生应邀授课。市领导万广明、郭力根、邹健生、周杰等出席讲座。

▲

由中国科学院自动化研究所副总工程师孙哲南率领的中科院自动化研究所和北京精彩乐现科技有限公司考察团到新余考察调研。其间，北京精彩乐现科技有限公司向新余市捐赠“乐现云课堂”硬件设备和软件平台，总价值折合人民币1000万元。副市长陈文华出席座谈会和捐赠仪式。

29日—30日

以长江科学院副院长陈进任组长的水利部水生态文明城市建设试点技术评估组到新余，评估考察水生态文明城市建设试点情况。市委副书记、市长董晓健致辞。省水利厅副巡视员祝水贵随同考察，副市长林愚，市政府秘书长傅水珠出席汇报会。

30日

全市农村集镇服务管理工作调度会在分宜县双林镇召开。市委副书记曾萍出席会议并讲话，副市长徐文泊主持会议。

▲

全市法院首批员额法官集体宪法宣誓活动在市中级人民法院举行。市委常委、政法委书记黄文辉出席并讲话，市人大常委会党组成员、市总工会主席谢桂生，市中级人民法院院长熊春安参加活动。

▲

由中央文明办主办、中国文明网承办的“我推荐、我评议身边好人”活动在武汉发布6月“中国好人榜”入选名单。市文明办推荐的分宜县德仁苑负责人黄梅生荣登“中国好人榜”（助人为乐类）。

本月

省发展改革委、省农业厅下达新余市2017年规模化大型沼气工程中央预算内资金296万元，主要支持分宜群源农业开发公司洋江种猪育种中心和高新区彭氏养殖有限公司建设规模化大型沼气工程。

▲

省财政厅、省林业厅下达新余市2017年省级林业产业发展专项资金635.2万元，较上年增长42.77%。

▲

市环境保护局向中电投江西分宜电力有限公司分宜发电厂、江西大唐国际新余发电责任有限公司颁发了国家统一编码的排污许可证，率先在全省全面完成火电、造纸行业的排污许可证核发工作。

▲

全市38个乡镇卫生院和社区卫生服务中心全部接入全省基层医疗机构管理信息系统，村卫生室（社区卫生站）接入154个，在全省排名第一，标志着全市互联互通的卫计专网建立。

▲

国家质检总局办公厅下发《关于同意创建产品质量提升示范区的函》，批准同意分宜县创建苎麻产业质量提升示范区，这是新余市第一个国家级产品质量提升示范项目。

▲

省三厅（局）耕地保护责任目标考核组对渝水区2016年度耕地保护责任目标履行情况进行考核。考核组对渝水区的相关工作给予充分肯定，并决定在全省推广。

▲

全市首个乡镇智慧管理平台“九龙山乡村通”正式上线。九龙山乡在辖区内各村庄及颐养之家、居民小区、垃圾屋、山塘水库、工业企业等处安装“乡村通”巡检点二维码卡牌300余个。

▲

全市平均降雨量418.1毫米，比多年均值偏多65%。

7 月

3 日

仙女湖智慧旅游合作项目暨航空运营基地项目签约仪式在北湖宾馆举行。市委副书记、市长董晓健，江西省旅游集团董事长曾少雄，市委常委、宣传部部长郭力根，中航工业昌河飞机工业（集团）有限责任公司常务副总经理许伟出席签约仪式。

5 日

第四次全市妇女儿童工作会议在北湖宾馆召开。会议对获得全省、全市实施妇女儿童发展纲要先进集体和先进个人进行表彰。市委副书记、市长董晓健出席会议并讲话。副市长陈文华作工作报告。

6 日

市委书记蒋斌主持召开市委理论学习中心组专题学习会，就“两学一做”专题一“讲政治、有信念—做政治合格的共产党员”进行学习研讨。会议传达学习《江西省贯彻中国共产党问责条例实施办法》和省委常委、宣传部部长赵力平关于做好意识形态的讲话精神，邀请清华大学教授戴木才围绕《以习近平同志为核心的党中央治国理政的新理念新思想新战略》主题做辅导报告。

▲

新余市与江西省咨询投资集团有限公司签订战略合作协议。市委副书记、市长董晓健，江西省咨询投资集团有限公司总经理余铁根出席签约仪式。

▲

全市引导城乡居民扩大文化消费试点工作领导小组第一次会议召开。市委常委、宣传部部长郭力根出席并讲话。

11 日

市人大常委会主任胡高平、副主任马小红在副市长陈文华和有关部门负责人陪同下到渝水区、分宜县调研全市宗教工作。

11 日—13 日

市委书记蒋斌率队到浙江省温州市和福建省泉州市进行招商，走访浙江伟明环保股份有限公司、浙江森马服饰股份有限公司和福建信诚集团，深入座谈交流，探讨合作事宜。

13 日

新余市召开中央电视台综艺频道七夕特别节目《天下有情人》协调会，与央视导演组就筹备工作进行对接协调，对各工作组保障工作提出具体要求，全力保障筹备工作顺利进行。市委常委、宣传部部长郭力根主持会议并讲话。

14 日

市委书记蒋斌主持召开市委人才工作领导小组（扩大）会议。会议审议通过第五届“新余市突出贡献人才”拟表彰人选和《新余市深化人才发展体制机制改革的工作方案》。市领导董晓健、曾萍、万广明、赖国根出席。

▲

市政府和国网江西省电力公司举行“十三五”电网发展合作框架协议签约仪式。市领导蒋斌、董晓健、万广明、李新华、徐绍荣；国网省电力公司领导于金镒、郝玉国、刘镭出席签约仪式。

15 日

新余市“世界青年技能日”宣传暨“百名技师育高徒”活动启动仪式举行，部分师徒代表签订师徒协议。市委常委、常务副市长万广明出席启动仪式。

16 日

市委、市政府召开军队退役人员代表座谈会。市委书记蒋斌出席会议并讲话。

17 日

国家行政学院社会和文化教研部主任祁述裕率督查组到新余，督查国家文化消费试点工作进展情况。国家行政学院文化政策与管理研究中心副主任高宏存、省文化厅副厅长郎道先随同督查。副市长陈文华陪同。

18 日

环城路征地拆迁动员会在市会展中心举行。市委常委、常务副市长万广明出席会议并讲话，副市长徐文泊主持会议。

20 日

全市安全生产电视电话会议召开。全市安全生产电视电话会议召开之前,组织收听收看了全国、全省安全生产电视电话会议。市委副书记、市长董晓健出席并讲话。副市长徐绍荣出席会议。

▲

全市环境污染整治专题工作会召开。市委副书记、市长董晓健出席并讲话。市委常委、常务副市长万广明主持会议。

23 日—24 日

中国民协副主席刘华,中国民协副主席、北师大教授万建中率领专家评审组到新余,考察指导"中国夏布技艺之乡暨中国夏布绣传承与发展基地"申报有关工作,并组织召开主题汇报会。市委常委、宣传部部长郭力根,副市长陈文华出席汇报会。

24 日

新余市举行庆祝建军 90 周年军地座谈会,就《关于进一步规范新余市军队转业干部士官安置工作的意见》(讨论稿)以及"如何建立军地沟通交流平台"进行讨论。市委副书记曾萍出席会议并讲话。新余军分区政委卢伟主持会议。

25 日

市委八届四次全体(扩大)会议在市会展中心举行。全会深入贯彻落实省委十四届三次全会精神,表彰先进,总结上半年工作,部署下半年工作。市委书记蒋斌出席会议并讲话。市委副书记、市长董晓健总结上半年经济工作,部署下半年经济工作。市委副书记曾萍向全会报告上半年党建工作。市委常委、组织部部长赖国根宣读《"五强"村(社区)党组织书记表彰决定》和《全市"党建 + 颐养之家"优秀村表彰通报》以及新余市"两新"组织先进基层党组织名单。

26 日

江西赛维 LDK 光伏硅科技有限公司 HC - 2 年产 20 万吨 TCS 冷氢化生产线开工。市委副书记、市长董晓健宣布项目正式开工。市委常委、副市长周杰主持开工仪式。

▲

市委副书记、市长董晓健主持召开全市城乡规划委员会 2017 年第二次会议。会议审议《新余市孔目江片区控制性详细规划》《新余市排水(雨水)防涝综合规划》《新余市燃气专项规划(2015—2030)》《新余市孔目江新城江东片区控制性详细规划(调整方案)》《新余市城东片区控制性详细规划(调整方案)》《新余市洋坊站西南片区控制性详细规划图则》《北湖帝景规划方案》。

26 日—27 日

省政协副主席、九三学社省委会主委李华栋到新余,开展规模化禽畜养殖污染治理专题调研。市政协主席卢伟平陪同调研。

27 日

中国人民解放军建军 90 周年文艺晚会暨新余首届退役军人十佳"创业之星"颁奖典礼在市会展中心举行。省人大常委会副主任、民革省委会主委马志武,市委书记蒋斌,市委副书记、市长董晓健,市委副书记曾萍等观看晚会或颁奖。

▲

新余市第四届"新余人才日"暨"新余市突出贡献人才"表彰大会举行。市委副书记、市长董晓健出席并讲话。市委副书记曾萍主持大会。市委常委、组织部部长赖国根宣读突出贡献人才表彰决定。

▲

全市征兵工作电视电话会议召开。市委常委、常务副市长万广明出席并讲话,新余军分区司令员常如平总结并部署 2017 年征兵任务,新余军分区政委卢伟宣读 2016 年征兵工作表彰通报。

28 日

新余市"民革党员之家"揭牌仪式举行。省人大常委会副主任、民革省委会主委马志武,中共新余市委书记蒋斌共同为"民革党员之家"揭牌。市人大常委会主任胡高平,市政协主席卢伟平等出席揭牌仪式。

31 日

市人大常委会主任、市人大代表胡高平到

城南办事处西街社区人大代表工作室，听取群众、选民关于社区建设的意见建议，现场协调解决群众在社区建设和生产生活中遇到的困难和问题。

本月

省财政厅、省林业厅下达新余市2017年省级林业产业发展专项资金635.2万元，比上年增长42.77%。其中，油茶专项资金250万元、生物防火林带建设补助资金200.7万元、低产低效林改造补助资金130.8万元、竹产业发展补助资金96.4万元、林下经济种植补贴资金66万元、林木良种繁育及良种良法推广补助资金49万元。

▲

省食品安全委员会办公室、省食品药品监督管理局首次在国家食品安全示范创建城市南昌市和新余市开展放心肉菜示范超市创建活动，结束江西省没有放心肉菜示范超市的历史。

▲

经县区推荐、市级审核、省委农工部同意，高新区水西镇苍坑村委，分宜县钤山镇金鸡布村委、防里村委，渝水区罗坊镇大港亭村委、人和乡穑诞村委，仙女湖区钤阳办事处白田村委6个村被列为村级集体经济发展工作省级试点村。

▲

省科技厅公布2017年第一批省科技型中小微企业认定名单，新余市江西盛泰光学有限公司、江西青春康源制药有限公司等16家新余企业成功入围省科技型中小微企业。

▲

新余市被评为全省2016年度公共机构节能工作优秀单位，这是新余连续第七年获此殊荣。

▲

省林业厅和省旅发委公布江西省首批森林体验基地、森林养生基地，新余国家亚热带植物园榜上有名，获首批省级森林养生基地称号。其中，省级森林养生基地全省仅5家。

▲

住房城乡建设部办公厅近日印发《关于公布河北等13个省(区、市)第一批绿色村庄名单的通知》，公布5855个第一批绿色村庄名单，江西省53个村庄列入，新余市列入这一名单的有27个，分别是：渝水区良山镇下保村、鹊桥村，罗坊镇湖头村、大港亭村、彭家村，鹄山乡桐村村，水北镇泉塘村，新溪乡泗溪村，珠珊镇花田村；分宜县分宜镇介桥村，湖泽镇水川村、罗沙村，钤东办事处下坊村，洞村乡南村村、凤阳镇大路边村，沔村村，钤山镇防里村、下田村，高岚乡兰盘村，洋江镇山田村，双林镇白水村；仙女湖区仰天岗办事处港背村，九龙山乡仰江村、塔下分场，河下镇洋田村，钤阳办事处昌田村、白田村。

▲

由海关总署主管的《中国海关》杂志评选的“2016中国外贸百强城市”排行榜出炉，江西省有6座城市入围，其中新余市以70分的综合得分排在鹰潭市、南昌市、九江市、吉安市、上饶市之前，名列江西省第一位和百强榜单第四十四位，这是新余市连续第八年入围中国百强外贸城市。

▲

省政府森林防火指挥部、省林业厅印发表彰2017年全省森林防火“平安春季行动”优秀组织奖和平安县的决定，新余市4个单位获全省表彰。市森林防火指挥部获2017年森林防火“平安春季行动”优秀组织奖，渝水区、分宜县和仙女湖管委会获2017年春季森林防火平安县(区)。

▲

由中央文明办主办，中国文明网承办的“我推荐、我评议身边好人”活动发布7月“中国好人榜”入选名单。由市文明办推荐的新余市仙女湖畔生态农业开发有限公司董事长胡丽鹏荣登“中国好人榜”(诚实守信类)。

▲

“八一”建军节前夕，在中国人民解放军建军90周年之际，市委书记蒋斌，市委副书记、市长董晓健，市委副书记曾萍分别走访慰问部队和武警消防官兵，给广大官兵送去慰问品，带去地方党委、政府的关怀和温暖，感谢他们在新余经济社会发展方面作出的重要贡献，向他们致以节日问候。

8月

1日

省委常委、常务副省长毛伟明到新余，调研部分企业和产业园区。省政府副秘书长涂琼理，省地税局局长张和平，市委书记蒋斌，市委副书记、市长董晓健随同或陪同调研。

▲

环城路工程破土动工。副市长徐文泊到施工现场指导工作。

3日

全省消灭劣Ⅴ类水推进河长制工作电视电话会议在南昌召开。会议总结通报全省河长制工作进展情况，动员部署消灭劣Ⅴ类水及推进河长制工作。市委书记蒋斌在新余分会场作典型发言。市委副书记、市长董晓健，市委副书记曾萍等在新余分会场收听收看。

▲

新余市举行中国七夕节活动新闻发布会。市委常委、宣传部部长郭力根主持发布会并讲话。

4日

市委书记蒋斌接受江西卫视专访，围绕“开展城乡环境综合整治”主题，介绍新余市的经验做法。

▲

新余市装备制造产业招商推介会在市会展中心召开。市委副书记、市长董晓健出席会议并讲话，市委副书记曾萍作市情介绍。

8日

市委书记、全国省市人大代表蒋斌到渝水区袁河街道办人大代表工作室接待群众，和街道办部分村（社区）干部、村（居）民交流，听取群众诉求和心声，现场协调解决问题。

▲

市委副书记曾萍率市工信委、市环保局等有关部门的负责人和市工业污染专项整治工作组的执法人员到高新区部分企业开展“保家行动”工业污染专项整治零点行动，对企业废水排放和工业污染整治情况进行突击检查。

9日

全省卫生计生工作专题研讨班在新余举行。研讨班集中学习习近平总书记在省部级主要领导干部专题研讨班的重要讲话精神，贯彻国家卫生计生委2017年专题研讨班精神，总结前7月全省卫生计生工作，推动各项重点工作、重点任务落实。省卫生计生委党组书记、主任丁晓群讲话。市委书记蒋斌致辞。

10日

省第一环境保护督察组督察新余情况反馈会召开。省环境保护督察工作领导小组组长、副省长、省公安厅厅长郑为文到会讲话。市委书记蒋斌作表态发言。市委副书记、市长董晓健主持。省第一环境保护督察组副组长、省环保厅副厅长石晶宣读督察反馈意见。

11日

新余市（深圳）产业转移暨“渝郎回乡”推介会在深圳举行，市委书记蒋斌出席并讲话。会议举行项目签约仪式，现场签约8个项目，总金额达92亿元。

12日—13日

由教育部高等学校农经教指委农村金融学教研组主办，新余农村商业银行股份有限公司、中国农业大学经济管理学院、江西农业大学经济管理学院承办，《农业经济问题》杂志社、《华南师范大学学报》（社科版）杂志社协办的第十一届中国农村金融发展论坛在新余举行。农业部农村经济体制与经营管理司司长张红宇，市委常委、常务副市长万广明出席开幕式并致辞。

15日—16日

以省委办公厅副主任黄之猛为组长的调研组到新余，调研生态环境保护工作，并召开座谈会。市委副书记曾萍出席座谈会。

17日

八届市委第三轮巡察暨全市扶贫领域专项巡察工作动员部署会召开。会议组织学习中央政治局常委、纪委书记王岐山在扶贫领域监督执纪问责工作电视电话会上的讲话精神和省委常委、省纪委书记孙新阳关于加强扶贫领域监督执纪问责工作的讲话要求，宣布八届市委第三轮巡察工作任务分工。市委常委、市纪委书记邹健生，市委常委、组织部部长赖国根出席会议并讲话。

18日

江西省第二届"天工杯"工业设计大赛新闻发布会在新余召开，就大赛有关事项内容进行发布。副市长林愚出席发布会并致辞。

22日

全省贯彻乡镇每年召开两次人民代表大会推进会在新余召开。市委书记蒋斌出席会议并致辞，省委组织部副部长、省人大常委会选任联工委主任龚绍林讲话，市委副书记曾萍等出席会议。

23日

新余市与清华大学软件学院、北京清软海芯科技有限公司举行创建"江西省双创与先进制造教育示范市"签约仪式。市委常委、常务副市长万广明出席签约仪式并讲话。

23日—24日

市人大常委会对城市公立医院综合改革试点情况开展专题调研，并召开座谈会，详细了解城市公立医院综合改革总体情况、建立分级诊疗制度情况、落实药品供应保障制度情况、医保管理与支付方式改革情况以及存在的问题和建议等。市人大常委会主任胡高平出席座谈会。

24日

中央政策研究室经济局局长冯海发一行到新余，调研"党建＋颐养之家"工作。省委党建办专职副主任汤乐毅，市委常委、组织部部长赖国根陪同调研。随后，冯海发应邀在学习中共中央总书记习近平"7·26"重要讲话精神报告会上作专题报告。市委副书记曾萍主持报告会。

▲

全省"降成本、优环境"专项行动暨"百家银行进千企"政银企对接会(新余专场)在市会展中心举行。市委副书记、市长董晓健致辞，省政府金融办主任胡伏云讲话。新余市政府与人保财险江西省分公司在会上签订战略合作协议。会议促成银企签约项目342个、金额163.4亿元，其中现场签约项目37个、投资58.1亿元。

25日

市工商联举行2017年爱心助学仪式。市委常委、秘书长、统战部部长李新华出席。此次爱心助学活动共筹集资金18.8万元，资助贫困学生94人。市政协副主席、市工商联主席孔祥筛参加活动。

26日

分宜县首届七夕姻缘民俗文化旅游节在国家AAAA级旅游景区中国洞都开幕。市委常委、宣传部部长郭力根出席开幕仪式。

28日

由中国民间文艺家协会、江西省文联、新余市委、市政府联合主办的中国(新余)七夕文化高峰论坛暨"中国夏布技艺之乡·中国夏布绣传承与发展基地"授牌仪式举行。市委副书记、市长董晓健致辞。中国民协副巡视员麻振山宣读授予新余"中国夏布技艺之乡及中国夏布绣传承与发展基地"的决定。中国民协副主席万建中向新余授牌，市委常委、宣传部部长郭力根接牌。

▲

由中国美术家协会、新余市政府、景德镇市政府指导，仙女湖风景名胜区管委会、市商务局、景德镇市陶瓷产业发展局主办，景德镇中外陶瓷艺术协会承办的中国七夕节·仙女湖区旅游招商推介暨景德镇中外陶艺家瓷上艺术展开幕。江西省政协原常务副主席、江西省美术家协会名誉主席王林森，市委副书记、市长董晓健出席开幕式并为巡展揭牌。市委常委、宣传部部长郭力根致欢迎辞。副市长陈文华主持开幕式。

29日

市委副书记、市长、省市人大代表董晓健到高新区水西镇人大代表工作室，与企业代表、村干部、村民代表面对面交流，为群众排忧解难。

30日

第十五届赣台经贸文化合作交流大会在九江开幕。市委书记蒋斌率新余代表团参会。

▲

市委副书记、市长董晓健带队前往浙江、上海开展招商考察活动，宣传推介新余，洽谈合作项目。招商洽谈项目涵盖环境保护、文化创意产业、新能源汽车等领域。

▲

由市总工会主办的全市叉车工、LED 光电信息产业、汽车修理工职业技能大赛决赛在高新区举行。市委副书记曾萍视察各赛点工作情况。

31 日

2017 年，市委党建工作领导小组第一次会议召开。会议审议《新余市创建“共产党员示范市”联席会议制度》《关于在创建“共产党员示范市”中开展“文明交通在行动、党员引领当先锋”活动的实施方案》《新余市 2017 年度基层党组织书记轮训工作方案》。市委副书记曾萍出席会议并讲话。

本月

市公安局、市人民医院、市第四中学等 3 家单位，正式获批为 2017—2018 年全国节约型公共机构示范单位，拉开新余市“十三五”时期全国节约型公共机构示范单位创建序幕。

▲

农业部公布第七批全国“一村一品”示范村镇名单，分宜县凤阳镇（凤扬西瓜）位列其中，成为新余市第一个全国“一村一品”示范镇。

▲

省住建厅公布第一批传统村落名单，渝水区罗坊镇下寸村、南安乡哲山村、新溪乡西江村，分宜县杨桥镇辋川村、操场乡塘西村，仙女湖区欧里镇白梅村 6 个村落入选。

▲

央视综艺频道七夕特别节目《天下有情人》在新余市仙女湖区录制，并于 8 月 28 日“七夕节”当天在央视综艺频道播出。

▲

由仙女湖风景名胜区管委会、诗选刊杂志社主办的首届“仙女湖杯”全国爱情诗大奖赛揭晓。30 名诗作者分获一、二、三等奖和佳作奖，其中新余籍作者李佩文的《云上仙女湖》获佳作奖。

▲

由市委、市政府主办，市委宣传部、仙女湖风景名胜区管理委员会、江西文化会展中心承办的“寻常百姓，旷世奇缘——中国仙女湖七夕最美爱情故事大会”作品征集揭晓。共有 19 件作品分获一、二、三等奖和优秀奖。新余籍作者梅承鼎的《“门当户对”的婚姻天长地久》获得三等奖。

▲

国家卫生计生委在北京召开全国卫生计生系统表彰大会，表彰全国卫生计生系统先进集体、先进工作者和劳动模范及“白求恩奖章”获得者。“援非天使”、市妇幼保健院郭璐萍医生获得“白求恩奖章”，为全省唯一获奖者。在随后举行的全国道德模范与身边好人“中国好医生、中国好护士”（浙江专场）现场交流活动上，郭璐萍入选首批“中国好医生、中国好护士”月度人物，是江西省唯一入选的医护人员。

9 月

1 日

2017 中国（江西）国际麻纺博览会新闻发布会在北京广播大厦举行。市委常委、副市长周杰致辞。

1 日—2 日

参加“服务革命老区院士专家行”活动的中国工程院院士、华东理工大学副校长钱锋到新余，为新余经济社会发展和企业技术升级改造提供咨询。市委副书记曾萍致欢迎辞，市委常委、组织部部长赖国根主持见面会并陪同参观。

2 日

新余（上海）双向股权投资 + 实体经济招商推介会召开。这是新余市首次在上海开展以股权和资本招商为主题的综合性招商活动，现场签约项目 11 个，总投资超过 100 亿元。市委副书记、市长董晓健出席并讲话，上海市浙江商会执行副会长罗欣致辞，副市长徐绍荣主持推介会。

4 日

“杂交水稻之父”、中国工程院院士袁隆平到新余，为江西加州农业科技发展有限公司袁隆平院士工作站揭牌。江苏省原副省长、南京农业大学教授凌启鸿,国家杂交水稻工程技术研究中心党委书记马国辉,市委副书记、市长董晓健,等等出席揭牌仪式。

6日—7日

省政协常委、人资环委主任朱荣辉率队到新余,开展"河长监督行"活动。市政协主席卢伟平,副市长徐绍荣,等等陪同。

7日

全市庆祝第三十三个教师节表彰大会在市会展中心召开。大会宣读表彰2017年全市优秀教师、全市先进教育工作者、全市最美乡村教师、全市十佳师德标兵、全市师德先进个人的决定。市委副书记、市长董晓健出席大会并讲话。市委常委、宣传部部长郭力根主持会议。

8日

世界华文媒体2017行走中国记者团到新余,并在市会展中心召开媒体见面会。市委副书记、市长董晓健出席并致辞,市委常委、宣传部部长郭力根陪同采访。

9日

广州市江西新余商会揭牌成立。市人大常委会主任胡高平出席成立大会。市委常委、市委秘书长、统战部部长李新华,副市长陈文华出席大会并讲话。

11日

省委巡察工作调研组到新余,就学习贯彻《中国共产党巡视工作条例》等3个文件精神落实情况进行调研。省委第四巡视组组长卢作全,市委副书记、市长董晓健,省委第四巡视组副组长吴小瑜,市委副书记曾萍,等等出席座谈会。

11日—12日

市委常委、宣传部部长郭力根出席"江西风景独好"2017新余旅游营销推介暨产业招商(福州)推介会。其间,走访重要旅游客商,并会见福州客商和新余籍在福州有关人士。

12日

由江西省旅游发展委员会、新余市政府共同主办,赣西三市(新余、宜春、萍乡)旅游发展委员会联合承办的"江西风景独好"2017新余旅游营销推介暨产业招商(福州)推介会举办。市委常委、宣传部部长郭力根,副市长林愚出席。福州与赣西三地的旅游企业及新闻媒体等100多家单位参加此次活动。

13日

2017年新余(深圳)文化产业招商会在深圳召开。市委常委、宣传部部长郭力根出席并讲话。副市长陈文华出席招商会。招商会现场签约项目10个,总投资11.8亿元。

14日—15日

由省民政厅副巡视员李小荣带队的省综合应急救援指挥部督导组到新余,督导应急救援工作。市委常委、常务副市长、市综合应急救援指挥部总指挥万广明出席汇报会和情况反馈会并讲话。

15日

全市2017年大众创业万众创新活动周启动仪式举行。市委副书记、市长董晓健出席。市委常委、常务副市长万广明致辞。

19日

省人大常委会副主任龚建华率调研组到新余,就立法工作进行调研。

▲

市委理论学习中心组召开专题学习会,进行"两学一做"学习教育第二专题"讲规矩、有纪律—做执行纪律合格的共产党员"集中学习。市委副书记、市长董晓健主持专题学习会。会议观看廖俊波、黄大年先进事迹教育片;传达学习《中国共产党巡视工作条例》《关于市县党委建立巡察制度的意见》《被巡视党组织配合中央巡视工作规定》。

▲

新余市互联网协会暨网络界人士联谊会正式成立。市委常委、宣传部部长郭力根,市委常委、市委秘书长、统战部部长李新华出席揭牌仪式。

20日

由省政府主办,省体育局、市政府、仙女湖区管委会承办的2017第第八届"邮储银行杯"环鄱阳湖国际自行车大赛(新余·仙女湖站)及环仙女湖全国山地车自行车邀请赛发车仪式举行。省政府副秘书长陈敏，市委副书记、市长董晓健，省体育局局长晏驹腾出席发车仪式。副市长陈文华主持发车仪式。

21 日

全市创建“共产党员示范市”动员大会召开。会议宣读市委书记蒋斌对创建“共产党员示范市”工作重要批示。市委副书记曾萍出席会议并讲话。

▲

市委副书记、市长、市委深改组副组长董晓健主持市委全面深化改革领导小组第十四次全体会议。会议审议《新余市城乡生活污水处理工作方案》《关于进一步推进农垦改革发展的实施意见》；讨论执法执勤和综合执法用车政策调整有关问题；听取出租车行业改革工作、城乡供水一体化工作、文化和社会事业改革专项小组工作、民主和法制领域改革专项小组工作等情况汇报。

22 日

全市加快仙女湖创建国家 AAAAA 级旅游景区工作推进会在市会展中心召开。市委副书记、市长董晓健出席并讲话。

▲

蒋国珍纪念馆揭幕仪式在蒋国珍小学举行。市委常委、宣传部部长郭力根出席揭幕仪式并讲话。

26 日

由省农业厅、市政府联合主办的 2017 江西省“振兴杯·中联重科”农机职业技能竞赛在新余举行。市委副书记曾萍出席活动并致辞。省农业厅副巡视员官少飞出席并宣布竞赛开始。

28 日

江西赣锋锂业股份有限公司院士工作站正式揭牌。中国工程院院士薛群基，省委组织部副部长徐忠，市委常委、组织部部长赖国根，等等出席揭牌仪式。

▲

新余市最美乡村（渝水区下保村）首届花海艺术节开幕。市委常委、宣传部部长郭力根出席开幕式并宣布艺术节开幕。

▲

“渝郎回乡”中秋座谈会召开。200 余名返乡渝郎和在余渝郎参加座谈会。市委常委、市委秘书长、统战部部长李新华出席并讲话。

29 日

全市领导干部大会召开。会议传达落实省里系列会议相关精神和要求，要求进一步统一思想，凝聚共识，提高政治站位，强化政治担当，以最高标准、最严举措、最佳状态创造最优工作成效，喜迎中共十九大胜利召开。市委副书记、市长董晓健出席会议并讲话，围绕经济发展、安全稳定、生态保护、民生工作及精神面貌 5 个方面，全面部署中共十九大期间各项工作。市委副书记曾萍主持。

本月

省财政厅、省农业厅下拨新余市 2017 年农业发展资金 1000 万元，用于渝水区果菜茶有机肥替代化肥试点县建设项目。全省共有 6 个县区列入农业部果菜茶有机肥替代化肥试点县建设项目。

▲

住建部、财政部等 5 部门联合下发《关于公布 2017 年改善农村人居环境示范村名单的通知》，共有 99 个保障基本示范村、97 个环境整治示范村以及 99 个美丽宜居示范村上榜。其中，渝水区良山镇下保村被评为“环境整治示范村”。

10 月

7 日

市委书记蒋斌到环城路建设项目点、城乡供水一体化示范点、湿地公园分布式污水处理示范点、狮子口水库取水泵房、环城路项目指挥部等地实地调研民生项目建设情况。

10 日

宜春市委书记颜赣辉率领宜春市党政考察团到新余，考察产业发展、职业教育等工作。市委副书记、市长董晓健和市委副书记曾萍陪同。

12日

全省林下经济暨造林绿化工作(新余)现场推进会举行,并到仙女湖区参观考察。省林业厅厅长阎钢军率队,市委副书记曾萍陪同。

▲

仙女湖区管委会与杭州金城集团就渔仙旅游特色小镇项目签约。市委常委、宣传部部长郭力根出席签约仪式。

12日—13日

由省人大常委会预算工委主任、财经委副主任委员周山印,省人大常委会委员、省人大教科文卫委副主任委员沈建华率领的专题调研组到新余,调研基本公共卫生服务项目资金管理使用情况。市人大常委会副主任邹永清、副市长陈文华陪同调研并出席座谈会。

14日

河下商会揭牌成立。市人大常委会主任胡高平,市政协副主席、工商联主席孔祥筛为河下商会揭牌。

16日

省政协副主席、九三学社省委会主委李华栋率省政协调研组到新余,调研职业教育工作。市委常委、副市长周杰陪同调研。

▲

全市脱贫攻坚“百日行动”动员大会在市会展中心召开。市委副书记曾萍出席并讲话,市委常委、常务副市长万广明主持会议,省脱贫攻坚第八督导组组长涂水泉等出席会议。

▲

新余抚州商会揭牌成立。市委常委、市委秘书长、统战部部长李新华,市委常委、政法委书记黄文辉,等等出席成立大会。

17日

全市县乡人大工作和建设经验交流会在市会展中心召开。市委副书记曾萍出席并讲话,市人大常委会主任胡高平主持交流会。

▲

中国儿童艺术剧院“温暖童心——优秀儿童剧走进新余”公益演出开幕式在市会展中心举行。中国儿童艺术剧院院长尹晓东、市委副书记曾萍、副市长陈文华出席开幕式。

▲

“仙女下凡地、爱在仙女湖”中国七夕节系列活动颁奖暨2017年新余仙女湖景区旅游营销(南昌)推介会在万达嘉华酒店举行。市委常委、宣传部部长郭力根出席并讲话,省旅游发展委员会副主任陈晓平出席推介会。

18日

中国共产党第十九次全国代表大会在北京开幕。曾萍、胡高平、万广明、郭力根、李新华、邹健生、赖国根、黄文辉、周杰等在家的市四套班子领导在市政府四楼会议室,聆听中共中央总书记习近平代表中共十八届中央委员会向大会所作的报告。

19日

市人大常委会主任胡高平到仙女湖区,就《新余市仙女湖水体保护条例》二审立法工作进行专题调研。市人大常委会副主任张柱根陪同调研。

24日

国家发改委政策研究室主任严鹏程率中央党校中青班学员到新余,调研新旧动能转换工作。

▲

副省长吴晓军到新余调研农业农村工作。市委副书记曾萍陪同调研。

24日—25日

省人大常委会副主任冯桃莲率调研组到新余,以实地考察和座谈会等形式了解新余市湖泊保护、管理与利用的情况,征集全市各县区、各部门关于《江西省湖泊保护条例(草案)》的意见建议。市人大常委会主任胡高平等陪同调研。

26日

全省领导干部(视频)会议召开。会议传达学习中共十九大精神,对全省下一步系统、全面、深入、有效地学习宣传贯彻中共十九大精神进行动员部署。曾萍、胡高平等市领导在新余分会场收听收看。

30日

受市委书记蒋斌,市委副书记、市长董晓健

委托，市委副书记曾萍主持召开市委理论学习中心组专题学习会，学习贯彻中共十九大精神。市领导万广明、郭力根、邹健生、赖国根、黄文辉、周杰等出席学习会，并联系各自思想和工作实际发言。

本月

国庆中秋假日期间，全市接待游客同比增长15.42%，旅游收入同比增长17.03%。其中，全市四个主要景区（仙女湖、昌坊度假村、中国洞都、凯光亚热带植物园）共接待游客24.339万人次，同比增长30.29%；门票收入651.08万元，同比增长10.41%，均创历史新高。

▲

在省工商联主办的“2017江西民营企业100强”发布会上，江西瑞晶太阳能科技有限公司、江西赣锋锂业有限公司、江西省百乐米业股份有限公司、江西青春康源集团有限公司4家新余企业成功入围江西省民营企业100强。江西瑞晶太阳能科技有限公司是全市唯一一家入围的光伏企业，也是该排名自2013年首次发布以来，全市唯一一家连续5年入选江西省民营企业和民营制造企业双百强的企业。

11月

1日

省委常委、组织部部长赵爱明到新钢公司宣讲中共十九大精神。省委组织部副部长徐忠，省国资委党委委员、副主任李晓刚随同宣讲。市领导曾萍、万广明、郭力根、李新华、邹健生、赖国根、黄文辉、周杰、陈文华、林愚、徐绍荣、肖铁军，新钢公司党委书记、董事长夏文勇出席宣讲会。随后，赵爱明在新钢公司、赣锋锂业公司调研人才和党建工作情况。

2日

民航江西监督管理局局长陈铁民率调研组到新余，调研分宜通用机场建设项目和仙女湖航空运营基地项目。市委副书记曾萍陪同调研。

▲

2017“传统产业再创辉煌”苎麻产业发展论坛在北湖宾馆举行。中国纺织工业联合会副会长杨兆华，中国纺织工业联合会副秘书长李进才，中国麻纺织行业协会会长董春兴，省工信委副主任刘煜出席论坛，市委常委、副市长周杰致欢迎辞。

▲

2017江西国际麻纺博览会媒体见面会召开。新华社、人民网等全国各地的新闻媒体记者集聚新余，就本届博览会筹备情况进行提问。副市长徐绍荣在会上作情况介绍。

3日

省政协主席黄跃金到新余调研，并围绕政协工作实际对中共十九大精神进行宣讲。

3日—5日

2017年中国（江西）国际麻纺博览会在市体育中心举行。博览会期间，举行江西麻纺产业推介会暨麻纺产业合作项目签约仪式、2017年“麻艺中国风”中国麻纺终端转化大讲堂、2017年中国（江西）国际麻纺流行趋势发布季、“恩达杯”2017麻纺产品设计邀请赛等活动。中国纺织工业联合会党委书记高勇，省政府副秘书长宋迪维，市委副书记曾萍，等等出席相关活动。

4日

水北商会在市会展中心召开学习贯彻中共十九大精神宣讲报告会。中央政策研究室经济局局长冯海发应邀作宣讲。市委副书记曾萍，市委常委、市委秘书长、统战部部长李新华出席会议，市委常委、组织部部长赖国根主持会议。

5日

中央宣讲团中共十九大精神报告会（视频会议）召开，就中共十九大精神进行深入宣讲和详细解读。曾萍、胡高平、卢伟平等在家的市四套班子领导在新余分会场收听收看。

9日

全市创建全国文明城市工作推进会召开。会议主题为学习贯彻中共十九大精神，全力做好全省文明指数测评迎检工作，努力确保取得下届全国文明城市创建提名资格。市委副书记、市创建全国文明城市工作领导小组常务副组长曾萍出席并讲话，市委常委、宣传部部长、市创建全国文明城市工作领导小组副组长郭力根主持。

▲

第六届全国道德模范及提名奖获得者名单公布，分宜县人民医院退休职工唐才英获提名奖。

10日

全市首届“五强书记”学历提升班开班。市委常委、组织部部长赖国根出席开班典礼并讲话。

10日—11日

2017年中国(江西)红色旅游博览会在南昌举行。市委书记蒋斌率新余代表团参会。博览会上，新余市获最佳组织奖、全省旅游推介暨旅游演艺大展播最佳组织奖，仙女湖景区获最佳展位奖，新余九洲国旅公司获2017年江西十大最佳诚信旅行社，新余九洲国旅公司黄斌辉获2017年江西十大最佳红色旅游导游员，新余市岩宏山庄有限公司、新余市山水国际商务大酒店公司获2017年江西十大最佳诚信旅游餐饮企业奖，渝州绣坊的夏布绣《唤起工农千百万》获2017年江西红色旅游商品银奖，夏布绣真皮女士手包获2017年江西红色旅游商品铜奖。

16日

市禁毒教育基地举行揭牌仪式。市委常委、政法委书记黄文辉，副市长、市公安局局长肖铁军出席揭牌仪式。

17日

全市推开监察体制改革试点工作动员部署会召开。受市委书记蒋斌委托，市委副书记曾萍主持会议并讲话。市委常委、市纪委书记邹健生就全市改革试点做工作部署。

18日

福建省江西新余商会在福州揭牌成立。市人大常委会主任胡高平和副市长徐绍荣等出席成立大会。

19日

福建省泉州新余商会揭牌成立。市人大常委会主任胡高平和副市长徐绍荣等出席成立大会。

21日

全市市厅级领导干部学习贯彻中共十九大精神专题研讨会在市会展中心召开。市委副书记曾萍主持会议并作小结发言，市四套班子领导参加研讨会。

21日—22日

中纪委委员、驻农业部纪检组组长、农业部党组成员吴清海率队到新余，视察林业工作。国家林业局副局长张永利，中国林科院分党组书记叶智，省林业厅厅长阎钢军随同调研。市委副书记曾萍陪同。

23日

市青年联合会第四届委员会第一次会议召开。会议选举产生第四届青联主席、副主席、常务委员等。市委书记蒋斌致贺信，市委副书记曾萍出席会议并讲话，市委常委、市委秘书长、统战部部长李新华出席会议，团省委副书记、省青联副主席伍复康到会指导。

25日

省委政法委副书记、省综治办主任刘烁率省加强和创新基层社会治理巡回考察调研组到新余，考察调研基层社会治理工作。市委常委、政法委书记黄文辉，副市长、市公安局局长肖铁军陪同。

25日—26日

由省教育厅主办、江西工程学院承办的2017年江西省职业院校首届工业机器人技术应用技能大赛在新余举行。

28日

由共青团江西省委、民进江西省委会、江西省青少年发展基金会共同主办，共青团新余市委、民进新余市委会、渝水区政府共同承办的“十九大精神暖人心——1%工程放飞足球梦想”活动在渝水六小启动。省政协副秘书长、1%工程基金理事会常务副理事长、民进省委会专职副主委欧阳剑雄，市委副书记曾萍，市委常委、市委秘书长、统战部部长李新华出席启动仪式。

29 日

中国人民财产保险股份有限公司党委书记、总裁林智勇到新余，调研财产保险工作，并召开座谈会。市委副书记曾萍，市委常委、副市长周杰，新钢集团公司董事长夏文勇陪同。

▲

2017 年新余市院士（专家）科技与产业对接会在市会展中心举行。省科技厅党组副书记、知识产权局局长谢金水出席并讲话，市委副书记曾萍致辞。

▲

市政协委员学习贯彻中共十九大精神报告会在市会展中心召开。报告会邀请江西省委党校教授黄世贤作专题报告。市政协主席卢伟平参加报告会。

本月

省农村危房改造工作领导小组办公室对 2016 年全省农村危房改造工作绩效评价与省级验收情况进行通报，新余市综合成绩在全省设区市排名第一。自 2011 年开展农村危房改造工作以来，新余连续 6 年蝉联全省农村危房改造绩效评价第一，也是全省唯一保持“六连冠”的设区市。

▲

江西省高企认定工作领导小组公布全省 2017 年第一批国家高新技术企业认定名单，江西省金锂科技股份有限公司等 13 家新余企业上榜。

▲

省工信委公布第二批江西省战略性新兴产业集聚区名单，新余高新技术产业开发区锂电新材料产业集聚区获批。

▲

在中国社会科学院信息化研究中心与国脉互联政府网站评测研究中心联合举办的“2017 年中国政府网站绩效评估活动”中，新余市人民政府网站获全国第二十二名、全省第一。

▲

全国首条自主研发的油茶果加工生产线在市农业科技园建成投产。该生产线由江西赣岭茶油开发有限公司研发，获 10 项国家技术专利。

12 月

1 日

江西正合三期沼气并网发电点火暨江西牧星养殖小区开工仪式在渝水区罗坊镇举行。市委副书记曾萍、副市长林愚出席仪式。曾萍在仪式上宣布项目点火和正式开工。

▲

渝水区新兴工业产业园企业家协会、渝郎回乡创业园暨同心渝商会正式成立。市委常委、市委秘书长、统战部部长李新华，副市长徐绍荣出席。

▲

迎接全省综治考评工作部署会召开。市委常委、政法委书记黄文辉出席会议并讲话。

4 日

全市党委工作类专题调研座谈会召开。会议总结上年全市党委工作情况，谋划下年重点工作。市委副书记、市委党校校长曾萍出席会议并讲话。

5 日

全市脱贫攻坚再推进会召开。会议传达全省脱贫攻坚推进会精神，对迎评迎检工作再动员、再部署、再落实。市委副书记曾萍出席会议并讲话。副市长林愚参加会议。

6 日—8 日

市委常委、组织部部长赖国根到高新区、分宜县、渝水区调研指导抓党建促脱贫攻坚工作。

7 日

市人大常委会主任胡高平率队到袁惠渠南干渠和袁惠渠第五管理段，了解灌区续建配套与节水改造工程项目建设进展，并就袁惠渠的发展变迁、早期灌溉用水情况、渠道水质、水污染治理状况及基层职工工作、生活进行实地调研。市人大常委会副主任马小红陪同调研。

9 日

市委书记蒋斌主持召开全市重点工作调度会。会议听取脱贫攻坚、环境保护、高铁沿线环境综合整治等重点工作情况汇报，研究部署下一步工作安排。

▲

新余市金融IC卡+银联云闪付暨交通一卡通互联互通成功开通。

10日

2017中国新余“为爱奔跑”仙女湖国际马拉松赛鸣枪开赛。市委副书记曾萍,省体育局副局长王勇,等等出席开幕式。

▲

分宜县钤北生态林场林木所有权和使用权项目在分宜县公共资源交易中心成功完成交易,交易金额72.6万元。这是江西省公共资源电子交易服务平台林权交易子系统试运行的第一个项目。

11日

新余(北京)教育合作项目招商推介会在北京市西郊宾馆召开。副市长陈文华出席。这是新余首次以教育招商为主题的招商推介会,现场签约12个项目,签约资金21.66亿元。

12日

全省人大农业和农村工作座谈会在新余召开。省人大常委会副主任朱虹出席会议并讲话,省人大常委会委员、农委主任委员陈永华通报省人大农委5年工作情况及2018年工作安排,市人大常委会主任胡高平出席会议。

▲

新余市保障农民工工资支付宣传活动正式启动。

12日

省民政厅副厅长龚建辉率省政府两纲重点指标专项督导组到新余,督导检查《中国妇女发展纲要(2011—2020年)》和《中国儿童发展纲要(2011—2020年)》重点指标实施情况。

13日

市委副书记曾萍主持召开市委理论学习中心组“两学一做”第三专题学习会。会议学习习近平新时代中国特色社会主义思想,进行“两学一做”专题三“讲道德、有品行——做品德合格的共产党员”学习研讨。

14日

受市委副书记、市长董晓健和市委常委、常务副市长万广明委托,市委常委、副市长周杰主持召开座谈会,就《政府工作报告》向党外人士代表征求意见和建议。市政府秘书长傅水珠出席座谈会。

16日

2017江西新余“渝郎回乡”发展大会在北京召开。中央政研室经济局局长冯海发,中央统战部光彩事业指导中心主任余敏安,中国民族贸易促进会党组书记蓝军,泰康人寿总裁、北京江西企业商会会长刘经纶出席大会。市委书记蒋斌讲话,并为“渝郎回乡”博士团成员颁发证书。市人大常委会主任胡高平主持会议。大会现场签约14个项目,总金额达122亿元。

18日—19日

省考评组到新余,检查2017年度公共机构节能工作。市委常委、副市长周杰作汇报,市政府秘书长傅水珠主持会议。

19日

省脱贫攻坚工作成效考核组组长杨文光率考核组到新余,全面考核脱贫攻坚工作成效。市委副书记曾萍出席会议并作情况汇报。

▲

2017年江西省第二届“天工杯”工业设计大赛颁奖典礼暨展览开幕式在市会展中心举行。省工信委主任杨贵平,市委副书记曾萍出席典礼并致辞。

20日

省旅游发展委员会主任欧阳泉华率队到新余,考察仙女湖景区创国家AAAAA景区工作。市委副书记曾萍,市委常委、宣传部部长郭力根陪同。

21日

市人大常委会主任胡高平率视察组在市粮食局组织召开座谈会,听取全市粮食工作情况汇报,到新余市第三粮库等地视察秋粮收购、粮食仓储管理等工作。市人大常委会副主任马小红参加视察。

▲

2017年度党风廉政建设和反腐败工作情况通报会召开。会议向全市各民主党派、工商联和无党派人士代表通报2017年全市党风廉政建设和反腐败工作情况。市委常委、市委秘书长、统战部部长李新华主持会议,市委常委、市纪委书记邹健生出席会议并讲话。

23日

江西仙女湖旅游股份有限公司增资扩股签约仪式在北湖宾馆举行。市委书记蒋斌、省旅游集团董事长曾少雄等出席签约仪式。

25日

全市村(社区)"两委"换届选举工作会召开。会议宣读市委书记蒋斌对全市村(社区)党组织和第十届村(居)民委员会选举工作的重要批示,学习贯彻中共十九大精神和全省村(社区)"两委"换届工作会议精神,对全市村(社区)"两委"换届工作进行动员部署。市委副书记曾萍出席会议并讲话。

▲

市国税局第一、第二直属税务分局揭牌成立。市委常委、副市长周杰出席揭牌仪式并讲话。

25日—26日

新华社江西分社社长、分社党组书记刘健一行到新余,调研采访新余工业、历史文化、旅游发展等情况。市委副书记曾萍陪同调研。

26日

全市县级领导干部学习贯彻中共十九大精神专题研讨班第一期开班。市委副书记、市委党校校长曾萍作开班动员讲话,市委常委、组织部部长赖国根主持开班仪式。

▲

新余市温州商会成立大会在市会展中心举行。市人大常委会主任胡高平,市委常委、市委秘书长、统战部部长李新华出席大会并为商会授牌。

28日

全市农村"党建+颐养之家"工作调度推进会在高新区水西镇召开。会议通报全市"党建+颐养之家"工作情况。市委书记蒋斌作批示,市委副书记曾萍讲话,市委常委、组织部部长赖国根主持。

▲

2017年度市委党建工作领导小组第二次会议召开。会议听取全市基层党建、党风廉政建设、意识形态、人才工作情况汇报,研究部署2017年度述职评议考核工作,审议《2017年度全市县级党(工)委书记抓基层党建工作述职评议会议方案》。市委副书记曾萍出席会议并讲话。

29日

市委副书记曾萍主持召开市委全面深化改革领导小组第十三次全体会议。会议听取全市2017年改革工作完成情况及2018年改革工作初步安排,审议《关于进一步深化国资国企改革的实施意见》《新余市创新驱动发展实施意见》《新余市关于推进安全生产领域改革发展的实施意见》《新余市关于进一步深化文化市场综合执法改革的意见》等,听取全市农业农村改革和城市建设管理改革等情况汇报。

▲

举行全市"贯彻十九大精神、争做文明新余人"演讲大赛决赛。市委常委、宣传部部长郭力根到场观看并讲话。

本月

市总工会获"全国推动厂务公开民主管理工作先进单位"称号,是2017年江西省唯一获此殊荣的地市级工会。

▲

江西省委组织部、省人力资源和社会保障厅联合下文,公布江西省31家单位获批设立博士后创新实践基地的名单,江西瑞晶太阳能科技有限公司、江西盛泰光学公司获批设立博士后创新实践基地。

(谢　坤)

编辑　李凤平

中国共产党新余市委员会

综　　述

2017年，新余市委坚持把喜迎中共十九大、学习宣传贯彻党的十九大精神作为工作主线，认真贯彻习近平新时代中国特色社会主义思想，按照省委“十六字”工作方针，围绕“工小美”战略定位，以务实的精神、落实的办法、坐实的结果，推动各项事业迈上新台阶。

自觉对标看齐，确保政治方向坚定。市委坚持时刻与上级“校表”，坚持用中央、省委精神统一思想、指导实践，始终自觉坚定地在思想上、政治上、行动上与以习近平为核心的中央保持高度一致。中共十九大胜利召开后，市委坚持把学习贯彻中共十九大精神和习近平新时代中国特色社会主义思想作为首要政治任务，召开市委常委会、领导干部大会、理论学习中心组、专题报告会、研讨培训班等形式进行深入学习研讨，在全市掀起学习宣传贯彻热潮。市委常委带头到挂点单位宣讲，各地各单位领导干部、理论专家、文艺骨干等深入机关、企业、学校、农村、社区宣讲。组建“市委党的十九大精神宣讲团”，开展为期100天的“学习贯彻十九大、乡村大讲堂”巡回宣讲，《人民日报》等媒体对此特色做法作了报道。坚持知行合一，把学习贯彻十九大精神与贯彻落实省委“十六字”工作方针结合起来，出台《深入学习贯彻党的十九大精神奋力再铸新时代“工小美”新辉煌的意见》，强调处理好“发展与民生、环境与民生、廉政与民生”三大关系，向创新要活力，向生态要魅力，向担当要动力，用行动把为人民造福的事情办好办实。通过认真学习宣传贯彻，全市上下进一步加深对中共十九大精神的理解把握，更加坚定维护核心拥戴核心的政治自觉，切实增强用习近平新时代中国特色社会主义思想武装头脑的思想自觉。

聚焦重点工作，推动经济社会平稳发展。市委坚持抓大事、带全面，集中主要精力抓好“急难险重特”五件大事，推动经济稳定增长、提质增效。全年实现生产总值1108.5亿元，增长8.5%；财政总收入144.2亿元，增长5.1%；固定资产投资1035亿元，增长12.3%；城乡居民人均可支配收入分别增长8%和9%。一是稳住“急事”。在省委、省政府的关心支持下，赛维重整工作有序推进，企业保持生产经营、员工队伍稳定，与重整投资人签订协议，4亿元银团救助性贷款、银行债权批转、重整计划裁定等关键性问题逐一化解，赛维重整再次迎来重大突破，为全省保住一个产业、维护金融生态安全。二是破解“难事”。市、县、乡、村联动开展涉稳突出问题专项治理，全市消除700件矛盾隐患，市级层面化解26个影响社会稳定“炸点”，整治20个交通安全隐患点，经验做法得到中央、省委维稳办肯定和推广。坚持把维稳与维权结合起来，依法分类处理信访诉求，破解影响社会和谐稳定的老大难问题，确保全市社会和谐稳定。推进司法体制改革，创新社会治理，打造智慧校车、医疗纠纷调解、社会治安心理防范、未成年人教育帮扶等一批工作亮点。三是化解“险事”。坚持发展是政绩、化债也是政绩，制定政府债务化解方案，从摸清家底着手，通过“化转留注”，规范政府举债行为,从严控制债务增量,减少存量债务52亿元,置换债券66.8亿元,确保风险可防可控。四是推动“重事”。开工193个重点项目,完成投资185亿元。新引进5000万元以上项目130个,金额380.6亿元。“渝郎回乡”工程品牌效应初显,落户项目83个、总投资额达352亿。出台支持新钢公司跨越发展30条意见,企业利润增长近10倍,实现利税52.5亿元。实施锂电、手机触控、LED、装备制造产业集群3年倍增计划,其中锂电、手机触控和LED等新兴产业主营业务收入分别增长150.6%、40.2%和358.8%。引进复星爱必依公司、省旅游集团参与仙女湖AAAAA创建,央视七夕晚会在仙女湖录制。新余国科在创业板成功上市,泰达长林在“新三板”挂牌。新增高新技术企业13家,省级研发平台5家。现代农业科技园、罗坊农民创业园入选全国农村创业创新园区。五是做好“特事”。动员“两代表一委员”等社会力量参与脱贫攻坚,实行“千企帮千户”,使3479人摘掉“贫困帽”,贫困发生率降至1.1%。针对单身贫困对象,实施“播爱使者”行动,促成77对姻缘。建成颐养之家618个,供养入家老人7275人,实现行政村全覆盖。全力推进农村7项重点工作,率先在全省推进城乡供水一体化,行政村“晓康诊所”、20户以上村庄规划编制实现全覆盖。坚持“绿水青山不是从祖辈手里继承来的,而是向子女那里借来的”的理念,全面落实“河长制”,抓好以水环境突出问题专项整治为主要内容的“保家行动”,6946家养殖场被关停,水库山塘全部退出承包养殖,国控、省控断面水质全部达标,城区空气质量优良率达86.2%。开工建设环城路和城市备用水源地工程,干了老百姓期盼多年、想干而没有干成的大事。凝聚干事合力,形成团结奋进的生动局面。市委坚持以改革为动力,以思想为引领,以团结为保障,充分调动各方面的积极性、主动性和创造性。一是持续推进全面深化改革。35项重点改革项目年度任务全面完成。深入实施降成本优环境专项行动,为企业减负29亿元。出台商品房团购政策,中心城区新建商品房住宅去库存周期缩短至7.6个月。公立医院综合改革入选首批国家级示范市,中央改革办予以推广。在全省率先完成城市执法体制改革试点工作。行政审批标准化体系全面建立,新宜吉六县跨行政区转型合作试验区建设稳步推进。二是加强宣传思想文化工作。持续开展中国特色社会主义和中国梦宣传教育,强化理想信念教育。获“第五届全国未成年人思想道德建设工作先进城市”称号。落实意识形态工作责任制,强化意识形态阵地建设和管理,率先在全省建立县级融媒体中心,经验获中央领导批示。率先在全省实现信用信息省市共享,乡镇志愿服务队实现全覆盖。三是广泛凝聚各方力量。严格落实《地方党委工作条例》,修订《市委议事规则》,编印《市领导工作手册》,实行领导干部AB角制度。调整撤并非常设机构领导小组成员,为政府放手开展工作创造条件。支持人大依法、政协依章履职,团结民主党派、无党派人士、工商联和群团组织,落实党管武装职责,营造社会安定、干部安心、企业安神、百姓安乐的良好氛围。

全面从严治党,营造风清气正政治生态。市委突出从严治党这个主线,牢固树立党建工作是第一责任、最大政绩的意识,推进“两学一做”学习教育常态化制度化,创建“共产党员示范市”,开展“提升执行力、党员作表率”活动,尽职尽责推动管党治党的各项措施落到实处。一是坚持“五化”,加强基层组织建设。围绕项目化管理、标准化建设、一体化推进、社会化运作和惠民化目标,以基层支部为重点,以“两学一做”四个专题学习讨论为抓手,严格主题党日制度,做实用好“先锋创绩”,推动问题清单整改,统筹推进“两大板块、六大领域”基层党建工作。坚持把选好育强基层党组织书记当成是给老百姓的最大“礼包”,按照强政治、强能力、强管理、强自律、强素质的“五强”标准,选育一批“五强”村(社区)党组织书记。组织所有村支书进行为期3天的统一培训,邀请村支书列席市委全会,并评选表彰10名“五强”村(社区)党组织书记,对年度考核优秀的村支书按乡镇干部标准“领工资”。深化“党建+商会”工作,乡镇商会及会员企业捐款1亿多元参与乡村社会治理。水北商会凝聚乡情、报效桑梓的做法得到中共中央总书记习近平的点名表扬。推进“在职党员回归社区”行动,组建446支志愿队,开展志愿服务,参与社区治理。二是狠抓“四实”,推进基层党风廉政建设。压实责任,处理管党治党责任落实不力党组织3个,实施党内问责49起,处理60人。在全省率先完成监察体制改革工作,率先推行纪委委员工作室制度。抓实作风,坚持每月开展1次明察暗访,查处违反中央八项规定精神典型问题35起51人。严查基层“微腐败”,查处扶贫领域问题76起97人。做实巡察,出台《巡察工作五年规划》《巡察整改民主生活会实施办法》,分3轮对15家单位开展常规巡察,对县(区)进行扶贫领域专项巡察。巡察工作得到中纪委肯定。把实关口,运用监督执纪“四种形态”,坚决减存量、遏增量,运用第一、二种形态占88%。推进岗位廉能风险防控常态化,查找2万余个岗位廉能风险点并逐一制定防控措施。三是把好“三关”,认真做好干部工作。把好导向关,认真落实好干部标准,结合绩效考核情况,将18名任职时间长、工作表现好,长期埋头苦干、敬业工作的副职提任为调研员,树立凭实绩用干部的鲜明导向。把好任免关,在“凡提四必”的基础上,将干部个人诚信、失信被执行情况纳入任前征求意见范围,严格按程序选干部,45名新提拔的县级干部无一例不良反应。把好监督关,全年查核领导干部个人事项报告174人,其中责令检查34人,诫勉11人,取消考察对象资格1人。扎实做好超职数配备干部问题专项整治工作,超配的703个职数全部整改消化到位。完善绩效考核方式,出台“一票肯定”相关规定,获国家级综合评比先进表彰或招大引强引进重大项目的单位、个人,直接列为全市绩效考核优秀班子、优秀个人。绩效考核做法在全省刊介。

市委全会和常委会

【市委全会】 1月6日,市委书记蒋斌在市会展中心主持召开市委八届第三次全体会议。表决通过新余市推荐提名江西省出席中共十九大代表候选人名单。

7月25日,市委书记蒋斌在市会展中心影剧院主持召开市委八届四次全体(扩大)会议。会议书面传达省委十四届三次全体(扩大)会议精神。市委副书记、市长董晓健总结全市上半年经济工作,部署下半年经济工作。市委副书记曾萍向全会报告上半年市委抓党建工作情况。市委常委、组织部部长赖国根宣读《中共新余市委关于表彰全市“五强”村(社区)党组织书记的决定》《中共新余市委关于表彰全市非公有制经济组织和社会组织先进基层党组织的决定》和《关于表彰全市2017年度“颐养之家”工作50强的通报》。市委书记蒋斌作总结讲话。

【市委常委会】 2017年中共新余市委共召开常委会18次(即八届市委第八次至二十五次)。

1月6日,市委书记蒋斌在市会展中心政协厅主持召开八届市委第八次常委会。会议听取关于推荐提名江西省出席中共十九大代表候选人的有关事项,通报2015年市委常委会班子民主生活会整改落实情况及市委常委民主生活会会前征求意见情况,讨论2016年市委常委班子对照检查材料,研究审议市委组织部呈报的《关于进一步加强我市农村党建工作的若干意见(讨论稿)》《新余市村党组织书记选拔管理办法(讨论稿)》和市编委办呈报的《关于调整新余学院教学机构的请示》等文件。

2月20日,市委书记蒋斌在市委常委会议室主持召开八届市委第九次常委会。会议书面传达省委全面深化改革领导小组第十一次全体会议、省赣南等原中央苏区振兴发展工作领导小组第六次会议、全省统战部长会议、全省政法工作会议、全省全面推开司法责任制改革动员部署视频会议、全省组织部部长会议精神,传达省委常委陈兴超、尹建业对新余工作提出的要求。会议听取2016年法治新余建设、全市环保、全市“河长制”、市委首轮巡察以及市总工会、团市委、市妇联、市科协等群团工作情况汇报,讨论《2017年市委常委会工作要点(讨论稿)》。会议研究干部人事事项。

3月17日,市委书记蒋斌在市会展中心政协厅主持召开八届市委第十次常委(扩大)会议。会议传达学习2017年全国“两会”精神、中央领导在江西代表团审议时重要讲话精神,全省领导干部会精神,听取2017年市人大工作总体安排的报告,学习《党委(党组)讨论决定干部任免事项守则》,讨论市政府党组呈报的《新余市水环境突出问题专项整治工作有关方案(讨论稿)》《关于进一步加强新余市中心城区商品房去库存工作方案(讨论稿)》。

4月1日,市委书记蒋斌在市委常委会议室主持召开八届市委第十一次常委会。会议传达省委书记鹿心社在新余视察指导工作重要指示精神,讨论市政府党组呈报的《关于开展水环境突出问题专项整治“保家行动”的通知(讨论稿)》《关于进一步加大社会扶贫工作的实施意见(讨论稿)》、市委统战部呈报的《关于实施“同心·千企帮千户”精准扶贫行动的方案(讨论稿)》《关于实施“渝郎回乡”创业计划的方案(讨论稿)》,审议市委宣传部呈报的《新余市党委(党组)网络意识形态工作责任制实施细则(讨论稿)》。会议研究市纪委呈报的《关于给予1名违纪人员纪律处分的请示》。

4月27日,市委书记蒋斌在市委常委会议室主持召开八届市委第十二次常委会。会议书面传达中央深改组33次、34次会议及省委深改组12次会议精神、全省高校思想政治工作会议精神、全省党的建设制度改革暨调研工作会议精神、设区市组织部部长人才工作述职会议和全省非公经济组织和社会组织党建工作现场推进会议精神,传达省长刘奇在听取萍乡、新余落实省《政府工作报告》重点任务情况汇报时讲话精神。会议学习中共中央总书记习近平关于安全生产重要指示精神和《关于推进安全生产领域改革发展的意见》文件精神。会议听取一季度经济运行情况汇报。研究审议市政府党组呈报的《关于调整2016年度市直单位政府奖励项目及标准的方案(讨论稿)》《全市脱贫攻坚整改有关事项》,市委老干部局呈报的《新余市干部保健工作实施方案(讨论稿)》,市委组织部呈报的《市委党建工作领导小组2017年工作要点(讨论稿)》《各领域落实基层党建“五化”要求工作方案(讨论稿)》,市“保家行动”整治领导小组呈报的《水环境突出问题专项整治“保家行动”有关材料》,会议审议市纪委呈报的《关于1名违纪人员立案审查的呈批报告》。

5月5日,市委书记蒋斌在市委常委会议室主持召开八届市委第十三次常委会。会议传达全省医改领导小组第一次全体会议精神,听取省委组织部调研组有关情况汇报,研究市编委办呈报的《关于市公路管理局调整管理体制等事项的请示》《关于设立中共新余高新区工委非公有制经济组织与社会组织工作委员会的请示》《关于报送新余市机关事业单位机构编制管理改革实施方案的请示》,审议市政府党组呈报的《关于加快发展新经济培育新动能的实施意见(讨论稿)》。

6月2日,市委书记蒋斌在市委常委会议室主持召开八届市委第十四次常委会,书面传达全省脱贫攻坚现场推进会、全省电子政务内网建设和管理领导小组会议精神,传达省委书记鹿心社关于纪检监察干部队伍建设重要讲话精神和省长刘奇视察新余时重要讲话精神。会议听取仙女湖创建国家AAAAA级景区工作情况汇报和全市隐蔽战线斗争有关情况汇报,讨论市委组织部呈报的《颐养之家运行成本管理11条(讨论稿)》,研究审议市政府党组呈报的《新余市城市升级三年行动计划(讨论稿)》、市委组织部呈报的《新余市推进“两学一做”学习教育常态化、制度化实施方案(讨论稿)》、市委政法委呈报的《2016年度全市综治工作目标管理先进集体名单(讨论稿)》。

7月7日,市委书记蒋斌在市委常委会议室主持召开八届市委第十五次常委会。会议书面传达中共中央《关于加强新形势下党的督促检查工作的意见》精神、中央办公厅《关于政法机关党组织向党委请示报告重大事项规定》精神、省委办公厅《当前我省意识形态领域有关情况的通报》精神、全国扶贫领域监督执纪问责工作电视电话会议精神、全省综合治理执行难工作视频会议精神、全省城乡环境综合整治工作会议精神、全省国有企业党的建设工作会议精神。会议传达《关于甘肃祁连山国家级自然保护区生态环境问题督查处理情况及其教训的通报》《关于省住建厅党组巡视整改不力不实问题的通报》《关于我省推选“全国创新争先奖”出现空白的通报》等中央、省委有关文件精神。会议传达孙新阳、刘捷到新余市调研时重要讲话精神,以及尹建业、陈兴超关于新余市工作重要批示精神。会议听取新余市国省道一级公路绕城改建工程(环城路)项目建设有关情况汇报和城市供水应急备用水源工程进展情况汇报。会议研究审议市委办公室呈报的《中共新余市委八届三次全体会议方案(讨论稿)》《关于成立市重点工作推进办公室的建议》、市政府党组呈报的《新余市城乡供水一体化实施方案(讨论稿)》《新余市“蓝天行动”工作方案(讨论稿)》《新余市中心城区雨污分流改造工程项目情况报告》、市委组织部呈报的《新余市县级领导班子、县级干部绩效考核和驻市单位绩效评议实施办法(试行)》和5个实施细则、《2017年度“新余市优秀五强”村(社区)党组织书记名单(讨论稿)》、市委宣传部呈报的《新余市重大舆情处置工作督查办法(讨论稿)》。会议研究干部人事事项。

8月4日,市委书记蒋斌在市委常委会议室主持召开八届市委第十六次常委会。会议传达省部级主要领导干部学习中共中央总书记习近平重要讲话精神,迎接中共十九大专题研讨班精神,省领导刘奇、郑为文对环保工作批示及省环保厅有关文件精神,省领导姚增科、孙新阳、谢亦森、吴晓军对新余市颐养之家工作的重要批示,郑为文对新余市工作重要指示精神以及全省党内法规工作会议精神。会议听取常务副省长毛伟明来余调研有关情况汇报、全市畜禽养殖专项整治工作情况汇报、20个涉稳突出问题专项治理及中共十九大安保维稳部署工作情况汇报、2016年第一轮巡察整改落实情况和八届市委第二轮巡察综合情况汇报。会议研究市编委办呈报的《关于增设市委办公室督查专员领导职数的请示》《关于调整市城市管理局领导职数的请示》《关于市公安局保安管理支队更名的请示》《关于增设市水务局总工程师领导职数的请示》。会议审议市政府党组呈报的《新余市脱贫攻坚成效考核办法(讨论稿)》等3个文件、市委组织部呈报的《关于创建“共产党员示范市”的实施方案(讨论稿)》。

8月18日,市委书记蒋斌在市委常委会议室主持召开八届市委第十七次常委会。会议听取全市安全生产情况及工作安排的汇报、全市食品安全工作情况汇报。会议研究市政协党组呈报的《中共新余市委关于加强和改进人民政协民主监督工作的实施意见(讨论稿)》《关于举办市政协委员培训班的请示》、市纪委呈报的《关于对1名违纪人员进行立案审查的呈批报告》。会议研究干部人事事项。

8月25日,市委书记蒋斌在市委常委会议室主持召开八届市委第十八次常委会。会议传达常务副省长毛伟明批示精神,听取关于扩大央视七夕晚会影响,促进仙女湖旅游发展的汇报。审议市政府党组呈报的《关于全力支持新余钢铁集团有限公司加快发展的若干意见(讨论稿)》《新余市贯彻落实省环境保护督察组督察反馈意见整改方案(讨论稿)》。会议研究市纪委呈报的《关于对1名违纪人员的处理意见的请示》《关于对1名违纪人员立案审查的呈批报告》。会议研究干部人事事项,并对蒋斌书记在中央党校学习期间市委日常工作安排作了部署。

10月7日,市委书记蒋斌在市委常委会议室主持召开八届市委第十九次常委会。会议传达省委书记鹿心社在中央党建要报第四十期《江西新余探索“党建+民生”农村党建新模式》、省委办公厅重要信息第五十五期《省委政研室调研报告》上的批示精神。传达推进全省脱贫攻坚工作电视电话会议精神、中央环境保护督察组移交问题线索问责情况通报。听取中共十九大期间工作安排情况汇报、全市维护社会政治稳定工作情况汇报、城乡供水一体化和备用水源工程进展情况汇报、袁河公园初步设计方案汇报。审议市纪委呈报的《2017年度落实党风廉政建设责任制检查考核工作方案(讨论稿)》、市住建委呈报的《新余市城乡生活污水处理工作方案(讨论稿)》。

10月27日，市委书记蒋斌在市委常委会议室主持召开八届市委第二十次常委会。会议传达学习中共十九大会议和全省领导干部会议精神、中央、省委深改组会议精神（书面）、省委常委、统战部部长陈兴超在新余考察时的重要讲话精神、全省扶贫领域监督执纪问责工作座谈会精神、第二十三次全省法院工作会议精神。研究市委组织部呈报的《新余市加强基层党建工作实施方案（讨论稿）》、市委统战部呈报的《关于建立县区大统战工作格局的指导意见（讨论稿）》。会议研究干部人事事项。

11月10日，市委书记蒋斌在市委常委会议室主持召开八届市委第二十一次常委会。会议传达省委办公厅《工作情况交流》第三十三期文章——新余市"作风之考"考出新气象。听取新余市科学发展综合考评情况汇报、对"一府两院"调研视察情况汇报、新一轮20个涉稳突出问题专项治理汇报。研究市直机关工委呈报的《关于加强和改进机关党建工作的实施意见（讨论稿）》、市编委办呈报的《关于增设市体育局等单位党组书记领导职数的请示》《关于核定党委巡察机构职数的请示》。会议研究对1名违纪人员的处理意见。

11月23日，受市委书记蒋斌委托，市委副书记曾萍在市委常委会议室主持召开八届市委第二十二次常委会，会议研究省十三届人大代表和十二届省政协委员初步建议人选。

11月28日，受市委书记蒋斌委托，市委副书记曾萍在市委常委会议室主持召开八届市委第二十三次常委会。会议研究市纪委呈报的《新余市深化国家监察体制改革试点工作实施方案（讨论稿）》。会议研究市委组织部、市委统战部呈报的《关于推荐全国人大代表、全国政协委员和增补市人大代表、市政协委员人选有关事项》。

12月15日，受市委书记蒋斌委托，市委副书记曾萍在市委常委会议室主持召开八届市委第二十四次常委会，会议研究市监察委有关人事事项。

12月22日，市委书记蒋斌在市委常委会会议室主持召开八届市委第二十五次常委会。会议学习国务院办公厅、国家发展改革委有关新余市新旧动能转换工作的信息专报，书面传达全省生态文明建设领导小组2017年第二次会议、全省脱贫攻坚工作推进会、全省生态修复城市修补工作现场推进会议、全省政法队伍建设工作视频会议、全省中央环保督查问题整改暨改善生态环境质量重点工作推进现场会等会议精神。听取推进法治新余建设有关情况汇报、全市安全生产工作情况汇报。研究市人大、政协"两会"有关事项、村（社区）"两委"换届有关事项。审议市人大常委会党组呈报的《新余市仙女湖水体保护条例（草案）》《2017—2021年立法规划项目库和2018年度立法计划的编制情况》。会议研究《关于两名违纪人员处分的请示》。

市委重大决策

【市委工作规则】 1月6日，市委印发《中国共产党新余市委员会工作规则》。规则明确市委工作的总则、组织和成员、职责、组织原则、议事和决策、监督和追责以及附件。规则指出市委在全市发挥总揽全局、协调各方的领导核心作用，按照协调推进"四个全面"战略布局，对全市经济建设、政治建设、文化建设、社会建设、生态文明建设实行全面领导，对全市党的建设全面负责。

【乡村两级重点工作】 1月7日，市委、市政府印发《关于切实做好当前乡村两级重点工作的意见》。意见明确做好当前乡村两级重点工作的基本原则是：坚持注重实际、坚持问题导向、坚持协调联动。意见指出当前乡村两级的几项重点工作是：农村党的建设、农村"颐养之家"建设、农村经济发展、农村健康卫生服务、农村建房规划整治、农村环境综合整治、农村集镇服务管理。

【城市规划建设】 1月11日，市委、市政府印发《关于切实加强和改进城市规划建设管理工作的实施意见》。意见明确加强和改进城市规划建设的总体要求：加强城市规划工作，加强城市特色风貌塑造，提升城市建筑水平，增强城市承载能力，改善城市生态环境，改善人居环境，保障城市公共安全，改进城市治理方式，加强组织领导。

【城市执法体制改革】 2月14日，市委、市政府印发《关于深入推进城市执法体制改革改进城市管理工作方案》。方案明确推进城市执法体制改革工作的总体要求，指出加强城市执法体制改革工作要理顺管理体制，要强化队伍建设，要提高执法水平，要完善城市管理，要创新治理方式，要建立城市管理保障机制。

【常委会工作要点】 2月23日，市委印发《中共新余市委常委会2017年工作要点》。主要内容有：强化"四种意识"，凝聚"工小美"广泛共识；聚焦经济发展，强力打造转型升级的先行区；推进城乡协调发展，开创统筹发展新格局；探索生态文明建设新模式，努力打造生态文明"江西样板"新余特色；深入推进改革攻坚，打造具有新余特色的改革品牌；增进人民福祉，创造和谐文明的幸福生活；坚持全面从严治党，建设风清气正的政治生态。

【培育新动能】 5月12日，市委、市政府印发《关于加快发展新经济培育新动能的实施意见》。意见指出：大力培育新制造经济，引导发展分享经济，优先发展新服务经济，加快发展绿色经济，探索发展智慧经济。

【支持新钢跨越发展】 9月8日，市委、市政府印发《关于全力支持新钢跨越发展三十条措施》。措施从产业发展支持、基础设施支持、财政金融支持、生产要素支持、发展环境支持等方面提出具体详细的30条措施，用以支持新钢公司跨越式发展。

【学习宣传贯彻中共十九大精神】 11月8日，市委印发《关于认真学习宣传贯彻中共十九大精神的通知》。通知要求全市上下认真学习宣传贯彻中共十九大精神。要充分认识学习宣传贯彻中共十九大精神的重要意义，切实增强政治自觉；要全面准确把握中共十九大精神，着力在学懂、弄通、坐实上下功夫；要迅速兴起学习宣传贯彻中共十九大精神的热潮，大力营造浓厚氛围；要加强理论指导，把中共十九大精神落实到经济社会发展各方面；要加强组织领导，把学习宣传贯彻中共十九大精神作为首要政治任务。

【改革创新】 2017年，全市共推出7大类35项改革项目，各项改革稳步推进，为优化发展环境、改善民生起到重要推动作用，新余市再次获江西省全面深化改革工作先进市。经济结构调整迈出新步伐。房地产去库存成效显著，债务化解工作取得阶段性成效，国资国企改革取得新进展、"一窗式"审批服务正式落地。农业农村面貌发生新变化，"颐养之家"覆盖全市所有行政村。城乡供水、农村生活污水处理一体化改革稳步推进。城市建设和管理取得新成绩。城管体制改革全面推进，出租车行业改革基本完成，创建国家食品安全示范城市，新型智慧城市建设加快发展。国家省级试点落实有新举措。公立医院改革实现城乡医联体全覆盖，文化消费试点城市、普通高中教育考试招生制度改革稳步推进。此外，融媒体改革、自然资源资产审计改革深入推进，城乡教育一体化改革全面开展，司法体制改革稳步推进，党的纪律检查体制改革继续深化，监察委改革在全省率先启动。

【督查工作】 2017年各级督查部门紧紧围绕新余市争当"三区两典范"、再铸"工小美"新辉煌目标，积极有效地组织开展一系列督查工作。一是聚焦市委中心工作压实责任突出"全"。制定下发《2017年市委督查工作要点》《市委常委会2017年工作要点责任分工》《市委八届二次、四次全会精神任务分解表》等文件，每个季度进行一次全面督查调度。二是推动市委重大决策部署督办突出"实"。围绕中央和省、市重点工作，牵头或采取"大督查"形式组织相关部门开展23个专项督查。三是落实领导交办事项突出"快"。全年共完成领导交办督办件60余件。四是获得各级领导肯定批示突出“多”。全年共起草各类任务分解方案、督查专报、汇报材料50余件。五是处理群众来信来访突出“稳”。及时高效稳妥地办理群众来信来访220余件,其中呈市委主要领导阅批40余件,转呈其他市领导处理33件。六是督查方式方法突出“新”。运用“1350”督查工作法,高效完成省环保督察组交办的158件事项。七是督查网络建设突出“广”。进一步健全督查网络,将督查工作群延伸至基层乡镇一级。 (李 栋)

保密机要工作

【概况】 2017年,市委保密机要局深入学习贯彻中央和省委、省政府领导关于保密机要工作的重要批示,全面落实中央和省、市委工作决策部署,紧紧围绕党委和政府中心工作,开拓创新,求真务实,迎难而上,为保障新余市经济社会发展、维护国家秘密安全发挥积极作用。

组织干部参加“传承红色基因”主题文化活动、“难忘的机要岁月”主题征文活动和“我为十九大作贡献”等主题教育实践活动,制作机要工作影像资料,编写机要工作大事记,增强忠诚意识、大局意识、保密意识和勤政廉政意识。市委保密机要局承办“难忘的机要岁月”征文及影视作品评审会,市委保密机要局制作的影视作品《永做红色基因传承者》获全省三等奖。向上级业务部门及党报党刊投稿,4篇被《江西保密》《江西机要》等报纸杂志刊登。

开展岗位练兵活动,学习信息化、电报录入、公文写作等方面知识,引导干部立足岗位履职尽责,提升工作能力,努力建设一支政治强、业务精、作风好、纪律严的高素质干部队伍。

【加强保密宣教培训】 全年为党校主体班、新任公务员、新任事业单位工作人员、全市综治干部、党办系统办公室主任、政府办公系统文秘业务培训班等进行保密教育培训近10期,为领导干部和涉密人员培训2500余人次,形成保密教育常态化。组织全市厅级领导干部观看保密警示教育片《无声的较量》,组织全市各机关单位借阅或自行购买观看保密文献纪录片《胜利之盾》近100场次;举办全市领导干部身边工作人员保密培训班,精心安排“保密工作形势和任务”教学课程;配合省保密局完成新余市省管干部保密教育轮训工作。开展保密“七五”普法教育,推进保密法制教育进企业、进机关、进基层,共为机关、企业单位举办保密知识讲座6堂。集中开展保密宣传月活动,制作保密宣传栏,在市委、市政府行政机关大楼设置保密宣传教育展板。精心编印《保密工作实用手册》,共向市直各单位发放1000余份。充分发挥新余市国家保密局门户网站宣传作用,组织全市机关干部订阅“保密观”微信公众号,定期更新上传最新的保密法律法规、保密工作知识和保密警示教育等内容,广泛宣传党和国家保密工作的方针、政策和法律法规。

【开展保密检查工作】 完成各项保密专项检查和督查工作共4次,全面消除各类泄密隐患。开展保密自查自评工作“回头看”活动,根据检查中发现的泄密风险点进行梳理分析,提出相应的防范策略,并形成详细的工作情况报告上报市委。联合教育、公安、人社等部门,开展中高考、公务员考试、司法考试、医师资格考试等国家重要考试安全保密检查,确保试卷保密环境安全可靠。为军工企业提供保密指导服务,帮助新余高新区宝顺昌有限公司完成涉密人员保密教育培训,并协助指导公司完善制度、建立台账、堵塞漏洞、规范管理。做好市委、市政府重大会议的安全保密服务保障工作,确保会议安全保密、井然有序。

【强化保密行政管理】 推进定密管理规范化。狠抓定密责任人和定密授权制度落实,加强定密工作业务指导,提高定密责任人履职能力,指导市直各单位编制适用本机关、单位的国家秘密事项范围一览表,督促全市重点涉密机关、单位完成定密授权申请,落实定密责任,规范定密程序,细化定密流程。加强涉密人员管理。进一步深化全市涉密人员动态管理，完成对全市各单位涉密人员变动情况的登记和备案。落实保密承诺书制度，全市各机关单位涉密人员共1217人签订保密承诺书并报市国家保密局备案。强化网络安全保密监管。重点加强全市数字化办公平台使用保密管理，联合市信息化中心，定期对数字化办公平台传发的文件进行筛查，及时清除可疑文件。严格落实互联网信息发布保密审查制度，确保发布信息不涉及国家秘密，全面查纠门户网站，引导各门户网站以宣传正能量为主。配合省国家保密局开展新余市在用涉密网络安全保密测评和风险评估，完成市望城工矿区人民检察院涉密信息系统审批工作。

【确保通信安全畅通】 优质高效做好电报译传办工作。严格落实24小时值班和局领导带班制度，认真落实电报使用和管理规定，将紧急重要电报严格按要求在第一时间处理。收发办理各类电报未出现任何差错，实现"保密、优质、高效、无事故"的目标，确保通信的安全畅通。严谨细致做好文电管理工作。做好日常文电的管理工作，来文、来电都做到办理及时、规范有序，文件制发做到认真细致、精益求精。对过期、失效的业务文电进行销毁，并严格履行销毁手续。确保设备运行稳定。每天巡检通信设备，及时排除检查中发现的线路、设备故障问题。在重要时间节点对线路设备进行全面检查维护。定期保养通信配套设施，雷雨季节及汛期对电源避雷设施进行检测维护，确保通信设备的安全可靠运行。（符　剑）

组织工作

【概况】 2017年，全市组织系统全面落实从严治党要求，聚焦主责主业，狠抓基层基础工作，把党建"五化"要求贯穿全过程，干部、党建、人才等各项工作取得新进展、新成效。

发挥组织部门的带头作用。带头推进"两学一做"学习教育常态化制度化，落实"三会一课""主题党日"、在职党员回归社区等制度。带头深入基层，部机关每名干部挂点联系一个乡镇、一个社区，部领导和党建片人员联系一个非公企业和社会组织，搭建了解基层、锻炼干部平台。带头提升业务水平，组织开展"组工干部大讲堂"活动，坚持"集中学习日"制度。带头深化作风建设，制定《组工干部行为负面清单》，划出22条纪律底线。

做好中共十九大党代表，全国、全省人大代表、政协委员的推荐、审查和考察工作。通过举办知识竞赛、学习讨论等活动，营造喜迎中共十九大胜利召开的浓厚氛围。

把学习宣传贯彻中共十九大精神作为首要政治任务，第一时间下发《关于在全市组织系统带头学习宣传贯彻党的十九大精神的通知》，在带头学习的基础上，全体组工干部深入乡镇、农村、社区、非公企业等基层一线开展宣讲105场。同时，结合开展基层党建巡察，将学习宣传贯彻中共十九大精神纳入巡察内容，推动督促各级基层党组织将学习宣传贯彻中共十九大精神落到实处。

【领导班子和干部队伍建设】 广泛开展谈心谈话。对市管干部做到谈心谈话全覆盖，并要求各地各单位开展科级及以下干部谈心谈话，增进对干部的直接了解，传导组织的关怀温暖，为更好使用干部打牢基础。加强干部队伍建设。从"五个不能"入手，共清理借用乡镇干部262名；落实好"切实防止领导干部任职年龄层层递减"的要求；连续3年开展干部超职数配备专项整治，到2017年8月底，703个超配职数全部消化到位；严格执行领导干部个人有关事项报告制度，严格落实查核结果处理办法规定，全年共查核174人，对因填报不实批评教育34人，诫勉11人，取消考察对象资格1人；对县、科级领导干部网络学习时间要求不能少，全市共举办培训班等各类班次16期，培训各级干部2567人次。完善绩效考核机制。充分发挥绩效考核"指挥棒"作用，强化正向激励，调动干部干事创业、进位争先的积极性。《江西改革动态》对新余市绩效考核做法进行刊介。在渝水区珠珊镇开展乡镇干部绩效考核试点工作，为解决乡镇干部"干多干少一个样"等问题积累有益经验。

【县级领导班子、县级领导干部绩效(年度)考核和部分驻市单位绩效评议结果】 优秀班子单位39个:市纪委机关(市监委)、市委办(市委保密机要局)、市委组织部、市委宣传部(市精神文明办)、市委统战部、市委政法委、市委政研室、市委农工部、市接待办、市人大机关、市政协机关、市中级人民法院、市政府办(市法制办、市民宗局)、市发改委、市工信委、市科技局、市民政局、市人社局、市房管局、市城市管理局、市交通运输局、市水务局、市林业局、市商务局、市文广新局、市卫计委、市国资委、市体育局、市统计局、市总工会、市妇联、民建市委会、农工党市委会、市政府驻南昌办事处、市政府驻北京联络处、新余高新区、渝水区。“服务发展”优秀单位14个:亚林中心、赣西供电公司、市国税局、市地税局、市国土资源局、省袁管局、人民银行新余市中心支行、新余银监分局、农发行新余市分行、农业银行新余分行、新余农商银行、九江银行新余分行、新余海关、江西出入境检验检疫局新余办事处。优秀党政正职干部(含按正职考核的正县级副职)44名:杨帆、李冰平、胡春华、龚伟斌、刘文冰、胡永良、袁芙蓉、晏小明、卢贺、何志勇、黎兵根、王新平、单巍全、聂艳华、罗长义、傅水珠、钟桂林、邓文忠、徐徕水、夏文成、刘力恒、曹建祥、彭水萍、敖新春、敖小忠、肖秋根、张有红、郭瑞新、黄国庆、孙昕晖、刘献忠、曹卫红、易勇、陈鹏、宋三保、李永刚、赖新云、黄鸿珍、蔡小莲、裴晓林、陈先明、何慕良、李虹。优秀副职108名:熊小青、邓迪荣、周荣盛、苏威敏、何志慧、艾莹云、孔建伟、华军、胡凌云、简桂生、陈海涛、朱卫萍、卓俊、邹根苏、张健、陈文燕、谌赤军、李志玉、段鹏、钟罗拾、黄荣凤、余士明、卢建华、王睿、钟宇虹、彭新明、王涌、毛建平、黄锦廷、毛春榕、彭九根、应姿、熊涛、傅磊、涂国珍、何卫兵、钟岳桦、严华、胡仁平、胡文华、朱东飞、刘建华、邹国林、何小灵、廖怒平、刘敏健、廖绍敏、潘小诚、陈辉、龚小兵、范南烨、刘金山、邓黎明、肖亮、陈卓、樊国华、邓柯、龚铁军、胡振南、钟自根、宗晓云、胡亮、何俊秋、陈国平、林云、彭多林、李广、雷蕾、简志忠、卢信敏、晏志刚、胡晓敏、熊建斌、何奇东、徐巧云、施建市、艾敏、梁云森、邓淑英、朱生洪、黄红阳、杨香珠、谢平生、杨芳、刘伟、龚梅宝、侯芳、陈健、简鹏羽、罗忠、廖军保、傅强、邹志华、刘颖豪、胡瑜瑞、邓浩、胡军平、夏侯云、刘小松、喻国平、黄燎宇、何智勇、周斌、简艳兵、彭勇、黎礼珠、胡冰模、阮海波。

【创建“共产党员示范市”工作】 为推进“两学一做”学习教育常态化制度化,落实基层党建“五化”要求,深化“先锋创绩”制度,在发挥党员作用方面进行再探索、再创新,在全市全面推进“共产党员示范市”创建。全市各级党组织坚持与本职工作、促进经济社会发展、维护社会和谐稳定、落实和保障好民生、严肃党内政治生活相结合,开展党员示范岗(户)、示范单位、示范志愿队、示范村、示范社区、示范乡镇(街道、办事处)、示范行业等9大系列示范行动,大力培育一批党员个体示范和集体示范的典型,使广大党员平常时候看得出来、关键时刻站得出来、危急关头豁得出来,形成党员因带头示范而自豪、群众因党员示范得实惠、城市因党员示范更美丽、旗帜因党员示范更鲜红的生动局面,真正实现“民得实惠,党得民心”的目标,进一步增强基层党组织的创造力、凝聚力和战斗力,为新余创建全国文明城市、争创“三区两典范”、再铸新时代“工小美”新辉煌注入“红色基因”,凝聚强大合力。

【基层党建工作】 扎实推进“两学一做”学习教育常态化制度化。按照“四讲四有”要求,打好“深学、实做、真改”组合拳,推行“主题党日”,把全面从严治党落实到每个支部、每名党员。以“党建惠民”为目标,扎实推进“党建+颐养之家”工作,建成618个点,惠及老人7275人。新华社、《人民日报》《光明日报》、中央《新闻联播》等媒体进行报道,被中央党的建设工作领导小组《党建要报》全面刊介,得到多位省领导的批示肯定,得到广大群众欢迎,初步构建起具有新余特色的农村养老服务体系,塑造新余市组织工作品牌。“党建+乡村两级重点工作”成效显著。“党建+商会”工作不断深化,全市建立17个乡镇商会及12个商会党组织。“党建+脱贫攻坚”扎实推进,各级共选派驻村“第一书记”(书记助理)409人,加强驻村工作队管理,实现所有行政村全覆盖。突出“五强”标准。按照“五强”书记要求,出台《新余市村党组织书记选拔任用管理办法》等系列文件。对全市所有村党组织书记进行培训,并分两批到井冈山进行现场教学,市委书记蒋斌亲自授课。评选出10名“五强”村(社区)党组织书记,并进行持续广泛宣传。组织20名“五强”村(社区)党组织书记候选人到宁波开展提升培训。加强村级后备干部队伍建设,出台《关于进一步加强村级后备干部队伍建设的实施方案》,对首批80名村级后备干部进行集中培训。同时,对80名村级后备干部进行学历提升。部署开展村(社区)“两委”换届选举工作。建强“两新”组织“两支队伍”。市级层面从县级后备干部和优秀年轻干部中重新选派10名党员干部到“两新”组织担任党组织书记。全面推行选派党建工作指导员制度,全市共选派286名党建工作指导员包片指导“两新”组织党建工作。城市党建,出台《新余市加强城市基层党建工作实施方案》。机关党建,出台《关于加强和改进机关党建工作的实施意见》。同时,统筹推进国有企业、学校等领域基层党建工作,党支部规范化、标准化建设有序展开。压实基层党建工作责任,持续开展县(区)委书记抓基层党建工作述职评议考核,全面推行基层党建工作巡察,有力推动管党治党从宽松软走向严紧硬。

【人才队伍建设】 抓实党管人才责任。建立人才工作专项述职、党委联系服务专家制度,首次在全市开展人才工作述职,市四套班子领导和“法检”两长联系专家62名。落实省委组织部部长赵爱明在新钢调研时对新余市人才工作的要求,出台《对接新钢人才工作十六条》。抓好人才引进培育。建立在外新余籍人才信息库,收集1500余名在外新余籍人才信息,深入推进“渝郎回乡”创业计划,配合有关部门推动78个“渝郎”项目返乡落户。通过绿色通道引进博士17人、硕士109人。加大柔性引才力度,会同科协到太原、西藏、上海等地走访院士、优秀人才30多名,柔性引进院士10名。挂牌成立袁隆平、薛群基院士工作站。抓住“服务革命老区院士专家行”契机,与华东理工大学钱锋院士团队建立校地合作关系,推动华东理工大学与赣锋锂业签订阿根廷尤耶亚科盐湖卤水提锂技术研究项目。大力实施“三名工作室建设”“千名人才基层行”等人才工程,推动本土人才培养和人才向基层一线流动。在浙江大学、上海财大等知名高校举办培训班,培训高级人才1400余人次。推进人才平台建设。聚焦新余市锂电产业发展,积极推动赣锋锂业公司与中科院宁波材料所在宁波设立联合研发中心,组成一支优秀的人才团队,攻克技术前沿的固态锂电池产业化项目。全年新增科研平台25家;全市科研平台达104家,其中国家级11家、省级48家。推进人才体制机制改革创新。把破除阻碍人才发展的重点、难点问题作为人才改革的出发点和落脚点,提出70项具体改革内容。扎实推进中小学教师职称制度改革,10164名教师实现评后即聘。优化人才发展环境。举办第四届“新余人才日”活动。安排100名优秀人才入住高层次人才公寓,31名高层次人才子女享受中考加分优惠,55人享受义务教育学校择校优惠。

(郭　姗)

宣传思想工作

【概况】 2017年,新余市宣传思想文化战线按照中央、省、市委总体部署,牢牢把握党在意识形态领域领导权、话语权,坚持稳中求进、改革创新,紧紧围绕实现中华民族伟大复兴的中国梦,紧紧围绕“两个巩固”的根本任务,深入学习宣传贯彻习近平新时代中国特色社会主义思想和中共十九大精神,围绕中心,服务大局,打好主动仗,唱响主旋律,凝聚正能量,不断开创全市宣传思想文化工作新局面,为争创“三区两典范”、再铸“工小美”新辉煌、加快建设和谐富裕文明新余、提前全面建成小康社会提供强有力的思想保证、精神动力、舆论支持和文化条件。

理论武装紧跟新形势。举办各种宣讲报告会、学习培训会、文艺宣讲会,受众达20万人次,38个乡镇办、413个村委、84个社区实现学习贯彻中共十九大精神全覆盖。推动各级党委(党组)中心组学习规范化、制度化,市委中心组集中学习13次,各级党委(党组)中心组学习成效显著提升。印发《全市2017年加快建设"三区两典范"再铸新余"工小美"辉煌理论宣讲"菜单"》,挑选18名理论专家,确定44个宣讲专题,各地各单位点单宣讲100余场。组织干部深入企业开展降成本优环境专项行动政策集中宣讲2000余场次。探索开展"乡村大讲堂"宣讲活动,宣讲60余场,获2017年全国"终身学习品牌项目"称号,央视《新闻联播》《人民日报》对其特色做法作了报道。全市社科规划课题立项57个,同比增长40%,3个研究课题列入省2017年地区基金项目。《抓在实处加油干》《抓基层党建要突出问题导向》《以新发展理念引领新型智慧城市建设》等一批理论文章在《人民日报》《光明日报》等国家级媒体刊登,刊发数量和质量取得重大突破。

新闻舆论宣传主动有力。策划组织"党建+颐养之家"等30余个重大主题宣传,开辟"再铸'工小美'新辉煌"等专栏专题50多个,22篇新闻稿件获中央、省委网信办推送,新闻发布工作列全省第一。网络舆情工作和社会舆情工作均列全省第二,报送的社会舆情信息获中央领导批示4次。率先在全省全面建成县级融媒体中心,分宜县融媒体改革经验被新华社《国内动态清样》报道,获中央领导批示。建立400多家政务媒体组成的市县、乡、村四级政务新媒体矩阵、1000+政务微信工作群。新余发布"两微两端"总粉丝突破220万,在全省11个地市移动媒体传播指数排行榜中位居冠军11次。制定《关于加强对哲学社会科学论坛、报告会、研讨会、讲座管理的意见》,切实加强思想理论阵地建设。

文化事业繁荣发展。中国(新余)"七夕节"系列活动,"中国七夕节·天下有情人"晚会、中国(新余)七夕文化高峰论坛等活动取得圆满成功。获得"中国夏布技艺之乡"及"中国夏布绣传承与发展基地"金字招牌。组织创作歌曲《中国草》,编辑出版研究论文集《讲好七仙女故事——2016年七仙女文化高峰论坛文萃》。现代采茶戏《夏布谣》获得第六届江西艺术节·第十届江西省玉茗花戏剧节作曲二等奖。少儿舞蹈《头脑总动员》等获第九届全国"小荷风采"大赛金奖;曲艺《我们和你在一起》获全国少儿曲艺展演一等奖。2017年新余(深圳)文化产业专题招商会,会上签约10个项目,意向资金11.8亿元,累计完成投资7.735亿元。欢乐大世界水陆乐园、分宜麻纺小镇、仙女湖国际赛道等一批重要产业项目进展顺利。2017年,文化产业主营业务收入预计完成170亿元,增长17.7%;增加值预计完成41.3亿元,占GDP比重3.75%,增长11.4%。稳步推进水北黄坑古村巷、高新区马洪白沙古戏台等文化遗产保护项目建设。分宜县图书馆、罗坊村农家书屋获得全国"双服务"(服务农民、服务基层)基层文化建设先进集体称号。广泛开展"我们的中国梦"文化进万家活动,组织各类演出130余场,演员参与8万余人次,40余万人次观看。

培育和践行核心价值观全面推进。新余市作为江西省唯一设区市获得"第五届全国未成年人思想道德建设工作先进城市"称号,渝水区仙来学校被评为首届全国文明校园,仙来学校、暨阳学校被评为首届全省文明校园,9个学校被评为市级文明校园。广泛开展社会主义核心价值观"六进"活动,形成立体式全覆盖宣传普及新格局。社会信用体系建设稳步推进,在全省率先实现信用信息省市共享,实现干部任用"凡提必查",推选党代表、人大代表、政协委员"凡推必查",评先评优、职称评聘等方面"凡评必查"。推进企业和社会组织信用体系建设,守信联合激励和失信联合惩戒机制逐步建立。

精神文明创建工作持续深化。创建全国文明城市模拟测评成绩得83分,比上年提高16分,为新余市争创下一届全国文明城市奠定基础。农村精神文明建设工作不断加强,农村移风易俗工作

2017 年 11 月,新余市乡村大讲堂被评为终身学习品牌项目

深入推进,新余市 3 个村获得第六届全国文明村镇称号,3 个单位获全国文明单位称号。"新余有爱"品牌凸显。广泛开展道德模范、身边好人选树活动,获"第六届全国道德模范提名奖"1 人,获"白求恩奖章"和"最美援外医生"荣誉 1 人,"中国好人"上榜 5 人,"江西好人"上榜 12 人。全市注册志愿者突破 20 万人,占全市人口比例 17.66%,居全省第一。

切实履行党建工作责任制。严格实行党建工作年度目标任务管理,认真开展"两学一做"常态化制度化、"三会一课"、主题党日活动、创建"共产党员示范市"、党员干部结对帮扶和回归社区等党建工作。全年集中专题学习 50 余次,每次活动有学习签到、有会议记录、有视频图像、有文件资料。2017 年拨付挂点贫困村帮扶资金 50 万元,争取项目资金 290 万余元,做大光伏发电、紫山药种植等五大产业,贫困户每户收益达到 3000 余元;拨付新农村建设帮扶点 13 万元,争取国家古建筑保护建设经费 200 万元。

【学习宣传中共十九大精神浓墨重彩】 坚持理论宣传、新闻宣传、文艺宣传、网络宣传、社会宣传和文明创建宣传全面发力,迅速掀起学习贯彻习近平新时代中国特色社会主义思想和中共十九大精神活动高潮。全市举办各种宣讲报告会、学习培训会、文艺宣讲会等 3000 多场次,受众达 20 万人次,38 个乡镇办、413 个村委、68 个社区实现学习贯彻中共十九大精神全覆盖。

【理论宣讲广泛覆盖】 进一步完善"专家讲理论、干部讲政策、百姓讲故事"的宣讲模式。印发《全市 2017 年加快建设"三区两典范"再铸新余"工小美"辉煌理论宣讲"菜单"》,挑选 18 名理论专家,确定 44 个宣讲专题,各地各单位点单宣讲 100 余场。组织干部深入企业开展降成本优环境专项行动政策集中宣讲 2000 余场次。探索开展"乡村大讲堂"宣讲活动,宣讲 60 余场,获 2017 年全国"终身学习品牌项目"称号,央视《新闻联播》《人民日报》对其特色做法作了报道。

【新余市融媒体改革成就】 按照中央和省委关于推动传统媒体和新兴媒体融合发展的要求部署,新余市自 2016 年正式启动融媒体改革工作,经过 1 年多的改革实践,市、县两级融媒体中心全面建成,分宜县、渝水区的融媒体中心全面成立,机构由原来的副科级单位,升格为县(区)委直属正科级全额拨款社会公益类事业单位。新余日报社、新余广播电视台完成融媒体改造,市级融媒体"中央厨房"建成,融媒体移动客户端总粉丝量超过 35 万,全面推进报网融合、台网融合、社网融合。新余市的经验做法得到省委宣传部的肯定,中央网信办《网信动态》两次介绍新余市的经验做法,分宜县融媒体改革经验被新华社《国内动态清样》报道,并获中央领导批示。

【中央电视台"中国七夕节·天下有情人"七夕晚会】 新余抢抓我国 2017 年首次将七夕传统节日写入中办、国办《关于实施中华优秀传统文化传承发展工程的意见》文件契机,率先创意"中国七夕节”系列活动，并向中央电视台发出邀请，提出举办首个“央视七夕晚会”的概念，成功会同中央电视台综艺频道在仙女湖畔策划举办“中国七夕节·天下有情人”特别晚会。8 月 28 日七夕夜，中央电视台综艺频道首播的“中国七夕节·天下有情人”特别晚会实时收视率位居全国第二，当晚央视第 1 频道、翌日中午央视第 3 频道、8 月 30 日央视第四频道分别进行重播。央视新闻频道、中文国际频道、军事农业频道、音乐频道、戏曲频道等5 个频道对晚会进行新闻报道，央视网、央视新闻、央视综艺微博微信客户端等中央电视台所属平台对晚会中夏布技艺、夏布绣、仙女湖风光等新余元素进行单独推送。30 多家中央级网媒集体推送，累计受众20 亿人次，营造良好的舆论氛围，唱响新余“仙女下凡地，抱石故园人”的好声音。

【举办中国(新余)七夕文化高峰论坛】 8 月 26 日—28 日七夕期间，由中国民间文艺家协会、江西省文联、中共新余市委、市政府共同主办的中国(新余)七夕文化高峰论坛在新余市召开，中国民协、省委宣传部、省文联、省民协的领导嘉宾以及国内外研究七夕和仙女文化的知名专家学者40 余人在新余设坛论剑，共同探讨新余七仙女传说和七夕文化对世界爱情文化发展的重要影响，向世界讲好“七仙女传说”的故事。

【成功申报“中国夏布技艺之乡”和“中国夏布绣传承与发展基地”】 新余立足本土夏布民俗文化，组织开展新余夏布产业专题调研，经过科学研究和专题申报，新余被中国民协正式授予“中国夏布技艺之乡”及“中国夏布绣传承与发展基地”两块金字招牌，为培育本土夏布民俗工艺，推动新余市夏布产业链发展开启全新篇章。

2017 年8 月26 日—28 日，举行中国(新余)七夕文化高峰论坛，暨“中国夏布技艺之乡 中国夏布传承与发展基地”授牌仪式

【筹建百支“红色文艺轻骑兵”】 自2017年10月下旬中共十九大召开，新余立即组建3支市直“红色文艺轻骑兵”文艺演出先头部队进行中共十九大精神文艺宣讲，此后通过制定工作方案、“收编”组建队伍、设立专项经费、组织集体编创、录制教学视频、集中培训辅导、结对帮扶指导、专群“送”“种”结合(专业团队“送文化”和基层群众团队自办活动的“种文化”)、动态监管补助的流程和形式，发动全社会各界文艺工作者、各类文艺爱好者组建市县乡村全覆盖的100支“红色文艺轻骑兵”群众文化军团，到2017年年底演出300多场次。新余“红色文艺轻骑兵”活动开展受中新网、中国文明网等主要媒体广泛报道。（廖　婷）

精神文明建设

【概况】 2017年，全市精神文明建设工作战线深入学习中共十九大精神和习近平新时代中国特色社会主义思想，以培育和践行社会主义核心价值观为主线，以创建文明城市为抓手，持续深化“新余有爱”志愿服务活动，着力抓好未成人思想道德建设，深入组织道德模范、“身边好人”推荐评选宣传活动，有效发动广大群众参与精神文明创建活动，不断提升市民文明素质和城市文明程度，在全市努力营造和谐和睦、团结友爱、向上向善的人文环境。2017年，新余市被中央文明委评为全国未成年人思想道德建设工作先进城市，唐才英获第六届全国道德模范提名奖、江西省道德模范，廖淑慧家庭当选全国最美家庭，黄明亮家庭获全省第一届文明家庭，黄梅生获全国最美志愿者，邱乐安、黄梅生、胡丽鹏、周亮亮、詹慧珍5人当选中国好人，邱乐安、黄梅生、胡丽鹏、周亮亮、陈东平、彭正根、黄正旭、张永练、江西工程学院救人集体、詹慧珍、龚军平、彭小军12人当选江西好人，何小清获全国“最美中学生”称号，新钢中学吴涵彧、渝水四小敖城炜分别评为2017年江西省自强美德少年和诚信美德少年，新余市检察院、仙女湖风景名胜区、大唐国际新余发电公司获得第六届全国文明单位称号，渝水区下保村、湖头村、分宜县站前村获得第六届全国文明村镇称号，渝水区仙来学校被评为首届全国文明校园，新余学院、仙来学校、暨阳学校被评为首届全省文明校园。

【推进文明城市创建工作】 强化组织领导，召开创建全国文明城市攻坚大会和领导小组组长会议。强化责任分工，制定印发创建工作任务书，确保每个职能部门都有一份“个性化”的任务清单。强化日常督导，根据创建任务书对各地各责任部门进行持续性的督导，突出抓好22项创建专项整治工作，着力解决一批创建老大难问题。加强考核通报，制定文明城市工作考评办法，每月对履职部门进行打分排名并通报，全年共通报7次。广泛深入开展创文宣传，在新闻媒体开辟专栏专题，招募文明创建巡访团，举办文明创建演讲赛，开展文明创建进社区活动，完善网格化帮扶工作，不断提高群众创建知晓率和参与率。广泛开展公益广告宣传活动，制定下发新余市贯彻落实《公益广告促进和管理暂行办法》实施细则，建立公益广告联席会议制度，多次召开公益广告协调会，各地各部门户外公益广告刊播制作及新闻媒体公益广告发布工作逐步实现制度化、常态化。文明城市创建的体制机制进一步健全，在落细落小落实方面成效更加突出，创建为民、创建惠民的理念更加彰显，为下一届创建全国文明城市奠定基础。

【开展道德模范、身边好人选树活动】 举办“新余有爱”2016年度人物发布会，大力宣传新余市全国先进道德典型；积极开展“中国好人”“江西好人”“新余好人”等先进典型的评选推荐工作，评选5期“新余好人”共计50批次；广泛开展身边好人、道德模范宣传工作，不断营造崇德向善、见贤思齐的良好社会氛围；持续抓好“江西好人”网上平台报送推荐发布工作，发布工作继续保持全省前三位；开展道德模范和身边好人帮扶，发放帮扶资金18万元，着力营造“好人好报”的社会氛围。2017年，唐才英被评为第六届全国道德模范助人为乐类提名奖，有5人当选中国好人(邱乐安、黄梅生、胡丽鹏、周亮亮、詹慧珍),12 人当选江西好人(邱乐安、黄梅生、胡丽鹏、周亮亮、陈东平、彭正根、黄正旭、张永练、江西工程学院救人集体、詹慧珍、龚军平、彭小军),廖淑慧家庭当选全国最美家庭,黄明亮家庭获全省第一届文明家庭。推荐郭璐萍等 10 人参加全省、全国道德模范评选。

【提升"新余有爱"志愿服务品牌效应】 强化工作部署,召开全市志愿服务工作推进大会,评选表彰一批志愿服务先进典型;制定下发《关于进一步推进新余市志愿服务工作的实施意见》《关于进一步加强农村志愿服务工作的通知》等文件,不断规范志愿服务工作,拓展志愿服务阵地;将志愿服务工作列入市委市政府年度综合绩效考核、党委意识形态工作责任制考核、全市创建全国文明城市工作考核、全市精神文明建设年度工作考核等考核内容,保障全市志愿服务工作有力推进;加强新余志愿服务网、江西志愿服务网和微信公众号的日常管理,有效统筹全市志愿服务的各项工作;加强志愿者招募,全市注册志愿者达 201432 人,志愿者占全市人口比例达 17.4%,志愿服务组织有 1017 个,在职党员干部人均志愿服务时长达 31.5 小时;加强农村志愿服务工作,全市 38 个乡镇(办)统一建设志愿服务站点,每个乡镇都建有一支志愿服务队,并与市区一个志愿服务组织结成对子,每个村建有一个以党员为主体的志愿服务组织,实现志愿服务向农村延伸;坚持以项目推进为引擎,扩展志愿服务活动领域,开展"暖冬行动"关爱留守儿童等关爱他人活动、"情暖春运"等关爱社会活动、"学雷锋志愿服务月"活动、走进颐养之家系列活动,常态化开展"网格化综合文明劝导""文明巡访"等创建类志愿服务活动;坚持发展专业服务团队,注册成立专业志愿服务团队 253 支,涌现"新余市蓝天志愿救援队""百姓宣讲团"等一批在全国、全省有影响的志愿服务团队。

【实施社会信用体系建设】 召开全市信用体系建设领导小组会和两次协调会,不断强化责任分工,有效落实工作任务。不断完善信用体系平台建设管理,加强信用数据对接,向省信用平台报送信用数据 308 万组。进一步完善机关事业单位和公职人员信用信息征集和信用评级管理使用办法,在干部提拔使用、评先评优、职称评定等方面信用评级结果得到应用,2017 年共出具信用报告 110 余份,涉及征信主体 1000 余人。社会组织信用体系建设扎实推进,完成 850 家社会组织信用信息征集工作,并对各社会组织进行信用评级。企业信用体系建设稳步实施,企业信用数据征集工作正在积极推进。开展城市信用示范市创建工作,行政许可和行政处罚"双公示"工作不断推进,在中国新余网、新余新闻网、"信用新余"网开设专题专栏。制定下发守信联合激励和失信联合惩戒实施意见,不断拓展信用结果使用范围。在媒体定期发布诚信"红黑榜",推动形成诚实守信的良好社会氛围。

【未成年人思想道德建设成效凸显】 在全市未成年人中深入开展以礼仪、礼貌、礼节教育为主要内容的文明养成教育。部署开展"我的中国梦"、清明节祭英烈、"六一"争做美德少年、"七一"童心向党等一系列主题教育活动。以人人争当美德少年为要求,在全市常态化开展美德少年评选表彰活动,赢得社会的广泛关注。举办新余市第二届美德少年评选活动,评选出十佳美德少年,网络点击率超过 10 万余人次;新钢中学吴涵彧、渝水四小敖城炜分别评为 2017 年江西省自强美德少年和诚信美德少年。常态化开展"书香校园""古韵飘香""经典书画大赛"等活动,开展新余市第三届"诵读中华经典、传承华夏之魂"主题中华经典诵读大赛。举办 2017 年全市"唱响中国梦"原创少儿文艺大赛,选派 9 个节目参加全省评比,2 个节目入选全省"六一"晚会。2017 年新余市作为江西省唯一城市获得全国未成年人思想道德建设工作先进城市荣誉,渝水区仙来学校被评为首届全国文明校园,仙来学校、暨阳学校被评为首届全省文明校园,9 个学校被评为市级文明校园。

【加强农村精神文明建设工作】 紧紧围绕市委、市政府农村"七项"重点工作,以创建文明村镇、评选星级文明信用户为抓手，以推进农村移风易俗工作为重点，通过落实农村宣传思想文化工作“十个有”，进一步推进农村精神文明建设工作。召开全市农村精神文明建设暨移风易俗工作推进会，进一步强化工作部署与督导。实施“推动移风易俗、促进乡风文明”行动，编印移风易俗宣传手册，实施移风易俗党员干部“五带头”活动，在新闻媒体开设移风易俗专题专栏，组织开展宣传宣讲活动，大力整治农村生活垃圾以及黄赌毒、大操大办、天价彩礼等问题，推进农村综合环境改善和农民文明素质提升。在全市推进移风易俗乡规民约进祠堂礼堂，全市各地普遍制定村规民约并上墙。着力打造一批农村精神文明建设的先进典型，渝水区下保村、湖头村、分宜县站前村获得第六届全国文明村镇称号。

【拓展群众性精神文明创建】 抓好文明单位创建活动，依托省文明单位动态管理系统，抓好各级文明单位的日常创建管理，提高文明单位奖励标准，提升各地各单位创建积极性。对全国文明单位、省级文明单位、市级文明单位进行年度复核，有1个省级文明单位和11个市级文明单位被取消荣誉。2017年，新余市检察院、仙女湖风景名胜区、大唐国际新余发电公司获得第六届全国文明单位称号。推进文明行业创建活动，组织开展文明餐桌“示范酒店(饭店)”“示范食堂”评选活动，倡导绿色生活，反对铺张浪费，开展文明驾驶员、文明农贸市场等评选活动。推进基层精神文明创建工作，组织开展文明社区、文明小区、文明街道、文明楼院评选活动，扩大群众参与面。 (李根华)

统战工作

【概况】 2017年，全市统一战线认真贯彻落实中央、省委、市委关于统战工作各项决策部署，坚持以“项目化运作、品牌化打造、具体化操作”为抓手，围绕中心，服务大局，推动统一战线事业得到全面发展。“渝郎回乡”工程获得省委常委、统战部长陈兴超批示肯定和全省统战工作实践创新成果奖，并获得全国人才工作创新案例优秀奖。新的社会阶层人士统战理论政策研究获全省创新成果一等奖。

组织领导得到新加强。市委对统战工作高度重视，市委常委会学习传达全省统战部部长工作会议精神，研究命名“渝郎回乡”创业计划、“千企帮千户”行动等品牌工作。完善市委常委列名联系各民主党派制度，首次将统战工作纳入全市各县级领导班子年度绩效考核范围。认真落实《中国共产党统一战线工作条例(试行)》和省委实施意见，在分宜县试点推进大统战工作改革，构建“三明确＋四不变＋五统一”大统战工作模式，即“明确领导职数、人员编制、职能股室，保持对外机构牌子、法人主体资格、业务对口联系、经费来源渠道不变，统一工作部署、调配力量、办公场所、党群活动、经费管理”。

多党合作事业全面发展。加强政治引领，引导各民主党派开展“不忘合作初心继续携手前行”主题教育活动。落实政党协商制度，支持各民主党派参政议政、建言献策，有近百条提案和社情民意被市委、市政府采纳，其中采纳民盟建议29条、农工党建议18条，民革提出的《破解我市主城区“大班额”的建议》得到市委蒋斌书记的肯定，“同心·智库”形成《工业强市区域小市山水美市——新发展理念的新余实践与探索》17万字的研究成果。加强党外干部队伍建设，推荐1名全国政协委员人选、6名省人大代表人选、9名省政协委员人选；抽调5名党外干部参加省社院、市委党校的学习培训，为各民主党派增加3万元工作经费。开展民主监督工作，制定《关于支持各民主党派市委会开展脱贫攻坚民主监督工作的实施方案》。开展“同心·播爱使者”行动，促成77对农村大龄青年脱单脱贫。

党外知识分子和新阶层统战工作亮点突出。走访知联会理事，组织会员参与颐养之家、下乡义诊等公益活动，开展古村落建筑保护开发、文化旅游等课题调研。成立新的社会阶层人士联谊会和网络界人士联谊会，吸纳会员246人；建设“渝郎创咖”实践基地，为新的社会阶层人士提供政策咨询、法律服务、商务洽谈、联谊交友、创业培训等搭建新平台；推动市新联会会长担任省人大代表、市政协委员，会长朱锡国、执行会长敖晓宝入选全市优秀人才库。

民族宗教事务办得又好又实。坚持问题导向，积极争取资金300多万元支持民族村建设，协调解决少数民族务工、经商、就业和教育等方面的问题30多件，整顿和取缔基督教私设聚会点25处。顺应道教群众诉求，想方设法，全力协调，推动被损毁的千年古庙仰岗庙予以重建并投入使用。

非公有制经济领域统战工作特色鲜明。实施“渝郎回乡”工程，举办创业大会、中秋座谈会和北京发展大会，吸引100多名渝郎回乡和61个项目落户，总投资额达276亿多元；组建“渝郎博士团”，汇聚清华、北大、北交大、中科院、中央财大等21名博士后和博士。实施“商会启航”行动，成立17个新商会，水北商会被评为省级“四好商会”。开展“千企帮千户”工作，动员29个商(协)会、1000多名企业家与1080名贫困户结对认亲，投入扶贫资金2.26亿元；帮扶“颐养之家”603个，投入资金和物资2000多万元，惠及农村老人7597人；帮扶新农村建设资金1.7亿元。其中，新余水北商会、赣西科技职业学院被评为全省“千企帮千村”精准扶贫行动先进商会、先进民营企业。加强非公经济人士教育培训，与上海财经大学联合举办非公经济人士资本运作高级研修班，参学学员达99人。做好非公经济人士的政治安排，向省里推荐非公经济人士政协委员、人大代表人选7人，向省工商联推荐11名非公经济人士担任执常委以上人选，向市政协推荐2名非公经济人士增补政协委员，开展非公经济人士的综合评价工作。

中国港澳台与海外统战工作取得新突破。对新余市海外人士进行调查摸底，并于10月召开市海联会六届理事会换届大会，参会理事达114名，其中海外理事32名，会议选举会长、常务副会长、副会长、常务理事和秘书长，聘任名誉会长和顾问。海联会换届后，理事们积极开展活动，名誉会长严翊峰走访敬老院进行义诊，名誉会长林周恩带队到市进行商务考察，副会长陈岗带团赴台湾参访，名誉会长李京文、副会长阎敏相继到市考察交流等，累计开展公益义诊、商务考察、赴外参访等活动8次。

统战部门自身建设扎实有效。认真履行党要管党、从严治党主体责任，着力开展“创建共产党员示范市”创建活动，推进“两学一做”规范化制度化，落实“三会一课”基本制度，开展“重温党员誓词”“先锋创绩”“党员年审”“党员回归社区”等活动，组织机关党员干部开展党性教育、廉政教育20多次。举办统一战线中共十九大宣讲报告会、季度联系会、调研成果汇报会。认真完成招商引资、精准帮扶、新农村建设帮扶等中心工作。认真落实从严治党要求，扎实履行“一岗双责”，坚持将党风廉政建设工作与统战业务工作同安排、同部署、同落实，充分发挥驻部纪检组监督执纪问责职能作用，全市统一战线风清气正、干事创业的良好氛围持续巩固。

【“渝郎回乡”系列活动】　4月5日，召开2017年江西新余“渝郎回乡”创业大会，北京、上海、深圳、海南、温州、东莞、云南、广东等各地100多名渝郎参加大会。会议共有8个项目现场签约，签约总金额8.5亿元。会议期间，渝郎们考察全市各工业园区投资环境，参观英泰、盛泰、木林森、赣锋锂业等代表性企业，达成一批投资合作意向。

9月28日，召开“渝郎回乡”中秋座谈会，200余名渝郎代表参加座谈。座谈中，渝郎们围绕大力实施“渝郎回乡”工程、服务新余“工小美”发展交流经验，发表看法，提出建言，一些建议得到当场落实和反馈。

12月16日，2017年江西新余“渝郎回乡”发展大会在北京召开。中央部委和央企的“渝郎”、新余各商会代表、优秀企业家代表等280余人参加大会。当天共签约14个项目，总金额达122亿元。值得一提的是，北京新余企业商会联系国内各个领域的学科带头人和知名学者组“渝郎回乡”博士团，汇聚清华、北大、北交大、中科院、中央财大等21名博士后和博士。

2017 年 12 月 16 日,"渝郎回乡"发展大会签约仪式

【开展"播爱使者"行动】 8 月,市委书记蒋斌倡议在全市开展播爱使者行动。由市委统战部、市妇联牵头组织,民革新余市委会、民盟新余市委会、民建新余市委会、民进新余市委会、农工党新余市委会、九三学社新余市委会、市工商联共同参与,建立全市 40—50 岁大龄单身男女数据库 3458 名,其中建档立卡贫困人员 651 名,促成 77 对农村大龄单身人员解决婚姻问题,得到省委脱贫检查组的高度肯定。

【新余市新的社会阶层人士联谊会成立】 9 月 28 日,举行新余市新的社会阶层人士联谊会成立揭牌仪式。新联会人会人员达 215 人,下设网络界人士联谊会第一至第九分会,覆盖新媒体、互联网服务、律师界、企业高管等 20 多个行业。

【陈兴超调研新余统战工作】 10 月 13 日,省委常委、统战部部长陈兴超莅临新余调研统战工作。省委统战部副部长、省民宗局局长曹国庆,副部长高鹰群、省工商联副主席洪跃平随同调研。市领导董晓健、曾萍、李新华陪同调研。陈兴超看望新余市各民主党派、工商联、民宗局、知联会、新联会的各界代表,实地考察江西美天科技、沃格光电、赣锋锂业等"渝郎"企业以及下村颐养之家等地。

【新余海外联谊会六届一次理事会召开】 10 月 27 日,新余海外联谊会第六届一次理事会议召开,参会理事 114 名,其中海外理事 32 名。会议选举李新华为会长,袁芙蓉为常务副会长,张利华、李文莉(女)、李良彬、李秋保、邱新海、陈岗、卓俊、胡晓海、晏伟军、阎敏、黄递传、黄斯文、潘丽云、蔡巾帼(女)为副会长,简鹏羽为秘书长。聘请严翊峰、李京文、陈明弘、林周恩、施纯锡、曹勇、楼大明为名誉会长,何大一为顾问。　(彭雪飞)

政法工作

【概况】 2017 年,市委政法委紧扣中共十九大维稳安保主线,直面矛盾,敢于担当,破解一批影响稳定的源头性、基础性难题,实现"六个不发生"。

社会稳定有成绩。市、县、乡、村联动开展涉稳突出问题专项治理,各级领导挂帅又出征,到市委、市政府大门聚集上访、聚众闹访数同比上年下降67.39%,确保全国"两会"和"一带一路"论坛、厦门金砖国家峰会、中共十九大等重要敏感期间"进京零非访"。

治安防控有创新。培育、总结、推广智慧校车、智慧电摩、乡镇红绿灯、暑期防溺水和社会心理咨询服务、铁路护路等经验做法,群众获得实实在在的安全感,2017年公众安全感指数列全省11个设区市第二,四小市第一,被评为2016年度全省综治工作(平安建设)先进市,省委常委、政法委书记尹建业批示:"新余市防控安全风险工作值得总结推广。"

法治建设有亮点。涉法涉诉案访比居全省第一;遴选出首批员额法官101名、检察官83名,落实员额制工资和绩效考核等司法责任制改革工作走在全省前列,在省司改办2次通报中,4次表扬新余;法学研究实现新突破,有4篇论文在国家级论坛、研究会上获奖。

服务发展有作为。组织全市政法干警、律师为赛维和江锂等重点企业破产、"蓝天行动""保家行动"营造优良法治环境,确保未发生有影响的群体性事件。紧紧围绕新钢公司和环城路、备用水源地等企业、项目建设,严厉打击"三强"行为,进一步优化发展环境。委机关参与精准脱贫、企业帮扶、新农村建设、全国文明城市创建、共产党员示范市创建中心工作成效明显。

【全市政法工作会议召开】 2月22日,全市政法暨信访工作会议召开。传达中央、全省政法工作会议精神,总结表彰2016年工作,研究部署2017年工作。市委书记蒋斌对做好2017年政法信访工作提出明确要求,强调认识要有高度,工作要有力度,执法要有尺度,待人要有温度,以实际行动坚决贯彻落实中央决策和省委部署,把维护社会和谐平安各项措施落到实处,为中共十九大胜利召开营造安全稳定的社会环境;新余市委副书记、市长董晓健主持会议,并向各县(区)下发综治责任书、信访责任书;新余市委常委、政法委书记黄文辉作工作报告;市人大常委会党组成员、市总工会主席谢桂生宣读表彰决定;市政府副市长、市公安局局长肖铁军部署信访工作;市信访局、仙女湖区、分宜县杨桥镇分别发言;市政协副主席傅明明、市中级人民法院院长熊春安、市人民检察院检察长施兆荣出席会议。会议以市委、市政府名义表彰2016年度全市政法工作先进个人(综治、信访、维稳、执法、法建5个领域"十佳"先进工作者共50名)。

【维护稳定工作】 为做好中共十九大安全稳定工作,2016年12月底,市委、市政府就超前谋划开展涉稳突出问题专项整治,市、县、乡、村四级摸排出不稳定因素22类3256件次,按照问题性质、风险等级,逐一落实领导包案,分组包干,列入问题清单,挂账销号。到2017年8月底,化解率为88.58%,未化解的社会风险大幅降低,并继续列入第二批矛盾问题、隐患苗头中,到中共十九大召开前夕,得到推进化解或基本得到解决,其他没有化解的在会议期间均落实稳控措施。中央、省委防邪办部署的反邪教网上签名活动,新余市参与人数在全省四小市排名第一,全省第三。11月,中央维稳办专程到新余调研,形成以新余素材为主的经验材料呈报中央政治局委员、书记处书记、政法委书记郭声琨参阅后批示:江西维稳工作经验值得学习借鉴,其领导担当抓得实、领导包干责任实、化解矛盾措施实,都具有很强的操作性。

【矛盾纠纷排查调处】 2017年,全市共排查各类矛盾纠纷4871件,化解成功4854件,成功率为99.7%。其中,排查突出矛盾纠纷68件,化解成功64件,成功率为94.1%。针对涉保领域纠纷有不断攀高的态势,在成立保调会的基础上,从退休法官、保险理赔员、律师中聘请人民调解员10名,各大商业保险公司设立调解室,遏制住涉保险领域纠纷大量涌入法院影响工作效率现象。5月,在交警支队组建市交调会,在各交警大队设立调解室,配备2名调解员,从退休政法干警及律师等法律工作者中选聘,按协警待遇支付工资,并按调处件数计件兑现奖金，使交通事故纠纷调解率提高到98.7%。

2017年9月21日，市公安局召开中共十九大安保誓师大会

【平安新余建设】　防范安全风险。严厉打击非法传销活动，在中共十九大召开前采取"割韭菜"的方式，组织有关单位连续3个月开展3次打击传销集中统一行动，共捣毁传销窝点63个，教育遣返传销人员537人次，解救36人。2017年，全市因传销引发的刑事案件同比下降13%。防范公共安全风险。以中共十九大召开为机遇，采取超常规的举措，深入推进易制爆危化品和寄递物流行业、高层建筑消防安全隐患、安全生产等专项整治行动，全面排查生产、交通、消防、食品药品等领域的隐患。加强打击整治。紧扣影响公众安全感的突出问题，把打击的锋芒对准八类严重暴力犯罪和"两抢一盗"、网络电信诈骗犯罪、毒品犯罪等，刑事破案同比上升70.88%，刑事警情同比下降13.7%。开展治爆缉枪、打击黄赌毒、暑期防溺水和校园企业及周边环境、铁路沿线社会治安等专项整治行动，清除一批治安乱点、难点问题。高度重视中小学幼儿园及周边治安整治，把学校安全作为民生工程来抓，重点推广渝水区智慧校车的做法，2月，实现全市170余所幼儿园220辆校车智能化改造升级，实现城乡100%全覆盖；3月，超前建立健全防溺水机制，分别明确政府、学校、社会的责任，确保2017年暑期青少年溺亡事故较上年大幅下降。织密防控网络。针对部分小区防控力量不集中的问题，9月，组建社区巡逻防控队39个，实行"1+2+N"巡逻模式，出动巡逻力量1300余人次，调解各类纠纷227起，抓获现行违法犯罪人员77人，破获各类案件45起。全面推进"雪亮工程"建设，在"天网工程"的基础上新增一类视频监控点1200个。打造智能安防小区，在小区出入口等处安装高清探头，加快封闭式物业管理小区智能门禁系统建设和推广，有200余个小区安装安防设备，全市小区入室盗窃警情同比上年下降44.62%。针对电动车、摩托车失盗率较高的问题，3月，以县区财政补贴方式开始在全市免费安装智慧防盗系统，至年底共安装6110辆，追回被盗"两车"54辆，"两车"被盗案件同比下降22.1%。

【加大依法治市力度】　出台第一部地方性法规《新余市立法条例》，开展《中华人民共和国道路交通安全法》等执法检查，破解非法集资、非法网贷和出租房管理、网约车管理、共享单车管理、寄递业管理等新情况新问题，坚持依法管理。3月，开出全省邮政行业第一张反恐法罚单，责令一家涉案企业停业整顿15天，并给予罚款10万元，对公司法定代表人罚款1万元，并在全行业通报，要求全市寄递企业引以为戒，切实抓好从业人员的安全教育与考核，确保收寄验视工作执行到位。推进司法责任制改革，列入全市2017年重点改革项目，政法委发挥牵头作用，组织、编制、财政、人社等部门主动履职，法检两家发挥主体责任，在省里规定的时间节点内，圆满完成司法责任制改革工作任务，落实经费、待遇保障、办案团队建设等工作走在全省前列。创新法治宣传形式，在各大媒体开辟《法治新余》《水环境专项整治》《警方在线》《消防伴我行》《有话好说》《妇女儿童维权，我们和你在一起》等普法专题专栏，通过专家讲解案例、在线法律咨询等形式开展公益普法宣传。建成市、县两级禁毒、税收等法治教育基地5个,县级法治文化公园2个。将法治文化与乡土文化有机融合,创新德法并举的载体,充分发挥村规民约、家规家训作用,分宜县根据山区群众宗族姓氏观念强的特点,因地制宜发挥家规家训作用,有效调控乡土社会秩序;渝水区立足老百姓思想开明开放的特征,有针对性地发挥村规民约的作用,为社会和谐稳定加分添彩。

【打牢政法综治基础】 在领导重视方面,市委在涉稳突出问题专项治理、国保重点人员包案转化、智慧校车、乡镇红绿灯、青少年防溺水、交通隐患点整治等方面进行点题,召开7次常委会研究,推动工作落到实处。在队伍建设方面,按照中央、省落实社会治安综合治理领导责任制有关要求,结合新余市实际,起草实施细则,充分征求意见,并拟以市委办、市政府办名义下发。中共十九大召开前夕,市综治办分别对5个单位进行综治约谈,从而强化危机感,提升责任感。加强政法综治干部培训,6月12日—16日,组织市综治责任单位政法综治干部232人在市委党校开展培训工作,提升综治工作水平。党的十九大召开前后,加强战时政法综治队伍思想政治工作,公安机关积极探索,开展战时誓师大会、组织生活会、优抚表彰和火线入党等活动,大大提振队伍的精气神,激发战斗力。在"三项建设"方面,按照省里要求进一步规范市县乡村综治中心、排调室、警务室和公共服务窗口等"三室一窗口"建设,建立健全工作制度、落实专职人员,做到有人管事、有地议事、有钱办事,确保信息数据及时录入。争取到中央政法转移资金35万余元,升级改造市综治中心,进入招投标程序。此外,推进综治视联网建设,基本实现市、县、乡三级全覆盖。 (邓志刚)

政策研究工作

【概况】 2017年,市委政研室积极发挥参谋智囊作用,在规定的时间节点里,较好地完成各阶段工作任务。

抓学习促能力。创新学习方式,实行"政策理论+业务知识+写作技巧"相结合的融合式学习方法。组织全体人员参与重要文稿起草跟班学习,提高写作能力;建立资料室,所有资料共享共用。

抓调研出实效。制定年度调研计划,确保每人每季度撰写理论文章或调研文章不少于1篇,每人每年下基层调研的时间不少于3个月。建立考核激励机制,出台重大调研文稿奖励办法。

卓有成效组织或参与一系列重要文稿起草工作。代拟《中共新余市委办公室关于印发〈贯彻落实争当"三区两典范"目标任务责任分工〉的通知》重要文件,完成省社科规划项目《赣西(新余)跨行政区转型合作试验区建设研究》申报工作。一批重要调研成果受到表彰奖励。有3篇文章获市级以上奖励,其中省级一等奖1篇、二等奖1篇,市级优秀奖1篇,县(区)级二等奖1篇。《推进"牛蘑王"产业扶贫行动计划》填补新余市在全省机关干部春节回乡调研征文一等奖空白;《关于新余市党内问责工作的调查与思考》被省监察学会评为优秀理论研究成果(论文)评比二等奖;《江南三月新溪花》获渝水区全国征文大赛二等奖。

【做好中心工作】 重要理论文章撰写开创新纪录。履行以文辅政职能,为市委主要领导草拟的《抓在实处加油干增强群众幸福感》理论文章刊登在中宣部主管的2017年第八期《党建》;《坚定"四实"加油干》理论文章刊登在中央政研室主办的2017年第六期《学习与研究》;中央重要媒体1年刊发2篇市委领导文稿是多年来第一次。"工小美"系列重大课题调研开拓新领域。在全市牵头深入开展"工小美"调研,涉及20多个市直和县区单位,调研内容涵盖3个总课题、21个子课题、13个典型样本。"工小美"系列调研文稿《新发展理念的新余实践与探索》,共计16万余字,拟于2018年上半年公开出版发行。典型经验宣传推广实现新突破。省里刊登的典型材料有10篇。其中省委办公厅《工作情况交流》1篇，省委政研室《走基层报实情》3篇，省委党建工作领导小组《党建好声音》1篇，省委政研室《让农民成为体面的职业》4篇，《当代江西》1篇。其中《新余市推行“党建+颐养之家”模式增强基层党建工作针对性实效性》获省委副书记姚增科批示并转《党建好声音》第三期刊用。

【办好“一刊一报一号一库”】 着力抓好《发展论坛》办刊工作。围绕市委、市政府中心工作，不断提升办刊质量，明确编辑主题，广辟稿源，突破名人约稿，丰富刊物内涵，打造“工业强市”“山水美市”“全域统筹”“孺子牛”“仙女湖畔”5个品牌栏目。全年编发杂志12期。着力办好《决策新余》简报。围绕发挥智囊助手作用，选准课题，推动深入调研，形成干部下基层调研习惯。鼓励本室工作人员撰写调研稿件，择优刊发报市委、市政府领导，编发《决策参考》18期。着力做好“微智新余”微信公众号。及时推送深度研究成果、典型经验做法，全年编发微信43期，共推送好文126篇。着力加强新余智库联盟专家库建设。单独组建产业协同、精准扶贫智库联盟，2017年组织召开智库联盟产业协同精准扶贫峰会2期。 （傅高傅）

机关党建工作

【概况】 2017年，全市机关党建工作紧紧围绕“服务中心、建设队伍”核心任务，以“两学一做”学习教育和“提升执行力、党员作表率”主题实践活动为抓手，积极寻求机关党建与全市发展大局最佳结合点，研究探索新形势下做好机关党建工作的新思想、新方法、新举措，明确目标，找准定位，进一步提升机关党建科学化水平，为新余市争创“三区两典范”、再铸“工小美”辉煌提供有力支撑。

【中心工作】 围绕市委中心任务，扎实组织开展“提升执行力、党员作表率”、衣被捐赠“温暖行动”、党员示范市创建等工作，始终与市委思想上对路，工作上合拍，行动上一致，在服务大局上有新作为。一是积极开展主题实践活动。牵头开展“提升执行力、党员作表率”主题实践活动。通过宣传发动、投诉办理、“含羞草”曝光、落实督办、有效地搅动党员干部思想、传导压力、推动工作。各地各单位都结合自身工作实际积极开展主题活动，同时，机关工委通过“6449111”热线受理各类投诉193件，办结193件。“一次性告知、一次性把事情办成”的工作要求得到逐步落实，得到办事群众和社会各界的好评，在第二十九次全国城市机关党建交流会上，《党员多跑腿 群众少跑路》的经验做法得到中央机关工委副书记陈存根的充分肯定，并在2017年第九期《中直党建》刊登发表。二是积极开展衣被捐赠“温暖行动”。为让广大贫困户温暖过冬，前期组织市直机关各帮扶干部在走访慰问中详细了解摸清精准帮扶对象御寒衣被的需求，为每户贫困户捐赠1床新棉被，为有需求的贫困家庭成员捐赠1件新棉衣。在12月23日召开的全市扶贫攻坚推进会上，这个做法得到市委书记蒋斌充分肯定，明确要求在全市推广此做法，并由工委负责做好全市衣被捐赠的各项具体工作。截至12月31日，全市共有5100余名党员干部、两代表一委员和社会各界爱心人士参加捐赠衣被活动，共为全市各贫困户捐赠棉被980余床、棉衣1030余件，捐赠取暖器、油、米、牛奶等物品。三是推进“共产党员示范市”创建工作。组织市直各单位围绕践行“四讲四有”，以提升执行力为基础，开展党员示范岗、示范科室(窗口)、示范单位的创建，组织交通运输、公路、城管、住建、司法、财税、农口、文化等部门根据行业特点，开展有针对性的行业创建活动；围绕督促新发展和新转入的在职党员及时到所居住社区报到、定期不定期组织开展志愿活动为主要内容开展示范回归社区服务队创建。

【党员管理】 不断改进方法和方式，强化党员的政治意识、大局意识、核心意识、看齐意识，自觉同以习近平为总书记的党中央以及省委、市委保持高度一致。一是组织学习宣传贯彻中共十九大精神。通过举办主题党日、支部学习、专题学习班、书画展、开展知识竞赛等多形式学习教育，在市直机关各基层党组织掀起学习宣传中共十九大精神的热潮，将会议精神特别是习近平新时代中国特色社会主义思想落实到推动机关基层党建工作中去。二是有序推进“两学一做”常态化制度化学习教育。严格按照市委有关部署，督导机关各级党组织开展4个专题的学习讨论，在“学”上下功夫，在“做”上做文章，规定动作做到位，自选动作创特色，突出问题导向。各支部讲党课1186次，开展党员大会1318次，查找问题2065个，解决问题2035个。三是抓好教育培训。举办3期培训班，集中培训党务干部、入党积极分子、党员干部750余名。组织开展红色基因教育5次近300余人，此外，在新媒体开设微平台、微课堂开展多种学习教育。建立市直机关《全国党员信息系统》。录入8800多党员，500多个基层党组织。

【组织建设】 着重在党组织任期、发展党员等加强规范化建设，在强本固基上有新起色。一是抓党组织任期规范建设。针对基层党组织到期不换、久缺不补等问题，全年共督促、指导市直各单位223个基层党组织按党章要求进行换届改选。健全机关纪检组织。指导市委办等18个换届改选的市直机关党委选举产生机关纪委，市委老干部局等9个换届改选的党总支、支部设立纪检委员。二是健全群团建设。指导市政协、市政府驻北京办事处等23个机关工会组织，市烟草公司等6个共青团组织进行换届改选。三是抓发展党员工作规范。严格程序，完善政审考察和公示等制度，实行党员发展计划管理、《入党申请书》编号管理和党员发展月报制，2017年共新发展党员95名、预备党员转正91名。四是深化党建工作示范点建设。通过实地学习考察和规范标准，市国税局、市政府办等22个市直党建示范点的建设有序进行，带动市直机关党组织整体建设。

【制度建设】 在制度落实、制度执行上有新突破。迅速贯彻落实省委文件。省委《关于加强和改进机关党建工作若干意见》下发后，通过反复调研、广泛征求意见、多次修改完善，代市委起草的《中共新余市委关于加强和改进机关党建工作实施意见》，经市委常委会审议通过后于12月1日印发。实施意见的印发，对各地各部门机关党建在政治、思想、组织、作风、纪律建设等方面提出新的更高要求，同时也解决多年来想解决未解决的如工委委员制、党务干部配备、党建工作经费不足等问题，从体制机制上解决机关党建工作中存在的突出问题，从制度层面推进机关党建工作责任的落实。规范党内政治生活制度。通过主题党日、政治生日等形式，进一步规范完善市直机关“两学一做”“三会一课”、双重组织生活等制度。6月底至7月初，组织对市直机关各基层党组织落实“三会一课”“主题党日”“今天是我的政治生日”主题活动等进行一次集中督查。11月中下旬，与市委组织部联合对市直机关各基层党组织贯彻落实省委组织部基层党建工作巡察问题整改情况进行“回头看”使市直各基层党组织的党内政治生活不再是走过场、流于形式，而是逐渐地落地生根。

【文化建设】 开展各类志愿服务。继续深化党员回归社区活动，7400余名在职党员100%回到居住地社区报到。抓好等党员回归社区日常志愿活动，重点组织开展关爱颐养之家老人、文明城市网格化帮扶、清明祭英烈和文明祭扫等系列活动。注重困难党员关怀帮扶。定期或不定期组织开展走访慰问活动，把党的温暖送到群众中。2017年共走访慰问困难党员、老党员、职工等人员360余名，发放慰问、帮扶资金共近40万元。代表市委给他们送去关怀，传递正能量，让市直机关党员干部职工精神得到极大鼓舞。开展丰富多彩的文体活动。组织开展乒乓球、羽毛球、拔河、登山等11个项目的机关全民健身运动会，市直机关69个单位的2500余人次参加运动会；组建市直机关100多人参加的“新之梦”业余合唱团，利用业余时间开展活动。同时，组队参加全市性演讲、乒乓球、篮球、广场舞等活动。通过开展形式多样的文体活动，丰富机关党员干部的精神文化生活，为新余创建国家公共文化服务体系示范区作贡献。

（杨小芽）

机构编制工作

【概况】 2017年，新余市机构编制工作紧紧围绕市委、市政府的中心工作，全办上下发扬求真务实，勇于创新精神，不断加强领导班子建设，在深化改革，强化管理，加强自身建设等方面取得较好成绩，圆满完成年度各项目标任务，为提前全面建成小康社会，建设"三区两典范"提供体制机制保障和机构编制支持。

2017年机构编制年报统计，全市党政群机关行政编制共5396名（包括政法编制），实有在职人员5080人（包括政法编制）；全市事业单位编制22550名，实有人员19551人。

2017年，市编办有各类信息、调研文章200余篇被中央编办、省编办、市级媒体和网站发表、刊登，较好地完成新闻报道信息宣传任务。编发《新余机构编制信息》12期，《新余机构编制网》的点击率突破1770万次，成为机构编制工作、学习、交流的重要窗口，为推动工作发挥积极作用。

【各项改革扎实有效】 着力推进机构编制管理改革。根据《新余市机构编制管理改革意见》，在广泛调研的基础上，结合新余市实际，制定下发《新余市机关事业单位机构编制管理改革实施方案》。通过"收、减、调、保"等措施，加强和规范机构编制管理，严格控制人员编制，盘活现有机构编制资源，逐步建立"控制总量、盘活存量、优化结构、有增有减"为主要内容的机构编制动态管理机制。截至2017年年底，全市共精简行政编制27名，完成市级党政群机关行政编制总体精简2%的目标。共收回行政编制58名，事业编制383名，机关后勤服务人员事业编制15名。收回的空编主要用于民生、发展、改革等领域，提高编制的使用效率。积极参与城市执法体制改革试点工作。根据《中共新余市委、新余市人民政府关于深入推进城市执法体制改革改进城市管理工作方案》精神，在充分调研的基础上，对市城市管理局的职责进行认真梳理，重新下发市城市管理局的新"三定"规定。通过改革，市城管局的行政处罚权由改革前的94项增加到431项，管辖范围进一步扩大，机构设置进一步优化，执法力量进一步加强，职责划分进一步明确。此项改革得到省长刘奇在《江西改革动态》第157期的批示。扎实做好镇村规划管理改革。根据《新余市委、新余市人民政府关于切实做好当前乡、村两级重点工作的意见》要求，学习借鉴先进地区经验，下发《关于明确乡镇规划建设管理机构设置等事项的通知》，在全市38个乡（镇、办）统一设置规划建设管理所，并核定2—3名编制用于村镇规划建设管理所配备专业技术人员，加强乡镇规划建设能力。深入推进经济发达镇行政管理体制改革。根据省编办安排，2017年，新余市的罗坊镇列为江西省3个经济发达镇行政管理体制改革试点镇之一。为此，市编办积极支持并参与罗坊镇改革试点工作，该改革试点取得阶段性的成效，2017年4月在全省综合行政执法暨经济发达镇行政管理体制改革试点工作推进会上作典型发言。

【行政审批制度改革】 及时衔接上级取消的行政审批事项。根据国务院、省政府关于取消和调整一批行政权力项目的文件精神，2017年，市本级相应调整和取消82项行政权力事项，狠抓政策的落地见效，进一步激发市场和社会的活力。推进乡镇权责清单制度建设。根据省里统一部署，在巩固和深化市、县（区）政府部门权责清单改革成果的基础上，参与指导乡镇推进权责清单制度建设。截至2017年9月30日，全市26个乡镇政府权责清单共108项、5街道办事处权责清单共33项均在各县区政府、区管委会政务网站正式向社会公布，进一步提高乡镇政府依法行政水平。积极开展清理行政许可事项各类证明工作。根据《江西省人民政府关于取消114项行政许可事项证明材料的决定》精神，减少由申请人提供的证明材料，切实让信息多跑路、群众少跑腿，依据合法性原则和方便行政相对人原则，着力开展清理各类不合理证明工作。截至2017年年底，市直单位共清理100多项不合理证明事项。

【事业单位分类改革】 按照省、市事业单位分类改革要求，着眼于提供更加丰富和均衡的公益服务体系建设，稳妥推进经营服务类事业单位改革相关工作。截至2017年年底，全市共撤并3家经营类事业单位，完成23家经营类事业单位的排查摸底工作，为新余市下一步经营类事业单位改革做好前期准备工作。

【机构编制管理更加规范】 围绕“财政供养人员只减不增”的目标，认真执行全市控编减编工作方案，在管住、管好、管活机构编制方面进行积极探索，取得新的成效。以总量控制为目标，从严从实管住编制资源。严格执行“一支笔”审批制度、严格执行进人事前核编制度、机构编制审核管理制度、事业单位登记管理制度等。2017年，否决不按规定要求增设机构、机构升格等事项20余件，退回不符合要求核编核职申请100多件，守住机构编制入口关。以服务社会发展为核心，不断优化资源配置。为使机构编制不断适应新形势下工作任务的新变化，2017年，在保持机构编制总量只减不增的情况下，对新余学院、市公安局等单位的内设机构进行调整；同时，根据工作和职能的变化，对教育、民政等民生领域一些编制在系统内进行科学的调配，保障工作的需求。以服务中心工作为重点，实行“计划用编”管理。在对2017年综合研判自然减员、政策性安置、人才引进、中心工作安排等要素后，对机关事业单位编制使用实行年度“计划”安排。2017年对市直机关事业单位共下达用编计划33名，否决67个机关事业单位申报的132名用编计划，较好地实现“控编减编”的原则性和“编制服务”的灵活性。以信息化管理为抓手，完善实名制管理系统。以机构编制数据月报送制为抓手，全市统一落实行政编制、政法专项编制和事业编制分类管理，县（区）、乡（镇）编制分级管理体制，确保纸质台账与实名制系统人员信息相一致，保障机构编制数据的安全。

【监督检查迈上新台阶】 组织开展控编减编和超编整治督查工作。按照新余市控编减编工作方案，2017年对控编减编等工作开展4次督查，有力保障新余市行政编制在2012年年报数基础上核减2%的目标任务提前实现。全市累计消化行政超编人员64人、政法公安超编32人、政法系统工勤超编3人，并按照“四个调整到位”要求全面落实，严格执行机构编制只减不增要求，得到省编办的好评。深入开展机构编制问题自查自纠。根据省编办《关于加强机构编制问题整改推进联动的实施意见》要求，5月，在全市范围内深入开展机构编制问题自查自纠。通过自查，全市共自查出超越权限审批机构13个、超编进人43个、因政策原因造成人员超编53个、领导职数核定不规范96个等方面问题205个问题存量，并建立整改台账。

【事业单位登记管理扎实推进】 日常登记管理扎实推进。2017年共办理设立登记事业单位法人5个，变更登记事业单位法人46个，注销登记事业单位1个，维护事业单位登记管理的严肃性。事业单位法人年度报告公示工作圆满完成。全年事业单位在线公示事业单位329个，公示率100%。中文域名注册工作再创佳绩。市直中文域名注册单位460个，覆盖率达100%。党政群机关统一社会信用代码赋码工作扎实推进。截至2017年年底，为市直109个机关群团以及中央垂管单位赋码发放社会信用代码证书。

【机构调整和设置情况】 1月14日，经2016年市机构编制委员会第三次全体会议审议同意对新余学院教学机构名称进行变更：机械工程学院更名为机电工程学院、电气与电子工程学院更名为中兴通讯信息学院、文学与新闻传播学院更名为文学与传媒学院、医学院更名为护理与康复学院、音乐与舞蹈学院更名为艺术学院、高尔夫商学院更名为校企合作中心、抱石美术学院更名为教学质量评估与督导中心、师范学院更名为教师发展中心、旅游与酒店管理学院更名为高等教育研究中心、新材料科学与工程学院变更为党委统战部(由教学机构调整为党委机构)。审议同意市人大内务司法委员会、财政经济委员会主任不再由市人大常委副主任兼任。

1月15日,经八届市委第八次常委会和2016年市机构编制委员会第三次全体会议审议同意,在市人大财政经济委员会增挂“预算工作委员会”牌子。

3月13日,经新余市机构编制委员会办公室批复,将市公安局特巡警支队、市公安局高新分局各1名政法专项编制划转至市治安拘留所。

4月6日,经2016年市机构编制委员会第三次全体会议审议同意:将市人力资源和社会保障监察支队和市人社局内设机构劳动保障监察科(劳动监察局)的职能进行整合,并将“新余市人力资源和社会保障监察支队”更名为“新余市劳动监察局”,将市社会保险事业管理局1名事业编制划入市劳动监察局,增加市劳动监察局副科级领导职数1名。

5月2日,经2017年市机构编制委员会第一次全体会议审议同意:将市农业综合开发办公室由市政府直属事业单位调整为市财政局管理的公益一类事业单位,相当于副处级;将市卫计委内设机构办公室更名为党政办公室,在财务科增挂采购办牌子,在医政医管科增挂保健科牌子;明确市中医院临床医技科室限额为30个;在各乡(镇、办)事业单位挂牌设置规划建设管理机构,名称统一为“××乡(镇、办)规划建设管理所”,各国土中心所与驻在乡镇的规划建设管理所合署办公、联合审批,管辖多个乡(镇、办)的国土中心所向管辖范围内的非驻在乡(镇、办)规划建设管理所派驻人员,实行联合审批,各乡(镇、办)时有事业编制总量内核定2—3名编制用于村镇规划建设管理所配备专业技术人员;增加市接待服务中心单位事业编制7名,市残疾人就业服务中心单位事业编制1名,分宜山塘下超载超限检查站单位事业编制1名,市溢流坝工程管理所单位事业编制1名,市殡仪馆单位事业编制1名;撤销市公安局国内安全保卫支队五大队(反恐处突大队,对外称新余市公安局反恐处突处)、核减正科级职数2名(大队长1名,教导员1名);设立市公安局反恐怖工作支队(挂新余市反恐怖工作办公室牌子),为市公安局内设机构,正科级,核定正科级领导职数2名(支队长1名、政委1名);增加市人民政府法制办公室行政编制2名;增加市农业局行政编制1名,待市农业局空出行政编制后收回;增加市商务综合行政执法支队人员编制3名,副支队长(副科)1名;将“新余市农村社会服务指导中心”更名为“新余市新农村建设指导中心”,挂“新余市农村社会服务指导中心”牌子,增加事业编制5名,增加副科级领导职数1名;将市行政复议与应诉中心的工作职责调整为:承担市级行政复议案件的程序性工作,受市政府委托,办理行政应诉案件,为全市行政机关的行政复议、行政应诉、行政执法提供法律咨询服务。

5月11日,经新余市机构编制委员会办公室批复同意,将高新区市场和质量监督管理局、仙女湖区市场和质量监督管理局纪检组长领导职数(副科级)调整为副局长领导职数(副科级)。

5月13日,经八届市委第十三次常委会和2017年市机构编制委员会第一次全体会议审议同意:将市公路管理局由市交通运输局管理的事业单位调整为市政府直属事业单位,增设总工程师领导职数1名(副处级);设立中共新余高新区工委非公有制经济组织与社会组织工作委员会和中共仙女湖风景名胜区委非公有制经济组织与社会组织工作委员会,委员会设在区党群工作部,为区党工委和区委派出机构,区党群工作部负责委员会的日常工作;中共新余高新区工委非公有制经济组织与社会组织工作委员会设书记1名、副处级,由区党群工作部部长兼任,专职副书记1名、正科级,兼职副书记若干名,分别由区统战、民政、市场监管等部门党员负责人兼任,委员若干名,由区直有关部门和单位党员负责人兼任,中共仙女湖风景名胜区委非公有制经济组织与社会组织工作委员会设书记1名、正科级，由区委党群工作部部长兼任；专职副书记1名、副科级；兼职副书记若干名，分别由区统战、民政、市场监管等部门党员负责人兼任；委员若干名，由区直有关部门和单位党员负责人兼任。

6月21日，经新余市机构编制委员会办公室批复，明确新余市人民检察干部培训中心、新余市法官培训中心为公益一类事业单位；新余市检察信息中心为公益二类事业单位。

8月3日，经2017年市机构编制委员会第二次全体会议审议同意：将市殡葬管理处1名编制、市救助管理站1名编制、市军队离退休干部休养所1名编制调整到市扶贫和移民办公室；在市公安局国内安全保卫支队增挂"新余市公安局境外非政府组织管理办公室"牌子；撤销市公安局良山分局（正科级），相应撤销综合管理和执法勤务机构4个（指挥中心、法制大队、治安管理大队、刑事侦查大队，均为副科级）；设立市公安局刑事警察支队五大队（视频侦查大队），正科级，主要负责依法使用视频监控技术防控、侦查、打击各类违法犯罪活动等工作；将原良山分局良山派出所成建制划入市公安局渝水分局，并更名为渝水分局良山派出所；将原良山分局31名政法专项编制划入市公安局机关11名、市公安局刑事警察支队2名、市公安局渝水分局18名；市公安局良山分局撤销后，相应核减撤销机构的领导职数；核减公安局刑事警察支队四大队（刑事技术大队）副科领导职数1名（副大队长）；核定市公安局刑事警察支队五大队（视频侦查大队）正科领导职数2名（大队长、教导员各1名），增加刑事警察支队五大队（视频侦查大队）副科领导职数1名（副大队长）；增加市公安局国内安全保卫支队正科领导职数1名（副支队长1名），副科领导职数3名（一大队、三大队、四大队副队长各1名）；核定市公安局渝水分局良山派出所副科领导职数2名（所长、教导员各1名）；增加市公安局法制支队副科领导职数2名（一大队、二大队副大队长各1名）；增加市公安局技术侦察支队副科领导职数2名（一大队、二大队副大队长各1名）；增加市公安局反恐怖工作支队新增副科领导职数1名（副支队长1名）；在市医疗保险管理局增设内设机构异地就医管理科，相应增加副科级领导职数1名；将市人社局劳动保障监察科更名为规划财务与基金监督科、行政审批服务科（基金监督科）更名为行政审批服务科、规划法规调研科（军官转业安置科）更名为军官转业安置科；在市环境保护管理行政执法支队增挂"市环境应急与事故调查中心"，增加副支队长（副科级）1名；在市委办增设内设机构市委法规室，增加正科级、副科级领导职数各1名；市侨联机关增加事业编制1名；在市审计信息中心增挂"新余市电子数据审计办公室"牌子，将市政府投资项目审计中心3名编制及1名副科级领导职数划转至市审计信息中心；将市人民检察院监所检察处更名为"新余市人民检察院刑事执行检察处"，并增挂"新余市人民检察院驻市看守所检察室"；将市城市建设资金管理办公室更名为市城市建设项目管理中心；在市劳动就业服务管理局增设内设机构失业保险科，相应增加副科级领导职数1名。

8月7日，经新余市机构编制委员会办公室批复同意：将市公安局直属机构市治安拘留所更名为"新余市拘留所"；将市公安局治安警察支队五大队（治安防控指导大队）挂牌机构更名为人口综合管理大队；将市公安局渝水分局、袁河分局、高新分局执法勤务机构巡逻防暴大队统一更名为特巡警大队；在市公安局网络安全保卫支队（市公安局互联网监控中心、市公安局电子数据检验鉴定实验室）增挂"新余市网络与信息安全信息通报中心"牌子；将市公安局指挥中心2名副主任职数（正科级）由办公室主任和指挥调度处处长兼任调整为由指挥调度处处长和情报信息研判处（支队）处长（支队长）兼任，不单独核定领导职数；在市城市建设档案馆增挂"新余市城建档案管理办公室"牌子。

8月8日，经2017年市机构编制委员会第二次全体会议审议，同意在市安监局增设内设机构煤矿安全监管科，增加行政编制1名，相应增加正科级领导职数1名。

8月9日,经八届市委第十六次常委会和2017年市机构编制委员会第二次全体会议审议同意:在市委办公室增设督查专员领导职数1名(正处级);在市水务局增设总工程师领导职数1名(副处级);将市公安局保安管理支队更名为市公安局行政执法保障支队,将原市公安局保安管理支队3个正科级内设机构调整为:办公室、一大队(城市管理执法保障大队)、二大队(食品药品与环境犯罪侦查大队);核定市公安局行政执法保障支队副处级领导职数2名(支队长、政委各1名),正科级领导职数5名(办公室主任1名,副支队长2名,分别由一大队大队长、二大队大队长兼任,不单独核定领导职数,一大队、二大队大队长、教导员各1名),副科级领导职数2名(一大队长、二大队副大队长各1名);将市公安局治安警察支队四大队(案件侦查查处大队、食品药品和环境犯罪侦查大队)的挂牌机构更名为保安管理大队,并将食品药品和环境犯罪案件侦查查处职责划入市公安局行政执法保障支队;将原市公安局保安管理支队职能调整至市公安局治安警察支队四大队。

11月15日,经市机构编制委员会研究同意:增加市财政预算编制中心事业编制3名;增加市学校安全稳定工作办公室事业编制3名。

11月29日,经八届市委第二十一次常委会和市机构编制委员会研究同意:核定市农业局、市体育局、市侨联机关等3个单位党组书记领导职数各1名(正处级),上述领导职数实行动态管理,今后,如由中共党员担任主要负责人的,不单设党组书记,其领导职数予以收回;市侨联机关增加事业编制1名,用于配备党组书记,动态管理,不再单设党组书记后核销。

12月7日,经市机构编制委员会研究同意,增加团市委下属事业单位市青少年宫事业编制1名,待市青少年宫空出事业编制后,将该名编制收回。

12月14日,经市机构编制委员会研究同意:明确市工业和信息化委员会为本市的盐业主管机构,承担本行政区域内的盐业主管职责和食盐专营工作,由行业管理科承担具体工作;市市场和质量监督管理局为新余市的食盐质量安全监管机构,承担本行政区域内的食盐质量安全管理与监督职责,负责食盐质量安全监管执法工作,由餐饮食品监督管理科和市市场和质量监督管理执法支队承担具体工作;在市农产品质量安全检测中心增挂"新余市农产品质量安全监管局"的牌子;将改制后的渝州公证处由渝水区司法局管理改为由市司法局管理,不定级别,不定编制;设立市委巡察办,为市巡察工作领导小组的日常办事机构,为市委工作机构,设在同级党的纪律检查委员会,主要承担综合协调、组织指导、制度建设、监督管理、服务保障等工作,正处级,核定行政编制5名(原3名,增加2名),配备主任1名、副主任1名;市本级设置3个巡察组,每个巡察组设组长1名(相当于部门正职,为领导职务,在原单位列编)、副组长1名(相当于部门副职,为领导职务)、巡察专员1名(相当于部门正职或副职,为领导职务)和其他职位干部,市委各巡察组核定行政编制3名,共9名(原6名,增加3名)。

12月20日,经市机构编制委员会研究同意,在江西新余钢铁再生资源产业基地委员会(市资源枯竭城市经济转型办公室)挂"新余市生态文明建设领导小组办公室"牌子。

12月21日,经市机构编制委员会研究同意,撤销市水务局内设机构"技术安全监督科",增设"河长工作科",在"建设与管理科"增挂"技术安全监督科"牌子。

12月25日,经八届市委第二十五次常委会和市机构编制委员会审议同意,在市水务局增设市河长办专职副主任领导职数1名(副处级)。

(严　斌)

老干部工作

【概况】 2017年,老干部工作紧紧围绕全市工作大局,牢牢把握为党和人民的事业增添正能量的价值取向,切实加强思想政治引领,狠抓服务管理,全市离退休干部队伍和谐稳定,涌现一批先进典型,完成各项工作目标任务,做到市委放心、离退休干部满意。

截至2017年年底,全市有离退休干部15870名,较上年度增长2.5%。其中,离休干部245名,减少9.9%;退休干部15625名,增长2.7%。

【加强离退休干部政治学习和组织建设】 组织全市离退休干部学习贯彻中共十九大精神。组织离退休干部代表统一收听收看中共十九大开幕会,对全市离退休干部学习贯彻中共十九大精神作出布置和要求。下半年举办离退休干部党支部书记学习中共十九大精神培训班,全市220余名离退休干部党支部书记参加,市委常委、组织部部长赖国根作中共十九大精神辅导,用中共十九大精神引领老干部不忘初心,牢记使命。扎实推进"两学一做"学习教育活动,引导离退休干部始终做到政治坚定、思想常新、理想永存。上半年举办期离退休干部政治理论学习班,150余名县级以上离退休干部参加,邀请专家学者为老干部系统讲解全国、省、市"两会"精神和全市经济社会发展情况,把老干部思想统一到市委、市政府决策上来。开展以"畅谈十八大以来变化,展望十九大胜利召开"为主题的畅谈建言活动,在新余日报开设"喜迎十九大,说说心里话"专栏,刊登老同志文章21篇,从点滴小事和个人经历入手,回忆社会发展尤其是中共十八大以来的变化,积极为新余点赞加油。下发《关于进一步加强和改进离退休干部工作的实施意见》。这个文件是比中办发〔2016〕3号文件和赣办发〔2016〕25号文件更细化和更具可操作性,是今后若干时期指导新余市老干部工作的纲领性文件。进一步加强离退休干部党支部建设。提高支部书记和委员的工作补贴至300—100元;加强离退休干部党支部网络区建设,将全市104个支部划分为4个网络片区,定期开展学习交流,推动全市离退休干部党建工作向前发展;新建老干部党建微信平台,宣传老干部政策,传达上级精神。通过以上措施,让老干部坚定"四个意识",与市委保持高度一致,全年没有一起越级上访事件,全市离退休干部队伍和谐稳定。

【发挥离退休干部正能量】 加强组织领导,年初将正能量活动列入2017年重点工作要点并全力推进,召开专题会议、全市正能量活动推进会,督促检查各地各单位开展正能量活动情况,确保新余市正能量活动沿着正确轨道进行。一是开展"正能量活动示范点"和"正能量之星"创建活动。建立健全新余市心理咨询服务中心老干部活动室、市公安局"老公安志愿队"、市农业局"老专家工作室"和电工厂社区离退休干部志愿工作队等6个正能量示范点,全市正能量活动形成较大声势,涌现一批先进典型,市公安局退休干部胡道新被评为全省"最美老干部",市农业局老专家工作室被评为全省"最佳正能量活动示范点",市农业局刘新等6名退休干部被评为全省"正能量之星"。二是引导老干部为经济社会发展建言献策。在"畅谈""建言"活动上,老干部围绕"颐养之家""蓝天行动"等全市中心工作积极建言献策,几位老干部深入"颐养之家"调研,对"颐养之家"谈了很多有高度、深度的认识和看法,进一步坚定市委抓好此项工作的信心。市政协原副主席涂绪永在畅谈座谈会上建议给予50年以上党龄的共产党员看得见摸得着的荣誉感,引起市委重视,下发文件要对50年以上党龄的党员进行走访慰问,老干部对此做法一致称赞。对绕城通道和"保家行动"等重点工程建设提出的合理化的建议,市委、市政府十分重视,要求在工作中予以充分考虑。市领导批示将老干部的建议提供给相关单位决策参考。三是开展形式多样的系列活动。"五老"关爱报告团深入到全市24所学校,做宣传报告28场,受众人数达37552人次。"五老"网吧监督员对150多家网吧开展2039次巡查。市老干部艺术团举办2017新年音乐会、庆"三八"和迎"五一"文艺汇演等大型活动24场,参加"心有力量,歌声响亮"首届江西省合唱大赛,获最佳台风奖,被评为创建国家公共文化体系服务示范区先进基层单位。

【落实离退休干部政治、生活待遇】 一是认真落实老干部各项政治待遇。组织老干部参加全市老干部形势报告会、市"两会"等重大会议及活动。

组织地厅级老干部就近参观新农村建设和部分市重点企业。积极开展各种形式的走访慰问活动。春节前夕,走访慰问1400余名离退休干部。“七一”前夕,走访慰问部分离退休干部支部书记和困难党员。走访慰问20余名易地安置的离休干部。全年为14名市厅级老干部进行生日祝寿,看望生病住院离退休干部50余名。二是全面落实老干部各项生活待遇。积极落实中央、省、市关于离退休干部的各项政策规定,将生活长期完全不能自理离休干部的护理费提高至每人每月3000元,为已经享受瘫痪护理费的离退休干部进行补差,发放企事业单位离休干部生活补贴95万余元。切实保障离退休干部身体健康。配合市卫计委制定全市干部保健工作实施方案,规范离退休干部看病就医,开辟绿色通道。组织1200余名离退休干部进行健康检查。利用社会力量为离退休干部提供服务。积极与市人民医院协调,定期组织医生对第一、二小院的老干部进行上门医疗保健,免费发放70余台血压仪血糖仪。扎实开展特困老干部帮扶工作。坚持局领导与困难老干部结对帮扶工作,做到3个格外:格外关心离休干部这一特殊群体,为抗日老干部戴维福和凌振普协调解决医疗费问题,两次请上海专家为病情较重的张迎祥老干部进行会诊,使其的病情得到好转;格外关心生活困难、身体患病的老干部,共落实帮扶84名特困老干部家庭5万元慰问金,申请市属改制企业县级退休干部活动经费、电话费、生活困难补助费共计75万元,把党和政府的温暖送到老干部的心中;格外关心异地安置、“空巢”独居老干部,把组织的关怀及时送给老干部。三是做好老干部来信接访工作。坚持局长信访接待日制度,做好老干部来电、来信、来访工作。全年,接待处理老干部来电来信来访23人次,帮助解决老干部工资待遇、用车待遇、改制企业老干部遇到的实际困难问题,确保全市老干部队伍的和谐稳定。

【丰富老干部文化娱乐生活】 加强活动阵地建设。市老干部活动中心积极创新管理方式,重新调整内设机构设置促进工作开展。通过铺设防滑地垫、加装安全门、拓宽消防通道、加固空调架、加强活动巡查等手段,不断优化活动环境,为老干部提供安全、舒适的活动环境。制定详细的活动安排,做到年年有计划,月月有比赛,周周有安排,天天有活动。组织全市老干部春节游艺活动,组织新余市老干部与省老干部民乐团联合举办迎新年联欢晚会,选派老干部参加江西省第一届老干部象棋赛,组织老干部走进“颐养之家”送温暖。加强学习阵地建设。老年大学新校区建设稳步推进。争取市领导现场办公,市老年大学二校区教室得到落实,2018年秋季就可招生入学,投入使用。深挖潜力,扩大办学规模,创新办班模式,最大限度满足老干部学习需求,2017年,市老年大学共开设22个专业,71个班,在校学员数达2793人,新增学员920人次。（王　真）

信访工作

【概况】 2017年市、县(区)两级信访部门共受理群众来信来访10033件次,与上年同期相比(以下简称同比)下降5.3%。其中,来信188件,同比下降4.1%;来访1609批7664人次,同比批次和人次分别下降7%和18%。市本级受理群众来信来访8186件次,同比持平。其中,来信181件,同比上升1.7%。新余市群众来市上访1325批6624人次,同比批次上升45.9%,人次下降17.2%。其中,来市初访909批4391人次,重复访416批2233人次。来市集体访297批5016人次,同比批次和人次分别下降14.2%及27.6%;群众赴市委、市政府大门口上访45批1416人次,同比批次下降27.4%,人次下降36.8%。

市长热线受理市民来电2999个,处理群众来信181件,处理市长信箱信件、热线网站咨询投诉2271件,承办省长手机信箱交办事项131件;网上直接回复1886件,发函交办816个,市长热线网站公开事项点击率21万人次。公开市长信箱办理案例150个,省长手机信箱任务100%完成。

新余市群众赴省访115批324人次,同比批数和人次下降22.8%和17.1%。其中,赴省集体访18批176人次,同比批次上升12.5%,人次下降9.7%。赴省非正常访为零。

新余市群众进京非访52人次,同比上升160%。其中,进京集体访6批48人次,重复非访8人次。全国"两会""一带一路"峰会和中共十九大期间等敏感时期新余市进京非访为零。

【领导接访协调亲力亲为】 坚持定期接访。继续深入贯彻落实中央、省、市《关于进一步加强领导干部定期接待群众来访的意见》。坚持市四套班子领导每周四值班接访制度,共轮值接访108次,接待来访群众685批3436人次,解决群众困难390余件次。实行重大活动期间市党政领导值班接访制度。全国"两会"和中共十九大期间市党政领导值班接访342批1535人次。开展联合接访。坚持市直部门领导、律师参与接访制度。对涉及多部门管理的信访事项实行联合接访,共同参透相关政策法规,共同研究解决办法。共有43个部门220人次参与接访。各个律师事务所轮流指派经验丰富律师参与接访108人次。

【中共十九大等敏感时期进京非访为零】 全国"两会"和"一带一路"峰会、中共十九大期间新余市进京非访为零,得到省联席办和市委市政府的充分肯定。重要敏感时期成立维稳安保工作领导小组,统一协调指挥各地各部门落实责任和举措。抓好24小时值班接访和排查调度。敏感时期,对重点信访问题、重点信访对象的责任领导、责任人员、化解措施、稳控情况、值班情况进行轮番督导,2017年,对排查出的89个重点信访对象和110余个重点信访问题进行调度达6000余次。安排带班领导及工作人员24小时专门负责外围的劝返工作。建立巡查机制。敏感时期成立信访稳定巡查工作组,每日坚持在火车站、长途汽车站巡查失控人员。

【建立市级军队退役人员沟通平台】 每月初,由市信访局牵头组织市民政局、市人社局等相关责任单位与军队退役人员代表主动沟通,并邀请相关市领导亲自接访,有效稳定涉军人员。市领导带头接访、约访和下访。7月16日,市委书记蒋斌主持军队退役人员代表约谈会,面对面与涉军群体代表交流谈心、沟通感情、解答问题,缓解部分军队退役人员的对立情绪。2017年,市级层面就召开大小专题协调部署会12次,涉军群体代表座谈会9次,接待信访人员900余人次。

【积案化解率100%】 开展涉稳突出问题专项治理。市委常委会研究决定,2017年开展第二轮20个涉稳突出问题专项治理,市四套班子领导按照责任分工,各自认领一个问题,实行分组包干,定期调度,挂账销号。市里建立完善由包案领导负责,主管部门牵头,相关职能部门各司其职的常态化调处化解机制。房地产领域突出问题专项治理行动中,22个重点楼盘项目涉稳问题,调处化解17个,3个正在协调处理中,2个进入司法程序。全力推动重点信访问题协调解决。"疫苗受害者"母亲陈某两次进京上访并加入全国"疫苗受害者"维权组织,多次参与该组织到国家有关部委、敏感区域"维权"滋事。市委书记蒋斌亲自约访"疫苗受害者"陈某夫妇,交心谈心,直面剖析问题原因,对主管部门的工作失误表示歉意,并就依法妥善解决问题提出要求。通过各方共同努力,市医调委与陈某夫妇达成《调解协议书》,陈某夫妇主动上门给蒋斌送上"执政为民、心系百姓,为官一任、造福一方"锦旗和感谢信。扎实推进信访积案化解工作。根据"春季攻坚"和"秋季决战"活动的部署要求,结合实际,对省交办的信访突出问题严格落实领导包案责任制,按照"三个到位、一个依法"的原则,因案施策,多措并举,一案一案办结,一件一件化解,确保案结事了、息诉罢访。全市排查的120个重点信访人及信访问题也全部落实县级领导包案。登记标识的8件信访积案全化解,化解率达100%。办结上级交办件33件、市领导批示件113件。

【北京劝返工作位居全省第三】 全市欲进京非访

400余人次,其中52人次非访,其余被成功劝返,进京非访数量在全省11个地市排位第九。加强源头稳定。加大对重点信访人员的源头稳定工作,对重点信访人员均落实包案领导、责任单位、责任人。加大驻京劝返工作力量。重要敏感时期,市、县(区)和市直重点单位增派进京劝返工作人员。加强情报信息工作,实行零报告制度。公安、维稳、信访及县区实行信息互通机制,对失控人员实行24小时全力调度,力争在他们启程前劝返成功。

(刘 瑶)

接待工作

【概况】 2017年,市接待办共完成接待任务398批,同比增加28%;接待4120人数,同比增加30%。全年实际发生接待经费285万元,同比下降3万元,接待经费开支是全省最少的地市。

【接待服务新变化】 在接待手册、小食品、湿巾、水杯、席位卡上加入本地元素,充分展现新余文化和地方特色,尤其是接待手册制作精致、美观大方,给来宾留下深刻的印象,受到来宾一致好评,被其他接待同行称为"全省接待手册样板",是最"用心"的手册。在接待和餐饮服务上进一步创新,做到"精、准、细",主要体现在个性化服务,餐饮的乡土化、时令化、养生化、精品化和节约化,充分展现新余市的热情、真诚,让来宾舒心、暖心。完成麻博会、仙女湖七夕晚会、仙女湖国际马拉松赛、渝郎回乡、赣企入余、省环保督察、省扶贫督导、中央党校调研组、中央维稳办、全省政法工作调研等重大接待任务;接待省委换届后有关省领导干部到新余调研工作,全年共接待省部级领导48人次。

【接待车队新突破】 主要体现在车辆新、体制顺、管理规范、保障有力。车辆新:新购入2台考斯特、1台商务车,考斯特是全省同行业最好的;提高接待用车硬件条件,2017年新建10个车棚。体制顺:车辆管用一体,区别于其他设区市管用分离,有利于车辆的维护和保养。管理规范:人车一体,区别于其他单位人车分离管理,更有利于车辆维护和保养;出台车辆保养、维护、加油等一系列管理制度和措施,车辆使用程序更加规范;注重安全驾驶,定期组织驾驶员开展安全教育,2017年派遣3名驾驶员参加驾照升级学习,全体驾驶员到泰安驾校完成科目三复训;积极开展共产党员示范市活动,车队的考斯特被市交警支队授予"全市党员示范车"称号。保障有力:副厅级以上领导公务用车和公务接待均由市接待办保障,用车工作多次受到省、市领导表扬,车队代表新余市做全省先进经验发言,全省只有新余接待办有车队,是全省管理最好的车队之一。2017年,车队出车2899批次,安全行驶里程数22.69万公里。车队成立2年来,未发生一起责任事故。2017年,车队发生经费103.63万元。

【北湖宾馆营业收入创新高】 2017年宾馆共完成营业收入3431万元,实现经营利润746万元(其中固定资产折旧614万元),缴纳税收90万元,归还银行贷款100万元,支付2011年装修工程款250万元,全年营收再创历史新高,各项工作呈现出良好的发展势头,是全省经营管理最好的国有接待宾馆之一。投入150余万元对听湖楼及周边绿化设施进行局部装修改造,投入47万余元对会展中心人大常委会议室的会议系统进行升级及相关改造,有效夯实宾馆的硬件基础。 (黄 欣)

对台工作

【概况】 2017年,新余市委台办认真落实中央及全省对台工作会议精神,以喜迎中共十九大、学习宣传贯彻中共十九大精神为主线,以对台工作服务新余经济社会发展为切入点,以做好对台招商和对台经贸合作为重点,以加强对台联络宣传为手段,以服务台商台胞台属为抓手,履职尽责,真抓实干,开拓创新,积极作为,对台经贸合作取得新成效,对台交流交往日趋密切,服务台商台胞扎实有力,对台联络宣传成效明显,机关自身建设稳步推进。

【对台经贸合作有突破】 市领导高位推动对台招商工作。市委书记蒋斌亲自率团参加第十五届赣台会,市长董晓健、市委副书记曾萍、市委宣传部部长郭力根、市委组织部部长赖国根、市委常委秘书长统战部部长李新华、副市长徐绍荣等市领导多次会见市委台办引荐的台商。新余市在第十五届赣台会上成功签约100万平方纳米涂布生产、麻类窗饰加工、光伏农业观光旅游、扫地机器人4个项目,计划总投资6200万美元。加强招商平台建设。分别在深圳举办生物科技对台招商推介会,11月,市委台办主任一行赴台湾地区考察招商,参观考察台湾上市公司大中钢铁公司,与公司董事长余幸燕就推动与新钢公司合作进行深入洽谈,走访一大批生物科技企业,洽谈推动与罗坊镇农民创业园合作的项目。举办两岸农业与生物科技交流座谈会,40多位台湾生物科技企业负责人、专家参加并作项目演示。拜会分宜同乡会,洽谈分宜籍台胞第二代家乡行交流活动项目。参观考察台湾大仁科技大学,洽谈与新余学院开展学术交流和到新余开展蜜橘、油茶、葡萄等深加工项目。聘请陈维德、黄厚生、贾鸿清、薛明圆等知名台商为招商顾问,建立拥有近200名台商的"新余台湾一家亲"微信群,打造对台经贸交流的桥梁。对台招商取得新成效。外出招商共计26批次99天。在外共走访企业80余家,拜会客商200多人。截至12月市台办小分队共洽谈项目46个,进资项目8个,总进资2.4亿元,包括江西省赣航项目管理有限公司投资5.7亿元的S222公路项目,进资8500万元;新余市铭成冷轧钢带有限公司投资5000万元的带钢项目;九江银行股份有限公司投资5000万元的分宜支行项目等。其中,洽谈台企项目13个,投资800万美元的扫地机器人项目签约,台湾文化夜市、新北眷村等特色饮食项目落户新余,罗坊生物科技园项目洽谈进展顺利,总投资达2亿美元。

【因公赴台工作】 2017年,严格执行年初制定的赴台交流计划,组织经贸、农业交流考察和招商活动等赴台公务团组共7批次22人。其中,公务组团赴台2批次12人,公务随省团赴台3批次3人,企业团赴台2批次7人。做到三个"严格":严格审核把关,严格赴台纪律,严格证照和台账管理。

【对台联络交流渠道拓宽】 拓宽对台联络交流新渠道,在台率先建立全省首个台胞服务站。民间交流取得新突破。12月初接待嘉义里长参访团一行12人,与新余城北街道电工厂社区进行交流、开展热烈的讨论,加强新余市与嘉义市的民间交流,并为2018年邀请嘉义乡里长团到新余交流做好前期工作。加强与外省市台办、台协的交流。通过与深圳罗湖、福州、重庆等地台协以及台湾电电公会等行业协会的交流,罗湖台协贾会长表示"罗湖台协是新余台办在深圳的招商基地",重庆台办表示"重庆台办是新余对台交流的后花园"。

【对台宣传工作有创新】 在宣传内容上求创新。主动邀请新余电视台跟踪报道新余参加赣台会盛况、台办帮扶台资企业——新余仙女湖景笙农业综合开发有限公司解决资金难题、帮助台胞张庆生寻找亲人、台商谈投资等,分别在《江西新闻》采稿1篇、《新余新闻》采稿4篇。在宣传手段上求突破。在省台办的关心下,由台湾导报、嘉云广播电台、神农电台、中国广播公司、东森新闻等媒体记者组成的"赣台农业合作结硕果"——台湾南部媒体参访团一行13人于11月29日首次到新余采风。此次采访得到市领导的高度重视,市委常委、秘书长李新华会见参访团一行,并真诚邀请广大台湾媒体朋友在岛内多宣传新余,引导更多有意向的投资者到新余旅游观光、投资兴业,促进对台农业的进一步合作与发展。台湾导报于12月6、7日刊登一个专刊、两个专版对新余进行全方位的宣传。中共十九大召开后,市台办精心筹划、深入挖掘邀请《江西日报》《江南都市报》《新余日报》等媒体对在余台胞温东岳的工作和生活情况进行联合报道,并请他畅谈对中共十九大的感想,得到市委宣传部的充分肯定,并引起新华社的关注。在宣传质量上求提升。2017年,在涉台杂志、网站及《江西新闻》

《新余新闻》用稿数量达400余篇。其中包括《两岸关系》杂志社微博2篇，中共中央台湾事务办公室2篇、对台工作3篇、赣台心桥35篇、中国台湾网4篇、《新余日报》4篇等。

【服务台商台胞台属有成效】 注重用真心帮助台商台企办实事。协助台商江文龙解决林权纠纷，为其争取到国台办支持的受灾慰问金22万元、协助解决1500万元无息贷款；为台商郑当年妥善处理8年的投资纠纷案件，做到用真情依法维护好台商的合法权益。注重用真情帮助台胞台属解难题，通过联系相关部门及村委，帮助与大陆亲人失散20多年的台胞张庆生找到亲人，8月底，台胞张庆生在市县台办、乡镇等工作人员的陪同下，回到位于分宜县双林镇的老家认亲；通过多次协调新余市六中、新余市教育局关于台籍学生陈传鑫同学高考加分事宜，并陪同其家长到省台办开具其台籍身份证明；通过协调相关部门，为60多岁身患疾病的台胞喻仁泉夫妇解决低保问题；与市公证处、省公证处联系沟通，在第一时间为在福建发展的台湾同胞余建华病重的小孩办理公证以赴台治疗，争取抢救时间。2017年，共接访台胞台属、台商家庭纠纷、就医、就学、寻找亲人、赴台探亲、遗产继承、骨灰认领、困难低保、政策信息咨询等案件78起，全部协调办妥，结案率为100%，全年没有发生一起越级上访事件。注重用实效赢得台商台胞认同认可。建立“新余(分宜)籍台胞台属联谊群”微信群，通过微信群，台胞台属在群里有的找到失联亲人，有的了解到祖籍所在地的发展变化，有的寻找到更适合投资发展的商机，尤其是在群里，大家通过交流，分享信息资源，更进一步了解、认识、认知新余，增强来新余考察投资兴业、回家乡看看家乡发展变化及亲人的愿望，为促进两岸关系友好发展起到积极作用。对新余市台胞台属基本情况进行再次摸底，特别是重点台胞台属、定居台胞、台商和生活相对困难的台胞台属信息进行收集整理归档，对于通过摸底收集到的生活相对困难的台胞台属登记造册，制定走访计划，做好困难帮扶和节日的走访慰问工作。2017年联系台湾爱心人士赣台交流中心会长蔡孟勋开展“寒冬有爱，温暖同行”捐赠活动，受赠群众48户，捐赠物资折合人民币3.80万余元；春节前夕走访慰问困难台胞台属和重点台胞6户，为他们送去慰问金2400余元，带去党和政府对他们的关怀和美好祝愿；得到台商台胞台属的高度评价，收到台商江文龙、台胞张庆生送来的锦旗2面，台湾海峡农经科技交流协会向市台办赠送“和谐两岸、共创双赢”的牌匾。 (周凌琳)

干部教育培训

【概况】 2017年，市委党校认真学习贯彻中共十九大精神，以及第十四次省党代会精神，第八次市党代会精神，推进“两学一做”学习教育常态化制度化，深入贯彻落实全国、全省党校工作会议精神，密切联系新余干部教育培训实际，坚持“党校姓党”原则，认真履行“三个阵地，一个熔炉”职责，推动党校干部培训、科研资政、理论宣讲工作全面进步。

加大党校工作力度。3月13日，市委常委会召开专题会议，听取党校工作汇报，出台《中共新余市委关于加强和改进新形势下党校工作的实施意见》。

2月，在校内提拔1名副校长充实校委领导班子；对19名中层干部进行合理调整，管理结构得到优化。公开招录4名硕士生，1名本科生；派出教师到中央党校、中央社会主义学院、省委党校深造，师资力量得到加强。

充分发挥反腐倡廉警示教育馆平台优势，全年共为62批2871人提供讲解服务，地方廉政品牌得到彰显。

学员宾馆不断提升食宿服务水平，确保学员在培训期间得优质、全面的后勤服务，同时努力拓展市场，承揽校外培训、会务、商务及旅游项目。校园的日常清洁、绿化、保安等工作井井有条，公共机构节能减排工作受到上级表扬。

【干部培训工作】 2017年，市委党校共举办主体班6期，培训干部316人。其中，常规主体班有“十三五”规划第三期、第四期县级干部进修班，第二十期、第二十一期科级干部培训班，第二十四期中青年干部培训班；另举办全市第一期县处级领导干部学习和贯彻中共十九大精神专题研讨班等。常规主体班围绕马列经典著作、中国特色社会主义理论体系特别是中共中央总书记习近平系列重要讲话精神等主题开设相关课程，理论教育与党性教育占总课时70%以上，并通过市情调研、异地培训、走访红色故地、拓展训练等方式，提升学员理论与实践相结合的能力。在秋季主体班上首次实行入学考试与入学问题清单制度。在全市第一期县处级领导干部学习和贯彻中共十九大精神专题班上，围绕学习贯彻落实中共十九大精神，开设《奋力开创新时代中国特色社会主义美好未来——学习领会党的十九大精神》《培育和践行社会主义核心价值观——学习中共十九大关于文化建设的论述》等课程。严格按照中央八项规定精神和中组部《关于在干部教育培训中进一步加强学员管理的规定》，从日常考勤、学业评估、党性修养、廉洁自律等方面切实加强学员管理。

序号	班　次	时　间	人数(人)
1	“十三五”规划第三期县级干部进修班	3月20日—5月19日	49
2	第二十期科级干部培训班	3月20日—5月19日	50
3	第二十四期中青年干部培训班	3月20日—6月19日	46
4	“十三五”规划第四期县级干部进修班	9月11日—11月10日	43
5	第二十一期科级干部培训班	9月11日—11月10日	48
6	第一期县处级领导干部学习和贯彻党的十九大精神专题研讨班	12月25—29日	80

【科研资政工作】　全年共申报立项并完成省级课题4个，市级课题17个，其中首次承担省委党校协作调研课题“发展新经济培育新动能”，得到市领导肯定性批示。组织教研人员和主体班学员，围绕新余市经济社会发展热点问题，如扶贫脱贫、“保家行动”、公立医院改革、基层党建、农村经济发展、特色小镇、物流业发展等开展市情调研，形成调研报告25篇。另有26篇论文发表、交流、获奖。

【理论宣讲工作】　中共十九大召开后，派出多名教研骨干教师积极参与全市性党的十九大精神宣讲，深入全市多个单位，为基层干部群众开展50余场理论宣讲活动，受众1.1万人。此外围绕习近平系列重要讲话精神、中共十八届六中全会、省、市党代会精神等内容深入基层，开展46场理论宣讲活动，受众3300人。承担《2017政治理论和新知识读本》3个专题的编写。

【上级领导到校调研】　6月7日，中组部干部教育局副局长石中和带领的调研组一行深入市委党校，实地了解新余市干部教育培训工作、干部培训经费保障、党校师资队伍建设和教育培训方式创新方面的情况，并对新余市干训工作予以充分肯定。

11月17日，省委党校常务副校长曾志刚率中共十九大精神省委宣讲团一行到市委党校就中共十九大精神宣讲情况进行调研，并召开座谈会，同教师代表交流中共十九大报告学习心得，听取他们对地方党校发展的意见建议。　（王　希）

史志工作

【概况】　2017年，市史志办坚持“一突出两跟进”

要求，围绕市委中心工作，紧抓存史、资政、育人根本任务，在史志出版、资料征集、史志宣教方面，取得丰硕成果。出版发行《文游新余》《新余年鉴(2017)》，《中国共产党新余历史》第二卷完成送审稿，启动《新余市党政主要领导工作纪实》征编，开启家谱征集工作，开通“新余史志”微信公众号。在江西省第二届年鉴质量评比专家评审会上，《新余年鉴(2015)》获二等奖。

【党史编研富有成效】 党史正本编修工作进展顺利。在2016年形成初稿的基础上，经过大量档案补充查找工作，历经7次修改，于年底完成《中国共产党新余历史第二卷(1949—1978)》送审稿，共32万字；初步完成《中国共产党新余历史第三卷(1978—2002)》编写提纲。编写完成《袁水河畔一抹红——江西荣光新余篇》送审稿，共7万字，征集创作图片40余张，是《回望峥嵘读初心》文化丛书的重要组成部分。《回望峥嵘读初心》是省委书记鹿心社点题，由省委副书记姚增科担任编委会主任，省委常委、宣传部部长赵力平担任副主任，集中反映江西经典革命故事的红色文化丛书。

【史志宣传工作新进展】 开通“新余史志”微信公众号，成为宣传新余市史志工作动态，介绍新余市党史和方志文化的重要平台，全年发布28期内容，提升新余史志工作地位。撰写《天工大道开物创新——新余工业基因的千年传承》一文，分别在《新余日报》《江西地方志》《发展论坛》上登载，为新余传承工业基因，坚持工业立市强市，凝聚“工小美”共识加油鼓劲。7月7日，在市史志办全程帮助下，赣西抗战博物馆正式揭牌开馆，该馆抗战文物在全省数量最多、品相最好、等级最高，弥补赣西抗战宣传空白，成为“新余市爱国主义教育基地”和“新余市未成年人思想道德建设教育基地”。

【史志资料征编新突破】 按照中央对党史工作的“一突出两跟进”要求，启动《新余市党政主要领导工作纪实》的征编工作，到年底，收集和整理完成2016年9月至2017年9月的资料，经过多次修改完善，形成文稿12万字，图片资料1000余张，并筛选70多张图片使用。挖掘口述史料，加强史志资料交流和征集，采访3位新四军老战士，录像时长1小时；交流图书500余册，收集整理全市260余座古桥名录和资料，以航拍形式在全市拍摄大量革命遗址照片。开创性启动家谱征集工作，在《新余日报》刊登征集启事，在新余史志网站、新余史志微信公众号等新媒体上进行广泛宣传，并与民间家谱整理、刊印机构建立长期合作关系，通过多渠道扩大家谱来源，全年共征集家谱40部，广受社会好评。

【出台《新余市史志工作规划(2016—2020)》】 3月，中共新余市委办公室、市人民政府办公室下发《新余市史志工作规划(2016—2020)》。该规划旨在推进全市史志事业科学发展，进一步发挥史志工作在全市经济社会发展和建设文化强市中的重要作用。规划中提出5年史志工作规划目标，要求完成《中国共产党新余历史》第一卷、第二卷、第三卷的出版；坚持按年度编纂出版《新余年鉴》；推进市直部门编纂部门志、专业志；办好新余史志网，积极参加有关纪念活动，强化史志宣传教育；编辑《新余市党政主要领导工作纪实》《新余市大事记》，多方面征集史志资料，加强方志馆的建设，丰富馆藏。

【《文游新余》出版发行】 4月，与市旅发委联合主编的《文游新余》一书，由江西人民出版社正式出版发行，发行量为6000册。该书得到市委领导的高度关注，市委书记蒋斌作序，市委常委、秘书长、统战部部长李新华担任编委会顾问，市史志办组建一个由史志工作者、专家、作家组成的写作团队，精心编纂。全书约22万字，随文配图200余张，全彩印刷，由自然风光、城乡风情、历史古迹、名人逸事、名俗特产5章构成，围绕新余“工小美”的城市特点，挖掘悠久丰富的历史和文化资源，图文并茂展示新余的山水之美和人文魅力，为新余优美山水注入文化元素，形成新余特色旅游文化，兼顾游客和普通读者的审美情趣和阅读特点，生动自然、雅俗共赏，是新余旅游的必备读物。《文游新余》一书出版后，获得市委高度赞赏，在市委八届四次全体（扩大）会议报告中，被赞“助力山水美市”。

【《新余年鉴（2017）》出版】　充分发挥存史职能，做好《新余年鉴（2017）》的编辑出版工作，于6月完成初稿编辑，10月出版发行。该书采用双栏式排列，分为28个部类，共77.3万字，图片500余幅，全面保存2017年新余全市经济社会文化发展状况，为认识、研究新余提供丰富生动的史料。

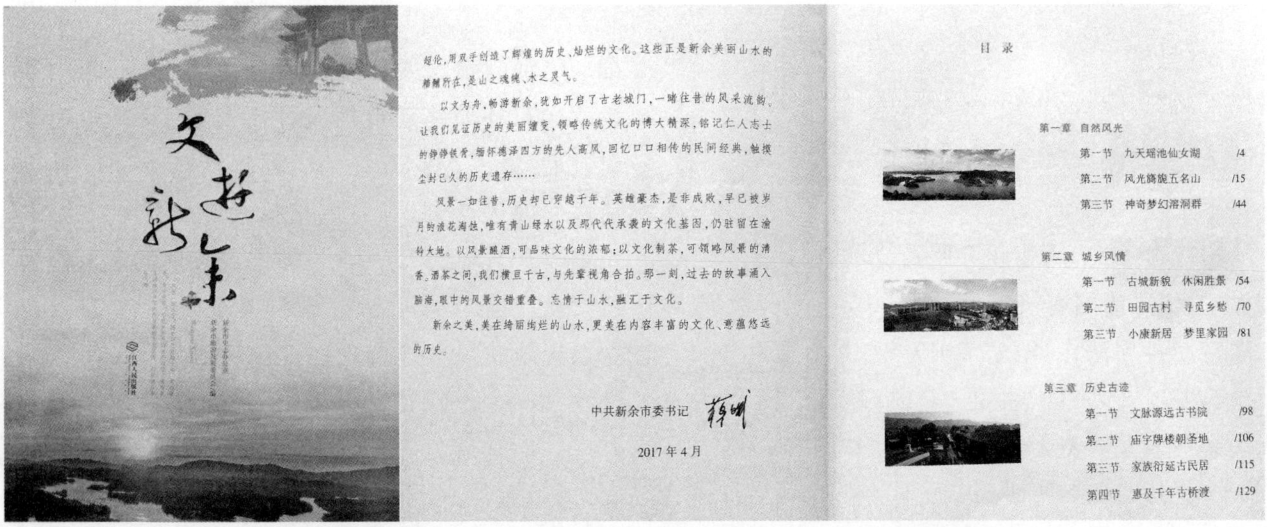

2017年4月，《文游新余》由江西人民出版社正式出版发行

【承办全省年鉴质量评比专家评审会】　5月18日—19日，江西省第二届年鉴质量评比专家评审会在新余市召开，18名省、市、县三级地方志机构和省直单位的年鉴评审专家参加评审会。评审会目的为总结年鉴编纂工作的经验与不足，推动全省年鉴编纂工作再上新台阶。此次年鉴质量评审活动共收到全省参评省、市、县级综合年鉴和专业年鉴共51部，由各设区市地方志办公室和省直有关单位从几百部年鉴中择优推荐上报，按照市级综合年鉴、县级综合年鉴、专业年鉴3个类别进行审读，最终共有40部年鉴获奖。其中，一等奖8部、二等奖13部、三等奖19部，10个单位获得组织奖。新余市送评的《新余年鉴（2015）》获二等奖、《分宜年鉴（2015）》和《新钢年鉴（2015）》获三等奖。

【省督查组督查地方志工作】　9月14日—15日，由省法制办副巡视员刘晨华任组长，省政府法制办和省地方志办组成的5人督查组到新余督查市、县两级地方志工作，主要督查贯彻落实《全国地方志事业发展规划纲要（2015—2020年）》和《江西省地方志事业发展规划纲要（2016—2020年）》情况。15日在市史志办会议室召开汇报会。由市史志办主任主持会议，市政府副市长陈文华向督查组汇报全市地方志工作。督查组从地方志工作各方面分析肯定新余市工作，并建议继续关心支持地方志工作，解决人才队伍、业务经费等瓶颈问题，对市史志办年鉴工作提出更高要求。

（谢　坤）

编辑　刘　霞

新余市人民代表大会

综　述

2017年，市人大常委会坚持党的领导、人民当家做主、依法治国有机统一，围绕中心、服务大局，依法行使各项法定职权。2017年，共听取和审议“一府两院”专项工作报告21项，邀请市民、学生代表旁听人大常委会会议100余人次，作出决定决议14项，开展视察调研39项，任免国家机关工作人员84人次，为促进新余市经济社会持续健康发展发挥积极作用。

立法工作稳步推进，开启全面依法治市新篇章。新余市地方性程序法规——《新余市立法条例》的制定出台，为规范新余市地方立法提供程序保障；第一部地方性实体法规——《新余市仙女湖水体保护条例》市人大常委会表决通过，报请省人大常委会批准后，正式颁布施行；第二部地方性实体法规——《新余市畜禽养殖污染防治条例》的立法工作全面铺开。

监督工作务实创新，汇聚推动改革发展新动能。常委会把市委高度重视、群众普遍关注的热点难点作为全年监督工作的重点，并对照2017年“一府两院”工作报告承诺的事项，确定监督工作选题。出台《新余市人大常委会专题询问办法》，加强对市政府落实人大常委会审议意见情况的跟踪督办。2017年，常委会首次采取分组审议方式并启用电子表决系统，首次对审计查出问题整改情况开展满意度测评，首次听取和审议全市环境状况和环境保护目标完成情况的报告。一是全力推动经济健康发展。关注重大项目建设。年内连续两次对环城路建设情况开展视察，及时跟踪项目进展，督促政府有关部门强化工作主动性和创造性。促进计划、预算严格执行。二是致力促进民生改善。精选15所具有较强代表性的学校作为视察点。提出“要在新建学校上下功夫、要在教育网点规划的科学性合理性上求突破”等5条意见建议，以《审议意见交办函》的形式交市政府限期办理。为开展好全市道路交通安全工作专项调研，通过报纸、微信、网络发布《交通安全调查问卷》，收到各类意见建议400余条，形成10余条审议意见交市政府限期办理。为进一步推动新余市城市公立医院综合改革取得新突破，常委会深入11所医院（村卫生服务室）实地调研，提出6条可操作性的意见建议，推进城市公立医院综合改革。三是助力打造生态文明建设“新余样板”。开展2017年全市环保赣江行活动，跟踪督导“保家行动”“蓝天行动”、劣V类水治理和水源地保护等工作，积极推进中央、省环保督察问题整改落实，促进全市环境质量不断改善。对市政府落实上一年度市人大常委会《关于我市水库水环境整治工作审议意见》情况进行不间断地跟踪督办。深入推进全市水生态文明建设。提出“加强饮用水源地保护，加大水生态环保执法力度，巩固保家行动成果，建立长效管理机制”等审议意见，推动政府加大联合执法力度，组织“零点行动”夜查污染源38次，检查企业1300余家，立案查处41起，关闭封堵入河排污口12个，促进水生态持续好转。四是着力推进法治新余建设。开展未成年人刑事检察工作专项调研，提出“强化未检专业化建设、构建未成年人犯罪综合治理体系”等建议。开展全市宗教工作专项调研,实地察看崇庆寺、罗坊基督教聚会点等宗教活动场所,推进宗教政策法规的落实。开展《中华人民共和国人民防空法》执法检查,进一步促进城市防护体系建设。五是大力推动乡村振兴发展。开展全市历史文化古村落保护工作情况调研,赴分宜县防里村、枫溪村等地实地察看,提出要维护好古村落的整体风貌等建议。深入袁惠渠开展视察,了解灌区续建配套与灌溉用水等情况。深入国储库、第三粮库等地视察粮食收购与仓储管理。开展全市新农村建设工作专项视察,实地察看钤山镇、珠珊镇等 10 个乡镇 18 个村点,摸清有关情况及存在的问题,并提出意见。

代表工作守正出新,迈出民主政治建设新步伐。率全省之先在全市乡镇推行一年召开两次人代会。常委会深入贯彻中央《关于加强县乡人大工作和建设的若干意见》和省委实施意见精神,及时报请市委印发《关于全市乡镇一年召开两次人民代表大会的意见》,促进全市所有乡镇顺利召开完年中人代会。省人大常委会领导批示要求在全省范围内推广新余市这一经验做法,并在新余市举行全省贯彻乡镇每年召开两次人民代表大会推进会。《人民代表报》、江西卫视等媒体在头版头条位置对这项工作进行专题报道,并被中央网信办进行全网推送,总结上升为破解乡镇人大职权“虚置”的“新余实践”。

发动市人大代表参与脱贫攻坚工作。全面贯彻全市脱贫攻坚整改部署暨社会扶贫动员会精神,制定出台《关于进一步加强市人大代表扶贫工作的实施方案》《市人大代表 2017 年扶贫日活动方案》,积极动员市人大代表参与到脱贫攻坚工作中。引起省委、省人大常委会主要领导的高度关注,并在全省予以推广。

加强和完善人大代表工作室建设。为深入推进人大代表工作室建设,出台《关于进一步完善全市人大代表联络工作室建设工作的意见》,建成人大代表工作室 40 个,实现乡镇办全覆盖,拓展代表履职平台,延伸代表履职“触角”。市人大代表面对面与基层群众交流,倾听群众心声,回应群众诉求,解答群众问题。市人大代表到代表工作室接待群众 110 余人,现场督促解决或答复的问题 100 余个,形成的 40 件建议全部得到有关部门及时答复。这一经验做法在全省县乡人大工作经验交流会上予以介绍。

做好代表服务和保障工作。搭建代表联系网络平台,建立代表履职档案,掌握代表履职情况。加强人大代表小组建设,健全代表小组活动制度,促进代表活动正常开展。创新建议办理方式,加大建议督办力度,首次将建议办理情况纳入绩效考核,增强办理实效。市九届人大一、二次会议上,代表提出的 128 件建议按期办复,解决群众关心的民生热点问题,增强人民群众的获得感。

重大决定

【依法行使重大事项决定权】 市人大常委会按照《江西省各级人大常委会讨论决定重大事项的规定》的要求,对涉及全市改革、发展、稳定和人民群众切身利益的重大事项,及时审议、审查,适时做出决定决议。2017 年共作出决定决议 14 项。

1 月 13 日,市九届人民代表大会第二次会议经过审议,表决通过关于市人民政府工作报告的决议;表决通过关于新余市 2016 年国民经济和社会发展计划执行情况与 2017 年国民经济和社会发展计划的决议;表决通过关于新余市 2016 年全市和市级预算执行情况与 2017 年全市和市级预算的决议;表决通过关于市人大常委会工作报告的决议;表决通过关于市中级人民法院工作报告的决议;表决通过关于市人民检察院工作报告的决议。

9 月 26 日,市九届人大常委会第七次会议审议通过《新余市人大常委会关于批准 2016 年市级财政决算的决议(草案)》。

11 月 30 日,市九届人大常委会第八次会议审议通过《新余市人大常委会关于批准 2017 年市级财政预算调整方案的决议》,审议通过市人大常委会关于召开市九届人大三次会议的决定。

12 月 25 日,市九届人大常委会第九次会议审议通过《新余市人大常委会关于调整我市 2017 年规模以上工业增加值预期目标的决议(草案)》。

【依法行使人事任免权】 市人大常委会坚持依法任免与依法监督相统一。完善任前考法、供职报告、分组审议、表态发言制度,严格按照德才兼备、以德为先标准,坚持在充分知情条件下任免干部,为地方国家机关建设和经济社会科学发展提供有力保障。2017 年共任免国家机关工作人员 84 人次。

3 月 23 日,新余市第九届人民代表大会常务委员会第四次会议审议通过,决定任命:胡晓晗为新余市人大常委会选举任免联络工作委员会副主任。任命:蒋欢为新余市中级人民法院审判员。刘云为新余市人民检察院副检察长;杨洋为新余市人民检察院检察员;刘娟为望城工矿区人民检察院副检察长、检察委员会委员。免去:王强的新余市中级人民法院审判员职务;欧阳浩的新余市中级人民法院审判委员会委员、审判员职务;桂兴的新余市中级人民法院审判员职务;林扬的新余市人民检察院副检察长职务;陈文华的新余市人民检察院副检察长、检察委员会委员职务;艾莹云的新余市人民检察院检察委员会委员、检察员职务;肖显副的新余市人民检察院检察委员会委员、检察员职务。

5 月 26 日,新余市第九届人民代表大会常务委员会第五次会议审议通过,任命:杜景柏为新余市中级人民法院审判监督庭庭长;赵素萍为新余市中级人民法院审判监督庭副庭长;傅惠君为新余市中级人民法院民二庭副庭长。免去:毛建平的新余市中级人民法院审判监督庭庭长职务。

2017 年 3 月 23 日,新余市九届人大常委会第四次会议对任命的国家公职人员就职公开进行宪法宣誓仪式

9月26日，新余市第九届人民代表大会常务委员会第七次会议审议通过，任命：林小华为新余市人民检察院检察委员会委员、检察员；李峰鑫为望城工矿区人民检察院检察长。免去：林小华的望城工矿区人民检察院检察长、检察委员会委员、检察员职务；胡永华的新余市人民检察院检察委员会委员、检察员职务。

12月25日，新余市第九届人民代表大会常务委员会第九次会议审议通过，免去：宋小琴的新余市中级人民法院副院长职务；邓秋根的新余市中级人民法院审判委员会委员、审判员职务；张勇的新余市中级人民法院审判委员会委员、立案庭庭长、审判员职务。

重要会议

【市九届人大二次会议】 1月11日—13日，市九届人大二次会议在会展中心召开。听取和审议政府工作报告、人大常委会工作的报告、中级人民法院工作报告、人民检察院工作报告、2016年国民经济和社会发展计划执行情况与2017年国民经济和社会发展计划的决议、2016年全市及市级预算执行情况和2017年全市及市级预算的决议等6项报告；表决通过《新余市立法条例》，报请省人大常委会批准后公布。

【市九届人大常委会第三次至第九次会议】 1月3日，新余市九届人大常委会第三次会议在市会展中心人大厅召开。会议应到38人，实到31人，符合法定人数。会议决定接受陈东有因年龄原因辞去省第十二届人民代表大会代表职务的请求，补选李舰海为省第十二届人民代表大会代表，报省人大常委会确认。

3月23日，市九届人大常委会第四次会议在市会展中心人大常委会会议室召开。会议应到38人，实到32人，符合法定人数。会议听取和审议市人民政府办公室关于市八届人大常委会第三十三次会议审议意见办理落实情况的报告；听取和审议市人大常委会建环资工委、农工委关于市八届人大常委会第33次会议审议意见办理落实情况的报告；审议通过《新余市人民代表大会常务委员会专题询问办法》。会议通报省人大常委会审议批准《新余市立法条例》情况，通过人事任免事项。

5月26日，市九届人大常委会第五次会议在市会展中心人大常委会会议室召开。会议应到38人，实到34人，符合法定人数。会议听取和审议市人民政府关于全市道路交通安全工作情况的报告，听取和审议市人大内务司法委员会关于全市道路交通安全工作情况的调研报告；听取和审议市人民政府关于教育工作情况的报告，听取和审议市人大常委会视察组关于教育专项工作情况的视察报告。会议首次采用电子表决器通过人事任免事项。

7月27日，市九届人大常委会第六次会议在市会展中心人大厅召开。会议应到常委会组成人员38人，实到35人，符合法律规定。会议听取和审议市人民政府关于2017年上半年国民经济和社会发展计划执行情况的报告，听取和审议市人大财经委关于2017年上半年国民经济和社会发展计划执行情况的审查报告。听取和审议市人民政府关于2017年全市和市本级上半年财政预算执行情况的报告，听取和审议市人大财经委关于2017年全市和市本级上半年财政预算执行情况的审查报告。审议高新区管委会、仙女湖区管委会关于2017年上半年财政预算执行情况的报告（书面），审议市人大财经委关于高新区、仙女湖区2017年上半年财政预算执行情况的审查报告（书面）。听取和审议市人民政府关于全市2016年环境状况和环境保护目标完成情况的报告，听取和审议市人大常委会建环资工委关于全市2016年环境状况和环境保护目标完成情况的调研报告。听取和审议市人民政府关于全市水生态文明工作情况的报告，听取和审议市人大常委会农工委关于全市水生态文明工作情况的调研报告。会议听取市人民政府关于《新余市仙女湖水体保护条例》立法进程情况的报告，听取市人大常委会选任联工委关于全市乡镇年中召开人民代表大会情况的报告。

9月26日，市九届人大常委会第七次会议在市会展中心人大会议室召开。会议应到常委会组成人员38人，实到33人，符合法律规定。会议听取市人民政府关于《新余市仙女湖水体保护条例（草案）》的说明；听取市人大常委会建环资工委关于《新余市仙女湖水体保护条例（草案）》的审查报告；审议市人民政府关于《新余市仙女湖水体保护条例（草案）》的议案及其说明；审议市人大常委会建环资工委关于《新余市仙女湖水体保护条例（草案）》的审查报告及条例（草案）修改前后对照表（讨论稿）；听取分组讨论情况的报告，提出条例（草案）修改意见；听取和审议市人大法制委员会关于条例（草案）修改意见的报告；听取市人大法制委员会关于条例（草案）修改意见的报告；听取和审议市人民政府关于2015年度市本级预算执行和其他财政收支审计查出问题整改情况的报告；审议市林业局、市粮食局、市文广新局2015年度审计查出问题的整改报告（书面）；审议市人大财经委关于2015年度市本级预算执行和其他财政收支审计查出问题整改督办情况的报告（书面）、关于《市人民政府关于2015年度市本级预算执行和其他财政收支审计查出问题整改情况的报告》的审议意见（书面）。会议对被测评单位市林业局、市粮食局、市文广新局进行审计查出问题整改情况的满意度测评。听取和审议市人民政府关于2016年度市本级预算执行和其他财政收支的审计工作报告；审议市人大财经委关于2016年度市本级预算执行和其他财政收支的审计工作报告的审议意见（书面）。听取和审议市人民政府关于2016年市级财政决算的报告；听取和审议市人大财经委关于2016年财政决算的审查报告；审议高新区、仙女湖区2016年财政决算的报告（书面）；审议市人大财经委关于高新区、仙女湖区2016年财政决算的审查报告（书面）；审议市民政局、市环保局2016年部门决算报告（书面）；审议市人大财经委关于市民政局、市环保局2016年部门决算重点审查报告（书面）。审议通过《新余市人大常委会关于批准2016年市级财政决算的决议（草案）》。听取和审议市人民政府关于城市公立医院综合改革试点情况的报告；听取和审议市人大常委会教科文卫工委关于城市公立医院综合改革试点情况的调研报告。审议市人大常委会外侨民宗工委关于全市宗教工作情况的调研报告（书面）。审议市人民政府关于市九届人大常委会第五次会议关于全市道路交通安全和教育工作审议意见办理落实情况的报告（书面）。会议通过市人民检察院关于提请林小华等人职务任免的议案。

11月30日，市九届人大常委会第八次会议召开。会议应到常委会组成人员38人，实到33人，符合法律规定。会议传达学习中共十九大精神；听取和审议市人民政府关于提请审议2017年市级财政预算调整方案（草案）的议案；书面审议高新区管委会关于2017年区级财政预算调整方案（草案）的请示；书面审议仙女湖区管委会关于审批2017年仙女湖区公共财政预算调整方案（草案）的请示；听取和审议市人大财经委关于调整2017年市本级财政预算的审查报告；审议通过《新余市人大常委会关于批准2017年市级财政预算调整方案的决议》。会议听取和审议市人民政府关于市九届人大一次、二次会议代表建议和市人大代表工作室建议办理情况的报告；书面审议市人大常委会选任联工委关于市九届人大一次、二次会议代表建议、批评和意见办理情况的报告；听取和审议市人大法制委员会关于《新余市仙女湖水体保护条例（草案）》修改情况的报告；第二次审议《新余市仙女湖水体保护条例（草案）》；书面审议市人民政府关于贯彻实施《中华人民共和国人民防空法》情况的报告；书面审议市人大常委会建环资工委关于开展《中华人民共和国人民防空法》执法检查情况的报告。会议书面审议市人民政府关于市九届人大常委会第六次会议审议意见办理落实情况的报告；书面审议市人民检察院关于全市检察机关未成年人刑事检察工作情况的报告；书面审议市人大内司委关于全市检察机关未成年人刑事检察工作情况的调研报告；书面审议市人大常委会农工委关于全市新农村建设情况的视察报告。会议审议市九届人大三次会议议程、日程安排（草案），审议通过市人大常委会关于召开市九届人大三次会议的决定。

12月25日，市九届人大常委会第九次会议召开。会议应到38人，实到35人，符合法定人数。会议听取和审议市人民政府关于提请调整新余市2017年规模以上工业增加值预期目标的议案；听取和审议市人大财经委关于调整新余市2017年规模以上工业增加值预期目标的审查报告；审议通过《新余市人大常委会关于调整我市2017年规模以上工业增加值预期目标的决议（草案）》；审议通过《新余市人大常委会关于审计查出问题整改情况满意度测评的实施意见（草案）》；听取市人大法制委关于《新余市仙女湖水体保护条例（草案二次审议稿）》修改情况的汇报；听取市人大法制委关于《新余市仙女湖水体保护条例（草案三次审议稿）》审议结果的报告；审议通过《新余市仙女湖水体保护条例（草案）》。会议审议通过市人大常委会代表资格审查委员会关于市九届人大代表变动情况及补选的代表资格审查报告（草案）；审议通过市人大常委会工作报告（草案）；审议市九届人大三次会议选举办法、议案规定（草案）；审议市九届人大三次会议各项名单（草案），决定市九届人大三次会议列席人员名单。会议通过人事任免事项。

【市九届人大常委会党组主任（扩大）会议】 2017年，市九届人大常委会共召开11次党组主任（扩大）会议（即市九届人大常委会第四次至十四次党组主任扩大会议）。会议听取各专门委员会各项工作视察、调研情况报告；会议听取市委组织部、市中级人民法院、市人民检察院通报人事任免事项；会议听取市政府关于市九届人大常委会第五次会议审议意见办理情况、关于城乡供水一体化建设情况的报告、关于2017年上半年国民经济和社会发展计划执行情况的报告；讨论决定市九届人大常委会第四次会议的议题及召开时间；讨论决定市九届人大常委会立法项目库及2018年立法计划，研究建立基层立法联系点事宜；讨论《2017年市人大常委会工作报告（草案）》、市九届人大三次会议各项名单（草案）等。

专门委员会和工作委员会

【内务司法委员会】 突出监督重点，提高监督实效。一是开展全市道路交通安全工作情况调研。2017年3月—4月，市人大内司委组成调研组，以群众反映强烈的问题为导向，从交通无序、行路难和停车难等问题着手，全面深入了解城区道路交通情况，查找拥堵的原因和症结，排查交通安全隐患，共同探讨治堵的办法和措施，提出有针对性的建议，督促市政府有关部门积极回应群众期待、社会关切的问题，进一步促进全市道路交通的安全与畅通。调研组认真梳理调研情况形成调研报告并于市人大常委会第五次会议上汇报，经常委会审议通过，市人大常委会办公室向市人民政府办公室提交审议意见交办函（余常办字〔2017〕17号），其中共交办10个方面有关问题以及8个具体的交通问题。截至12月，解决健全道路交通安全工作协调机制；加强重点路段时段交通管理等一系列问题，大大提高道路交通安全通行率及安全性。二是开展未成年人刑事检察工作调研。10月市人大常委会调研组，对全市检察机关未成年人刑事检察工作情况开展集中调研。调研组就2015年以来全市未成年人犯罪的情况、未成年人刑事检察队伍建设、未成年人刑事检察机制建设、未成年人犯罪预防情况等问题进行调研。调研组实地察看渝水区人民检察院未检处、渝水一中法制教育基地的工作开展情况。在渝水区检察院、市人大常委会组织召开两场座谈会，听取有关单位以及部分学校代表的意见建议。通过调研，调研组现场推进解决检察机关在开展未检工作中碰到工作协调、经费保障等问题，查找新余市存在的一些问题，提出针对性的意见建议。

围绕中心，完成各项任务。认真处理涉法涉诉问题。根据常委会信访工作制度要求，做好涉法涉诉类群众信访工作，加强对群众来信来访的督促办理，积极帮助群众解决在涉法涉诉方面遇到的实际困难。2017年，共接待来访群众41批次,转办督办各类信访件7件,有力维护信访群众的合法利益和新余市社会的稳定。按照市综治委工作要求开展矛盾纠纷排查化解专项行动,协助人大常委会办公室做好江西省社会治安综合治理信息系统的建设、维护、信息录入等各项工作。协助省人大开展业务工作,加强与县(区)、业务对口单位和人大代表的联系。协助省人大开展青年志愿者服务工作专题调研;《江西省禁毒条例(草案)》意见建议征求等工作。加强与省人大内司委以及县区人大内司委的联系,及时沟通推进各项工作。内司委通过走访、发函等形式向全部监督、联系单位征求意见,了解内务、司法工作的难点和热点,建立起内司委调研工作议题库,实施动态管理。主动邀请各级人大代表参加2017年的各项执法检查和调研工作,积极征求选任联工委的意见建议,邀请与调研命题相关的、履职能力较强、业务能力较强的代表参加,提高调研工作水平,积极听取人大代表提出的意见建议,并报主任会议批准邀请部分参加调研的代表列席常委会会议。

【财政经济委员会】　一是扎实做好预决算审查监督工作。为履行法定职能,夯实预算的审查监督工作,1月,财经委在九届二次人代会初审2016年财政预算执行情况和2017年财政预算草案,同时重点审查市住建委、市体育局2017年部门预算草案;7月,听取和审议市财政局和高新区、仙女湖区上半年财政预算执行情况;9月,对市本级和高新区、仙女湖区2016年财政决算进行审查,同时认真审查《市本级2016年度预算执行及其他财政收支情况的审计工作报告》;11月对市本级和高新区、仙女湖区2017年财政预算调整方案进行审查,经常委会表决通过。二是加强对国民经济和社会发展计划的审查监督。对2017年上半年国民经济和社会发展计划执行中审查发现,存在部分经济指标未完成年初计划、实体经济发展困难等问题,针对这些问题向市人民政府提出优化发展环境、扩大有效投资、加快转型升级等意见建议,督促政府采取有效措施,确保全年经济指标顺利完成。三是突出抓好审计查出问题整改成效。按照《江西省人民代表大会常务委员会关于进一步加强审计工作监督的决定》和市委全面深化改革工作的总体部署要求,经市人大常委会研究决定,自2017年起对审计查出问题整改情况开展满意度测评。8月中下旬组织审计等部门对2015年度审计查出问题整改情况开展实地重点跟踪督办。在市九届人大常委会第七次会议上,首次开展对2015年度审计查出问题整改情况满意度测评。市林业局、市粮食局、市文广新局被测评单位均测评为“满意”等次。11月,起草《关于审计查出问题整改情况满意度测评的实施意见(征求意见稿)》,广泛征求政府有关部门的意见,对审计查出问题整改情况进行满意度测评工作也将步入常态化、制度化。四是选准课题,开展好专题调研。6月7日—16日,选取8个具有代表性的乡镇进行实地调研,其余乡镇对本区域的财政状况作书面汇报。通过调研发现乡镇财政状况主要存在实体经济偏小、财政收支矛盾突出、自有财源严重不足、税收增长乏力、县区对乡镇财政收入考核严重脱离实际等问题。针对这些问题,提出深入推进县乡财政体制改革、完善乡镇财政考核办法、大力发展实体经济、努力培植税源等建议。

【教育科学文化卫生工作委员会】　一是关注民生问题,统筹开展调研工作。开展教育专项工作视察。4月,市人大常委会组成教育专项工作视察组,重点围绕新余市“十三五”期间城乡教育网点布局情况,2017年新增城区学位容量情况,校园周边交通、食品安全情况,2016年《中华人民共和国教育法》执法检查中发现问题的整改落实情况,深入市、县(区)开展教育专项视察工作。视察组实地察看15所学校,并召开由市教育局、市财政局等有关部门负责人参加的汇报会,同时召开座谈会,广泛听取各方面的意见。提出完善主城区网点布局规划。在原有的基础上新规划12个教育网点,城区学位容量和优质教育资源进一步扩大。二是开展城市公立医院综合改革试点情况专题调研。8月23日—24日,市人大常委会城市公立医院综合改革试点情况专题调研组,围绕新余市城市公立医院综合改革总体情况、建立分级诊疗制度情况、落实药品供应保障制度情况、医保管理与支付方式改革等情况,深入市、县(区)、部分乡镇和村委会开展专题调研。调研组实地察看11所医院(村卫生计生服务室),召开座谈会。调研发现新余市自2014年列入公立医院综合改革国家试点城市以来,改革各项工作稳步推进。但也存在一些瓶颈问题,市人大常委会办公室以书面审议意见交由市政府办理。市政府收到书面审议意见后高度重视,研究制定相关整改措施,进一步整合医疗保障管理职能、理顺医疗保障管理体制,出台《关于进一步整合医疗保障管理职能理顺医疗保障管理体制的意见》,在市县(区)新成立“医疗保障管理局”和“医疗保险基金管理中心”,并将市县(区)卫生计生部门承担药品(耗材)集中招标采购管理和经办的机构、编制、人员、档案等成建制划转至同级人力资源社会保障部门,实行医疗保险、药品(耗材)集中招标采购统一行政管理、统一业务经办;出台《关于进一步完善新余市农村贫困人口重大疾病医疗补充保险相关政策的补充方案》,建档立卡贫困人口住院医疗费用总报销比例达90%以上,渝水区还将农村特困供养人员和未进入建档立卡贫困的农村低保人员,全部纳入贫困人口重大疾病医疗补充保险,筹资标准由原来的年人均90元提高到人均230元。三是开展古村落保护和建设情况调研。4月12日,教科文卫工委和部分市人大代表前往分宜县钤山镇防里村和枫溪村开展古村落保护和建设情况的工作调研。调研组提出抓紧建立和完善古村落建设开发的管理工作机制,做好总体规划,加大基础设施的配套建设,改善村民居住环境。

【建设环境资源工作委员会】 开展环保赣江行活动。5月初,按照省人大的要求,制定2017年市环保赣江行活动方案,确定以“加强水源地保护,保障饮用水安全”为主题的各项活动重点,明确组委会各成员单位的职责和分工。一是持续关注“保家行动”“蓝天行动”。2017年,在全市范围内集中开展以畜禽养殖、水库退养、工业污染专项整治为主要内容的“保家行动”和以道路运输、渣土清运、建设工地、物料堆放、工矿企业、餐饮油烟、机动车污染等为重点的大气污染综合整治“蓝天行动”。建环资工委不定期开展督导,对于发现的问题及时向有关职能部门提出,并跟踪问效。二是跟踪督导消灭劣V类水工作。建环资工委在多次督导中发现,城市雨污分流未实施,是造成新余市江河湖库水质为劣V类的一个重要因素。对此,督促启动市中心城区雨污分流改造工程,提出污水治理理念要实现“三个转变”:从集中式治污向分步式治污转变;从大投入向适度投入转变;从长期投入向短期投入转变。未来全市污水治理系统建设要以分布式为主,集中式为辅,全面制定并落实污水达标排放标准;现有雨污分流工程改造要因地制宜,宜分则分,宜集则集,修复现有管网,不轻易新建管网,最大程度发挥现有管网作用。三是开展河长制工作督导。建环资工委与市河长办建立密切的工作联系制度。“清河行动”中建环资工委多次督导。全市摸清规模以上的入河排污口14个、规模以下入河排污口69个,关闭、封堵入河排污口12个,强制要求接入市政管网3个,正在补办手续的9个;取缔非法采砂场5家,查封采砂船6艘,吊机2台;清洁河道500多公里,清运垃圾600多吨,拆除违搭乱建40处;对流域面积50平方公里以上的河流和所有山塘水库开展水质检测,并建立水质档案。

对市政府落实市八届人大常委会第三十三次会议关于新余市水库水环境整治工作审议意见的情况进行调研。2月22日及3月9日,赴分宜县钤山镇欣荣养猪场、李志凯养猪场、小芒村养猪场、强鑫牧业和横江水库、司马坑水库等进行实地察看,并分别召开座谈会。形成书面报告,提出要把水库水污染整治工作摆上当前主要工作来抓,树立长期作战的思想,根据存在的问题,突出重点,制定切实可行的对策。

开展2016年全市环境状况和环境保护目标完成情况专题调研。6月27日—29日,建环资工委组织部分市人大常委会委员和人大代表对全市环境状况和环境保护目标完成情况进行调研。调研组听取相关工作汇报，深入实地详细了解畜禽养殖整治、水库退养、企业污水及粉尘排放处理情况、污水处理厂运行情况、锅炉整治情况、农村生活垃圾收集转运情况等，并对部分养猪场和水库山塘进行暗访。针对新余市环境状况中存在的水污染防治形势依然严峻，大气质量改善任务依然艰巨，土壤污染治理尚在起步阶段，长期采矿活动给矿山地质环境带来较大影响，固体废物处置场所和危险废物处置能力建设还有待完善等突出问题提出具体有操作性的建议，在此基础上形成调研报告。7 月下旬以交办函的形式提交市政府，要求限期整改。

开展《中华人民共和国人民防空法》执法检查。11 月 2 日—3 日，检查组实地察看 2 处人防工程地点和市人防工程及市人防应急指挥中心，分别召开座谈会和汇报会。要求依法依规按标准抓好人防工程建设，规范防空地下室易地建设费的征收、管理和使用；要研究出台人防工程产权制度改革政策，明晰人防工程产权归属；将人防工程融入经济社会发展、融入城市建设、融入应急管理，统筹城市地下空间开发，充分发挥人防工程的战备效益、环境效益和经济效益。

开展《新余市仙女湖水体保护条例（草案）》（以下简称草案）立法一审工作。建环资工委承担草案一审工作，通过召开专题会、实地调研、新闻媒体网站等向各方反复征求意见建议，共收集到意见建议 200 余条。建环资工委认真汇总梳理，提出修改意见 24 条，形成草案修改前后对照表供市九届人大常委会第七次会议审议。

【选举任免联络工作委员会】 一是严格依法办事，认真做好常委会的人事任免工作。选举任免联络工委密切与市委组织部及“一府两院”有关部门的沟通联系，做好常委会任免材料的起草、审核等工作，为常委会依法行使任免权做好参谋助手。为做好市人大常委会的人事任免工作，选举任免联络工委严格按照地方组织法、法官法、检察官法等有关规定，坚持做到会前主动与市委组织部、“一府两院”联系，使提请议案的单位早知道、早准备。认真审查提交的任免议案，同时做好会前各项材料工作，严格按程序做好印制表决票、任命书，做好已任命人员向宪法宣誓服务工作；会后及时发布公告、通知，并建立个人档案，确保任免工作规范有序进行。二是认真做好代表工作，努力发挥代表作用。进一步拓宽代表履职平台，加强代表与群众联系。推进平台建设，继续发挥人大代表工作室的作用。市人大常委会高度重视人大代表工作室创建工作，在建成 17 个人大代表工作室的基层上，将人大代表工作室扩展到 40 个，实现乡镇全覆盖。上半年，选举任免联络工委对 20 多个乡镇人大代表工作室建设情况进行督导视察。围绕全市经济社会发展大局，围绕社会热点和难点问题和人民群众普遍关心的民生问题，精心组织代表开展闭会期间的活动。加强人大代表小组建设。3 月，组织召开市直代表小组工作座谈会，探索开展代表小组活动的新途径和新办法，安排部署代表小组全年活动。组织代表参加市人大常委会及各委办的视察调研活动。共组织代表 80 余人次参加视察调研活动，使代表们进一步了解新余市经济发展状况，为其在代表大会上审议好各项工作报告、有针对性地提出建议奠定基础。组织代表参加市直各部门召开的各种会议活动。组织代表 120 余人次参加考核评议会、听证会、座谈会、测评会等。市九届人大一、二次会议代表共提出建议 128 件，选举任免联络工委及时对这些建议进行分类、编号和登记，并主动加强与市政府办的联系，协调开好建议交办会。为切实增强建议办理实效，抓住督办和落实环节不放松，着力提高代表所提问题的解决率。三是加强指导和联系，切实做好交办的工作。通过开展调查研究、专题会议、回答问题等多种形式，加强对县乡人大工作的指导。定期召开县区人大选任联工委联系会，起草《关于全市乡镇一年召开两次人民代表大会的意见》，经市委常委会研究通过并印发。8 月，组织邀请中央、省、市媒体进行“人大代表为人民”主题采访活动，对新余市乡镇年中召开人民代表大会、人大代表工作室、人大代表结对扶贫工作情况进行专题报告。

【外事华侨民族宗教工作委员会】　一是积极参与人大常委会各项工作。参与常委会组织的视察、执法检查等活动。参与常委会组织的河长制、交通安全等调研活动，与视察组成员一道提出相关意见和建议。认真做好精准扶贫工作。8月上旬，工委赴青岛人大培训基地进行为期一周的学习。履行监督职能，认真组织开展调研活动。工委在多方调研的的基础上，形成《顺应全民旅游新时代点线面结合统筹推进——全力打造新余"全域旅游"示范区》调研文章，并上报省人大外侨民宗工委。6月中旬，工委会同旅发委等相关部门到仙女湖区视察仙女湖景区创AAAAA工作进展情况，实地视察仙女湖码头、龙王岛、景区软硬升级改造现场等地，详细了解项目进展情况，听取管委会工作汇报，并提出要在打造文化特性和品位，加强管理，提升服务质量和水平，环境保护等方面下功夫等建议。7月，外侨民宗工委组织部分委员和市人大代表对全市宗教工作情况进行视察和调研。实地察看仙女湖区崇庆寺、仰岗庙，分宜县金粟禅林、以勒堂，渝水区罗坊基督教聚会点、云峰禅寺等宗教活动场所，并召开座谈会，听取市民宗局负责人关于全市宗教工作情况的汇报和相关部门、宗教人士的发言。形成宗教工作调研报告，提交常委会审议。二是广泛加强联系，交流互动促进工作开展。强化与省人大外侨民宗工委的联系。积极配合省人大外侨民宗工委开展各项工作。工委主动到市旅发委、仙女湖景区等部门分别听取新余市创建AAAAA推进情况、开展全域旅游示范区创建以及外事华侨工作征求意见，努力推动相关工作的落实。参加市领导到人大代表工作室接待基层人大代表人民群众活动和人大代表环保行活动，定期与挂点联系的2名人大代表保持联系；同时邀请相关人大代表参加外侨民宗工委组织的执法检查和专题调研活动，听取意见建议，以改进委员会的工作。

【法制工作委员会】　2017年，立法工作稳步推进：第一部地方性程序法规——《新余市立法条例》制定出台，为规范新余市地方立法提供程序保障；第一部地方性实体法规——《新余市仙女湖水体保护条例》起草完成，通过一审、二审，按法定程序上报省人大常委会批准；第二部地方性实体法规——《新余市畜禽养殖污染防治条例》的立法工作拉开帷幕，正全面铺开。法制工委遵循立法规律，坚持循序渐进、稳步推进的原则，把《新余市仙女湖水体保护条例》的制定作为全年立法工作的重中之重。紧扣上位法要求，切实遵循不抵触原则，做到条例立法活动完全符合法定的权限和程序。紧紧抓好提高立法质量这一关键环节。积极争取省人大常委会的支持和指导，赴省人大面对面汇报立法工作。深入开展调查研究。深入仙女湖实地开展立法调研，加强立法学习，远赴广东茂名学习水体保护立法先进经验，赴北京、深圳、厦门等地开展立法培训。围绕"立得住、行得通、真管用"这一根本目标。在条例（草案）起草完成后，第一时间向社会发布并征求到意见建议200余条，进行梳理汇总；召开由沿湖县区、乡镇（办）、有关经营业主等参加的立法座谈会，召开由相关单位、专家参加的立法论证会；坚持时间服从质量，2017年11月29日，在市九届人大常委会第八会议上审议通过，按法定程序上报省人大常委会批准。

（钟耀兵）

编辑　李凤平

新余市人民政府

综　述

2017年,全市上下以务实的精神、落实的办法、坐实的结果,积极应对持续的经济下行压力,全力打好防范化解重大风险、精准脱贫和污染防治攻坚战,全市经济运行质量和效益不断提升,社会发展活力和动力不断增强,人民群众满意度和获得感不断提高。全年实现生产总值1170亿元,增长8.5%;财政总收入144.1亿元,增长5%;固定资产投资1036亿元,增长12.5%;社会消费品零售总额269亿元,增长12%;出口总额92.6亿元,增长10%;实际利用外资4.2亿美元、增长5%;省外2000万元以上项目资金467.5亿元、增长10%;城镇居民人均可支配收入34736元、增长8%,农村居民人均可支配收入16571元、增长9%;居民消费价格指数涨幅控制在3%以内。

聚焦提质增效抓产业,转型步伐越来越快。一是工业经济持续向好。规模以上工业增加值增长8.3%,主营业务收入增长18%。坚持改造提升传统产业与培育发展新兴产业并重,出台《新余市"中国制造2025"实施方案》《关于加快发展新经济培育新动能的实施意见》和全力支持新钢跨越发展30条措施,深入实施锂电、手机触控、LED、装备制造产业集群三年倍增计划,钢铁、新能源、光电信息、装备制造四大主导产业主营业务收入分别增长15.3%、30.4%、80.2%、19.6%,其中锂电、手机触控和LED等新兴产业分别增长150.6%、40.2%和358.8%。更加注重工业经济的发展质量和效益,规模以上工业实现利润增长57%,其中新钢实现利润增长10倍;工业经济效益综合指数提高59个百分点。充分发挥园区工业主战场作用,新增标准厂房59万平方米,建成产业集群公共服务平台10个,高新区获评省战略性新兴产业集聚区、省锂电新材料产业基地,渝水区新兴工业产业园列为全省产城融合示范区。精准有力帮扶企业,14家企业获产业引导专项资金2.6亿元。市级还贷周转金规模达2.4亿元,帮助企业倒贷300笔、40亿元。赛维重整取得阶段性成果。新增入规工业企业38户。二是第三产业日益壮大。实现增加值445亿元、增长9%,新增规模以上服务业企业18户。全市金融机构人民币存、贷款余额分别增长12.3%和4.6%,不良贷款率下降4个百分点,金融风险化解工作成效明显。新余国科在创业板成功上市,泰达长林在"新三板"挂牌,沃格光电主板上市材料获受理,昆仑乐云网络小额贷款公司成功设立。电子商务实现交易额350亿元,增长35%。旅游"双创"工作稳步推进,成功引进复星爱必侬公司运营仙女湖景区,在仙女湖录制的央视七夕晚会反响强烈,乡村旅游蓬勃发展,旅游业接待游客和旅游收入均增长22%。文化产业增加值增长11.4%,占生产总值比重提高到3.75%。第四届国际麻纺博览会、第三届南方农业(工程)机械展销会成功举办。三是现代农业加快发展。全面落实粮食安全责任,建设高标准农田6.2万亩。52家省级以上龙头企业实现销售收入135亿元,增长4.3%。特色农业势头良好,新余蜜橘产销两旺。农产品加工不断深化,夏布产业列为省示范产业集群。循环农业加快发展,南英2万方特大型沼气工程并网发电，蘑菇产业年处理农业有机废弃物10万吨以上。农村土地经营权流转率达44.3%。四是创新能力不断提升。全社会研发经费投入15亿元，占生产总值比重达1.4%。新增博士后创新实践基地2家、国家级技能大师工作室1家、省级研发平台5家，建成1家覆盖全市的科技协同创新综合服务平台。加州农业袁隆平院士工作站成立。新增国家高新技术企业13家。争取省级以上科技项目49项、资金1467万元。专利申请量1860件、授权量1018件，每万人发明专利拥有量达2.8件。高新区动力电池产业集群列入科技部第三批创新型产业集群试点。新增百千万人才工程国家级人选1人、省级人选2人，获国务院特殊津贴3人、省政府特殊津贴2人，新增省主要学科学术和技术带头人2人。

强化引擎拉动抓项目，发展后劲越来越足。一是重点项目成果丰硕。安排重点建设项目199个，总投资增长44%。完成投资198亿元，其中工业项目97个，完成投资112亿元。一批对全市发展具有重大战略意义的项目全面铺开，国省道一级公路绕城改建、城乡供水一体化工程顺利推进；城市供水应急备用水源主体工程基本完工；蒙华公司综合基地顺利建成，新余煤储基地项目全面启动；国电投分宜电厂扩建项目全面复工；新余至吉安城际铁路纳入全省城际网规划；分宜通用机场列入省民用机场布局规划。一批对产业转型升级具有重大影响的工业项目加速推进，沃格光电玻璃精加工、赣锋锂业1.5万吨电池级碳酸锂项目建成投产，新钢煤气综合利用高效发电一期工程并网发电，江西雅保5万吨氢氧化锂项目稳步推进。二是招商引资量质齐升。致力招大引强，突出领导招商、聚焦产业招商、狠抓实体招商，举办或参加各类专题招商推介活动27场，引进悦新大健康产业园、温商五金工具产业基地、科能4亿安时锂电池、牧星现代生态养殖小区、仙女湖航空运营基地等投资10亿元以上项目19个。创新开展资本招商，引进金融创新项目19个、金额18.3亿元。实施"渝郎回乡"工程，共签约项目61个、金额276.4亿元。政策资金争取得力。共向上争取项目266个，增长7.7%。争取上级财政资金59.9亿元、增长10%，其中国家资源枯竭城市转型试点年度绩效考核通过国家评估，获上级补助资金2.86亿元。五河治理工程项目获中央预算内资金1.36亿元。获批财政债券资金75.9亿元，增长66.4%。

围绕舒适宜居抓融合，城乡面貌越来越新。一是城乡规划更加完善。完成孔目江片区控制性详细规划、海绵城市和综合管廊专项规划等规划编制，创新开展城市设计，实现农村建房规划建设三级管理网络全覆盖、20户以上村庄规划编制全覆盖。城市功能不断提升。大力实施城市升级三年行动计划，全年安排城建项目27个，完成投资11.7亿元。绿起公园、胜利北路改造、主城区公厕新建等项目顺利建成，11处背街小巷、14个老旧小区、4个城中村基础设施改造全面完成。新增纯电动公交车20辆，新建公交电子站牌100座，实现市、县城区至各乡镇公交全覆盖。第一批20个交通隐患点治理改造全面完成，货车超限超载集中整治深入开展。大数据产业园投入运行，入选中国新型智慧城市创新50强。二是乡村建设亮点纷呈。乡、村两级7项重点工作成效明显，交通信号灯建设实现乡镇全覆盖，"晓康诊所"实现行政村全覆盖，农村生活垃圾治理在全省率先全域通过考核验收，501个新农村建设点完成投资1.5亿元。罗坊生态循环农业小镇、分宜麻纺小镇被评为全省第一批特色小镇，良山镇下保村入选全国环境整治示范村。完成通自然村水泥路建设147.4公里、公路安全生命防护工程254公里。在全省率先完成新一轮农村电网升级改造"两年攻坚战"工程。

突出关键环节抓改革，体制机制越来越活。一是35项重点改革项目年度任务全面完成。行政管理体制改革取得新成效。行政审批标准化体系全面建立，政务服务更加高效便捷。"双随机一公开"监管工作改革全面推进，市直行政执法单位全部接入全省统一监管平台。二是机构编制管理改革扎实推进。在全省率先开展的城市执法体制改革试点工作成效明显，各项改革任务全面完成。

经济体制改革实现新突破。供给侧结构性改革深入推进。大力实施降成本优环境专项行动，输配电价改革为企业降低用电成本每度4分以上，规模以上工业每百元主营业务收入成本降低2.2元，全年为企业减负30.2亿元。三是房地产去库存工作成效显著，中心城区新建商品房住宅去化周期缩短至7.6个月。新宜吉六县跨行政区转型合作试验区建设稳步推进。积极化解政府性债务，超额完成年度目标。市本级行政事业单位闲置资产清理整合盘活工作有序开展，市属国企公司制改革全面完成，三大农垦场均组建国有资本投资营运公司。四是社会管理体制改革迈出新步伐。社会组织和企业信用体系建设基本完成，公职人员信用评级结果运用力度加大。社区数字化综合服务管理平台升级完善，新增4个社区上线运行。出租汽车行业改革稳步推进。

立足和谐共生抓环保，生态环境越来越美。一是环境治理力度加大。大力实施"保家行动"，集中开展畜禽养殖、水库退养、工业污染水环境专项整治，关停拆迁禁养区养殖场6339家，333座水库、2293座山塘全部退出承包养殖，废水排放不达标的53家企业全部整改。11个国控、省控监测断面有7个达到Ⅲ类水质标准，消灭劣Ⅴ类水工作初见成效。大力开展"蓝天行动"，集中实施"四尘""三烟""三气"综合整治，城区空气质量优良率达86.2%。土壤污染防治工作方案编制完成，原前卫化工厂场地土壤综合治理与修复工作积极推进。二是生态保护成效明显。推行分布式为主、集中式为辅的城乡污水处理新模式，89座村镇生活污水处理设施建成投运。加大工业企业污染防治力度，新钢焦炉除尘(二期)、6号高炉和4号烧结机除尘改造设施建成投运。完成仙女湖和孔目江水源地规范化建设及防护工程，饮用水源地周边环境风险源全部消除。强化环境执法监管，开展环保专项行动22项，依法关停取缔"散乱污"企业57家。新增造林4.7万亩。三是制度体系更加完善。生态保护红线、城镇开发边界划定工作扎实开展，永久基本农田划定工作全面完成。河长制工作体制机制不断健全，孔目江流域生态补偿成效明显，全国水生态文明城市建设试点通过验收。第一部实体地方性法规《仙女湖水体保护条例》，提交市人大常委会审议通过。领导干部自然资源资产审计工作走在全省前列。分宜县被确定为全省绿色低碳示范县，渝水区列为全省生态文明示范区。

坚持不忘初心抓民生，惠民成果越来越实。一是45件民生实事基本完成。脱贫攻坚更加扎实。贫困人口识别退出进一步精准，全市共有建档立卡贫困人口8634户21003人。出台《关于进一步加强社会扶贫工作的实施意见》，共安排419个单位、所有在职领导干部、"两代表一委员"、26个商(协)会、1200家民营企业与贫困对象结对帮扶，实现贫困村、贫困户帮扶全覆盖。创新开展"播爱使者"活动，帮助单身贫困群众解决婚恋问题。深入推进八大扶贫工程，配套财政扶贫资金3807.3万元，3479名贫困人口实现脱贫。二是就业创业更加充分。新增城镇就业2.2万人、就业率达96.6%，新转移农村劳动力1.6万人。新发放创业担保贷款4.2亿元，直接扶持2411人创业，带动10544人就业。三是社会保障更加有力。未参保城镇大集体企业退休职工养老生活月补助标准由375元提高到395元，全民参保登记计划全面启动。被征地农民参加基本养老保险工作强力推进，2018年可按规定发放待遇。城镇居民医保和新农合正式并轨运行，跨省异地就医结算系统全面启用。为11万名65岁以上老人购买意外伤害保险，为2.6万名80岁以上老人发放高龄补贴。建成"颐养之家"603个，入家老人7597人，实现全市行政村"颐养之家"全覆盖；市养老福利中心建成运营。发放廉租房租赁补贴5268户、856.6万元，改造棚户区5488户、垦区危旧房4800户。四是公共事业更加繁荣。在全省率先通过义务教育基本均衡发展的国家认定，乡村小规模学校适度集中办学试点成效明显，成功争取清华大学和北京大学在新余设立自主招生考点。城市公立医院综合改革获国务院通报表扬，被确定为首批国家级示范城市。成功入选国家文化消费试点城市，获评全国未成年人思想道德建设工作先进城市，国家食品安全示范城市创建、国家公共文化服务体系示范区后续建设工作稳步推进。成功举办环鄱阳湖仙女湖站国际自行车大赛、环仙女湖国际马拉松等赛事,第十三届全运会上获金牌2枚。五是社会治理更加有序。“共产党员示范市”创建工作全面启动。“新余有爱”志愿服务品牌深入人心。商(协)会建设成效显著。积极推行领导包案化解社会矛盾工作机制,群众诉求渠道更加畅通。法治新余和平安新余建设深入推进,国家安全人民防线进一步加强,没有发生较大及以上安全事故,没有发生重大群体性事件,没有发生重特大刑事案件,全市社会和谐稳定。

市政府全体会议和常务会议

【市九届人民政府第二次全体会议】 12月20日,市九届人民政府第二次全体会议在市会展中心多功能厅召开。会议讨论《政府工作报告(征求意见稿)》,研究部署当前及2018年一季度工作。受市委副书记、市长董晓健委托,市委常委、常务副市长万广明主持会议并讲话,市委常委、副市长周杰,副市长陈文华、徐绍荣、徐文泊,市政府秘书长傅水珠出席会议,市政协副主席贺为华应邀列席会议。

【市九届人民政府第六至第三十三次常务会议】 1月23日,市长董晓健主持召开市九届人民政府第六次常务会议。听取市九届人民政府第三、四、五次常务会议决定事项落实情况报告;市安监局关于贯彻落实全国、全省安全生产电视电话会议精神及贯彻意见的情况报告;市公安消防支队关于2016年全市消防安全形势分析评估报告;市农办关于全省农村工作会议暨新农村建设现场推进会精神传达提纲及贯彻意见;全省财政工作会议主要精神及贯彻落实意见。讨论市商务局提请的《关于扶持我市铁海联运发展的请示》,高铁新区管委会提请的《新余市人民政府 江西济民可信集团有限公司〈战略合作框架协议〉、新余市人民政府 江西悦新大健康产业管理股份有限公司〈悦新大健康产业园项目建设协议书〉》,市禁毒委提请的《关于恳请以市委办、市政府办名义印发〈新余市禁毒工作责任制〉的请示》,市住建委提请的《关于呈报〈新余市清理规范工程建设领域保证金工作方案〉的请示》,市档案局提请的《关于恳请由市委办、市政府办印发〈关于加强和改进新形势下全市档案工作的实施办法〉的请示》,市国土资源局提请的《关于请求批准〈新余市测绘地理信息“十三五”基础测绘规划〉的请示》《关于批准渝水区界水56号宗地国有建设用地使用权出让方案的请示》《关于批准渝水区下村141号宗地国有建设用地使用权出让方案的请示》,中铁二十四局集团新余工程有限公司提请的《关于批复“铁建家园”棚改项目建设的请示》,市发改委提请的《关于安排2016年“菜篮子”扶持项目奖补资金的请示》,高新区管委会提请的《关于暂借周转资金的请示》,仙女湖区管委会提请的《关于请求拨付公安三所土地价款的请示》,市民政局、市财政局提请的《关于申请下拨2015年至2016年3月市本级福利彩票公益金的请示》,市财政局提请的《关于2017年春节政府工程欠款付款计划的请示》《关于拨付2016年国有关破改及困难企业职工医疗保险市级配套资金的意见》《关于2016年争取上级资金工作兑现奖励资金的请示》和大额经费事项。

2月14日,市长董晓健主持召开市九届人民政府第七次常务会议。听取市九届人民政府第六次常务会议决定事项落实情况报告和传达全省工业崛起奖励表彰暨深化降成本优环境专项行动大会会议精神。讨论市发改委提请的《关于呈报〈新余市2017年第一批重点建设项目计划〉〈2017年新余市重点项目建设管理和考核办法〉、2017年第一批部分市重点项目挂点市领导及帮扶单位名单的请示》,市农办提请的《关于呈请研究审议〈新余市“整洁美丽 和谐宜居”新农村建设行动规划(2017—2020年)〉的请示》《关于恳请以市委、市政府名义通报表彰2016年度全市农业农村工作先进单位和先进个人的请示》,市民政局提请的《恳请以市委、市政府名义印发关于表彰2016年度全市定点帮扶贫困村工作先进单位、先进个人决定的请示》，市开放办提请的《关于呈报全市开放型经济工作会议相关材料的请示》，市工信委提请的《关于报审〈新余市人民政府关于加快推进新型工业化考评的意见（送审稿）〉的请示》，市审改办提请的《关于请求印发〈新余市人民政府关于衔接省政府取消和调整一批行政权力项目的通知〉的请示》，市住建委提请的《关于呈报〈新余市市政设施移交管理办法〉的请示》，市环保局提请的《关于申请拨付2015年第二批排污费专项资金的请示》，新余日报社提请的《关于恳请对预算外收入继续实行全额返还政策的请示》。

2月21日，市长董晓健主持召开市九届人民政府第八次常务会议。传达全省人感染H7N9禽流感联防联控工作调度会精神和全省畜禽养殖污染防治现场推进会会议精神及贯彻落实意见。讨论市发改委提请的《关于降低新余市城区非居民用天然气价格并建立灵活反应市场供求价格调整机制的请示》，市科技局提请的《关于提请审议〈新余市人民政府关于创新驱动"3315"工程的实施意见〉（送审稿）的请示》，市文广新局提请的《关于恳请以市政府名义下发〈新余市国家公共文化服务体系示范区后续建设规划（2017—2018年）〉的请示》，市财政局提请的《关于加强全市建筑业、房地产业税收征收管理的意见》，市水务局提请的《关于以市政府办名义印发〈新余市农业水价综合改革实施方案〉的请示》，市交通运输局提请的《关于恳请市政府审议出租车"一方案两细则"的请示》，市房管局提请的《关于呈报〈关于进一步加强新余市中心城区商品房去库存的工作方案〉（送审稿）的请示》，渝水区政府提请的《关于要求划拨沪昆铁路客运专线渝水段国有土地使用权的请示》，仙女湖区管委会提请的《关于划拨沪昆铁路客运专线（新余市仙女湖区段）国有土地使用权的请示》，市城管局提请的《关于城东污泥处理厂营运费用的请示》，市公路局提请的《关于要求提供公路建设资金贷款承诺函的请示》，市帮扶办提请的《2017年全市精准帮扶企业营造良好环境的实施意见（送审稿）》。

3月16日，市长董晓健主持召开市九届人民政府第九次常务会议。听取市九届人民政府第七、八次常务会议决定事项落实情况报告和市政府法制办《关于制定新余市人民政府2017年立法计划、立法项目库以及相关工作方案的汇报》。讨论市工信委提请的《关于审议〈新余市2016年度加快推进新型工业化表彰奖励名单（送审稿）〉的请示》，市科技局提请的《关于批准2016年度市科学技术进步奖获奖名单的请示》，市环保局提请的《关于审议〈新余市水环境突出问题整治四个专项方案〉的请示》，分宜县人民政府提请的《关于批复〈分宜县钤山镇水厂、双林镇水厂饮用水水源保护区划分技术报告〉的请示》，市规划局提请的《关于请求批准〈新余市新钢片区控制性详细规划〉的请示》，仙女湖区管委会提请的《关于恳请拨付16－16－01号等6宗土地出让金的请示》，市公安局提请的《关于调整市公安局技术大楼工程概算的请示》，市商务局、市国资委提请的《关于从新余市旧机动车辆交易市场划拨改制经费的请示》，市国资委提请的《关于请求拨付部分市直行政事业单位资产转让有关税费的请示》，新纺棚户区改造指挥部提请的《关于要求拨付棚改资金的请示》，市财政局提请的《关于解决2016年度组织财政收入计划奖励经费的请示》《关于成立新余市财政投资有限公司的请示》《新余市人民政府与中国石油天然气股份有限公司江西销售分公司战略合作协议》和大额经费支付安排事项。

3月27日，市长董晓健主持召开市九届人民政府第十次常务会议。听取市九届人民政府第九次常务会议决定事项落实情况报告。讨论市民政局提请的《关于恳请以市委办公室 市政府办公室名义印发〈关于进一步加大社会扶贫工作的实施意见〉的请示》，仙女湖区提请的《关于审批〈关于仙女湖景区向全市市民免费开放的实施方案〉的请示》，市住建委提请的《关于呈报新余市人民政府关于进一步规范集镇管理工作的意见的请示》《关于呈报推进全市村镇生活污水处理设施建设及工程运行实施方案的请示》，市规划局提请的《关于请求批准〈新余市北湖片区控制性详细规划

BH01、BH02控制单元调整〉的请示》，市房管局提请的《关于呈报〈关于进一步加强新余市中心城区商品房去库存工作方案（修改稿）〉的请示》《关于江西二化14户拆迁补偿安置的请示》，市接待办提请的《关于对北湖宾馆房产税、土地使用税实行全额补助政策的请示》，市市场和质量监管局提请的《关于请求解决市场和质量监督管理服装（识别服）和标识经费的请示》，渝水区政府提请的《关于请求返还亨尔泰服饰有限公司工业用地部分土地出让金的请示》，市监察局提请的《关于解除一名违纪人员行政处分的请示》。

4月12日，市长董晓健主持召开市九届人民政府第十一次常务会议。听取市九届人民政府第十次常务会议决定事项落实情况报告；传达省委鹿心社书记在新余视察指导工作重要指示精神和省长刘奇在听取萍乡、新余落实省《政府工作报告》重点任务时的谈话要点。讨论市文广新局提请的《关于恳请以市政府办公室名义下发〈关于振兴新余地方戏曲的实施意见〉的请示》，市民政局提请的《关于呈请市人民政府批复〈新余市城区新建（改扩建）道路命名、更名方案〉的请示》，市备用水源地领导小组办公室提请的《关于请求同意狮子口水库为我市应急备用水源地的请示》，渝水区政府提请的《关于要求收储袁河街道办一宗土地并交付新钢公司使用的请示》，市国土资源局提请的《关于高铁新区5.6平方公里土地征收工作的请示》，市财政局提请的大额经费支付安排事项。5月4日，市长董晓健主持召开市九届人民政府第十二次常务会议。听取市九届人民政府第十一次常务会议决定事项落实情况报告，传达学习2017年全省医改领导小组第一次（扩大）会议精神。讨论市发改委提请的《关于上报〈关于加快发展新经济培育新动能的实施意见〉的请示》，市民政局提请的《关于恳请解决军人安置、优抚等方面存在问题的请示》，市开放办提请的《关于报送〈关于深入贯彻开放发展新理念，构建全面开放新格局的实施方案〉的请示》，市安委办提请的《关于推进安全生产领域改革发展的意见解读汇报及我市贯彻落实意见》，市科技局提请的《关于审议〈新余市“科贷通”融资管理办法〉（送审稿）的请示》，市投控集团提请的《关于承接国开行江西省分行转让赛维光伏硅公司重整股权相关事宜》《关于请求协调解决2016年度债券审计信息披露有关问题的请示》，市残联提请的《关于申请减免“新余市残疾人康复中心”新建项目有关规费及各类行政事业性收费的请示》，渝水区政府提请的《关于请求返还熊家棚户区改造项目用地土地出让金的请示》，赣西供电公司提请的《关于征询110千伏新建良山变电站站址及配套线路路径走廊意见的请示》，市规划局提请的《关于请求批准〈新余市仰天岗南部控制性详细规划〉的请示》，市民政局提请的《关于申请解决农村“党建+颐养之家”市本级财政建设资金的请示》，市新村办提请的《关于要求解决2017年度新农村建设市级配套资金的请示》，市财政局提请的《关于申请增加我市还贷周转金规模的请示》。

5月16日，市长董晓健主持召开市九届人民政府第十三次常务会议。听取市九届人民政府第十二次常务会议决定事项落实情况报告，传达学习省长刘奇视察新余重要讲话精神和全省脱贫攻坚现场推进会精神。讨论市政府法制办提请的《新余市政府部门随机抽查事项清单（送审稿）》，讨论江西银行股份有限公司提请的《关于推动江西赛维债务化解方案的函》，市商务局提请的《新余市商务综合行政执法体制改革试点工作实施方案》，市安委办提请的《关于要求以新余市人民政府办公室名义印发新余市安全生产“十三五”规划的请示》《关于审定印发〈新余市人民政府办公室关于2016年度全市安全生产目标管理考核情况的通报〉的请示》，市卫计委提请的《关于提请市政府审定并以市人民政府名义通报2016年度计划生育工作考核结果的请示》，市住建委提请的《关于呈报〈新余市城市升级三年行动计划〉的请示》，市城管局提请的《关于新余市市政道路改造提升PPP模式建设项目有关问题的请示》，渝水区政府提请的《关于恳请减免渝水七小建设项目有关规费的请示》，市财政局提请的大额经费支付安排事项。

5月31日，市长董晓健主持召开市九届人民政府第十四次常务会议。听取市九届人民政府第十三次常务会议决定事项落实情况报告，传达学习全国、全省妇女儿童工作会议精神及贯彻落实意见。讨论市规划局提请的《新余市加强农村村民建房规划建设管理工作目标考核的意见（送审稿）》，市公路局提请的《关于以市政府名义印发〈新余市普通公路管养事权理顺工作实施方案〉的请示》，市粮食局提请的《关于组建新余粮油发展有限责任公司的请示》，新余学院提请的《关于对学校现有债务处理和补足生均经费拨款的请示》，市国土资源局提请的《关于批准仙女湖502－8－2－2号宗地国有建设用地使用权出让方案的请示》《关于泰耐克公司1－5－352、1－5－355号宗地合并等有关问题的请示》，仙女湖区管委会提请的《关于请求出让仙女湖区A－04等八宗国有土地使用权的请示》，市国资委提请的《关于以市政府名义与江西省招标咨询集团有限公司签订战略合作协议的请示》，市投控集团提请的《关于协调解决境外债券发行有关事项的请示》，市财政局提请的大额经费支付安排事项，市监察局提请的《关于研究给予一名违法违纪人员行政处分的请示》。

6月15日，市长董晓健主持召开市九届人民政府第十五次常务会议。听取市九届人民政府第十四次常务会议决定事项落实情况报告，传达学习2017年省食安委全体会议暨“双安双创”工作推进会会议精神及贯彻落实意见。讨论市发改委提请的《关于以市政府名义印发〈新余市建立完善守信联合激励和失信联合惩戒制度加快推进社会诚信建设的实施方案〉的请示》，市环保局提请的《新余市“蓝天行动”工作方案》，市交通运输局提请的《新余市加快推进“十三五”期交通基础设施建设与养护管理实施意见（送审稿）》《新余市国省道一级公路绕城改建工程（环城路）项目建设进展情况的报告》，市住建委提请的《关于呈报〈新余市关于进一步支持建筑业发展的意见〉的请示》，市房管局提请的《关于呈报〈关于加快培育和发展新余市住房租赁市场的实施意见〉（送审稿）的请示》，市备用水源地建设领导小组办公室提请的《关于请求同意市城市供水应急水源工程投资模式的请示》，市水务局提请的《关于恳请审定〈新余市城乡供水一体化项目合作框架协议书〉的请示》，市国安局提请的《关于减免我局新建业务技术大楼建设规费及服务性收费的请示》，市教育局提请的《关于请求协调相关部门为江西新能源科技职业学院补办土地证和房屋产权证的请示》《关于恳请减免市职教中心食堂兼学术报告厅建设项目有关规费的请示》，仙女湖区管委会提请的《关于仙女湖区502－1－15－1号宗地国有土地使用权公开出让的请示》。

6月21日，市长董晓健主持召开市九届人民政府第十六次常务会议。传达学习中共中央办公厅、国务院办公厅关于甘肃祁连山国家级自然保护区生态环境问题督查处理情况及其教训的通报和全省城乡环境综合整治工作会议精神及贯彻落实意见。讨论市重大项目办提请的《关于呈报〈新余市2017年第二批重点建设项目计划〉及申请调出重点项目计划项目名单、第二批市重点项目挂点市领导及帮扶单位名单的请示》，市发改委提请的《关于请求审定下发〈新余市“十三五”控制温室气体排放工作实施方案〉的请示》，市工信委提请的《关于呈报新余市盐业体制改革实施方案（送审稿）的请示》《关于2017中国（江西）国际麻纺博览会有关事项的请示》，市国资委提请的《关于请求以市政府名义签订移交协议书的请示》《关于市投控集团公司转让江西吉泰洞村山泉水业发展有限公司60%股权的请示》，市房管局提请的《关于城南吉新路与新欣南大道、抱石大道三角地带旧城改造项目实行货币补偿的请示》，市民政局提请的《关于落实2017年度产业扶贫资金的请示》，市国土资源局提请的关于要求批准《仙女湖区502－1－15－1号宗地国有建设用地使用权公开出让方案的请示》，市交通运输局提请的《关于对市公交公司空调公交车票价实行差额补贴的请示》、江西长运新余公交公司提请的《关于要求对公交高铁专线实行亏损补贴的请示》，市悦新办提请的《关于高铁新区土地征收前期工作经费的请示》，江西检验检疫局新余办事处提请的《关于增加协检员预算经费的请示》，市公路局提请的《关于解决山塘下治超站、下村治超站场站建设和行政运转经费的请示》,市财政局提请的《关于2017年端午节政府工程欠款付款计划的请示》和大额经费支付安排事项。

6月27日,市长董晓健主持召开市九届人民政府第十七次常务会议。听取市九届人民政府第十五次常务会议决定事项落实情况报告,传达学习环境质量问题约谈会议纪要。讨论市审改办提请的《关于请求印发〈新余市人民政府关于衔接国务院、省政府取消一批行政许可事项和其他行政权力事项的通知〉的请示》,市水务局提请的《关于恳请审定〈新余市城乡供水一体化实施方案〉的请示》,市民政局提请的《关于引入专业保险机构助力我市民政医疗救助经办工作的请示》,市交通运输局提请的《关于恳请确定环城路社会资本方中标人及相关授权的请示》,市城管局提请的《关于新余市中心城区雨污分流改造工程有关问题的请示》,市住建委提请的《关于加快推进特色小镇建设实施方案的请示》,市市场和质量监管局提请的《关于以市政府办名义印发〈新余市市本级工商登记后置审批事项目录(2017)〉的请示》《关于拨付创建国家食品安全示范城市工作经费的请示》,市教育局提请的《关于恳请减免市一中市四中新钢一小4个校建项目有关规费的请示》,市卫计委提请的《关于解决H7N9检测器材和应急负压救护车经费的请示》,市交通运输局、市财政局提请的《关于2015—2016年第二批城市公交车农村客运出租车成品油价格补助分配的请示》,市财政局、市发改委提请的《关于2017年第一批节能减排奖励资金拨付及调整方案的请示》。

7月4日,市长董晓健主持召开市九届人民政府第十八次常务会议。听取市九届人民政府第十六次常务会议决定事项落实情况报告和市政府办提请的《关于高新区要求解决有关问题的协调情况报告》。讨论市应急救援支队提请的《关于恳请以市政府办名义印发〈新余市"十三五"期间综合性应急救援队伍建设意见〉的请示》,市信息化服务中心提请的《关于请求审定〈新余市人民政府与江西浪潮创投云计算有限公司关于新余云计算中心、智慧新余展示中心、"互联网+"双创基地建设合作协议〉(草案)的请示》,市司法局提请的《关于建设市司法局业务用房暨市本级公共法律服务平台的请示》,赣西供电公司提请的《关于批准新余市电网设施专项规划的请示》,市城管局提请的《关于要求同意购置雾炮抑尘车辆并解决所需经费的请示》,市卫计委提请的《关于请求解决农村健康卫生重点建设项目所需经费的请示》,市住房公积金中心提请的《关于要求解决更换住房公积金业务系统所需经费的请示》,市财政局提请的大额经费支付安排事项。

7月11日,市长董晓健主持召开市九届人民政府第十九次常务会议。听取市九届人民政府第十七次常务会议决定事项落实情况报告,传达学习省委办公厅、省政府办公厅关于全省推选"全国创新争先奖"出现空白的通报。讨论市政府应急办提请的《新余市突发事件应急体系建设"十三五"规划(送审稿)》,市农业局提请的《关于恳请以市人民政府名义印发〈新余市统筹整合资金推进高标准农田建设实施方案〉的请示》,市民政局提请的《关于恳请以市委办、市政府办名义印发〈关于进一步做好军队退役人员有关工作的实施意见〉的请示》,市工信委提请的《关于印发〈新余市"中国制造2025"实施方案〉的请示》,市国土资源局提请的《关于请求批准〈新余市批而未用土地专项清理处置工作方案〉的请示》。

7月18日,市长董晓健主持召开市九届人民政府第二十次常务会议。听取市九届人民政府第十八次常务会议决定事项落实情况报告。讨论市环保局提请的《新余市生态保护红线校核调整方案》,市国资委提请的《关于请求协调解决原市群众服务中心大楼出让过程中相关问题的请示》,市政府金融办提请的《新余市人民政府关于大力发展和利用资本市场的意见(送审稿)》,市卫计委提请的《关于审定〈新余市"十三五"卫生与健康事业规划〉的请示》,市投控集团提请的《关于请求解决市高层次人才公寓项目建设相关问题的请示》,新余泰耐克置业有限公司管理人提请的《关于新余国际广场项目享受财政扶持优惠政策的请示》,高新区管委会提请的《关于批准新余高新区水西镇土地定级与基准地价的请示》，市人社局提请的《关于增加2017年企业职工基本养老保险市级财政补助资金的请示》，分宜县政府提请的《关于向市财政借款的请示》，市财政局提请的大额经费支付安排事项。

8月2日，市长董晓健主持召开市九届人民政府第二十一次常务会议。听取市九届人民政府第十九、二十次常务会议决定事项落实情况报告、关于《政府工作报告》重点任务和45件民生实事2017年上半年进展情况的通报和《关于省环保厅约谈市政府情况的通报》。讨论市民政局提请的《恳请以市委办 市政府办名义印发〈关于新余市脱贫攻坚成效考核办法〉等文件的请示》，高新区管委会提请的《关于研究市政府与清华大学软件学院合作共建江西省双创与先进制造教育示范市有关事项的请示》，市安监局提请的《关于全市上半年安全生产情况及下半年工作安排的报告》，市台办提请的《关于第十五届赣台（九江）经贸合作交流大会筹备工作调度会精神及我市相关情况汇报》，市工信委提请的《关于报审〈关于建设新余市工业（园区）信息服务平台的工作方案（送审稿）〉的请示》，市行管委提请的《关于请求审定〈新余市人民政府关于印发新余市加快推进"互联网＋政务服务"实施方案〉（送审稿）的请示》，市城管局提请的《关于请求启动新余市餐厨废弃物资源化利用和无害化处理项目有关问题的请示》，市国土资源局提请的《关于收回新余赣铁置业公司两宗地的请示》，渝水区政府提请的《关于请求批复〈渝水区下村镇水厂、水北镇水厂饮用水水源保护区划分技术报告〉的请示》，市财政局提请的《关于提请新余市人民政府印发〈新余市税收保障办法〉的请示》《关于对2017年市级储备粮轮换（销售）亏损使用粮食风险基金予以弥补的请示》，市委党校提请的《关于解决市委党校新校区建设和老校区拆迁安置缺口资金的请示》，市投控集团提请的《关于请求批准支付国开行江西赛维受益权转让费的请示》。

8月8日，市长董晓健主持召开市九届人民政府第二十二次常务会议。讨论市人社局提请的《关于呈报〈新余市职工生育保险实施办法〉（送审稿）的请示》，市国土资源局提请的《关于审议〈贯彻落实全省国土资源管理形势分析会的意见建议〉的请示》，市住建委提请的《关于呈报〈关于加快推进城市地下综合管廊建设的实施意见〉（送审稿）的请示》，高新区管委会提请的《关于给予江西新能源科技职业学院相关优惠政策的请示》，市发改委、市财政局、市供销社提请的《关于上报2018年度市级化肥淡季储备规模的请示》，市财政局提请的大额经费支付安排事项。

8月22日，市长董晓健主持召开市九届人民政府第二十三次常务会议。听取市九届人民政府第二十一、二十二次常务会议决定事项落实情况报告，传达学习常务副省长毛伟明在新余市人民政府专报《新余贯彻新理念培育新动能成效初显》上的批示。讨论市国资委提请的《关于请求印发〈清理整合盘活市本级行政事业单位闲置房产和土地的实施方案〉的请示》，市政府法制办提请的《新余市仙女湖水体保护条例（草案）》，市环保局提请的《新余市贯彻落实省环境保护督察组督察反馈意见整改方案（送审稿）》，市发改委提请的《关于请求审定下发〈新余市"十三五"节能减排综合工作方案〉的请示》，市农业局提请的《关于恳请以市委、市政府名义印发〈中共新余市委、新余市人民政府关于进一步推进农垦改革发展的实施意见〉的请示》，市旅游双创办公室提请的《关于恳请以市政府名义印发〈新余市旅游双创工作绩效考核（评议）办法〉的请示》，市国土资源局提请的《关于请求印发〈新余市农村宅基地管理办法〉的请示》，市财政局提请的《关于印发〈新余市争取上级资金考核奖励暂行办法〉的请示》。

9月5日，市长董晓健主持召开市九届人民政府第二十四次常务会议。听取市九届人民政府第二十三次常务会议决定事项落实情况报告，传达学习江西省人民政府第八十六次常务会议相关议题精神和《省委办公厅关于开展省第十四次党代会精神学习贯彻情况综合督查的通知》。讨论市民政局提请的《关于恳请研究〈新余市市本级部分享受优抚抚恤退役军人公益性岗位聘用上岗实施方案〉的请示》，市工信委提请的《关于印发〈新余市工业和信息化发展第十三个五年规划（送审稿）〉的请示》，市环保局提请的《关于批准实施〈新余市"蓝天行动"工作考核方案〉的请示》《关于解决省环境保护督察组在我市督察期间相关保障经费的请示》，市公安局提请的《关于以市政府名义印发〈新余市推进政府服务热线平台与110报警服务台对接工作实施方案〉的请示》，市住建委提请的《关于呈报〈新余市城乡生活污水治理工作方案〉（送审稿）的请示》，仙女湖区管委会提请的《关于要求审查批准〈新余市河下镇龙伏旅游片区控制性详细规划〉的请示》，市委保密机要局关于恳请解决新余市电子政务内网一期市级网络结点建设项目经费的请示，市财政局、市发改委提请的《关于2017年第二批新余节能减排财政政策综合示范综合奖励资金拨付及调整方案的请示》，市财政局提请的大额经费支付安排事项。

9月13日，市长董晓健主持召开市九届人民政府第二十五次常务会议。讨论市财政局提请的《关于以市政府办名义印发〈新余市地方政府性债务风险应急处置预案〉的请示》，市国资委提请的《关于以市政府名义与昌河飞机工业（集团）有限责任公司签订战略合作协议的请示》，市水务局提请的《关于请求同意与新余水务集团签订〈新余市城市供水应急备用水源工程项目合作投资协议书〉的请示》，市工信委提请的《关于报审〈原江西电工厂职工医院和原江西长林集团职工医院改制遗留问题处置方案（送审稿）〉的请示》，市国土资源局提请的《关于请求批准〈仙女湖区502－16－16－17号等七宗地国有建设用地使用权公开出让方案〉的请示》。

9月27日，市长董晓健主持召开市九届人民政府第二十六次常务会议。听取市九届人民政府第二十四、二十五次常务会决定事项落实情况报告，传达学习全省金融工作会议精神。讨论市医改办提请的《关于以市政府名义印发〈新余市"十三五"深化医药卫生体制改革规划〉（讨论稿）的请示》《新余市公立医疗机构医疗服务价格调整实施方案（讨论稿）》，市国土资源局提请的《关于请求以市政府办名义印发〈新余市开展农村房地一体确权登记发证工作的意见〉的请示》，市工信委提请的《关于呈报长林一路6号楼危房处置方案（送审稿）的请示》，市民政局提请的《关于提请市政府常务会审定新余市人民政府与江西大成国有经营管理有限责任公司〈殡葬事业投资合作框架协议〉的请示》，市水务局提请的《关于恳请审查〈新余市城乡供水一体化项目协议书〉的请示》，市发改委、市财政局提请的《关于报送〈江西新余钢铁再生资源产业基地国家"城市矿产"示范基地补助资金清算方案〉的请示》，市人社局提请的《关于呈报新余市第八批学术和技术带头人拟定人选的请示》《关于对第二届创业典型进行表彰的请示》，市财政局提请的《关于解决新余市财政投资有限公司注册资本金等有关事项的请示》和大额经费支付安排事项。

10月20日，受市长董晓健委托，市委常委、常务副市长万广明主持召开市九届人民政府第二十七次常务会议。听取市九届人民政府第26次常务会决定事项落实情况报告，传达学习全国涉环保项目邻避问题防范与化解工作电视电话会议精神。讨论市环保局提请的《关于审议〈水十条〉国家专项督导反馈问题整改责任分工的请示》，市政府法制办提请的《关于对2017年6月30日之前制定的规范性文件清理情况的汇报》，市发改委提请的《关于呈报〈新余市2017年第三批重点建设项目计划〉及申请调整部分重点项目计划项目名单的请示》《关于请求印发〈新余市人民政府关于在市场体系建设中建立公平竞争审查制度的实施意见〉的请示》《关于降低新余市城区非居民用天然气和压缩天然气（CNG）子站基准销售价格的请示》，市农业局提请的《关于审定〈新余市人民政府与南昌大学食品科学与技术国家重点实验室农产品加工业发展的科技合作协议〉的请示》，市城管局提请的《关于请求批准〈新余市生活垃圾分类试点工作实施方案〉的请示》，市国土资源局提请的《关于请求批准〈高新技术产业开发区EN－K19－01号宗地国有建设用地使用权出让方案〉的请示》,市规划局提请的《关于请求批准〈新余市孔目江片区控制性详细规划〉的请示》,市交通运输局提请的《关于恳请解决2016年农村公路建设项目市级补助资金的请示》,渝水区政府提请的《关于要求将已确定的蒙华铁路城区内房屋拆迁安置补偿款全额拨付给我区的请示》,市财政局提请的《关于2017年中秋节政府工程欠款付款计划的请示》和大额经费支付安排事项。

11月2日,受市长董晓健委托,市委常委、常务副市长万广明主持召开市九届人民政府第二十八次常务会议。听取市九届人民政府第二十七次常务会决定事项落实情况报告和《关于对涉嫌干扰环境空气质量监测数据行为调查处理的情况报告》。讨论市车改办提请的《关于执法执勤和综合执法用车政策调整有关问题的请示》,市民政局 、人行市中支提请的《关于恳请以市政府名义印发新余市金融精准扶贫实施方案的请示》,市特色小镇建设领导小组办公室提请的《关于确认新余市第一批特色小镇名单的请示》,市交通运输局提请的《关于制定〈新余市城乡公交一体化改革方案〉的请示》《关于恳请拨付市公共自行车项目第一年度服务经费的请示》,仙女湖区管委会提请的《关于调整第四水厂集中式饮用水水源保护区区划的请示》《关于挂牌出让仙女湖区502-16-16-24号宗地土地使用权的请示》《关于仙女湖区502-8-9-1号宗地土地使用权公开出让的请示》,市财政局、市发改委提请的《关于2017年度新余市节能减排财政政策综合示范项目及第三批资金拨付方案的请示》。

11月14日,受市长董晓健委托,市委常委、常务副市长万广明主持召开市九届人民政府第二十九次常务会议。听取市九届人民政府第二十八次常务会决定事项落实情况报告,传达学习全省"放管服"改革工作会议和全省海绵城市建设现场推进会精神。讨论市教育局提请的《关于以市政府名义下发〈关于统筹推进县域内城乡义务教育一体化改革发展的实施意见〉的请示》,市气象局提请的《关于恳请以市政府名义印发〈关于优化建设工程防雷许可的实施意见〉的请示》,市城管局提请的《关于以市政府办名义印发〈关于做好城市管理执法体制改革行政处罚权划转的通知〉的请示》,市行管委提请的《关于请求审定〈新余市公共服务事项清单〉的请示》,市国土资源局提请的《关于批准市本级002014GB00037号等7宗地国有建设用地使用权出让方案的请示》,市交通运输局提请的《关于审议〈新余市国省道一级公路绕城改建工程(环城路)项目工程设计变更管理办法〉(送审稿)的请示》《关于"四类人员"免费乘车财政补贴情况的请示》,市发改委提请的《关于调整新余至分宜城际公交票价的请示》,仙女湖区管委会提请的《关于要求万商红1802户商铺办理不动产证享受新政策的请示》,市公路局提请的《关于恳请解决天工大桥南端引道路面大修工程经费的请示》,渝水区政府提请的《关于请求解决毛家龚秀清父子拆迁安置补偿经费的请示》,市财政局提请的大额经费支付安排事项。

11月29日,受市长董晓健委托,市委常委、常务副市长万广明主持召开市九届人民政府第三十次常务会议。听取市九届人民政府第二十九次常务会决定事项落实情况报告。讨论市农业局提请的《关于审定〈新余市畜禽养殖污染防治条例(修订稿)〉的请示》,市政府法制办提请的《关于市人大常委会对〈新余市仙女湖水体保护条例(草案)〉第二次审议修订情况的汇报》,市国资委提请的《关于要求印发〈中共新余市委、新余市人民政府关于进一步深化国资国企改革的实施意见〉〈新余市市属国有企业领导人员管理暂行办法〉的请示》,市民政局提请的《关于恳请以市委办、市政府办名义印发〈关于深入推进脱贫攻坚工作若干政策措施的意见〉的请示》《关于恳请以市政府办名义印发〈关于进一步完善新余市农村贫困人口重大疾病医疗补充保险相关政策的补充方案〉的请示》,市公共安全视频监控系统建设领导小组办公室提请的《关于恳请批准实施公共安全视频监控系统2017年建设计划的请示》,市国土资源局提请的《关于批准市本级GB000434号宗地国有建设用地使用权出让方案的请示》,市水务局提请的《关于请求再配套市城市防洪工程(袁河北堤桩号

0000—6331段)建设资金1500万元的请示》,市公安局提请的《关于解决2018年预算有关问题的请示》,市财政局提请的大额经费支付安排事项。

12月15日,受市长董晓健委托,市委常委、常务副市长万广明主持召开市九届人民政府第三十一次常务会议。听取市九届人民政府第三十次常务会决定事项落实情况报告和《2018年民生实事安排》。讨论市发改委提请的《关于全市2017年主要经济指标预计情况和2018年预期目标编制建议的请示》《关于上报〈中共新余市委 新余市人民政府 新余军分区关于经济建设和国防建设融合发展的实施意见(送审稿)〉的请示》《关于220千伏罗家边变电站用地土地款缴款问题协调情况的报告》,市审改办提请的《关于请求印发〈新余市人民政府关于取消和调整一批行政权力项目的通知〉的请示》,市住建委提请的《关于呈报〈关于推进装配式建筑发展的实施意见(送审稿)〉的请示》,市商务局、市扶贫和移民办提请的《关于给予新余市邮政分公司"邮乐小店"助力我市电商精准扶贫有关支持措施的请示》,高新区管委会提请的《关于请求批准水西镇乡级土地利用总体规划(2006—2020年)调整完善方案的请示》、分宜县政府提请的《关于请求批准分宜县乡级土地利用总体规划(2006—2020年)调整完善方案的请示》、渝水区政府提请的《关于请求批准渝水区乡级土地利用总体规划(2006—2020年)调整完善方案的请示》、仙女湖区管委会提请的《关于请求批准河下镇、欧里镇、观巢镇、九龙山乡土地利用总体规划(2006—2020年)调整完善方案的请示》,高新区管委会提请的《关于请求拨付高新区项目报建规费的请示》,仙女湖区管委会提请的《关于仙女湖区502-1-8-1号宗地国有土地使用权公开出让的请示》,市规划局提请的《关于请求批准〈新余市洋坊站西南片区控制性详细规划图则〉的请示》《关于请求批准〈新余市下村工业基地控制性详细规划(修编)〉的请示》,市悦新大健康产业园项目建设领导小组办公室提请的《关于悦新大健康产业园项目投资协议有关事项的请示》,市审计局、市财政局、市房管局、市投控集团提请的《关于新余市海达投资有限公司劳动北路商务区西北角拆迁前期费用审核情况的请示》,市教育局提请的《关于恳请解决市职教中心新校区转让有关问题的请示》《关于将市直学校聘用临时教师经费纳入财政预算的请示》,市信息化中心提请的《关于恳请将市政府购买第三方政务云服务列入市政府常务会议题的请示》,市工信委提请的《关于暂借财政资金用于补缴改制企业职工养老保险费的请示》,市财政局提请的《关于〈新余市商务局关于拨付2017年改制企业拖欠养老保险金的函〉的审核意见》《关于对2017年市级储备油轮换(销售)亏损使用粮食风险基金予以弥补的请示》,市工信委、市财政局提请的《关于申请对2017年市工业项目予以贷款贴息的请示》,市安监局提请的《关于追加预算经费的请示》,市环保局提请的《2017年全市生态环境状况和环境保护目标完成情况的报告(送审稿)》。

12月22日,受市长董晓健委托,市委常委、常务副市长万广明主持召开市九届人民政府第三十二次常务会议。听取市政府办提请的《2018年民生实事安排》和市财政局《关于新余市2017年预算执行情况和2018年预算安排情况汇报》。讨论市国资委提请的《关于恳请印发〈新余市市直党政机关国有资产经营监督管理办法〉的请示》《关于将第一批市本级行政事业单位经营性资产纳入统一监管的请示》《关于以市政府名义与中国石化销售有限公司江西石油分公司签订战略合作框架协议的请示》,市住建委提请的《关于呈报〈新余市关于推进海绵城市建设的实施意见(送审稿)〉的请示》,市城管局提请的《关于以市政府名义印发〈新余市12345政府服务热线平台实施方案〉的请示》,市国土资源局提请的《关于批准实施〈新余市土地整治规划(2016—2020年)〉的请示》,市规划局提请的《关于请求批复〈新余市城东片区控制性详细规划(局部地块)调整方案〉的请示》,市公安局提请的《关于给新余公安消防支队及军政主官记功的请示》、分宜县政府提请的《关于给予县公安消防大队记集体二等功的请示》,市卫计委提请的《关于恳请以市政府办名义印发〈新余市推进健康扶贫再提升工程实施方案〉的请示》《关于恳请协调解决国药控股新余有限公司搬迁补偿及历史遗留问题的请示》，市发改委等5部门提请的《关于启动新余市社会救助和保障标准与物价上涨挂钩联动机制的请示》，市发改委、市财政局提请的《关于呈报2017年新余市资源枯竭城市转型项目资金补助方案的请示》，市公安消防支队提请的《关于提高政府专职消防员经费保障标准的请示》，市公路局提请的《关于上报2017年度公路养路费支出计划的请示》，市委宣传部提请的《关于请求将网信专项经费列入2018年财政预算的请示》，市财政局提请的大额经费支付安排事项。

12月29日，受市长董晓健委托，市委常委、常务副市长万广明主持召开市九届人民政府第三十三次常务会议。听取市九届人民政府第31次常务会决定事项落实情况报告和市国资委《关于市投控集团受偿江西赛维债券的报告》。讨论市审改办提请的《关于请求印发〈新余市推进“证照分离”改革试点工作方案〉的请示》，市安委办提请的《关于要求以市委、市政府名义印发〈新余市推进安全生产领域改革发展的实施意见〉的请示》，市科技局提请的《关于审议〈新余市创新驱动发展实施意见(送审稿)〉的请示》，市文广新局提请的《关于恳请以市委市政府名义下发〈关于进一步深化文化市场综合执法改革的实施细则〉的请示》，市发改委提请的关于上报关于贯彻落实《中共江西省委、江西省人民政府关于深入落实〈国家生态文明试验区(江西)实施方案〉的意见的实施细则》(送审稿)的请示，市悦新大健康产业园项目建设领导小组办公室提请的《关于悦新大健康产业园项目投资协议有关事项的报告》，仙女湖区管委会提请的《关于恳请市政府同意作为〈新余—仙女湖开发合作协议〉和〈新余—仙女湖开发合作补充协议书〉见证方的请示》，市人社局提请的《关于恳请市政府同意市人社局与新余矿业公司签订〈新余矿业公司职工基本医疗保险移交协议〉的请示》，市农业局提请的《关于恳请以市委市政府名义印发〈关于进一步推进农村集体产权制度改革促进村级集体经济发展的实施意见〉的请示》，市交通运输局提请的《关于以市政府名义印发〈新余市推进“四好农村路”建设的实施意见〉的请示》，市卫计委提请的《关于恳请印发〈“健康新余2030”规划纲要〉的请示》，市教育局提请的《关于市三中划拨教育用地的请示》《关于新余五中划拨教育用地的请示》《关于恳请减免江西工程学院体育馆建设项目有关规费的请示》，市国土资源局提请的《关于请求批准仙女湖区502－8－2－252－3、502－8－2－252－4号宗地国有建设用地使用权出让方案的请示》，市工信委、市财政局提请的《关于申请对2017年市工业项目予以贷款贴息的请示》《关于请求从2017年工业发展基金中拨付产业集群公共服务平台专项资金的请示》。

办理人大代表建议和政协提案

【概况】 2017年，全市政府系统共办理市人大代表建议、政协提案362件。其中，建议提案所提问题已经解决或基本解决的163件，占总数的45.03%；正在解决或列入规划逐步解决的175件，占48.34%；因条件限制或其他原因需以后解决但已向委员作出解释说明的21件，占5.80%；所提问题留作参考的2件，占0.55%；承办单位未反馈的1件，占0.28%。收到人大代表、政协委员对承办单位办理情况的意见反馈表744份。其中，满意736份，占总数的98.92%；基本满意8份，占1.09%，没有收到不满意的意见反馈表。

政务信息督查

【概况】 2017年，紧紧围绕市政府决策需要，深入挖掘全市经济社会民生亮点、热点、重点，第一时间采编报送有质量、有分量、有正能量的政务信息。全年共编发《新余政务信息》46期、1226条；向省政府办公厅报送信息350条，获得省政府办公厅综合考核800分，比上年增加近200分，国务院办公厅采用15篇，编发实现数量、质量“双突破”。

全市政务督查工作紧紧围绕中心，突出重点、狠抓热点、突破难点，创新思路、改进方式，在推动市委、市政府决策部署和领导指示、交办事项有效落实，保障政令畅通方面发挥积极作用。全年共建立台账调度事项1363项，其中上级部署的整改任务178项、重大决策部署的任务607项，专项督查涉及事项33个、领导批示事项177项、督办建议提案368项；组织专项督查12次，向市政府常务会议呈报督查报告5篇，印发督查通报28期。

（李冬波）

法制工作

【概况】 2017年，政府法制工作坚持把法治建设摆在重要位置，全面贯彻中共中央、国务院《法治政府建设实施纲要（2015—2020年）》和省委、省政府《江西省法治政府建设实施纲要（2015—2020年）》的总体部署，以促进依法行政、加强法治政府建设为重点，认真履行职责。

【政府决策法制审核工作】 2017年，共审查、修改规范性文件、工作性文件和各类合同共计123件，其中审查、修改合同78件。规范性文件全部上报省政府备案，备案率和合格率均达100%。制定《落实重大行政决策合法性审查制度和进一步规范行政执法行为方案》，明确领导班子学法制度、重大行政决策合法性审查工作制度及行政执法程序规范化。在市政府及其部门重大行政决策合法性审查过程中，严把“四大关口”，即项目是否合法、权限是否合法、程序是否合法、内容是否合法，保障政府重大行政决策的合法性。

【地方立法工作】 配合市人大有关部门做好地方立法工作。第一部地方性实体法规《新余市仙女湖水体保护条例》历经起草、调研、听证、审核、征求意见等多个阶段，经过反复修改，经市人大常委会审议通过，待省人大常委会批准后颁布实施。第二部地方性实体法规《新余市畜禽养殖污染防治条例》立法工作也全面铺开。

【法治政府建设工作】 制定《新余市2017年法治政府建设工作要点》，对年度法治政府建设工作作出具体安排，确定工作重点，并明确各责任单位的工作任务、相关责任，做到目标具体明确，任务分解落实。结合市政府开展的年度绩效考核，将推进依法行政工作纳入考核范围，并将依法行政工作要点确定的各项任务逐项量化，大大提高依法行政工作的可考评性。

【行政执法监督工作】 建立统一细化量化的行政处罚幅度和标准体系。配合市审改办，开展市级行政权力和政务服务事项的清理、审核和流程再造，致力打造新余城市“五最”（审批事项最少、办事程序最简、办理时限最短、收费标准最低、服务质量最优）发展环境，使群众反映强烈的执法不规范问题得到有效遏制。健全“双随机”抽查机制。制定印发《新余市2017年度推进行政检查“双随机一公开”工作实施方案》，2月8日召开全市“双随机一公开”工作推进会，对“一单两库一细则”进行再梳理、再充实、再完善，随机抽查事项全覆盖。积极探索开展跨部门联合抽查机制，各县（区）人民政府、管委会结合实际，协调组织相关部门探索开展跨区域、跨部门联合抽查的工作模式和工作机制，纵向配合、合理配置、统筹使用执法资源，切实解决多头执法、重复抽查、标准不一等问题。稳步推进行政审批改革，放管结合上取得新成效。改变以往“重审批，轻监管”“裁量自由、监督乏力”的格局，在市、县（区）、乡镇（街道）、社区四级网络和建立并联审批制度的基础上，围绕“权力透明”进行深层次改革的探索，规范和完善部门行政审批权力的运行。推行负面清单、权力清单、监管清单“三单”管理制度，构建“差异化管理”和“无差异审批”新格局，实现透明公平、监督有力的权力运行新机制。7月，以开展2017年全省优秀行政执法案卷评选活动为契机，全面检查全市行政许可、行政处罚、行政强制案卷，对各级行政执法机关行政许可、行政处罚、行政强制案件进行督查,对督查中发现的问题督促相关单位进行整改。

【行政复议工作】 全年共收到行政复议申请51件,立案受理27件。审结21件,其中维持14件、撤销(含申请人撤回复议申请)5件、裁定不予受理2件、复议前调解24件,尚有6件在审理中,较好地维护公民、法人及其他组织的合法权益。

【政府法律顾问工作】 调动政府法律顾问工作积极性,提升服务质量和水平。市政府法律顾问团积极为市委、市政府的重大决策、重要措施把好法律关。为产业规划制定、政府投资、招商引资、合同签订、征地拆迁等重大经济活动提供大量法律意见和法律服务,有效避免不必要的法律风险。针对当前热点、难点问题,积极参与,超前思维,提前介入,特别注重对土地使用权流转、城市规划、道路施工、房屋拆迁、招标投标等法律事项的前瞻性研究,密切关注经济形势变化可能引发的系统性法律风险,主动地做好法律论证,及时向市委、市政府或相关部门提出法律建议,做到早发现、早防范、早处置。全年共办理各类法律合同、协议、重大事项的合法性论证80多件次,为市委、市政府重大行政决策提供法律意见100余条,所提出的每条意见和建议,均受到市委、市政府领导重视。

【行政调解工作】 3月,制定《新余市2017年行政调解工作方案》,推动各县(区)人民政府、管委会、市政府各部门完善行政调解工作制度,并就进一步加强行政调解工作进行具体部署。要求对涉及人数较多、社会影响较大、可能影响社会稳定的纠纷,主动进行调解,并建立完善预防、调处、应急等化解矛盾纠纷的工作制度。充分发挥人民调解、行政调解和司法调解的整体合力,把矛盾化解在初始状态。

【行政应诉工作】 完善制度,保障落实。进一步贯彻落实《新余市人民政府关于加强行政应诉工作的意见》,明确规定市、县(区)政府、管委会及其所属部门和乡镇人民政府(办事处)成为被告的行政诉讼案件,其主要负责人必须出庭应诉。同时将行政机关主要负责人出庭应诉情况、行政机关败诉情况、行政机关未依法履行法院生效裁判、未反馈落实法院司法建议等情况纳入社会综治和绩效考核内容。同时加大培训力度,在举办全市行政执法人员综合法律知识专题培训班时,专门安排应诉技巧培训课程。定期通过召开法院、行政机关负责人座谈会、研讨会等形式,帮助行政机关负责人提高庭审应诉技能。全年以市政府为被告的行政应诉案件为8件,审结8件,均维持原行政行为和行政复议决定。 (邹 瑜)

民族宗教工作

【概况】 2017年,市民宗局牢牢把握民族工作"两个共同"(共同团结奋斗,共同繁荣发展)主题和宗教工作"四句话"(全面贯彻党的宗教信仰自由政策,依法管理宗教事务,坚持独立自主自办的原则,积极引导宗教与社会主义社会相适应)基本方针,按照中央民族工作和全国、全省宗教工作以及全省民宗局局长会议要求,以"民族团结进步、宗教和谐稳定"为各项工作的出发点和落脚点,落实三级网络两级责任制,提出"防御关口向前移,工作重心往下沉"的工作思路,坚持宗教中国化方向,充分发挥宗教界人士和信教群众的积极作用,引导宗教界力所能及地参与扶贫济困、教育事业、医疗救助等慈善活动,引导信教群众自觉远离封建迷信和邪教组织,自觉投身新农村建设。组织农村党员学习党章、政治理论和宗教政策法规。全市有汉族、满族、壮族、回族和土家族等36个民族,占全省民族种类的94.74%;有基督教、佛教、道教三大宗教,共有信教群众4.2万余人,依法批准设立的宗教活动场所333个。

【发展少数民族特色产业】 为彻底改变民族村组落后面貌,以"抓特色村寨建设、护民族文化传承、创农业增收致富"为着力点,为民族村组积极争取上级扶持资金13万元，主要用于农田水利灌溉设施建设。帮助红山民族村组王正刚开发的金桂苗木基地拓宽销路。继续推进“千企帮千村”精准扶贫行动，指导市福建商会、香港宏润集团与红山、力塘下民族村组结对帮扶活动。促成少数民族农牧业观光创业园项目在力塘下民族村组落地。

【创新城市民族特色工作】 加大民族团结进步宣传教育和创建工作力度，充分发挥新闻媒体、社区高校的宣传窗口作用，制定宣传方案、开辟专题专栏，推动民族宗教方针政策进机关、进企业、进社区、进乡镇、进学校、进寺庙。协调有关部门优先清真饮食网点设立审批。帮助到新余经商、务工少数民族群众就近解决子女上学5人次。严格把握少数民族考生资格审查和民族成分更改工作，审核少数民族高考考生资格5人次。关心关爱少数民族学生，指导高校对生活确有困难的少数民族学生减免学杂费用1.8万元。组织开展联心联谊、文艺晚会等活动。

【打造特色文化宗教场所】 严格落实中央依法治国基本方略，坚持宗教中国化方向，加强宗教文化资源挖掘。为挖掘新余独有的宗教文化蕴涵，在全市各宗教活动场所开展宗教文化研讨，举办“禅意·墨韵”首届宗教文化书画笔会，指导崇庆寺举行全市首届“水陆法会”，推荐基督教渝水堂、以勒堂参加第一届全省重点教堂评选。

【寻求特色方法破解难题】 寻求特色方法破解影响民族宗教领域和谐稳定的重点难点问题，在市基督教渝水堂、市委党校基础党组织书记培训班上，以社会主义核心价值观、中共十九大精神、牢牢把握宗教工作主动权为主题进行宣讲、授课。加大社会主义核心价值观活动、党和国家宗教政策法规宣传力度，在新余日报进行宗教文化公益广告正面宣传。推动市基督教协会集宗教活动、培训、养老一体的仙女湖基督教堂建设工作，指导市道教协会做好仰岗庙重建工作。开展集中整治非法宗教活动专项行动，主动防范化解重大风险。

（袁丽卉）

民　政

【概况】 2017年，全市民政系统认真践行“民政为民、民政爱民”的工作理念，履行守好民生底线的职责使命，民政各项事业取得新成效。脱贫攻坚年度目标任务圆满完成，3479人摘掉“贫困帽”，贫困发生率降至1.1%；“党建+颐养之家”就地解决农村养老之急，获得鹿心社书记等多位省领导批示、中央电视台《新闻联播》报道；社会组织信用体系建设走在全省前列，生成信用报告、确定信用等级；居民家庭经济状况核查系统接入15家单位的数据，在线核对工作在全省名列前茅；政府购买第三方服务保障民政医疗救助，实现困难群众医疗救助“一站式”办结；对支出性贫困家庭开展“过年难”救助活动，为困难群众能够过上放心年、舒心年提供基本物质保障；开展评选全市退役军人“十佳创业之星”活动，得到省、市领导肯定。

【困难群众保障】 城市、农村低保保障标准分别提高到530元和305元，人均月补差分别为350元和225元。20世纪60年代精简退职老弱残职工救济标准，城市的提高到每人每月395元，农村的提高到355元。全年全市共保障城市低保对象209130人次，发放低保金7350.92万元，人均月补差351.5元；保障农村低保对象424558人次，发放低保金9638.26万元，人均月补差227.02元。农村五保集中供养标准每人每月提高60元，年供养标准提高到5100元；分散供养标准每人每月提高30元，年供养标准提高到3840元。城镇特困人员供养标准为每人每月600元。出台《关于进一步健全特困人员救助供养制度的实施意见》，明确救助供养对象、内容、程序和标准。全年全市共保障农村特困供养人员3896人，其中集中供养1089人，发放供养资金555.39万元；分散供养2807人，发放供养资金1077.89万元。

【医疗救助】 印发《新余市民政局关于加大对建

档立卡贫困人员医疗救助力度的通知》,对特困人员政策范围内医疗费用100%救助;对建档立卡贫困人口中的低保对象政策范围内医疗费用,提高5个百分点予以救助;对特困人员、低保对象以外的建档立卡贫困户,按照支出型贫困低收入家庭大病患者认定程序办法,纳入支出型大病救助范围,按50%的比例予以救助。全年全市共实施医疗救助共计18916人次,支出1766.74万元,其中落实建档立卡贫困户医疗救助共计4494人,支出578.22万。实施重特大疾病救助99人次,发放救助资金166.36万元。7月,出台《新余市人民政府办公室关于开展政府向社会力量购买民政医疗救助服务工作的意见(试行)》,通过政府购买第三方服务的方式,每年由市、县(区)财政出资一定服务费用(共计50万元),将民政医疗救助与重特大疾病救助工作委托给第三方经办,并将"医疗救助+重特大疾病救助"结算纳入"基本医保+大病保险+大病补充保险及各类商业保险"结算平台,实现困难群众医疗救助"一站式"办结和先诊疗后付费,切实减轻困难群众的办事精力和家庭经济负担。

【临时救助】 印发《新余市临时救助操作规程》并全面执行。全市共救助4628人次,共发放临时救助资金656.07万元。其中,市本级共救助154人次,共发放临时救助资金60.5万元。1月5日(农历十二月初八)至1月26日(农历十二月二十九)组织开展"过年难"困难群众生活紧急救助工作,共计救助困难户1366户,发放救助大米20490公斤、食油6830公斤、猪肉3415公斤,全部及时足额发放到位,为困难群众过上放心年、舒心年提供基本物质保障。

【居民家庭经济状况核查】 居民家庭经济状况核查系统完成残疾人登记、工会困难职工、财政工资、交通运输、农商银行、水务集团、优抚殡葬等7家单位的对接,接入数据总数达15家,在全市社会救助各项工作中发挥重要的核查作用。5月初,以低保集中审批为契机,集中力量对辖区内现有的低保对象逐一进行核查,严格落实"七不保""四从严""五步骤"的规定,6月底,全市共复核低保对象37272户68103人,清退不符合条件继续享受低保待遇的对象2969户8907人。

【救灾减灾】 抓好灾害应急管理、冬春救助、综合防灾减灾宣传等工作。进一步完善减灾救灾体系建设,有力应对4次洪涝(风雹)灾害,争取并及时下拨上级冬春补助资金810万元,完成农村危房改造任务22户,竣工率100%。积极开展防灾减灾科普宣传和综合减灾示范社区创建,引导社会力量参与防灾救灾。

【颐养之家全覆盖】 以市委办、市政府办名义出台《关于在全市农村推行"党建+颐养之家"工作的指导意见》,并列入2017年重点民生工程。采取"政府补助、社会捐助、老人自缴、自我发展"等多种模式筹集资金,全市共产党员、社会团体和各界爱心人士捐款1600万元。农村颐养之家建设运行经费纳入各级财政预算,按每个行政村10万元的标准,由市、县、乡镇三级按4:4:2比例分担,全市共安排建设经费4090万元。运行经费按每人每月不低于350元的标准,在个人自缴200元的基础上,市、县两级财政各补贴50元,乡村通过社会捐助自筹50元。选址布点坚持就近就便原则,根据老人数量分布、村庄布局等实际情况设置。场所建设以利用闲置的村级活动场所、学校校舍等集体房产资源进行改扩建为主,或是动员爱心人士无偿捐赠或租赁、借用村民闲置住房,做到既符合村里的实际,还可长期坚持、可持续。截至4月26日,颐养之家实现全市行政村全覆盖,截至年底,建成运行618家,"入家"老人7712人。"党建+颐养之家"工作在全省乃至全国打响品牌,得到中央党的建设工作领导小组《党建要报》的全面刊介和新华社《国内动态清样》、中央电视台《新闻联播》《焦点访谈》等多家中央、省属主流媒体的关注报道。8月25日晚,中央电视台《新闻联播》在头条位置对新余市推进"党建+颐养之家"建设进行重点报道。10月13日,中央省级15家媒体组成采访团,到分宜县分宜镇、渝水区下村镇等地,围绕“党建+民生”主题进行集中采访报道。鹿心社、姚增科、孙新阳、吴晓军等多名省领导对新余市“党建+颐养之家”作出重要批示。

【改造提升公办敬老院】 截至年底,全市共有公办敬老院32家,床位数2497张。全年争取上级项目资金共计770万元,其中争取中央预算内项目资金620万元(渝水区水北镇敬老院和仙女湖区凤凰湾敬老院各310万元),争取中央福利彩票公益金40万元(渝水区城北敬老院15万元、分宜县杨桥镇敬老院15万元、分宜县湖泽镇敬老院10万元),争取省级福利彩票公益110万元(分宜县钤山镇敬老院45万元、洞村乡敬老院10万元,渝水区罗坊镇敬老院30万元,仙女湖区欧里镇敬老院25万元)。加大对敬老院建设投入和管理力度,分宜县投入近200万元对钤山镇、双林镇等5个敬老院进行改造;渝水区投入390万元对全区13所敬老院的供暖设施进行改造,同时将集中供养老人因病住院陪护列入政府民生工程,安排50万元购买社会服务。

【迅速发展民营养老机构】 支持社会力量举办养老机构、参与养老服务产业,截至2017年年底,全市民办养老机构注册发证的有7家,床位数1840张,未获得养老许可证16家。市养老福利中心是全市第一家采用PPP模式建设的养老福利中心,总床位700张,其中政府托底性床位数175张,一期项目由政府投资,二期项目采用政府和社会资本合作模式,并与新余市人民医院合作,成为集养老服务、康复医疗、智慧养老、护理培训为一体的医养结合示范基地,10月开始正式对外经营。东鑫曜阳国际老年公寓一期建设床位数2000张,年底进入装修试营业阶段,并与新钢医院合作,打造“医养结合、游养结合”的旅游景区连锁候鸟式养老养生胜地。昌坊祥瑞老年公寓建设床位1300张,主体工程竣工,与新余市中医院达成合作协议。

【着力提升养老机构服务质量】 按照《江西省养老院服务质量专项行动实施方案》等文件精神,成立以分管副市长为副组长、民政局、公安局、卫生计生委、市场和质量监督管理局等13个相关单位为成员的提升养老院服务质量工作领导小组,制定《新余市养老院服务质量建设专项行动实施方案》,开展为期半年多的养老院服务质量专项行动。全市养老机构对照《养老院服务质量大检查指南》115个项目指标认真自查,逐项比对,及时整改。县(区)抽调公安、卫计、质量监督、老龄等有关部门人员组成2个联合核查小组,对辖区内所有养老机构进行拉网式排查,重点排查消防安全隐患、食品安全隐患等涉及养老院安全的问题,建立核查台账,责任到人。通过此次专项行动,准确掌握养老机构登记许可、养老服务人员、消防安全、食品安全、行政处罚等管理信息及养老院服务质量整治核查情况。

【福利彩票和慈善事业】 全市全年福彩销量1.64亿元,同比增长49.1%,增幅位居全省(设区市)第三,超额完成年度目标任务,为全市福利事业筹集投放福彩公益金2300万元。落实残疾人“两项补贴”制度。建立经济困难的高龄、失能老人护理补贴和养老服务“两项补贴制度”。全市募集农村颐养之家、精准扶贫和阳光助学慈善资金2200余万元。继续做好慈善阳光班助学工作,全市有3个慈善班,共有129名学生,三年高中期间每人获得9000元的资助额。走访慰问分宜社会福利院、渝水区儿童福利院、仙女湖观巢颐养之家,发放慰问金11万元。

【基层政权和社区建设】 社区数字化综合服务管理平台扩面升级,实现所有城市社区上线运行,便民办事服务项增至294项,其中证明项41、办事项48、咨询205。社区综合服务场所和设施不断完善,城乡社区服务站(中心)覆盖率分别达95%和60%以上。推进社区减负增效,梳理社区工作事项,出台综合考核方案。开展绿色社区创建活动,14个社区得到省厅命名表彰。推动农村社区建设试点工作,3个省级试点村建设达标。出台加强村务公开和民主管理工作意见,强化村民议事会和村务公开监督小组的职能,促进村务公开。全面铺开城乡社区协商工作,每个村(社区)均设立相应机构,制定相关制度。做好第十届村(居)委会换届选举工作。

【社会组织管理】 积极培育发展社会组织,市社会组织孵化基地孵化社会组织20家,孵化数量全省最多。全市新登记社会组织71个,总数达909个。推进"三证合一"改革,全市所有社会组织如期完成换证工作,数字民政录入率达100%,出错率为0。继续推进行业协会、商会与行政机关脱钩工作,共脱钩55家。对35家未按规定进行年检的单位下发行政处罚事先告知书。推进社会组织诚信体系建设,列入新余市社会信用体系建设内容,采集785家社会组织的信用信息数据并生成信用报告(其中,AA级6家,占0.76%;A级187家,占23.82%;B级397家,占50.57%;C级110家,占14.02%;D级85家,占10.83%),出台社会组织信用信息征集管理及评级结果使用办法。加强社会组织党建工作,"党建+商会"模式有效引导水北商会等本地乡镇商会参与颐养之家建设、精准扶贫。

【社会事务管理】 出台新余市殡葬事业发展规划(2016—2020),制定绿色殡葬专项整治活动实施方案和公墓建设管理实施方案。落实绿色生态和惠民殡葬政策,取得初步成效。推进区划、地名、边界线管理工作,完成全国第二次地名普查年度任务,地名地址库建设试点工作取得阶段性成果,入库数据约50万条,完成1条县级界线和12条乡级界线的年检任务,扎实推进平安边界建设。严格依法办理婚姻登记,落实免费婚姻登记制度,全面推行免费结婚颁证和网上预约登记服务,开展婚姻家庭辅导工作,婚姻历史数据补录至1980年。全年办理结婚登记9250对、离婚登记2737对。加强孤儿保障,全市有儿童福利机构2个,床位336张,福利机构集中供养孤儿基本生活养育标准为每人每月1100元,社会散居孤儿每人每月600元。规范收养登记工作,进一步加强收养法律、法规宣传,引导群众依法收养,全年依法办理国内收养10件,国外收养3件,合格率达100%。加强生活无着流浪乞讨人员救助、身份查询、照料安置工作,建立滞留人员多元化照料安置渠道,实现救助和寻亲工作信息系统化。推进未成年人社会保护试点工作,在全市开展农村留守儿童和困境儿童调查摸底,掌握基本情况,对符合救助条件的及时纳入保障范围,有效保障农村留守儿童和困境儿童的基本生活。

【退伍安置】 按时完成全市退役士兵数据采集工作。认真做好退役士兵培训工作,加强政策宣传和培训管理,对完成教学任务和推荐就业率达100%的学校及时下拨培训费,对取得培训学院合格证书的退役士兵及时发放生活费,2016年秋冬季退役士兵参训率达98%,位居全省前列。年度接收安置转业士官61名,其中市本级共安置4名,安置在全额、差额、自收自支事业单位和央企各1名,县(区)全部安置在乡镇政府全额拨款的事业单位。做好军休干部服务保障工作,军休人员"两个待遇"得到有效落实。市军供站改造提升军供设施,高质量完成各项军供保障任务,再次被评为"全国重点军供站"。

【优抚工作】 强化优抚保障,优抚政策落实率100%,城市和农村义务兵家庭优待金按标准发放率100%,符合最低生活保障条件的优抚对象纳入率100%。完成"两红"人员和在乡老复员军人配偶情况调查摸底工作,做好残疾军人和带病回乡退伍军人的评定工作,为全市5892名优抚对象发放优待证。落实走访慰问制度,春节、"八一"等节日对全市优抚事业单位、重点优抚对象及企业退休参战退役人员进行走访慰问,发放慰问金共计190余万元。在全市全面建立困难退役军人结对帮扶制度,组织动员各级党政机关、企事业单位和社会团体对全市确定的159名帮扶对象实施"一对一"结对帮扶,实行"一类一策、一人一策",并发放连心卡。开展“烈士纪念日”纪念活动,9 月 30 日上午 8 时 30 分,在仰天岗烈士纪念广场组织开展全市烈士公祭活动,共 800 余人参加。综合运用法律、政策和教育等手段,做好稳控工作。设置社会公益性岗位,42 名参战参试(含铀矿开采)和残疾退役军人重新就业上岗。新钢退役士兵就业安置一次性补偿金,中央、省、市属企事业单位义务兵家庭优待金等遗留问题得到妥善解决,涉军政策范围的信访问题得到有效解决。

【双拥工作】　围绕纪念中国人民解放军建军 90 周年,开展十项双拥活动。其中,新余军分区政治部、市民政局、新余日报社、市双拥办联合开展以“退役不褪色,创业在路上”为主题的“十佳创业之星”退役军人推选活动,得到省、市领导肯定。为部队解决自来水免费进军营的问题,针对子女入学入托、医疗、住房等官兵关心的问题编印新余市拥军优属政策文件汇编,受到部队官兵一致好评。大力开展“双拥在基层”活动,部队以连(中队)为单位与所在社区结对共建,培育电工厂社区、钢丝厂社区、市歌舞团等一批双拥典型。

【脱贫攻坚】　2017 年,全市减少贫困人口 3479 人,贫困发生率降至 1.1%。加强资金保障。2017 年全市计划整合财政涉农扶贫资金 38049.48 万元,计划整合率为 97.33%;实际整合资金 37684.18 万元,整合率为 99.04%;完成支出整合资金 34819.38 万元,支出率为 91.52%;整合资金三项考核指标均超过考核比率 80% 的目标要求。全市投入财政扶贫资金 3807.32 万元,增幅达 261.91%,占省下达新余财政专项扶贫资金 2678 万元的 131.12%,远远超过省级投入资金的 10% 以上。2015 年及以前年度、2016 年度财政专项扶贫资金结余结转率为零,2017 年度结余结转率为 3.44%。推进八大扶贫工程。一是产业扶贫。集中打造高产油茶、新余蜜橘、苎麻、药材、蔬菜、特种养殖等具有地方特色的扶贫产业项目 101 个,集中式光伏扶贫电站建站总规模 7937.08 千瓦,年产生效益约 550 余万元,收益通过“一卡通”发放到贫困户手中。建成村级光伏扶贫电站 22 个,17 个贫困村每村建有 1 个 100 千瓦的村级光伏电站,2017 年开工建设村级光伏扶贫电站 25 个。284 个行政村建有电商扶贫站点,年累计农产品销售额达到 4062.57 万元,带动贫困户 6538 人,户均增收 3782.48 元。截至年底,17 个贫困村均有至少 1 个扶贫主导产业,每个建档立卡贫困户至少有一项扶贫产业带动,每个贫困人口至少一份扶贫产业收入,建档立卡贫困户产业覆盖率达 100%,贫困人口产业年人均增收达 500 元以上。二是就业扶贫。统筹推进实施“雨露计划”、就业培训推介、扶贫岗位创建和就业扶贫车间建设,吸纳贫困劳动力就近就地就业。帮助 846 名贫困劳动力实现就业。三是金融扶贫。累计发放产业扶贫贷款 110803 万元、贴息 191.58 万元,发放扶贫小额信贷 2898 户 7990.3 万元、户贷达到比 33.57%。四是健康扶贫。贫困人口基本医疗保险、大病医疗保险、重大疾病医疗补充保险、民政医疗救助、健康扶贫财政兜底保障“五道防线”全部保障到位。财政资助贫困人口医疗保险参保率达 100%,贫困人口医疗费用个人付费比例降低至 8.31%,贫困人口电子健康档案建档率、家庭医生签约服务率均为 100%。五是教育扶贫。教育奖、免、补、助、贷等扶助政策全面落实到位,实现各学段贫困生教育资助全覆盖,各项教育补助达到或高于省定标准。全面开展建档立卡贫困学生精准识别核查,规范建立贫困学生教育档案,为全市 1584 名贫困学生发放教育资助金 259.27 万元,贫困学生享受教育资助政策比例 100%,贫困户适龄子女就学率 100%。六是安居扶贫。对建档立卡贫困户、低保户、分散供养五保户、贫困残疾人家庭逐一入户调查,核实存量危房改造户 1373 户,制定改造方案,实行销号管理。采取投亲靠友、租赁或收购闲散安全房、对 C 级、D 级危房进行新建、维修等多种方式,分类解决贫困对象住房安全问题。6 月 30 日前,居住在 C 级、D 级危房中的贫困户全部得到安全安置。全面启动危房改造计划,将存量危房改造贫困户 1373 户全部纳入 2017 年改造计划,第一批 674 户改造建设完成,全市建档立卡贫困户安全住房居住率达100%。七是设施扶贫。全市17个“十三五”贫困村25户以上村组新农村建设覆盖率达83.1%。全年投资4882万元建设村级道路177.4公里。八是保障扶贫方面。低保与扶贫两项制度有效衔接,贫困户与低保户的户重叠率达92.4%,兜底保障更加有力。为2343名建档立卡贫困残疾人发放“两项补贴”23.43万元。深化社会扶贫。出台《关于进一步加强社会扶贫工作的实施意见》,安排419个单位、414名第一书记(书记助理)、1065名驻村工作队员定点帮扶村,6511名党员领导干部结对帮扶贫困户,实现有建档立卡贫困人口的行政村、贫困户帮扶工作全覆盖。全市4048名“两代表一委员”一对一帮扶贫困户。26个商(协)会、1000多名企业家积极开展“同心·千企帮千户”精准扶贫行动,与17个省级贫困村、2个少数民族村、1个非贫困村的自然村、5个乡镇共1002户贫困户进行“一对一”结对认亲。全市累计注册社会扶贫网爱心人士12.2万人。

【移民工作】 按照移民直补人口实行动态管理的原则,对因自然死亡、婚嫁、农转非的移民直补人口进行核减,全市共核减171人。全市大中型水库移民后期扶持移民直补对象31371人,核定到村小组的移民59537人。2017年上级下拨移民直补资金1882.26万元,实际发放移民直补资金1882.26万元,全部实行一卡通发放。2017年度,水库移民项目539个,资金7722.22万元。截至2017年年底,完工457个,占全部项目的84.7%。(刘奕晖)

老龄工作

【概况】 2017年是新余市老龄事业发展“十三五”规划落实承上启下之年。全市老龄系统按照省老龄办年度目标任务和市政府绩效考核任务要求,紧紧围绕“五个老有”,推进老年人意外伤害保险、高龄补贴发放、老年人权益保障和老龄宣传教育等工作,不断改善老年人物质文化生活水平和质量,提升老年人生活幸福指数,为老龄事业健康持续科学发展打下坚实的基础。新余市水北商会获全国“敬老文明号”,邓忠平、晏文优、黄平才获全国“敬老爱老助老模范人物”;分宜县分宜镇老龄办主任李丽娟获全国老龄系统先进工作者称号(江西唯一);邓淑梅、谭美兰分别获全省“老有所为之星”、全省“孝亲敬老之星”;市老龄办获全省老龄工作目标管理考核综合先进单位。

【老年人社会保障工作】 不分所有制形式、不分用工形式和就业方式,广覆盖、全方位、一体化的养老保险体系不断完善。截至2017年年底,全市参加城镇基本养老保险人数达27.32万人,其中职工19.03万人,参保离退休人员8.29万人,养老金支付率、社会化发放率和直发率均为100%。全市3896名农村特困人员(原“五保”对象)均实现应保尽保,分散和集中供养现年人均补助标准分别达到3840元和5100元;城镇特困人员(原“三无”老人)补助标准达到人均每月600元。公共卫生服务体系逐步完善,基本医疗保险全市参保人数为118.07万人,其中城镇职工基本医疗保险和城乡居民基本医疗保险参保人数分别为18.97万人、99.10万人。

【老年文教体活动】 成功创建国家公共文化服务体系示范区,公共文化服务设施网络不断完善,老年人就近便捷享受公共文化服务的基本权益得到保障。老干部艺术团等老年社会文艺团体得到发展,各类文体活动丰富多彩。机关事业单位、城乡社区公共文化场所全面向老年人免费开放,并通过基层老年人协会建设,不断完善老年人活动场所和活动设施,保障老年人文体活动的顺利开展。全市各级各类老年学校达30余所,形成市、县(区)年大学全覆盖,各级老年大学在校学员4813人。市委、市政府高度重视老年大学工作,坚持把老年教育事业纳入经济社会发展规划,列入重要议事日程,市老年大学先后获省级示范校、全省老年教育先进集体、全国先进老年大学、创建国家公共文化体系服务示范区先进基层单位等荣誉。积极推动老年人参与全民健身运动，老年人体育健身活动遍布大街小巷，老年健身参与率不断提高。

【老年人参与社会发展】　老科协会员达到2500余名。各级老科技工作者协会，积极组织开展服务“三农”、服务企业、服务社会活动，大力开展形式多样、丰富多彩的科普宣传活动，涌现出叶前法、王华斌、徐振邦、顾承业、刘海清、黄寅生等一批先进工作者。基层老年协会积极组织老年人参与农村“党建＋颐养之家”服务管理。“五老”网吧义务监督员覆盖全市，300余名义务监督员积极主动，进一步遏制网吧接纳未成年人的现象。各级关工委坚持“54321”工作特色，关心和保护未成年人健康成长。

【老年人维权和老年人优待】　一是认真宣传《中华人民共和国老年人权益保障法》2015年修正版和新修订的《江西省实施〈中华人民共和国老年人权益保障法〉办法》。二是认真抓好城乡老人高龄补贴发放工作，共为2.58万余名80岁以上高龄老人发放高龄补贴资金3451万元，累计发放资金突破2个亿元。三是全面落实65周岁以上老年人意外伤害保险制度，受理282起，赔金额达90.9万元。四是优先优惠向老年人开放公共文化活动设施。各旅行社、各旅游景点落实优惠政策，减免有关旅游费用50—120元/（人·次）。五是实施优待老年人的医疗办法，减免老年人医疗费用。为65周岁及以上老人提供免费健康体检，为70周岁及以上老年人提供就医“三免四减半”服务；为困难老人提供上门服务、家庭病床、结核病普查与治疗等服务。继续完善城乡医疗救助制度，提高救助标准并为救助对象提供医疗费用“一站式”即时结算服务。六是开展“敬老月”活动，对老年人进行走访慰问。各地各部门开展走访慰问离退休老人、孤寡老人以及贫困老人、百岁老人活动；举办新余市“重阳之夜”文艺晚会，为全市老年人送上节日的问候和祝福。七是对老年人提供法律援助。对涉老案（事）件，实行“三优先”制度，为老年人减免法律服务收费、诉讼费等。

【养老服务体系建设】　落实养老服务发展政策，不断完善养老服务体系。制定出台《新余市社会养老服务体系建设“十三五”发展规划（2016—2020年）》，全面促进养老服务业发展，不断完善养老服务体系。一是探索农村养老服务新模式，市委办、市政府办联合印发《关于在全市农村推行“党建＋颐养之家”工作的指导意见》，截至年底，建成运行“颐养之家”608个，“入家”老人7712人。二是开展养老院服务质量专项行动，进一步完善基础设施、提升服务水平。公办敬老院、民营养老机构积极向社区延伸服务，为老人提供更多便利。三是继续落实政府购买服务，落实残疾人“两项补贴”制度，建立经济困难的高龄、失能老人护理补贴和养老服务补贴两项制度。

2017年新余市百岁老人一览

（按年龄大小排列）

序号	姓名	性别	出生年月	家庭住址
1	陈夫然	男	1912－04	仙女湖区九龙山乡
2	张兰英	女	1912－08	分宜县洋江镇
3	吴香妹	女	1913－03	渝水区新纺
4	林爱英	女	1913－05	分宜县杨桥镇
5	严夫英	女	1913－06	仙女湖区河下镇
6	陶富秀	女	1914－05	渝水区新钢中学
7	胡梅英	女	1914－07	分宜县凤阳乡

续表

序号	姓 名	性 别	出年年月	家 庭 住 址
8	潘细细	女	1914－07	分宜县洞村乡
9	刘德英	女	1914－07	渝水区五金市场星佳坡
10	袁九仁	女	1914－10	渝水区水北镇
11	林梅凤	女	1914－11	分宜县凤阳乡
12	张党交	男	1915－09	渝水区罗坊镇
13	廖高英	女	1915－10	渝水区姚圩镇
14	廖夏春	男	1915－10	高新区城东办
15	袁 峰	男	1916－02	渝水区铁路二村
16	谭生根	男	1916－08	渝水区暨阳玫瑰城
17	钟秋女	女	1916－08	分宜县杨桥镇
18	李宝英	女	1916－12	仙女湖区凤凰湾办事处东坑村
19	傅日邦	男	1917－01	高新区水西镇
20	胡润妹	女	1917－02	仙女湖区欧里镇
21	胡乐春	女	1917－04	仙女湖区河下镇
22	邱化祥	男	1917－05	分宜县钤山镇
23	谢淑英	女	1917－05	分宜县钤东办

（彭莉萍）

外事侨务工作

【概况】 2017年，市外事侨务办坚持两手抓、两促进，认真贯彻落实全省侨务工作和外办主任会议精神，紧紧围绕全年工作目标和市委、市政府中心工作，发挥部门职能作用，立足为国家总体外交服务、为华人华侨和归侨侨眷服务、为地方经济社会发展服务，圆满完成全年工作目标。

【因公出国（境）管理】 2017年全市实际执行因公出国（境）33批77人次，比上年减少8批21人次，没有发生持因私护照执行公务的情况。主要做到“五个严格”严格实行计划申报，严格审核把关，严格外事纪律，严格实行出访信息和出访报告公示制度，严格证照及台账管理。

【对外交流】 组织多个代表团访问英国、西班牙、丹麦、韩国、南非、赞比亚、坦桑尼亚等国家（地区），参加在外交部举办的江西全球推介活动“美丽江西秀天下”、在韩国举办的第十九届中日韩友好城市交流大会，与韩国光州市达成结好的初步意向，推动新余德谨信实业有限公司落户赞比亚投资建设水泥厂，促进太阳能、光电、矿业等优势产业“走出去”。做好美国雅保公司并购江锂公司、韩国SNM公司并购江西赛维硅料项目、法国依西埃姆公司参与并购江西赛维硅片项目等服务保障工作。

【外事接待】 接待12批次国际外宾到新余考察访问。1月，韩国全罗南道国乐团一行25人到新余进行专场文艺演出，增进中韩两国人文交流，受到市民热情欢迎。6月，泰国驻厦门总领事邱塔泰一行14人到新余洽谈，就加强太阳能和锂电产业合作达成意向；7月，印度中国之友协会考察新能源和农业企业，加强与印方的了解与互信。接待美国、日本、澳大利亚、法国等国家客商参观考察。

【服务外向型经济】 为民营企业办理APEC商务旅行卡10张，总数达122张，为这些企业进入亚太经合组织18个成员国开展经贸洽谈提供绿色通道。为南方硅灰石有限公司、丽明纺织公司等企业办理邀请外国人往新洽谈业务、安装设备共30人次。在工业园区和重点外向型企业建立外侨联络员制度，实行定期走访，帮助企业做好产品推介、出国培训等工作。

【涉外应急管理】 分宜县高岚乡村民田传林在马来西亚务工期间失联，外侨办立即通过外交渠道与中国驻马来西亚大使馆取得联系，成功解救田传林，并安全送回国内。开展涉外应急处置知识培训，组织预案演练1次，提高涉外应急处置能力。

【凝聚侨心】 以活动为载体，凝聚侨心。7月，成功举办"中国寻根之旅"夏令营活动，组织50名西班牙华裔青少年到新余参加夏令营，通过12天丰富多彩的学习和参观，使海外青少年增进对祖国的深厚感情。11月，邀请2名新余籍海外华侨华人阎敏、张呈生参加首届世界赣商大会暨第三届"华赣会"。

【为侨服务】 开展贫困归侨侨眷调查和走访慰问20余人次，发放老年归侨生活补贴和困难救助金达5万余元；为美国华侨林瑾文办理华侨回国定居证并顺利落户；渝水区仙来湖社区成功申报"为侨法律服务进社区项目"；侨务信访案件的结案率保持100%。 （李 玲）

档案管理

【概况】 2017年，全市档案工作圆满完成各项工作任务。"一库一档"专项档案工作获省、市领导点赞，市、县（区）数字档案建设实现全覆盖，重点建设项目档案登记率100%，农地确权档案工作全面扎实，全市档案规范化管理覆盖率全省居前，优化档案利用服务打造百分窗口；市档案局2017年2月被省档案局授予"全省档案工作综合考评先进单位"称号、2017年8月被省档案局授予"全省档案宣传通联工作先进单位"称号。省档案局党组书记、局长方维华在全省档案工作会议上，对新余市"一库一档"档案、"双随机一公开"执法检查、微信公众号宣传等工作给予表扬。

【档案资源建设】 抓好档案收集整理源头管理。严格执行2016年《归档文件整理规范》，为全市机关、企事业单位、部分二级机构提供档案整理指导，确保档案整理质量。全年，指导94家单位完成2016年30911件纸质文件归档，指导市直76家单位完成2016年10185件电子文件完成归档。做好档案接收工作夯实基础。严格贯彻执行国家档案局9号令，围绕实现馆藏翻番的目标，严格执行《档案馆收集档案范围细则》，实现馆藏量较上年增长7%。全年，市档案馆共接收档案13312卷13294件。截至年底，市档案馆保管纸质档案125028卷105691件，其中馆藏纸质档案62641卷103244件、寄存代管档案62387卷2447件。抓好档案编研工作方便利用。利用馆藏档案资源，对档案资料进行整合，方便查阅者深层次利用。市档案局编研完成《市委组织部科级干部任免汇编1999—2008》《粮票的发展历程及影响分析》，共计2万余字。对爱国主义教育基地18块展板进行重新制作，充实更新展板内容，并在新余市档案网站开辟网上展厅。

【档案业务建设】 农业农村档案工作服务领域有新拓展。加强与农业部门的沟通与协作，积极跟踪农村土地承包经营权确权登记颁证档案工作进展情况，对农村土地确权颁证文件材料的形成、归档和移交工作开展监督指导。对照《新余市农村土地承包经营权确权登记颁证文件材料归档范围和保管期限表》，会同市农业局对一县三区农村土地确权颁证档案工作开展验收。9月13日，与市住建委联合举办全市重点建设项目档案业务培训，全市57个项目共110人参加培训，全面讲解重大建设项目档案管理法规和建设工程档案管理工作知识，对重点建设项目档案的收集、整理、移交工作有极强的指导性和操作性。持续抓好重点建设项目登记。市档案局做好7个省重点建设项目登记工作，登记率达100%，做好市第一、二批158个重点建设项目档案登记，登记率达100%。8月，联合市城建档案馆召开民生重点工程项目档案工作推进会，下发档案工作告知单，逐一签订项目责任状。机关、企事业档案工作规范化覆盖率有新增长。持续抓好机关、企事业等单位档案规范化管理工作。市档案局指导市林业局、市民政局等4家单位达全省档案工作规范化管理三级以上水平。

【档案信息化】 抓好馆（室）藏纸质档案数字化工作扩充资源。以数字档案资源建设为重点，对需要数字化的纸质档案开展基础鉴定，规范档案整理、著录标引和修复工作，建设高质量的档案数字资源。对馆藏1987年档案进行开放鉴定，涉及全宗74个；鉴定案卷971卷，其中开放357卷，控制614卷；鉴定文件15911件，其中开放11413件，控制4498件。完成馆藏新余县38个全宗2641卷档案约22万页纸质档案数字化工作，对新进馆档案全部进行目录著录，共著录目录26606条。档案目录数据库、全文数据库数据快速增长。截至年底，案卷级目录数据总62641条，文件级目录数据总数566235条，全文数字化数据总数135.52万画幅。

【档案宣传】 抓好传统媒体和新媒体宣传。市档案局全年微博更新280条，微信公众号发表94条，网站更新215条。全年用稿71篇，其中国家级媒体16篇，省级媒体53篇。市档案局、渝水区档案局联合市城市规划展示馆、北湖社区、沿江路社区在抱石公园广场开展“档案我们共同的记忆”主题图片展活动。积极参加省、市“岁月记忆、社会缩影——我的家庭档案”征集活动，渝水区王喜忠、吴岱根等11户家庭200多件作品参与评选，使档案更加贴近时代，走近百姓。

【档案安全保障】 严格执法，全面监管档案安全。开展2017年“双随机一公开”档案执法检查工作。对10家规范化管理达标单位和15个重点建设项目进行档案管理执法检查。5月，对市民政局、区民政局开展地名普查档案管理执法检查工作；9月，对市国土局开展国土资源档案管理执法检查工作。全年共抽调4批次24名执法人员参与执法检查，共检查27家单位，下发整改通知单，帮助各单位规范档案管理。做好全市2016年档案事业年报统计工作。全市共有207个单位进行报表填报。全市共有档案1229499卷1272338件，电子档案63233件，档案数字化副本533477卷25632件，2016年接待档案查阅利用22976人次，利用档案18974卷次27188件次。规范管理，确保馆库日常安全。改善档案保管条件和环境，建立健全《市档案馆库房安全管理制度》，对库房日常巡查、人员出入库、档案资料出入库、档案虫霉查询、档案库房保洁、档案消防安全等作出具体规定。有组织、有计划地为档案工作人员定期开展防灾减灾、保密知识培训，组织救灾演练；重视电子信息安全，加强对档案数字化加工环节的监管；重视日常安全检查和档案利用安全，坚持每日对库房安全进行检查，坚持节假日对档案库房安全防范措施进行全面检查。

【档案利用服务】 优化档案查阅利用服务。将档案查阅利用窗口作为党员示范窗口，查阅利用岗位作为党员示范岗。重新制作全宗名册，不断增长馆藏数字档案资源，提高查阅速度。2017年，市档案局查阅利用档案共接待1071人次，复制1565页，出具证明405份，查档满意率100%。为全市经济建设、编史修志、落实政策、核实工龄、调解纠纷、户口迁移等发挥重要作用。 （陈小花）

机关事务管理

【概况】 2017年，市机关事务管理局围绕市委、市政府中心工作，以建设节约型机关为主线，积极适应机关后勤管理新常态，不断提高机关事务管理工作水平，全力打造效能后勤机关建设，较好地完成年度工作目标任务，为市委、市政府机关高效运转提供有力保障。被评为2016年度省级文明单位和全省公共机构节能工作优秀单位。

【后勤服务】 强化安全保卫能力。投入14.8万余元完善安保硬件设施，坚持24小时值班制度，辖区内视频监控网络全覆盖，提高动态环境下社会治安整体防控能力；明确市委、市政府机关办公区和生活区各值班岗位安保工作任务要求，完善管理制度，做到用制度管人、用制度管事；完善应急事件处理预案，组织应急处置演练2次，累计协调处理上访事件80余起，维护办公区正常的办公秩序，实现零事故目标。全年大院维护费投入111.07万元，其中修缮费72.78万元、绿化费8.10万元、保洁费1.68万元、购买零星材料费用13.72万元、其他维护费用14.79万元。加强领导干部周转房保障工作。落实周转房保障工作计划，全年投资13万余元，完成7套周转房的整修及各项设施和物资的补充，保障工作满意度100%。加强出租房屋和店面管理。严格规范出租店面合同和档案，强化店面管理，规范店面经营。加大老旧住宅楼维修改造力度，切实做好房屋、水电维修工作，保障承租户的用房需求。全年共收店面租金52.3万余元，比上年增加0.7万余元。强化动力保障工作。切实加强办公大楼用电设施、设备巡查、保养、维修工作，及时发现并处理好一起因高压供电线路短路造成旁边树木起火事件，消除安全隐患，实现“动力设备零故障、动力保障零事故、动力服务零投诉”的目标。提高餐饮服务质量。全年组织4次机关食堂用餐整体环境督导，及时更换到期营业证，整理收集11条意见建议并督促机关食堂整改，不断提升餐饮服务质量，做到饭菜供应及时、营养可口、绿色安全，机关食堂每季度满意度均达95%以上。优化大院生态环境。全年修剪各类乔木、绿篱、草坪，加强环境卫生综合整治，每半月定期清理枯枝落叶，及时进行病虫害防治，全年打药2次，除“四害”2次，修建林间小路120米，新布置围栏150米，确保大院整洁规范、有序清爽。

【公共节能】 充分发挥公共机构在全社会节能中的示范引领作用，分成4个考评组对全市各单位2017年公共机构节能工作进行考核评价，接受省考核组对新余市2017年公共机构节能工作的考核，连续7年被评为江西省公共机构节能工作优秀单位。投入2万元开展全国公共机构节能宣传周活动，在全市营造良好的节能氛围；认真组织节约型公共机构示范单位创建，大力推行并打造绿色建筑，投资8万元建设能耗监测系统，新能源汽车与充电桩工作积极推进。完成全市公共机构节能统计员培训。

【国有资产管理】 完成市委一大院危旧房改造的前期调查摸底、征求意见、经费测算、方案制定等工作，会同房管局等相关单位赴福建、辽宁等地区学习经验，为市委、市政府决策提供宝贵的原始资料；完成新余市人社局培训大楼消防工程的财政审批、工程招标等工作，工程进入决算收尾阶段。

【物业监管】 为确保新入驻的万厦园丁物业公司尽快进入角色，提供优质服务，完善对物业公司的考核制度，严格按照制度和协议对物业公司每月进行考评，通过考评实现对物业公司服务质量的有效监管，辖区物业管理服务水平得到提升。全年清理123盏路灯灯罩，协调邻里纠纷23次，组织公益活动4次，完成各类大小维修2359次，疏通下水管道10次，维护各类房屋防水面积2000多平方米，全年共花费物业管理费用267.23万元。发放温馨提示416份，发放满意度调查表936张，满意度达95%以上。（廖　凯）

编辑　谢　坤

中国人民政治协商会议新余市委员会

综　述

2017年，中国人民政治协商会议新余市委员会高举爱国主义、社会主义旗帜，坚持团结和民主两大主题，深入学习贯彻中共中央总书记习近平系列重要讲话和中共十九大精神，围绕中心履行职能，服务大局发挥优势，为推动新余发展发挥积极作用。

围绕大局协商出力，服务发展成效进一步凸显。把服务发展作为履行职能第一要务，充分发挥协商民主重要渠道和专门协商机构作用，为促进发展积极协商出力。一是献策经济建设。精选课题调研协商，形成调研报告、协商报告和建议案16篇，撰写大会发言50篇，为推动经济发展提供决策参考。关于助推产业集群公共服务平台建设方面的调整规划布局、加大协调力度、抓好市场引导、强化督查考核、加强内外宣传等建议，得到市政府逐一采纳落实，为按计划建成12个平台发挥积极作用。关于加快光电信息产业发展建议经市政府批办，实施技术创新、资源整合、产业配套、基金引导等一系列政策措施，助推新余市光电信息产业发展。关于优化企业发展环境的建议，得到市委、市政府主要领导批办，为优化发展环境、提升企业竞争力提供助力。关于港澳台侨和外事工作的协商报告受到市政府重视，所提"引智""寻根"等建议得到落实，新余市拟在美国筹建新余人才工作站，积极赴台搭建招商平台，服务台胞台属。关于产业转型、项目建设、非公经济、创业创新等方面的意见建议受到市委、市政府的高度关注，许多有益思路转化为改革发展工作举措。二是建言社会事业。针对学前教育、全民健身、未成年人保护和犯罪预防、病死畜禽集中无害化处理、规范电动车管理等，开展专题协商、对口协商和界别协商；开展水生态环境情况的调研，就城区学校门前交通安全、环城路项目等进行主席会议视察；围绕医药生产、公路治超、灾害防治、宗教场所、地下管廊、棚户区改造、白梅进贤古寺重建、公园管护等开展专委会视察，为新余市社会事业进步贡献智慧。关于全民健身的协商报告经采纳落实，市政府制定《2017—2018城区开放式多功能运动场建设实施方案》，对市体育中心场馆实施改造，并在10个社区或空心地带建设"家门口"的开放式多功能运动场。市政府采纳学校门前交通安全管理的建议，督促有关部门落实学校门前交通安全管理责任，整治校园周边占道经营行为，取缔各类占道摊点2500起，宣传教育违章摊主1850余人次。三是参与中心工作。以江西通泰新材料科技公司锂电池隔膜生产等12个重点项目、江西盛泰光学有限公司等24家企业和新溪乡龙尾洲新农村建设帮扶作为服务发展的切入点，广泛开展履职出力活动。通过定期督导、现场办公、调研视察等方式，协调好英王公司落实产业引导资金1750万元，帮助解决久隆带钢60万吨带钢表面处理EPS项目、长林公司、广城家具城以及"喜盈门·范城"等在生产经营、项目建设、招商引资、消防验收、员工管理等方面的实际问题，争取龙尾洲村委"颐养之家"、环村路改造、公共服务中心等建设资金55万元，为全市中心工作提供有力支持。

坚持以人民为中心，民主监督质量进一步提升。围绕民生工作切实履行民主监督职能，积极助推保障和改善民生福祉。一是规范民主监督活动。协助市委出台《中共新余市委关于加强和改进人民政协民主监督工作的实施意见》，迈出民主监督制度化、规范化、程序化建设的坚实步伐。围绕民生工程建设、民生事业发展、民生福祉落实，进行37次各类民主监督活动。就中央、省、市农业农村政策性资金使用和行政审批改革开展监督性调研视察，参与"检察开放日"活动、法院案件公开审理、城乡供水一体化可行性论证、公立医院改革征求意见，以及综治、普法、绩效考核等民主测评，选派机关干部和委员参加文明创建、担任特约监督员，为职能部门转变作风、改进工作、提升效能发挥积极作用。二是加强提案办理工作。把提案作为落实群众诉求的重要载体，遴选14件重点提案由市领导领衔督办，加强提案办理绩效考核，立案提案207件经办理落实，助推解决各类问题128件。针对《关于规划第四水厂应急水源及城区水系连通工程》的提案，市政府将狮子口水库确定为城市供水应急备用水源地。《关于加强我市农村养猪场猪粪无公害排放的建议》办理后，新余市对畜禽养殖进行专项整治，对全市符合条件的300多家规模养殖场推广"猪—沼—果"·SQ211生态养殖模式。《关于打通丽景路建立畅通妇儿急救通道的建议》被采纳，"丽景路延伸至公园路"纳入市政府2018年民生实事建议清单。三是积极反映社情民意。充分发挥社情民意"直通车"作用，编发《政协信息》14期、《社情民意》34期，向省政协报送信息83条，提出工作建议167条，推动社会普遍关注的民生问题得到重视和解决。《以"五化"引领商会党建工作》《高度重视设区市城区学校大班额问题》《个人医保卡账户余额用于体育健身消费试点》《普快列车脏乱差问题亟待整治》等社情民意被省政协《建言献策》采用，相关部门办理落实取得较好成效。

助力脱贫攻坚工程，政协优势作用进一步彰显。积极组织委员参与社会扶贫，探索精准扶贫的政协模式，在脱贫攻坚中发挥优势、贡献力量。一是集智助推精准扶贫。把"发展光伏扶贫产业，助推精准扶贫"提案列为1号重点督办提案，由市委主要领导领衔督办，高位推动全市精准扶贫工作。组织开展脱贫攻坚系列调研视察和对口协商，形成《同步小康，精准脱贫》《精准脱贫攻坚，助推全面小康》等10多篇协商议政成果，提出《关于进一步规范精准识别贫困人口的建议》《发挥非公有制经济优势，助推我市精准扶贫》等47条扶贫工作建议。二是打造政协扶贫品牌。把扶贫工作纳入委员履职考核和机关评优评先重要内容，调动各方面力量参与扶贫的积极性，打造具有政协特色的扶贫工作品牌。259名委员结对帮扶贫困群众392户，通过创建扶贫基地、安置就业、参与公益事业或出资成立爱心基金，带动群众脱贫致富。2017年，委员和机关干部走访贫困户2195人次，筹集扶贫资金299.775万元，争取项目资金211.07万元，培育农业专业合作社和发展产业27个，帮助组织技术和就业培训784人次，解决就业521人，解决贫困户住房和饮水安全问题294户，为群众办好事实事378件。三是搭建脱贫富民平台。定点帮扶罗坊镇竹山省级贫困村，补齐基础设施短板，组织帮扶单位出资20万元、机关帮扶干部每人出资3000元入股产业扶贫基地，帮助贫困户年均增收1000元。引导委员企业家发挥商会作用，带动会员企业建立"企业+贫困户"产业扶贫模式，做强富民龙头产业。下村商会会员企业欣欣荣农业科技公司建立产业扶贫合作项目，建成全省规模最大的现代化食用菌生产加工基地，提供就业岗位180多个，与18个村委432户贫困户签订食用菌保护价收购协议，每户年增收超过3000元。

牢牢把握两大主题，团结民主局面进一步巩固。发挥大团结、大联合优势，广泛凝心聚力，营造民主和谐、共谋发展的良好氛围。一是促进多党合作。密切与各民主党派和无党派人士的联系，支持他们履行职责、发挥作用，进一步促进团结合作。民革市委会关于光伏扶贫的建议受到民革中央的重视；民盟市委会关于加强社会组织管理、制定江西省民间融资管理条例等建议分别被全国政协、民盟中央和省人大常委会吸纳；民建市委会关于补齐农村电商短板等建议被上报国家部委；民进市委会关于加快金融创新和管控涉企财政性资金风险等建议被省相关部门立项；农工党市委会关于高等教育"供给侧改革"等建议进入中央有关部门视野；九三学社市委会关于产业扶贫的社情民意被省政协采用；市工商联加强与外埠商会企业家的联系，大力宣传"渝郎回乡"创业计划，引导他们回乡投资，积极助推新余经济发展。二是广泛团结联谊。广泛团结各界别、各阶层人士，不断巩固和发展最广泛的爱国统一战线。加强与港澳台同胞、海外侨胞和归侨侨眷的联系交往，开展侨属侨眷和海外人士情况调研，激发他们的爱国爱乡热情。贯彻落实党的民族宗教政策，关注宗教教职人员社会保障和宗教场所建设管理，促进民族团结和宗教和睦。注重与创新型领军人才、新经济阶层人士和民营企业家代表的团结联谊，争取人心、汇聚力量。三是深化互动交流。以"发展绿色能源，建设生态文明"为主题，承办川滇黔赣冀湘六省二十二市州政协第四十一次联系会议，为各地政协加强联系、交流经验、增进友谊搭建重要载体，充分展示新余风采。密切各级政协的联系协作，就河长监督、社区文化、农村养老、分级诊疗等课题协助省内外各级政协开展13次调研视察，与住余省政协委员、县区政协开展联合履职活动，形成工作合力。四是做好文史和宣传工作。发挥文史资料存史资政、团结育人作用，编撰出版《中国传统村落介桥》，完成《古今联赋话新余》的交流与收藏。办好新余政协内刊和网站，运用微博、微信等新媒体大力宣传政协履职成果和委员风采，在各级媒体刊发稿件747篇，《一条社情民意刷新一座"城市温度"——新余市设立首批41个环卫工人休息室》等报道获得省政协"好新闻"奖。

注重履职能力建设，整体工作活力进一步激发。进一步改进履职方式、提升履职水平、增强履职实效，着力激发履职活力。一是发挥委员主体作用。大力开展委员"四个一"竞赛活动和委员小组、委员界别等履职活动，为委员履行职能、展现风采搭建广阔平台。依托13个市政协委员工作站(室)，找准工作抓手，拓展服务领域，丰富履职内容，帮助解决群众身边事，做群众贴心人。2017年，委员共开展履职活动1026次，参加调研视察921人次，走访群众2135人次，志愿服务197次，提出各类有益建议1373条，办好事实事382件，捐款捐物849万元。二是推进履职制度建设。制定市政协《优秀提案评选办法(试行)》，在优秀提案评选中引入单位推荐与综合评选相结合的评选规程。印发《市政协九届三次会议大会发言工作方案》和《市政协大会发言奖励办法》，就大会发言征集、选题、协商、调度和专家论证评比等工作进行明确和规范，为提高政协大会发言质量提供制度保障。三是提升机关服务水平。大力加强机关党的建设，着力强化理论武装，抓好党风廉政建设，把党要管党、全面从严治党各项要求贯穿机关工作各方面，使机关履职更加扎实有力、富有成效。创新完善管理体系，健全机关各项规章制度，规范机关内部运行机制，确保机关各项工作有章可循、有序进行。

重要会议及常委会议

【市政协九届第二次会议】 1月10日—12日，中国人民政治协商会议新余市第九届委员会第二次会议举行。会议听取并讨论中共新余市委书记蒋斌在开幕大会上的讲话；协商讨论中共新余市委副书记、新余市人民政府市长董晓健所作的《政府工作报告》；审议通过市政协主席卢伟平受常委会委托所作的九届市政协常委会工作报告和市政协副主席黄永旭受常委会委托所作的提案工作报告。会议表彰市政协九届二次会议大会发言获奖人员和单位。

【市政协九届第四次至第八次常委会议】 1月12日，市政协九届四次常委会议召开。市政协主席卢伟平主持会议。副主席贺为华、黄永旭、邹基云、傅明明、孔祥筛，秘书长单巍全出席会议。会议听取《政协新余市第九届委员会常务委员会2017年工作要点（草案）》起草情况说明；审议通过《政协新余市第九届委员会常务委员会2017年工作要点》。

7月12日，市政协九届五次常委会议召开。副市长徐绍荣应邀出席会议并讲话。副主席贺为华、黄永旭、邹基云、孔祥筛，秘书长单巍全出席会议。会议由孔祥筛主持。会议听取市政府关于新余市2017年上半年经济运行和社会发展情况的通报；协商讨论助推新余市产业集群公共服务平台建设问题；协商决定人事事项。

9月28日，市政协九届六次常委会议召开。市政协主席卢伟平出席会议并讲话。副市长徐绍荣应邀出席并讲话。副主席贺为华、黄永旭、邹基云、傅明明、孔祥筛，秘书长单巍全出席会议。会议由贺为华主持。会议协商讨论关于加快光电信息产业发展问题，协商决定人事事项。

11月9日，市政协九届七次常委会议召开。副主席贺为华、黄永旭、邹基云、孔祥筛，秘书长单巍全出席会议。会议由邹基云主持。会议专题传达学习省政协主席黄跃金到新余调研时和在省政协十一届二十七次常委会议上的讲话精神。

12月25日，市政协九届八次常委会议召开。市政协主席卢伟平出席会议并讲话。副市长徐文泊应邀出席会议并讲话。副主席贺为华、邹基云、傅明明、孔祥筛，秘书长单巍全出席会议。会议由傅明明主持。会议协商讨论《政府工作报告（征求意见稿）》；审议通过《政协新余市第九届委员会常务委员会工作报告》《政协新余市第九届委员会常务委员会关于提案工作情况的报告》《政协新余市第九届委员会常务委员会关于表彰2017年度“四个一”竞赛活动成绩突出的委员的决定》《政协新余市第九届委员会常务委员会关于表彰2017年度优秀提案的决定》《关于召开政协新余市第九届委员会第三次会议的决定（草案）》及政协新余市第九届委员会第三次会议有关文件草案；协商决定人事事项；听取市政协各专门委员会和办公室关于2017年工作总结及2018年工作打算情况的汇报。

【市政协主席会议】 2017年，市政协共召开9次主席会议（市政协九届三次主席会议至十一次主席会议）。会议主要研究市政协常委会议、全体会议的议题安排、市政协人事事项及其他重要日常工作，并着重围绕“助推我市产业集群公共服务平台建设”“加快我市电子信息产业发展”“健康新余建设”“学前教育发展状况”“港澳台侨工作”等经济社会发展的重点和社会普遍关注的热点难点问题进行协商。主席会议研究审议《2017年度市政协协商工作计划（草案）》。

重要活动

【省政协领导莅临新余调研】 2月9日，省政协副主席陈俊卿到新余盛泰光学、恩达麻世纪、沃格光电和增鑫牧业等企业，登门向企业家和员工们拜年，了解企业发展情况，听取企业的意见和建议，推动企业做强做优。市委书记蒋斌，省政协副秘书长徐良平，市委副书记曾萍，市政协主席卢伟平，市委常委、宣传部部长郭力根等陪同或随同走访。

7月26日—27日，省政协副主席、九三学社省委会主委李华栋率队到新余市开展规模化禽畜养殖污染治理专题调研。市政协主席卢伟平陪同调研。省政协常委、九三学社省委会副主委、华东交大副校长张玉清，省政协常委、副秘书长、九三学社省委会专职副主委肖礼庆，市人大常委会副主任、九三学社市委会主委刘超杰随同或陪同。李华栋一行先后走访江西增鑫牧业科技股份有限公司、彭家蔬菜基地、渝水区罗坊沼气站、南英垦殖场规模化沼气发电工程项目、罗坊镇下排村千亩绿色水稻种植示范园。其间，调研组召开座谈会，听取相关部门、企业和农户代表汇报和发言。

10月16日，省政协副主席、九三学社省委会主委李华栋率省政协调研组到新余市调研职业教育工作。

11月3日，省政协主席黄跃金到新余，围绕政协工作实际对中共十九大精神进行深入宣讲并调研政协工作。

【川滇黔赣冀湘六省二十二市州政协第四十一次联系会议在新余召开】 5月11日—12日，川滇黔赣冀湘六省二十二市州政协第四十一次联系会议在新余召开。会议围绕“发展绿色能源、建设生态文明”主题，交流各市州政协在绿色能源和生态文明方面履职献策的做法和经验。中共新余市委书记蒋斌致辞。市委副书记曾萍、市人大常委会主任胡高平出席会议。市政协主席卢伟平、市政协副主席贺为华分别主持会议。会上，江西省新余市、四川省眉山市、云南省曲靖市、贵州省毕节市、河北省保定市、湖南省张家界市六市政协做交流发言；会议通过第四十一次联系会议纪要，举行第四十二次联系会议承办交接仪式。会议期间，参会代表到陆辉70 MW、德佑35 MW渔光互补光伏发电项目、分宜县角元村“颐养之家”、赛维LDK光伏硅料科技有限公司、江西佳沃新能源有限公司以及江西瑞晶太阳能科技有限公司进行实地参观考察。

各专门委员会

【提案委员会】 市政协九届一次、二次会议提案以来，共收到集体和个人提案250件，经过与市委办和市政府办的联合审查，决定立案207件。起草《市政协优秀提案评选办法(试行)》，规范优秀提案评选工作。依据办法规定，评选产生2017年度12件优秀提案。协助市政府召开提案交办会，并通过政务平台将立案提案交由全市57个承办单位办理。经征求市领导意见，遴选《发展光伏扶贫产业，助推精准扶贫》等14件重点提案作为2017年度市领导督办提案，以市委办、市政府办、市政协办名义联合向全市下文。市委、市政府主要领导通过不同方式关心过问提案办理进展和落实情况，市政协主要领导主持召开市领导督办提案交办会，听取23个承办单位负责人的工作汇报，就做好办理工作作出明确指示。在各方的共同努力下，207件立案提案全部办理完毕，为促进新余市经济社会发展发挥积极作用。如：关于进一步规划建设城区基础教育园校的建议，新余市将学校建设计划纳入新余市城市升级三年行动计划，2017—2019年将陆续布局建设高新一中、暨阳中学、渝水七小、仰天岗小学等，届时城区预计新增学位约1.8万个；同时对部分学校进行学位扩容改造，完成后将新增学位7400个。关于整治工业园区用地的提案，2017年市国土局牵头开展全市批而未用土地专项清理工作，并拟草《新余市批而未用土地专项清理处置工作方案》报市政府常务会议通过并正式下发。关于完善公共自行车系统的提案，新余市于2017年6月实现手机扫码租车和查询，公共自行车使用更加方便。对于因客观原因短期无法落实的提案，承办单位都向有关提案人作出解释说明工作，取得提案人的理解。同时，认真抓好委员工作站、委员活动和社会扶贫工作。

【经济科技委员会】 承担并完成“优化企业发展环境”“加快光电信息产业发展”“推进病死畜禽集中无害化处理”3个课题调研任务。其间，在市政协副主席贺为华带领下，调研组采取座谈讨论、实地调研、外出考察、协商论证等形式，共召开大小座谈会20多个，走访企业10多家，外出考察2次；形成调研报告3篇，所提意见建议30多条。《关于进一步优化我市企业发展环境的调研报告》被市委《决策参考》全文编发，市委、市政府主要领导亲自阅示，并转各级各部门办理落实。《关于加快我市光电信息产业发展的协商报告》经市政府批示，转发交办至各县区及市委改革办、市工信委、市发改委、市商务局等9个部门，并充分采纳报告所提建议，由市工信委牵头研究制定新余市光电信息产业发展规划。此外，认真落实省政协经济委“全省扶贫资金专项使用”民主监督调研活动要求，组织市财政局等部门，对新余市相关情况进行调研摸底并以书面形式上报。提交的《大力发展锂电产业，培育经济增长新引擎》《着力化解金融风险，修复金融生态环境》获大会发言二等奖。督促相关部门办理落实《政治工业园区用地，推动工业经济发展》《关于成立新余市电子商务公共服务平台的提议》等重点提案，促成《新余市批而未用土地专项清理处置工作方案》出台。组织所联系的委员开展精准扶贫，涌现出一批扶贫先进典型。协助分管副主席做好亚洲富士长林电梯、新余久隆带钢、东方巴黎家居广场等市重点企业挂点帮扶工作。

【教文卫体委员会】 2月—4月，组织政协委员，会同市教育局、市公安局、市城管局、市住建委负责人一道，开展校园门前交通安全的视察。视察报告得到市政府领导的高度重视，所提建议逐一答复，对《报告》中的建议因校而异，一校一策，全部有序落实之中。4月—8月，组织开展"关于我市全民健身运动开展情况"的专题调研。分管副主席带领调研组深入有关县(区)及体育社会组织，通过召开座谈会、实地考察、专门访谈等形式，收集大量的第一手资料，形成《我市全民健身运动开展情况的调研报告》。市委、市政府对报告中的建议逐一答复，研究制定工作措施，要求相关部门密切配合，抓紧落实。10月—11月，组织开展新余市学前教育发展情况专题调研，形成《关于我市学前教育发展情况的调研报告》，报告经主席会协商后，上报市委、市政府决策参考。创新拓展委员站工作服务模式，制定本年度委员工作站工作计划，建立委员值班接访制，发挥委员优势，组织开展"献爱心，写春联""手工刺绣进社区""老年介护普及培训""送文艺进社区"舞蹈培训、"送医进社区"等多形式走访慰问活动。其中，傅爱香委员的"手工刺绣进社区"培训活动现场图片在《人民日报》《新余日报》刊发。认真协助督办《缩短我市中学生在校时间、减轻学生课业负担》《尽快修通平安路西延伸段，改善周边通行与卫生状况》的提案。认真做好对口联谊交流、社情民意信息、大会发言、社会扶贫等工作。

【社会和法制委员会】 开展"规范城区电动车管理"专题调研，调研组就新余市电动车管理情况进行反复分析研究，提出一些有针对性和可操作性的建议。4月，分管副主席带领调研组赴相关职能部门及全市一县三区开展农业政策性资金管理使用情况调研，形成调研报告，提出切实可行的意见建议。6月，市政协主席卢伟平率市政协全体班子成员，对新余市宗教活动场所进行视察，实地察看基督教渝水教堂、崇庆寺、云峰禅寺等宗教活动场所，深入了解基督教、佛教等宗教在新余市的发展情况。开展未成年人保护和犯罪预防调研，形成《未成年人司法保护及犯罪预防专项调研情况的报告》，报省政协社法委调研参考。为配合省政协民族宗教委下达的调研任务，也为掌握新余市民间信仰情况，6月，开展新余市民间信仰情况调研。指导魁星路社区政协委员工作站工作。2017年，工作站共收集反映社情民意信息60余条，开展便民惠民活动20余次，协调解决居民的实际困难10余件，开展18次为民服务活动，走访慰问贫困户、孤寡老人12户，送去慰问金6000元，组织委员积极参与精准扶贫工作。组织委员积极参与新余市法制建设，参加市检察院"检察开放日"活动，市中级人民法院案件的公开庭审，征兵工作廉洁情况全程监督，发挥民主监督作用。委员共提交36件提案，递交4篇大会发言。积极争取省政协对口指导，加强与其他地方政协的沟通协作，密切与党政对口部门、县区政协的联系。协助分管副主席6个重点项目帮扶工作，认真开展综治维稳和普法工作，协助督办《关于我市互联网金融领土非法集资风险分析及对策建议》等3个提案。

【文史委员会】 组织编撰《中国传统村落介桥》书稿，做好课题申报、图片插入、印刷排版、统稿校对等程序式工作，该书于2017年12月由江西人民出版社出版。完成《古今联赋话新余》交流与收藏工作，向全国其他地市政协文史委和国家图书馆、北京大学图书馆等260多家单位相赠，进一步扩大新余文化的影响力。参加全省政协文史学习与交流。撰写《试论政协文史工作体会与建议之我见》《解放思想，充实政协文史工作内涵》等政协文史资料工作探讨文章，分别刊于《宜宾政协》《光华时报》。聚焦产业集群公共服务平台建设深入调研,形成《关于助推产业集群公共服务平台建设的报告》,得到市政府充分肯定。市长董晓健就报告提出的建议,率市政府全套班子深入平台建设单位逐一回复响应,召集平台建设单位逐一解决问题,有力助推平台建设健康发展。紧盯全市水资源环境质量,完成《全市水资源环境质量调研报告》,为全市剿灭劣Ⅴ类水提供可资借鉴的行动路线与治理方案。着眼重点工程帮扶,4 次深入广城家具协调解决消防验收、产权分割及"喜盈门·范城"招商引资工作,6 次到分宜好英王协调解决企业资周转困难问题,落实 2000 万元产业引导资金,2 次深入袁河珠珊段防洪工程视察。提交 14 个提案,组织 10 次小组活动,指导加强本委委员与贫困户"一对一"的帮扶。派员赴市委党校宣传讲授,应邀宣讲中国传统文化知识,参谋助力新余文化旅游事业,参与仙女文化打造和七夕文化宣传咨询。

【港澳台侨和外事委员会】 3 月—6 月,组织开展"激发港澳台侨人士爱国爱乡热情,助推新余市'工小美'城市发展"专题调研。调研报告经主席会议审议通过后上报市政府,得到市主要领导高度认可。九届政协二次大会上,提交提案 32 件,大会发言《发展钢铁精深加工,擦亮"工小美"城市名片》《建设核心商业区,助力精美特新城》大会发言,分别获得一、二等奖。市政协《社情民意》简报采用社情民意信息 10 条。联合市外务侨务办、市侨联开展新余市侨属侨眷、港澳台同胞和海外人士的情况摸底梳理,重点就进一步吸引港澳台与海外渝郎回新余创业、营造良好环境进行调研,提出吸引港澳台侨投资新余的意见和建议。围绕如何发展新余市生态旅游项目开展调研,提出 8 条合理化建议。组织委员深入基层、企业进行多领域考察、视察活动,指导联系的北湖社区委员工作站社区服务有亮点,清华园政协委员工作站普法工作有特色。助力脱贫攻坚,社会扶贫工作得到有效落实。如,阮绍平委员以公司名义向全市"颐养之家"捐赠 50 万元饮品,个人捐资捐物达 5 万元余元。张林平委员以公司名义社会帮扶捐资 20 余万元,个人帮扶达 8 万余元。专委会机关个人扶贫捐款 1 万多元;专委会的委员扶贫捐赠达 87.96 万元。密切联系侨联、台联界别委员,热心帮助他们解决生产、生活问题,为他们尽心履职解除后顾之忧;加强与对口部门的联系,强化工作沟通和信息交流;通过定期走访港澳台同胞、海外侨胞及其亲属等形式,增强他们对祖国的向心力,激发其爱国思乡之情。 (傅艳辉)

编辑 李凤平

中国共产党新余市纪律检查委员会

综　述

【概况】 2017年，全市各级纪检监察机关以迎接中共十九大胜利召开和学习宣传贯彻中共十九大精神为主线，深入落实全面从严治党要求，聚焦主责主业，坚持和加强党的全面领导，推动管党治党政治责任落实；不断厚植党执政的政治基础，作风建设持续向好向上；围绕全市改革发展大局，干事创业环境日益优化；坚决减存量遏增量，标本兼治向纵深发展；稳步推进监察体制改革试点，强化巡察监督和派驻监督，党和国家监督体系不断完善；狠抓纪检监察队伍自身建设，进一步锻造过硬执纪铁军。全市各级纪检监察机关受理信访举报600件次，立案263件，处分298人，其中县处级干部15人，保持了惩治腐败高压态势。坚持挺纪在前，准确运用“四种形态”处理753人次，监督执纪综合效果明显。查处违反中央八项规定精神典型问题35起51人；查处基层“微腐败”问题168个，处理220人，通报曝光典型案例47起；查处扶贫领域违法违纪等问题76起97人，通报曝光典型案件29起53人，正风肃纪成效进一步增强，党心民心更加凝聚。全市监察体制改革蹄疾步稳，在全省第一家成立市监察委员会。不断深化巡察监督和派驻监督，开展对15家单位的常规巡察，对4个县区进行扶贫领域专项巡察，发现“三大问题”和“六项纪律”问题397个，提出整改意见325条，移交问题线索64件；21家派驻机构共监督部门“三重一大”事项决策1536项，开展谈心谈话1316人次，初核信访件282件，巡察“利剑”作用和派驻“探头”作用得以有效发挥。市纪委连续第五年开展任前廉廉政法规知识考试，任前廉考、凡提必考成为全市党员干部的普遍共识。

重要会议及活动

【中共新余市第八届纪律检查委员会第二次会议】 2月25日，中共新余市第八届纪律检查委员会第二次全体会议在市会展中心召开。市委书记蒋斌出席全会并讲话。市领导董晓健、曾萍、胡高平、卢伟平、郭力根、李新华、赖国根、黄文辉、周杰等出席会议。市委常委、市纪委书记邹健生代表市纪委常委会作工作报告。蒋斌在会上强调，要深刻把握中共中央总书记习近平全面从严治党新思想及中央纪委、省纪委全会精神，切实把思想和行动统一到中共中央总书记习近平重要讲话精神上来，切实做到学思践悟、融会贯通，努力取得党风廉政建设和反腐败斗争新成效。邹健生在工作报告中指出，全市各级党委和纪检监察机关要突出政治要求，坚决落实全面从严治党政治责任；要坚持惩治力度不减，巩固反腐败斗争压倒性态势；要强化纪律制约，全面促进党风政风进一步好转；要加强教育引导，着力营造“廉荣贪耻”的良好氛围；要深化巡察监督，充分发挥“利剑”震慑效应；要加强自身建设，努力打造忠诚干净担当的纪检监察队伍。为打造“三区两典范”，夺取提前全面建成小康社会伟大胜利提供坚强纪律保障。会议审议通过中共新余市第八届纪律检查委员会第二次全体会议工作报告。会上，市工信委、市教育局、市民政局、市住建委、市粮食局、市市场和质量监督管理局的主要负责人向大会述责述廉并接受民主测评。

【市政府第五次廉政工作会议】 3月21日，在组织收听收看国务院和省政府第五次廉政工作会议电视实况之后，新余市政府紧接着召开第五次廉政工作会议，研究部署2017年度政府系统廉政工作任务。市委副书记、市长董晓健出席会议并讲话。董晓健强调，要坚决落实全面从严治党要求，旗帜鲜明地反对腐败，始终把纪律挺在前面，坚持优化政务环境，强化监督管理，整治基层"微腐败"，改进工作作风，扎实做好政府系统党风廉政建设和反腐败工作。要优化政务环境，激发经济社会发展活力，认真按照省里的要求，持续推进"放管服"改革，不断精简审批、强化监管、优化服务，继续巩固"降成本优环境"专项行动成果。要强化监督管理，规范权力运行，做好公共资金、国有资产资源和公共资源交易等领域的监督管理，确保权力在阳光下运行。要整治基层"微腐败"，让发展成果惠及人民群众，层层推动落实、找准整治重点、构筑长效机制，集中整治和查处基层侵害群众利益的不正之风和腐败问题，要让群众切实感受到集中整治工作带来的实际成效。要不断改进作风，营造干事创业良好氛围，坚决落实中央八项规定精神，强化问责，坚决防止"四风"问题反弹回潮，实现作风建设常态化、长效化、制度化。要强化责任担当，完善干部考评体系和奖惩机制，健全部门间协调配合机制，加大督查督办力度，着力治理庸懒散，从严整治不作为、乱作为、慢作为，切实增强行政执行力，要旗帜鲜明地支持和保护干事者，给干事者鼓劲，为担当者撑腰。

【八届市委巡察工作动员部署会】 3月31日，八届市委第二轮巡察工作动员部署会召开。会议传达十四届省委第一轮巡视工作动员部署会议精神和市委书记蒋斌近期关于巡察工作的讲话精神，部署八届市委第二轮巡察工作任务分工。市委常委、市纪委书记邹健生，市委常委、组织部部长赖国根出席会议并讲话。

8月17日，八届市委第三轮巡察暨全市扶贫领域专项巡察工作动员部署会召开。市委常委、市纪委书记邹健生出席会议并讲话。市委常委、组织部部长赖国根就做好本轮巡察工作提出要求。市人大常委会副主任、市委组织部副部长涂群宣布八届市委第三轮巡察工作任务分工。会议传达学习中央纪委书记王岐山在扶贫领域监督执纪问责工作电视电话会上的讲话精神和省纪委书记孙新阳关于加强扶贫领域监督执纪问责工作的讲话要求，对本轮巡察工作进行动员部署。

12月1日，八届市委第四轮巡察工作动员部署会召开。市委常委、市纪委书记、市委巡察工作领导小组组长邹健生及市委常委、组织部部长、市委巡察工作领导小组副组长赖国根出席会议并讲话。市人大常委会副主任、组织部副部长涂群出席会议。会议组织学习新修订的《中国共产党巡视工作条例》《关于市县党委建立巡察制度的意见》《被巡视党组织配合中央巡视工作规定》等法规文件，宣布八届市委第四轮巡察工作任务分工。

【全市纪检监察信访举报工作会议】 6月2日，全市纪检监察信访举报工作会议召开。会议深入贯彻落实全国、全省纪检监察信访举报工作会议精神，总结中共十八大以来新余市纪检监察信访举报工作，分析存在问题，部署当前和今后一段时期工作，明确任务、把握重点，推进新余市纪检监察信访举报工作迈上新台阶。市委常委、市纪委书记邹健生出席会议并讲话。

【深入开展扶贫领域腐败和作风问题专题调研】 11月21日—27日，市纪委组织全体市纪委委员及委局机关所有部室组成15个调研组，深入渝水区有脱贫攻坚任务的全部乡（镇、办）开展扶贫领域腐败和作风问题专题调研。专题调研选择渝水区"解剖麻雀"，重点聚焦扶贫领域腐败和作风问题，分析研判村级治理问题，全面掌握扶贫攻坚工作情况。调研通过召开座谈会、查阅扶贫领域案卷和相关资料、个别访谈及随机走访等方式，着力发现当前扶贫资金、项目管理使用和干部作风方面存在的突出问题，听取群众意见建议。

【2017 年度党风廉政建设和反腐败工作情况通报会】　12 月 21 日，2017 年度党风廉政建设和反腐败工作情况通报会召开。市委常委、市委秘书长、统战部部长李新华主持会议，市委常委、市纪委书记邹健生出席会议并讲话，市人大常委会副主任刘超杰，副市长陈文华，市政协副主席孔祥篩出席会议。会议向全市各民主党派、工商联和无党派人士代表通报 2017 年以来全市党风廉政建设和反腐败工作情况。邹健生指出，2017 年，围绕坚持和加强党的全面领导，推动管党治党政治责任落实，市委以上率下，压实主体责任，纪委忠诚履职，发挥专责作用，以问责促负责，倒逼责任落实。围绕厚植党执政的政治基础，经常抓抓经常，严查基层“微腐败”，推动作风建设向好向上。围绕全市改革发展大局，加强监督检查，落实容错纠错，聚焦整治慵懒散，营造干事创业良好环境的形成。围绕减存量遏增量，运用“四种形态”，强化党内监督，推进标本兼治向纵深发展。围绕锻造过硬执纪铁军，严格对表对标，增强执纪本领，推动纪检监察体制改革的深化，为服务全市改革发展大局、营造风清气正政治生态提供了坚强纪律保证。各民主党派、工商联和无党派人士要充分发挥自身优势，关注群众身边的“微腐败”问题，加强民主监督，积极为新余的党风廉政建设和反腐败工作建言献策。要深入贯彻中共十九大精神，进一步发挥人才荟萃、智力密集、联系广泛的独特优势，深入开展调研，积极参与各种监督活动，不断拓展发挥民主监督作用的空间和渠道。

【孙新阳来新余调研】　6 月 20 日—21 日，省委常委、省纪委书记孙新阳在新余市调研。他强调，要深入学习贯彻中共中央总书记习近平系列重要讲话精神和中共十八届六中全会、省第十四次党代会精神，坚持问题导向，聚焦重点难点，坚决贯彻落实全面从严治党要求，大力营造风清气正政治生态，为新常态下经济发展提供坚强纪律保障。在企业调研时，孙新阳指出，要持续深化降成本优环境专项行动，进一步改进干部作风，帮助企业解决实际困难，让企业更好地享受政策红利。要加强产学研对接，加大技术研发和创新投入，以技术管理创新推动企业转型升级。在水北商会调研时，孙新阳要求发挥好商会平台作用，让会员企业更好抱团发展，同时抓好商会诚信文化、廉洁文化建设，构建“亲”“清”新型政商关系，引导会员企业回馈社会。在仙女湖区观巢村、白梅村和渝水区下保村等地调研时，孙新阳指出，要强化农村基层党组织建设和党风廉政建设，选出能力强、过得硬的党支部书记，带领村民一起干，加大生态环境保护力度，因地制宜发展特色产业。要挖掘传承弘扬本地优秀家规家训，发挥好文化潜移默化、润物无声作用，以良好的家风带动民风、引领社风。

【何刚来新余调研扶贫领域监督执纪问责工作】
7 月 21 日—23 日，省纪委常委、省监察厅副厅长何刚率调研组到新余市，就扶贫领域监督执纪问责工作进行调研，市委常委、市纪委书记邹健生陪同。调研组先后在市、县举行扶贫领域监督执纪问责工作座谈会，听取市、县（区）纪委贯彻落实中央纪委、省纪委扶贫领域监督执纪问责工作电视电话会议精神情况，市、县（区）和乡镇代表分别汇报各自领域的扶贫工作。调研组视察部分村委扶贫产业基地，详细了解当地精准扶贫、产业扶贫工作，查看扶贫领域信访登记处置台账，实地走访颐养之家和贫困户家，询问扶贫政策落实情况。

服务经济社会发展

【开展重点项目和企业帮扶工作】　4 月 14 日，市委常委、市纪委书记邹健生率队深入挂点帮扶联系企业江西伟恒数码科技有限公司、江西中能电气科技有限公司、新余市韶嘉房地产开发有限公司和挂点重点帮扶项目中能电气光伏并网逆变器项目进行调研。在详细了解企业发展规划和存在的困难后,邹健生向企业负责人介绍市委、市政府开展企业帮扶和重点项目帮扶的政策措施,与企业共同分析解决困难的方法途径。

【下发《关于强化责任担当为防汛救灾工作提供坚强纪律保障的通知》】 6月26日,为确保省、市防汛救灾的各项决策部署有效落实,切实保护好全市人民群众财产安全,以铁的纪律为防汛救灾提供坚强保障,市纪委下发《关于强化责任担当为防汛救灾工作提供坚强纪律保障的通知》。通知要求全市各级纪检监察机关一要提高政治站位,强化政治自觉;二要坚持挺纪在前,严守责任担当;三要加大监督问责,严守责任追究。通知要求县(区)纪委(纪工委)要及时掌握本地区汛情变化情况,每日向市纪委办公室报告,确保汛情信息上下畅通,防汛工作步调一致。

【开展"为官不为"问题专项督查】 9月25日,市纪委下发《关于开展"为官不为"问题专项督查的通知》,此次督查的重点为党员干部不履职或者履职中不作为、慢作为、乱作为等12个方面的问题,进一步加强干部作风建设,增强党员干部的责任意识、担当意识,激发干事创业的热情,为新余市争创"三区两典范",在铸"工小美"新辉煌营造氛围、创造条件。

贯彻落实中央八项规定精神

【对纠正"四风"落实中央八项规定精神和集中整治工作开展调研】 4月13日,市纪委组成4个调研组,由市委常委、市纪委书记邹健生等带队,深入到各县(区)、部分市直单位及乡镇(办)、村(社区)基层一线就深入纠正"四风"促进中央八项规定精神落地生根,扎实开展集中整治基层"微腐败"等开展调研。调研组重点就当前纠正"四风"落实中央八项规定精神和集中整治基层"微腐败"工作存在的问题及意见建议,与党员干部、群众代表进行深入交流。调研中发现的问题有:一是违反中央八项规定精神现象仍然存在,尤其是"四风"问题出现隐形变异的新情况;二是少数党员干部在工作中慢作为、不作为、甚至消极怠工,形式主义和官僚主义现象时有发生;三是基层侵害群众利益问题屡禁不绝,有的民生资金管理使用存在优亲厚友、私分截留、索要回扣,有的"三务"公开存在搞半公开、假公开、躲起来公开等。

【通报差旅费管理中违反中央八项规定精神问题有关情况】 8月7日,市纪委下发余纪字[2017]23号文,对全市差旅费管理中违反中央八项规定精神问题进行通报。通报指出全市各地各单位差旅费管理中存在的公务差旅审批制度执行不到位、程序过于简单,差旅费管理政策了解把握不够、审核把关不严,违规报销费用等问题。通报要求,落实中央八项规定精神、纠正"四风"工作是一场攻坚战、持久战,必须持之以恒,久久为功。全市各地各单位要加大工作力度,把纠正"四风"往深里抓、实里做,推动中央八项规定精神落地生根,坚决防止"四风"问题隐形变异、反弹回潮。要严格执行政策规定,做到令行禁止,不得既报销费用又报销补助,坚决防止借公务差旅之名变相发放福利、以公务差旅为名行变相旅游之实等现象发生。通报要求,各职能部门要认真履行职责,积极协调配合,严格监督管理。各级党委(党组)要履行好党风廉政建设主体责任,督促分管领导和财务人员提高业务能力、严格审核把关,加强对下属单位财务收支管理的监督检查,按照政策规定开展公务差旅活动并报销相关费用。各级纪检监察机关要切实履行监督责任,实践好监督执纪"四种形态",抓早抓小,精准发力,以零容忍的态度,严肃查处违反中央八项规定精神和隐形变异"四风"问题,始终保持对违纪违规行为严厉惩处的高压态势。

【通报16起违反中央八项规定精神问题】 市纪委在作风建设上始终坚持抓常抓长,对"四风"问题一寸不让、动辄则咎,对违反中央八项规定精神问题发现一起查处一起,点名道姓通报曝光,切实推动党风政风向好向上。5月2日,市纪委下发余纪字〔2017〕13号文,对渝水区水北镇政府计生办工作人员何桂兰违规宴请问题,分宜县双林镇建设村党总支书记张全生违规报销费用问题,分宜县洞村乡程家坊村小吉村小组干部违规领取误工补贴问题等3起违反中央八项规定精神问题通报。8月10日,下发余纪字〔2017〕25号文,对分宜县钤东办界垦场违规为12名干部缴纳社会养老保险金个人承担部分金额问题,分宜县凤阳镇西廊村违规发放津补贴问题,高新区城东办潭塘管理处顾家村小组干部公款旅游问题,渝水区地税局原党组书记、局长简燕辉违规收受红包问题等4起违反中央八项规定精神问题进行通报。9月27日,下发余纪字〔2017〕29号文,对市妇幼保健院副县级干部葛凌公车私用问题,高新区原社会发展部办公室负责人廖军鹏公款旅游问题,渝水区人和乡三山村委原民兵营长兼李家村小组长李细根违规公款吃喝问题,渝水区罗坊镇官塘村党总支副书记邓勇华、开元村委会计肖九根、胡家村委会计彭小平、北岗村委民兵营长刘鸿违规公款吃喝问题等4起违反中央八项规定精神问题通报。12月26日,下发余纪字〔2017〕44号文,对市市场和质量监管局违规发放公务车补贴问题,市卫计委紧急救援中心通讯调度科科长曾方兰违规收受礼品问题,分宜县钤东办干部张外生违规操办乔迁宴问题,渝水区交通局党组成员傅江华、公路管理站副站长胡昊违规收受土特产问题,仙女湖区仰天岗办事处违规组织干部聚餐并发放纪念品问题等5起违反中央八项规定精神问题进行通报。

维护和保障群众利益

【全市扶贫领域监督执纪问责工作座谈会】 10月12日,全市扶贫领域监督执纪问责工作座谈会召开。会议传达学习全省扶贫领域监督执纪问责工作座谈会精神,通报新余市贯彻落实全国、全省扶贫领域监督执纪问责工作电视电话会议精神情况,总结交流前一阶段工作情况,研究部署下一步工作,市委常委、市纪委书记邹健生出席会议并讲话。邹健生强调,全市各级纪检监察机关要坚持提高政治站位和营造浓厚氛围相结合,保持高度政治自觉,从思想认识上高度重视,从舆论宣传上积极造势,从财力物力上积极投入,从人力精力上不断加强,进一步夯实工作基础。要坚持主动自觉接受党委领导和聚焦主责主业相结合,牢固树立"四个意识",紧紧依靠党委领导,严格落实请示报告制度,既要报告结果,也要报告过程;要聚焦主责主业,强化监督执纪问责,持续释放"敷衍塞责必问责、敢动'奶酪'必严惩"的强烈信号。要强化"监督的再监督、检查的再检查",做到既不缺位也不越位,坚决防止"三转"回潮,进一步把握工作方法。要坚持严肃执纪问责和保护干事创业相结合,用好用足监督执纪"四种形态",正确把握政策要求,关心关爱扶贫一线党员干部,保护激励他们在脱贫攻坚战场上建功立业,进一步提升工作效果。

【通报11起基层侵害群众利益典型问题】 市纪委坚持问题导向,严肃认真对待群众反映强烈的问题,坚决查处发生在民生资金、"三资"管理、征地拆迁等领域的严重违纪行为,切实纠正损害群众利益的行为。1月18日,下发余纪办字〔2017〕6号文,对渝水区南安乡荆兰村原党总支书记易金光贪污专项资金问题、渝水区新溪乡稍埈村党总支书记肖松芽违反廉洁自律规定问题、分宜县杨桥镇新楼村村干部黄喜牙挪用集体资金问题、分宜县双林镇建设村党总支书记张全生侵占集体资产问题、分宜县钤山镇龙源村党总支书记俞贺生截留救灾款问题5起基层侵害群众利益典型问题进行通报。3月13日,下发余纪字〔2017〕4号文,对分宜县凤阳镇郭家村基本农田被违规占用问题、分宜县分宜镇水北村及芦塘村经济林错划为国家公益林问题、渝水区下村镇高升村水体污染问题、渝水区南安乡朝阳村村民违规领取危房改造补助资金问题、高新区水西镇停孜村集体土地被占用问题、仙女湖区钤阳办事处白田村村民违规建房问题6起基层党员干部作风不实侵害群众利益典型问题进行通报。通过严查基层“微腐败”，切实提升群众的获得感。

【通报1起脱贫攻坚工作失职问责案件】 7月5日，市纪委下发余纪字〔2017〕20号文，对新余市高新区水西镇丁下村一起精准扶贫不力问题进行通报。通报指出，高新区水西镇丁下村没有按照《关于进一步加强农村低保对象与扶贫开发建档立卡贫困人口有效衔接工作的通知》要求，对贫困户进行精准识别，导致中房村小组一名符合标准的低保户未纳入贫困户对象，在社会上造成不良影响，丁下村党总支书记刘正根负主要责任。高新区水西镇纪委研究并报镇党委批准，给予刘正根党内警告处分。

【通报9起扶贫领域腐败和作风问题典型案例】 9月29日，市纪委下发余纪字〔2017〕30号文，对渝水区新溪乡均溪村党总支书记、村委会主任龚哞仔截留挤占危房改造补助资金问题、分宜县高岚乡西坑村原党支部书记曹志文等4人侵占私分移民项目工程款问题、分宜县操场乡塘西村干部李喜明在危房改造和低保资金中优亲厚友问题、仙女湖区观巢镇上汾村委会主任张员朱违规领取危房改造补助资金问题、仙女湖区观巢镇茂山村党总支书记、村委会主任黄龙违规领取危房改造补助资金问题5起扶贫领域腐败和作风问题通报。11月30日，下发余纪字〔2017〕38号文，对渝水区罗坊镇王年村截留村民资金问题、分宜县钤山镇庄边村村干部套取自然灾害补助及冬春救助款问题、分宜县湖泽镇尚睦村党总支书记邓建平在危房改造工作中优亲厚友问题、高新区水西镇汉元村脱贫攻坚工作不到位问题4起扶贫领域腐败和作风问题通报。

领导干部教育与监督

【召开新任县级领导干部集体廉政谈话会】 4月6日，全市新任县级领导干部集体廉政谈话会召开，市委常委、市纪委书记邹健生出席并讲话。邹健生指出，举行集体廉政谈话，是加强党内监督的一项重要制度，也是组织上对大家的关心和爱护，目的是让大家在新的岗位、新的起点上，始终保持清醒的头脑，时刻紧绷廉洁自律这根弦，坚决做到廉政勤政，自觉提高防腐拒变的能力：一是忠诚担当，做到“四个合格”：政治合格、执行纪律合格、品德合格、发挥作用合格；二是率先垂范，做到“三个带头”：带头加强学习、带头改进作风、带头履行“一岗双责”；三是清廉自守，做到“三个净化”：净化社交圈、净化生活圈、净化朋友圈。

【向市图书馆捐赠500册廉政图书】 10月30日，市纪委监察局向市图书馆捐赠500册廉政图书，品类包括党纪法规、反腐败小说、党风廉政建设工具、反腐倡廉理论研究、廉政文化建设、纪检监察业务类等书籍。捐赠廉政书籍活动是市纪委推进廉洁文化进公共空间，进一步营造崇廉尚廉的文化氛围的系列举措之一，希望广大干部群众通过借廉政书籍，进一步增加对党风廉政建设和反腐败斗争的了解，自觉参与其中，不断促进以廉为荣、以贪为耻的良好社会风尚的形成。

【出台《“三会一书两公开”警示教育实施办法（试行）》】 11月27日，市纪委印发《“三会一书两公开”警示教育实施办法（试行）》。（“三会”是指处分决定大会、领导班子专题民主生活会和党员干部警示教育大会，“一书”是指忏悔书，“两公开”是指在党内公开违纪案件相关案情、向社会公开整改情况。）该实施办法是严肃党内政治生活的重要途径，是提升警示教育的有效方式，旨在达到“查处一案、警示一批、教育一片、整改一方”的效果。

执纪审查工作

【专题研究部署加强执纪审查工作】 5月3日，市纪委召开专题常委会议，学习传达全省追逃追赃工作培训班精神、省纪委加强执纪审查工作精神和省委常委、省纪委书记孙新阳有关讲话精神，并就加强全市执纪审查工作进行部署。市委常委、市纪委书记邹健生主持会议并讲话。邹健生强调，全市各级纪检监察机关要深化思想认识找差距，提高政治站位强定力，认真落实省纪委部署要求和省纪委书记孙新阳讲话精神，不断加大执纪审查工作力度，把全面从严治党的要求体现到监督执纪问责的全过程。要坚持分兵把口，加强对县区纪委和派驻机构执纪审查工作的领导，传导压力、压实责任，着力解决各地各部门工作不平衡问题。要坚持快查快结，提高执纪审查工作效率；严格执行监督执纪工作规则，进一步细化并严格遵循有关工作流程，提高执纪审查工作规范化水平。要进一步发挥反腐败协调小组作用，落实好涉纪线索互通共享机制，发挥巡察利剑发现问题作用，形成反腐败更大合力。要牢固树立审查安全意识，压实安全工作责任，牢牢守住执纪审查安全底线。

【首次中止两名被依法逮捕党员的党员权利】 7月13日，市委农工部副调研员刘水林和渝水区城北街道办事处党委原书记黄林玲因涉嫌犯罪被检察机关逮捕。根据《中国共产党纪律处分条例》第三十一条之规定，党员被依法逮捕的，党组织应当按照管理权限中止其表决权、选举权和被选举权等党员权利。8月18日，经市纪委研究，决定中止两人的表决权、选举权和被选举权等党员权利。中止党员权利，是纪检机关深入贯彻落实全面从严治党、把纪律挺在前面、全面履行监督执纪职责的一项重要内容，有助于严肃党的纪律，维护党的形象。

纪检监察体制改革

【党的纪检体制改革专项小组成员会议】 4月18日，市委常委、市纪委书记、市纪检体制改革专项小组组长邹健生主持召开新余市党的纪检体制改革专项小组成员会议。会议传达学习市委深改组第十二次全体会议精神，相关负责人就3项重点改革项目进行情况汇报，各成员单位对推进新余市纪检体制改革工作提出意见和建议。邹健生在会上强调，深化党的纪律检查体制改革，是党中央在全面从严治党新形势下作出的重大决策部署，是推动党要管党、依规治党的强大动力，要从内心深处充分认识推进纪检体制改革的重要意义，不断增强做好工作的责任感和主动性，创造更多的有效改革做法，取得更大的工作成效。一要深刻把握市委改革工作有关要求，了解专项小组工作规则和职责任务，把握市委对改革工作的总体要求，了解考核的内容、形式和结果运用，做到心中有数、有的放矢。二要抓好各项改革任务，重点抓好推进纪检监察派驻机构作用发挥、进一步加强和改进巡察工作、开展监察体制改革这三项重点改革任务。要及时跟进上级节奏，抓好《新余市党的纪律检查体制改革实施方案》中提出的各单项目标任务，确保所有改革任务圆满完成。三要齐心协力推动改革任务取得实效，各成员单位要强化政治担当，树立前瞻意识，加强协作配合，勇于破解难题，确保纪检体制改革工作有力推进，取得实效，为推动全市全面从严治党，建设风清气正政治生态提供强大的动力和活力。

9月30日，全市党的纪检体制改革专项小组第二次成员会召开，市委常委、市纪委书记、市纪检体制改革专项小组组长邹健生主持。市纪委、市委办、市委组织部、市编委办、市审计局等成员单位参加会议。会议传达学习市委深改组第十四次全体会议精神，相关负责人就3项重点改革项目进行情况汇报，各成员单位对推进新余市纪检体制改革工作提出意见和建议。邹健生在主持会议时指出，新余市各项改革已进入“深水区”，要认真贯彻落实市委有关要求，细化措施，压实责任，持续深入推进纪检体制改革各项工作，圆满完成年度任务。一要强化责任，提供有力组织保障；二要落实要求，圆满完成改革任务；三要提升实效，推动纪检监察工作。

【动员部署监察体制改革试点工作】 11月17日，

市委副书记曾萍主持召开全市监察体制改革试点工作动员部署会，学习贯彻中共十九大精神，深入贯彻落实全国、全省改革试点动员部署会精神，并就新余市改革试点工作进行部署。市委常委、市纪委书记邹健生在会上就推开监察体制改革进行具体部署，市委常委、组织部部长赖国根，市委常委、政法委书记黄文辉，市人大常委会副主任马小红、市检察院检察长施兆荣出席会议。会议指出，推开国家监察体制改革试点工作，是中共十九大作出的重大战略部署，对构建不敢腐、不能腐、不想腐的体制机制和推进国家治理现代化具有重大现实意义和战略意义。要充分认识推开国家监察体制改革试点工作，对推动全面从严治党、确保党和国家长治久安的重要意义；充分认识推开国家监察体制改革试点工作，对健全党和国家监督体系、巩固压倒性态势的重要作用；充分认识推开国家监察体制改革试点工作，对巩固风清气正政治生态，打造“三区两典范”，再铸新余“工小美”新辉煌的迫切需要。会议强调，全市上下要站在全局高度，把牢政治方向，努力增强做好改革试点工作的责任感和使命感；要提高认识、凝聚共识，把落实国家监察体制改革试点工作作为深入学习贯彻中共十九大精神的具体行动，以高度的思想自觉、政治自觉和行动自觉推进改革工作，努力做到思想认识到位、工作推进到位。会议要求，各相关部门要切实加强组织领导和工作落实，强化责任担当，准确把握改革精神，加强协作配合和舆论引导，确保按时完成改革试点工作，努力向中央和省委交出一份国家监察体制改革试点工作的满意答卷。

【召开国家监察体制改革试点工作推进会】 11月27日，市纪委召开国家监察体制改革试点工作推进会。会上传达学习全国、全省改革试点工作有关会议精神，听取各部门工作意见和建议，了解县(区)改革试点工作推进情况，研究部署改革试点下一步工作。市委常委、市纪委书记邹健生出席会议并讲话。邹健生指出，推开国家监察体制改革试点工作，是贯彻落实中共十九大精神的具体行动体现。全市各级纪检监察机关要充分认识推开国家监察体制改革的重要性和紧迫性，要牢固树立“四个意识”，提高思想认识和政治站位，认真贯彻全国、全省改革试点工作会议精神，切实担负起全市监察体制改革试点工作的责任，确保高质量完成改革试点工作的各项任务。邹健生要求，各县(区)要按照中央、省、市会议要求，抓紧成立相关工作小组，在党委统一领导和上级工作小组指导下，担负起组织实施责任，有序推进各项改革工作。要科学制订改革方案，积极构建党委统一领导、纪委牵头推进、部门各负其责、协调推进的工作格局。要认真做好方案制定、机构设置、人员转隶、岗位安排、选举任命、后勤保障等工作，确保改革试点任务如期完成。邹健生强调，全市各级纪检监察机关要加强统筹协调，列出时间表，挂出路线图，把握时间节点、密切协调分工，层层抓好落实。要做好转隶对接工作，科学设置内设机构，做好人员转隶和业务衔接工作；要认真开展转隶人员的谈心谈话、做好政治家访，耐心细致地做好思想工作。要形成“进一家门、成一家人、说一家话、干一家事”思想意识，切实增强转隶人员的归属感、认同感。

【监察体制改革转隶人员见面会】 12月25日，市监察体制改革试点工作转隶人员见面会召开。市委常委、市纪委书记邹健生出席会议并讲话，市检察院检察长施兆荣出席见面会。邹健生代表市纪委常委会和委局全体干部职工对转隶干部的加入表示热烈的欢迎，希望大家站在新起点，尽快融入新环境，做到“进一家门、成一家人、说一家话、干一家事”。会议指出，深化国家监察体制改革是党中央作出的重大决策部署，是贯彻落实中共十九大精神，推动全面从严治党向纵深发展的重大战略举措，事关政治体制改革和新时代党的建设大局，事关党和国家事业发展和群众根本利益。要深刻认识改革意义，做到思想融合，要切实提高政治站位，以高度的使命感和荣誉感，真正把思想和行动统一到中央、省委和市委决策部署上来。会议强调，要切实增强身份的认同感和归属感，迅速转换身份角色，做到感情融和，要更好更快地适应监察体制改革的任务和要求，真正对所有行使公权力的公职人员监察全覆盖，不断将反腐倡廉工作引向深入。要做到和谐相处、互相帮助、凝心聚力，共同营造良好的机关氛围，真正做到在心理和感情上全面融和，尽快实现身份转换、融入新环境、适应新岗位、作出新成绩。要加强业务学习交流，做到工作融合。转隶人员重点加强执纪业务培训，尽快使大家熟悉党章党规党纪、践行监督执纪“四种形态”等业务知识，掌握“纪言纪语”；对原来纪委的工作人员着重加强宪法及法律法规的业务培训，尽快掌握“法言法语”，补齐法律法规方面的工作短板。在平常工作中，大家要互相学习，取长补短，做到优势互补、共同提高，成为既懂纪又懂法的“全科医生”，让反腐败铁拳越攥越紧，达到 1 +1 >2 的效果。会议要求，要继续发扬打铁必须自身硬的优良作风，真正让打铁的人成为铁打的人。要坚决执行中央和省委、市委关于改革试点的重大决策部署，忠诚践行党章赋予的职责和宪法法律赋予的权力，全面提高履职能力和水平；要不断锤炼过硬作风，敢于较真、勇于碰硬、善于负责，始终做到铁面执纪、秉公执法、刚正不阿；要自觉主动接受监督，坚决养成在监督下工作生活的习惯，铸造修身律己的品格，当好严格自律的表率，真正做到让党放心，让人民信赖。

自身建设

【出台《关于在审查组设立临时党支部的意见》】 为认真贯彻落实《中国共产党纪律检查机关监督执纪工作规则(试行)》精神，进一步加强审查组党员的管理，市纪委机关 2 月 28 日制定下发《关于在审查组设立临时党支部的意见》。意见对临时党支部的设立、职责等方面进行明确规定，要求成立审查组的同时设立审查组临时党支部，原则上审查组组长担任临时党支部书记，为临时党支部党风廉政建设第一责任人，负责推动落实临时党支部党风廉政建设“两个责任”。临时党支部要加强对审查组成员的教育监督，开展政策理论学习，做好思想政治工作，发现党员存在违反党的章程和其他党内法规等问题，应当批评纠正，发挥战斗堡垒作用，锻造忠诚、干净、担当的纪检干部队伍。

【开展“一亮二做三示范”活动】 为深入推进“两学一做”学习教育常态化制度化，市纪委制定下发《市纪委机关关于开展“一亮二做三示范”活动的实施方案》，在委机关大力开展“一亮二做三示范”主题活动。活动围绕全市“共产党员示范市”活动有关要求，立足党建“五化”标准，以党员亮身份，做忠诚卫士、做先锋模范，争创党员示范岗、争建示范党支部、争当回归社区党员示范志愿者主要内容，推动党员干部在单位里把身份亮出来，在岗位上把良好形象树起来，在群众中把先锋模范作用显出来，引导机关党员队伍争当先锋，进一步增强基层党组织的创造力、凝聚力和战斗力。经过严格考核、民主评议，此次活动共评选出机关“示范党支部”2 个，“共产党员示范岗”8 名、“党员回归社区示范志愿者”5 名。

【举办全市乡镇纪检监察干部业务培训班】 5 月 8 日，全市乡镇纪检监察干部业务培训班在分宜县党风廉政建设警示教育中心(县廉教中心)举行。培训分 2 期举行，全市各县区的 130 余名乡镇纪检监察干部参加。培训围绕纪检监察业务辅导、条例解读、作风建设等方面，通过邀请有关领导干部和专家授课、工作交流、观看电教片、分组讨论等形式，针对性和操作性强，全方位提升乡镇纪检监察干部素质能力。

【举办扶贫领域专项巡察工作业务培训班】 8 月 22 日，市纪委举办八届市委第三轮巡察暨全市扶贫领域专项巡察工作业务培训班，培训为期 1 天，邀请省扶贫和移民办公室、市审计局专家授课。市委巡察办和巡察组全体人员，市纪委驻相关部门纪检组组长，县(区)委巡察办主任共计 50 余人参加培训。

(刘　欣)

编辑　李立峰

民主党派·工商联

中国国民党革命委员会新余市委员会

【概况】 2017年,民革新余市委会坚持以习近平新时代中国特色社会主义思想、科学发展观为统领,紧紧围绕市委、市政府的中心工作,充分发挥参政党的职能,建言献策,求真务实,扎实工作,进一步开创民革工作新局面,取得可喜成绩。截至年底,民革新余市委会共有8个支部(总支),党员226人。其中,担任市人大代表5人(其中常委1人),政协委员18人(其中常委4人);担任副县级以上领导8人,担任正科级以上职务27人。

参政议政。民革新余市委会向政协新余市九届二次大会提交6个大会发言,其中《发展光伏扶贫产业,助推精准脱贫攻坚》《建设核心商业区,助力精美特新城》等2个获全市大会发言二等奖,其他4个获书面发言奖,《发展光伏扶贫产业,助推精准脱贫攻坚》被民革省委会选用,作为省政协大会发言材料。全年,民革委员共提交提案30多个,集体提案《发展光伏扶贫产业,助推精准脱贫》被市政协列为1号提案,由市委书记蒋斌督办,市政府采纳该提案并编制出台《2017—2020年光伏扶贫实施方案》。《关于加强我市农村养猪场猪粪无公害排放》的提案,促使市政府成立畜禽养殖专项整治工作办公室,出台《畜禽养殖专项整治工作方案》《规模畜禽养殖场生态化改造技术指南》等一系列文件,构建标准化养殖体系。6月22日,民革新余市委会主委严晓青一行到渝水区珠珊镇、罗坊镇、姚圩镇开展脱贫攻坚专项民主监督调研工作,针对发现的问题,结合各镇实际,调研组提出初步的意见和建议,并撰写调研报告《加强造血功能助推精准脱贫》。

宣传教育。组织民革党员学习中共十九大精神。10月18日,民革市委会组织机关工作人员观看中共十九大开幕式,聆听中共中央总书记习近平报告,其他党员都在各自的单位收看收听中共十九大开幕式。会后,民革市委会组织党员撰写学习心得体会6篇。为喜迎十九大胜利召开,城北四支部启动支部“喜迎中共十九大”读书征文活动。10月27日,渝水总支召开中共十九大专题学习会,学习中共中央总书记习近平在中共十九大会议上作的报告。宣传民革亮点工作及民革党员中的先进事迹。2017年,乡土散文《看万山红遍》《闹年》在美国亚利桑那华人世界网发表,勾起海外华人的思乡之情。此外,全市各级民革组织在《人民政协报》《团结报》《人民政协网》《民革中央网》《江西民革》等中央级、省级媒体刊发稿件80多篇次,《新余日报》《新余政协》《新余统战》时有稿件刊登。全年,民革市委会网站上传新闻、图片、理论、调研、文学作品等文章100余条。

自身建设。一是创建民革党员之家。2017年5月,市委会着手创建民革党员之家,通过无偿借用市商务局6间办公室,发动非公经济人士捐款10.5万元解决建设经费。7月28日,“民革党员之家”建成揭牌并投入使用,成为各支部开展活动的重要场所,被誉为全省最好的“民革党员之家”。新余“民革党员之家”凸显“同心创、全覆盖、功能齐”三大特点,被《人民政协报》《团结报》《新余日

2017 年 7 月 28 日，新余市“民革党员之家”举行揭牌仪式

报》《新余新闻联播》《人民政协网》《民革中央网》《江西民革网》《新余统战》等媒体争先报道，取得良好的社会反响。二是开展形式多样有意义的活动。4 月 16 日，城北三支部 20 多名党员到湖南长沙望城区雷锋镇参观雷锋纪念馆，民革党员们通过观看雷锋生平图片和实物展示，汲取雷锋精神为动力，更好地做好本职工作。5 月 12 日，渝水总支和渝水区教体局在渝水五小共同举办全区中小学生经典诵读大赛，朗读孙中山故事或朗读歌颂孙中山精神的散文或诗篇，让民革的优良传统入耳、入脑、入心。10 月 28 日，城北一支部组织部分党员赴上饶集中营旧址开展红色教育实践活动，参观上饶集中营革命烈士纪念馆、烈士纪念碑及茅家岭监狱旧址，接受革命传统教育。

社会服务。开展扶贫、志愿者活动和“播爱行动”。市委会及机关干部参与扶贫工作，市委会多次走访水西镇彭家村，并资助扶贫款 5000 元；机关干部每人联系一户扶贫对象，自己出钱资助，帮助他们想办法脱贫。机关干部还多次参与志愿者行动，到北湖花苑等周边地带开展综合文明劝导，对各类与创建文明城市不相符的行为进行教育和劝止，维护城市文明形象。此外，市委会发动全体党员到仙女湖各乡镇办，开展“播爱行动”，详细了解大龄男女的现实状况及求偶需求，牵线搭桥，牵线成功 1 对，争取有意向性男女 3 对。送教下乡受欢迎。1 月 8 日，民革新余市委会和民革城南支部挑选本党派 5 位医疗专家，到界水乡的集市开展送医送药活动，为 40 多个患者做出诊断并开出处方，赠送出价值 600 多元的常用药品。3 月 9 日，市委会组织城北四支部部分骨干教师到第十六中学，开展送教下乡及教学交流活动。课后，民革教师代表与市十六中教师就教学方式、教学重点等问题进行交流，向偏远学校输送先进教学理念，受到该校师生的欢迎。尽力帮助弱势群体。城北四支部探索开展“同心·博爱·牵手”社会服务品牌创建活动，组织党员开展“结对贫困户·委员在行动”“走进颐养之家”“播爱行动”“送教下基层”“社区志愿者”等一系列的社会服务活动，参加党员近百人次。4 月 20 日，渝水总支在渝水六小组织赠书活动，共捐赠图书 200 多册，价值 5000 余元。5 月 7 日，城北一支部在马洪办事处桂花村委举行“关爱老人”捐赠活动，捐赠高档折叠床等 5000 余元的生活物资。5 月 8 日，渝水总支一行带着价值 500 元的大米和食用油等慰问品，走访慰问南安乡新生村哲山“颐养之家”，并进行“同心·颐养之家—民革渝水总支联系点”挂牌仪式。7 月 29 日，民革党员李琪在高铁上采用针灸对症处理一位危重病人并获成功，得到社会好评，获《人民政协网》《中国江西网》《团结报》等媒体报道。

（彭秋平　黄晓娟）

中国民主同盟新余市委员会

【概况】　2017 年，民盟新余市委会深入学习贯彻习近平新时代中国特色社会主义思想，切实履行参政党职能，不断加强自身建设，开展社会服务活动，各项工作取得较好成绩，获民盟全省坚持和发展中国特色社会主义学习实践活动优秀单位奖。至年底,全市共有盟员330人,平均年龄50.75岁。其中,女盟员139人,离退休人员77人,大专以上文化程度315人,中层以上人员260人,科教文卫界别188人。盟员中担任全国政协委员1人,市人大代表7人(常委1人),市政协委员23人(常委6人);担任副处级以上职务的盟员共计11人,其中市政府副市长1人,正处级5人,副处级5人。

参政议政。开展民主监督。2017年6月—12月,民盟市委会对口安排在仙女湖区开展脱贫攻坚民主监督,重点监督精准识别情况。督导组采取听、查、看、访等多种形式,对部分村组进行实地督查。督促仙女湖区通过后续进一步完成精准识别、精准退出、全面清查清洗等工作,基本实现识别对象"全覆盖",识别工作"零上访"。重视发言、提案工作。2017年,盟员中的省人大代表向省人大会议提交议案和建议1件,民盟市委会和盟员市政协委员向市政协全会提交大会发言6篇,获奖2篇,其中《加快产业配套建设,促进装备制造发展》获得一等奖名列第一,《乡镇债务的现状、成因及化解建议——以渝水区为例》获得三等奖。提交提案8件,1件获评优秀提案。开展多层调研活动。2017年,民盟市委会共申报调研课题10个,立项课题5个,申报和立项课题数量均居设区市前列,其中《推进金融监管改革,防范我省金融风险》调研报告,被转化为省人大建议案,向省人大常委会提出《关于制定江西省民间融资管理条例》的建议得到采纳,进入立法的认证和起草阶段。《完善饮用水源监控机制,保障人民健康生存环境》被转化提交省政协大会书面发言,《改革并完善适应现代金融市场发展的我省金融监管框架》被盟省委转化为省政协集体提案后获评优秀提案。反映社情民意。盟市委多举措充分调动盟员关注民生、撰写社情民意信息的积极性,抓好队伍建设,举办社情民意信息专题培训班,举办《社情民意信息写作实战训练技巧》专题辅导讲座。盟市委打造一支被盟省委称为"聂小军团队"的敬岗爱业、社会观察力强、文笔一流的高水平信息队伍。2017年,向民盟省委等上级部门提交社情民意信息48条,其中《民间事实收养小孩户口登记问题亟待解决》《社会组织管理中存在的问题和建议》被全国政协采用。《关于破解非公有制企业养老保险难题的几点建议》等2条建议被民盟中央采用,《关于将牛羊纳入定点屠宰的建议》等11被条省政协采用,盟省委采用27条。2位盟员被盟省委评为反映社情民意工作优秀盟员称号,新余市社情民意工作一直位居全省设区市前列。

宣传教育。开展主题活动教育。认真开展坚持和发展中国特色社会主义学习实践和深入贯彻中共十九大精神主题联学活动等系列活动。10月18日,中共十九大胜利开幕,民盟新余市委会组织基层盟员集中收看,大大提高广大盟员的政治鉴别能力和政治把握能力。各基层组织纷纷开展形式多样的主题教育活动形式。充分利用各类媒体,加大宣传力度,在江西民盟网站、市政协网站等市级以上网站和《新余统战》等刊物用稿30多篇。改版《新余盟讯》杂志,完善"新余民盟网站",立足这两大宣传阵地,优化栏目组合,提高办刊质量。全年,总出刊31期,发布网站信息800余条,在宣传政策、指导工作、沟通信息、凝聚力量方面发挥重要作用。运用信息网络技术推行电子盟务,民盟市委、基层各支部建立QQ、微信工作群,实现"互联网+"与民盟工作的有机融合。发动各支部积极征订各类学习刊物,获民盟中央群言杂志社2017年度优秀发行单位奖。

自身建设。建设"盟员之家"。全市13个盟的基层组织,实现"盟员之家"全覆盖。盟市委统一授牌,统一规格。通过"盟员之家"建设,经常组织活动,把基层盟员们凝聚到一起,让盟员真正具有归属感,对开展学习实践活动产生积极推动作用。2017年,分宜总支、市直第五支部被评为民盟全省先进基层组织。有5位盟员被授予"全省先进盟员"称号,17位盟员被授予"全市先进盟员"称号。丰富民盟自主活动。10月,盟市委组织各支部盟务骨干和近年新入盟盟员学习贯彻中共十九大精神,开展"不忘合作初心,继续携手前进"盟史专题学习讲座,由市人民政府副市长、盟省委副主委、盟市委主委陈文华授课,深化广大盟员对民盟历史的了解，增强传承民盟优良传统、筑牢多党合作事业的信心。“新时期民盟思想建设工作创新”成功申报入选民盟江西省委会参政党理论研究课题。“‘烛光行动’传大爱，全力推进城乡教育均衡发展”“我市城区‘牛皮癣’小广告治理存在的问题及对策”分别被列入2017年统战创新和实践课题，获三等奖。开展谈心谈话活动。民盟市委会主要班子成员分片开展与支部班子成员、盟员代表一对一的谈心谈话，及时了解盟员的思想动态。开展与民盟支部所在中共组织的恳谈活动，加强交流与沟通，增进信任和支持，提高工作的透明度和凝聚力，增强工作活力。拓宽组织发展领域，有效地改善盟员队伍的知识、年龄和专业结构，增添组织活力。全市上半年新发展盟员9人，下半年发展7人，保持稳健的发展规模和速度。高度重视代表性人士和骨干盟员的培训，有计划地选派调学。选送8位盟员参加省社院学习。加大对外学习与交流的机会。派出盟机关2名专干参加市政协、市委统战部等部门组织的学习与培训，努力提升专职盟务干部的综合素质和服务能力。机关人员全部按要求完成网络理论学习任务。加强自身监督。民盟新余市监督委员会对盟市委领导班子成员履行领导职责和盟员遵守章程进行监督，2017年，监督委员会根据上级的决定，对受到刑罚处分的2名盟员办理开除盟籍的手续。

社会服务。开展“农村教育烛光行动”。2017年，盟市委将渝水区下村中学作为农村教育“烛光行动”新帮扶点。盟市委发挥文化教育的特色和优势，开展“烛光行动——送教下乡、捐资助学”活动，开展公开示范课活动，举行心理辅导专题讲座，为吴玟琳、王雨珊2位品学兼优、家庭特别生活困难的学生共捐助2000元。“烛光行动”促进下村中学教师的专业发展，提升下村中学教育教学质量水平，下村中学在2017年中考取得优异成绩。社区服务活动。一是积极反映社情民意。《城北鸣翠园小区房层地基持续下沉问题亟须解决》得到市委书记批示，问题获得妥善解决。撰写的《教苑村小区拆墙透绿改建铁栅栏锈蚀将倒处理建议》受到重视和采纳，教苑村居民的多年忧患得以解决。二是成功承办“情暖童心——科学防拐，宝贝回家”公益项目新余站启动仪式活动，近2000名市民参与活动，并向社区留守儿童免费赠送DNA采集检测指标50个。三是开展文化医疗进社区活动。盟市委多次联合开展社会服务系列活动，多次开展用电安全、家庭教育、健康保健等知识讲座，组织免费向社区群众赠送春联活动，受到好评。四是帮助社区改善办公条件，联系市体育局向北湖社区赠送体育器材价值2万余元。开展各类专业服务。农技专家顾问团经常到乡村、果园开展农业科技咨询指导活动，接待农业咨询群众60余人次，发放农业科技资料500册，举办种植养殖培训班2期。法律服务律师团成员积极参加法律援助活动，维护弱势群体合法利益。积极响应民盟中央倡导的“黄丝带”帮教活动，选择社区作为窗口，参与社区矫正人员帮教工作，走访慰问社区矫正人员和社区贫病人员。成立新余市法律援助中心民盟工作站，民盟法律服务工作走向常态化。开展法律援助案例40多个，司法鉴定援助25件，减免群众收费30多万元。慈善公益服务。根据中共新余市委统一安排，盟市委负责并全力推进分宜镇等6个乡镇的播爱使者工作。组成“民盟播爱使者团”，敦促分宜妇联对农村大龄单身人员进行调查摸底，组织40名大龄单身男女参加9月29日全市“播爱使者”交友联谊活动，用真诚和爱心为农村大龄单身人员寻觅良缘贡献力量。督促“一代表一委员”开展社会扶贫“一对一”结对帮扶工作，盟员政协委员第一时间上门和贫困户对接，建立联络渠道，及时帮助解决实际困难，并在节假日期间走访慰问，捐赠扶贫款项。同时发动盟员力量，组织盟员企业家慰问社区帮扶对象。

（梁永成）

中国民主建国会新余市委员会

【概况】 截至2017年年底，民建新余市委会共有10个支部，会员217名，平均年龄47岁。其中，在职人员197人，占会员总数的90%；女性72人；大专以上文化程度192人;获各种专业职称的会员有134人,其中有高级职称的21人、中级职称84人。担任省政协委员2人,省人大代表1人,市人大代表9人(其中常委2人),市政协委员25人(其中副主席2人、常委4人);担任县(区)人大代表3人(其中常委1人),县(区)政协委员26人(其中副主席2人、常委7人);在职县级以上干部10人、科级干部29人。

参政议政。2017年1月向九届二次市政协全委会上提交大会发言材料5篇,有4篇作大会发言,其中《培育建设特色小镇、打造经济发展新引擎》获大会发言一等奖、《关于提高我市城市饮用水安全保障的建议》《激活农村土地要素,做好土地流转的"精""特""新"》《着力化解金融危机,修复金融生态环境》等3篇获大会发言二等奖。会议期间,民建市委会共提交集体提案4件、个人提(议)案22件、社情民意3篇。集体提案《培育建设特色小镇的建议》引起政府部门高度重视,分宜县政府、市住建委、渝水区特色小镇领导小组等特地召开专题会议,对提案进行学习、讨论和研究,相继出台规划编制方案,通过整合资源和政策,强化对特色小镇规划建设中土地、财政、项目建设、金融、科技及人才等要素保障,使该项目稳步推进,走在全省前列。下半年,市委会组织会员就化解政府债务、依托蒙华铁路提升经济发展、盘活存量土地、打造产城融合新城区等方面开展调研,形成调研报告7篇。

宣传教育。进一步完善新闻宣传工作和奖励机制,办好新余民建网站、《新余民建》内刊;拓展对外宣传渠道,运用新媒体加大对市委会重点工作、基层会务动态及会员中优秀典型人物的宣传,全年在各级报刊网站共上稿120余篇次,其中在《人民政协网》、民建中央网站等中央级媒体刊登报道15篇次,《诤友之声》、民建省委网站等省级媒体刊登报道90余篇次,在《新余日报》上稿5篇,扩大了新余民建的社会影响力。市委会以加大培训为抓手,不断提高反映社情民意信息的能力和水平,选派1名骨干会员参加民建中央在南宁举办的民建省级组织社情民意培训班学习、3名会员参加民建省委举办的社情民意信息专题培训班。在支部开展"反映社情民意信息月"活动,拓宽社情民意信息渠道,全年共向民建省委、市政协、市委办"民声通道"等上报社情民意49篇,许多意见建议被相关部门采纳,其中《关于农村电商亟待补齐短板》等13篇被民建省委采用并上报省政协或民建中央、《林改后部分地区林地经营目前处于两难境地需引起重视》等4篇被省政协采用;社情民意《关于尽早解决欧雅城巷路灯照明的建议》促使对该路段损坏路灯进行维修,并接入市政路灯管网,从未亮过的欧雅城巷全线通电;社情民意《关于市政工程建设修建竹山北路连接茶山西路工程的建议》引起相关部门高度重视,并将竹山北路连接茶山西路工程列入2018年民生工程;社情民意《建议对城区街道和公园树木集中进行一次病虫害防治》促使园林部门对城区受到病虫害侵害的城区行道、公园枯萎、死亡的树木进行清理,加大对病虫害防治工作的督促养护力度,并将日常养护工作列入重点工作项目。

自身建设。一是加强理论学习和理论研究。坚持学习制度,通过主委会、市委(扩大)会、座谈会、会员骨干培训等形式,组织广大会员学习贯彻中共十八大以来的历次全会和民建中央十届五中全会精神,重点学习中共十九大报告,全面学习统战理论、方针、政策。同时,围绕民主监督开展理论研究,全年成完理论文章6篇,不断提高政治理论水平。二是深化主题教育活动。2017年,市委会大力开展"不忘合作初心,继续携手前进"专题教育活动,制定活动实施方案,开展主题征文活动,将专题教育活动与加强自身建设、提高履职能力和服务社会发展相结合,开展助力仙女湖景区成功创AAAAA、推进锂电产业园区建设、生态农业发展、考察重点工程项目专项调研及建军90周年纪念座谈等学习交流系列活动,推进专题教育活动取得实效。三是抓好组织建设。规范组织管理,组织发展和后备干部队伍建设稳步推进。适时完善组织管理信息系统中会员各项基础信息,获民建全省组织管理信息系统工作先进单位。加大新生代企业家、高素质公务员与经济界联系的专家学者会员的发展力度，全年共发展会员11人。截至2017年底，全市共有会员217人，经济界新兴领域中代表人士比例增大，会员结构进一步优化。进一步加强后备干部队伍建设，推荐和选派2名会员参加民建全省基层骨干会员培训班学习，2人分别参加市委党校中青年干部培训班和县级干部培训班学习。市委会加强与中共组织部门、统战部门、会员所在单位的联系沟通，加大推荐力度。全年共有2人分别担任正科、副科实职。在217名会员中，有各级人大代表、政协委员64名，在职县处级以上干部10名（其中厅级干部2名、正县级干部1名），科级干部28名。完善激励机制，推动基层组织发展。修改完善《先进集体评比和奖励办法》，对先进支部、优秀会员及参政议政先进个人进行表彰奖励，会内创先争优氛围浓郁，有效激发基层组织工作效能。各支部不断创新活动形式，相继开展专题调研、举办公益讲座、走访慰问、支部联谊、三下乡、扶贫助学、会内会外走访交流等活动，市委会在财力上给予支持，使每一次活动都做到主题明确，内容丰富多彩，取得很好效果。成立民建会员之家，为广大会员提供一个固定的学习、交流、研讨、活动的场所，组织凝聚力进一步增强。

社会服务。开展"一对一"助学活动。企业家联谊会和广大会员"一对一"结对帮扶贫困学生54人，捐资办学、扶助贫困学生金额40余万元。其中，副主委詹慧珍资助特困学生12人，李勇华结对资助12名贫困春蕾女大学生，傅新青与3名贫困学生结对子，民建企业家联谊会结对帮扶贫困生27人。副主委詹慧珍、企业家联谊会副会长李伟炜向江西省民建同心扶贫基金会慈善晚会共捐献爱心款项29万元，其中5万元定向捐助企业家联谊会结对的25名贫困学生、20万元定向捐赠分宜德仁苑，市委会在分宜德仁苑建立爱心帮扶基地，进行长期定点帮扶。刘晓江捐助中国华商书院爱心基金6万元，用于赣州贫困地区小学建设；敖晓荣、廖秋平、邱带平等会员企业家携同新余长江创大爱心企业家们资助30名品学兼优的贫困学子，圆了他们的大学梦。2017年，受助学生中有15人参加高考，其中7人考入全国重点大学、3人考入一本院校。开展脱贫攻坚行动。成立民建脱贫攻坚民主监督调研组，对分宜县脱贫攻坚精准识别工作进行民主监督。协助市妇联、市委统战部开展"播爱使者"活动，到乡镇、村委、村小组开展摸底调查工作，为解决农村大龄单身人员的婚姻问题、促进农村和谐稳定献计出力。市委会、会员企业家、担任市人大代表政协委员的民建会员积极参与脱贫攻坚精准帮扶活动，结对帮扶建档立卡贫困户，扶贫捐资近70余万元，其中市委会定点帮扶水西镇彭家村，多次走访该村贫困户并送去慰问金及物资；副主委詹慧珍对接姚圩镇河埠村13户贫困户，帮扶河埠村贫困户就业、为村里装路灯捐资18万元；分宜支部陈勇飞捐助黔南州都匀市南乡翁高村15万元等。开展志愿服务活动。市委会领导、各支部、企业家联谊会及企业家会员多次赴敬老院、社区、扶贫点、颐养之家、学校等开展扶残助弱、走访慰问等公益活动，社会公益捐资捐物近60余万元。如：城北一支部开展"民建有爱、扶残助残"志愿者活动，为市特殊教育学校孩子送篮球、足球等体育用品；分宜支部、渝水支部分别在杨桥镇洙塘村、南安新生村委屋场村颐养之家设立爱心帮扶基地；城北四支部、城南支部、分宜支部走访看望德仁苑孩子们；城北一、二支部走访慰问水西敬老院、颐养之家。 （罗艳青）

中国民主促进会新余市委员会

【概况】 2017年，民进市委会坚持以习近平新时代中国特色社会主义思想为指导，深入学习贯彻中共十八大历次全会和中共十九大精神，以建设中国特色社会主义参政党地方组织为目标，大力加强自身建设，积极履行参政议政、民主监督职能，扎实开展社会服务，为推动新余经济社会健康、快速发展贡献智慧和力量。截至年底，全市民进会员148人，有省人大代表2人，市人大代表3人（其中常委1人），市政协委员15人（其中常委4人），区人大常委1人，区政协委员9人（其中常委

4人)。市委会被省委会评为2017年度综合工作先进单位。

参政议政。在九届二次市政协会议上，市委会所作《关于加快发展我市农业特色产业的建议》的发言获一等奖，《关于绽放历史文化名人光彩的建议》《大力发展锂电产业，培育经济增长新引擎》的大会发言获二等奖，严军平“好点子”获市委书记表扬。本年度市委会提交提案7个，其中1个被列为市领导督办的提案，会员提交提案11个。渝水区支部有3篇发言材料在区政协大会上获奖。在市政协新余九届三次会议上，发言大会中的25篇获奖大会发言材料，民进市委会、民进会员有4篇入选，其中《加快金融创新，推进资本强市》《打造“中国制造2025”新余名片》《加强矿山生态治理，助推山水美市建设》获二等奖，《以国家文化消费试点城市为契机，促进我市文化产业大发展大繁荣》获三等奖，《加强城区农贸市场管理，提升创建全国文明城市水平》获优秀提案奖。市委会完成《关于解决失独家庭问题的建议》《关于新时代迸发移民城市芬芳的建议》等课题，与市政协社会法制委联合进行健全农业政策性资金使用监管制度的调研、完成“加快金融创新，推进资本强市”“关于管控涉企财政性资金风险的对策建议”等2个省委会年度参政议政立项课题，一批成果被采用；在全市统一战线专题调研报告会上，市委会报告专题调研成果《创建社区国学示范学校，让文化自信在青少年心田茁壮成长》。

民主监督。根据中共新余市委办、市政府办印发的《关于支持各民主党派市委会开展脱贫攻坚民主监督工作的实施方案》的通知，民进市委会制定工作方案，成立监督组，到钤山镇的庄边、行山、苑坑、田心村，从建档的贫困户中抽取部分农户，进行实地考察调研，入户详细核查，并与相关人员进行核查，撰写脱贫攻坚民主监督工作汇报材料，撰写《提高出生人口素质，减少因病、因痴致贫现象》的社情民意。市委会领导参加全市人民法院、人民检察院2017年情况通报会、2017年全市党风廉政建设和反腐败工作情况通报会。

宣传教育。2017年，民进共召开5次主委会，4次全委扩大会议，1次人大代表、政协委员座谈会，1次退休会员茶话会，2次骨干会员培训会，6次国学教师、书画、文艺界别会员讨论会。邀请省委会专职副主委欧阳剑雄就中共十九大精神进行宣讲。市委会领导参加全省领导干部(视频)新余会场会议，观看中央宣讲团中共十九大精神报告会(全省视频)，聆听学习贯彻中共十九大精神省委宣讲团新余报告会。民进市政协委员参加市政协组织的井冈山培训班学习以及学习贯彻中共十九大精神报告会。部分骨干会员参加市委统战部举办的全市统一战线中共十九大精神宣讲报告会。第三、第四支部联合活动，学习中共十九大会议精神。在蒋国珍小学设立民进市委会培育和践行社会主义核心价值观教育基地、新余开明书院国学教育实践基地。民进市委会机关干部参加民进全省机关专职干部培训班学习，4名会员至省社院参加民进骨干会员培训班学习。钟宜菲被评为省民进“新闻宣传优秀特约通讯员”。7名会员出席省民进第八次代表大会，市委会主委刘鹄当选省委委员。

自身建设。加强对支部的分类指导和督促检查，创新组织生活形式，开展生动活泼的组织活动，提高组织生活质量，增进会员参与组织生活的积极性，提升组织活力。教育支部被评为民进全省学习实践活动先进集体；第二支部、新余学院支部被授予全省参政议政工作先进支部，6名会员被授予参政议政工作先进个人，2名会员被评为全省机关工作先进个人，7名会员被评为全省优秀会员。民进市委会与到新余的南昌市委会座谈，与赣州市委会进行工作交流，组织部分会内书画界人士赴景德镇学习考察。第一支部与渝水区支部、第三支部与渝水区支部联谊；第三支部至芦茅沟山庄参观，至宜春与该市第二支部联谊；教育支部组织会员至宜丰县开展活动，一分支部与民进新建区二支部缔结友好支部；渝水区支部与吉安市青原区综合一支部交流工作，考察古村落。市委会举办退休会员春节联谊会。成立开明画院筹建工作领导小组。全年发展新会员7人，其中公务员2人、民营企业家2人、书画界会员1名。

社会服务。8月,新余市启动全市“播爱活动”。民进市委会作为主要成员之一,负责渝水区袁河办、城北办、城南办、鹄山乡、水北镇、下村镇、人和乡、良山镇8个乡镇单身人员的统计上报工作。组建8个工作小组,分别下到各乡镇统计40—50岁的单身人数,符合条件的有739位。民进会员再从这些名单中挑选部分人员进行走乡入户,详细了解其家庭成员、家庭收入、劳动技能、心理意愿等方面的情况。最后结婚或有结婚意向的有10余对。新余开明书院由民进市委会发起并举办,由渝水区教体局指导的1所公益性文化传播学校,是江西民进在全省创办的第一所国学教育培训机构。自2016年正式成立以来,书院培训国学教师近千人次,开讲国学公益课300多次,受益学生2万人。开明书院将自编的国学经典教材送到马洪侨心小学,市长青小学、暨阳学校、渝水八小、渝水四小、下村、良山、鹄山、罗坊等中学等学校开办开明读书会。主办渝水区国学公益班,进行国学经典教育师资培训,在渝水八小、蒋国珍小学成立国学教育实践基地。民进市委会为“颐养之家”献爱心,给老人送去健康,送去温暖,与老人们同欢共乐。全年,共组织开展志愿活动16次,参加的志愿者近千余人次,捐赠蔬菜、水果、牛奶等物资及现金5万余元,服务老人1600余人次。“1%工程”新余民进志愿服务团队获“新余好人”荣誉称号,被评为2017年度“优秀志愿服务组织”。组织会员进魁星路、钟家山社区,为居民书写春联,体检、提供法律咨询。多名市政协委员参与魁星路社区等委员工作站活动,累计10余次。举办“十九大精神暖人心——1%工程放飞足球梦想”活动启动仪式。市委会机关工作人员数次至帮扶点——水西镇彭家村走访,慰问困难户;会员中的县级干部、市人大代表、市政协委员以及企业家积极参加全市脱贫攻坚工作,捐助资金近10万元。

(钟宜菲)

农工党新余市委员会

【概况】 截至2017年年底,农工党新余市委会共有党员229名。其中,医卫界114人,占49.8%,教育界37人,占16.2%,环境保护界5人,占2.1%,其他73人,占31.9%;具有中、高级职称的为106人,占46.3%,在职党员176人,占76.9%,女党员98人,占43%。有1个总支、10个支部,即分宜县总支委员会、渝水区支部委员会、新钢支部委员会、市综合一支部委员会、市综合二支部委员会、市综合三支部委员会、市综合四支部委员会、市高新区支部委员会、市人民医院支部委员会、市中医院支部委员会、新余学院支部委员会。有农工党中央常委1人,农工党中央委员1人;省政协委员2人,其中常委1人;市人大代表7人,其中常委2人;县、区人大代表2人;市政协委员19人,其中常委3人;县、区政协委员22人,其中常委7人。

参政议政。2017年,市委会参加中共新余市委、市政府及其部门召开的民主协商会、情况通报会、党外人士座谈会6次,围绕政府工作报告、党风廉政建设和反腐败工作、法院检察院的工作,提出一系列的意见和建议,得到中共新余市委领导的重视和采纳。向市政协九届二次会议提交11个提案,所提的建议和意见均被有关单位采纳。其中,《多维度提升城市品质,争当精美特新中小城市典范》获发言大会二等奖;《关于绘制新余市乡村旅游电子地图的建议》被列为市政协重点督办提案,并被评为市政协2017年度优秀提案。市委会加大联合调研的力度,中标省委会调研课题4篇,不但在量上取得优异成绩,在质上也有很大提高,所有课题都按时按质完成。市委会全年共收到党员撰写的社情民意30余篇,其中《关于对我国高等教育进行“供给侧改革”的三点建议》被农工党中央《前进论坛》和省政协《建言献策》采用刊登,《普列快车脏乱差问题亟待整治》和《高度重视设区市主城区学校大班额问题》被省政协《建言献策》采用,有6篇社情民意被市政协《社情民意》采用。

民主监督。2017年,根据《中共新余市委办公室新余市人民政府办公室印发关于支持各民主党派市委会开展脱贫攻坚民主监督工作的实施方案的通知》精神,农工党市委会对口高新区的精准帮扶民主监督,围绕监督要求,6月6日,召开扶贫监督工作布置会，制定《农工党新余市委会开展扶贫攻坚民主监督工作实施方案》，成立由主委蔡小莲任组长的工作领导小组。市委会扶贫攻坚民主监督小组多次到高新区督导调研精准扶贫工作，对高新区3个乡（镇、办）、3个贫困村的脱贫攻坚工作开展情况进行检查督导，并撰写《关于对高新区精准帮扶工作情况的监督报告》上报市委统战部，所提的建议大部分被采用。

宣传教育。全面学习贯彻中共十九大和农工党十六大精神。按照农工党江西省委会的有关要求，市委会把学习贯彻中共十九大和农工党十六大精神作为一项重要的政治任务，开展以下系列活动：召开全委（扩大）会议，组织各基层组织和党员收看收听中共十九大的直播；以微信形式第一时间将农工党十六大会议的实时状况传递给党员；召开专题学习会，交流学习中共十九大报告和农工党十六大报告学习体会；组织党员撰写学习心得，在农工党江西省委会微信公众号刊登体会文章10余篇，在"新余农工医心医意"公众号刊登学习体会等文章20余篇。根据农工党省委会安排，结合实际开展"不忘合作初心，继续携手前进"专题教育活动。7月3日—5日市委会组织部分市委委员、支部主委、工作委员会负责人赴北京开展"不忘合作初心，继续携手前进"专题教育暨基层组织建设调研活动，到农工党中央史料馆上党史课，到海淀区委会交流，参观国家博物馆《复兴之路》、中关村国家自主创新示范区展示中心。9月20日，邀请农工党中央研究室原主任姜天麟为全市农工党员宣讲农工党党史，对党员进行农工党爱国革命传统教育。11月11日，举办市委会首届同心讲坛暨"学习中共十九大，不忘初心跟党走"演讲赛，全市近100名农工党员参加活动。多措并举，全方位加强信息宣传工作。5月13日，市委会召开宣传信息工作会议，讲解如何撰写信息和社情民意，发动党员积极撰写社情民意信息。同时，市委会机关加强与媒体和上级组织的联系，及时将新余农工动态、先进经验和品牌建设情况上报各级媒体，畅通宣传信息渠道。《实施人才强党战略，建设高素质参政党》的理论文章在《前进论坛》2017年第十二期发表，并受到中共新余市委常委、市委秘书长、市委统战部部长李新华批示表扬。再次中标农工党省委会的理论课题，连续4年中标省委会理论招标课题。不断提升《新余农工》杂志办刊水平，提高内刊编发实效，全年共编辑出版《新余农工》3期。

自身建设。创建党员之家。为切实解决民主党派"活动场所无定所、组织生活无场所"的问题，2017年市委会打造集党员培训、参观、党史知识宣传、史料展览、荣誉展示等功能的"中国农工民主党新余市委员会党员之家"。做好组织发展工作。继续深入实施"人才强党"战略，在保持农工党界别特色的基础上，适应社会人才结构的变化，党员发展质量进一步提高。2017年，共发展党员11名，平均年龄为33.4岁。其中，医药卫生界4人，占36.4%；硕士研究生2名，大学本科9名；高中级职称4名。加强队伍建设。通过"请进来，走出去"，组织开展骨干党员、新党员培训，选派党员参加农工党省委会、省委统战部、市委统战部、市政协组织的各类培训，提升党员政治素养、履职能力。派出1名党派干部参加中央社院举办的民主党派干部培训班，选派5名党员参加省社院举办的全省中青年党员学习班，4位党员参加省社院举办的全省骨干党员学习班；担任市政协委员的党员参加在井冈山举办的"政协委员培训班"。此外，加强与党政领导和统战部的联系沟通，大力举荐优秀党员，促进党员干部的交流成长，广大党员争先创优的工作积极性进一步提高，使党派工作呈现喜人局面。壮大完善基层组织。在中共新余市委统战部、新余学院党委和统战部的关心、支持下，8月8日农工党新余学院支部成立，经大会无记名投票，选举产生第一届支委会。为更好地获得高新区管委会的支持，将农工党城东支部更名为农工党市高新区支部。截至年底，全市基层组织共有总支1个，支部10个。

社会服务。围绕两个社会服务品牌，充分发挥农工党界别特点和优势，大力开展义诊、送医送药行动、送法律到社区服务、爱老敬老等传统社会服务活动。分宜县总支赴高岚乡西坑村颐养之家献爱心。渝水区支部连续多年资助农村贫困学生罗水连；综合一支部带着防暑物品看望在高温烈日下依旧坚守工作岗位的环卫工人；综合二支部联合市公安局在二十五公司开展“医疗卫生和法律援助进社区”活动；综合三支部在仙女湖中学开展“结对帮扶，送教下乡”活动；高新区支部到马洪山南村委，为贫困群众送上香菇、腐竹、木耳等生活物资。市中医院支部开展义诊50余人次，王燕玲向红十字会、1%工程捐款近万元。黎兰芳支持分级诊疗专家下乡支援工作，全年每周四到水北卫生院进行帮扶。袁庆每周到罗坊坐诊，每周到老年大学开展讲座。按照市委、市政府精准扶贫工作部署，农工党的“两代表一委员”、担任领导职务的党员主动致力于脱贫攻坚工作，定点长期帮扶，制定资助计划，让有限的资源发挥最大的作用，力争扶贫取得成效、具有影响，全市农工党员在脱贫攻坚中共投入资金10余万元。在年底开展的“送温暖”活动中，担任市、县区的人大代表、政协委员积极行动，捐赠棉被35床，棉衣45件，棉裤、棉鞋、羽绒衣、床单被套、电饭煲等若干。2017年8月初，新余市启动“播爱使者”活动。农工党负责分宜县的凤阳、洋江、高岚、操场和洞村5个乡镇40—50岁共计604名单身人员的摸底统计、婚介关怀等工作。市委会抽调骨干党员组成5个调查组深入所负责的5个乡(镇)调查摸底，召开县、乡(镇)、村三级妇联主任座谈会，并走村入户到对象家中实地访谈，详细了解其家庭成员、家庭收入、劳动技能、心理意愿等方面的情况。9月29日，组织对象参加由中共新余市委统战部、市各民主党派、市妇联共同主办的“播爱使者”交友联谊会。在市委会的撮合下，有20对单身贫困户有结对意向，有10对领证或生活在一起。　（伍伏海）

九三学社新余市委员会

【概况】　截至2017年年底，新余市共有九三学社社员123人，平均年龄48.44岁。其中，高级职称66人，中级职称36人；省人大代表1人，省政协委员1人，市人大常委会主任1人，市政协委员13人(其中常委4人)，县政协常委1人(副主席)。

参政议政。一是做好重点课题调研。围绕群众关心的热点、难点问题，由主要领导牵头负责，组织社内外力量就课题涉及的相关单位、企业进行座谈、实地考察，提出可行性的意见建议。2017年市委会共开展调研14次，完成社省委立项的3个A类课题和5个B类课题及市里调研课题，《关于加快推进规模化畜禽养殖污染治理和资源化利用的建议》的调研在社省委举办的九三论坛上作重点发言；向市政协九届三次会议提交大会发言6篇，其中市委会与市政协提案委联合撰写的《缓解城区“停车难”问题的几点建议》获大会发言一等奖，《规范规划控制区内村庄建设，深入推进“空心村”整治》获大会发言二等奖，《关于加快推进规模化畜禽养殖污染治理和资源化利用的建议》《策应环城货运公路建设，整合提升物流行业发展》《担当起新时代文化发展新使命》获书面发言三等奖。市委会获九三学社中央2013—2017年度参政议政先进集体称号。二是提升议政建言质量。市委会在聚焦社会热点，优化提案信息上下功夫。内容涉及环保、社会保障、土地利用、医卫教育等热点问题，有的建议得到有关部门的重视和采纳。向市政协二次会议共提交集体提案1件、个人提案6件。《以效益促安全，确保我省粮食主产省地位不动摇》被省政协采用；《关于以集群化理念提高我市光电信息产业核心竞争力的建议》获市政协2017年度优秀提案。三是反映社情民意。加强对信息的分析筛选和与各级组织的沟通联系，通过经验交流，提高社员的参与意识，信息的数量和质量得到提升。截至年底，共提交12件社情民意至社省委、3件至市政协。其中，《关于银行机构做好特殊群体金融服务的建议》《过去产业扶贫中出现的问题及建议》被省政协采用，《关于我市光伏扶贫工作的几点建议》被市政协采用。四是开展脱贫攻坚行动。按照中共新余市委《关于支持各民主党派市委会开展脱贫攻坚民主监督工作的实施方案》文件要求，九三学社市委会负责对渝水区扶贫资金的使用情况进行民主监督。5月上旬，市委会成立以主委为组长的扶贫攻坚民主监督领导小组，制定工作方案。6月，市委会通过召开座谈会听取汇报、进村入户实地调查，与乡村干部、群众面对面交谈等形式，对渝水区扶贫资金的使用情况开展实地调研。抽查罗坊镇竹山村、大岗亭村、姚圩镇河埠村和人和檽诞村4个省级贫困村，对其2016年13个扶贫项目进行实地核实，抽查率为100%。并将此次调研的情况进行归纳整理，形成调研报告，提出意见建议至市委下发相关文件；市委会、担任各级人大代表政协委员的九三社员积极参与脱贫攻坚精准帮扶活动，结对帮扶建档立卡贫困户，扶贫捐资近10万元，其中市委会定点帮扶水西镇彭家村，多次深入该村走访贫困户并送去慰问金及物资。五是开展"播爱使者"活动。8月初，作为成员单位参与全市的"播爱使者"活动，九三学社市委会对高新区水西镇、马洪办、城东办，渝水区南安乡、新溪乡5个乡(办)40—50岁单身人员进行摸底统计，开展婚介关怀，到对象家中实地访谈，详细了解其家庭成员、家庭收入、心理意愿等方面的情况，在9月29日，组织动员42名对象参与"播爱使者"联谊交友会。选送3对新人参加2018年2月2日举办的集体婚礼。

宣传教育。注重思想政治教育。把学习贯彻中共十八大、十九大和中央统战工作会议、九三学社中央、九三学社省委等重要会议精神，作为主委会、全委会集中学习和班子成员个人自主学习的重要内容。对支社举办的各种活动，社市委都要求安排政治学习的内容，学习扎实有效，不走过场。通过经常性的思想政治学习，时刻把握学社前进的政治方向，牢记参政党的历史使命，从而为正确履行民主党派各项职能提供思想保障。专题学习中共十九大。在中共十九大召开前，市委会向各支社下发组织收看中共十九大开幕的通知，要求社员及时收听收看中共十九大开幕盛况。市青工委在开幕式召开后第三天迅速组织召开专题学习会，市委会召开四届七次全委扩大会议专题学习贯彻中共十九大精神，并要求各支社要把学习宣传贯彻中共十九大精神作为当前和今后一个时期首要的政治任务来抓，在广大社员中掀起学习贯彻中共十九大精神热潮。开展坚持和发展中国特色社会主义学习实践活动，进一步弘扬九三学社的优良传统。拓宽信息交流平台。充分发挥网络平台的宣传主阵地作用，运用市委会网站、QQ群、微信群、微信公众号等媒介，做成社市委机关与广大社员、支社与支社、支社与社员之间联系的纽带和桥梁，宣传介绍新余九三的窗口和信息交流互动的平台。开展维稳和普法工作。严格落实综治工作领导责任制和目标，开展法律宣传教育工作，组织机关干部参加有关综治维稳培训，九三新余市委会被评为新余市2016年度综治工作先进单位。

自身建设。领导班子队伍建设。认真贯彻落实社中央有关文件精神，完善市委会领导班子民主集中制和议事制度，抓好领导班子成员分工。班子成员相互支持、相互沟通，相互尊重，协调配合，充分发扬民主与和谐的优良作风，形成一个心齐力聚、和睦融洽的领导集体。做好社员发展工作。坚持"三个为主"的原则，保持主体界别特色。适当发展从事经济、管理、法律、文化等领域的人才及在政府部门有较强代表性的人士，从严把握新的社会阶层人士的发展条件和人数。按照社省委组织发展年龄结构的有关要求，结合全市社员均龄偏大的情况，把发展的主要方向调整为"贴近80后，关注90后"，做到有计划地稳步发展新成员。2017年发展新社员6名，均为大学学历，其中博士1人、硕士1人，平均年龄为34.2岁。重视后备干部队伍建设。市委会注重后备人才的培育工作，将长期培养和近期使用相结合，通过培训学习、考察推荐，逐步储备一批德才兼备、政治素质高、专业技能强的后备队伍。对19名后备干部按照社内安排、政治安排、实职安排及其他系列进行分类建档，使后备干部档案能够反映本人的最新情况，并按照社省委要求定期上报。为社省委出台关于加强后备干部队伍建设的实施意见提出可操作性的意见建议。创新组织活动形式。2017年，市委会创新工作模式，建立九三学社社员之家、支社之家和政协委员工作站，9月成立九三学社新余市青年工作委员会，通过社员之家、政协委员工作站、青工委的桥梁纽带作用增强组织的活力和凝聚力。各支社也不断探索创新，组织活动从过去的以学习、会议为主转变为经验交流、参观考察、走访社员单位、联谊、专题调研等并重的形式。开展的活动有：组织市委委员到重庆革命传统教育基地参观学习，举办九三读书会，开展金融知识进社区等活动。各种活动主题突出、各具特色、富有趣味，基层组织的活力、凝聚力和感召力得到增强。积极参加业务培训。10 月，九三学社全体市政协委员参加市政协举办的委员学习培训班；11 月份社市委选送 2 名市委委员和 2 名骨干社员参加省社院骨干成员培训班学习；1 名社员参加市科级干部培训班，1 名社员参加江西省行政学习第五期市厅级公务员进修班和省委统战部举办的省各民主党派学习中共十九大精神专题培训班。通过参与各种形式的学习培训，进一步深化对中国共产党领导的多党合作制度的认识，坚定走中国特色社会主义政治发展道路的理想信念。

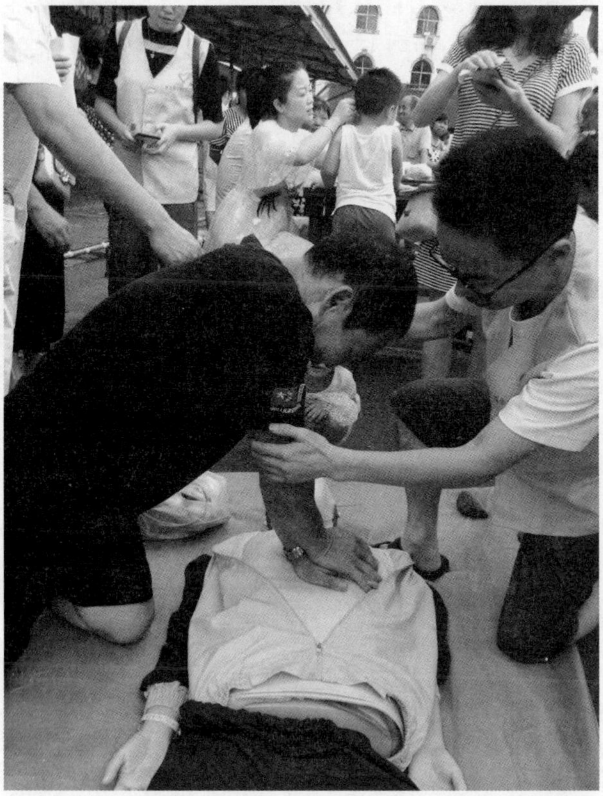

2017 年 7 月 8 日，九三学社新余市委会组织 10 余名医疗专家到九龙乡开展“医疗义诊健康咨询”活动

社会服务。市委会依托九三学社政协委员工作站和新余市法律援助中心九三学社工作站平台，打造“医疗科普”“法律讲堂”“扶贫送温暖”“读书会”和“金融知识”等九三特色社会服务品牌。全年，开展医疗义诊和医疗科普讲座活动 5 场次。其中，医疗义诊活动 4 场，参与的医护人员 20 余人，累计受众 450 余人；医学科普讲座 1 场，参与专家 1 人，受众 100 余人。举办法律讲堂和模拟法庭 6 场。其中，法律讲堂活动 4 场，受众为企业高管、干部职工、退休老干部和入党积极分子，参加人员 400 余人次；“模拟法庭进社区”活动 2 场，参与受众 180 余人。开展“精准扶贫送温暖”活动 3 次。分别走进市博爱养老院、仙来湖社区、渝水区爱慧特殊儿童，为老人和孩子们送去牛奶、鸡蛋、米和油等慰问品。在新余学院真人图书馆开展 2 期读书会活动，通过引导青年社员读书与分享，增强青年社员对社组织的认同感、责任感、使命感，营造浓厚的阅读文化氛围。开展金融知识进社区活动 1 次。发放宣传资料 100 余份，解答市民金融知识问题咨询 40 余人次。开展《“习近平用典”新余书法精品展》活动。 （吴亚弟）

新余市工商业联合会

【概况】 2017 年，新余市工商联学习贯彻中共十八大、十九大精神和中共中央总书记习近平系列重要讲话精神，紧紧围绕中心、服务大局，牢牢把握两个健康主题，持续深化理想信念教育实践活动，扎实开展“千企帮千村”精准扶贫等行动，各项工作取得新成绩。

思想工作。一是持续深化以守法诚信、坚定信心为重点非公有制经济人士理想信念教育实践活动。举办学习贯彻中共十九大精神宣讲报告会、十九大后宏观经济新动向专题讲座，分别邀请中央政策研究室经济发展局局长冯海发、经济学家陈炳才主讲，400 多名企业家聆听讲座。举办 2017 年迎新茶话会，市四套班子、省工商联及有关部门领导与会员欢聚一堂，并推介 PPP、招商项目，

鼓舞非公有制经济人士的士气,激发广大非公有制经济人士干事创业的热情和干劲。组织县区工商联、各商协会及市直会员学习领会鹿心社同志关于全省工商联工作的重要批示精神,以及省委办公厅、省政府办公厅印发《关于构建新型政商关系的指导意见》《中共中央国务院关于营造企业家健康成长环境弘扬优秀企业家精神更好发挥企业家作用的意见》,了解掌握相关政策,提振企业发展信心,增强会员荣誉感和自豪感。组织80多名年轻一代民营企业家代表收听收看全国、全省年轻一代民营企业家理想信念报告会,及在延安举办的全省新生代企业家培训班,进一步增强发展信心,强化机遇意识、开拓意识和发展意识。积极参与"赣商精神"表述语征集活动,提出的"敢为人先,抱团发展,薪火相传"表述语获二等奖。在市工商联八届二次执委会议上,增补执委15人、常委8人、专职副主席(副会长)1人、兼职副主席2人,加强工商联班子建设。二是加强学习培训。与市委组织部、市委统战部、市委人才办联合举办非公企业家资本运作研修班,邀请上海财经大学教师授课,培训内容主要有宏观前瞻、资本运作、营销方略、素质拓展等,6月17日开班,共有学员99名。市、县、区工商联党组书记分别参加全国工商联举办的市地工商联新任主席、党组书记培训班,省工商联民营企业家(中国人民大学)高级研修班,省工商联市县工商联新任主席、党组书记培训班,进一步提升工商联干部和非公有制经济人士的政治思想素质和履职服务能力。三是加大宣传教育。启动"媒体进民企"活动、《赣商志》撰稿准备工作;继续开展"建设美丽江西·非公经济人士在行动"活动。被各级媒体采用130多篇,其中《搭建多种平台合力攻坚克难新余市水北商会扎实推进"四信"教育》《商会建设你追我赶贡献社会争先恐后江西省新余市"四好"商会建设成效显著》被《中华工商时报》专栏头条采用。做好网站、内刊、简报、微信公众号、微博公众号等新媒体平台管理;继续管理维护会员QQ群、微信群、通讯员QQ群等。四是开展有益活动。组织市直属女会员赴会员企业米兰集团旗下凤凰湾影视城和钓鱼岛度假村,开展活动庆祝"三八"国际妇女节;为会员送鲜花祝福,过集体生日,免费健康体检;组建微马跑团、游泳队、羽毛球队等兴趣小组,参加2017仙女湖国际马拉松。通过组织各项活动,让会员深切感受到工商联"娘家"的温暖。

组织建设。一是加强工商联、商会组织建设。召开基层组织建设工作会议,进行经验交流,部署相关工作。下发《新余市工商联2017年"五好"县级工商联建设工作实施方案》《新余市工商联2017年"四好"商会建设工作方案》《关于建立领导班子成员联系商会制度的通知》,加强与县区、各商会的联系、指导,扎实推进领导班子好、会员发展好、商会建设好、作用发挥好、工作保障好的"五好"县级工商联建设,以及为推动工商联所属商会改革发展,开展班子建设好、团结教育好、服务发展好、自律规范好为主要内容的"四好"商会建设工作。全国工商联确认分宜县工商联为2017年全国"五好"县级工商联,省工商联确定渝水区工商联为全省"五好"县级工商联建设示范点,全市县级工商联全部达到"五好"标准。市工商联获全省工商联2016年度宣传教育工作先进单位,渝水区工商联获全省工商联2016年度县级工商联先进单位,市水北商会、市广东商会、市汽车流通行业协会获得2016年度全省优秀基层商会荣誉。二是指导商会成立。2017年指导市欧里、九龙山、良山、新溪、河下、安仁、南安、鹄山、分宜县湖泽等乡镇商会成立,市丰城商会、抚州商会、温州商会等异地商会成立,广州市新余商会、福建省新余商会、泉州市新余商会等外埠商会成立,以及市水务置业爱心协会、市渣土处置协会、分宜县城北商会成立。4月6日,全市首家村级商会——分宜县杨桥镇潭湘商会挂牌成立。12月1日渝水区新兴工业产业园企业家协会暨同心·渝商会成立。指导市新干商会、樟树商会、新能源商会及高新区城东商会、仙女湖总商会等做好筹备工作,引导市余干商会以团体会员加入工商联。2017年共成立商协会20个。三是加强非公党建。吸纳基层商会、骨干企业党委党组织负责人为市非公党委委员,完善组织机构;在批准成立基层商会时,要求符合条件的同步成立商会党组织。2017年市非公党委批复新余市丰城商会、新余抚州商会成立党支部,市良山、九龙山、欧里、新溪、南安、河下、鹄山、安仁、湖泽、分宜县城北、潭湘等商会组建党组织;全面推广水北商会"举党旗、抱团干、带民富"的"党建+商会"经验,帮助其他建立党组织的商会制作党建工作制度等模板,规范党建工作管理;市委开展"两新"组织先进党组织评选活动,对江西赣锋锂业股份有限公司党委等10个非公经济组织和社会组织党组织进行表彰,授予"全市先进基层党组织"称号;组织20名党员非公企业家参加资本研修培训班,提升企业家党员理论水平和党务工作能力。

参政议政。充分利用好人大、政协平台,组织和引导会员中的人大代表、政协委员开展调查研究,积极参政议政。在市九届人大、政协二次会议上,共提交政协大会发言2篇,提出议案11件、提案22件,大部分议案、提案得到落实。根据省工商联要求,开展2016年度上规模民营企业调研,推荐10多家民营企业参加"江西省民营企业100强"调研排序,江西赣锋锂业股份有限公司、江西省百乐米业股份有限公司、江西瑞晶太阳能科技有限公司、江西青春康源集团有限公司进入2017江西民营企业100强;江西赣锋锂业股份有限公司、江西省百乐米业股份有限公司、江西瑞晶太阳能科技有限公司、江西青春康源集团有限公司和江西恩达麻世纪科技股份有限公司进入2017江西民营企业制造业100强;完成江西省民营经济发展蓝皮书《新余市民营经济发展报告》和55户民营企业劳动关系监测调查;对55家市、县区发展环境监测点重新登记,完善优化发展环境监测点。完成全省统战实践创新课题"新余市动员商会(企业)参与精准扶贫行动的实践与探索"以及"新余市服务非公经济发展情况汇报""关于构建新型政商关系情况的报告""关于借力商会平台服务招商引资的思考"等调研。

经济服务。一是做好"渝郎回乡"创业工作。利用微信群、走出去、请回来等方式,加强与外埠商会企业家和在外创业渝郎的联系,宣传家乡"渝郎回乡"创业计划,积极引导他们回乡考察,寻找商机,助推新余加快发展。通过举办"渝郎回乡"创业大会、中秋座谈会和渝郎发展大会,吸引61个项目落户新余,总投资额达276亿元。为配合首届世界赣商大会的召开,与新余日报社联合开展十佳商会带头人评选活动,宣传各商会和会长,进一步凝聚乡情,引导商会不忘桑梓,回报家乡,建设新余。二是协助开展招商。赴广东、上海、浙江、福建等地招商引资,与深圳市、重庆市、江苏、上海等客商就磁网循环回收油雾油烟、镁晶绿色环保建材、尚农村网、企业采购招标综合服务平台、蚯蚓养殖等项目进行洽谈,初步达成合作意见。三是倾情服务商会、企业。利用走访企业、商会、开展座谈会等,畅通企业家反映诉求渠道,解除他们心中的"疙瘩",共同研究解决企业发展中的困难和问题。积极争取中央、省、市相关发展优惠政策,为会员企业抱团发展、转型升级提供全方位服务。加强银企对接,破解企业融资难,市农商银行为市水北商会授信30亿元、为广州新余商会授信20亿元,渝水区湘淮村镇银行为市湖南商会授信2亿元,协助商(协)建立互助基金会,为"双创"人员争取人社局贴息贷款。四是加强交流与合作。组织企业家参加2017中部(长沙)民营经济发展论坛,发布《中部城市民营企业合作宣言》,全面推动民营企业战略合作和区域协作。与四川省自贡市工商联缔结友好商会,建立合作机制。五是开展法律维权服务。发挥市工商联民营企业维权中心和法律顾问作用,做好法律维权、法律咨询、法律宣传、接待来访等工作。2017年,接受企业法律咨询1560余次,回访企业1200余次,举办法律培训班3期、法律讲座60场,办理近200起纠纷诉讼案件,挽回经济损失1.2亿元。与市非公办联合对新余市优化营商环境案例进行调研搜集整理,收集整理企业反映的问题或意见建议28条,帮助企业、商会解决实际问题6个。

社会服务。一是开展"千企帮千户"精准扶贫行动。响应市委号召,从3月开始,市委统战部、市工商联动员各商会、企业开展"同心·千企帮千户"精准扶贫行动。根据市委办《关于实施"同心

·千企帮千户”精准扶贫行动的方案》，市委统战部、市工商联联合印发《“同心·千企帮千户”责任分工方案》，成立工作落实专项小组和督导、联络、宣传、资料收集4个专责小组，发动市委统战部、市工商联科级以上干部全部“一对一”挂点帮扶商会或企业开展扶贫行动，负责指导、跟踪商会、企业帮扶任务的落实。5月13日组织全市各大商协会举行社会扶贫启动仪式，全市共有29个商协会、企业共1000多名企业家进村入户，与5个乡镇贫困村、17个建档立卡省级贫困村、2个少数民族村、1个非建档立卡自然村共1080户贫困户进行“一对一”结对认亲，填写帮扶结对表，落实18个产业扶贫项目和15个农村专业合作社，解决452名农民的就业问题。自2016年“千企帮千村”工作开展以来，全市各商协会（企业）精准扶贫投入资金共计24429万元，其中产业扶贫项目资金15901万元，新农村建设帮扶资金5562万元，颐养之家帮扶资金2286万元，送出慰问金或物资折合人民币548万元，助学132万元。在11月9日召开的全省“千企帮千村”精准扶贫行动现场推进会上，江西赣西科技职业学院获先进民营企业、新余市水北商会获先进商会。二是开展捐资助学。在8月25日市工商联开展的2017年“爱心助学”活动中，94名贫困学子得到27家爱心商会和企业的资助，资助资金18.8万元。市水北、罗坊、下村、珠珊、良山、欧里等商会开展各种形式助学活动，捐赠资金100多万元。渝水区工商联在“扶助贫困家庭大学生”捐赠活动中，共组织民营企业家捐款75万元，受益大学生150名。三是开展慈善事业。积极响应市扶贫领导小组和市慈善总会号召，向全市商协会、企业家发出《精准扶贫精准脱贫慈善捐款倡议书》，全市705家商协会、民营企业捐款400多万元用于扶贫产业发展，其收益将每年资助100户建档立卡的贫困户。积极配合市妇联开展“播爱使者”活动，联系企业对接帮扶60名大龄单身贫困户。倡议各商会、企业献爱心，为分宜县洞村乡敬老院认领捐赠“爱心包”，将洞村乡敬老院改造成“幸福家园”，打造成社会爱心汇聚的全市敬老院示范模板。

（袁剑青）

编辑　傅媛媛

群众团体

工会工作

【概况】 2017年，全市各级工会紧紧围绕市委市政府发展大局，充分发挥工会职能优势，举全会之力推进"建家、强家、暖家"专项行动，各项工作取得新的进展，工会作为进一步彰显。"三家"专项行动、职工技能大赛、厂务公开民主管理和工会改革等经验做法在全总、省总报刊网站上专题介绍，并得到省人大常委会副主任、省总工会主席谢亦森的高度评价，得到市委、市政府领导的充分肯定。市总工会获全国推动厂务公开民主管理工作先进集体称号。

【总揽全局有力有效】 深入学习贯彻中共十九大精神、中共中央总书记习近平系列重要讲话精神，市总党组安排学习研讨、专题辅导15次，组织中心组学习8次。通过深入基层宣讲、组织学习研讨、举办线上线下知识竞赛、落实每周学习制度等举措，掀起学习贯彻中共十九大精神的热潮，习近平新时代中国特色社会主义思想在干部职工中入脑入心。市总党组坚持执行民主集中制，修订完善《市总工会党组议事规则》《市总工会主席办公会制度》，研究"三重一大"事项坚持集体讨论、集体决策和主要领导末位表态制度，邀请市纪委驻市委统战部纪检组出席市总党组会12次，确保决策的广泛性和科学性。班子成员之间做到"四通气"，即重大事项预先通气，常规事项定期通气，相关事项主动通气，应急事项及时通气，形成重大决策之前广泛征求意见，决策时充分发扬民主，决策后齐心协力抓落实的良好局面。按照市委群团改革总体部署，制定《新余市总工会改革实施方案》，并率先上报省总工会。根据市委群团改革"1+5"总体方案，扎实有序推进工会改革，制定市总工会改革任务清单22项，明确"三定一包"推进要求（定责任领导、定责任部室、定完成时限，包全面完成），截至年底完成改革任务18项。指导县区工会改革，分宜县湖泽镇群团服务中心建设试点取得成效。坚决贯彻落实市委市政府决策部

2017年6月5日—7日，新余市总工会举办市、县(区)工会机关干部"提升执行力"培训班

署，主动将工会工作融入全市发展大局中去安排、去落实。通过领导挂点、分片落实、每月调度等形式，发挥工会职能优势，举全会之力做好帮扶重点企业、重点项目、新农村、贫困村建设以及文明城市创建等市委市政府下达的中心任务。帮助挂点企业解决物流费用返还、银行贷款、重点项目审批以及支持贫困村枳壳产业发展。履行成员单位工作职责，做好综合治理、安全生产、法治新余建设、计划生育等工作。

【建功立业有为有位】　围绕工业强市战略，以"挖潜增效、攻关提素、节能减排、安全生产、优质服务"为重点，以"践行新理念，建功'十三五'"为主题，广泛开展"六比一创""三比一降""创三优"等劳动竞赛，统筹抓好中式面点师、叉车工、汽车修理工等13个大类28个项目的市级职工职业技能大赛。与市旅发委、市国税局、市卫计委、市市场和质量监管局、市公安交警支队等部门联合开展全市文明导游、卫生应急等竞赛活动，新钢公司职工在全省"振兴杯"钢铁行业职业技能大赛"计算机操作员"工种比赛项目中，取得囊括前十名的成绩，劳动竞赛成为党政满意、企业欢迎、职工认可的品牌。2017年全市各级工会共组织各类劳动竞赛、技能比武870多场次，竞赛工种67个，参赛职工达11.2万人次。全市各级工会举办月嫂、电焊工、育婴师、计算机、烹饪、汽车修理等职工技能培训530期，培训职工4.1万人次。充分发挥劳动模范的先进引领作用，召开全市劳模创新工作室现场经验交流会，推荐命名示范性劳模创新工作室8个，收集合理化建议2.4万条，采用5960条；完成技术攻关105项，实现技术革新、发明创造900余项，创造经济效益数亿元，劳模的引领作用进一步显现。推荐表彰全国五一劳动奖章1名、省五一劳动奖章7名、市五一劳动奖章20名、省五一劳动奖状2个、市五一劳动奖状10个。举办全市"五一"表彰暨职工先进事迹报告会，组织职工先进事迹巡回图片展，在市级新闻媒体开办"劳模的故事"新闻宣传专栏，采访报道劳模先进典型12人，选派1名劳模参加省总统一组织的赴新疆阿克陶县开展义诊活动，推荐2名劳模入选"新余好人"榜，组织9批次105名全国省市劳模进行疗休养，为25名全国劳模进行免费体检，发放劳模慰问金、困难劳模帮扶金和困难救助金152万元，关心关爱劳模蔚然成风。开展争当"五有职工"（有梦想、有追求、有原则、有担当、有爱心）活动，广泛开展职工思想生活状况大调研，全面了解职工思想动态。开展"读一本好书、写一篇好文章"和"亮家训、晒家风、谈家规"活动，大力开展"新余有爱·工会有为"职工志愿服务活动，建立职工志愿服务队60多支，组织职工志愿活动260多次。精心组织全市职工乒乓球赛、篮球赛、全市千人舞和"工会龙卡"杯职工核心价值观工间操展示、女职工演讲比赛、"品味书香·文化新余"书画摄影展等庆"五一"、迎中共十九大系列活动和"我们的班组"劳动传奇微大赛，市工人文化宫为职工群众免费提供服务16万多人次，进一步丰富职工的文化生活、凝聚职工服务发展的力量。

【维权服务有声有色】　创建"三师一室"（法律援助律师、劳动关系协调师、健康工程师、劳动争议调解室）服务模式，广泛开展法律进园区、进企业、进职工活动，大力推行"律师坐班"接访制度，切实加大法律援助和服务力度。全市省级及以上工业园区"三师一室"创建工作全部通过省总工会考核，全年"三师"服务企业152次，调解纠纷168起，服务园区职工1.7万多人次，各级工会举办法律知识讲座36期，开展法律进园区、进企业25次，接待来信来访职工108人次，受理法律援助案件6起。联合相关部门开展清欠农民工工资专项行动，追讨拖欠农民工工资1630万元。召开全市工会系统维权维稳工作座谈会，到新钢公司、新余矿业等去产能行业企业进行调研，及时了解职工思想动态，有效为职工排忧解难，受到省总工会高度评价。开展工资集体协商"集中要约"行动和劳动关系和谐企业创建活动，推荐江西省劳动关系和谐园区1个，劳动关系和谐乡镇1个，劳动关系和谐企业3家。组织开展"安康杯"竞赛活动，全市参与全国"安康杯"竞赛活动企业68家、班组

1423个、职工3.1万人，参赛企业和职工较上年分别增长15%和20%，促进职工职业安全和健康状况持续改善。举办女职工权益维护和健康知识讲座30多场次，深入宣讲《江西省女职工劳动保护特别规定》和健康保健相关知识，2100多名女职工聆听讲座。组织开展工会“七五”普法系列活动，以引导职工依法理性维权，获全省百万职工学法用法网上知识竞赛活动优秀组织奖。

【开展精准帮扶服务】 持续开展“春送岗位、夏送清凉、秋送助学、冬送温暖”活动，联合人社局等部门举办就业援助月招聘会15场，帮助890人实现就业。各级工会走访慰问高温一线班组1300多个，帮助困难职工、农民工子女就学1200人，元旦春节走访慰问困难职工7109人。开展农民工返乡服务活动，补贴农民工车票7万多元，赠送“爱心餐包”700多份。大力推进会员普惠制工作，在旅游、购物、车辆充油等方面为职工提供优惠，全市共发放工会普惠卡6万余张，确定特约商家65户。在市、县(区)中心城区建立户外劳动者“爱心驿站”11个。扎实推进职工互助保障工作，理赔职工262人，支付保障金138万元，为1957名符合投保条件的困难职工免费赠送团体人身意外伤害住院综合保障，为困难职工构筑多条救助防线。

【召开全市“五一”表彰大会】 4月28日，市“五一”表彰大会在市工人文化宫天工大剧院召开，庆祝工人阶级自己的节日，表彰新余市五一劳动奖状、奖章和工人先锋号，大力弘扬工人阶级伟大品格和劳模精神，为新余争当“三区两典范”、提前全面建成小康社会凝聚力量、鼓舞斗志。市委副书记曾萍出席会议并讲话，市人大常委会党组成员、市总工会主席谢桂生主持会议，市人民政府副市长徐绍荣宣读《关于表彰新余市五一劳动奖状、新余市五一劳动奖章和新余市工人先锋号的决定》，市政协副主席邹基云、市委副秘书长胡向理等领导及市总工会班子成员出席会议。县区工会、市直行业(产业)工会主席、分管领导和市总直属基层工会主席，受表彰的先进集体代表和先进个人参加会议。会上，市五一劳动奖章获得者代表、赣西供电公司运维检修部变电运维一班班长廖学勤宣读倡议书。全国五一劳动奖章获得者、市第一中学年级主任范承保，省五一劳动奖章获得者、新余市荣和生态农业开发有限公司总经理胡云华，市劳动模范、新余市小华巾帼禽业专业合作社理事长范小华等劳模作先进事迹报告。

【全市职工职业技能大赛】 为在全市经济社会发展中发挥工人阶级主力军作用，8月30日，新余市总工会2017年全市职工职业技能大赛叉车工、汽车修理工、焊接工、插件工操作赛在江西省木林森光电科技有限公司和江西康展汽车科技学校举行。市委副书记曾萍，市人大党组成员、市总工会主席谢桂生到场观摩指导。全市共有73家企业，989名职工参加预赛，经过各基层工会层层推荐选拔，木林森光电、江西好英王、赛维LDK、赣锋锂业、增鑫牧业、新钢公司、信达长林等47家企业(团队)共计160名职工参加决赛，其中叉车工共有22家企业31名职工、汽车维修工共有11个企业45名职工、焊接工共有8家企业48名职工、插件工共有6个团队36名职工。每个项目都评比出一、二、三等奖，在全市职工队伍中较好地形成“比、学、赶、帮、超”的良好风尚，有力地促进职工职业技能水平的提升。

【开展结对帮带“手拉手”活动】 市总工会创新工作思路，深入开展国有企业与非公企业工会结对帮带“手拉手”活动，充分发挥国有企业工会组织机构健全、工作体系科学、民主管理规范、特色亮点纷呈等优势，新钢公司、赣西供电公司、大唐新余发电公司等一批工会工作扎实的国有企业，分别与高新区、分宜县、渝水区、仙女湖区各6—10家工会工作基础实、工会工作意愿强、工会工作氛围好的非公企业工会结成对子，通过现场观摩、经验介绍、互动交流、入企指导等方式，学习借鉴先进理念、工作制度、规范管理、创新举措，实现资源共享和充分利用，受到非公企业的好评，得到省总领导的充分肯定。

【规范职工民主管理工作】 组织国有企业工会与非公企业工会"结对帮带"创新活动，开展全市厂务公开民主管理论文征集活动，召开新余市非公企业"公开解难题、民主促发展"主题活动经验交流会，积极参与全省职工代表民主管理知识线上竞赛，获得全省第二名，举办职工代表专题培训班28期，全市已建工会的国有企业和非公企业厂务公开建制率分别为100%和92.7%，职代会的建制率分别为100%和89.5%，均位居全省前列。市总工会被评为全国推动厂务公开民主管理工作先进单位，是全省唯一一家获得此荣誉的设区市工会。

【推进"建家、强家、暖家"专项行动】 市总工会坚持以评选"十佳"乡镇（街道）工会和"二十佳"非公企业工会为主线，强力推进"建家、强家、暖家"专项行动。评选活动从"党委政府重视支持、工会组织基础建设、履行基本职责、服务基层服务职工、围绕中心服务大局"等5个方面制订"十佳"乡镇（街道、办事处）工会的标准，从"组织机构健全、民主管理规范、劳动关系和谐、服务职工群众、服务企业发展"等5个方面制订"二十佳"非公企业工会的标准。市总对受表彰的单位分别给予2万元的经费补助，县区工会配套落实，极大地调动基层工会参与创建的热情，推动一大批乡镇（街道）工会、非公企业工会规范化建设，全市乡镇（街道、办事处）工会和非公企业工会工作水平得到提高。（施星颂）

共青团工作

【概况】 2017年，共青团新余市委员会深入贯彻落实中共十八届三中、四中、五中、六中全会和省第十四次党代会精神，以迎接中共十九大胜利召开和学习中共十九大精神为主线，紧扣全团改革要求，按照团省委年初的重要部署和团市委八届五次全会确定的"巩固四维工作格局，统筹推进五大重点工程和三项重点工作"的总体目标，扎实开展青年工作，各项工作取得一定成绩。

【扎实推进改革攻坚】 利用团属新媒体阵地持续广泛宣传团中央、团省委改革方案并积极动员全市各级团组织深入学习，市、县、乡镇街道及各行业系统团委面向广大团员青年累计召开专题学习、宣讲、座谈会等40余场。组织全市团委委员在共青团新余市委员会八届五次（全体）会议后分组进行深入讨论，对新余市共青团改革工作提出意见建议。在充分听取党委分管领导的要求、广泛征求全市团员青年的意见基础之上，启动全市共青团改革方案的起草工作。方案经过多次征求意见、讨论修改，于6月5日上报团省委审核评估并在6月23日的市深改组会议上审核通过。推进改革落实。重点从两改三强化贯彻落实：改革团的机构设置和人员配置，畅通基层兼职团干部交流渠道，定期让基层团干到团市委进行跟班学习、挂职锻炼，将部分优秀青年人才代表吸纳为团市委委员或兼职团干；改进团的工作方式和运行机制，探索建立常态化运用"共青团干部+青少年社工+青年社会组织人才+青年志愿者"的四青工作机制，通过引进社会组织参与共青团工作，延伸团的工作和服务手臂；强化团的基层建设，加强青年空间综合服务平台和青年之声线下服务站建设；增强团的各项保障，主要是深化党建带团建，加大督查指导考核力度和经费支持保障等；增强团的先进性，严格团员发展、落实三会两制一课、控制团员数量、团员注册志愿者。

【加强思想政治引领】 围绕"六一""建队日"等重大节日，在中小学生中开展"红领巾相约中国梦""红领巾心向党""喜迎十九大——我向习爷爷说句心里话""核心价值观记心中""我们是共产主义接班人"等活动，全年开展各类班队活动2000余场，覆盖全市4万余中小学生。实施"红色基因代代传"工程，组织200余名中小学生开展"新余学子井冈行""井冈山上当红军"等红色文化活动，通过主题队日、讲红色故事等不同活动形式引导广大少先队员铭记革命历史。广泛开展“迈入青春门，走好成人路”十四岁集体生日和十八岁成人仪式、“彩虹人生——奋斗的青春最美丽”主题分享会、“与人生对话——我的中国梦”主题团日示范活动等。深化“红领巾小小讲解员”、少年儿童红色书画作品创作大赛和“少年演说家”系列竞赛等品牌活动。推报一批国家和省级优秀典型，其中，1人获“全国优秀共青团员”称号，1人获全省“龚全珍式向上向善好青年”荣誉，3个集体获全省“龚全珍式向上向善好青年集体”荣誉；开展省级“雷锋中队”“英雄中队”创建活动，推荐“江西最美少先队员”2个、“江西省最美少先队辅导员”1个。开展2016年度新余市“五四青年奖章”“两红两优”，全市优秀少先队员、少先队辅导员和先进集体等评选活动并进行表彰。在官方微信公众号“新余青年”及时发布本地团讯、转载上级团情。对团市委官方微博定期更新，全市各直属团委都开通微信公众号和微博，形成“两微”矩阵。加强新媒体中心建设，在机关整体搬迁后安排专门办公场所作为新媒体工作室，配置有专门的电脑和高校轮值志愿者，定期发布新媒体作品。深化网络文明志愿者队伍建设，通过打造团青“网络大V”，培养本土正面网络意见领袖，充实市、县两级网络文明志愿者核心队伍力量，提升“网军”整体素质，组织开展青年网络文明志愿行动，加强网络舆论引导。开展原创作品大赛，围绕“青春喜迎十九大·共筑网络强国梦”“五四”系列主题活动，以原创H5、微电影、网络征文等形式积极参与团中央、团省委举办的原创作品大赛，共推报各类作品18件。

【服务经济社会发展】 一是服务青年创业就业。承办全省青创工作现场推进会暨江西青创团工委成立大会，全省各青创空间代表，金融机构、风投机构以及青年创业者代表等100余人参加会议，极大提升新余市青创工作水平；承办团省委资本相亲会第三期新余专场，促成4家本土企业与金融投资机构达成战略协议。完善“支点”创新创业孵化器建设，在孵企业42家，入驻率100%，解决就业岗位203人，远程孵化创业企业和创业团队14个。2017年，孵化器获共青团中央认定的全国青年创业示范园区、省科技厅认定的省级众创空间、省人社厅认定的省级创业孵化基地等称号。以“支点”创新创业孵化器为载体搭建青年创新创业服务平台，为创业者提供质优价廉的法律、审计、评估、商标注册等中介服务。常态化开展青年创业大讲堂、青年创业沙龙活动，营造浓厚的双创氛围。提升青年就业能力，做好大学生岗位见习与就业招聘工作，青商会17个会员企业共提供325个见习岗位，在各高校媒体发布岗位信息，为在校大学生提供就业见习机会。深化与金融部门合作，提升小额贷款工作成效，为贷款青年提供金融、政策以及创业就业培训等服务。加强就业培训，组织青年参加省、市电子商务创业培训，配合团省委电子商务服务中心在新余召开2场电子商务讲座。二是推动“青春岗位建功”活动。做好国家级青年文明号和省级青年文明号创建推荐工作，开展全市2015—2016年度青年文明号评选。优化企业青年职工的发展环境，广泛开展青年岗位能手、青安岗、青年雷锋岗等典型选树活动和服务示范、技能示范、安全示范、攻坚示范等集中示范行动。三是完成市青联换届，将农村青年致富带头人、优秀进城务工人员、一线工人岗位能手等各个战线的优秀青年人才汇聚到青联中来。加强青商会建设，加强与会员的联系，积极举办考察、交流活动，通过发挥以青商会会员为骨干力量的创业者协会、青年讲师团等服务组织作用，为青年提供创业政策解读、法规辅导、理论教育和典型宣讲等专业性服务。积极引导市青联、青企协会员广泛参与全市青年就业创业、希望工程、阳光助学、环境保护、扶贫济困等方面社会公益活动，履行其相应的社会责任。发动青联委员和青商会会员共42人参与全市“精准扶贫”工作，一对一结对帮扶贫困户并且经常性开展走访慰问活动，直接帮扶资金3万余元。四是大力开展志愿服务活动。以高校志愿者联合会、各级团组织志愿服务队以及社会公益组织为骨干力量，深入开展“共青团关爱农民工子女志愿服务行动”“阳光助残行动”“学雷锋志愿服务行动”“流动青少年宫”“颐养之家＋青年志愿服务”“情暖童心——科学防拐宝贝回家”等志愿服务和公益品牌活动，取得良好的社会反响。五是深化“绿动赣鄱”生态文明示范创建工作。分别在分宜县凤阳镇大路边村和渝水区人和乡稿诞村创建省级共青团生态文明示范村，制定出生态＋文明＋产业创建方案，组织动员广大团员青年积极投身美丽和谐乡村建设。在保护母亲河日、植树节、世界环境日等时间节点开展环保知识宣传，以“青春助推绿色崛起”为主题，推出一系列环保微电影、公益宣传广告等文化产品，在青少年中倡导环保理念。积极开展“青春建功美丽新余”活动，组织青年参与全省青少年统一植树行动，开展“清理社区牛皮癣”等“十进”环保活动。

【促进青少年健康成长】 开展青少年法治宣传教育，发挥法治副校长主干力量，全市法治副校长进校园指导开展法治教育（模拟法庭）200余场，为学校提供法律意见300余条，参与学校周边环境整顿260余次，帮教转化学生60余名。做好不良行为青少年群体服务管理和预防犯罪工作，发挥阳光班级作用，开展法治、感恩、道德等教育，聘请专业社工师对学生进行辅导，在新余司法警官学校开设“新余阳光学校”，并拨付3万元资金作为学校开班费用。加强未成年人保护工作力度，重新调整全市中小学法治副校长，进一步规范法治副校长工作职能；新建禁毒教育基地和青少年法治教育基地2家。注重青少年自护教育，在寒暑假、未成年人保护宣传周期间开展以防溺水、防触电、防火灾、防性侵、防交通事故为主题的自护教育，通过宣讲、演练、体验等形式覆盖青少年20万人次。关注青少年心理健康教育，依托12355青少年服务台心理咨询师和学校心理教师等，开展中高考减压阳光行动、生命仪式团体辅导、“心灵谱手”留守儿童心灵成长导师培训等活动。推进“女童保护”儿童防性侵安全教育。由各学校志愿者讲师根据学期教学安排提前设计授课计划，按照“两年全覆盖”的要求，分批完成第一轮普惠。通过线上招募、观看示范课、线下考核等流程，招募16位志愿者讲师，2017年全市共有88名女童保护志愿者讲师。组织讲师走进农村留守儿童集中村开展授课，全年共授课200余堂，覆盖儿童1.2万余人，家长3000余人。表彰10家开展女童保护先进单位和15名优秀志愿者讲师。开展“青亲伙伴”社工服务及志愿服务示范项目征集，推动青年社工服务以及青年志愿服务的项目化运作、社会化动员和制度化发展，就关爱留守儿童、颐养之家为老服务、阳光助残、环境保护、青少年法治禁毒及自护教育、不良行为青少年教育矫治、中高考减压等7类征集到38个项目。其中，“高新梅园社区四点半课堂”获得团中央留守儿童权益保护示范项目，“正视艾，正确爱”防艾宣传项目和“护航花季，禁毒宣传我们在行动”获得团中央小额资助计划。鼓励社会组织骨干积极参加社工考试，开展社工考前免费培训，共有60多名学员参加。开展“赣青扶贫”工作。动员各级青年文明号、青年社会组织、青年企业家等青年力量广泛参与结对工作，全市共完成17个贫困村和40个留守儿童集中村的结对任务。57个结对单位尽职尽责，在乡镇团委的牵线下，与各结对村建立帮扶联系，建立帮扶花名册，制定结对帮扶措施，积极开展走访慰问、关爱留守儿童活动。实施“领头雁”计划，面向农村青年能人、返乡创业青年、大学生村官等群体培养19名“青创者”，实现贫困村全覆盖。青创者与贫困村进行“一对一结”对帮扶，利用自身优势带领农民脱贫增收，共带动530余名贫困村青年就业。以春节、“六一”、赣青扶贫集中日等时间点为主要契机，发动全市党政机关、团组织、社会组织、爱心人士等社会力量面向全市17个贫困村和40个留守儿童集中村开展微心愿活动。全年完成“微心愿”认领410个，牵动党政力量实现“微心愿”1089个，实现贫困村全覆盖，共有市、县（区）、乡镇三级团组织共95名专兼职团干和400余名党政机关、社会爱心人士参与。

【全面强化团组织队伍建设】 一是打造“身边的

共青团”。市、县(区)两级共建立有微邦“青年之声”群组11个,专家联盟13个,专家数量500余名,建立青年之声线下服务站6个,定时发布工作动态、开展线上线下结合活动。推进“青年之家”云平台建设,全市9个青年之家全部“上线”,每年定期发布活动不少于12次。二是夯实团组织建设。对“两新团组织”“实体化大团委”进行动态管理,全市所有乡镇团干配备齐全,基层团组织建设和运行顺畅。推动非公企业团建,全年新建非公企业团组织60家。深化基层团组织建设“五项重点”工作,扎实开展好团组织隶属关系梳理、落实团组织按期换届要求、落实基层团组织“三会两制一课”制度、规范团员发展与管理工作、规范团费收缴、使用和管理各项工作。三是全面加强团员团干队伍建设。创新“两学一做”学习教育形式,建立微信交流群,开设“微党课”课堂。严格落实“从严治团”要求,指导带动各级团的领导机关做好团干部选配和协管,严格团干部选拔标准、规范选拔程序,选优配强工作力量;严抓教育培训,市本级举办全市团干部培训班1期,培训80余人次,全市各级团组织举办各类培训班、座谈会、学习讲座500余场次,培训2000余人次;切实联系青年,推动全市专职团干部做好“1+100”团干部直接联系青年工作,全市专职团干部平均联系青年112人。严格团员调控和管理,落实新发展团员“一人一号”制度,强化入团仪式教育,把初中、高中阶段毕业班团青比分别控制在30%、70%以下,切实保证团员发展质量。四是深入推进少先队专业化建设。成立督导组对全市《加强少先队工作实施意见》落实情况进行督导。将1课时少先队活动课普遍落实到中小学课表和实际教育教学实践中;深入开展活动课观摩竞赛交流展示活动,举办全市第三届少先队辅导员说课大赛。推动在市县教研机构中设立专兼职少先队教研员制度,增强指导少先队活动课建设的科学性、系统性。推进全市少先队名师工作室、辅导员培训基地建设。2017年,由团市委申报的长青小学黎苹工作室获全国名辅导员工作室称号,全省仅有3例。

【举办全市离队入团仪式集中示范活动】 5月3日,由共青团新余市委、新余市教育局、新余市少工委主办,新余市第六中学团委承办的“青春喜迎十九大·不忘初心跟党走”新余市离队入团仪式集中示范活动在市会展中心举办。共青团江西省委副书记孙鑫、市人民政府副市长徐绍荣出席仪式,团省委、市教育局、团市委、新余六中的相关同志,全市各中学团队组织负责人以及新余六中的新老团员代表,共计300余人参加活动。仪式上,离队的少先队员重温入队誓词并进行入团宣誓,新余市人民政府副市长徐绍荣为新老团员寄语,团省委副书记孙鑫对新老团员提出殷切期望。此次活动进一步强化团员意识教育实效,对规范团员发展工作,培养团员的先进性、自豪感和仪式感起到积极作用。

【全省青年创业工作现场推进会在余召开】 8月15日—16日,全省青年创业工作现场推进会暨青创团工委成立大会在新余召开。团省委副书记廖

2017年8月15日—16日,全省青创工作现场推进会暨江西青创团工委成立大会召开

良生出席并讲话，团省委机关相关部门负责人，各地市、县区、部分高校团委代表，全省各地市青创空间代表，金融机构、风投机构以及青年创业者代表等100余人参加。会议分为3个阶段：一是团省委副书记廖良生、新余市委副书记曾萍及参会代表实地参观考察青创空间观摩点（新余市支点孵化基地、江西吃呵科技有限公司）。二是召开会议，举行江西青创空间团工委成立授牌仪式，并举行与省农村信用社、北京银行南昌分行签订青年创业战略协议仪式。三是举办团省委资本相亲会新余专场。会上，团省委副书记廖良生为江西青创团工委进行授牌，对江西青创团工委的成立表示祝贺并就全省青创团工委建设工作提出具体要求。此次会议的召开是团组织积极适应当今时代创业青年流动、分布和联络聚集所带来的新变化的有力举措，同时也是团组织为全省青创空间、青创组织、创业企业以及青创者提供全方位的创新创业服务的实际需要，通过在青创空间（众创空间）、初创企业、创业组织（协会）等建立团组织，实现青创工作校内校外、团内团外、园内园外互联互通。

【市青年联合会第四届委员会第一次会议召开】 11月23日，新余市青年联合会第四届委员会第一次会议召开。市委书记蒋斌发来贺信，市委副书记曾萍，市委常委、市委秘书长、统战部部长李新华，团省委副书记、省青联副主席伍复康，市人大常委会副主任马小红，副市长徐绍荣出席会议。此次会议是市青联在全市群团改革深入推进之际召开的一次重要会议，旨在以改革创新精神不断推进青联建设，推进青联自身改革，不断增进青联组织的担当，进而增进广大青年的担当，引导广大青年为新余建设“三区两典范”，再铸“工小美”新辉煌而努力奋斗。会议选举产生第四届青联主席、副主席、常务委员等。（卢　俊）

妇联工作

【概况】 2017年，市妇联贯彻落实中共中央总书记习近平系列重要讲话精神和中央、省、市委重大决策部署，深入推进妇联改革工作，围绕中心，服务大局，服务妇女，服务基层，各项工作取得较好成效。市妇联被评为2017年全省妇联系统舆论阵地建设先进集体、江西省家庭教育优秀论文评选活动优秀组织奖等。市妇联机关1人被评为全市优秀正县级干部，4人获省、市部门工作先进个人。

妇联改革工作全面实施。以夯实基层基础为重点，构建起“小机关、大网络、强基层、全覆盖”的妇联组织网络体系。市妇联内设机构调整，职能优化。市妇联七届执委、常委中，劳动妇女和知识女性占比分别上升6.5%、5.7%，达34.2%、20%。乡镇妇联组织区域化建设、村（社区）“会改联”100%完成，乡镇妇联执委从0增至267名，村（社区）妇女工作骨干力量从481人增至2960人。新增10个市直妇委会（妇女小组）。村（社区）妇女儿童之家全覆盖。新建市级妇女儿童服务点4个（新余市妇女就业创业基地、市妇女儿童活动中心职业见习基地、亲子阅读体验示范基地、妇女儿童心理健康咨询服务中心）。建立完善以全国妇联“妇联通”、新余妇女网和市、县（区）、乡三级妇联微信及微博为依托的全市妇联系统网络新媒体矩阵，三级妇联网评员网宣员204人。各级妇联建立基层联系点312个，直接服务妇女儿童187790人。100余名市、县区、乡镇妇女干部参加全市妇女干部培训班。市妇女儿童事业发展经费（妇女儿童人均“一元钱”工作经费）由2016年的60万元，增加到2017年的76万元。帮扶及争资任务全面落实。累计拨付贫困村帮扶点、新农村建设点产业帮扶资金10万元。协调解决重点企业帮扶点融资问题。争取上级各类民生经费共计150万元，超额完成年度65万元指标任务。

中共十九大精神学习宣传层层推进。制定下发《新余市妇联“巾帼心向党·建功新时代”中共十九大精神宣讲活动的实施方案》。市、县区妇联深入农村、社区、企业，通过与妇女群众拉家常、举办座谈会、开办讲座等形式，累计开展中共十九大精神宣讲11场。市女企业家协会举办2场中共十九大精神专题宣讲会。市妇联机关、市妇女儿童活动中心分别开辟中共十九大精神专栏,全体党员结合工作实际,撰写中共十九大精神学习体会20篇。市妇联网站、微信、微博及时发布中共十九大精神内容、学习动态,发挥舆论引导作用。

【家庭家教家风工作持续深入】 一是重视家庭文化建设。制定《新余市家庭教育五年规划(2016—2020)》。举办新余市庆祝“三八”国际妇女节107周年纪念活动暨新余市第三届妇女运动会,组织“书香女人有约,话说母亲节”“话说端午”“智慧女性,幸福家庭”等读书活动,开展家庭教育讲座25场,市女性公益讲堂开办书法、声乐、舞蹈等培训课270余场,营造浓厚的家庭文化氛围。6户家庭获评全省书香家庭。二是宣传家庭典型事迹。评选表彰新余市最美家庭、文明家庭、绿色家庭、五好家庭、好婆婆、好媳妇101户(人),廖淑慧家庭获全国最美家庭称号,举办优秀家庭先进事迹宣讲76场。在中新网、《江西日报》《新余日报》、妇联系统网络媒体等宣传新余市优秀家庭、女性、集体事迹60余个,激励广大妇女及家庭争先创优。三是传承优良家风家训。开展“巾帼心向党·扬帆新征程”系列活动,其中“从严治党看变化”面向社会征集发布随手拍照片、漫画、文字等近100幅,“家风故事汇”征集家规家训格言106条,家风故事70余个。征集家书、社会主义核心价值观进家庭优秀工作案例和生活案例24篇,举办“推动移风易俗,促进乡风文明”签名活动38场,积极弘扬社会主义核心价值观,传承优良家风。

【巾帼行动帮助妇女脱贫致富】 一是贷款融资助力脱贫。全市发放妇女小额担保贷款13422.6万元,扶持创业女性1063名,带动妇女就业4446人。为女企业家融资“贴息创业贷”416万元。二是指导培训造血脱贫。全市妇联系统免费培训绣娘、家政服务员、美容员1310人,妇女电商技能773人。联合开展“春风行动”,为1500余名女性推荐用工。市妇女就业创业服务中心为1000余名妇女提供就业指导。在高新区成立7个“巾帼扶贫车间”,打造“妇联+企业+乡村车间+贫困户”的“造血式”脱贫攻坚模式,直接安置和带动40余名妇女在家门口就业。三是巾帼建功激励脱贫。积极发掘优秀企业、行业妇女,举办新余市“振兴杯”家政服务行业技能大赛,并组织参与各级各类竞赛活动。全市137个集体(个人)被评为全国、省、市城乡妇女岗位建功先进集体(个人)、市三八红旗手(集体)、市巾帼扶贫先进个人等,新余市3人分获全省家庭服务行业职业技能大赛三等奖。

【妇女儿童权益有效保障】 一是深入实施两纲。召开第四次全市妇女儿童工作会议,总结5年来新余市实施两纲工作,表彰先进,部署下一步工作。省妇儿工委、省妇联分别调研新余市免费婚检、儿童友好家园、儿童伤害干预及免费婚检等工作,并给予肯定。二是关爱困境人员。全年,各级妇联走访慰问精准扶贫点、颐养之家、学校、困境妇女儿童、“两癌”妇女等80余万元。为留守儿童

2017年9月29日,“播爱使者”大型婚恋交友活动在抱石公园广场举行

募集捐赠23950册书籍,710个书包,206套校服。开展“关爱留守儿童微心愿”活动,圆了1210个梦想。市巾帼志愿者协会开展“邻里守望,姐妹相助”巾帼学雷锋服务活动30余次。市女企业家协会对接48户贫困户、26名高中贫困女生等,送慰问资金30余万元。三是维护妇女权益。举办妇女义务普法大讲堂、法律宣传26场次,发放宣传手册2000余册。市县区妇联接待妇女信访242件。市妇女儿童心理援助中心和服务中心提供情绪疏导100余人次,对6名家庭暴力施暴者进行心理矫治。全市律师事务所妇女维权岗共为妇女解答各类法律咨询500余人次,代写法律文书56件。市法律援助中心援助妇女138人、未成年人35人,减免诉讼代理费30多万元。市公安局家事纠纷调解室开出家暴告诫书3份。

【开展“播爱使者”活动】 为贯彻落实中央、省、市关于精准扶贫的决策部署,根据市委八届四次全体(扩大)会议精神,8月14日,新余市委办公室印发《新余市“播爱使者”活动实施方案》,市委统战部、市妇联牵头,民革市委会、民盟市委会、民进市委会、农工党市委会、九三学社市委会市工商联共同参与,联合开展“播爱使者”活动。8月,对全市农村大龄男女情况进行调查摸底,建立“播爱使者团”、大龄单身人员数据库及交友微信群。9月29日,由中共新余市委统战部、市妇联、市各民主党派共同主办的“播爱使者”交友联谊会在抱石公园广场举行。联谊会设置才艺展示、游戏互动、自由表白等环节,近300名大龄单身男女们在交流互动中加深了解。截至年底,“播爱使者”活动促成77对大龄男女步入婚姻殿堂。 (张 旻)

科协工作

【概况】 2017年,市科协坚持“围绕一个中心、做好两个服务、突出三个重点”工作思路,各项工作取得较好成效,尤其是院士工作站建设、重点科普活动、科技信息推广、助力精准扶贫、深化自身改革等工作走在全省前列,受到省科协通报表扬和充分肯定。招商引资、争取上级资金、争先创优方面取得好成绩,在未有任务的前提下,自我加压招商引进总部经济项目1个、实体经济项目1个,共引资7000万元;向上争取资金226万元,比上年增加38%;获中国科协全国科普日活动、全国青少年科技创新大赛优秀组织单位2项殊荣;《人民日报》《光明日报》多次报道新余市的科协工作;1人获“全国科普讲解大赛二等奖”。截至年底,新余市4个县区、37个乡镇(街道)、3个园区、2个高校、16个企业建有科协组织,有28个市级自然科学方面的协会。新成立2家市级学会(新余市心理卫生协会、新余市超级水稻种植协会)、1个院校科协(江西冶金技术学院科协)和2个企业科协(江西三余环保科技有限公司科协、江西青春康源公司科协)。

全年组织科技专家近380人次,开展“三下乡”“科普之春”“科普志愿者服务月”“科技活动周”“全国科普日”等系列活动,发放科普资料2万余册,参与群众3万多人次。其中,水北中学科技馆科普展教活动信息在《人民日报》10月26日刊登。牵头组织第三十二届青少年科技创新大赛,获省级奖项60个、国家级奖项4个。推荐10名优秀高中生参加南京航空航天大学第六届高校科学营活动,2人获评“优秀营员”。定期维护更换总长近300米的科普画廊版面3200平方米。科普大篷车“四进”(进社区、进企业、进农村、进学校)主题巡展23次,受益群众近1.5万人次。科技馆展厅、青少年科学工作室投入资金4万元重装免费开放,争取到市财政每年20万元免费运行经费支持,组织16场以青少年为主体的参观、互动、讲座等,5600人次参与。围绕新时期科协组织“四服务”职能定位,重点打造“一猫、一网、一微”,科普信息化水平有效提升。组织入驻“科猫”APP平台,建设网上科协,各级科协组织、科协工作人员、科技工作者陆续入驻,为汇聚科技巨力奠定坚实基础。投入3万元升级门户网站服务器,并成为全省设区市唯一进入中国网络科普联盟成员单位,网站访问量10余万人次。“科普新余”公众号由每周4次推送增至每周5次，月浏览量近万人次。投资4万元新建2个青少年校外辅导站点（机器人创客服务中心、模型竞技服务中心）。

2017年9月4日，江西加州农业科技发展有限公司袁隆平院士工作站举行揭牌仪式

【推进院士工作站建设】　邀请到袁隆平、钱锋、郑绵平、多吉等7名院士及其团队到新余为企业指点迷津，为产业布局把脉支招。9月，袁隆平院士率180多名农技专家到新余指导超级水稻栽培。新成立2家市级院士工作站，截至年底，新余有院士工作站9家（省级5家、市级4家）。赣锋锂业、分宜恩达公司2家院士工作站各获上级10万元经费资助。江西加州袁隆平院士工作站成功由市级升为省级，培育的超级水稻每亩产量由上年的893公斤提高到950公斤，其米质也显著提高。新钢院士工作站累计与院士及其团队签约10个项目，项目总金额2885万元，创利税72346万元，研发新产品137个，培养科研人才近千人，被评为全省优秀院士工作站（全省仅评5家，排第二位），获奖励资金10万元。

【助力企业科技信息应用】　2017年，全市科技信息企业推广应用项目新增95家注册企业，基本实现全市高新技术企业全覆盖。为17家企业争取中国科协17万元项目资金。新设5个查询服务中心，助推9家企业研发出30个应用新成果，产生直接经济效益1.1亿元。总部位于下村工业平台的江西益盟科技公司获2项专利授权，在6月召开的省科技信息企业推广应用工作会上，该公司作为全省唯一的企业代表作典型发言。

2017年8月30日，邮政储蓄银行新余分行发放银会合作“惠科贷”贴息款

【扩大“银会合作”项目效应】　市科协贴息16万元与邮政储蓄银行一起为农技协会会员发放部分贴息项目贷款48笔共2400万元，撬动社会资金1.5亿元。以这些项目为依托，有效带动贫困人口脱贫致富。分宜县凤阳乡大路边村葡萄协会采取种产销一条龙服务，因地制宜，带动、帮助该村160户村民发展金藤葡萄等特色种植，2017年种植规模达到620多亩，每亩收入近万元。

【推动科技助力精准帮扶】　一是科技下乡助力精准扶贫。分宜县高岚油茶产业扶贫实训基地通过“基地＋农户”的模式，精准扶贫83户，每户扶持1000元。推动流动科技馆、科普大篷车进农村巡展经常化。定期组织有关学会、行业协会送科技下乡，开展防灾减灾、卫生健康、青少年科技教育等主题科普活动。全年各级科协组织开展科普活动350余次，发放各类科普资料1万份，受益农民3万余人次。二是精准帮扶企业发展。多次实地调研，把脉创业瓶颈，支招创新发展。帮助百乐米业新招熟练工23人，争取到产业基金2000万元。指导企业入驻科技信息服务平台，对接科技专利信息10条。为其与省食品研究所科技专家牵线搭桥，从根本上解决米粉生产质量难题。

【发挥科技人才智力优势】 帮助全市首家海智计划工作站——江西凯润达精密仪器有限公司海智计划工作站建成运行，获上级10万元人才经费支持，为新余市集聚海外人才提供良好平台。推荐新余学院研究所所长、副教授肖宗湖赴美国进行学术和技术交流，获省“百人远航工程”10万元资助。围绕市委、市政府中心工作建言献策，编印4期《科技工作者建议》，其中组织市老科协专家撰写的《从实际出发，积极稳妥推进新余市畜禽养殖专项整治工作》调研报告得到市委书记蒋斌批示。开展服务新余经济社会发展科技优秀论文评选，经专家对185篇论文综合考量，评出一等奖19篇，二等奖47篇。

【科协系统改革不断深化】 市科协系统改革工作抢抓改革机遇、积极主动作为，起步早、谋划细、落实快，市科协系统换届筹备工作全面启动，渝水区科协换届工作完成。50项改革任务完成70%，县级科协在经费保障方面有重大突破，科协事业发展形成良性循环。分宜县科普经费完成“两级跳”——2017年达到人均1元，居全省前列。

【建设“科技工作者之家”】 市级科技人才库建成，首批入库4000余人。建立科技人才服务、科普服务和科技智库等3个平台。科协干部实名上网，直接听取科技工作者意见、呼声和诉求，县级干部直接联系5名以上科技工作者、科级干部直接联系2名以上科技工作者，有效增强工作联系和情感交流，为科技工作者成长成才提供贴心服务。10余个科普微信群、学会工作QQ群等持续发挥作用，初步实现新技术、新知识、新信息、新成果的线上共享推广运用。

【第三十二届青少年科技创新大赛】 2017年2月—4月，新余市举办第三十二届青少年科技创新大赛，共有22所学校2400人参加比赛，收到创新成果项目19项、创意项目24项、科技辅导员项目6项、科技实践活动3项、少儿科幻画125幅、科技创新十佳学校2项。6月—8月，新余市在全省、全国青少年科技创新大赛中再创佳绩：新余市获创新成果项目省二等奖7项、三等奖5项；科幻画一等奖1项、二等奖4项、三等奖6项；科技实践活动三等奖1项；辅导员项目一等奖2项、二等奖1项、三等奖2项；科技创意项目一等奖初中2项高中3项、二等奖初中5项高中7项、三等奖初中6项高中5项；科技创新十佳学校2项；十佳优秀科技辅导员1项；新余市科协获全省基层赛事优秀组织奖。获全国优秀创意奖2项、全国科幻画三等奖1项、全国科技教育创新学校1项；新余市科协再获全国基层赛事优秀组织奖。

【第六届全国高校科学营活动】 7月，在全市遴选10名优秀高中生参加第六届全国青少年高校科学营南京航空航天大学分营活动。活动期间，营员们参观南京博物院、机械结构与力学国家重点实验室、航空航天馆，聆听院士专家的科普报告，动手参与模型制作活动、彩虹公益跑智体活动、文艺表演活动，营员的个人综合能力得到全方位的锻炼与提高。新余市2人获“优秀营员”，参加3个单项竞赛分获一、二、三等奖，充分展示新余市青少年学生的聪明才智和良好风貌。

【全国科普日活动】 9月19日，在渝水区水北中学成功举办2017年新余市全国科普日活动暨水北中学科技馆启动仪式。市政府副市长陈文华出席并启动活动,各有关单位的领导和代表、科普志愿者以及学校师生共1000余人参加主场活动。主场活动共分"校园科技馆参观体验、优质物理大课、科普大篷车巡展、3D立体科普展示、机器人表演、机器人创客讲堂、航模科普讲座、航模科技体验、食品安全科普展、科普图书赠送"十大板块,突出创新发展、科学生活、公众参与特点。水北中学科技馆的科普展教活动有关机器人表演科普信息在《人民日报》10月26日第十八版刊登。全国科普日活动期间,各市级学会、县(区)科协和各科普教育基地、社区均举办丰富多彩的活动。共举办讲座4场、科普展览8场、科普互动3场、科普咨询5场,发放科普资料3万余份,受益群众5万余人。

【青少年科技竞赛】 6月2日,"高能杯"第二届新余市青少年机器人创客大赛在高能广场举办,共136名青少年参与5个项目的比赛。6月10日,2017年新余市航空航天模型教育竞赛在渝水三小举办,共有82名选手参与航空火箭、纸飞机等4个竞赛项目。6月11日,2017年新余首届亲子机器人大赛在科技馆展厅举办,共有120余人参与4个项目的比赛。首届亲子机器人大赛在6月16日江西新闻联播节目播放。 (杨怀宇)

社联工作

【概况】 2017年,市社科联深入学习中共中央总书记习近平系列重要讲话、特别是在哲学社会科学工作座谈会上的重要讲话精神,认真贯彻落实中共十九大、市第八次党代会、省第十四次党代会等省市重要会议精神,紧紧围绕市委市政府的中心工作,为建设"三区两典范"、再铸新时代"工小美"新辉煌作出新贡献。

社科联党组组织机关党员干部深入学习中共中央总书记习近平系列重要讲话、深入学习《中国共产党章程》、学习省第十四次党代会报告、市第八次党代会报告、先进地区典型经验和《省委办公厅关于中央巡视组巡视"回头看"反馈有关"作风不实反映突出"问题整改落实督查情况的通报》等,结合各自的思想、工作和新余市社科工作实际,积极开展解放思想大讨论,认真剖析,理清思路,增强社科联班子"政治意识、核心意识、大局意识、看齐意识"。加强责任意识,结合"两学一做"学习教育,不断强化责任意识,改变工作作风,更好地为全市社科工作者服务。加强绩效考核管理,制定年度绩效考核任务,将年度绩效考核目标任务细化分解,制定年度考核方案,特别是对意识形态工作和创建文明城市工作细化,明确每项工作的分管领导和责任部室,落实到具体人,使单位各项工作顺利、有序开展。加强劳动纪律管理,严格考勤制度及请、销假制度,严格遵守工作时间规定,要求上班期间坚守工作岗位,认真履行职责。

做好县级干部一对一结对帮扶工作和非贫困村的帮扶工作,成立帮扶队伍,制定帮扶工作方案。县级干部多次深入黄家村3户贫困家庭走访慰问,逢节日送去物品和慰问金。开展"三基"活动,协助京桥村、墈背村委开展宣传思想文化建设"十个有"。做好文明城市创建工作。在城北办老屋场管理处老汪里村开展调查摸底、发放入户调查问卷的基础上,制定帮扶工作方案,进行针对性帮扶。全年共组织卫生清扫10余次,清理垃圾小广告1000余个,劝导沿街市场摊点文明经营,进村入户、进店上门开展文明城市创建宣传活动,提高市民的知晓率和参与度,发放200余册宣传资料。开展企业精准帮扶工作。市社科联帮扶工作小组在了解企业经营状况、存在问题的基础上,确定帮扶工作重点。将"政府商旅采购一体化"项目进行重点帮扶跟踪协调,该项目正在高新区试运行。

【开创理论和应用对策研究新局面】 一是省级课题(地区基金项目)研究成果丰硕。2016年度申报的4个省级规划课题(地区基金项目)成果顺利结项,其中2项被评为优秀、2项被评为良好。其研究成果在国家、省、市三级得到采用。分别是以市委副书记、市长董晓健,市委常委、秘书长、统战部部长李新华领衔的《赣西(新余)跨行政区转型合作试验区建设研究》(项目编号16DQ37),市委常委、组织部部长赖国根领衔的《江西人才流动机制改革问题研究——以新余市为例》(项目编号16DQ38),市委常委、宣传部部长郭力根领衔的《关于国家公共文化服务体系示范区创建的实证研究》(项目编号16DQ39),市委常委、常务副市长万广明领衔的《基于基层视角的江西金融创新研究——以新余市为例》(项目编号16DQ40)。16DQ37项目成果得到省政府常务副省长毛伟明的批示,江西省发改委出台《关于支持赣西(新余)跨行政区转型合作试验区建设若干意见(征求意见稿)》;在16DQ38项目中,《激活本土人才这池春水——江西新余实施"渝郎回乡"工程的经验和启示》获人社部中国人才杂志社"2017年(第三届)全国人才工作创新案例征集评选"优秀案例奖,新余市委办、市政府办印发《关于实施"渝郎回乡创业计划的方案"》的通知,将课题成果第二部分"近年来新余人才流动的主要特征"第一点"务工人员和人才流出转为返乡创业"内容,转化为市委、市政府的政策;在16DQ39项目中,"城乡一体协同发展,构建现代公共文化服务体系中小城市典范"入选《中国文化建设实务》,"城乡一体协同发展,江西新余构建'精美特新的现代公共文化服务体系'""江西新余:打造公共文化服务品牌有新招"等在《中国文化报》发表,《新余市创建国家公共文化服务体系示范区工作总结》被江西省文化厅转发;在16DQ40项目中,研究成果得到市政府肯定采纳并取得明显效果,市政府相继出台一系列政策文件,有力促进新余金融创新。二是充分发挥省级社科规划项目的引领带动作用。新余市3个研究课题(即:"社会力量参与公共文化服务机制问题研究""创建社区党建工作问题研究""建立'三医'顺畅的联动机制推动公立医院改革向纵深发展问题研究")列入江西省2017年地区基金项目,并在新余新闻网发布公告,进行招投标。经过评选,市文广新局、市委组织部、市卫计委中标,分别承接3个课题的研究任务,同时组织工作骨干深入调研、努力攻关,确保按时高质量完成课题研究。三是组织开展市级社科规划项目研究。对2016年度立项的社科规划研究课题,组织专家评委进行评审,40项课题于2017年初评审结项。部署2017年度社科规划课题申报工作,共收到申报项目60余个,其中57项通过评审立项,比上年增长40%。围绕市委、市政府中心工作,研究、部署《关于提升工业城市经济转型升级能力的实证研究——新余为例》《工业园区产业集群公共服务平台建设问题研究》等5个重点专题调研工作,分别由市工信委、市政协等单位承接。四是组织学会开展研讨等学术活动。协助协调金融学会召开"支持经济、培育新动能研讨会",新余市心理学会"意象对话技术研讨会"、地方税务学会"税收助力实体经济发展研讨会"。

【社科普及宣传有新进展】 一是充分发挥社科普及基地作用。"罗坊会议纪念馆""傅抱石纪念馆""新余市心理学会"等省社科知识普及宣传基地,大力宣传普及罗坊会议精神、抱石文化、心理知识和心理咨询等社科知识。二是充分发挥《新余社会科学》社科阵地作用。《新余社会科学》加强对全市经济发展热点难点研究工作,注重市委、市政府中心工作的宣传,将社会主义核心价值观、文明城市创建、法治新余建设等工作进行深入宣传和报道。三是社科普及参与面广。市直有关单位、市属学会、县(区)社联、县(区)直有关单位及所属学会积极报名、报项目,组织开展所报项目的相关活动。仅"百团进百县"服务地方发展就有十几个项目。四是活动形式多样,覆盖面广。社科普及宣传围绕主题进社区、进学校、进企业、进机关、进农村。通过多种形式组织开展讲座、研讨、演讲、文艺表演以及广场咨询、展板展览、发放宣传资料等形式多样的社科普及宣传活动。同时加强新媒体传播,微信公众号加入社科普及。五是创新工作思路和活动载体。引导参与主体充分发挥互联网和新闻媒体的作用,推出网上宣讲、网络微访谈,在微博、手机报等新媒体上开辟科普专栏,为中共十九大精神走进千家万户开辟更为广阔的渠道。市社科普及基地组织开展知识竞赛、资料发放、图片宣传、讲座讲演、展览展演、咨询服务等活动。六是市政府新闻办联合市社科联召开新余市贯彻实施《江西省社会科学普及条例》新闻发布会,就2018年1月1日即将正式实施的《江西省社会科学普及条例》进行解读。

【基层社科组织发挥新作用】 召开全市社科工作座谈会,统筹谋划全年的社科工作。于4月1日全市社科工作座谈会召开,会议传达全省设区市社科联主席工作会议、省社科联第八届理事会第四次会议精神,总结2016年社科工作,安排部署2017年工作,相关单位就如何做好社科研究工作交流经验。加强学会管理工作。5月23日市社科联所属学会(协会、研究会)工作会议召开,布置社会组织党组织建设工作和社会组织诚信体系建设相关工作,同时对创建文明城市工作社联系统工作任务进行动员、部署和督促推进,相关学会完善修改团体章程,将核心价值观融入章程,并配合市诚信体系办和民政部门完成社会组织诚信体系建设工作。做好基层社科组织的协调服务工作。组织渝水区、分宜县社科联主席参加省社联相关会议和学习培训,提高基层社科人员的理论和业务素质,增强基层社科组织的管理能力。

2016年新余市社会科学规划研究课题结项名单

序号	编 号	课 题 名 称	申报单位	课题负责人及参与者	评定等级
1	16YGD001	赣西(新余)跨行政区转型合作试验区建设研究	市委政研室	董晓健 孙小平 许春忠 苏威敏 沈铁军 胡云锦 简威平 何耐平 罗艳兵	重大课题(优秀)
2	16YGD002	基于基层视角的江西金融创新研究——以新余市为例	市政府办	万广明 黄小基 陈青春 蔡 赟 胡小安 熊慧琴 彭燕玲 黄 伟	重大课题(优秀)
3	16YGD003	关于国家公共文化服务体系示范区创建的实证研究	市委宣传部	郭力根 刘献忠 万小毛 曾懿奕	重大课题(优秀)
4	16YGD004	江西人才流动机制改革问题研究——以新余为例	市委组织部	卢伟平 简桂生 刘庐水 陈 山 朱小芳 吴 平	重大课题(优秀)
5	16YGZ001	群众身边“微腐败”问题研究	市纪委	傅明明 胡永良 周绍勇 严小亮 胡小东	优秀
6	16YGZ002	新型城镇化视阈下农村公共文化建设研究	市文广新局	刘献忠 万小毛 周小云 曾懿奕 敖丽阳	合格
7	16YGZ003	法治新余建设中基层治理法治化问题及推进措施	新余学院	盛劲松 宋卫丹 冯婉玲	优秀
8	16YGZ004	新余市未成年人思想道德建设调研报告	市教育局	刘超杰 胡绍华 钟贵莲 彭卫东 李志勇 彭伟明 胡 剑 胡 勇 李白云	优秀
9	16YGZ005	新余市政府投融资平台建设与风险防范研究	市财政局	黄小基 晏红优	优秀
10	16YGZ006	率先全面建成小康新余的难点问题研究	市统计局	易 勇 卢信敏 谌 业 易 兵 胡丽莉	合格
11	16YGZ007	新余市城市建设升级研究	市住建委	张晓明 廖智强 陈 辉 赖 波 甘 方	优秀

续表1

序号	编 号	课题名称	申报单位	课题负责人及参与者	评定等级
12	16YGZ008	对接中国制造2025助推产业转型升级研究	市工信委	刘力恒　涂国珍　夏旭阳	优秀
13	16YGZ009	区域供给侧改革与金融发展协调问题研究	市金融学会	黄成莲　黄　晖　温智良　肖青云　刘辛欣	优秀
14	16YGZ010	战略性新兴产业的发展模式研究	市委党校	施一军	合格
15	16YGY001	高新区培育壮大规模以上工业企业问题浅析	高新区	郭嘉沛	合格
16	16YGY002	文化与旅游产业融合发展研究	市委党校	胡晓青	合格
17	16YGY003	传承与升华——中国传统文化与文化产业融合发展研究	市委党校	张迎庆　王艳华	合格
18	16YGY004	信息化驱动下新兴产业形成模式研究	市工信委	陶从知　宋　强　许军林　王林伟　李　勇　涂　琳	优秀
19	16YGY006	关于我市光电信息产业的几点思考	市工信委	罗　鹏　刘小新　金效益	合格
20	16YGY007	“十二五”新余经济社会发展及对“十三五”的启示	市统计局	卢信敏　谌　业　易　兵　胡丽莉	优秀
21	16YGY008	公务员职业发展障碍研究	市委党校	胡慧明	合格
22	16YGY009	新时期民办高职院校学生管理工作研究	赣西科技职业学院	韦祚军　周　苹　叶会莲　詹慧珍　詹启东	合格
23	16YGY011	基于校企合作的知识产权信息服务平台建设研究	新余学院	习　军　章　宇　任建军	合格
24	16YGY012	中国公务员廉政公积金制度设计研究	市检察院	罗小永　陈玲玲	优秀
25	16YGY013	习近平党校教育思想与当前地方党校发展	市委党校	王乾生　王　松	合格
26	16YGY016	传播学视角下的微电影叙事研究	新余学院	王颖怡　赵琼芳　周　怡　章淑华　余　青	合格
27	16YGY018	新余历史上的进士研究	市委党校	邹红平　王智强　敖白浪	合格
28	16YGY020	探讨影响老年人养老选择的因素和改正意见	市第十六中学	黄　伟　龚江保　傅　瑜	合格
29	16YGY023	新余市城乡基本医疗卫生服务均等化问题研究	市委党校	周飞然	合格

续表 2

序号	编号	课题名称	申报单位	课题负责人及参与者	评定等级
30	16YGY024	基于人性化视觉的新余抱石公园景观环境设施改造设计研究	江西维纳斯环境艺术建设集团公司	罗洁如	合格
31	16YGY025	当代青少年社会责任感现状及其培养研究	市成教中心	任凤生　袁　瑛	合格
32	16YGY026	新余市现代制造业公共实训平台建设研究	新余技师学院	王有吉　简令宇　况剑峰	优秀
33	16YGY028	关于我市高职院校协同创新服务新余经济社会发展的思考	赣西科技职业学院	章勇辉　符小周　龚菊芳	合格
34	16YGY029	民办高校学生道德习惯教育问题的研究	江西工程学院	彭林华	合格
35	16YGY030	“分层施教”法在聋校中年级数学教学中的应用研究	市特殊教育学校	肖菊莲　苏小云　钟会芳　雷小军　杜玉婷　邓彩虹	合格
36	16YGY031	“强化口语说写并重”聋校低年级语文教学模式实践研究	市特殊教育学校	钟会芳　苏小云　刘永红　温　琛　刘贻卉　徐昊苏	合格
37	16YGY032	阶梯式主题教研活动促进教师专业成长的研究	市城北幼儿园	张艺毅　符春梅　阮冬琴　莫　霓	合格
38	16YGY033	中职学生曲柄连杆机械理实一体化的研究	新余技师学院	谭淑娟　黎红梅　康　乐	合格
39	16YGY034	新余市新常态下就业运行情况分析	市人社局	郭光明　廖敏华　丁秋红	合格
40	16YGY035	修好共产党人“心学”	市委党校	干华明　张　萍　张汀茜	合格

（王　勤）

文联工作

【概况】 2017年，新余市文学艺术界联合会（以下简称市文联）贯彻落实中国文联第十次全国代表大会、中国作协第九次全国代表大会精神，中共中央总书记习近平文艺座谈会上的讲话及省、市党代会精神，切实履行“团结引导、联络协调、服务管理、自律维权”新职能，深入生活，扎实创作，为繁荣和发展新余文艺事业作出贡献。

按照“找准重点，做好对接，理顺机制”的工作思路，市文联出台《新余市文艺创作活动扶持办法》，对“中国新余乡愁记忆丛书”等17个项目进行扶持；成立文艺创作专家评审委员会跟踪问效；对帮扶项目情况公示。做好3个对接：对接好党委政府中心工作的文艺需求；对接好市场的文艺消费需求；对接好文艺团体或个人追求影响力的需求。

注重队伍建设，理顺机制做好责任细分。通过任务分解，量化指标，责任到人，抓好各项工作的落实。在市文联的推动和努力下，中国夏布技艺之乡、中国夏布绣传承与发展基地落户新余。文艺创作成果颇丰。组织作协就新余乡土文化

2017 年 6 月 7 日，新余市召开“赣籍开国将军百战图”创作座谈会

《新余古村落丛书》写作，5 部作品即将由江西人民出版社出版。新余市舞蹈家协会的《头脑总动员》在中国文联、中国舞蹈家协会主办的第九届“小荷风采”全国少儿舞蹈展演总决赛中获金奖。影视家协会微电影《森林卫士》等 7 部作品获得全国总工会微电影大赛“银奖”；摄影家协会会员在全国各类摄影大赛中成果显著，其中国际类获奖 3 次，全国性摄影比赛中获奖 9 次，省级类获奖 21 次。组织参加“快乐阳光”第十三届中国少年儿童歌曲卡拉 OK 电视大赛全国总决赛获得 3 银 4 铜。公益广告《别让亲情在指间流逝》在央视第 1 频道播放。民间文艺家协会《仙女湖畔人家》《烟雨江南》在第十三届（深圳）国际文化产业博览会上分别获得“中国工艺文化创意奖”金奖和银奖。美术协会、书法协会参加省文联“赣籍开国将军百战图”创作，3 幅美术作品和 5 幅书法作品入选省展。

【“赣籍开国将军百战图”在新余巡展】 3 月，省文联组织实施“赣籍开国将军百战图”大型创作展览活动，活动第一阶段中新余市共有 3 幅作品入选并参展。9 月 22 日—24 日，该展览在新余学院艺术馆巡展，学校师生、美术爱好者、市民到场参观，很多单位组织党员干部集体参观，并作为党员“两学一做”的“必修课”，引起强烈反响，受到党委政府领导、社会各界的充分肯定和高度评价。

【编写“中国新余乡愁记忆”丛书】

2017 年，市作协在市委宣传部和市文联党组的大力支持下，组织 10 名骨干作者，耗时近一年，编写《中国新余乡愁记忆》丛书 5 部：《岁月烟尘里的新余古村旧楼》《严嵩背后的介桥》《清门防里的古风遗韵》《大清黄坑》《江右商帮古村黄坑》，共计 80 余万字。丛书作者克服种种困难，深入田间地头、村头巷尾，查证史料，记录传说，以传统村落介桥、防里、黄坑以及 50 多处古建筑、古桥、古井、古牌坊为书写对象，史料与方志、传说交错叙述，客观描写与人文关怀相互辉映，全方位多层次发掘新余古村旧楼文化底蕴。

【CCTV《黄金 100 秒》仙女湖选拔活动】 CCTV《黄金 100 秒》仙女湖选拔活动由新余市影视家协会会员单位市广播电视台与市音乐家协会、市舞蹈家协会、市曲艺家协会等兄弟协会全程主办。该项活动将从 2017 年起，每年七夕期间同步举办。活动历时 2 个月，有 500 余名选手报名参与，经层层选拔，精心选出 4 个有特色的节目参加 CCTV《黄金 100 秒》栏目的现场比拼，最终，节目《刀马旦》获栏目组的日冠军、节目《当机械舞遇上中国风》获周冠军，通过活动和央视平台较好地宣传新余。

【《后花园诗刊》打出新余诗歌振兴组合拳】 市作协《后花园诗刊》自 2017 年 9 月组建编辑部以来，以提升新余诗歌全省地位、发展繁荣新余诗歌事业为己任，实施“请进来、走出去”战略，推出系列组合拳，浓墨重彩，亮相全省，展示最大新余诗群，唱出最强新余诗声。《后花园诗刊》微信公众号 9 月 22 日正式运行，截至年底，共推出 140 多位新余诗人作品及全国各地诗人作品，开展月度同题诗、年度人气奖评比；建立的“后花园诗刊”群，人数达到176人；成功举办第二届后花园杯征文；在《长江诗歌》报集中推出江西《后花园诗刊》同题诗“蝉”，15人作品入选；与《星火》《诗选刊》《诗词月刊》《中国诗影响》《江西日报》等协商推出专刊或专栏；8位诗人入选《2017江西诗歌年选》，入选人数为2016年的2倍；编选新余有史以来第一本诗歌选集——《2017新余诗歌年选》等。

【开展公益书法惠民活动】 新余书法家文艺志愿者服务队积极参与文艺志愿者服务，践行社会主义核心价值观和“爱国、为民、崇德、尚艺”的文艺界核心价值观，启动开展公益书法惠民活动。2017年，在市妇女儿童活动中心举办全市女性公益书法培训班，每周利用周末时间进行培训，学员约200人次，累计授课368课时。春节前夕，组织志愿者到鹄山、燕子山社区等乡镇社区举办6场“万名书家送万福进万家”送春联活动送出春联、“福”近万幅。

【“文艺讲坛”激发创作热情】 为拓宽作者创作视野，营造浓郁文学氛围，带动更多人热爱文学，繁荣和发展新余文学，2017年，市作协举办6期文艺讲坛，吸引市内外文学爱好者500余人到场聆听。讲坛邀请80后女作家欧阳娟、《诗选刊》杂志社社长简明、省作协驻会副主席江子、《十月》杂志社副主编宗永平、《诗刊》编辑室主任蓝野等，分别作“脚踏春泥，仰望星空——一名文学创作者对现实的归顺与反叛”“新诗创作技法”“阅读与写作——从奥兹与孔飞力说起”等主题讲座。主讲嘉宾从自身创作实践出发，或分析当前文学创作大势，或具体讲述创作技巧，或生动阐述阅读与写作的密切关系，让听众获益匪浅。特别是讲座结束后的互动环节，围绕大家感兴趣的问题，主讲嘉宾释疑解惑或与听课作者共同探讨、辨析，拉近彼此心理距离，进一步激发创作热情。

【红色快闪走进港澳】 为凝聚舞协力量、宣传美丽新余、传播红色文化、激发国人意识、增强爱党、爱国、爱民情怀。2017年新余市舞蹈家协会组织会员和舞蹈培训班学员共计105人，以“红色文化”为主题，用“快闪”的形式，精心编排《我的祖国》《五星红旗》等8个弘扬爱国主旋律的歌舞节目，在市内多地开展活动，并在国庆前夕走进港澳，让红色文化在港澳传扬。活动受到各级部门的高度重视和表扬，市电视台、市报社专门派出记者深度采访，江西省电视台报道活动消息。

【市作协与《星火》杂志联合举办香樟诗会】 10月，市作协联合省文联《星火》文学杂志社别出心裁，在分宜县钤山镇防里古村外的香樟林举办露天诗会，共有33名诗人和小说家、散文家参加，新余文艺进行网络微信直播，超过3000人次在网络围观。大家在一株千年古樟下随性地散坐，听村民讲香樟与村庄之间的故事。与会小说家和散文家或倾听，或冥想，分别讲述各自记忆中最美的一棵树。诗人则朗读与生态相关的诗歌，并现场为古樟作诗。现场献诗后，诗人和作家们转到防里、介桥和太源村采风。《星火》杂志开辟专栏展示诗会成果。

（陈飞帆）

侨联工作

【概况】 2017年，市侨联认真谋划和扎实推进侨联改革工作，积极履行工作职责，统筹做好侨联各项业务工作；围绕服务工作大局，做好市重点项目帮扶、企业精准帮扶、精准扶贫、新农村建设以及文明城市创建中的各项工作。认真落实党风廉政建设、法治新余建设、综治、意识形态责任制以及其他列入绩效考核工作的日常工作任务。

【谋划推进侨联改革工作】 2017年是市侨联改革年。抓住机遇，健全组织，推动工作，开创全市侨联新局面是改革的主要目的所在。4月，《新余市侨联改革方案》的起草工作完成，经市委全面深化改革领导小组第十三次全体会议审议通过，是全省第一个报省侨联审批改革方案的单位。具体完成以下几项改革事项:一是为了增加群众的代表性和广泛性,市侨联筛选出5名兼职副主席建议人选并报市委组织部。二是基层侨联组织实现有效覆盖。市委"1+5"改革文件下发后,市侨联及时跟进,分别与县(区)主要领导和分管领导进行沟通协调,明确县(区)侨联组织的合署办公单位和负责侨联工作的单位。分宜县和渝水区由统战部与侨联合署办公,并明确侨联内设经济联络办公室,配备主席和专职副主席。高新区明确由党群工作部1名副部长负责侨联工作等。县区侨联组织的设立,将有效解决长期以来新余市基层侨联组织缺失、基层侨联工作无人管的状况。三是改进侨联机关工作作风。8月31日召开的侨联工作座谈会上,开展侨界群众对市侨联机关工作的满意度测评。四是把侨界政协委员参政议政纳入单位绩效考核。

【扎实开展为侨服务】 一是强化侨界群众思想政治引领,采取召开座谈会、走访、微信、组织侨界政协代表视察等多种形式和手段宣传党的路线方针政策,及时听取意见、反映诉求,发挥侨联组织在侨界群众中的团结引领作用。二是依法依政策做好信访工作,妥善解决澳大利亚侨胞来电反映其叔叔低保等信访问题,有效维护社会和谐稳定。三是关心侨界困难群众,在经费十分紧张的情况下,积极筹措资金,走访慰问侨界困难群众。

【涵养海内外侨务资源】 一是建立侨联微信群。建立新余市归国华侨联合会微信群,有成员62名;建立新余市留学人员联谊会群和新余海外同乡会群,分别有成员143名和64名。各个微信群十分活跃,机关干部和侨联委员分别在相关群内发挥重要引导作用。加大与海外侨胞和社团的联系力度,做好回乡侨胞侨领的接待联络工作。二是加强与海外侨团联系。主动与北美新余同乡会原会长龚东赓、童岗、张呈生,现会长李文莉、副会长彭兴旺,澳大利亚江西同乡会会长阎敏,美国亚利桑那州华人联合会副会长彭菲以及法国国家科研中心主任研究员章向华等市侨领联系,邀请他们参加新余市海外联谊会,努力为海外招商引资引智创造条件。三是加大海外宣传。在海外华文媒体上发表2篇宣传新余的文章,向海外侨胞讲好新余故事。

(林　川　王海龙)

残联工作

【概况】 2017年,新余市残联紧紧围绕实现残疾人"两不愁、三保障、两扩面"工作目标,不断强化残联"代表、服务、管理"残疾人的职责;全面落实残疾人康复、教育、就业、文体、维权工作任务;聚力残疾人精准脱贫,砥砺奋进,扎实工作,在决胜全市残疾人全面小康进程中取得新业绩。

突出扶贫工作重点。一是将残疾人扶贫脱贫工作融入市委、市政府中心工作大局中去,新余市人民政府残疾人工作委员会出台《新余市加快推进"十三五"残疾人小康进程实施意见》,以充分发挥政府和社会各界扶残助残力量。二是全面落实全市扶贫工作计划,开展精准扶贫。8月,市残联召开全市残联系统脱贫攻坚推进会,制定扶贫工作计划和措施;班子成员每人结对帮扶1—2户贫困户,均已脱贫。三是想方设法、多举并措增加残疾人就业。通过举办残疾人就业专场招聘会、扶助残疾人种养殖业基地带动周边残疾人就业,推动福利企业安置残疾人就业、加大残疾人就业保障金征收力度,推动用人单位分散按比例安置残疾人就业等多种途径解决残疾人就业难问题。2017年,全市城镇就业残疾人1071人。

抓好"新余市残疾人康复中心"新建项目建设。"新余市残疾人康复中心"是一项民生工程,也是国家发改委的督办工程,在市政府的大力支持下,用10个月的时间完成项目主体工程建设。在加快项目建设进度的同时,严把质量关,确保工程质量;严把廉政关,把项目做成廉洁工程。主体工程建设、康复设备采购、配套设施采购等均通过招投标方式确定,并请纪检组人员全程参与监督。

【六项中心工作成绩斐然】 一是残疾人事业宣

传与文体工作取得新成绩。利用全国助残日、世界自闭症日、盲人节、聋人节等时间节点和节日,开展各项文体活动、典型宣传、政策宣传。在全国助残日期间,新余电视台连续滚动播放新余市各项残疾人工作开展情况和残疾人优惠政策,全面宣传残疾人工作和残疾人事业,以营造全市扶残助残的良好社会传统美德,营造扶困济弱的浓厚社会氛围。5月16日晚,新余市"享自由残疾人艺术团"在市会展中心举办"全国第二十三次助残日文艺晚会",宣传"推进健康、预防残疾",参加晚会的观众近千人。晚会得到省残联领导和观众的一致好评。市残联、市文明办和新余日报联合开展十佳"最美残疾人"评选活动,宣传残疾人自强、创业、诚信、助人典型,弘扬社会文明,树立文明典范。开展残疾人象棋、飞镖等文体竞赛,活跃残疾人文体生活,激发残疾人热爱生命热爱生活的内在动力。举办第二届残疾人田径运动会,5支代表队100名残疾人运动员参加16个项目的竞赛,展现出残疾人自强不息、顽强拼搏、奋勇争先、团结互助的精神风貌。二是残疾人康复工作取得新进展。全面落实省残疾人康复民生工程任务。全年共为5000余名残疾人提供康复救助与服务。其中,为2850名残疾人提供基本康复服务;为175名残疾儿童实施抢救性康复救助,在全省率先实现0—6岁残疾儿童康复救助全覆盖;为各类残疾人免费适配各类辅助器具2100件;聋儿语训学校配发助听器59台、为成人听障者配发验配助听器15台;安装假肢66条(大腿23条、小腿43条)。对租房住在城区的农村残疾人贫困家庭进行住宿和交通补贴,确保他们康复训练不因经济困难而受影响。开展精准康复服务。2月,出台《新余市残疾人精准康复服务行动实施方案》。3月起,对7个精准康复试点村(社区)开展精准康复服务,上门送残疾人辅助器具53件。三是残疾人培训与就业工作取得新成就。在建立残疾人精准扶贫档案,实施一对一精准帮扶的同时,进一步加大残疾人培训与就业工作力度。截至10月,全市举办残疾人就业专场招聘会1场,签订就业协议72人;举办残疾人职业技能培训2期,对300名残疾人进行农村实用技术培训或电商培训;市残联投入资金10.6万元对全市盲人保健按摩人员进行扶持,有效稳定盲人保健按摩人员就业;市残联与财政局、人社局等9家单位共同出台《新余市发展残疾人辅助性就业实施意见》,成立(中国)新余慧灵智障人士服务中心,开辟智障人士培训就业新途径;市残联与新余电大联合下发《关于做好新余市残疾人学历教育提升工程招生工作实施方案的通知》,通过学历教育,提高残疾人综合就业能力。四是残疾人信访与维权工作取得新业绩。进一步建立健全残疾人信访制度,帮助解决残疾人困难和问题,做到残疾人信访100%满意,保持非正常零上访。全市接待残疾人上访220人次,比上年同期下降16%。五是残疾人社会保障工作取得新实效。与财政、民政部门紧密配合,扎实开展困难残疾人生活补贴和重度贫困残疾人护理补贴("两项补贴")的落实,确保这项慧民政策得到贯彻落实。全市落实"两项补贴"残疾人共23526人,发放两项补贴资金共1000余万元。六是残疾人信息数据动态更新取得新数据。市、县、区培训残疾人专职委员(会计)1000余名,完成残疾人调查登记、动态更新29391人,为各项工作的开展、决策提供精准依据。

【向残疾人提供五大帮扶举措】 一是实施贫困残疾人家庭无障碍改造40户。在调查摸底的基础上,根据残疾人不同类别、不同需求,投入资金22万元,对40户贫困残疾人家庭制定无障碍改造计划,并于9月底全面实施无障碍改造,使其生活得到明显改善,参与社会的信心得到明显增强。二是发放残疾人机动车燃油补贴。5月底前,完成2018年残疾人机动车燃油补贴数据录入1007人,12月底前为2016年1017名残疾人机动车燃油补贴全部发放到位,每人每年260元,解决残疾人出行方面的困难。三是扶持农村残疾人种养基地。全市各级残联扶持46户残疾人种养业基地,其中省级3户,市级16户、县(区)级27户,共投入扶持资金128.5万,基地共集中安排残疾人就业186人,辐射带动残疾人60户创业。开展残疾人种养业基地扶持工作,解决残疾人种养基地扩大生产资金短缺问题,带动部分残疾人创业和就业。四是帮助关爱贫困残疾人。春节期间,走访慰问付小云、符九芽等贫困残疾人890户,走访资金近45万元。市政府副市长林愚参加走访慰问活动。5月,全国助残日期间,走访慰问贫困残疾人135户,帮助他们改善生活,使他们感受党和政府的温暖。4月,徒步、阿凡提等志愿者帮助新余市孤独症儿童康复中心在仰天岗国家森林公园举办“蓝色亲子”活动。5月,举办首届残疾人交友大会。五是帮助民办机构做大做强。对残疾人康复、托养等民办机构,继续给予资金帮扶。2017年,重点帮扶新余市残疾人托养中心、新余慧灵智障人士服务中心、新余市聋儿语训学校、新余市渝水区脑瘫儿童康复中心、云根电子厂等民办机构,有力推动新余市残疾人的康复、托养、就业工作迈上新台阶。

【打造四个特色亮点】　一是打造0—6周岁残疾儿童100%进机构训练。率先在全省实现对0—6岁所有能接受康复训练的残疾儿童全部纳入康复机构进行抢救性康复训练全覆盖。年底,投入200余万元,对在训的贫困残疾儿童28人进行住房、交通补贴,每人每月500元。二是打造互联网+托养项目。支持“新余市残疾人托养中心”依靠健康监测设备和守护云数据平台,首创养、护二位一体残疾人阳光托养服务管理新模式,率先在全省实施互联网+阳光托养服务。让居家的残疾人穿戴守护云的智能腕表,居家助残服务中心就可对他们进行健康管理,远程互动以及守护特使介入照护。三是打造一所辅助性就业工厂(即庇护工厂)。借鉴广东经验,加盟“中国慧灵”,6月,以民办公助的形式创办(中国)新余慧灵智障人士服务中心,创办以来,吸纳弱智、自闭症、重度肢残人入厂20人,填补新余市残疾人工作的一项空白。四是打造一支残疾人志愿服务队。9月,成立“新余市助残志愿者协会”。协会成立3个月,组建以残疾人为主体的“巧匠义工”“书法家”“艺术团”“李毅工作室”等团队,开展志愿服务22场次,送戏下乡4场,进社区义务维修12场次。体现残疾人回馈社会的良好品德和感恩党的忠诚之心,为全市精神文明建设增光添彩。　(周远贵)

红十字会工作

【概况】　2017年,新余市红十字会深入贯彻中共十九大和中共中央总书记习近平系列重要讲话精神,不断增强责任意识,推进改革创新,认真履行红十字会法赋予的神圣职责,大力弘扬“人道、博爱、奉献”的红十字精神,充分发挥党和政府在人道领域联系群众的桥梁和纽带作用,较好地完成全年绩效管理目标任务,为保护人的生命与健康、促进社会和谐文明进步作出贡献。全年市红十字会本级筹集款物折合人民币共计712万元(不含省会下拨款物及市财政经费);开展普及救护培训341场次,培训30638人次,红十字救护员培训3377人;共采集造血干细胞222人份;遗体器官志愿捐献登记54例,成功捐献器官1例,捐献2肾1肝1对眼角膜;完成红十字志愿者注册登记202人;在市级以上媒体播发红十字工作宣传报道175篇(条)。获省红十字会“2017年度绩效管理工作先进单位”“2017年度养老服务工作先进单位”“2017年度宣传工作先进单位”称号。

【筹资额再创历史新高】　定向捐赠一批医疗器械,包括医院急需的电子内窥镜、血透透析设备、麻醉机等共计30台(个),合计人民币价值682.5万元;募集爱心企业捐款5万元,向全市583个颐养之家捐赠发放急救箱。与江西省东华盛典文化传媒有限公司签订合作战略协议,每年联合举办1次“红十字博爱晚会”,对成功捐献遗体器官志愿者家属、成功捐献造血干细胞志愿者、优秀红十字志愿者等优秀红十字组织和个人表彰奖励。建立“东华生命天使奖励基金”,用于对2018年起成功捐献遗体器官志愿者家属和成功捐献造血干细胞志愿者每人奖励2000元。

【应急救护培训人数再创新高】　多措并举,应急救护培训人数再创历史新高，是上年的2.37倍，占全市总人口的2.93%。2017年，市本级新增市财政、部门和公益彩票等应急救护专项经费共计40万元。市政府召开全市应急救护培训工作调度会，标志着在全市形成救护培训工作的联动机制和整体效应。救护培训工作纳入全市综治和应急管理考核，而且纳入市委组织部干部教育培训计划安排。分3批组织公开应聘的红十字应急救护培训师资预备人员进行试讲和选拔，由评委根据综合表现进行评分，49名被录取者参加为期6天的全封闭应急救护师资初训班，43名取得救护师资证。向全市下发《关于做好全市应急救护培训工作有关具体事项的函》，坚持救护员16课时，50人一班。组织救护培训师资分成若干个小组以模块化的形式开发应急救护培训标准化课件，开展教学内训班45期，提高整体教学质量和水平；争取市政府和各方面的支持打造一个300多平方米的全省领先的应急救护培训基地，并投入使用。2017年开展救护培训进学校212场次、进社区28场次、进企业26场次、进机关24场次、进军营1场次、进农村41场次、进景区9次，其中联合市委组织部开展应急救护培训进农村颐养之家37场次，集中培训颐养之家日常管理人员632人，覆盖全市各个乡镇。组织5名红十字志愿者组成参赛队伍，参加全省应急救护比赛暨第四届全国红十字应急救护大赛选拔赛，获得团体第三名。

【红十字老年介护影响力进一步扩大】 红十字老年介护是新余市养老服务业一支重要力量，继续保持全省领先地位，在全国的影响力进一步扩大。抓住中国红十字总会养老服务试点的有利契机，沿着"技能培训+志愿服务+产业发展"的发展战略全方位推动红十字养老服务。老年介护队伍进一步壮大。2017年，培训老年介护员43人，普及培训3000人，发展老年介护志愿者56人。有的老年介护员开办养老机构。近百名老年介护员从事养老服务业或医疗护理业。老年介护理念和技能在多家养老机构得到运用，实现更好发展。老年介护培训在全市养老服务业培训中唱主角。老年介护员培训课程成为养老护理员培训的参考模板。老年介护师资成为养老护理员培训师资的主力。市康乐红十字老年介护服务中心培训养老护理员440名，占全市100%。老年介护服务市委中心工作有更大作为。组织41名老年介护员参加市委人才办组织"千名人才(老年介护员)基层行"活动，得到市委人才办的通报表扬。组织81名老年介护员，分成8个组，分赴各乡镇实施"红十字博爱五送颐养之家"行动，即送健康、送快乐、送技能、送温暖、送理念，受到群众广泛好评。

【人道救助助力精准扶贫】 深入开展扶贫工作，实现精准救助。2017年"博爱送万家"活动共筹集资金9.17万元救助701户困难家庭。为帮助特困家庭能过上一个祥和的春节，市红十字会向社会各界发出倡议，认捐1个或多个价值300元的"温暖年货包"，每个"温暖年货包"配备苏格兰印花被1床、5升香满园食用调和油1瓶、10公斤香满园优质丝苗米1袋、香菇1包、木耳1包、腐竹2包、粉丝1包。专门下发文件至县区红十字会，要求县区红十字会按市红十字会网上申请标准调查摸底受助对象，由县区红十字会在市红十字会网站申请，由市红十字会审核后最后确定受助对象，本次活动共发放价值2.34万元的"温暖年货包"，走访慰问78户困难家庭。对17户特困的捐献者、志愿者或其家庭实施重点救助。

【红十字志愿服务发展势头强劲】 积极发挥专业特色，推进红十字志愿服务制度化、规范化、常态化，着力发展和培养红十字注册志愿者。2017年，新成立3支红十字志愿服务队，发展红十字志愿者287名，开展各类红十字志愿服务活动500余场次，志愿服务时间2万余小时，受益人数4万余人次。市红十字蓝天救援队参与修水搜救，多次举办演练，打捞4具溺水尸体，搜寻到5名走失人员。"千名人才(老年介护员)基层行"和"红十字博爱五送颐养之家"行动在全市影响大，得到市人才办的通报表扬。举办新余市红十字会第四届志愿服务表彰大会，表彰41名优秀红十字志愿者、3

个优秀志愿服务组织。积极推荐优秀红十字志愿服务组织和个人参加中央、省、市的相关评选,4人被授予省五星级红十字志愿者。红十字志愿者李小菊、刘水根分别获得“中国好人”“新余好人”称号。市红十字蓝天救援队获得“新余好人”称号、“新余有爱——2017年度人物”和全市优秀志愿服务组织。“救在身边”应急救护培训志愿服务项目参加全国志愿服务“四个100”评选,获得全市优秀志愿服务项目。渝水区红十字会“雷锋月后的坚守”获得全市优秀志愿服务项目,多名志愿者获得全市优秀志愿者称号。

【人道捐献工作影响力扩大】 与市卫计委联合发文推进人道捐献工作;联合新余电视台1套、新余电视台2套、新余电视台3套及新余交通广播FM96.2开展器官捐献公益视频广告及语音宣传广告;联合新余发布制作“为遗体器官捐献者祈福”的新媒体推送,新余市主流官方微博和江西省红十字、中国人体器官捐献者联盟官方微博对活动进行评论及转发,另外全市五大医院在门诊大厅都摆放遗体器官捐献的公益宣传页及宣传展架等;充分发挥广大志愿捐献者作用,广泛开展宣传动员、上门登记等工作,举办遗体器官捐献宣传活动5次。举办“新余有爱——敬善晚会”,对成功捐献遗体器官志愿者家属、成功捐献造血干细胞志愿者、高配以上造血干细胞捐献志愿者和获得省会表彰的五星级以上志愿者43人进行奖励,邀请230多名各类优秀志愿者免费观看晚会。举办遗体器官捐献大型宣传活动。2017年,遗体器官捐献登记志愿者人数是2016年2.16倍,成功捐献器官1例,挽救3名器官衰竭患者生命,使2名患者重见光明。造血干细胞采样和推动宣传无偿献血工作步入常态化。

【加强红十字工作学习交流和宣传】 围绕各种主题日,做好立体宣传活动,在各类媒体刊登报道175篇次,其中在党报党刊上登载报道总量在6%以上。做好官方网站、微博的管理和经营,微博及时更新,做到每两天更新一次。在中央主流媒体上刊登报道6篇,在省级主流媒体上刊登报道31篇。分别接待中国红十字会总会和国家部委青年干部下基层调研团和新闻媒体采访团、中国红十字会事业发展中心调研组、上海市红十字会、新疆阿克陶县红十字会等到新余的调研、学习交流和采访报道。市红十字会组团到贵州省学习救护培训和博爱家园工作经验。 (吴 翔)

关心下一代工作

【概况】 2017年,全市关心下一代工作经过各级关工委和广大“五老”的共同努力,按照年初的工作部署,创造性地抓好落实,圆满完成全年的工作任务,呈现出3个特点:一是关工委组织逐步健全,市、县、乡、村四级组织网络日趋完善,形成“横向到边,纵向到底”的格局。二是青少年教育基地建设有特色。全市建有青少年革命传统、法治、禁毒、交通安全、心理健康等各方面的教育基地,对青少年的教育发挥很好的作用。三是基层关工委工作扎实,基层“五老”工作认真积极,无私奉献。截至年底,全市有关工委组织913个,参与活动“五老”7740名,达到“五好”关工委的有850个,约占93%。2017年,各级关工委在全国各级各类杂志和报刊用稿108篇,市、县区电视台多次播放有关关工委的工作信息,省教育电视台《筑梦未来》专栏播出胡乃豪、徐振邦2位老干部的先进事迹。

【宣传工作有新发展】 全市各级关工委专兼职工作人员大力宣传新余市广大“五老”人员关心下一代的先进事迹、典型经验和工作动态,在各级各类媒体有文有声,营造全社会关心下一代的舆论环境。

【市领导重视关心下一代工作】 省关工委成立25周年纪念暨表彰大会和全省关工委工作会议召开后,市关工委及时将中共中央总书记习近平重要指示和全省会议精神以书面形式向市委书记和市长做专题汇报，2位主要领导分别作出批示，市政府为召开市关工委成立25周年纪念大会拨专款，市委2位分管领导分别听取市关工委的汇报。为贯彻落实中共中央总书记习近平的重要批示和省委办公厅、省政府办公厅《关于进一步加强关心下一代工作的意见》，市委办公室、市政府办公室于4月26日印发《关于进一步加强关心下一代工作的实施意见》。通过贯彻落实实施意见，全市各级党政进一步加强基层关工委班子建设，落实各项经费，改善办公条件，解决了历年来想要解决而未能解决的问题。

【开展“大手握小手，听党话、跟党走”活动】 全市各级关工委以纪念建党95周年、红军长征胜利80周年等为契机，针对青少年的思想实际，充分利用各种教育资源，采取灵活多样、生动具体的活动形式，对青少年进行社会主义核心价值观教育。一是突出工作重点，深入开展“大手握小手，听党话、跟党走”活动。各级关工委以“学三史，促三爱”主题教育活动为载体，成立宣讲团，编写讲义，科学制定教育计划和实施方案，活动开展得扎实有效。思想道德教育报告团深入27所学校，宣讲36场，受众4.2万人。二是创新教育载体，增强社会主义核心价值观教育效果。各级关工委通过组织开展一系列主题突出、时代特征鲜明、针对性强、影响面宽的教育活动，提高教育效果。例如，组织“五老”在青少年中广泛开展宣讲报告会、红色之旅夏令营、主题班会、书画作品展、文艺汇演、征文比赛、演讲比赛等形式的党史国史家乡史教育活动，通过青少年喜闻乐见的活动，让他们“在玩中学，在学中玩”，在践行活动中培养和增强爱党爱国爱家乡的情感。2017年暑假，市委、市政府机关大院关工委组织160余名中小学生赴南昌“八一”起义纪念馆和省科技馆参观，让青少年到现场接受爱国主义和现代科技教育。三是主动出谋划策，协助职能部门推进社会主义核心价值观教育的落实。7月初，市关工委协同市委宣传部、市文明办、市教育局共同召开全市学校社会主义核心价值观教育暨美德少年表彰会。市委常委、宣传部部长郭力根出席会议并讲话。会议对进一步深化青少年的社会主核心价值观教育进行再动员再部署，促进该项工作深入持续开展。

【不断优化青少年成长成才环境】 各级关工委和广大“五老”始终以教育、关爱、帮扶青少年成长成才为己任，为其营造良好的成长环境。一是结合精准脱贫工作，深入开展“一对一”结对帮扶帮教活动。以抓好渝水区姚圩镇和分宜县杨桥镇2个农村留守儿童关爱之家示范点工作为切入点，深入开展以关爱农村留守儿童为重点的“一对一”结对帮扶帮教活动。全市各级关工委共发动2571名“五老”人员和相关社会爱心人士结对帮扶帮教1763名困难青少年，帮扶资金105多万元。二是结合“七五”普法规划，深入开展青少年法治宣传教育。市关工委精心谋划，主动与市委政法委对接、沟通，2017年与市委政法委召开青少年法治宣传教育座谈会和未成年人法治宣传教育座谈会，市委常委、政法委书记黄文辉参加会议并讲话，大家共同探讨、研究如何加强青少年法治宣传教育、拟定教育规划、共同做好预防青少年违法犯罪工作。法治教育报告团深入基层讲法治课55场，受教育青少年6705人次。报告团团长胡道新被省委老干部局授予全省“最美老干部”称号。三是结合社会综合治理，深入开展志愿服务活动。市关工委与市文广新局紧密配合，召开2次座谈会商议工作。2017年，全市各级“五老”义务网吧监督员对150多家网吧开展5423次巡查，疏导教育117名未成年人远离网吧。各级关工委积极配合公安部门开展禁毒教育活动，配合文化部门开展整治校园周边环境活动，配合村委会（社区）开展冬季防火、夏季防溺水、交通安全等安全自护教育，减少事故发生。全市各级关工委和“五老”还在支持重大项目和新农村建设中发挥积极作用。农业服务团建立科技服务示范点20个，举办培训班3期，培训青年农民273人次。刘新、徐振邦获“全省老干部发挥正能量之星”称号。

（王文江）

编辑　傅媛媛

国　防

民兵和预备役部队

【概况】　2017年是军分区部队全面按新体制运行起步的开局之年。各级坚决贯彻军委国防动员部、省军区党委决策部署，坚定举旗铸魂，聚力备战打仗，全面落实改革，强势正风肃纪，狠抓安全稳定，年度重点工作取得较好成绩，各项建设呈现稳步发展的良好势头。

思想政治建设富有成效。紧扣中共十九大主线抓学习，按照“关键要实”的要求，军分区党委专题研究部署，制定实施方案，采取原文通读一遍、要点归纳一遍、分组讨论一遍、体会撰写一遍、答题考核一遍等“五个一遍”的方式，迅速掀起学习热潮。紧跟中央军委主席习近平思想步伐学理论，突出用“7·26”“8·1”重要讲话凝心铸魂，认真组织专题学习，开展“维护核心、听从指挥”主题教育，抓好维护军委主席负责制教育宣讲，推进“深读两本书、感悟领袖情、铸牢强军魂”实践活动，牢记领袖嘱托、擦亮忠诚底色。紧盯改革活思想稳心神，抓好“自觉拥护改革、支持改革、投身改革”教育，深入谈心交心、过细做好一人一事思想工作，积极救助8名家庭重大变故和特殊困难的官兵职工、老干部，军分区部队听招呼、守规矩、顾大局，改革任务得到全面落实。紧贴重大活动搞教育，组织参加建军90周年、烈士纪念日、国家公祭日等活动，军分区本级投入10万余元完善军营文化建设，官兵职工在铭记历史、缅怀先烈、文化熏陶中传承基因、坚定信仰。

备战练兵动员扎实有力。对接省军区应对重大“台独”事变军事行动方案，围绕“动员支前”“城市防卫”作战任务，修订完善“1+9+15”方案体系，构建“1个目标、2类使命、9项能力”战斗力标准。狠抓战备常态化保持，春节、国庆、中共十九大等敏感时期，5次组织战备分队临机拉动，11次组织两级营门防暴恐演习。积极推进新大纲试训，围绕“四个转变”开展军事理论研讨，落实2周机关业务技能训练，2次20公里战斗体能拉练，组织两级首长机关训练考核，优良率达83.2%。着眼应对突发情况，加强“三型”民兵应急分队建设，分批组织抗洪抢险、森林灭火等民兵骨干集训，全年累计落实民兵训练542人次；渝水区人武部完成与部队协防联训联演。专题部署展开军地联合防汛工作，组建600人首批出动抢险分队，分宜县人武部高标准抓好军地联合防汛抗洪演练。智慧动员建设在全省普及推广，被评为“2017中国智慧城市优秀案例”，代表新余市国防动员委员参加全国科普日陈展和国防大学“大数据研讨暨第十届国防论坛”。2个军民融合训练基地建设有序推进，分宜县人武部同步开展人防指挥所建设，高新区大力打造军民融合产业基地。

兵员征集质量稳中有进。结合军分区部队调整改革，健全市、县(区)两级征兵组织领导机构。坚持多手段多渠道开展征兵宣传，积极打造微信、网站、新闻报纸、广播电视征兵宣传全媒体平台，营造崇军尚武的浓厚氛围。2017年，全市严格落实“三个精准”要求，圆满完成征兵任务，退兵率控制在1%以内。分宜县、高新区未发生退兵问题。全市大学生士兵比例达到60.2%，征兵“五率”考评名列全省第五。

后装保障能力逐步提升。按新编制转接供应关系、对接保障任务。狠抓办公场所、经费使用、油料管理、伙食保障"四个规范",军分区本级投入140余万元整修办公室、公寓住房、招待所及文化活动中心,较好地改善官兵职工办公生活娱乐条件。稳妥推进全面停止有偿服务、老旧废武器弹药清查、油料系统集中整治、公用物质清查核对"四个专项"活动,全区关停率92.9%,省军区排名第三。

部队建设基础更加牢固。贯彻军委国防动员部精准抓建基层《实施意见》,研究试行军分区机关《经常性工作规范》和《量化管理考评办法》,较好地实现开局平稳、起步正规的管理目标。注重破解制约基层建设发展的重难点问题,围绕49个课题深入开展基层武装部业务建设专题调研,探索研究人武部职工管理有效途径,分宜县、渝水区人武部积极推动职工绩效奖纳入地方统一管理。着眼调整改革和特殊年份的特殊要求,全力以赴抓安全保稳定,扎实开展安全工作自查自纠、百日安全活动和涉黄赌毒整治,军分区本级投入28余万元新建电动车充电棚、改建营区监控、完善武器库安防设施,采取"三不两直"方法常态进行排查整治,紧盯敏感时段、重点部位、季节性特征加强防控,安全稳定工作量化排名省军区第四。

党管武装工作取得突破。协调召开市委常委议军会暨新余市第一次重点工作推进会,彻底扭转历年安置的被动局面,有关做法全省转发,省军区主要首长作出批示,给予充分肯定。渝水区27名转业士官100%安排全额事业编。推动出台《关于建立军地交流协作平台的意见》,围绕庆祝建军90周年,联合举办"八一"军地座谈会、双拥文艺晚会、军(警)营开放日、双拥摄影展等活动,协调解决4名随军家属就业安置,29名军人子女择校就学,为部队协调解决自来水进军营问题,帮助新余市蓓蕾幼儿园改善教学条件,双向沟通、双方协作、双拥共建得到加强。军分区部队积极助力脱贫攻坚,2017年两级共落实扶贫资金16万余元,结对帮扶3个贫困村、6个脱贫项目、22户贫困家庭、11名贫困生,4家贫困户实现"摘帽"脱贫。

正风肃纪治党全面从严。认真贯彻《准则》《条例》,扎实推进"两学一做"常态化制度化,跟进改革调整党组织,严格组织生活制度,按要求落实"三会一课",两级党委压茬召开民主生活会,团以上领导干部如实填报个人有关事项,党内政治生活质量不断提高。全面彻底肃清郭徐流毒影响,深化"两个清理",组织信息清理"回头看",签订"零问题"承诺,推动肃清工作走深走实。狠抓作风建设各项规定执行,全面实施"禁酒令",建立基层风气监察联系点、落实联络员,悬挂党风廉政建设公示牌,常态开展作风纪律明察暗访,持续保持正风肃纪的高压态势。

【抓好民兵"四会"教练员集训】 5月中下旬,军分区采取统一计划、同步实施的方法,组织分宜县人武部、渝水区人武部各集中1个星期左右时间,开展2期民兵"四会"教练员集训,全市各乡镇办专武干部及民兵营连长共100余人参加。这次集训是贯彻落实练兵备战指示要求,提高民兵分队指挥员教学组训能力,培养一批能教会训、素质过硬、实战化"四会"教练员人才的重要举措。集训对象突出新任职和未参加过团以上单位组织的"四会"教练员培训的民兵营(连)长和专武干部。集训采取理论辅导、示范观摩、分级训练、讨论交流、考核验收、总结讲评的方法进行组训。集训期间,邀请武警支队教练班长讲解示范警棍盾牌的操作使用,邀请市防汛、防火、维稳等部门的专家教员,给集训学员集中辅导抗洪抢险、森林灭火、应急维稳等专业知识,帮助参训民兵提高"四会"教学的基本理论、基本技能和基本指挥能力。通过集训,增强参训民兵主业主抓武装工作的阵地意识,有力促进年度战备训练工作展开和军事斗争准备向纵深推进。

【召开军地联合防汛抗洪工作协调部署会】 传达学习省委书记鹿心社关于做好防汛抗洪工作指示精神,研究部署新余市2017年防汛抗洪任务。6月23日,新余市在军分区召开2017年军地联合防汛抗洪工作协调部署会,军分区、市水务局、市气象局和部队相关领导参加会议,军分区后勤部部长徐青山主持。会上,市防汛指挥部领导介绍2017年新余市防汛工作形势,市气象台通报近期气象水文情况及未来气象研判,军分区作训办主任部署防汛工作任务,相关部队领导汇报本单位防汛工作准备情况及下步打算。会议强调,思想真重视、行动真落实、合力真形成;心有任务、精准掌握、闻令而动、处置得当、确保安全5点要求。新余军分区高度重视做好防汛抗洪工作,前期,依托2个人武部,分批组织全市抗洪抢险骨干集训;召开防汛抗洪工作协调会,细化抗洪抢险方案;建立与地方气象水文信息共享机制,随时掌握当面汛情;结合可能出现的各种情况,有针对性地搞好演练。通过系列扎实有效的举措,确保一有险情,能够随时拉得出、救得下。

【组织民兵与部队协防训练】 组织民兵与部队协防训练,是保证军兵种部队重要军事目标安全的有效途径。新余军分区高度重视民兵协防训练,协调渝水区人武部、解放军某部等单位召开重要目标协防对接会,充分预想可能出现的敌情,共同对接训练任务,研究制订方案计划,为协防训练的实施展开打下基础。

【重庆警备区一行到新余调研"智慧动员"建设】 11月16日,重庆警备区副司令员南小冈率机关一行6人,到新余参观调研"智慧动员"建设,省军区副司令员方建华陪同调研。重庆警备区调研团深入新余市智慧城市展示中心,观摩近年来新余市"智慧城市"建设运用成果,感受互联网、大数据、云计算等新兴技术产业为地方城市建设管理提供的优质便利服务。调研团听取军分区政委卢伟的汇报,就近年来新余"智慧动员"建设和运用情况作介绍,重点说明如何融合军地优质信息资源等。随后举行"智慧动员"建设调研座谈会。座谈中,调研团的人员发言提问,新余军分区与会人员都一一回答,并利用"智慧动员"系统一一演示印证。重庆警备区一行认为新余的好经验好特色,对重庆的国防动员建设发展很有借鉴意义。

【"智慧动员"首次参加全国科普日国防科技专题展】 2017年全国科普日活动于9月16日—22日在全国集中开展,北京主场活动在中国科学技术馆举行,活动的主题是"创新驱动发展,科学破除愚昧"。2017年国家科普日首次设立"国防科技专题展区",按照现代综合作战理念,分信息作战、战略打击、空中作战和国防动员等10个模块进行展示,旨在普及国防科技知识,引导广大干部群众特别是青少年学生了解国防,热爱国防,献身国防。新余军分区探索试点的"智慧动员",首次作为国防动员模块中唯一一个省军区系统项目参加科普展示,重点展示国防动员领域基于智慧城市建设军民融合发展理念,国防动员行动"一网融合,数据采集自动化;一图规划,智能决策智能化;一键下达,指挥控制网络化"的指挥模式,集中反映江西省军区着眼提升应急应战能力推进国防动员信息化建设成果。

【组织首长机关训练迎考】 为落实新大纲施训要求,根据省军区党委议训会议部署,于12月组织军考师、师考团训练考核活动。为做好迎考准备,军分区集中利用1个月左右时间,集中组织机关干部进行基本理论、基本业务、基本体能等训练活动,为提高训练质量,邀请陆军步兵学院教员、市体育局教练,围绕识图用图、基本体能等训练课目,组织为期3天的现场教学辅导,提高训练质量和水平。12月中旬,军分区接受省军区考核组考核验收,单位考核成绩总评优秀,达到预期目的。并于月底前,完成对分宜县、渝水区人武部首长机关考核任务,考核成绩总评均达到优秀水平。

【扎实开展"百日安全"活动】 新编制调整以来,着眼开局开新、起步正规,军分区高度重视抓好部队正规化建设,特别是9月以来,以迎接宣传贯彻中共十九大精神为主题主线,以明确的"三个不出""七个加强"为活动目标要求,党委集体研究并制订军分区"百日安全"活动方案,专题抓好动员部署教育，层层签订安全责任书，3次研判安全形势，5次组织排查整治，投入近20万元改造营区监控系统、武器库安防消防、老旧网管线路等安全设施，通过这项活动的开展，增强官兵职工安全意识，提高部队管理水平。抓思想引领，强化安全理念。30余次组织传达上级安全工作电报精神和违规违纪情况通报，采取党委扩大会、常委会、形势分析会、党小组会等形式，原原本本传达学习上级文件精神，确保活动的标准要求家喻户晓。抓制度落实，规范安全管理。军分区成立由政委任组长，战备建设处牵头主抓、机关各处按职负责的“百日安全”活动领导小组，结合动员部署会逐级逐人签订安全责任书63份，落实2名常委挂钩帮带1个人武部，通过严明责任、细化责任、压实责任，强化单位安全我尽责、我的安全我负责、他人安全我有责、出了问题严查责的意识氛围。抓重点环节，消防安全隐患。围绕突出政治性问题防范、突出违规饮酒问题防范、突出网络安全问题防范等重点，开展隐患问题专项整治活动，确保不留隐患、不发生失泄密问题。抓问题整治，守牢安全底线。在上半年开展枪弹清查核对的基础上，军分区对各单位枪弹清查情况进行“回头看”，人人向组织做出承诺，清查数量准确，账物相符。扎实开展有偿服务、财务油料、公用物资等专项整治，防止违规违纪问题发生。

【做好编制体制调整改革中的政治工作】 按照省军区统一部署，扎实开展“自觉拥护改革、支持改革、投身改革”专题教育，广泛开展谈心交心活动，过细做好一人一事思想工作。6月底前，调整健全军分区、人武部两级党委、纪委以及安全、保密委员会、10个基层党组织；严格按政策规定完成22名干部、7名士官的落编定位，并接收安置4名外单位交流干部。6月30日省军区召开宣布师职干部任职命令大会，任命卢伟为新余军分区政委，原新余军分区政治部主任金向东为新余军分区副司令员；9月9日军分区再次召开宣布命令大会，省军区吴司令员宣布中央军委国防动员部命令，原新余军分区司令员常如平退出现役，转业地方工作。至此，军分区部队调整改革圆满落地。

【修订完善方案计划】 深入开展非战争军事行动后装保障法研究，依据所处的地理位置和可能担负的保障任务，在修订完善防卫作战、动员支前等方案计划的基础上，拟制非战争军事行动后装保障1个总体方案和3个专项案，做到依案建设、依案保障。7月，按照新的编制体制，分区组织两级保障机关抓好各项保障方案计划的修订完善和对接，研究制定相关后装保障计划，合理调整保障工作指挥编组，规范后装指挥流程，落实战备制度，完善后装指挥系统和战备物资，规范战备秩序，确保后装战备工作规范有序。围绕保障防卫作战、保交护路和抢险救灾等行动，抓好民兵分队的专业勤务训练，突出紧急出动、人装结合、野战化等课目的演练，广泛开展群众性练兵活动，提高保障组织指挥和保障业务水平。确保方案计划统一协调、上下配套完善。

【狠抓保障机制规范】 随着武器装备管理职能划归和职工人事管理划出及人员调整等实际，为确保现行编制体制正常运行，狠抓保障机制规范。规范办公秩序。投入20万元完成军改后各处办公室会议室装修改造和添置办公桌椅，调整办公库室，补充物资器材，规范办公秩序，落实武器装备管理周入库检查、月擦拭保养、季核对数据和每周车场日等制度。规范伙食保障。从7月1日起，严格执行军委关于机关伙食管理的规定，采取“统一计划采购与绿色公司配送”相结合的方式，伙食副食品进行集中统一采购，做到日有计划、周有食谱、月有公布，确保饮食安全。规范财经管理。规范经费审批权限，严格执行财经纪律，从严落实集中采购，自觉遵守财务制度，坚持每月组织一次财务人员业务培训、每季一次机关人员财经制度学习，做到人人熟悉标准；狠抓工程建设、兵员征集、役前集训等大项经费审核力度；狠抓县（区）人武部年度经费预算规范，严把经费开支关口。规范油料管理。严格执行上级油料管理规章制度，以油料整改为契机，进一步规范油料管理报

批、使用、审核程序，制定油料管理规定，确保油料管理正规有序。（周　平）

武装警察部队

【概况】 2017年，各级深入学习贯彻习近平新时代中国特色社会主义思想，以习近平强军思想为统领，紧紧围绕迎接保卫学习贯彻中共十九大，强化政治引领举旗铸魂，聚焦中心任务练兵备战，着眼重塑重构调整改革，聚力强基固本夯实基础，紧盯纯正生态正风肃纪，部队全面建设稳中有进、稳中向好，实现连续21年安全无事故。

着眼看齐追随抓思想，政治引领坚强有力。以迎接保卫学习贯彻中共十九大为主线，统筹推进"两项重大教育"，精心组织"提振精气神、聚力迎大考"教育，运用"双六法"和"五项机制"，对抓好《习近平论强军兴军》精准谋划、精准督导、精准落实。组织"学讲话、论使命、铸忠诚"演讲和知识竞赛，召开第五届"身边典型"事迹报告会，开设"兵悟习语"专栏，评选理论学习之星，官兵看齐追随、维护核心的信仰信念更加坚定。组织"卫士系列风采"文化活动，与3个红色教育基地签订协议，聘请2名红色辅导员，3次组织参观见学和宣誓活动。强力推进"四心工程"，深入细致做好经常性思想和预防工作，聘请地方律师和心理咨询师担任法律、心理顾问，妥善解决3名战士家庭涉法问题，有效转化2名重点关注对象，确保官兵思想稳定。分宜中队黄学清参加总队"四会"政治教员比武竞赛获得第三名，执勤三中队被总队评为"理论武装先进中队"。

聚焦职能使命抓中心，各项任务完成圆满。狠抓正规化执勤，持续抓好"五防一体化"建设，组织"学规范、查隐患、找问题、补漏洞"执勤安全教育整顿和"两清六查"勤务专项治理，根治执勤硬隐患6处，确保执勤目标绝对安全，实现连续21年执勤无事故。狠抓实战化训练，深化军事训练"八落实""六种组训模式"，严密组织教练员、勤训轮换和季度"魔鬼周"等集训，大力表彰训练尖子，营造训练有为、训练有位浓厚氛围。执勤三中队排长谢坤龙、机动中队战士余东被总队评为优秀教练员和"十大训练标兵"。狠抓常态化战备，规范编携配装，完善方案预案，正规联合作战值班，部队"两个不经、一个保持"水平进一步提升。圆满完成跨区增援九江地区抗洪抢险、"春运"执勤、央视七夕晚会安保等临时勤务56起，官兵经受住了任务和实战检验。

紧盯从严治军抓规范，安全发展得到巩固。以调整改革为牵引，认真学习贯彻"三个配套法规"，深入开展"三学、三整、三转变"教育整顿，着力推动"三个根本性转变"，坚持用问题倒逼的思路、全面从严的态度、标本兼治的方法正秩序、守底线，以"零容忍"姿态立好"戒尺"，严格落实《禁酒令》和"八严"纪律规定，加强经常性警示教育，下发《手机微信群使用规范》，编印《手机使用管理宣传教育图册42例》。突出人员思想、内部关系、车辆枪弹、信息网络等重难点问题整治。常态落实安全工作"八个规范"，扎实开展安全大检查和"百日安全竞赛"等活动，消除安全隐患9类55处，安全发展基础日益稳固。支队被武警部队表彰为"暑期百日安全竞赛"优胜单位和安全工作先进单位。

围绕强基固本抓基层，基础底蕴不断厚实。贯彻武警党委1号文件精神，严密组织《纲要》集训和"岗位练兵"活动，修订完善党委机关《按纲建队考评实施办法》和《精准帮建计划》，细化帮建措施和责任，严格落实党委机关蹲队住班制度，组织5批65人次深入基层帮建指导，提升按纲抓建能力和成效。着力解决基层难题，注重激发创建热情，协调解决6名官兵子女入学入托，持续设立20万元困难救助金和10万元优秀官兵疗养保障金，为34名家庭困难官兵发放补助15.4万元，为324名官兵及家属免费体检，组织37名优秀官兵家庭到驻地景区疗养，100%保证基层官兵正常探亲休假；积极向市委、市政府协调，转业安置有历史性突破，有效激发官兵建队热情。执勤三中队被总队表彰为"基层建设标兵中队"，机动中队被总队表彰为"基层建设先进中队"。

着眼提质增效抓后勤,保障效能持续提升。加强后勤战备建设,优化“一组五队”编配,开展后勤专业训练,扎实开展“一长五员”培训、后勤岗位练兵和司务长集体办公等活动,集训后勤技术兵,选拔后勤专业兵,后勤队伍素质能力不断提高。修订完善各类预案42份,调整战备物资500余件,核心保障能力明显增强。建立采购、工程造价、审计招标代理机构库,健全完善工程建设、经费开支、物资采购管理规定,全年累计核减不合理开支2.8万余元、节约采购经费10万余元、对3个存疑招标项目予以废标处理、“拉黑”违规招标代理机构6家,管理程序更趋规范。持续巩固“伙食精细管理年”活动成果,落实“1126”“6211”伙食标准和自助餐模式,加强副食品集中配送管控,多平台公示伙食单位主副食清单,官兵对伙食满意度达98%。坚持把有限经费向基层一线倾斜,全年投入15万余元用于采购和维护营产营具,基层官兵生活条件大大改善。

立起严实标准抓党建,部队风气更加纯正。落实武警部队加强政治生态建设的措施,以新党章和“三条例两准则”为遵循,抓实政治能力训练,深层次推进“两个清理”。严格党内政治生活落实,推进“两学一做”学习教育常态化制度化,围绕“三对照三查纠”召开民主生活会,落实“三会一课”和组织生活制度,党员意识和党章意识明显增强。扎实开展“真情助廉寄语”和基层风气监察联系点活动,深入查纠发生在官兵身边的不正之风和“微腐败”,部队风气进一步纯正。深入贯彻民主集中制,坚持重大问题集体研究决定,在涉及用人、花钱、工程等敏感问题上,始终做到公开公平公正,全年调整使用干部33人、选取士官51人、发展党员25人、选送各类技术学兵38人、采购物资19批次均实行阳光操作,官兵信服、上下满意,新风正气进一步弘扬。

【做好春运等敏感时期安全保卫工作】 2月18日至3月7日,支队圆满完成新余市火车站和高铁站春运勤务任务。全体执勤官兵认真巡逻备勤,按照严守纪、树形象,送真情、保安全的要求,始终做到动作正规、用语礼貌、态度和蔼,积极开展为旅客提包拎物、扶老携幼等服务民众活动,制止多起扰乱秩序事件,有效维护新余春运秩序。全国“两会”“一带一路”国际合作、高峰论坛期间、“金砖”会晤、国庆等特殊敏感时期,支队采取乘车巡逻、徒步巡逻、定点警戒相结合的方式,在市区繁华街区、公共场所、重点路段和高铁站等区域与公安特警进行城市联勤武装巡逻。

【开展特勤排、应急班比武对抗竞赛】 5月24日—26日,新余支队严密组织特勤排、应急班比武对抗竞赛。全体参赛官兵在5公里武装越野、通过400米障碍、抓绳攀登、自动步枪快速精度射击、自动步枪对隐显目标射击、手枪对不动目标射击、手枪突入识别射击、狙击步枪夜间狩猎射击等课目展开激烈竞赛。参赛官兵大力弘扬“首战用我、用我必胜”的特战精神,态度端正、精神饱满、士气高昂,充分展示出全面过硬的军事素质和顽强勇猛的战斗作风。通过组织军事比武竞赛,全面检验部队实战化军事训练成果,促进支队军事训练水平的全面提升,为圆满完成各类急难险重任务奠定坚实基础。

【驰援九江地区抗洪抢险】 受长江中上游强降雨影响,鄱阳湖水位居高不下,千里圩堤随时有溃堤危险,九江市防汛抗洪形势非常严峻,当地人民群众生命财产安全受到严重威胁。新余支队根据上级命令,7月4日—16日,支队长秦为民紧急带队兵分两路驰援九江庐山市沙湖山圩堤和瑞昌市赛湖农场螺狮港城防堤。历时13天英勇鏖战,圆满完成此次驰援九江抗洪抢险任务,赢得当地党委政府和人民群众的高度赞扬。

【“四会”政治教员评比竞赛获殊荣】 7月18日—21日,总队“四会”政治教员评比竞赛在二支队一大队举行。赛前,支队首长对评比竞赛工作高度重视,支队长秦为民要求政治处精心筹划准备,政委袁定福提出力争获得“十佳”的目标。经过4天的激烈角逐,支队参加总队“四会”政治教员评比竞赛的分宜县中队排长黄学清一路过关斩将，获得全总队第三名的成绩，被表彰为“江西总队十佳‘四会’优秀政治教员”。

【举办“学讲话、铸忠诚、迎盛会”知识竞赛】 9月26日，新余支队举办“学讲话、铸忠诚、迎盛会”知识竞赛。基层中队组成参赛队，每队由干部、士官、义务兵3人组成，竞赛共设必答题、限时作答题、选分题、风险题4种类型。竞赛中，现场精彩纷呈、高潮迭起，参赛选手凭借扎实的理论基础，选题沉着冷静、答题积极踊跃，比赛现场氛围活跃、竞争激烈。最终，新余市中队、勤务中队、三中队分别夺得此次竞赛的前三名。通过竞赛，进一步打牢官兵的理论基础，增强各单位的荣誉感和凝聚力，激发官兵工作热情。

【开展“喜迎十九大，军民鱼水情”书画展活动】 10月13日上午，新余支队在喜迎中共十九大到来之际，与驻地宝真社区开展以“喜迎十九大，军民鱼水情”为主题的书画展活动。邀请多位驻地优秀书法艺术家给官兵传经送宝，书画展展出作品题材广泛、形式多样、内容丰富，这些作品的美学感染力和影响力，朴素而又深远，件件倾注了驻地艺术家和官兵们爱党爱国爱军爱民的高尚情怀。活动的开展，增进支队与驻地社区的友谊，激发官兵献身中国梦强军梦的热情和动力。

【完成“天下有情人”七夕晚会安保勤务】 8月17日—19日，中央电视台“天下有情人”七夕晚会在新余市仙女湖风景区举行。根据新余市委、市政府统一部署，经报请总队批准，支队担负活动现场的安全保卫任务。任务官兵精神振作、军容严谨，以最强的措施、最严的部署、最高的标准圆满完成晚会现场安保任务，展示武警部队威武之师、文明之师的良好形象。

【召开第五届“身边典型”事迹报告会】 11月16日，新余支队召开第五届“身边典型”先进事迹报告会，组织5名在工作中涌现出来的先进典型，结合自身实际为官兵作事迹报告。政治处干部股股长李想国，立足平凡岗位，做爱岗敬业的模范；直属大队三中队谢坤龙，强军兴训当先锋，争做过硬武教头；分宜中队黄学清，中央军委主席习近平讲话引领我成长；四中队班长张伟，矢志从军路，反恐当尖兵；勤务中队驾驶员李鹏，奋进在强军路上的汽车兵。通过举行报告会，生动地诠释广大官兵忠诚使命、献身使命、不辱使命的价值追求和崇高风貌，使官兵深受教育和鼓舞，进一步增强干好本职工作的精神动力。

【组织第一片区“魔鬼周”极限训练】 12月25日—31日，南昌、新余、宜春和机动支队的特战队员，在新余开展为期一周的“魔鬼周”极限训练。极限训练着眼检验特勤排在艰苦环境和多种复杂条件下的智、体、技、战等综合能力和顽强的战斗精神，提高单兵技能和基本作战能力，坚持从难、从严和从实战需要出发，每天训练长达18个小时，人均负重不少于25公斤，突出综合体能、技能和战术融合训练，科学设置贴近实战的训练背景，设置武装追逃、极限爬行、5公里山地越野、30公里徒步行军等体能科目，开展多姿转换射击、2公里越野射击、山林捕歼战斗、制作陷阱、战地救护等技战术课目训练，全程贯穿红蓝对抗训练模式。通过训练，历练特战队员超常的意志品质、顽强的战斗精神、密切的团队意识和过硬的综合素质，官兵遂行任务能力得到有效提升，展现反恐利剑“持续作战、连战连捷”的威武雄风。（彭　磊）

消防部队

【概况】 2017年，新余市公安消防支队贯彻落实习近平新时代中国特色社会主义思想和“四句话、十六字”总要求，紧扣“回归全省第一方阵，精心镌刻‘小而精、小而美、小而强’”新余消防印象这条主线，在务实中进取，在担当中作为，为争当全省“三区两典范”创造优质高效的消防安全环境。连续4年被评为全省消防工作先进设区市，支队续评为全国文明单位，被省消防总队表彰为全省先进支队，支队获各项表彰30余项。2017年，全市发生火灾469起，死亡0人，受伤0人；全市消防部队共接警749起，抢救被困人员343人，疏散被困人员879人，保护财产价值2.6亿元。

消防工作赢得新站位。出台《新余市消防安全责任制考核办法》，消防工作纳入全市党政领导干部绩效考核、全市综治考核、全市年度工作考核成为常态。市委书记蒋斌、市长董晓健等领导经常听取汇报、作出批示指示、深入部队视察调研，破解一批制约消防工作发展的瓶颈性难题。市政府为支队机关本级和分宜大队记集体二等功。

党建引领取得新成效。召开全市消防部队党建工作现场会和“三会一课”规范化现场观摩会，在省总队党建规范化建设现场会上就“三会一课”作经验发言。分宜中队被授予“全省五四红旗团支部”荣誉称号，平安路中队被评为新余市“青年五四奖章”先进集体。

消防环境续写新局面。扎实做好中共十九大、夏季消防检查等消防安保工作，加大监督执法力度，压实各级监管责任，形成整治火灾隐患的高压态势。率先在全省开办“一警六员”消防安全实操实训班，成立“钢城消防宣传队”。全年消防监督执法“六项指数”同比大幅上升，火灾“四项指数”同比“两下降两持平”。

智慧消防开启新引擎。将“智慧消防”纳入新余“智慧城市”和“数字城市”建设，深化“放管服”改革，开通消防便民服务平台，做到“让数据多跑路、让群众少跑腿”。首创“全警情录入＋微信报警台”“全警情录入＋作战指挥圈”，连续10个月在全省“全警情录入＋”数据审查中达双百佳绩。“全警情录入＋”工作得到省公安厅的充分肯定。

实战能力实现新提升。建立“每周一测、每月一考、每季一赛”练兵机制，支队在全省岗位练兵竞赛中获第五名，全省政府专职队比赛第四名。在全省率先举办抗震拉动演练暨战勤保障跨区域实战拉动演练，联合16家社会单位举办全市开展高层建筑和水域救援综合应急演练。成功处置“1·31”家具仓库火灾、“3·22”樟吉高速客车侧翻救援和“11·9”沪昆高速液氯泄漏等急难险重任务。

专职队建设开创新模式。新建2个政府专职消防队、征召58名政府专职消防队员，平均3.8个乡镇布局1个政府专职消防队，全部纳入支队119指挥平台统一调度，基本实现“城区5分钟、乡镇15分钟”灭火救援全覆盖。参加全省政府专职队比赛取得第四名。新亚新政府专职队被市政府记集体二等功，其做法在《江西政法动态》刊登并得到省委常委、政法委书记尹建业批示肯定。

基础建设取得新突破。分宜县消防站以二级消防站建设标准进行规划设计并即将开工建设。新建消火栓350个、安装感烟报警器3000个，所有建制镇全部完成消防专项规划（消防专篇）制订工作。在“两个基地”建设水上训练中心并完成设计。所有单位完成基础设施升级改造，达到正规化建设标准。

队伍建设呈现新风采。修订《干部绩效考评细则》，建立“履职情况周公布、工作业绩月通报、考核奖惩季兑现、综合表现年评定”考评机制，全面激发官兵干事创业激情。支队干部敖昊代表公安部参加全国科普讲解大赛获二等奖并荣膺全国“科普使者”称号。　（陈　新）

人民防空

【概况】　新余市为国家三类重点防空城市，新余市人防办成立于1997年。2017年，新余市人民防空建设坚持“长期准备、重点建设、平战结合”的指导方针，认真实施《中华人民共和国人民防空法》，突出军事斗争人民防空准备要求，紧紧围绕市委、市政府中心工作，服从和服务于改革开放和经济建设大局，全面推进人民防空建设发展，人防工程建设、指挥通信建设、人防知识宣传教育和人防行政审批取得新成绩，开创新余市国防建设和人民防空建设的新局面。

【人防工程建设】　一是把好地下人防工程质量关，督促市投控集团尽快竣工验收，投入使用，以缓解中心城区停车难问题，发挥人防工程平时服务社会、服务经济发展作用。二是督促市投控集团抓好地下人防工程进度，人防部门注重把好工程的质量关。三是积极筹划用好易地建设费，建设1个新地下人防工程。四是分宜县人防指挥所建设列入县里重点项目。

【人防执法工作】 坚持依法行政、严格执法，积极发挥人防法律法规在推进人防建设中的坚强保障作用。一是组织开展人防专项执法检查。提请市人大常委会于11月3日在全市范围内开展1次《中华人民共和国人民防空法》执法检查，听取分宜县政府和市发改委等9家单位贯彻落实人防法律法规情况汇报，实地查看人防工程，有效推动人防法律法规的实施。二是推进人防建设融入城市发展。充分发挥人防工程在节约城市用地、缓解城市交通、改善城市环境、完善城市功能等方面独特的作用，坚持"应建尽建、应收尽收"的原则，抓好人防工程建设，全年完成人防工程结建面占任务总数的150.9%，超额完成省办下达的结建任务。三是大力推进"三单一网"建设。坚持便民、利民原则，简化办事程序，积极推动"三单"管理和人防电子政务建设，开展网上审批，提高办事效率，全年完成联审项目27个，办理楼盘预售34个，竣工联验项目41个，完成报建项目45个。四是抓好人防工程质量监督。重点强化人防工程施工技术规范指导，全年共完成技术交底21次，到工地巡查56次，提出整改问题32条，通过人防工程主体结构验收项目。五是实行"双随机一公开"。按照"双随机一公开"的要求，报请市政府法制办批准，组织开展专项质量检查。六是认真抓好安全生产。对全市所有人防工程进行2次安全摸排调查，对发现的安全隐患，要求维管责任单位及时进行整改。

【人防应急救援】 紧紧围绕"战时防空、平时服务、应急支援"的任务使命，抓好了以下几项工作：一是推进人口疏散基地建设。经市政府批准，将市应急救援中心作为人防疏散集结基地。二是抓好指挥通信建设管理。做好地上、地下和机动指挥所维护管理。三是开展训练演练。全年与省人防办联调联训40余次，所有设备处于良好的战备状态。圆满完成全省防空演练任务。四是抓好防空警报维护管理。组织警报器安装点维护管理责任人召开维管会议，及时掌握全市防空警报器现状，对警报器维管工作进行安排部署，新增2台防空警报器，城区警音覆盖率达到95%以上，圆满完成"9·18"防空警报试鸣工作。五是组织民防志愿者队伍开展训练工作。在新钢中学、盛德社区等单位组织志愿者开展以应急疏散、医疗救护和人防宣传为主要内容的训练演练工作，有效提高民防志愿者应急救援技能。

【人防宣传教育】 把人防宣传教育作为提升全民防空防灾意识和应急救援能力的重要手段，结合"3·1"国际民防日、"5·12"防灾减灾日和"9·18"防空警报试鸣宣传活动，推进人防法律法规、人防基本知识、防护基本技能进机关、进学校、进社区、进媒体、进网络。利用多媒体防空警报器、公交广告、社区橱窗、手机短信、人防网站、微博微信等媒体开展群众性人防知识宣传。积极推进人防教育进党校，会同新余党校邀请人防专家为青干班、县干班开设人防知识教育专题讲座，在各学校组织一系列防空防灾知识宣传和应急疏散演练活动。印制和发放应急手册5000多册，应急避险卡800多份，手机短信30万余条，宣传横幅80多条，参加疏散演练的师生达3200多人。在市中心建设固定的人防宣传长廊，共32块宣传栏，宣传人防法规和人防知识，此举获市法建办好评，市民群众防空防灾意识和应急救护技能得到进一步提升。

（顾　海）

编辑　傅媛媛

法　治

公　安

【概况】　2017年，全市公安系统深入学习贯彻中共中央总书记习近平系列讲话精神，紧紧围绕中共十九大安保维稳，补短板、防风险、除隐患，勇于担当、充分履职，为全市争当“三区两典范”、再铸“工小美”新辉煌创造安全的政治环境、稳定的社会环境、公正的法治环境、优质的服务环境。

8月，市公安局设立正科级反恐怖工作支队，撤销国内安全保卫支队正科级五大队（反恐处突大队）；撤销正科级良山分局，其职能划转至渝水分局；设立刑事警察支队正科级五大队（视频侦查大队）；将保安管理支队更名为行政执法保障支队，行使保障全市行政执法工作治安秩序、侦查查处侵犯行政执法工作各类案件的职责，保安管理职能划归治安警察支队。

坚持把纪律和规矩挺在面前，深入开展各类警示教育，充分运用监督执纪“四种形态”，不断扎紧从严治警制度笼子。坚持文化育警、从优待警、素质强警相结合，坚持每月政工例会制度，切实掌握民警思想状况。扎实开展“三大活动”比武竞赛活动，指挥调度、交警、教育训练、督察、国保分别在全省信息化应用比武竞赛获得团体二等奖。大力挖掘培育先进典型，涌现一大批先进集体和个人，全警情录入质量和工作考评全省排名第一，63个单位382人次分别受到不同等次表彰。市公安局获全省绩效评议优秀单位等称号，市公安局及有关专案组3次被省厅记集体二等功。刑警支队支队长胡仁平被评为全国特级优秀人民警察并受到中共中央总书记习近平接见，特巡警支队四大队被评为全国青年文明号。

【维护社会稳定】　抓好矛盾纠纷化解，全年共排查矛盾纠纷4687起，化解4295起，化解率91.6%。加强反颠覆、反邪教、反恐怖斗争，成功侦破一批公安部督办重点案件，受到公安部、省厅通报表扬。查处网络涉恐案件4起，首次运用《中华人民共和国反恐怖主义法》对一寄递企业实施处罚，消除社会隐患。完善非政府组织管理，成立境外非政府组织管理工作协调小组。完善网警执法巡查机制，及时发现处置有害信息2581条，警示违法网民6039人次。

【打击刑事犯罪】　全市公安机关全年共立刑事案件7297起，破案2360起，摧毁犯罪团伙22个，抓获各类违法犯罪人员1015名，其中逃犯308名，刑事警情同比上年下降19%，破案绝对数上升5.97%。13起命案和系列蒙面持刀入室抢劫强奸等大要案件均及时侦破，“盗抢骗”等关系群众切身利益侵财性案件破获1679起。重拳打击涉毒犯罪，破获毒品案件95起，缴获各类毒品61公斤，查处毒品行政案件514起，强制戒毒135人，社区戒毒234人，破获一起部督制毒犯罪窝点案，缴获成品K粉56.5公斤，半成品及原材料985公斤，受到省公安厅贺电表彰。

【侦破重大命案】　全年共侦破大命案4起。1月24日，分宜县钤山镇双源村犯罪嫌疑人李细牙与受害人赵燚因捕猎发生冲突,李细牙用随身携带的柴刀将赵燚当场砍死,分宜县公安局启动命案工作机制,迅速抓获嫌疑人李细牙,成功破案。5 月 28 日,仙女湖欧里镇一花圈寿衣店内发生一起命案,店老板张金香被人砍死。案发后,仙女湖分局和市局有关部门密切协作,破获该案,抓获犯罪嫌疑人杨爱生。5 月 29 日,渝水区铁路四村发生一起命案,犯罪嫌疑人袁金平因感情纠纷将受害人卢小梅杀死;6 月 2 日,民警在中山市沙溪镇西南物流园内将袁金平抓获。7 月 17 日,高新区竹仔村发生一起非法拘禁致人死亡案,陕西籍受害人宋鹏飞遭传销人员贾园园、王国鹏等人关押殴打虐待致死,高新分局抓获 6 名犯罪嫌疑人,破获该案。

2017 年 12 月 12 日,市公安局举行全国青年文明号授牌仪式

【侦破重大案件】 全年共侦破重大案件 5 起。3 月 2 日,市公安局经侦支队通过侦查,端掉一非法经营期货业务窝点,抓获犯罪嫌疑人严山,侦破新余首例"类证券经营"案,冻结资金 500 余万元。3 月 20 日,刑警支队抓获江银钳、罗建军、温青华、艾小琴等 7 名犯罪嫌疑人,破获新余市历年来最大一起销售伪劣产品案,涉案金额 1000 余万元,查获中华等名贵品牌假烟 92 大件。8 月 13 日,高新区发生一起持刀抢劫案,被抢现金 3.2 万元和金项链 1 条。高新公安分局通过侦查,抓获犯罪嫌疑人简佳兵、简建建、黎梅浩,破获该案。12 月 21 日,市公安局刑警支队通过长期经营侦查,在万载县摧毁一个部督制毒犯罪团伙,抓获犯罪嫌疑人杨超明等 14 人,当场查获毒品 56.5 公斤,半成品及原材料 985 公斤。12 月 27 日,市公安局抓获犯罪嫌疑人廖绍芳,破获一起涉案金额 1400 余万元的非法吸收公众存款案。

【整治治安环境】 加大社会治安整治力度,对城乡结合部、城中村、出租屋、写字楼、空置楼盘、娱乐场所行业等进行重点摸排整治,净化治安环境,受理治安案件 12856 起,比上年下降 23.52%;查处案件 8419 起,查处违法人员 2827 人次。严厉打击"食药环"犯罪,破获刑事案件 8 起;开展公共娱乐场所治安清理整治行动,侦办涉黄涉赌刑事案件 36 起,查处涉黄涉赌行政案件 183 起,查处 498 人。突出抓好城区临街麻将馆整治,开展打击赌博违法犯罪专项行动,临街赌博现象得到有力遏制。坚持综合整治,会同各级打传办捣毁传销窝点 145 个,遣散传销人员 446 人,解救人员 178 人。

【服务经济发展】 主动融入经济社会发展大局,积极对接全市 199 个重点项目,扎实开展打击"三强"专项行动,"三强"违法行为得到有效遏制。严厉打击经济领域违法犯罪,侦破首例"类证券经营案",破获新余市历年来最大销售伪劣产品案,全年挽回经济损失 4000 余万元。主动策应市委市政府支持新钢发展 30 条,出台服务新钢公司发展措施 11 条。大力实施服务前移,推行预约服务、上门服务、错时服务、延时服务,为企业人才引进、落户提供更加便捷高效的服务,办理居住证 9700 人。做大城区人口,转移农业人口落户城镇 26949 人。

【公共安全监管】 从严从实从细抓好安全监管工作。开展道路交通安全整治,查处各类交通违法行为708850起,查处酒后驾驶2183起,开出全省首张针对行人闯红灯的机打罚单,校车、大型货车、危化物品车等五类重点车隐患整改100%,20个交通隐患点纳入政府牵头整改。保持消防检查整治高压态势,督促整改火灾隐患或违法行为20362处,责令"三停"161家,火灾起数同比下降13.5%,直接财产损失下降52.04%。组织开展易制爆危化品和物流业专项治理。创新民爆物品管理措施,建设民爆物品视频监控系统,全市53个民爆物品存储仓库,所有爆破作业点均接入监控中心,有效防止爆炸物品的流失被盗现象发生。大力推行爆破一体化,露天爆破实现100%一体化。圆满完成央视七夕、仙女湖国际马拉松赛等43个大型活动和8批次警卫活动安保任务。

2017年中秋,副省长、省公安厅厅长郑为文(左二)到新余指导工作

【公安基础工作】　完成《新余市公安装备建设"十三五"规划》的编制,争取项目建设资金3900万元,取得历史性突破。公安经费保障力量持续加强,市看守所、拘留所、戒毒所公用经费调整至人均3万元,特巡警支队公用经费上调至人均2万元。"三所"建设顺利推进,刑科所顺利搬迁,新的刑事技术转型升级,27个信息化项目建设稳步推进,数据强警工程、信息资源数据标准化建设大力推进,信息化应用水平明显提高。警情PGIS上图全省排名第一,"一标三实"采集录入排名全省靠前,新办公OA系统建设顺利投入使用,"一案一码"执法办案监督系统扎实推进。广泛开展以"十个十"活动为载体的群众基础年建设,警民关系更加和谐。

【上级领导视察新余公安工作】　上级领导高度关心支持新余公安工作。1月15日,省公安厅党委委员、副厅长胡满松深入新余市公安机关,走访慰问烈士家属、患重大疾病生活困难民警及部分信访群众,转达省厅党委和副省长、省公安厅厅长郑为文的关怀、问候和新春祝福。1月16日—17日,省公安厅党委委员、副厅长王跃辉深入新余督导检查2017年春运道路交通安全管理工作,并代表省公安厅党委看望慰问一线执勤公安交警。3月29日,省委防范和处理邪教问题办公室主任、省公安厅党委委员、副厅长李煌莅临市公安局,调研"三所"建设及监管工作。3月30日—31日,省公安厅党委副书记、常务副厅长王国强莅临新余调研社会联动服务机制建设工作。4月6日,省委常委、政法委书记尹建业深入渝水公安分局调研公安工作。省委政法委常务副书记林强随同调研。4月15日,公安部督察专员黄晓明率部督查组一行深入新余对推进农业转移人口市民化、居民身份证三项制度和解决无户口人员登记户口问题等三项重点改革工作进行督查。4月20日,省委防范和处理邪教问题办公室主任、省公安厅党委委员、副厅长李煌到新余调研指导信访工作。9月28日,省公安厅党委委员、副厅长张冬庆深入新余督导中共十九大安保维稳工作。10月4日,副省长、公安厅厅长郑为文到新余,看望慰问中秋节假日坚守工作岗位的基层一线民警,检查督导国庆、中共十九大安保工作,向全省公安民警致以美好的中秋祝福。2017年10月4日 副省长、公安厅厅长郑为文到新余看望慰问中秋节假日坚守工作岗位的基层一线民警。

【市禁毒教育基地举行揭牌仪式】 11月16日，市禁毒教育基地举行揭牌仪式，市委常委、政法委书记黄文辉，副市长、市禁毒委主任、公安局局长肖铁军，政法委副书记、市禁毒委副主任、综治办主任晏小明出席仪式。

【五项特色工作】 推进乡镇红绿灯全覆盖。完成26个乡镇44套红绿灯建设，农村道路交通安全状况得到有力改善。深入开展党建+工作。推进“党建+志愿服务+典型推树+新警培养”等活动，党支部战斗堡垒作用进一步发挥，党员意识进一步提升，党员引领示范效应进一步彰显。加大禁毒宣传。投入320余万元，完成市禁毒教育基地建设，首个农村禁毒教育基地在罗坊中学落成。依托移动警务终端，开发绩效考核APP，通过网上全警绩效考核系统，全面提升工作效能。完成市、县两级出入境24小时5个自助办理区建设，实现办证签注立等可取，推行出入境证件代收措施，极大方便办事群众。 （黄雄辉）

检　察

【概况】 2017年，全市检察机关坚持围绕中心服务大局，充分发挥检察职能，切实强化法律监督，全面加强队伍建设，稳步推进司法责任制改革，全市检察工作取得明显进步。市检察院被评为“全国文明单位”“全省检察机关文明接待室”，渝水区检察院获“全国检察机关文明接待示范窗口”“全国检察文化建设示范院”“全省检察机关先进集体”称号，分宜县检察院被评为“省级文明单位”“全省检察机关文明接待室”。3名干警被最高人民检察院表彰，1名干警被省检察院评为“全省检察机关先进个人”。严抓党风廉政建设，加强廉政风险防控常态化管理，压实“两个责任”，及时处理苗头性问题，未发生一起检察人员违纪行为。

【着力保障经济平稳发展】 依法打击破坏市场经济秩序、妨碍经济转型升级的犯罪，对网络犯罪、电信诈骗、非法集资等犯罪，全年共批准逮捕32人、起诉59人。加强知识产权司法保护，深入开展打击侵犯知识产权和制售假冒伪劣商品专项行动，起诉相关犯罪2件6人。依法对生产销售有毒有害食品、假药劣药等犯罪批准逮捕2件2人。依法查处惠农、民生领域贪污贿赂犯罪12件26人。加强对困难群众和特殊群体的司法保护，向2名困难刑事被害人发放救助金10万元。主动融入市委中心工作，开展文明创建、挂点帮扶重点项目、企业、农村等工作，宣讲法律政策，及时了解、依法解决企业、贫困村诉求。

2017年11月16日，新余市禁毒教育基地揭牌

【全力促进社会和谐稳定】 依法严厉打击刑事犯罪，全年共批准逮捕各类犯罪嫌疑人801人，提起公诉1171人。突出打击故意杀人、抢劫、强奸等严重暴力犯罪，批准逮捕犯罪嫌疑人131人，提起公诉208人。贯彻宽严相济刑事司法政策，决定不批捕82件115人，不起诉75件100人。加强涉检矛盾源头预防和化解，共受理人民群众各类来信、来访等278件，健全“信、访、网、电、视”五位一体群众诉求表达机制，做

好重大节假日、重要时间节点的维稳工作。加强未成年人司法保护。市检察院2名检察人员被评为“女童保护”2017年全国优秀志愿者，渝水区检察院开展“检察官姐姐说法”“防校园欺凌检察开放日”等活动14场次。

【主动跟进“保家行动”“蓝天行动”】 聚焦绿色发展，围绕全市开展的“保家行动”和“蓝天行动”，扎实开展“生态检察工作深化年”活动，加强生态环境司法保护，依法起诉破坏环境资源犯罪29件41人。开展破坏环境资源犯罪专项立案监督活动，健全与行政执法机关案件督办、线索移送机制，建议移送公安机关立案3件5人。树立恢复性司法理念，运用“补植复绿”工作机制办理案件9件10人，补植苗木2.2万余株。

【查办和预防职务犯罪】 坚持有腐必惩、有案必查。全年初查职务犯罪线索65件，立案查办各类职务犯罪案件38件61人，其中贪污贿赂犯罪33件49人(县处级干部3人)，大要案比例占93%；立案查办渎职侵权犯罪5件12人，共为国家挽回经济损失5000余万元。着力深化预防工作。深入机关、乡镇、企业开展警示教育宣讲17场次，受教育人数2600余人。发出检察建议15份并得到相关单位重视和采纳。对蒙华铁路渝水段工程等6个重大工程项目进行同步预防，通过邮政渠道向机关、乡镇、村委投递宣传资料1.3万余份。

【维护司法公平正义】 加强对刑事立案、侦查活动监督。监督立案4件11人，纠正漏捕4人；建立3个驻公安派出所检察官办公室，着力强化对基层一线侦查活动的监督。加强刑事审判活动监督，办理刑事抗诉案件2件6人，法院改判1件1人。加强刑事执行监督，核查监外执行罪犯822人，防止罪犯脱管漏管，监督纠正刑罚执行与监管活动违法2件，提出羁押必要性审查建议并被办案单位采纳49人，维护在押人员合法权益。强化民事行政诉讼监督。受理审判监督案件49件，提请省检察院抗诉3件，发出再审检察建议1件。受理执行监督案件10件，发出检察建议9件，均被法院采纳，切实维护司法权威。全面开展民事和行政公益诉讼，立案21件，发出诉前检察建议9件，有关部门回复整改4件。就仙女湖水体污染责任纠纷案，支持中华环保联合会对宜春市中安实业有限公司等5名被告提起民事公益诉讼。

【推进司法责任制改革】 开展检察官分类管理改革工作，遴选出首批83名员额内检察官。坚持以案定额与以岗定额相结合，将员额内检察官全部分配到业务部门，突出检察官办案主体地位，运行新型办案管理机制，落实检察官办案责任制。坚持稳妥推进基层检察院内设机构改革，县区检察院将原有10个内设机构整合为7—8个，检察权配置得到最大优化。坚持检察长、入额院领导一线亲自办案制，明确院领导办案数量标准，全市两级检察院检察长、22名入额院领导共受案222件，结案176件。

【深化检务公开】 强化办案信息公开。共公开案件程序性信息1912件，重要案件信息139件，法律

2017年，“5·26”检察开放日活动

文书444份。加强检察公共关系建设。及时召开新闻发布会通报检察工作情况，推进新媒体网络发布平台建设，综合运用检察门户网站、“两微一端”等载体，发布检察信息320条。自觉接受外部监督。加强与人大代表、政协委员的联系，共邀请人大代表、政协委员和社会各界人士视察观摩检察工作、参与案件公开审查、听证等10余次。配合司法行政部门聘任新一届市人民监督员20名，落实《关于人民监督员监督工作的规定》，进一步完善人民监督员工作机制，不断拓宽监督途径，组织人民监督员监督评议拟不起诉或撤销案件12件12人。　（白　雪）

2017年5月，新余市首批员额内检察官集体宣誓仪式

审　判

【概况】　2017年，新余市中级人民法院认真贯彻落实中共十八届六中全会精神和中共十九大精神，学习贯彻习近平新时代中国特色社会主义思想，认真践行“为大局服务、为人民司法”的工作主题，紧紧围绕“坚持弘扬井冈山精神 争创一流工作业绩”主题活动，依法履职，各项工作取得新进展。全年新收各类案件15331件、旧存4615件，办结各类案件17373件，结案率87.10%。全年共有44个先进集体、个人受到市级以上表彰，渝水区法院管东长法官被评为“全国法院办案标兵”，市法院保持“全国文明单位”荣誉、获全省法院信息化网上公开应用先进集体。

【服务转型促改革】　加大破产审判工作力度，妥善审理华电电力、蓝天碧水公司等企业破产重整、和解和清算案件8件，审结破产案件5件，标的额2333.09万元。继续妥善审理江西赛维、新余赛维破产重整案，探索破产重整“新余经验”。受理各类知识产权案件31件，综合运用刑事、民事手段，制裁各类侵犯知识产权的行为，依法保护智力成果，助力创新发展。围绕市委中心工作，制定《关于为新余加快建设“三区两典范”再铸“工小美”辉煌提供司法服务和保障的意见》《关于审理金融机构借贷纠纷的若干意见》等文件，指导全市法院审判执行工作。加大金融案件办结力度，审结金融案件259件，累计为金融机构实现债权14.18亿元；执结488件，执结标的额6.26亿元，全力防范金融风险。

【依法惩治犯罪】　全年新收各类刑事案件860件，旧存170件、审结924件，判处罪犯1501人。保持对故意杀人、抢劫、强奸、毒品等严重犯罪的高压打击态势，审结201件，全力维护社会稳定。依法审结新余市最大毒品案——甘增仁等人贩卖运输10公斤毒品案和李荷梅等22人组织、领导黑社会性质组织案。依法惩治贪污、贿赂等职务犯罪，审结33件48人。契合未成年人身心发展特点，持续强化未成年人司法保护。

【加强民商审判】　全年新收各类民商事案件8039件、旧存2171件，审结8712件。依法保护民生权益，审结家事、侵权、房地产、劳动争议等涉民生案件4325件。加大调解力度，调撤率为

53.21%，成立涉军案件合议庭，依法维护国防利益和军人军属合法权益。着力维护市场秩序，审结买卖合同案件6180件。

【加强行政审判】　截至2017年9月30日，全市新收各类行政案件192件、旧存9件，审结195件。加强行政行为合法性审查，拓展合理性审查范围。在支持依法行政、维护行政权威的同时，切实保护行政相对人的合法权益。根据省法院“跨行政区划管辖行政案件”的统一改革部署，平稳推进行政案件集中管辖改革，自2017年10月1日起，行政案件集中移交南铁两级法院管辖。

2017年7月11日，新余市首批员额法官宣誓仪式

【加大执行力度】　围绕“用两到三年时间基本解决执行难问题”的工作目标，通过采取各项举措，狠抓各项执行工作，执行工作成效明显。全年新收执行案件6169件、旧存2253件，执结案件7467件，到位标的额16.99亿元。完善执行联动机制建设，着力构建“党委领导、政法委协调、人大监督、政府支持、法院主办、部门配合、社会参与”的基本解决执行难工作大格局。加大失信惩戒力度，向全国法院推送失信被执行人名单3批7067人，联合市文明办在《新余日报》公布失信被执行人159人次，促使3109件案件被执行人自动履行债务。

【回应群众司法需求】　牢固树立绿色发展理念。审结环境资源犯罪案件19件31人，公开开庭审理全省首例环境公益诉讼案件。完善诉讼服务中心建设，全市法院提供诉讼服务14545人次。严格落实立案登记制改革。加大司法救助力度，为困难当事人缓减免诉讼费328.17万元，发放救助金117.5万元。深入推进涉诉信访机制改革。探索非诉手段化解矛盾、解决人民群众诉求，完善多元信访化解机制。全年接待来信、来访2603件次，有效化解矛盾、妥善解决人民群众诉求。

【深化改革创新】　市法院切实担负起改革主体责任，集中遴选全市首批员额法官101名，占中央政法专项编制数35.44%。同步推进审判辅助人员制度改革，平稳推进内设机构改革，压缩司法行政人员比例至14%，完成法官、审判辅助人员、司法行政人员三类人员的分类定岗工作。围绕“让审理者裁判、由裁判者负责”的核心要求，制定案件分配审理、院庭长办案、审判权力清单、责任清单等规范性文件，明晰各类司法人员权责。院庭长审批权限保留6项，院庭长不再签发自己未参加审理的案件。改革审判委员会制度，限缩案件讨论范围，重点转向类案指导和审判经验总结；设立刑事、民事和行政专业法官会议，提供审判咨询意见、统一裁判标准。推进院庭长办案常态化，全市法院院庭长办案数8774件，占比57.23%，同比上升54.18%。启动刑事审判“三项规程”试点，推动庭审实质化。探索认罪认罚从宽制度，探索扩大量刑规范化改革应用，应用率65.84%。加大繁简分流力度，5118件案件通过小额速裁、简易程序一审终审。强化审限预警和超期督办制度，全年通报审判质效119次。

【夯实基层基础】　稳步推进“两庭建设”，建设高清科技法庭29个、标准化人民法庭2个。新设公安机关驻市法院警务室，加强审判场所警务保障，为全院干警办案营造一个安全稳定的环境。全面建设以数据为中心的人民法院信息化3.0版，推进全业务网上办理、全流程依法公开、全方位智能服务，完成办公自动化平台等十大信息化项目。建成收转发E中心，实现送达集中化、审判流程集约化。建立院领导联系基层点制度，强化对基层法院审判工作的监督、指导。 （邓俊明）

司法行政

【概况】 2017年，市司法局充分发挥司法行政职能作用，加强平安新余建设，积极主动推进法治新余建设，为促进新余市争当“三区两典范”，再创“工小美”辉煌提供有力的法律服务和法治保障。开展全市“十佳好人榜”推送活动，司法行政系统上榜2人。在2017年全市见义勇为表彰中，司法行政系统2人受表彰，占表彰名额的50%。2017年度，市司法局被中华人民调解协会表彰为全国人民调解宣传工作先进集体；牵头成立的市医患纠纷人民调解委会被司法部表彰为全国模范人民调解委员会；刘春华被人保部、司法部授予全国司法行政系统先进工作者称号，李时洪被江西省人力资源和社会保障厅、江西省社会治安综合治理委员会授予2013—2016年度“全省社会治安综合治理先进工作者”称号。

【维护社会和谐稳定】 全市司法行政系统全年共调处纠纷8244件，涉及当事人14958人，调处成功8228件，成功率99.8%。扎实做好重点人员稳控。市医调委主动作为，对4名重点人员进行重点沟通走访，确保思想稳定。其中，陈某实现从上访人员到劝访人员的转变，取得积极的社会效果，引起中央维稳办的关注，获得省委常委、政法委书记尹建业的批示，得到市委市政府的高度肯定。创新矛盾纠纷调处机制。推动律师参与社会治理，在城区开展“警律联调”，律所和城区派出所结对子，参与矛盾纠纷调处。推动基层法律服务工作者参与交通事故调处，由专人每天驻守交调委，全年共调处2384起，成功2338起。为提高基层调解队伍素质，加强对基层调委会的学习教育，组织《人民调解》杂志征订，超额完成征订任务，有效保障调解人员业务能力的提升。切实管控好特殊人群。新余市全年共有刑满释放人员366名，其中省内283人，接回283人，接回率为100%；安排会见1418次，5226人次参加会见。全市在册社区服刑人员735人，累计接收社区服刑人员2617人，累计解除矫正社区服刑人员1882人。社区服刑人员人脸识别监管覆盖率率先达100%，电子手环定位监管率先实现严管对象全覆盖，实现中共十九大期间全市集中点验全覆盖。帮扶社区服刑人员付某经营农村淘宝店，其主动向贫困户提供帮助和支持，传播“新余有爱”正能量，示范效果良好。无缝对接机制运行良好，接送率达到100%。在中共十九大召开期间，赴贵州应急接送1名刑满释放人员。组织专门人员重点帮扶有危害国家行为的刑释人员，实行

2017年11月，新余市司法局获中华全国人民调解员协会先进集体称号

领导包案，实现部分人员的转化和全部人员的稳定。

【强化法律服务】　坚持内联外接，强化功能，推动职能作用在优化整合中实现服务效果最大化。引导律师为政府依法行政提供法治保障。法律顾问在实现全覆盖的基础上，不断提升服务质量。如提出合理建议妥善处理仙女湖区北师大新余附校和仙女湖中学的撤并方案。全市法律顾问为各级政府、单位提供重大决策法律咨询和服务 732 次，审查规范性文件和合同草案 356 件，参与重大社会矛盾纠纷调解 785 起。坚持围绕中心，找准结合，推动司法行政在服务大局中实现社会效果最大化。组织广大法律工作者参与全市重大项目工程建设，提供全程法律服务，确保项目建设的顺利推进。大力开展依法参与企业破产重组活动，为赛维、江锂等企业重组提供大量优质法律服务；开展企业“法律风险防范”活动，为企业提升进行股权转让、变更等相关法律的培训，举办“三江合股权班”24 期。组织公证机构开展企业“法律体验”，参与依法治企活动。市天一公证处在全国率先开展对供电线路航拍资料证据保全公证，并应邀在国家电网公司法律证据留存机制研究启动会上作现场演示，为企业防控经营风险作出贡献。坚持创有目标，争有行动，推动各项工作在开拓进取中实现实践效果最大化。极力关注民生，为弱势群体维护合法权益提供法律保障。进一步整合资源，开展法律援助服务为民活动，推进法律援助网格化建设。全年共受理法律援助案件数 1077 件，同比增长 50.8%。开展精准法律援助专项行动，结合全市的扶贫攻坚战活动，对全市摸排出来的贫困户发放“惠民卡”2 万余张。为农民工全面提供法律援助，减少大量信访案件。全市共办理各类司法鉴定案件 6105 件，司法鉴定文书采信率达到 98% 以上。组织司法鉴定机构为全市棚户区改造的居民办理司法鉴定法律援助 24 件。

【法治新余建设】　法建工作常态化成为领导共识。市委常委会听取法治新余建设情况专题汇报。市政府常务会邀请省厅领导专题讲解《党政主要责任人履行推进法治建设第一责任人职责规定》，在全省率先宣讲。以市委、市政府两办名义下发《关于落实〈党政主要责任人履行推进法治建设第一责任人职责规定〉实施办法》。多位市领导出席新余市“尊法学法守法用法 服务‘三区两典范’建设”主题法治宣传教育活动动员会和“法润花季”青少年主题法治教育活动动员会。全市两级法院开庭审理行政案件 68 件，行政机关负责人出庭应诉 53 件，出庭应诉率为 77.9%。制定《市人大常委会地方立法咨询专家库管理办法》和《市人大常委会立法项目库管理办法》。出台第一部地方性法规《新余市立法条例》。完成《新余市仙女湖水体保护条例》第二次审议。启动畜禽养殖污染防治立法工作。法治宣传形式形成多层次、立体化。在媒体上开辟《法治新余》《水环境专项整治》《警方在线》《消防伴我行》《有话好说》《妇女儿童维权，我们和你在一起》等一批普法专题、专栏。利用流动银幕深入城区所有小区放映《远离毒品、珍爱生命》法治宣传片，组织创作编排小品《劝赌》《人情债》等进行宣传表演。建成禁毒、税收等法治文化基地 5 个，建成县级法治文化公园 3 个。组织法治教师集中培训、法治优质课评选、法律进课堂集中宣讲、庭审观摩、“法治阳光照我成长”有奖征文大赛等“六个一”主题活动，联合市委宣传部发文对优秀指导老师和优秀作文作者进行表彰并在“12·4”国家宪法日活动现场进行表彰奖励。法治文化繁荣发展。注重法治文化的培育和作品创作，征集大量法治文化精品，其中市医调委拍摄的《新余处方》入选国家卫计委第二届平安医院微电影微视频，市交警支队微电影《情与法》获第十三届全国法治微电影展播三等奖。

【深化司法行政改革】　大力推动公共法律服务平台建设。自筹资金购置一幢 3275 平方米的办公楼用于市级公共法律服务三大平台建设，市公共法律服务中心和法务云平台建设按程序进入工程和采购招标阶段。分宜县、渝水区公共法律服务中心全面建成并投入使用，乡镇公共法律服务站全部建立。着力推进各项工作改革创新。推进公职律师试点工作,公职律师队伍不断壮大。共有7家单位成立公职律师办公室,占全省的13.4%。大力发展律师队伍,每万人律师数达到1.85,位居全省前列,提前1年完成市委部署的任务。推进公证机构体制改革。全面完成公证机构改革,全市3个公证处全部改为事业单位并完成机构代码登记。全市公证机构共办理2563件公证案件。加强信息宣传网络工作。成立信息宣传网络小组,建立网评员队伍。向各种媒体投送新闻稿件412篇,其中在《人民日报》上发表2篇(历史性突破),《江西日报》等发表2篇,市级媒体网络268篇;向省厅、市委市政府报送信息81条、采用61篇。召开3次新闻发布会向社会推介司法行政工作的规划、做法以及取得的成效,向社会极大传递司法行政机关的正能量。

【人民监督员正式履职】　5月17日,举办新余市级人民检察院人民监督员颁证宣誓仪式暨初任培训班,19名市级人民检察院人民监督员面向国旗,举起右手庄严宣誓,正式走上人民监督员的岗位,履行人民监督员监督职责,推进司法改革事业的发展。全年共选派30人次市级人民监督员共参与监督检察院办案10起。（廖勇生）

编辑　潘　昌

城市建设·房地产业

住房和城市建设

【概况】 2017年,市住建委以深化改革为动力,以中央、省城市工作会议精神为统领,以建设山水美市为主线,大力实施“八大行动”,着力强化“四项保障”,促进住建工作健康平稳发展,农村危房改造、城乡生活污水治理、绿色村庄建设、建筑节能及绿色建筑发展、燃气事业等多项工作列全省前列。

【完善城市功能】 谋划并通过3年行动计划项目161个,将市第八次党代会确定的“精美特新”城市典范战略部署项目化、具体化。精心安排年度项目计划,全年安排项目27个,总投资51.3亿元,加大项目调度督导,一批民生型、功能型、基础型、生态型项目竣工投入使用,综合管廊、海绵城市建设稳步推进,全面完成年度投资计划11.43亿元。

【推进行业快速发展】 一是出台扶持建筑业发展意见,大力推行银行保函和质量责任保险,有效帮助企业降低经营成本。二是加强和完善招投标公告内容、代理机构资格、异议处理等监管办法,减轻企业招投标负担。三是加大建筑企业人才培训,累计培训各类人员1500余人。四是强化企业晋级增项、科技创新、信息咨询服务,积极实施“走出去”战略,共为建筑企业开具三无证明、介绍信等服务2900余项,累计帮助5家建筑企业升级为一级企业。至年底,全市共有建筑企业255家,其中全市一级企业20家,列“四小市”第一,二级企业67家,全年总产值150亿元,较上年增长13亿元。

【加强行业监管】 一是加强施工现场管理。全面推行“人脸识别”考勤办法,实现关键岗位人员由到岗考勤向履职考核的转变;建立健全工程质量安全信息化监管平台,全市222家建筑业企业纳入管理;制定出台新的市政工程管理办法,全面加强市政工程监管;首次推行建设工程现场管理“红黑榜”并在《新余日报》等媒体公布,全面落实“网格化”责任监管。二是完善诚信体系建设。印发建设工程监理企业信用评价办法,完善建筑企业诚信体系管理平台建设,加强和完善各类企业信用评级,共评出AAA企业26家、AA企业73家、A企业123家,发布信用白皮书;健全完善招投标系列规范性制度,应招标工程招标率、进场交易率100%。三是严格质量安全监管。印发“安全生产月”“安全生产万里行”“夏季百日安全专项行动”“安全生产执法年”4个活动方案,持续开展工程质量安全大检查,全年受监工程36项、监督面积250万平方米,工程及时受监率、竣工验收合格率100%,没有发生较大安全责任事故。四是完善抗震设防管理工作。全市所有新建、改扩建一般建设工程的抗震设防都达到6度设防标准;完成施工图设计审查项目170.38万平方米,设计审查率100%。

【持续改善农村环境】 一是农村危房改造继续保持全省先进。争取全市2017年农村危房改造计划

1600户,超计划15%;首次将高新区建档立卡贫困户危房改造列入计划,争取上级补助资金2571万元。农村危房改造省级绩效评价连续6年蝉联全省第一。二是村镇生活污水处理设施建设超额完成。出台建设工作指导意见并挂牌督战,列入计划的88座完成89座。三是特色小镇创建成效初现。出台创建和考核办法,罗坊生态循环农业小镇、双林夏布小镇、河下渔仙镇被评为省级特色小镇。8个镇评为第一批市级特色小镇。四是集镇规范管理开局良好。印发工作方案,通过每季督导形式,督导各乡镇开展镇容镇貌、交通秩序、占道经营等“六项专项整治”;筹集1.5亿元用于集镇三位一体改造,清理不规范户外广告、店招等6810个,统一规范制作门店招牌5600个、面积1.65万平方米,指示路牌260个,规范停车泊位2220个,清理不规范户外广告4099个,管线下地18.7公里,清理违章行为近3万起,依法拆除乱搭乱建4万平方米,新建改扩建农贸市场8个,初步实现车辆归位、货物进店、店牌规整、管理提高的目标。五是传统村落保护有效加强。全市3个列入中国传统村落名录、6个列入省级传统村落名录的村均编制保护规划,完成保护单位挂牌。6个省级传统村落均申报中国传统村落。农村人居环境示范镇、村创建成果显著。全市有27个村庄评为绿色村庄,占全省总数的一半多。良山镇下保村入选全国环境整治示范村、全国第三批美丽宜居村庄,为全省3个示范村之一;分宜镇芦塘村入选全国第四批美丽宜居村庄;罗坊镇、双林镇入选首批省级美丽宜居小镇。

【建筑节能工作】 一是严格建筑节能设计审查和专项验收。完成节能设计审查备案146.16万平方米、专项验收备案122.05万平方米,审查备案率、验收备案率均达100%。市公共建筑、居住建筑执行节能率分别达50%和65%,列全省前列。二是大力推进绿色建筑发展。城市规划区内取得绿色建筑一星级以上设计标识6个,总建筑面积达103.2万平方米,绿建率70.6%,超年度目标20%,得到省住建厅的充分肯定。三是加强绿色建材推广。加强市场监管,严把产品(材料)进场关,新增2家绿色建材企业备案登记。四加强公共建筑能耗监测。完善大型公共建筑运行节能监管体系,公共建筑能耗监测平台涵盖全市17个公共建筑,在全省率先实现监测数据上传和成果展示,且运行良好。

【生态文明工作】 一是推进建设工程扬尘治理。年初就将扬尘治理列为全年工作重点,提出和明确“两个到位”“四个一律”“六个百分之百”和“八个有”的治理检查标准,建立扬尘防治专项方案强制报备制度、验收制度;专项治理开展以来,建立健全考核督导制度,加强调度和督导,建立工作微信群,加强网格化管理,加大整治力度,不断提标、压实责任;各建设工程累计购置雾炮机75台、专业洒水车19辆;累计发出停工通知单54份、督办单68份;企业停工整改5家,限期治理16家;约谈建设、施工、监理单位84家,行政处罚16家,立案查处现场搅拌砂浆企业7家。二是推进城乡生活污水治理。积极履行日常工作总协调、总调度、总督查职责,制定专门治理方案,建立健全相关工作制度,明确相关单位责任和考核办法,成立5个督导组,对全市污水治理工作进行督导。为保证治理的科学性、有效性,特邀陈荷生等知名专家学者进行现场指导、把关,为污水治理提供方案和遵循。全市水环境、水生态持续好转。三是大力推进城乡环境综合整治。加大市区进出口及铁路沿线环境整治,督办县区有关物料堆放、污水排放、垃圾处理存在问题的整改,认真做好省政府的两次督导工作,一些经验做法得到省里的肯定。

(郑小军)

城市管理

【概况】 2017年,新余市城市管理局认真学习贯彻中共十九大精神,坚持以“人民为中心”的发展理念,全面贯彻落实新时代“工小美”战略部署,走出一条具有新余城管特色之路,各项工作取得长足进步，赢得各级领导和同行的赞赏和肯定。先后获住建部"强转树"活动先进单位、省级精神文明单位、省住建厅先进单位等荣誉20多项。

【完成城市执法体制改革】 一是实现"三个率先"。率先出台全国第一个城市执法体制改革新"三定"方案；率先在全国以城管党校为平台，对全市城市管理和执法人员进行全员系统培训；率先在全国设立"12·24"城管开放日。特色经验做法在省委改革办《江西改革动态》刊发，并受到时任省委副书记、省长刘奇的批示和肯定，获得住建部、住建厅领导的高度评价，被人民网、新华网等21家国家级媒体刊发，吸引全国、省内40多个地市到新余交流和学习。二是强化"三个保障"。强化司法保障。组建公安行政执法保障支队；实行城管公安联动执法查处人行道车辆违章停放；成立全省首个城管巡回法庭。强化人员保障。从住建、房管等部门划转的人员全部到位。强化经费保障。城市管理执法经费参照同级公安机关执法人员的办公、办案经费在财政预算中安排。三是推进"三个创新"。创新公用事业市场化。将公用管理事业全部推向市场，全市共引入社会资本上亿元，服务外包企业16家。创新"门前五包"责任制。由原来的"门前三包"升级为"门前五包"责任制，推行"党建+街长制"模式。创新店招广告整治。大力引进社会资本参与店面招牌整治，累计拆除改造招牌6679处，引进社会资本2000万元，打造长青路、北湖路、老东街等店招示范街，受到市委书记蒋斌的高度评价。

【优化城市卫生环境】 一是城市的环境更洁净。实施蓝天行动，完善清扫保洁、清运作业模式，日洒水3000余吨；城区生活垃圾的清运、清扫全部推向市场，加大对中标单位的监督考核，提高环卫保洁的质量和效率；完善垃圾无害化处理，无害化处理率达100%，日处理垃圾达600余吨。二是城市的绿化更靓美。制定《新余市园林局园林绿化巡查管理制度》等管理制度，严格查处占绿毁绿案件，共查处非法占绿、砍伐等案件27件，补植灌木2万余株、草皮3万余平方米；加强公园管护，维修公园照明灯200余盏、栏杆150余米，抢险拆装湿地公园浮桥4次；节日期间在城区重要节点位置设置造型花柱16组，摆放花草15万盆，悬挂灯笼5530只、红旗3800面。三是城市的街道更畅通。维护道桥安全，每月定期观测城区桥梁；完成城区道路沥青修补面积1200平方米，维修人行道900平方米；更换下水道盖板266块、清理淤泥3200立方米、新建排水管网210米、完成雨污泵站清淤760立方米、新建维修雨水井(检查井)180座。治理生活污水，城东污水处理厂日处理污水12万吨。采取分布式和截流式相结合，完成孔目江闸坝桥上游6个污水排放口治理，其中86号污水排放口采取分布式污水治理方式，取得良好效果，得到市委书记蒋斌等市领导的肯定。四是城市的夜景更绚丽。推行绿色节能改造，更换改造LED路灯23554套，累计修复各类灯泡535只、抢修故障线路5300余米、更换各类零部件630个(次)，路灯亮灯率和设施完好率均达到99%。

【提高城市管理执法水平】 一是规划建设整治有序。查处城区国有土地违法建设3109平方米、集体土地违法建设14350平方米、高铁新区2600平方米；"两清理一严控"开展扎实，督导整治拆除农村违规建筑149451.54平方米。二是占道经营整治步入常态化。坚持延时错时执法模式，对27个农贸市场、44个学校的周边环境进行拉网式集中整治，取缔、规范各类摊点1.2万人次；对胜利路等繁华区域路段进行集中整治，查处烧烤摊点2140个，规范跨门经营2.3万余次，确保街道干净畅通有序。三是车辆管理秩序明显好转。联合相关部门开展"黑车"整治行动，查处各类黑车94辆，净化营运市场环境；查处渣土沿途撒漏污染190余起，立案处罚17起；新增人行道停车泊位3225个，2017年有停车泊位4500余个；查处人行道机动车违章停放12384辆，查处人行道乱停乱放非机动车10179辆。

【提升人民群众幸福感】 一是全面推进民生项目

建设。全局承担市本级城建项目共 14 个(续建项目 2 个、新建项目 12 个,列入市本级重点项目 1 个),计划总投资 2.17 亿元,当年计划完成投资约 1.83 亿元。除湿地公园提升改造工程(计划 2018 年完成)外,其他 13 个项目,如城区新建公厕、人行道座椅改造、胜利北路改造等全部按照时间节点保质保量完成。二是全面实施精准扶贫工作。投入 1.693 万元支持颐养之家建设,投入 5 万元支持村庄环境整治及光伏发电项目,投入 1.5 万元支持贫困户危房改造,领导干部每人自筹 3000 元帮贫户入股苗木基地,走访慰问人均 2000 元。倾力帮助食博会赣西商贸城破解发展难题 5 个。三是全面落实"民生事马上办"。通过城管热线等 10 余种服务载体,受理各类情况 3.1 万余件;办理人大建议 9 件、政协提案 19 件,办结率、满意率 100%。全面推进城管"五进"(进学校、进机关、进企业、进社区、进商户)活动,服务市民达 4.5 万余人次。全面开展"便民利民让民"服务,在城区主次干道设置民生摊点 300 余个。全面整治油烟噪音扰民,累计督促商户安装环保型油烟设备 92 家。四是全面落实志愿服务活动。以"共产党员示范市"活动为载体,全局 327 名党员利用周末时间,在社区开展捐书、清扫垃圾、清除小广告等志愿服务项目 20 多项,出动志愿者 6030 余人次。涌现勇擒小偷、拾金不昧还巨款、送迷路小孩回家等先进事迹 27 人次,收到各类锦旗、感谢信 28 面(封)。

【打造满意新余城管品牌】 一是政治素质更加过硬。始终以局行政会议、中心组理论学习等载体,对党章、党规等系列理论,特别是对习近平新时代中国特色社会主义思想进行全面学习,干部人均学习笔记 2 万余字,网上学习时间达到 80 课时,切实做到入脑入心,真学真用。二是业务能力更加专业。以市委党校为平台,对全市城管系统 423 名干部职工进行轮训,全面提高队伍的综合素质;组织选派干部到上海、深圳等 11 个省市多个管理先进的城市参观学习交流,撰写考察报告 16 份;深入学习住建、房管等 10 个部门转划的职能涉及的相关法律和业务知识;邀请法律专家、管理资深教授来局辅导 8 次。三是作风纪律更加严明。全面加强管理,倡导"出门即上班",积极践行"721"工作法,认真落实双休日、节假日保证 50% 的执法力量在岗在位。严格抓督查,以"强转树"活动为载体,对干部职工的工作纪律、执勤形象等进行全面督导,累计督查达 150 余次,涉及 107 项工作,查找并整改作风问题 30 多处。以创建共产党员示范市为载体,在全市城管系统中全面开展共产党员示范科室(单位)、办公桌上摆放共产党员岗位牌等党员带头活动;加强行业管理中党员示范作用,在环卫等作业车辆中开展"党员先锋驾驶员"评选活动。四是党风廉政更加严格。全局开展廉政教育达 30 余次。坚持把党风廉政建设责任制纳入目标管理,推进"两个责任"的落实和责任追究。及时公布举报投诉电话,对市民意见和建议及时整改和反馈,受理率和处理满意率均达 100%。

(杨　亮)

城市规划

【概况】 2017 年是全面贯彻落实市第八次党代会精神的开局之年,市规划局紧紧围绕"工小美"的城市定位,尊重城市发展规律,不断加强和改进城乡规划工作,努力服务"精美特新"中小城市典范发展目标,各项工作进展顺利。规划设计院获得建筑工程设计甲级资质,成为全省地市级唯一获得规划、建筑"双甲"资质设计单位。

【推进农村建房规划整治】 一是健全乡村规划管理体制。按照建设"美丽宜居乡村"工作目标,从制度上进行顶层设计,根据市政府下发《关于进一步加强农村村民建房规划建设管理的意见》,市规划局制定《新余市村庄规划编制管理办法》《新余市农村村民建房规划许可管理办法》;建立健全规划管理机构,全市 31 个乡(镇、办)全部挂牌成立规划建设管理所,实行规划、国土合署办公,人员 156 人,基本实现全市域农村建房规划建设县乡村三级管理网络全覆盖,初步形成"市级督导、县区主导、乡镇领导"的工作推进机制;强化规划业务培训,完成规划建设管理业务培训295人次、农村建筑工匠培训2739人次。二是优化规划编制。坚持问题导向,把群众的看法和意见作为村庄规划编制的重点部分科学纳入规划成果;结合农村社会自身特点,建立"群众为本、产业为要、生态为基、文化为魂"的乡村规划管理系统,建设"美丽宜居乡村"和"幸福村居",2137个村庄全部完成规划编制,20户以上村庄规划编制实现全覆盖。三是规范审批许可。农村建房实行六级把关,所有乡(镇)服务大厅设立农村建房便民服务窗口,实行"申请审核、窗口受理、踏勘会审、限时办结、统一发证"的一站式审批服务,村民只需"申请、领证"两步走,并强化批后监管,实行统一审批、统一放线、统一验线、统一验收。2017年,全市共核发乡村建设规划许可540户,许可建筑面积12万平方米。三是全面铺开"两清理一严控"专项治理。建立健全"三级巡查"和"三级联动"防控违法建设制度,各县(区)、乡(镇)进行以户为单位的违法违规建房摸底调查,全市共拆除违章建筑3004户,面积18万多平方米。四是统一提升样板示范引导村庄风貌。通过样板示范村和样板示范房建设,总结经验在全市范围内推广,全市择优确定55个样板示范村、141户样板示范房,选取28套特色农房设计图集在全市范围内推广,对采用特色农房设计图集并按程序办理规划许可手续的农村建房户,市县两级给予每平方米30元的奖励或相关政策性支持。五是加大对特色小镇和传统村落保护。配合县、区完成河下渔仙小镇省级特色小镇的申报工作,下村储能小镇、罗坊现代农业循环小镇规划方案编制完成;完成10个传统村落保护发展规划编制,3个村庄被列入中国传统村落名录,6个村庄被列入省传统村落名录。

【开展中心城区近期建设规划编制】 为服务城市"工"的特质,结合"十三五"国民经济和社会发展规划、土地利用总体规划、生态环境保护规划,按照"多规合一"的要求,对总规进行实施评估,详细分析城市发展建设过程中存在的问题,明确城市近期的发展重点和实施时序,努力缓解全市工业用地不足的问题,优化"一城四区后花园"空间布局,建设宜居城市。

【开展城镇开发边界划定】 为充分体现区域"小"市规划特点,在省空间办统一部署下,组织专业人员,引入MAPGIS等先进的软件,认真细致地划定城市开发边界,充分衔接生态保护红线、永久基本农田划定,通过数次沟通协调和修改完善,全市划定的中心城区开发边界基本得到省空间办的认可,为新余市未来发展争取最优城市开发空间。

【完善控规编制】 完成孔目江片区控制性详细规划编制,实现主城区控规全覆盖。对区域内存量用地进行整合、梳理空间结构、完善功能配套、优化路网结构、提升片区品质与形象。开展城市设计。在各片区控规中开展城市设计研究,指导完成高铁新区产城融合及城市设计的初步方案,完成仰天岗大道两侧城市空间策略、胜利路、西街的城市设计工作,启动袁河生态新城城市设计,努力塑造城市特色风貌和传承历史文脉。

【加快完成各类专项规划编制】 为完善城市"新"的功能,贯彻落实全省海绵城市建设和"城市双修"现场工作会议的要求,完成《新余市海绵城市专项规划》《新余市综合管廊专项规划》,并通过省厅组织的专家评审,提升城市基础运行功能。

【服务省市重点项目】 为落实"放管服"要求,市规划局主动对接、积极配合省住建厅完成环城路、国道G220彬江镇至分宜县城段一级公路改建、分宜昌金高速互通移位、中电投双林电厂和大唐良山电厂等省重点项目核发规划选址工作,为项目实施争取时间和政策保障;开辟绿色通道服务市级重大工业项目和重点工程项目,为袁河医院、渝水七小、高铁新区地下综合管廊、新钢路东棚改等重点项目提供便捷、高效的规划审批服务,积极支持新钢发展、主动进行规划对接。

【日常规划管理】 着眼于“效率规划”优化服务流程，实行规划审批“重心下移”和“服务前移”，加强与项目建设单位的沟通对接，实现规划精准服务；坚持规划委员会决策机制，全年共召开2次规委会，审议重点规划、重大项目规划方案等14个；完善科室联动机制，严格执行“一书两证”和规划审批“一支笔”制度，进一步完善规划验收制度，保障规划实施。全年共核发建设工程规划许可证251件、建设用地规划许可证11件、选址意见书10件，为18个项目出具规划条件和用地红线，完成规划方案审查项目13个，房地产建设项目联审15个、非房地产项目联审11个；对18个建筑工程项目进行现场放线，21个建设项目进行±0.00验线，并对40个建设项目进行规划竣工核实。

【服务地方经济社会发展】 渝水分局牢固树立主动服务意识，加大规划编制指导督促力度，指导帮助下村工业基地完成控制性详细规划修编工作；指导帮助袁河经济开发区、良山镇、珠珊镇总体规划编制工作；深入袁河经济开发区、下村工业基地企业上门服务，全年共对辖区内33个拟签约项目进行预审。高新分局围绕工业项目创新服务举措，进一步简化办事程序、优化审批流程，切实提高行政审批效率和规划服务效率，为中钢研、五金工具产业基地项目、泓奕实验设备等项目提供优质、便捷、高效的规划审批服务。仙女湖分局围绕旅游产业提供规划服务，完成《仰天岗南部片区控制性详细规划》《河下镇龙伏旅游片区控规》的审查和报批，健全仙女湖区的规划体系；主动服务，完成仙女湖区直升机通航基地的选址、新余市欢乐大世界规划方案审批、江西新余同道汽车文化培训学校规划许可等项目的规划服务。 （黄荼根）

房产管理

【概况】 2017年，市房产管理局全面贯彻落实中央、省、市决策部署，以中共中央总书记习近平系列重要讲话精神和治国理政新理念新思想新战略为指导，立足“工小美”，紧紧围绕年初工作目标，大力推进棚户区改造、保障性住房和“三区两典范”建设，全力化解房地产库存和房地产领域矛盾纠纷，房地产市场总体保持平稳健康、持续向好的发展态势。

【民生工作】 一是棚户区改造全面完成。2017年，重点实施市本级、市粮食局、渝水区、仙女湖区、分宜县12处棚户区改造，改造面积60.18万平方米，惠及群众5488户。市委、市政府高度重视，将完成棚户区改造5488户纳入全市2017年“45件民生实事”之一。至10月底，2150套安置房全部开工，开工率100%；年底，3338户货币安置全部完成协议签订，货币化安置率61%，高出省下达目标任务11个百分点；争取的1.65亿元中央棚改补助资金全部到位；400户新纺棚户区改造签订房屋征收补偿协议730户，完成签约率183%，实际补偿金额近1.7亿元。二是公租房建设稳步推进。高新区587套2015年结转的公租房高层建筑续建项目在8月底前全面达到基本建成要求。2013年前建设的公租房分配率达到96.8%，2014年建设的公租房分配率达到93.3%，超过省里规定的90%和85%的工作目标。三是严格保障房选房分配。完成吉泰苑项目所有工程竣工验收。坚持公开、公平、公正的原则公开房源信息、选房规则，按照摇号排序号依次选房的工作流程对2816套保障房房源进行选房分配；2017，中心城区发放租赁补贴3863户、691.82万元，分宜县发放租赁补贴1405户、167.45万元；对租赁补贴发放实行动态管理，清退不符合条件租赁补贴申请户322户，切实做到审核程序化、发放标准化；对欠缴3年以上租金的156户租户向法院提起诉讼，办结15户。四是健全保障房退出机制。采取主动申报和年度复核相结合的方式，严格执行年审和退出制度，及时清退不符合保障条件的入住家庭，确保保障性住房可持续运转；实施保障对象自行申报、住房保障管理系统与房屋产权系统联动、通过定期核查、复审、日常突击抽查、接受举报等方式,形成常态化的保障性住房核查制度。2017年,共办理保障户清退153户,办理退出共同申请人101户;稳步探索推进并轨统筹、差别租金等新机制,完善保障性住房分配管理模式;建立保障性住房轮候库,实行分类保障。五是开展已购经适房上市交易。严格按照《新余市中心城区已购经济适用住房上市交易管理规定的通知》精神,积极开展中心城区已购经济适用住房上市交易管理工作,全年来共办理92户经适房上市交易业务。

【化解库存工作】 一是制订并出台《关于进一步加强新余市中心城区商品房去库存工作方案》和实施细则,加大正面宣传力度,促使惠民政策深入人心;扎实做好新建商品房集中购买活动调查摸底、房源基准价评估、确定参与活动楼盘并公示等相关工作。二是自5月19日集中购买活动正式实施后,全市住宅销售较活动前有明显改善。截至年底,参与活动享受补贴的网签备案136.74万平方米、11907套,需补贴41022万元;中心城区住宅销售面积239.84万平方米、20827套,面积同比增长5.38%,销售均价为3877元/平方米;可售新建商品房总量为199.95万平方米,比上年末减少119.41万平方米,去化周期8.9个月,比上年末缩短5.7个月。三是充分调动外来人口购房热情,使之在新余市购房享受本市城镇居民同等的购房补贴、就学、就业、养老保障和医疗保障等优惠政策,为全市房地产市场贡献较大的购买力。自新建商品住宅集中购买活动开展以来,新干、吉水、峡江、安福、樟树、上高等外来人口累计购买商品房4917套。

【物业管理】 一是率先在全省开展住宅小区项目星级服务评定工作。出台《新余市住宅小区项目星级服务评定办法》,组织县区物业主管部门对本辖区内物业服务企业星级工作进行考核与评定。参与物业服务星级评定企业共49家,评定一星级物业服务项目5个、二星级39个、三星级51个。二是率先在全省建立物业服务企业信用体系。出台《新余市物业服务企业诚信考核办法》,把日常监管与年终检查相结合,并把物业服务企业诚信考核作为参与前期物业服务招投标的前置条件。三是进一步规范物业专项维修资金的归集、管理和使用。建立按小区、幢和户为单位的物业专项资金管理体系,专项用于房屋共用部位、共用设施设备保修期满后的大修、更新和改造。累计归集维修资金4.138亿元,为35个住宅小区办理申请使用维修资金493.51万元。

【行业监管工作】 一是加强新建商品房预售资金监管。制订并出台新余市新建商品房预售资金监管办法和监管细则,将销售房屋总金额的6%作为监管资金进行全程固定比例监管。全年共监管房地产开发项目80个、6811户,监管资金1.89亿元。同时将开发企业代收购房者契税和物业维修资金调整为由购房者自行缴交,切实维护购房者合法权益。二是扎实开展房产稽查执法。对不诚信经营、项目投诉多且不积极处理的企业,采取停止项目网签、严格实行预售资金监管、约谈项目负责人、不予办理相关业务等措施,督促开发企业整改;对于整改不到位的纳入重点监管范围,实行动态跟踪。全年协调处理群众投诉30余次,市房地产场秩序得到较好维护;继续加强房地产中介机构管理,对全市房地产经纪机构资质备案、注册经纪人情况进行专项检查,房地产经纪和评估市场秩序规范有序。三是全力化解房地产领域矛盾纠纷。创新化解举措和机制,建立重点信访领导包案、领导带班科级干部值班接访、信访报告分析和来信来访督查督办制度。按照"谁包案、谁负责"的原则,包案领导对涉企存在的主要问题亲自研究、亲自部署、亲临处置。全年解决领导房地产领域包案突出问题15个,办结率75%。解决52户拆迁户历史遗留安置问题。截至12月底,全市房地产领域市长热线投诉率同比下降近50%,信访案件投诉率累计下降约10%,矛盾纠纷化解率达80%以上,涉稳突出问题基本稳控,全市房地产市场总体呈现平稳健康、持续向好的态势。

【三项工作】 一是房产交易特设“绿色通道”“雷锋示范岗”“重点工程办证”“便民服务岗”等窗口,为群众和企业提供优质服务;进一步推行流程再造,简化审批程序、压缩办理时限,由原来的三审变为二审,由法定10—30个工作日缩短为3—5个工作日;完成商品房交易11576起面积173.05万平方米,存量房交易3861起、面积47.66万平方米,房屋抵押备案(他项权利)18463起、面积517.13万平方米。大力推行延时、预约、代办、上门、“5+2”等一系列亲情服务,为困难群众和企业办理延时服务142起,预约服务634起,上门服务23起。房管窗口全年实现零投诉目标。二是认真落实取消白蚁防治行政事业性收费政策规定。按照相关精神,积极主动和市财政局沟通,请求市政府将实施白蚁防治工作所需相关经费纳入财政预算予以保障,确保有关工作正常开展;坚持减费不减事,严格依法履行新建房屋白蚁预防职责,认真做好新建、改建、扩建房屋白蚁预防施工,确保工程质量和服务效率。全年完成已收费项目施工28个,施药面积152万平方米,做到可施工的项目,全部施工完毕;完成16个白蚁预防项目63万平方米的监督管理,涉及的白蚁防治保防费“应提尽提”。三是直管公房管理将房租收缴目标分解落实到人,建章立制,全年收缴房租370万元;建立直管公房维修承诺制和回访制,共维修面积7000平方米,未发生一起直管公房安全事故。 (王 乐)

住房公积金管理

【概况】 2017年,市公积金中心以服务人民对美好生活的需要为目标,全面贯彻落实《住房公积金管理条例》,通过强化内部管理,规范办事程序,提高服务质量等入手,重点抓好住房公积金归集,扎实推进住房公积金的提取工作,公积金贷款执续加大,全市公积金工作实现稳步发展。

【住房公积金归集工作】 2017年,全市新增公积金缴存单位54家,新增缴存人数5500人;全年归集公积金11.02亿元,同比增长19%。截至2017年年底,全市缴存住房公积金职工人数10.05万人,缴存单位1572家,缴存比例为5%—12%,住房公积金累计归集总额为67.77亿元,归集余额为30.83亿元。2017年,市住房公积金管理中心通过报纸、电视、公积金网站、微信、服务热线等形式大力宣传公积金政策,寄发对账单8万多份,全力推进非公企业和农民工、个体户建制工作,职工的公积金权益得到有力保障。

【住房公积金提取工作】 2017年,全市共有2.51万名职工办理住房公积金支取7.89亿元,同比增长10%。其中,住房消费提取占78.09%(购买、建造、翻建、大修自住住房占44.94%,偿还购房贷款本息占32.29%,租赁住房占0.86%);非住房消费提取占21.91%(离休和退休提取占16.64 %、完全丧失劳动能力并与单位终止劳动关系提取占2.29%、户口迁出新余市或出境定居占0.68%、其他占2.30%)。

【住房公积金贷款工作】 2017年,全市共发放公积金贷款7.9亿元、发放户数2674户,全年回收贷款2.48亿元,全年支持职工购建房32.75万平方米。截至2017年年底,累计发放公积金贷款40.45亿元,累计回收贷款15.11亿元,贷款余额25.34亿元,为20886户职工家庭解决购房资金困难;2017年4月,启动农民工、个体工商户公积金贷款工作,制订出台《新余市农民工、个体工商户住房公积金贷款暂行规定》,对连续缴交6个月以上的农民工、个体户发放公积金贷款,最高贷款额度30万元,帮助这部分群体解决购房资金困难,全市房地产去库存工作得到较大推进。

【公积金异地转移直转】 2017年6月,全市住房公积金异地转移业务正式接入全国住房公积金异地转移接续平台,实现异地公积金直接转移,即“账随人走,钱随账走”,公积金异地转移实现“全国漫游”。接入平台后,本市职工住房公积金转入外地住房公积金管理中心或外地职工住房公积金转入新余市,无须职工再两地奔波,直接到转入地就可中心办理转移手续。

【接入住建部银行结算应用系统】 2017年12月,全市住房公积金管理系统接入住建部银行结算应用系统,正式上线运行,覆盖中心"全账户、全业务、全流程",所有资金往来业务都通过结算应用系统结算,资金运行过程全面留痕,财务运行效率进一步提高。 (刘劲平)

高铁新区建设

【概况】 2017年,新余市高铁新区管理委员会按照"产城融合、产业导入"的理念,推动高铁新区"大数据、大健康、大文化"产业的逐步发展,在项目建设和提升服务质量方面取得一定的成效。

【重大项目建设】 针对悦新大健康产业园项目,成立产业园建设领导小组办公室,从市直单位、乡镇抽调工作人员21名,成立5个工作部集中办公;成立江西悦新大健康产业管理有限公司,完成项目部主体工程建设和室内装修及办公设备安装;开展高铁新区5.6平方公里内的征地拆迁测量和控制性详细规划修编工作;对接云南省西双版纳勐巴拉项目及其项目开发团队,对悦新大健康产业园项目规划进行全面重新论证。

【控制性详细规划修编工作】 对《新余市高铁新城启动区控制性详细规划》进行修编,2017年6月30日进行公开招标,最终上海匠人规划建筑设计股份有限公司以253万元中标。

【整治非法营运】 积极协调各相关单位全面开展打击"黑车"等非法营运专项整治行动。全年暂扣处罚非法营运车共21辆,城管部门收取罚金计21万余元,教育、盘查1000多辆次。

【增设停靠高铁车次】 在2017年9月21日列车运行图实施后,考虑到新余旅客去行北京的换乘便利,管委会积极主动与南昌铁路局进行沟通协调,开通G1482新余北(9:48)—南昌西(10:20)和G2334新余北(13:46)—南昌西(14:18)两趟列车,与南昌西前往北京的两趟列车G488和G492进行衔接,换乘时间均控制在20分钟左右。

【加大新区收费停车场经营管理】 2017年3月15日完成新区收费停车场的第二轮经营承租拍卖,将经营期限由两年改为一年,拍卖租金由第一轮两年经营权81万元增加至第二轮一年经营权109万元。

【强化服务意识】 为方便旅客出行,在北站出站口、车租车通道及站前广场增设标识、标牌30多处。加大与市道路运输管理处的协调,努力增设新余北站至仙女湖、分宜公交旅游专线在新余北站设立公交停靠站,拓宽出行渠道。 (周春闽)

编辑 黄海涛

工业·交通

工业综述

【概况】 2017年，市工信委围绕建设“三区两典范”、再铸新余“工小美”辉煌目标，牢牢把握工业强市建设主线，以问题为导向，通过抓产业集群、抓重大项目、抓平台建设、抓精准帮扶，致力破解融资瓶颈，工业经济实现全面好转。2017年，工业增加值增速为8.5%；实现主营业务收入为1508.1亿元，同比增长19%；增速列全省第一位。全市规模以上工业实现利润100.6亿元，同比增长89.9%；增速是全省平均水平的5倍，增速列全省第一位。工业经济效益综合指数306.1%，同比增长64.6个百分点。全年新增规上企业44户。电信业务总量增幅达到69.6%，排位全省第二，超过全省平均水平。

【构建新型产业体系】 一是着力改造传统优势产业，推动出台《全力支持新钢跨越发展三十条举措》，支持新钢大力发展非钢产业，促进新钢公司与本地企业合作；积极稳妥推进赛维等光伏企业资产重整，全力支持钢丝厂、信达长林等军工转制企业做成行业品牌，2017年获批军民融合企业6家。二是加快培育新兴产业，2017年，全市锂电、手机触控、LED和装备制造等4个实施倍增计划的产业集群，主营业务收入分别达160.2亿元、141.7亿元、121.3亿元、165.1亿元，同比分别增长124.6%、38.9%、361.2%、26.2%。成功获批江西省锂电新材料产业基地，高新区列入全省第二批战略性新兴产业锂电新材料产业聚集区。

【抓项目增强发展后劲】 2017年，列入全市第一、二、三批重点调度的工业项目共97个，年度计划投资111.5亿元，其中新建项目77个、续建项目20个。全年累计完成投资112.72亿元，完成年度计划投资的101%。木林森的光电LED灯具线路板项目、沃格光电的光电玻璃精加工项目、赣锋锂业的年产1.5万吨电池级碳酸锂项目等55个项目建成或部分建成投产。纳入省重大项目调度投资亿元以上（含500万元以上技改项目）项目145个，工业投资累计完成463.86亿元，同比增长18.5%，增速列全省第二名。全年争取上级资金3147亿元，完成任务率达152.16%，有力支持工业重大项目建设，促进工业经济平稳增长。完成招商引资任务2.4524亿元，完成任务率122.62%，排省市第三位。

【优平台促进产业集群集聚】 2017年，新余高新区、分宜工业园、袁河经济开发区、渝水区新兴工业产业园4个园区主营业务收入、利税总额累计完成897.06亿元和72.68亿元。园区全年新建成标准厂房59万平方米。年内按计划建成带钢EPS绿色表面清洁处理中心、模具制造中心、LED产品检测中心等10个产业集群公共服务平台。推动以会促产，成功举办第四届江西国际麻纺博览会，第二届“天工杯”工业设计大赛。举办2017（第四届）新能源材料高峰论坛、2017中国（江西）锂氟产业发展高峰论坛，新余市锂电产业国内影响力显著提升;协助组织好全省半导体照明(LED)产业合作对接会。服务小微企业,切实发挥省级中小企业服务中心平台作用,免费为中小微企业购买法律、会计、科技服务、信息咨询等公共服务,为1700余户中小微企业提供公共服务,同比增加50%以上。

【帮扶企业做大做强】 推动出台全市企业帮扶方案和《2017年精准帮扶企业工作考核办法》,年内组织市政府与新钢公司联席会召开8次会议,累计研究协调新钢公司提出的困难问题43个,截至年底,有33个问题得到解决或落实解决办法。对企业帮扶实行台账管理,建立健全各种协调调度机制。安排专人负责工业企业帮扶工作的协调调度,对口挂点市领导36位,帮扶单位60家,帮扶重点工业企业72户。全年各帮扶单位累计走访工业企业1100多次。动员全委干部每月开展"接地气、下企业"调研活动,基本实现规模以上企业全覆盖。新余市工业园区智慧信息平台上线试运行,将进一步提高帮扶效率,提升精准帮扶水平。

【融资缓解资金瓶颈】 2016年建立的市级产业引导资金到位9亿元,对瀚德科技、盛泰光学等14个新兴产业项目进行融资支持,2.6亿元专项拨付到位。积极推进企业上市工作,2017年新余国科公司创业板正式上市。安排800万元技改项目贷款贴息,撬动技改投入20亿元;安排1000万元担保费补贴,帮助73户企业获得担保贷款约14亿元。

【创新提升发展质量】 推动出台《新余市"中国制造2025"实施方案》,以提质增效为核心,进一步明确新余市实施"中国制造2025"的目标和制造业提升八大工程;邀请中国工程院专家到新余市指导城市试点示范申报工作。年内新增2家两化融合贯标试点企业,新增4家江西省智能制造试点示范企业,赣锋锂业股份有限公司入选国家绿色工厂名单、入选国家首批百家制造业单项冠军培育企业(全省仅3家)。2017年新增省级企业技术中心2家,认定江西赣锋锂业等7家市级工业设计中心,其中赣锋锂业认定为第一批省级工业设计中心;依托新钢公司国家级企业技术中心,建立带钢研究中心、钢铁技术服务中心。全年申报省级新产品23项,其中6项获批省级优秀新产品。组织企业参加全省工业设计MBA总裁高级研修班,与上海交大和复旦大学联合举办6期工业4.0与智能制造高级研修班,共培训企业管理人员200多位。

【融合推进智慧新余建设】 云计算大数据中心、智慧新余展示中心和"互联网+"双创基地("两中心一基地")建设完成投资3100万元,浪潮集团、科大讯飞、泰豪集团等上市公司入驻园区。新余创建"智慧动员"的"江西模式",列入全军信息网络安全和网信动员2个"十三五"规划。大力实施"光网城市""无线城市"等专项行动。推进政务云计算中心建设和数据资源整合,升级建设国家试点智慧时空信息云平台。建成数字社会保障体系,社会保障卡累计发放卡87.5万张,覆盖率达90.7%,全省第一;建成人口健康综合信息平台,市居民电子健康档案建档人数105.97万,建档率为86.62%;建成智慧交通平台,基本建成电子证照系统。

【工业发展争绿起】 坚持"绿色崛起"的发展理念,2017年,新余市工业增加值能耗同比下降8.65%,年度工业增加值能耗下降幅度和节能量均列全省前三位。帮助新钢公司、赣锋锂业、沃格光电等企业申报绿色工厂、节能绿色化改造等国家级、省级绿色制造项目。全员动员扎实开展工业企业"保家行动""蓝天行动",全面摸排工业企业达1033家,实现摸排整治"全覆盖、无死角",取缔关停各类不符合政策的企业96家。2017年6月,全部拆除龙鼎铸造厂和新特板簧有限公司等16台中频炉及配套设施。排查县(区)10蒸吨及以下燃煤锅炉153台、总蒸吨324.37吨,淘汰改造67台,远超省下达52台的淘汰任务;剩余的86台正在有序淘汰和改造当中。 (黄小虎)

钢铁工业

·新余钢铁集团有限公司·

【概况】 2017年,新余钢铁集团有限公司新一届领导班子团结带领广大干部职工,以“提质增效、节能减排、绿色发展、相关多元”为总的工作思路,按照“找准问题、措施得力、狠抓落实、有效高效”的工作方法,深化改革创新,聚焦提质增效,大力推进绿色制造,积极布局推进非钢产业发展,抓住市场机遇。全年完成生铁868.87万吨、钢890.18万吨、钢材坯835.53万吨,同比分别下降0.1%、增长3.87%、增长4.23%。实现营业收入522.31亿元,同比增长66.46%。其中,非钢产业收入151亿元。实现利税57.56亿元,其中利润39.04亿元,经济效益位列行业中上水平。

【强化系统联动】 一是充分释放产能规模。力保稳产高产。在国内钢材市场向好,公司所有产线都有利润的情况下,千方百计确保各产线满负荷生产,全力争取规模效益,有效克服6号、7号高炉更新改造和环保政策督查从严等不利因素影响,全年钢产量接近公司历史最高水平。强化产销对接。中厚板线、热连轧线、冷轧线、线棒材线合同兑现率实现公司制定的攻关目标;优化接单排产计划,采取套材利库等措施,积极协调钢轧单位进行现货坯处置,全年处置现货坯21.59万吨,累计创效6842万元。二是供销“两头”协同发力。全年供销“两头”对冲增效503.16元/吨,累计增效44.79亿元。在原燃料采购上,积极适应市场变化,强化系统联动,努力向市场要效益,通过拓展供应渠道、稳定现有资源、优化供应结构、开展性价比采购等措施,在满足生产需要的情况下,进一步降低采购成本。在产品销售上,积极调整优化内外贸资源配置,加大效益较好的国内钢材市场投放力度;动态调整区域投放,守好“家门口”市场,减少运距远、价格低的省外市场普通材的投放量,省外市场以高附加值的薄、厚规格板及品种材销售为主,全年,实现省内贸销量比列49.7%,同比增长9.7%;积极开拓省内终端企业、钢结构等用钢市场,产品走进风电场工程、重点桥梁项目、石油石化工程等重点用户,全年中标重点工程项目60个,中标总量83.58万吨,国企和重点工程销量占内贸销售比例达到18%;积极推进销售信息化建设,所有产线启动系统自动下单功能,进一步稳定客户资源。全年,公司实现产销率101%、货款回笼率100%。三是强化技术质量创新。加大新产品研发力度。全年开发新产品37个,成功生产高牌号电动车系列用硅钢、高磁感取向硅钢等高端产品;完善模具钢、热轧和冷轧汽车用钢等产品系列,进一步优化品种结构。持续改进产品质量。开展硬线冷拔断线率、中厚板热处理板性能改善、硅钢板型控制、冷轧产品质量稳定性等品种质量攻关。全年,硬线82B百吨断线次数由上年的0.92次降低为0.55次,其中7月百吨断线次数创最高水平达0.06次。冷轧产线非计划率同比下降2.99%。发生用户质量异议391起,处理结束异议375起,实际成立177起,比上年同比减少41起,公司客户满意度跃居行业先进水平。持续增强创新能力。2月公司获“国家高新技术企业”称号;全年获专利8项,其中发明专利7项,一项专利成果获第三届江西省专利奖,获得计算机软件著作权7项;中厚板厂、烧结厂QC小组质量成果分获冶金行业竞赛一、二等奖。与东北大学合作的《热轧板带钢新一代控轧控冷技术及应用》获2017年度国家科技进步二等奖。

【推进“10532”工程】 着力降低人工成本。通过深化内部改革、优化人力资源管理、做大非钢产业等举措,着力降低人工成本,有效增强企业内生动力。一是持续深化内部改革。在“三项制度”方面,加大优岗减员力度,重新核定各部门、单位劳动定员。全面规范劳务用工管理,清退外用工498人,进一步压缩劳务费用。深化公务用车改革,拍卖闲置车辆,分流富余岗位人员。在“一企一策”改革方面,出台政策鼓励子企业拓展外部市场,在建设公司独立税号、组织机构等方面逐步完成与市场的对接。对原传媒公司进行改革，组建新闻中心和新余新钢自动化信息技术有限公司。设立吉安新钢工贸有限公司促进矿山转型发展。实施“大部制”改革试点，将汽运中心与原物流中心合并，组建新的物流中心，形成物流板块“1＋N”物流营运模式；整合公司内部资源和调整关联交易价格措施；完成对镁质熔剂业务、废钢加工资源的整合。二是加快非钢产业发展。将非钢产业发展置于公司发展战略地位，确立“1＋6”产业结构，将钢铁主业和非钢产业资源开发利用、钢材延伸加工、工程技术服务、工业生产服务、金融投资、贸易物流等6大非钢板块发展相融合，明确提出力争到2020年年底，实现非钢产业与主业并重，在非钢产业上“再造一个新钢”。以投资为拉动，以合资合作为纽带，3月成立的国贸公司投入运营，全年实现第三方贸易101.8亿元；优特钢带配送加工中心项目酸洗线11月投产、煤气综合利用高效发电项目首台机组9月底并网发电；对外合作组建新余新钢联天结构科技公司，专业从事装配式桥梁、装配式建筑业务；与地方物流企业合资成立物流公司，开展物流产业链经营；通过增资扩股的形式，实现对俊宜公司的控股。全面对接《新余市支持新钢跨越发展三十条举措》政策，为公司下一步发展提供更加广阔的空间。

着力降低工序成本。通过做大高效品种规模、增强品种创效能力、加大重点指标攻关等举措，着力降低工序成本，有效提升运营质量。按照公司各主要产线效益排序，调整优化金属料流向，1—2月增产效益较好的板卷品种；3月以来在国内钢材市场整体处于“长强板弱”的情况下，方坯产量取得突破。调整优化品种结构，压缩效益较差的产线品种接单量，增加高附加值的桥梁板、锅容板、热处理板接单量，全年接单量同比分别增加8万吨、7万吨、6万吨。调整卷板品种接单结构，稳定提高耐磨钢、汽车用钢等高效品种接单量。重点推进降低生铁制造成本、提高产品售价增效、系统节能增效三大系统攻关，均取得进步。在专项攻关上，启动铸坯热送热装攻关，厚板线铸坯热送率由45%提高至80%以上，热装率由24%提高至60%以上；在废钢价格远低于生铁的情况下，开展使用外购废钢劳动竞赛，鼓励炼钢单位加大废钢使用量，1—11月，公司吨钢废钢使用量同比增加40.17公斤，累计增效1.73亿元。

着力推进财务降本。通过大力发展金融投资板块、提高资金使用效率等举措，着力推进财务降本，有效强化资金保障能力。2月公司可交换债全部完成换股，公司资产结构进一步优化；成功完成新钢股份非公开发行股票，募集项目资金17.6亿元；新钢股份入选MSCI中国A股指数；利用公司股票配额优势，积极探索推进网下新股认购，有效提高公司投资收益；新加坡公司境外融资取得新进展，全年融资3.86亿美元；通过控制融资规模，减少利息支出2801.53万元；持续优化融资结构，降低融资成本2298.66万元。存货周转次数为9.97次，比行业平均水平快3.96次；吨钢期间费用比行业平均水平低179元，其中吨钢财务费用低83元。在物流成本大幅上升的情况下，通过优化运输线路、重新招标等措施，有效降低物流成本，与年初测算相比，全年降本1.1亿元。

【强化基础投入】 在自有资金相对充裕的情况下，未雨绸缪，紧贴实际，补齐短板，大力推进工艺技术装备转型升级，项目投资规模显著增加。全年，完成固定资产总投资14.17亿元，其中绿色发展项目投资7.42亿元；实施项目156个，其中新开工项目144个，续建项目12个，完工投运128个。实施完成6米焦炉上升管余热回收，6号、7号高炉更新改造，一钢2号方坯连铸机更新改造，一钢1号、3号转炉滑板挡渣改造，二钢板坯连铸机设备精度改造，二钢板坯喷号机更新改造，高线控冷风机改造，中板线ACC功能恢复性改造，热连轧设备精度提升技术改造及层流冷却密集型快冷改造，煤气综合利用高效发电（一期）工程，二钢钢水全程保温技术应用，7号烧结机主抽风机节能改造等一大批改造项目。

【补齐环保短板】 一是严格落实环保政策。在国家、省环保督查不断升级，新余市“保家行动”“蓝天行动”深入推进的情况下，公司自我加压，主动出击，严格落实环保政策，以建设清洁工厂为载体，推进环保各项工作迈向新台阶，公司区域环境质量明显好转。与上年相比，二氧化硫排放量削减571吨；氮氧化物排放量削减105吨；COD排放量削减15.6吨；氨氮排放量削减4.3吨。二是强化环保运行效率。全面落实环保主体责任，高位推进环保工作，对环保工作不落实、环保不达标的单位强化责任追究，形成公司上下齐抓共管的新格局。强化环保设施运行管理，全年环保设施开动率99.5%以上，公大力推进环保项目建设，6米焦炉除尘改造、4.3米焦炉装煤推焦除尘改造（二期）、烧结4号机机尾及成品电除尘改造等一大批环保项目相继竣工投运，全年环保项目投资1.5亿元，占公司固定资产总投资的10.75%。三是清洁工厂初见成效。按照“源头治理、整体规则、先易后难、分步实施”的原则，高标准推进清洁工厂建设，形成以公司为主导，各单位相配合的清洁工厂建设格局。近年来，公司厂区道路、交通运输、建筑工地、原料堆场等二次扬尘明显改观，废弃物资源化利用及规范化管理进一步加强。外聘专家“把脉问诊”，编制公司清洁工厂相关物流、景观、仓储总体规划初步方案，下达创建清洁工厂整修项目管理办法，先期启动冶金路中段、聚焦路亮化美化改造工程。

【强化民生保障】 队伍建设不断加强。在坚持开展主题活动，搞好形势任务教育的基础上，深入学习贯彻中共十九大精神和习近平新时代中国特色社会主义思想，有效增强干部职工的认同感和使命感。连续4年开展公司机关人员下基层劳动活动，进一步密切干群关系。继续深入推进“全员提素创星”工程，分别评定三、四、五星级“标杆班组”420个、120个、20个，三、四、五星级“五好员工”1650名、416名、30名，公司三星级以上标杆班组、职工占比分别达59.2%、11.1%。强化职工岗位技能培训与鉴定，全年新增高级技师101名、技师310名、高级工217名，高技能人才比例高于行业平均水平21个百分点。引入社会教培资源，开展校企联合办学，与职业技术学院共同打造“现代学徒制”新钢班，积极拓展职工子女就业渠道。大力推进基层党建工作示范点建设，全方位构建公司队伍建设有效载体。公司监察审计、武装保卫、法务、信访、离退休退养等工作扎实有效开展。职工群众共享发展成果。大力践行“让企业更有竞争力，让员工更有幸福感”的共享发展理念。2017年，公司在岗职工人均收入增长10.28%，退养职工人均实发工资增长10%。公司从9月起，大幅提高在岗职工、退养职工住房公积金缴费基数，增幅达122.2%；再次提高职工基本养老保险、失业保险和医疗保险缴费基数，增加职工疗休养人次。开展第六轮全员健康体检，取消新钢中心医院药品加成，颁布《职工大病补充补助实施办法》，职工医疗保障体系进一步完善。全面推进班组“三室一间”建设，大幅改善职工工作和休息环境。成功举办第五届职工运动会和第二十五届职工技能大赛。深入推进职工普惠制。棚改社区移交稳步推进。与新余市政府密切配合，完成山下片和山上片19个社区的资产移交和办公用房改造并全部移交地方政府管理。社区水电气改造按计划稳步推进。积极争取国家相关支持政策，完成长康、西山岭生活区危旧房2466户的征收补偿工作。路东棚户区改造主体工程基本建成。

【评选2017年度“最具影响力的十件大事”】 在《新钢每日新闻》和“新钢传媒”微信公众号刊登2017年度“最具影响力的十件大事”候选事件之后，公司领导高度重视，广大干部员工、家属踊跃参与，反响强烈。通过多种方式积极参与投票，新钢集团公司在认真审核候选事件的基础上，采取“新钢传媒”微信公众号投票和评选活动领导小组投票相结合的办法，评选出新钢集团公司2017年度“最具影响力的十件大事”。分别是：①公司提出“保三争五”为全年奋斗目标，2017年创效达历史最高水平；②公司掀起学习宣传贯彻中共十九大精神的热潮；③公司召开干部大会宣布主要领导调整决定；④公司确立“10532”工程；⑤公司明确“提质增效，节能减排，绿色发展，相关多元”未来总体发展思路，公司实施品牌建设“012345”工程，公司全面部署开展“创建清洁工厂”工作；⑥新钢股份成功完成非公开发行股票，并完成资金募集17.6亿元；⑦公司职工住房公积金缴费基数上调122.2%；⑧公司启动基层党建工作示范点创建活动；⑨公司举办第五届职工运动会；⑩公司煤气综合利用高效发电项目首台机组并网发电。

（荣宗茂）

电力工业

·江西大唐国际新余发电有限责任公司·

【概况】 2017年，新余发电公司遭遇近5年来最为严峻的挑战，但全体干部员工始终坚持核心理念、弘扬大唐精神，努力克服机组老化、煤价高企、市场电量有序放开等内外部困难矛盾交织的影响，在电力体制改革中深水前行、奋勇拼搏、主动作为，完成上级公司下达的各项工作任务。全年，公司未发生人身和设备安全事故，实现长周期安全生产5379天；完成发电量21.01亿千瓦时（含2.5亿千瓦时转移电量）；累计发电设备利用小时4208小时；发电厂用电率9.33%；供电标准煤耗368克/千瓦时；入厂不含税标煤单价776.35元/吨；完成利润－7537万元；资产负债率67.77%。被授予江西省“安全文化示范企业”称号，保持大唐集团公司江西省“文明单位”称号，获第五届“全国文明单位”称号。

【安全生产情况总体平稳】 一是始终保持安全生产高压态势。把保十九大安全稳定作为全年工作的重中之重，提前谋划，认真部署，严格按照公司保中共十九大安全稳定方案开展各项工作，公司领导、各级干部24小时带班、值班，护厂队员24小时严密看守重点部位，各职能部门密切监控环保、舆情、信访等动向，确保中共十九大安全保电任务的圆满完成。高度重视上级公司“四不两直”检查，深入开展春季、秋季、安全月、防汛、防寒防冻等一系列安全大检查活动，共发现问题639项，整改率达98.8%。深刻吸取系统内外各类事故教训，认真学习事故通报，加大高风险作业、危险源、输煤系统等重要场所和设备的检查，同时加大对闲置房屋、城北生活区、外围租赁场所的消防安全检查，及时消除各类违章和隐患。持续开展班组标准化建设，达标率为92.5%，班组管理水平进一步提升。组织安全风险内审和安全生产标准化达标自查，全面开展“安全为了谁”大讨论、“杜绝违章”“人人查隐患”等活动，防大抓小全过程管控，确保全年安全生产目标的实现，获江西省“安全文化示范企业”称号。二是进一步加强设备维护管理。组织1号机组C修，主要解决受热面磨损泄漏、空预器漏风等设备问题。合理策划检修任务，针对2号锅炉空预器漏风严重问题，利用机组停备安排换管4700余根，甲乙侧漏风率问题得到有效控制。防磨防爆工作做到逢停必查，全年共开展7次检查，消除隐患713个。做好设备日常维护和消缺工作，对夜间消缺进行规范，要求每日、每周消缺率不低于90%和98%。三是发电运行取得一定成效。强化“两票”管理，深化“三讲一落实”，对有可能危及主设备安全的操作，进一步提高操作和监护等级，确保全年开停机安全，实现电气、热机共97万次操作无差错。坚持“安全、环保、经济”相结合的原则，制定《深化配煤掺烧方案》，建立各种工况下的掺配方案，加强煤场管理，优化掺配比例，全年配煤掺烧率为60.72%。进一步修订发电部指标竞赛考评细则，各值加大小指标攻关，确保机组正常启动用油、补水率、飞灰含碳、主蒸汽温度、再热蒸汽温度等指标同比得到一定改进。四是高度重视环保工作。将环保设施等同于主设备进行管理，对厂区内排污设施进行全面隐患排查治理，确保环保设备正常使用。做好危废品管理，对废树脂进行安全转移。响应新余市政府关于开展“蓝天行动”的号召，做好扬尘抑制和废水排放管理，完成各级环保部门组织的多次检查。积极做好新版排污许可证申请工作，成为新余市首批获得新证的企业。

【企业经营取得实效】 一是全力以赴开展市场营销工作。牢固树立"电量为王"意识,积极与省能源局沟通协调,全力争取电量计划,努力克服机组区域容量最小的不利因素,突破资格瓶颈,首次参加直接交易市场电量的竞争,获得基数电量高于区域同类型机组17小时和市场电量份额不低于装机占比的成绩。全年争取到20.68亿千瓦时发电量计划(含转移电量),超过上级下达的力争值目标。设备利用小时4208小时,超区域同容量等级机组1114小时。积极谋划系统内大机组替代小容量机组发电,共计转移2.5亿千瓦时电量,圆满完成地方政府环保减产要求。反复与华中监管局沟通协调,取得发电企业业务许可证,并将机组的规定使用年限由20年变更为30年。二是燃料保供控价工作取得突破。按照"遵循市场、按月定价"的原则,落实大唐集团公司中长协电煤订货采购相关要求,做好结构优化调整。努力克服省内煤产量大幅减少的影响,始终与江西省能源集团公司保持紧密联系,确保省内统配煤有序供应。贯彻执行集团公司深度配煤掺烧的工作部署,实现降低标单贡献71.56元/吨,在集团公司78家煤机企业中排名第二十八位。开拓丰城新洛经济适烧煤种,陆续与山西宏圣、洛阳华祥等新单位展开合作,积极探索水铁联运新模式。全年共进电煤108万吨,入厂含税标煤单价累计完成899.56元/吨,在江西省13家火电厂中排名第一。三是财务管控能力进一步提升。以利润考核为导向,严格按预算控制各项成本,制定成本费用管控措施并严格执行,完成调整后利润目标值。严格财务指标对标,分析各项指标存在的差距和问题,制定对标赶超措施,财务费用同比下降12%,实现单位容量可控费用在大唐集团公司同类型机组中排名第三、单位容量利润优于区域同类型机组。四是积极改进物资管理。对采购与物资管理检查发现的问题进行全面梳理、认真整改,进一步加强物资管理制度的建设,规范采购流程,清晰审批程序,建立有效的监督机制。通过大唐集团电子商务平台,有效降低采购成本,物资采购计划完成率达99.5%。按上级要求积极开展"精品仓库"创建活动,所有库房均实现"四四定位,五五摆放",确保账、卡、物相符。五是多经和后勤工作有序开展。完成江西恒强电力有限公司所有分子公司的注销工作,为下一阶段工作打好基础。进一步加快剥离国有企业办社会职能,与新余市人民政府签订《职工家属区"三供一业"分离移交(框架)协议》。根据江西省政府下达的淘汰黄标车及老旧机动车相关要求,通过比质询价,购置3辆新客车,确保员工正常通勤。想方设法积极落实"六最"民生工程项目,为员工提供方便卫生的工作早餐,得到员工广泛好评。六是增收节支取得实效。从一克煤、一度电抓起,大力开展创建节约型企业建设,加大非生产费用的收缴力度,确保费用收缴率达98%以上。不遗余力降"两金",应收账款全部清理完毕,物资降库存达到预期目标。全年管理费用、固定费用、可控费用均实现不同程度下降。着力清减外请用工,用工费同比下降20.56%。

【队伍素质持续提升】 一是多措并举严格干部管理。发出300份有效测评表,对中层干部德、能、勤、绩、廉等综合素质进行测评和排名,对排名前10名和后5名的人员分别进行嘉奖与考核,对连续2年排名后5位的,公司领导对其进行提示性谈话。启动管理岗位全员选聘工作,推进干部"能上能下",重点解决"能下"的问题,进一步规范管理机构编制,优化人力资源配置,有助于管理效能提升,促进干部队伍建设。二是多管齐下狠抓各类培训。按照"学习常态化、培训经常化"的要求,采取内外结合方式,有效开展培训工作。开展"两票"、规程竞赛,组织焊工、集控值班员进行赛前集训,每月开展安全生产知识调考活动,全年共举办各类内部培训班80期,培训人员达2430人次。举办2期干部培训班,邀请高校教授对高级主管及以上人员进行管理能力提升培训。开展人人上讲台活动,检修人员利用检修机会,积极开展现场岗位练兵活动;发电部利用学习日进行理论授课,并在课堂上开展互动式技术讨论活动。三是做好职业技能鉴定与特种作业取换证工作,全年共组织107人参加取换证,组织87名新入职、转岗等相关人员参加职业技能鉴定和复审，完成集团公司组织的职称申报工作。四是积极组织大机组培训，选派61名生产骨干和检修人员赴百万机组电厂进行跟班培训和机组C修，促进员工技能水平的提升。

【党群工作再上新台阶】 一是坚定理想信念不放松，组织党委中心组学习，开展互动式党课等各类党内活动，大力推进学习宣传贯彻落实中共十九大精神工作和“两学一做”学习教育常态化制度化。二是狠抓基层组织建设，把企业党建工作总体要求纳入公司章程，首次开展党支部书记抓党建述职评议考核，启动“三引领三创建”活动。落实“党建+”理念，积极发挥党群组织在安全生产中的作用。三是积极推进精神文明建设，积极响应市委号召，做好精准扶贫工作。成功承办集团公司弘扬大唐精神宣讲报告会。四是大力营造企业“大家庭”氛围，工会典型经验2次在大唐国际系统进行交流。切实为员工办好事、解难事，全年组织各类慰问126次。以加入大唐10周年为契机，开展系列感恩教育和文体活动，培育全员开放包容、理性平和的意识形态。五是围绕企业中心工作，充分发挥团员青年生力军和突击队作用，公司青年突击队获大唐国际青年突击队称号。

（张寒静）

·中电投江西电力有限公司江口水电厂·

【概况】 2017年，江口电厂贯彻落实中共十八大、十九大精神和江西公司战略部署，牢牢把握“建设一流企业，助力弯道超车，再造江西公司”的总方向，紧紧围绕“五大战役”和“一三五一”工作思路，抓安全促稳定，抓质量促效益，抓项目促发展，抓防控促规范，抓改革促创新，抓党建促和谐，在全厂干部员工的共同努力下，较好地完成江西公司下达的综合业绩考核目标。全年共完成发电量1.5975亿千瓦时，完成年度计划的111%。其中，江口完成发电量1.0931亿千瓦时，完成年度计划的118%；高桥完成发电量0.2782亿千瓦时，完成年度计划的92%；良山完成发电量0.2262亿千瓦时，完成年度计划的107%。电力销售总收入6298万元，实现利润总额1601万元。安全生产持续稳定，未发生一类障碍和一般及以上设备事故，未发生人身轻伤及以上事故，未发生责任性交通事故，未出现非计划停运，江口、高桥和良山分别实现连续安全生产8257天、3014天和729天，均创历史新高，顺利完成安全管理目标。党风廉政建设常抓不懈，职工队伍保持稳定，全厂未发生党员干部和员工违法违纪案件，未发生责任性上访、群体性上访及影响企业形象和稳定的重大事件，获江西省直机关第十三届文明单位称号。

【安全生产持续稳定】 全面落实安全生产主体责任，认真贯彻落实上级公司安全生产工作部署要求，深刻吸取事故教训，严守安全生产防线。完善三级安全网络及安全监督、保障、应急体系，积极推动HSE管理体系提升工具应用，HSE管理工具固化率达97%。巩固“三基”，筑牢“三防”，各厂站安全管理水平不断提升。扎实开展安全生产月、电力建设工程施工安全年、中共十九大保电安全检查、应急预案演练等活动，营造安全文化氛围。密切关注天气和水情变化，严格执行大坝安全监测、巡查和防汛制度，确保安全度汛。严格“两票三制”管理，定期开展安规培训考试，持续开展事故预想和新“双票”及“电子票”培训，注重操作细节和安全事项，规范现场作业行为，杜绝误操作事故，确保人身和设备安全。扎实做好机组等级检修，超前谋划机组大修方案、检修文件包、物资采购储备等工作，全年完成机组A级检修1台次，C级检修3台次。结合设备设施和文明生产要求，积极推进完成江口机组上导冷却水管路、生产区消防水系统、水库遥测系统等12个技术改造项目，切实提高机组安全健康水平。

【深化改革稳步推进】 结合实际，坚持问题导向，以上级公司制定的政策、制度为依据，不断加快推进深化改革各项工作。成立改革领导机构，召开座谈会和学习会，组织全厂干部职工学习上级公司深化改革推进会精神及深化改革宣传手册，让全厂干部职工深刻理解改革目的、意义和内容,积极营造改革氛围。深化改革各项工作,完成三项保险移交、不在岗员工清理、制度升版、全民所有制企业资产变更等改革任务。推进“三供一业”分离移交工作,移交方案获上级公司批复。积极开展集控运行管理准备工作,加大技改资金投入,不断提升设备自动化水平,从通信、数据对接方面前瞻性的做好集控运行管理准备。

【积极寻找项目资源】 加强政策研究,思考对策,提出“立足新余、辐射周边、光伏突破、打造一流”的发展思路,制定出自主合作开发并举、屋顶光伏优先的发展措施,积极与新余高新区、渝水区、九江瑞昌、南昌新建区、吉安地区等相关企业洽谈屋顶光伏开发合作意向,掌握可开发屋顶光伏面积约60万平方米。地面光伏项目稳步推进,签订生态与光伏一体化6万千瓦光伏发电项目框架协议,开展BT(预收购)模式的试点工作。同时在风电、垃圾发电、生物质发电等新能源领域开展研究,开创性介入,多渠道推动新能源项目开展。

【提质增效逐步显现】 以提升管控水平、提高企业盈利能力为目标,全面加强企业基础管理,升版管理制度84个,制定提质增效专项措施17条。开展效能监察和江西公司监察意见整改工作,通过强化合同、审计、财务、物资、工程、车辆等基础管理,不断修正工作流程,严格执行流程审批,做到闭环管理,有效堵塞管理漏洞。严格非生产性支出,从严下达各项小指标费用,采取有效措施压控各项费用开支,水电、光伏可控成本完成率100%。加大网络采购平台运用,对零星工程、办公用品等实施网上采购,有效降低采购成本。加大内控合规体系建设成果运用,有针对性地开展风险防控管理效能监察工作,充分发挥监察审计工作对重要领域、关键环节的过程监督作用,发挥集体决策效应,有效防范风险。加大政策研究,积极争取光伏国家补贴和省级补贴,开展小水电提价工作。积极与省防总、地方政府及中调沟通、协调,科学调度,减少弃水,充分利用3月、6月的集中强降雨,增发电量571万千瓦时。攻坚克难,把握时机,积极推进江口水库汛限水位恢复工作,项目实施后,效益可观。

【大党建不断加强】 认真履行集体研究、民主决策程序,“三重一大”事项均通过党委会或办公会决策,党委的主体责任有效落实。利用党委中心组、“三会一课”及政治学习活动,传达学习江西公司首届五次职代会暨2017年工作会、深化改革推进会等精神,重点加强中共十九大精神宣传贯彻,做到中共十九大精神宣传贯彻全覆盖。与新华公司新余分公司、康盛居委会联合举办“不忘初心,砥砺奋进”学习中共十九大系列重点图书社区行,选送上千册图书方便职工群众学习领会中共十九大精神。继续推进“五星+五型”标准化特色党支部建设,深化“五大行动”,推进党员岗位先锋创绩活动,坚持经常性检查和指导基层党支部工作,打造坚强的战斗堡垒。强化部门作风建设,治理“庸、懒、散”,党员干部员工工作作风和精神风貌明显改善。积极履行纪委监督责任,始终把党风廉政建设摆在重要议事日程,按要求与各部门负责人签订责任书,对承担的主体责任“签字背书”。深化文明单位创建,开展“责任央企·志愿先行”“向党的生日献礼”“映山红”助学志愿服务等活动,继续保持省直机关文明单位称号。深化企业文化“学讲建”,开展“国家电投好故事”征集和《铿锵之声》企业文化故事集品读会,举办“敬业奉献”道德讲堂课,全厂60余名在岗员工参加活动。强化改进群团工作,完成职代会换届工作,架好企业与员工的桥梁,构建和谐企业关系;抓好稳定工作不放松,定期进行不稳定因素排查,确保员工队伍的和谐稳定。

【员工培训常抓不懈】 加强组织体系建设,调整厂部、车间、班组三级培训网,健全培训制度,形成统一的培训工作组织体系。建立常态培训机制,制订年度和月度培训计划,继续采取“走出去、请进来”的方式开展培训,各部门按计划组织实施,做到全员培训工作有布置、有检查、有考核。坚持以赛促训，举办安全知识竞赛、财务知识竞赛、运行全能值班员竞赛等活动，职工整体素质得到进一步提高。2017 年新进 4 名大学毕业生，职能部门组织岗前培训，各车间按要求挑选技术、业务能力强的师傅实行一对一“传、帮、带”，为新员工走上岗位成才之路提供有力的技术保障。（袁国富）

·国家电投集团江西电力有限公司分宜发电厂·

【概况】　国家电投集团江西电力有限公司分宜发电厂在岗职工 636 人，有 1 台 210 MW、1 台 330 MW 具有自国家主知识产权的循环流化床机组。2017 年，分宜电厂紧扣“提质增效”主题，以改革发展和减亏控亏为主线，以安全稳定和队伍稳定为保障，突出抓“安全管理、设备管理、燃料管理、经营管理、项目发展、队伍建设”6 项重点工作。

【安全生产保持稳定】　保持高强度、高密度和高力度，扎实开展安全生产隐患排查及治理工作，制定落实安全生产大检查、百日安全生产专项行动、中共大期间电力安全保障等工作方案，圆满完成重要时段保电保安全工作任务。深入推进 HSE 管理提升，把安健环体系融入日常工作中，编制 HSE 管理提升推动实施计划，累计完成整改 485 项，推广实施 HSE 提升工具 33 个。严格执行《严重违章及黑名单管理规定》，常态化开展安全监督和生产现场的巡视检查，加大失责追责惩处力度，考核责任事件和各类安全违章 502 次，强化职工“安全红线”意识，实现全厂连续安全记录 3610 天。

【持续深化设备整治】　抓实 9 号机组 C 修，重点解决 9 号机汽机轴瓦振动大、真空低、锅炉侧漏风等问题，完成一次风密封等技术改造，供电煤耗下降 8 克/千瓦时，机组接带负荷能力显著提高。强化锅炉“四管”泄漏防治，修订完善相关制度，优化检查卡内容，确保责任落实到人，检查覆盖所有受热面，现场交叉检查无死角。针对近几年影响机组安全稳定的重点难点问题，以引增合一技术改造为主线，科学规划确定 9 号机组 A 修项目，统筹安排自修项目和外委项目，为高标准、高质量完成 A 修夯实基础。

【项目发展取得重大突破】　一是在新余市委、市政府和分宜县委、县政府及相关部门的大力支持下，于 8 月 30 日取得项目建设用地批复，9 月 8 日召开项目建设推进会。二是顺利通过国网公司接入系统审查，取得项目《建设用地规划许可证》《工程规划许可证》等支撑性文件，前期收尾工作逐步落实。三是按照分宜发电厂 FCD 节点进度图，与各设备生产单位确定主要设备部件的到货时间表，有序推进项目招标及设备采购工作。四是围绕高标准开工、高水平建设、高水平投产的总体思路，不断优化施工图设计，合理降低工程造价，实现“四优”目标，致力于打造精品工程和标杆项目。五是抓好扩建项目生产准备工作，加强人员培训工作，重点培养全能值班人员和高素质复合型管理人才，有计划地培养扩建项目生产系统和经营管理岗位的骨干人才。

【“减亏控亏”抓实有效】　一是坚持问题导向，严格对照江西公司减亏控亏工作要求，按照“瘦身健体提质增效”35 项工作措施，制定落实“减亏控亏”工作方案。二是严格落实江西公司燃料管理新机制及 14 项工作措施，狠抓燃料管理，努力克服煤炭供应形势紧张压力，持续改进厂内管理，保障全年热值差和标煤单价差可控在控。三是加强市场营销，全年优化电量 4 亿千瓦时，转移电量 4.5 亿千瓦时，增加江西公司效益 6000 余万元。四是强化预算管理，合理筹划资金，全年 3 项费用比预算减少 346 万元，4 项重点可控费用较预算减少 38 万元，节约财务费用 177 万元，实现江西公司抵扣企业所得税 1.25 亿元。五是落实两金压降任务，2017 年应收账款回收率为 100%，回收 10 年以上陈欠款 204 万元、废旧物资处置款 10 万元，核销 5 年以上其他应收款 63 万元，实现年末物资库存比年初库存下降 11%，全面完成江西公司下达的两金压降年度目标。

【管控能力逐步提升】 "三供一业"供水、供电移交改造实施方案通过审批并开工建设,完成基本医疗、工伤、生育保险社会化移交、全民所有制企业改制、在编不在岗和在岗不上班人员清理等,全面深化改革工作稳步推进。启动内控合规体系建设,制定发布内控合规管理办法和手册,实现制度、合同、决策、资金等在线审批程序的固化执行。严格执行集团公司合法性审查要求,强化法律风险防范,实现制度、合同、重大决策法律审查率达到100%。开展生产经营管理自查自纠活动,对发现的不规范管理问题认真整改,对相关责任人进行行政处分和诫勉谈话,严格问责追责。

【党群工作扎实有效】 举办"新征程 新辉煌 庆祝十九大"文艺汇演、中共十九大知识竞赛、PPT制作大赛等活动,抓实中共十九大会议精神宣传贯彻,不断激发广大干部职工的干事创业热情。深入开展"党员岗位先锋创绩""技术比武""三亮一创"等活动,评出"创绩能手"70人次,"创绩标兵"13人次,燃运车间获江西公司先进集体称号、分宜电厂被评为"2107年度江西省质量管理小组活动优秀企业"。狠抓作风建设,深入开展管理人员"自我批评、自我反省"活动,剖析和解决思想、履职、执行力和工作作风等方面存在的问题,促进各项工作水平上台阶。全面落实党建责任制,严格督促履行"两个责任"。推进高危岗位常态化廉政学习,结合任前谈话、关爱谈心、党课讲廉、微信宣廉、书面承诺等,多形式开展廉洁、尽职提醒教育与监督,强化效能监察及其成果应用。 (李子明)

·国网江西省电力公司赣西供电公司·

【概况】 2017年是实施"十三五"规划的关键一年,也是电力体制改革和国资国企改革的攻坚之年。面对宏观经济形势和电力市场的新变化、新格局,国网赣西供电公司勇于担当、主动作为,大力弘扬努力超越、追求卓越的精神,各项工作取得新成绩。全年完成固定资产投资6.96亿元,其中配网投资4.36亿元,占比提高至62.72%。110千伏及以上输电线路开工155.57公里,投产78.95公里;变电工程开工容量30万千伏安,投产57万千伏安。赣西电网最高负荷六创新高,达264.47万千瓦。完成售电量150.67亿千瓦时,同比增长6.50%;完成售电均价549.42元/千千瓦时;综合线损率完成3.69%,比计划值低0.29个百分点;上缴税金2.88亿元;城网、农网电压合格率、供电可靠率均高于计划要求。人才当量密度1.1472,同比增长5.42%;全员劳动生产率113.35万元/(人·年),位列省公司系统第一名。

【安全生产管控有力】 组织开展百日安全专项行动和两轮重要客户隐患整治,发现并处理问题715项。深刻汲取"5·7""5·14"事故教训,深化反违章整治,全年未发生5级以上电网事故。输电线路故障停运率同比降低18.76%。完成163处"三跨"区段校核和13回输电线路雷害区差异化治理,鸟害故障跳闸同比下降16%。35千伏主变跳闸同比下降14.3%。开展配网设备"两排查一整治"专项行动,全年排查新到货41个批次。配电自动化主站按期上线。加强城区配电网运行维护,故障平均抢修时长下降16.03%,百万客户故障抢修率下降48.93%。稳妥应对6月中下旬多轮暴雨侵袭。举办迎峰度夏大面积停电预案应急演练,顺利通过省公司应急能力建设评估验收。圆满完成中共十九大等76项重大保电任务。截至12月31日,赣西电网实现连续安全运行1802天。

【电网发展推动有力】 赣西电网"十三五"规划项目全部纳入地方发展总体规划,《新余市电网设施专项规划(2014—2030年)》经政府批复正式取得法律效力,获全省优秀城乡规划设计二等奖。可视化规划立体平台搭建正式启动。高质量完成26项电网规划及专题分析。工业园配电网规划竞赛获全省第三名。完成35项电网工程、330项技改储备项目可研内审。完成14个"一园区一电网专项规划报告",2个风电、3个光伏电站项目按期并网投产。11个电网项目取得支持性文件,4个电网项目取得选址意见及用地预审。成立2个片区业主项目部,全年开工项目16个。使用无人机对工程转序进行验收,并开展“三跨”工程三维建模。完成7个变电站土地证办理,彻底解决历史遗留土地证问题。农网改造升级“两年攻坚战”任务圆满收官,惠及人口22万人。配电网建设实现“零投诉”。新余孔目江输变电工程创国家电网公司优质工程。2项工程获省公司优秀设计,6项工程获省公司优质工程。

【经营业绩提升有力】 组织开展问题清单梳理,形成“四上”问题67个。完成大修技改、小型基建工程项目结算审计127项,直接审减金额186.7万元。推行营财一体化升级,县公司电费账户全部归并至市公司,压降电费账户21个。建立同业对标红灯预警机制,督促提升短板指标45项、提升段位52个。持续推进营配调贯通,电网资源站、线、变实现对应率、一致率100%。深入开展“量价费损”“营销稽查”“超容用电”在线监测,发现有效异动220余户,追补电费772万元。查处违章、窃电379户,打击疑似窃电团伙5起,追补电费157万元。实施配网不停电作业4403次,减少停电5.91万时·户数。稳健提升整体薪酬水平,薪点工资点值提升至2.77,同比增长4%,增长率位居全省前列。17名员工晋升岗位层级,660名员工晋升薪档。

【营销服务拓展有力】 深入推进“降成本、优环境”措施落地,为企业节约成本1.31亿元。持续开展“客户经理进万家”活动,走访客户65.04万户,新增、完善客户联系号码10.17万个。开展客户细分与差异化服务模式建设,投诉总量同比下降59.52%,每百万客户投诉发生数申诉前后分别为211.17件、29.19件,均保持全省最低。开展共产党员服务队主题活动12次、各项惠民活动30余次。加快推广“掌上电力”“电e宝”等线上应用,公司电e宝缴费1.25万户;国网商城“电费网银”缴费3.86亿元,占全省缴费总额的34.44%,位列全省第一。推广充值购电费控137.16万户,完成率96.04%。完成电能替代电量3.75亿千瓦时。扎实开展扶贫攻坚,94座光伏扶贫电站建成投运,各级领导干部对个人结对贫困户定期走访慰问,公司获新余市“扶贫工作先进单位”“爱心公益企业”。

【改革工作主导有力】 创新设立市场研判室,开展电改定量精准研究。建成“机巡+人巡”智能巡检体系,输电运维管理模式深度变革。运用无人机技术推进法标化线路证据留存,获国家电网公司法律部高度肯定。稳妥推进“三供一业”分离移交,物业移交协议全部签订到位。公司本部4个、县公司3个生活小区依法成立业主委员会。签订国有企业项目移交协议29个,涉及用电客户2.91万户,完成新钢棚户区改造1.51万户。健全集体企业法人治理体系,搭建“三会一层”架构,集体企业资金归结率100%。按时完成国网巡视组反馈问题整改。推进集体企业瘦身健体,2家子公司按期清算关闭。优化改革项目分包工程管理,建立集体企业工程业务量与施工承载力动态管理机制。圆满完成工程自动竣工转资工作全省试点。持续优化市县公司党建、运检、全能型供电所、乡镇供电所管理部等93个机构及人员配置,完成三项社保移交地方各项工作。承接县公司企业负责人业绩考核下放,完成考评体系建设。在全省率先实现市县公司工时积分同价计酬机制全覆盖,推行管理机关员工绩效“离散率”“轮庄率”考核,累计评定月度A、C档711个,较上年提升68.7%。

【“三个建设”凝聚有力】 学习宣传贯彻中共十九大精神,常态开展“两学一做”“讲规矩、守纪律、作表率”主题教育等活动835次,查摆问题1669个,落实整改措施2639条。以“六无”党支部责任区创建为抓手,深入推进“三年登高计划”基础建设年活动,做法获省公司、国家电网公司肯定。开展“三亮三比”主题活动,树立“党员责任区”15个、“党员示范岗”20个,党员创新项目攻关团队完成课题14个。实施"党建+基建"项目,全省地市公司中率先成立电网建设临时党支部。58名农电用工党员编入公司基层党组织实现规范管理。围绕纪念3个"90周年",800余名党员分赴井冈山、瑞金等红色教育基地开展现场教学,按月组织"今天是我的政治生日"主题活动。群众创新和竞赛调考成绩优异,华中电网调控系统劳动竞赛获金奖。全年获得授权专利15项,一项科技成果获省公司科技进步二等奖,2个项目获省公司群创评比二等奖。省公司无人机巡检、导地线压接等4项专业竞赛均获团体奖,14人分获省公司6项竞赛调考个人二、三等奖。4名新员工分获省公司新进员工普考二、三等奖。参加市总工会"学习十九大,永远跟党走"知识竞赛获一等奖。监控班获省"青年文明号",配网抢修指挥班获省"五一巾帼标兵岗"。"赵学军配电带电技能大师工作室"获"国家级技能大师工作室"。 (柴仁勇)

煤炭工业

·江西新余矿业有限责任公司·

【概况】 新余矿业公司是按照江西省政府关于省属国有企业深化改革要求,贯彻省煤炭集团公司"抱团御寒、联合重组、招商引资、改革突围"的战略部署,于2007年10月由原统配矿务局英岗岭矿务局,省属煤矿天河矿、花鼓山矿、八景矿、大光山矿、棠浦矿"1+5"联合重组而成。生产矿井分布在宜春、吉安、新余,跨三地市六县区。公司主要产品有焦煤等工业动力煤、光伏发电产品。公司有直属企业15家,其中有6家煤矿,非煤单位8家,新成立光伏公司1家(生产煤矿花鼓山煤业),去产能后续留守煤矿的英岗岭煤矿、天河煤矿、八景煤业、大光山煤业、棠浦煤业;非煤企业的新余江能光伏公司、瑞州医院、新矿医院、赣瑞公司、华明纳米公司、赣英建安公司、花鼓山实业、英岗岭矿区社区。

【经济发展趋好】 2017年,新余矿业公司坚持以"改革创新、转型发展"为主线,抓改革、促转型,全力推进煤矿去产能工作,内部管控、项目推进、矿区建设等各项工作取得新进展,开启转型发展新篇章。企业整体效益回升,比调整后的奋斗目标减亏244万元。其中,花鼓山煤业实现利润2986万元,同比减亏增利7998万元;光伏实现利润2583万元;瑞州医院实现利润248万元;新矿医院实现利润218万元。

【安全态势平稳】 着重抓好安全属地监管的对接、协调。围绕新的安全生产标准化建设,重新按照新标准要求,确定达标方案,进行严格考核。积极推进安全体检,完成东村矿、桥头矿、山南矿的安全"体检"工作,对于发现的隐患和问题,全面落实整改。加强棠浦煤业、桥头矿、东村矿、泉南矿、中林矿去产能关井闭坑的安全回撤,严格安全技术措施,实现安全撤退。深入开展安全生产月活动、安全大检查活动、年末安全无事故活动,有力促进安全管理。在花鼓山山南矿北翼浅部采区3505准备工作面推行柔性掩护支架,彻底消灭木支护。完成山南矿南北两翼主通风机改造,改变井下长期风量不足的现象。全面开展安全思想、现场管理、干部作风、员工行为、劳动组织、隐患治理"六大"整顿,强化整改,严格验收,花鼓山安全状况明显好转。严格推行花鼓山煤业安全管理特别规定,特殊时期采取超常规管理,确保安全平稳态势。

【管理质量效益不断提升】 进一步加强管理,强化目标业绩考核,对各项经济指标层层分解,落实指标责任。加强去产能煤矿经营管控,推行值班留守人员绩效考核办法,坚持"四挂钩",把值班留守工作业绩与本职工作、安全文明、矿区稳定、费用使用情况进行紧密挂钩,各煤矿去产能单位费用使用情况总体控制有力。推行机关绩效考核办法,对机关工作人员的出勤、工作质量、作风建设、团结协作、指导监督工作分块进行严格考核。规范资金管控,强化奖补资金、社保资金的规范管理，对英矿社保平台进行拆分，各相关单位独立立户，严格发票开具，推动财务、资金的规范化管理。盘活高安沉陷小区一期店面。进行高位对接，与高安市委市政府主要领导的沟通协调，启动对高安13333.33平方米（20亩）土地盘活工作。与安福县进行对接协调，在盘活矿区113.33万平方米（1700亩）土地上做文章。加强电费管控，对各单位电网进行改造，甩开变压器，节约电费100多万元。提高洗选率，花鼓山煤业精煤回收率达到33.9%，增收558万元。加强物资回收复用，去产能关停矿井回收物资约1200多万元。加大去产能煤矿对生产煤矿的物资调剂，回收复用、调剂材料设备170万元，处置变现关井闭坑矿井设备材料270万元。

【改革呈现加速度】 一是稳步推进去产能。按照省能源集团的总体部署，2017年省集团公司去产能任务全部落在新余矿业公司。完成棠浦煤业、桥头矿、东村矿、泉南矿、中林矿的关井闭坑。2年共争取去产能奖补资金3.07亿元，2017年妥善安置职工2088人。至此，10年来有序退出22对矿井，妥善安置职工1万余人。二是化解花鼓山煤业减员分流难点。经过反复拉锯式的艰苦协调，追索1064余万元社保金。三是落实省能源集团公司制改革要求，推动职工医保移交属地改革，卡住时间节点，加强协调对接，顺利完成移交属地管理。初步完成土地评估作价基础工作。

【转型步伐坚实有力】 强化沟通对接，全力开展项目攻坚。在光伏发电项目上，加强协调，争取到省、市光伏补贴，开展光伏发电许可申办，4个光伏发电站全部成功获得许可证。与此同时，提升光伏发电运行质量，全年实现效益再提升；在英矿构建循环经济示范区，推动英矿机砖厂项目前期工作，完成基础调研论证并形成立项报告；在大唐国际（新余）二期项目上，召开第一次股东会、董事会，形成出资协议，组建公司，为未来发展厚植基础。

【矿区和谐稳定】 近10年来，公司共推进新安小区、惠丰小区、八景矿棚户区建设、天河煤矿棚户区改造以及采煤沉陷高安一期、二期建设，大光山煤业一期、二期棚户区改造等，7000多户职工家庭进城入住。“金秋助学”筹集助学资金共350余万元，帮助1500余名困难职工子女圆大学梦。2017年，继续关注广大职工利益，把维护矿区稳定作为重大政治任务，依法处置英矿高安二期引发的群体非正常上访问题，认真化解英岗岭煤矿拖欠工资、花鼓山煤业人员分流等问题。强化法务工作，为企业去产能、转型发展化解矛盾、稳控风险提供法律保障。

【抓实推进作风建设】 2017年，新余矿业把干部作风建设、党风廉政建设作为企业改革发展、转型发展、脱困发展的重要保证来抓，驰而不息抓实作风建设。以落实“两个责任”为主线，强化主体责任、监督责任。公司层层签订责任状，细化责任清单，照单履责，落实“一岗双责”。以强化去产能煤矿干部责任为要求，加强值班留守管理。3月份，公司出台去产能煤矿值班留守考核办法，推行“四挂钩”，把值班留守工作纪律考核、作风考核纳入重要内容，予以相应权重，进行严格考核。以强化机关干部担当为重点，提高机关职能部门效能。积极启动效能监察立项，对债权清收等进行专项效能监察。以加强干部岗位廉政意识为着力点，增强干部免疫力。公司积极运用好“四种”形态，注重巩固廉政教育防线，采取“打招呼、拉拉袖”，打好干部预防针，增强干部免疫力，对有关调整干部进行任前廉政教育谈话，强化干部廉政意识。加强干部任中审计，堵塞管理漏洞，强化廉政防线。以加强干部作风为基础，夯实干部作风建设。5月份以来，公司进一步加大干部安全作风督导、纪律督导，组织安全督导小组常驻英矿、花鼓山煤业，督导指导复产、安全体检。加强节假日干部作风检查，组织安全小分队、干部作风督导组，进行“四不两直”巡查检查，对检查情况及时通报，压实作风建设。

（胡益学）

化工工业

·江西新余国科科技股份有限公司·

【概况】　2017年,江西新余国科科技股份有限公司(简称“新余国科”或公司)党委及其领导班子率领全体员工,持续改革创新,攻坚克难,在“生产经营、科技创新、提质增效、股份上市”四大重点工作方面取得新突破,实现公司股份上市,全面完成上级下达和企业年初确定的任务目标,取得较好经济效益和社会效益。积极参加2017年庆祝建军90周年阅兵式的气象保障工作,提供气象保障服务和产品,受到中央军委联合参谋部战场环境保障局的高度评价;公司获得江西省优秀企业、江西省军民融合示范企业等10余项荣誉,首发上市受到省国资委、大成国资公司表彰及社会的广泛肯定。

公司党委以中共十八大、十九大精神和习近平新时代中国特色社会主义思想为指导,突出党在国有企业政治核心法定地位,坚持党管干部、党管人才的原则,加强党风廉政建设,确保政治生态风清气正,将党建工作与经济工作高度融合,全面推进公司“生产经营、科技创新、提质增效、股份上市”重点工作任务的完成,为推动企业和谐稳定发展提供坚强的政治、思想和组织保证。全面完成总库区等项目建设。

2017年,项目建设工作稳步推进,全面完成欧里新建火工品库区项目建设和验收工作,以及公司老厂区工房拆除和老厂区地下管道整体销爆工作,提升产品储存能力和本质安全。同时也妥善地解决河下老总库区搬迁补偿问题,搬迁补偿款871万元全部到位,欧里库区土地出让金等收到返还资金248万余元。积极向新余高新区争取资产转让涉税先缴后奖政策,减少成本100多万元。

【科技创新促进企业转型升级】　2017年,公司及下属特装公司在批准为国家高新技术企业基础上,公司被批准为江西省军民融合企业、江西省气象装备国民经济动员基地、新余市科技型中小型企业,下属特装公司又被批准为江西省“专精特新”中小企业。公司夯实已有的省级企业技术中心、省级工程技术研究中心、省级工程技术中心、省级博士后创新实践基地等省级科技创新平台的基础,进一步增强科技创新的综合实力。全年组织70余项军民用新产品科研开发,完成技术鉴定或定型18项,为公司提供新的经济增长点。年内新申请专利10项(其中发明专利3项),获得新授权专利15项,这些专利技术均转入生产,经济效益、社会效益显著。公司积极申报政府的各类科技项目,其中2个新产品项目被批准为“江西省重点新产品计划项目”,进一步提升企业科技创新能力。

【创业板成功上市】　2017年,公司全力以赴、攻坚克难,全力推进公司股份上市工作。11月10日,新余国科在深圳证券交易所首发上市(股票代码:300722),成为江西省第五十九家上市公司,境内第三十九家上市、江西省国资系统第一家创业板上市公司,同时也是全国火工品行业、人工影响天气行业第一家上市公司。

【两化深度融合取得新成绩】　2017年,公司通过建成的OA、HR、监控系统、一卡通等信息化项目的有效运用,提高企业各项管理效率;公司加快人工影响天气装备和气象设备产品智能化提升,通过信息化管理后台提供技术保障和远程服务,提高企业对客户的服务水平,减少售后服务费用,公司两化融合管理体系通过审核并取得认证证书。

【军民融合有新发展】　2017年,公司坚持“军民融合,寓军于民”的方针,依托军工企业优势,发挥火工企业的特长,特种装备的优势,实施军民融合,利用军工新技术成果,推广到民品之中,民用新产品比例显著上升,同时将公司自主开发的气象装备推广应用到军方市场,成为新的经济增长点。通过军民融合，改变以军品为主的生产经营模式，形成军民齐头并进、两翼齐飞的格局，增强公司适应市场和抗击风险的能力。 （邓 涛）

夏布绣

·江西渝州绣坊有限公司·

【概况】 新余市渝州绣坊有限责任公司（简称“渝州绣坊”）成立于2002年11月，地处“中国夏布技艺之乡”——江西省新余市，创办人张小红，注册资本为460万元，展示及营业面积共计1100平方米，拥有国家级张小红技能大师工作室、新余市夏布绣艺术研究所、夏布绣博物馆、夏布绣传习所、装裱室等下属机构。渝州绣坊是“国家非物质文化遗产夏布刺绣”保护单位，是集挖掘、保护、研发、制作、销售于一体的特色文化企业，其使命是希望通过更多的载体传承、传扬夏布绣这一传统手工技艺，让夏布绣“活”在当下，“传”在未来。公司从创立初期的几万元固定资产发展到2017年拥有近1500万元以上固定资产。

公司秉承“诚信、专业、共赢”的经营理念，求实创新、努力开拓，坚持对高品质的不懈追求。2007年，夏布绣被中国刺绣艺术研究所列为全国14绣种之一。2013年，夏布绣被非遗保护协会刺绣专业委员会列为全国28绣种之一，填补江西艺术刺绣绣种的空白。2014年5月“夏布绣”被录入文化部特色项目库。同年12月，公司夏布绣被列入国家级非物质文化遗产名录。2015年10月，被江西省文化厅评为“江西省文化产业示范基地”。同年12月，被江西省工业和信息化委员会评为“江西省专精特新中小企业”。2016年1月，被江西省文化厅列入“2016—2018年度江西省非物质文化遗产生产性保护示范基地”。2017年8月，被中国民间文艺家协会授予“中国夏布绣传承与发展基地”。同年12月，被评为江西省老字号。2009年10月，夏布绣作品《清明上河图》获由中国文学艺术界联合会、中国民间文艺家协会主办的第九届中国民间文艺山花奖民间工艺美术作品奖。2011年5月，夏布绣作品《李太白像》获由中国轻工业联合会、中国工艺美术学会主办的2011年中国工艺美术“百花奖”金奖。截至2017年年底，夏布绣作品获国家级、省级金、银、铜奖100余项，并有12幅作品分别收藏于中国工艺美术馆、中国邮政邮票博物馆、中国刺绣艺术馆等国家博物馆。公司夏布绣工艺及外观设计获实用新型专利“设有绣层的夏布”等69项国家专利；获准注册“夏绣”“张小红夏绣”等5项注册商标，其中“夏绣”商标被评为江西省著名商标。

2014年，渝州绣坊筹巨资建成国内首个私立公益性、专业性的新余夏布绣博物馆，再现夏布绣千年的历史印迹，展示夏布绣博物馆千年生生不息的历史渊源。夏布绣博物馆藏品达到1050件（套），其中江西民间刺绣文物类1000件，夏布艺术刺绣精品50余件。新余夏布绣博物馆以江西传统的民间刺绣及创新的夏布艺术刺绣和活态传承的传习所为主要内容，全方位、多角度的展示新余地域民间夏布刺绣之创新，其目的使之真正成为服务经济发展，提高全民素质，浓缩地域特色，推动生态和谐的窗口。新余夏布博物馆免费向全社会开放。

公司在率先着力打造“夏布绣”品牌的同时，培养造就一支具有高素质的专业技术团队和一支技艺精湛的绣工队伍。2007年，第一批从渝州绣坊走出去的多位绣娘自主创办“仙女湖绣坊”。2008年年初，从绣坊走出去的绣娘相继创办“抱石绣坊”“乱针绣坊”和“轩茗香绣坊”。新余夏布绣从一枝独秀逐渐形成为一个文化品牌，成为新余亮丽的文化名片。截至2015年，新余主营夏布绣的相关企业有8家，拥有实用新型在内的46项国家专利和“夏绣”“渝州绣坊”“巧妹”等7项注册商标，从业人员达1000余人，其中中国刺绣艺术大师、江西省工艺美术大师1名，新余市工艺美术大师3名，夏布绣美术师8名，初、中、高级工艺美术职称人员18人。为搭建夏布绣研发和研创平台，2009年，成立夏布绣艺术研究所、传习所、装裱室。2010年1月成立江西省张小红

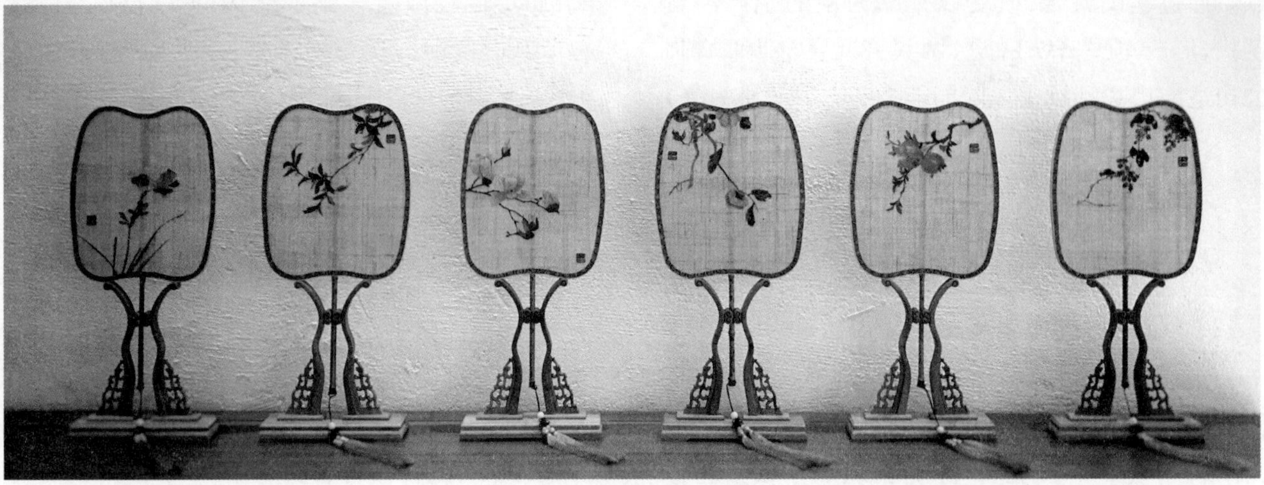

2017 年 4 月,《寓见美好》夏布绣宫扇系列获“第十二届中国文化产业交易会”创新设计奖

夏布绣技能大师工作室,2013 年该工作室被授予国家级技能大师工作室。

【新余“夏布绣”亮相中国义乌文交会】 2017 年 4 月 27 日,由中华人民共和国文化和旅游部、中国国际贸易促进委员会主办,为期 4 天的第十二届中国(义乌)文化产品交易会在义乌国际博览中心开幕。以“打造文化产品交易平台,推动文化产业跨越发展”为办展宗旨,设标准展位 2800 余个,展览面积超过 5.5 万 平方米。该文交会自 2006 年创办,连续成功举办 11 届,是列入文化部重点扶持的品牌展会。作为江西新余的代表——夏布绣江西渝州绣坊有限公司系列作品在交易会上呈现夏布绣别样风采。其中,夏布绣《时代印迹》获得工艺美术银奖,《雅藏 · 世代吉祥》夏布绣普洱茶袋系列、《寓见美好》夏布绣宫扇系列作品均获得创新设计奖。

【新余“夏布绣”深圳文博会勇摘金奖】 5 月 15 日,由中华人民共和国文化部、国家新闻出版广电总局主办的第十三届中国(深圳)国际文化产业博览交易会颁奖大会在深圳会展中心举行。吸引国内工艺美术领域众多名家参与,江西渝州绣坊有限公司夏布绣作品《仙女湖畔人家》从几万件参评作品中脱颖而出,摘下“中国工艺美术文化创意奖”金奖。获得金奖的《仙女湖畔人家》由胡诚绘制,张小红、李虹、张素玲、肖菊梅等人共同创作,作品色泽古朴、典雅深沉,运用虚实针、松针、小交叉针等针法,并用丝线的粗细和不同色阶的线色来表现“墨分五色”的国画效果,将夏布粗犷古朴的自然肌理与精致细腻的绣工融入国画的水墨韵味,远处虚实针表现的曲折连绵的山峦若隐若现,有一种“万顷湖天碧,一星飞鹭白”“烟波浩渺,水天一色”之感。所绣制的仙女湖标志景物会仙台、万年桥、昌山庙等,连绵起伏的远山意境优雅,绣工精细,丝理缜密严谨,层次清晰,浑然一体,是具有新余地方特色的艺术品。

【夏绣作品《匡庐图》获 2017“国匠杯”最佳创作奖】 由中国轻工业联合会、中共上海市委宣传部、中国艺术研究院、中国非物质文化遗产保护中心、中国珠宝玉石首饰行业协会共同主办的“2017 全国手工艺产业博览会暨非物质文化遗产传统技艺展”,在上海手工艺产业博览园开幕。全国手工艺产业博览会暨非物质文化遗产传统技艺展自 2016 年开始举办,是上海工艺美术、非遗保护领域的品牌展会,也是《上海市工艺美术产业发展三年行动计划》中重大项目“世界手工艺产业博览园”的核心组成部分。博览会使“世界手工艺产业博览园”成为全国工艺美术行业、非遗保护事业的聚焦点,汇聚来自世界各地的手工艺者和手工艺作品,打造全国最具品牌价值、充实内容的世界级的文化综合体。同时由中国轻工业联合会和博览会组委会共同主办的2017全国手工艺产业博览会暨非物质文化遗产传统技艺展“国匠杯”优秀作品评选活动中，应邀参展的江西渝州绣坊有限公司夏布绣作品《匡庐图》获2017“国匠杯”最佳创作奖。

【夏布绣亮相央视综艺频道七夕特别节目】 8月17日，在仙女湖畔央视综艺频道七夕特别节目《天下有情人》录制现场，伴随着节目主持人的不断惊叹和观众的阵阵掌声，国家级非物质文化遗产夏布绣传承人张小红带着夏布绣代表作品《仙女湖畔人家》登上舞台，展示夏布绣独特的艺术魅力，并期望“夏布绣花，艺传万家”。一幅古朴典雅的江南水乡夏布绣画卷《仙女湖畔人家》吸引着观众的眼球。为配合《天下有情人》节目录制，以及杨贝贝、吴婉菁的喜鹊王和喜鹊设计，张小红带领的绣娘团队用5天时间高水平的绣制出108只喜鹊，在舞台上展现，并于七夕节之日在中央第3频道节目顺利播出。

【“中国夏布绣传承与发展基地”落户公司】 8月28日由中国民间文艺家协会、江西省文联、新余市委、市政府联合主办的中国（新余）七夕文化高峰论坛暨“中国夏布技艺之乡，中国夏布绣传承与发展基地”授牌仪式举行。市委副书记、市长董晓健致辞。中国民协副巡视员麻振山宣读授予新余“中国夏布技艺之乡及中国夏布绣传承与发展基地”的决定。中国民协副主席万建中向新余授牌，市委常委、宣传部部长郭力根接牌。江西渝州绣坊有限公司配合市委宣传部申报“中国夏布技艺之乡·中国夏布绣传承与发展基地”，被中国民间文艺家协会评为江西省“中国夏布绣传承与发展基地”。

2015年12月23日，渝州绣坊在新余市特殊教育学校成立夏布绣培训班

【夏布手提袋入成为推介活动材料袋】 9月8日，主题为“开放的中国·美丽江西秀天下”的江西全球推介活动在外交部举行，此次外交部江西蓝厅推介会，与会人员使用的“夏布手提袋”由国家级非物质文化遗产夏布绣保护单位——江西渝州绣坊有限公司倾力打造。质地选用纯天然、纯手工织成的江西夏布，融合江西蓝——青花蓝的图案设计和内涵颇丰的“秀”（图案由外交部确定），将江西的“最元素”凝聚在一起，陪伴美丽的江西亮眼世界。

【夏布绣走进校园】 9月26日，为继承和弘扬中华民族优秀文化传统，贯彻落实《中华人民共和国非物质文化遗产法》，围绕“加强文化遗产保护，振兴传统工艺”这一主题，公司开展国家级非遗项目夏布绣（张小红大师工作室）进校园产学研合作。本着携手共进的友好精神，建设技能大师工作室，搭建高技能人才研修及培养平台，积极探索在高等职业教育改革，通过现代学徒教学模式，以技能大师工作室为载体，建立和完善高技能人才绝技绝活代际传承和推广机制，培养一批具有绝技绝活的高技能人才，扶持一批能够继承传统技（艺）术工艺的能工巧匠，基本形成覆盖重点行业、特色行业的技能传承与推广网络。通过非物质文化遗产讲座、非物质文化遗产夏布绣展览、夏布绣基础技艺课堂培训等交流形式，共同探讨、学习、创新并宣传非物质文化遗产夏布绣项目。共同研发非物质文化遗产夏布绣产品的设计创新，生产开发夏布绣产品。已合作和有意向合作的学校：南京林业大学、江西省旅游商贸职业学院、渝水区仙来学校、新余市特殊教育学校、新余学院。

【夏绣作品获江西省第六届工艺美术杜鹃奖金奖】 11月13日，由江西省工业和信息化委员会、江西省人力资源和社会保障厅主办的江西省第六届工艺美术杜鹃奖评比在江西新余美术馆举行，汇集多个协会组织参加，共征集参评各类工艺美术作品540余件。江西渝州绣坊有限公司夏布绣作品《碧山听泉图》获金奖。

【张小红被评为2017年“事迹特别感人的百姓学习之星”】 11月13日，2017年全民终身学习活动周全国开幕式在安徽合肥举行，大会表彰143名2017年“百姓学习之星”（其中11位“事迹特别感人的百姓学习之星”）、209个2017年“终身学习品牌项目”，江西渝州绣坊有限公司艺术总监、新余市夏布绣艺术所所长、新余夏布绣博物馆馆长张小红获“事迹特别感人的百姓学习之星”，是江西省唯一一个获得者。

【张小红被授予国家级非遗（夏布绣）传承人称号】 11月，文化和旅游部在《关于公示第五批国家级非物质文化遗产代表性项目代表性传承人的通知》中，确定1082名第五批国家级非物质文化遗产项目代表性传承人名单，其中江西33人榜上有名。江西渝州绣坊有限公司艺术总监张小红被授予国家级非遗（夏布绣）传承人称号。至此填补江西刺绣艺术空白，同时填补新余国家非遗空白。国家级非物质文化遗产代表性项目代表性传承人是非物质文化遗产的重要承载者和传递者，掌握着非物质文化遗产的丰富知识和精湛技艺，是非物质文化遗产活态传承的代表性人物。

【公司获第三批“江西老字号”品牌认定】 12月，江西渝州绣坊有限公司被江西省商务厅认定为“江西老字号”，并成为“江西省老字号企业联盟理事单位”。“老字号”是数百年商业和手工业竞争中留下的老品牌，它不仅是一种商贸景观，也是一种历史传统文化现象，在当代商业浪潮中，老字号更是民族、地区的商业品牌的表率。当代经济条件下，老字号的发展道路，一定程度上记载着中华民族的发展历史，老字号的复兴不仅具有经济意义，也具有重要的社会意义，起到传承中华文明的作用。

（田丽娜）

交 通

【概况】 2017年，全市交通运输系统贯彻落实中共十九大、省第十四次党代会和市委八届二次、四次全会精神,坚持稳中求进工作总基调,主动适应把握引领经济发展新常态,全面做好稳增长、促改革、调结构、惠民生、防风险各项工作,改革创新、实干兴余,为经济社会发展当好先行,圆满完成各项年度目标任务。

抓项目推进,交通基础设施建设迈出新步伐。环城路项目2016年启动,完成总投资5.5亿元,其中完成施工产值3.5亿元。各分部混凝土拌合站和钢筋加工场全部建成并投入使用,隧道进出口的临建全部完成,花鼓山、王主山和汉泉隧道等均进洞施工,彭家、花田袁河大桥、大桥中桥和满田中桥的钢便桥均搭建完成,并完成20%的桩基施工,完成土石方开挖约140万立方米,填方约269万立方米,路基清表完成98%。

抓民生保障,"四好农村路"建设实现新突破。结合实际制定《新余市加快推进"十三五"期公路交通基础设施建设与养护管理的意见》《新余市推进"四好农村路"建设的实施意见》和《新余市公路路域环境及交通秩序综合整治工作实施方案》。完成仙女湖高速收费站扩建项目路基工程、公安三所专用道路项目开工前期工作、通自然村公路建设147.4公里、县道升级改造项目34.2公里开工、行政村优选通达路线窄路面公路拓宽改造项目99.3公里、安保工程项目254.2公里、危桥改造项目18座。渝水区被表彰为江西省第二批"四好农村路"示范县。

抓行业监管,提升交通运输保障能力。一是强化运输保障服务。完成城东充电站场建设(建设充电桩24个),智能公交电子站牌100座,更新20辆纯电动公交车。12月9日,新余市金融IC卡+银联云闪付暨交通一卡通互联互通成功开通。12月21日,城西公交纯电动充电站项目正式开工。《新余市出租汽车行业改革工作实施方案》和《新余市网络预约出租汽车经营服务管理暂行实施细则》于7月1日正式实施。11月24日,新余市颁发首张《网络预约出租汽车经营许可证》。2017年1月16日,渝水区实现城乡公交全覆盖。渝水区确定为2017年江西省"四好农村路"(镇村公交)试点示范县(区)。出台《新余市城乡公交一体化改革方案》。在2017年江西省"振兴杯"交通运输行业职业技能竞赛中,新余市代表队获团体第二名;全省第四届机动车驾驶培训教练员规范化教学技能竞赛,新余市代表队获团体第一名。二是强化运输市场整治。开展中心城市出租车专项整治。一手抓整治,遏制经营乱象。坚持高频率、不间断的路面巡查,对出租车不打表、拒载等违规经营行为和卫生脏乱差现象进行严厉整治,通过抓整治,中心城市出租车经营乱象得到有效遏制,市场逐步规范,社会反响日趋向好,群众满意度明显提升。开展道路运输市场专项整治。以"道路运输安全年"活动为契机,开展打击"非法营运"、货运车辆超限超载、清理黑场地、黑教练车、报废汽车、夏季百日安全、易制爆危化品和寄递物流等专项整治行动。整治期间,该局共出动执法人员2136人次,检查各类车辆7472辆次,立案43起,对62人进行诚信考核记分处理,8人进行继续再教育。开展水路运输市场专项整治活动。严把客运船舶市场准入,严格执行客船强制报废标准,引导企业加快淘汰老旧非标准客船,鼓励和支持企业建造高品质、标准化旅游客船。严禁客船超载、超员、超速航行,严格遵守客船抗风等级要求和恶劣天气条件下禁限航规定,坚决打击船舶非法夹带危险品运输行为。加强渡口渡船运输安全管理。督促县、乡人民政府落实安全管理责任,加强渡船安全检查,严格按现行法规要求配备符合国家标准的救生设备,确保渡船100%配齐应急、消防、救生设施设备。三是强化交通工程质量监管。将监督范围内项目的质量监督、竣(交)工申请手续纳入市政府网上审批系统,把质量监督工作纳入市政府网上监管范围,大大提升建设单位报请效率,缩短申请手续办理时间。完成省厅下达的县站标准化建设达标工作目标任务,完成率100%。

依法行政,交通运输法治建设有新进展。为进一步增强依法行政理念、提高依法行政水平,组织全市运政执法人员业务培训、"自由裁量权"专题学习讲座、《江西省大气污染防治条例》专题宣讲和行政执法检查“双随机一公开”业务培训等，有效提升执法队伍业务水平。通过学习、培训，全局干部职工的法制意识、法律观念、政策水平业务能力普遍提高，执法行为进一步规范，为依法治交打下坚实的基础。

落实责任，交通行业安全监管水平有新提高。围绕“平安交通”建设主题主线，强化“党政同责、一岗双责、齐抓共管”制，完善应急预案，建立健全安全管理长效机制。指导仙女湖游船公司和新余公交公司开展水上应急救援演练和公交车消防应急救援演练，通过演练提高水上、陆上应对突发事件的实战能力和各部门的协调联动能力。2017年安全生产各项指标均控制在省交通运输厅和市安委会下达的考核控制指标以内，交通重点工程建设安全形势持续稳定，未发生交通工程施工死亡事故；道路运输未发生重特大事故，连续保持10年无安全生产责任事故；水上交通连续31年安全责任事故死亡人数为零。

【城市节能环保公交车票价调整为2元】　从2017年1月10日起新余市城市节能环保公交车票价调整为2元。此次节能环保车票价调整后，对普通IC卡仍实行9折优惠，对中学生卡继续实行4折优惠，继续执行“四类人员”（城区小学生、65周岁以上老年人、现役军人、残疾人）等免费乘车政策不变。为方便百姓出行，新余公交采取多项措施为民服务。一是在市内网络、新闻媒体、公交车厢内、公交车视TV、公交站台和公交电子站牌等媒体处刊发、播报节能环保公交车票价定价通告。二是将公交电子站牌节能环保公交车线路颜色调整为绿色。三是在节能环保公交车身前门张贴“节能环保公交车”标识。四是在节能环保公交车投币箱处张贴投币“2元”字样。五是将节能环保公交车语音提示调整为“上车请投币、票价2元”。六是动员驾驶员，并公司机关管理人员随车跟踪节能环保公交车票价执行情况，耐心做好宣传解释工作。七是开通节能环保公交车票价定价服务咨询热（6443737），对乘客反映的意见建议作出解答。

【渝水区实现城乡公交全覆盖】　1月16日，新余市渝水区正式开通新余至水北、人和、鹄山、姚圩、新溪、南安、百丈峰等7条城乡公交线路，票价实行1元进制，最高为4元。至此，“十三五”期间，新余市提前实现在全省率先完成市本级到乡镇公交全覆盖。

【开通城北至仙来新区（渝水一中）公交线路】　为满足广大仙来新区百姓往返城北片区乘车需求，新余公交自2017年1月24日起，投放10台节能环保公交车，开通城北至仙来新区102路公交线路。102线路（同创生态城—渝水一中 票价2元/人次）从城北仙来西大道发车，途经仙来大道、劳动南路、抱石大道、胜利南路、渝州大道、锦新大道、渝州大道、魁星路、康居路、抱石大道、劳动路、仙来大道等12条路段；沿线停靠站点：同创生态城、恒大城、三粮库、江工一校、优惠区、二十五公司、仙来公园、市委、工商局、广电中心、人民银行、四平家电、保健院、新华书店、四平家电城南店、天恒广场、三叠园、渝州大桥、城市丰景、仙来停车场、珠珊村、渝水一中、食博汇、渝水一中、珠珊村、渝州医院、城市丰景、渝州大桥、魁星阁、渝水教堂、袁河景观桥、星佳坡、电信大楼、中医院、海通证券、保健院、桥北、人民银行、广电中心、住建委、市委、仙来公园、联通公司、长林、五中、三粮库、恒大城、同创生态城等48个公交站点。102线路起点站首班发车时间（夏季:6:30。冬季:6:40），末班发车时间（夏季:21:30。冬季:21:00）。

【蒙华铁路新余综合基地开工】　3月6日上午9时16分，蒙华铁路新余综合基地第一根孔桩顺利开钻，拉开综合基地全面施工建设的序幕。蒙华铁路新余综合基地是蒙华公司在铁路沿线设置的3个综合基地之一，项目地处蒙华铁路仰天岗隧道东侧，新余市仰天西大道北侧，占地面积110.54亩。项目初期功能定位为负责蒙华铁路开通后江西省境内的煤炭运输营销、行车组织、养护维修、培训、土地综合开发等，随着铁路建设推进，蒙华公司将在新余综合基地设置湘赣段营销中心、区域管理机构、置业中心等机构。根据规划，新余综合基地建筑面积11.8万平方米，总投资约2亿元。项目在2017年年底前建成并投入使用。蒙华铁路新余综合基地的建立，对于管好用好蒙华铁路，充分发挥煤运通道的作用，推动新余煤储备基地、综合物流园等项目建设，打造辐射赣西各市县的赣西物流区域中心，促进新余市物流、资源开发、招商引资、产业结构调整、横向经济联合将起到积极的促进作用。

【新余公共自行车迈入扫码租车时代】 为进一步完善新余市公共交通体系，缓解城区交通压力，倡导低碳环保，绿色出行，为广大市民提供公共自行车便捷服务。从2017年6月1日开始，新余市公共自行车手机APP正式上线运行。

【新余市仙女湖组织水上应急演练】 6月22日，新余市在仙女湖组织开展2017年水上突发事件应急演练，参加演练的有交通、海事、公安、消防、医疗部门和游船公司水上救援队伍、志愿者救援队伍共计100余人。演练共完成应急预案启动、部门配合协同、孤岛群众救援、落水游客搜救、受伤人员救护5个课目。通过演练，成功检验水上应急救援能力以及各部门协同作战能力，锻炼应急救援队伍，积累实战经验，为随时应对水上突发事件奠定基础。

【开展道路旅游客运企业突发事件应急演练】 6月27日，新余市万顺外事旅游客运有限公司以一场客运车辆高速路追尾紧急疏散应急演练，拉开新余市道路旅游客运企业第十六个全国安全生产月应急演练活动的序幕。该应急演练活动以"普及安全知识、确保生命安全"为主题，新余市蓝天救援队参与演练。通过应急演练活动，提高新余道路旅游客运企业安全生产责任意识，提升旅游客车突发事件下的应急反应能力和自救互救能力。

【举行出租车行业改革新闻发布会】 6月30日，新余市政府新闻办、市交通运输局、市公安局等联合举行新闻发布会，介绍《新余市出租汽车行业改革实施方案》制定出台有关情况。《新余市出租汽车行业改革实施方案》框架由改革的指导思想、改革的发展方向、改革的主要内容、改革监管服务模式、改革的组织保障5部分组成。提出全市出租汽车行业改革，立足新余城区出租汽车行业实际，分巡游车和网约车改革两部分，实行融合式同步推进。提出遵循"乘客为本，问题导向（着眼）；市场牵引，依法规范（办法）；稳改结合，创新发展（方向）"的原则，积极融合"互联网+"等多样化服务，切实提高服务水平和监管能力，促进出租汽车行业持续健康发展，更好地满足人民群众出行需求。在改革的发展方向中，明确出租汽车行业定位：坚持公交优先发展战略，适度发展出租汽车。明确改革目标：就是对巡游车和网约车，实行错位发展和差异化经营，为个性化出行提供品质化、多样化安全便捷服务，不断提升城市形象。在改革的内容里，分别明确巡游车、网约车改革和规范私人小客车合乘服务3部分内容。在改革监管服务模式中明确：转变行业监管方式；强化智能监控服务；加大行业监管力度。这些文件对出租汽车形成体系完备的监管机制。在改革的组织保障中明确：形成合力高位推动，成立以市政府主要领导任组长、分管副市长任副组长的出租汽车行业改革领导小组，全面负责市出租汽车行业改革工作的组织领导；加强协作落实责任，分别对领导小组各成员单位明确职责分工，提出按照分工，各司其职，紧密协作，落实责任，高效推进出租车行业改革工作。

【新余市环城路PPP项目举行签约仪式】 6月27日，新余市与中国建筑股份有限公司举行国省道一级公路绕城改建工程（环城路）PPP项目签约仪式。市委副书记、市长董晓健，中国建筑股份有限公司副总经济师张翌出席并致辞，中国建筑股份有限公司江西公司总经理欧阳霞辉，市委常委、常务副市长万广明出席签约仪式。仪式上，董晓健介绍项目情况并代表市委、市政府表态：国省道一级公路绕城项目总投资38.1亿元，是新余复市以来投资金额最大的项目。项目建成后，可以彻底解决货运车辆穿城而过带来的市区环境污染、交通安全隐患、道路破损等一系列问题；可以提升城区道路服务水平，优化城市功能布局，改善市容市貌；可以提升国省道通行能力，提高运输效率，降低企业物流成本；可以提升城乡统筹发展水平，带动途经乡镇的经济社会发展。新余市委、市政府专门成立项目建设指挥部，全力推动项目建设。张翌致辞表态：中国建筑将充分发挥自身全产业链的综合实力，将新余市环城路项目打造成为精品工程、优质工程、样板工程，为新余的大建设、大发展提供全方位、多层次的优质服务。

【新余市环城路破土动工】 8月1日8时16分，新余市国省道一级公路绕城改建工程（环城路）高新技术开发区水西镇彭家、渝水区珠珊镇花田、仙女湖风景名胜区河下镇坝里3处施工点同时破土动工。该项目总里程为57.4公里，按照一级公路双向四车道标准建设，路基宽25.5米，设计时速60公里/小时，估算投入资金约33.81亿元，对G533樟分线水西至仙女湖段、S221港东线水西至施家段、S312黎欧线珠珊至仙女湖段进行一级公路绕城改建。项目建成后新余市路网呈“环形+放射”型的布局模式，放射线直接联系着上高、新干、峡江、樟树“三县一市”，基本形成以新余市为核心的“1+4”区域发展模式，有利于地区之间的经济联动发展。

【鹰潭市考察组到新余考察优先发展城市公共交通工作】 8月21日，由鹰潭市政府副市长、市公安局长邓伟率领的鹰潭市公交发展建设考察组来新余市考察优先发展城市公共交通工作。新余市副市长徐文泊主持考察工作座谈会，市交通运输局、市财政局、市公交公司领导参加座谈。近年来，新余市城市公共交通事业得到长足发展，城市公共交通服务水平保障能力进一步提升，构建方便、快捷、安全、舒适的城市公共交通服务体系进一步完善。全市拥有城市公交线路38条，线网长度500多公里，城市公交年客运量达到4200万余人次，每万人拥有公交车8标台，公共交通机动化出行分担率约25.5%，市民对城市公共交通的满意度得到进一步提高，城市公共交通对外形象明显提升。考察期间，考察组一行认真听取新余市优先发展城市公共交通情况介绍，并实地参观考察天工路公交停车场和新余高新区停车场（充电场站）等地，对新余市全力抓好优先发展城市公共交通工作给予很高评价，并表示要学习新余市好的做法、借鉴新余市成熟的经验，努力做好优先发展城市公共交通工作。

【开通新余北站至分宜城际公交】 新余市交通运输局根据市委、市政府关于积极推进新余北站与周边公共交通衔接的工作要求，许可通过市军安运输产业有限公司新余至分宜城际公交线路延伸至新余北站发车，投入运营车辆为高级旅游客车，全程运营里程46公里，实行一票制，票价核定为每人次6元，于9月1日正式开通运行。该城际公交线路的延伸开通将极大方便两地乘客的出行和换乘，促进新余高铁北站辐射面和影响力的扩大，推动新余市公共交通的健康发展。

【交通运输部领导到新余开展“两超长”半挂车治理工作专题调研】 为进一步推进货运车型标准化，研究制定《超长平板半挂车和超长集装箱半挂车治理工作方案》，促进物流业健康发展。9月，由交通运输部运输服务司副司长郝桂娟、省交通运输厅副厅长谢德强等部、厅多处室有关负责人组成的工作调研组到新余市就“两超长”半挂车治理工作开展专题调研。调研组一行实地走访考察新余广诚物流公司和天润物流市场等物流企业，组织座谈，听取该市车辆运输车治理工作情况汇报，详细了解新余市超长平板半挂车和超长集装箱半挂车基本情况，“两超长”半挂车市场准入、年检年审、路面执法情况，物流企业“两超长”半挂车经营区域、货物种类、装载情况及使用中存在的突出问题，新余市车辆运输车治理存在的问题等。同时听取新余市对“两超长”半挂车规范治理和进一步推进车辆运输车治理工作的意见建议。

【新余市网约车驾驶员从业资格考试首次开考】 9月20日,新余市首次网约车驾驶员从业资格考试在新余长运交通职业培训中心正式开考。首批30名经材料审核合格的驾驶员参加网约出租汽车驾驶员从业资格考试。新余市网约车驾驶员从业资格考试采取电脑随机抽取题目的形式,考试科目分为全国公共科目和区域科目2项。其中,全国通用的公共科目考题,涉及的内容主要有网约车驾驶员职业道德、安全行驶、驾驶人行为习惯及网约车相关法律法规等,考题总分100分,得分80分以上为合格;区域类科目考题,涉及的内容主要有新余市网约车方面的政策法规、市区人文地理、主要道路路线名称及安全驾驶等相关知识,考题总分100分,得分80分以上为合格。考生提交答案后立刻可以知道自己的成绩。驾驶员需通过2科目的考试,才能取得网约车驾驶员从业资格证。

【全省驾校教练员在新余开展技能竞赛】 11月9日—10日,江西省第四届机动车驾驶培训教练员规范化教学技能竞赛在新余开赛。省公路运输管理局局长易宗发在开幕式上讲话并宣布竞赛开幕,新余市副市长徐文泊为开幕式致辞。此次竞赛由江西省公路运输管理局主办,江西省机动车驾驶员培训行业协会、新余市道路运输协会驾工委承办,新余市泰安驾校协办。全省11个设区市、5个省直管县的16支代表队共74名优秀教练员通过现场理论知识竞答、驾驶操作技能、安全文明驾驶教学示范讲解和教学项目授课讲解竞赛等项目同台竞技,各显风采。历经2天的激烈角逐,最终,新余代表队以911.5分的团体总分,获竞赛团体第一名。南昌代表队、宜春代表队分获团体第二、第三名。

【钢城出租公司推出"扫码乘车"项目】 为方便市民生活,打造智慧新余城市形象,由新余市人民银行牵头组织的金融IC卡在出租车行业推广应用活动,11月23日在钢城出租车公司举办。钢城出租分公司积极配合,驾驶员踊跃参加,填表、录信息、拍照、学习使用方法、贴"智联云闪付"二维码,司机们表现出很大热情和兴趣,活动现场气氛热烈。"扫码乘车"项目的推开,可以丰富市民日常出行付费方式,外来游客可用IC卡直接支付,驾驶员享受优惠,多方获益。

【金融IC卡+银联云闪付暨交通一卡通互联互通开通】 12月9日,新余市金融IC卡+银联云闪付暨交通一卡通互联互通成功开通仪式在抱石公园举行,标志新余市的智慧交通再次上前迈进一步,人们出行将更加方便快捷。新余市民乘坐公交可以使用以上3种支付方式,这也是全省公交系统首次受理支持金融IC卡小额免密免签和手机闪付。中国银联江西分公司联合新余市公共交通有限公司以及收单方和专业化服务公司,对新余市35条线路的公交车进行升级改造。2018年2月底前,持卡人使用金融IC卡乘坐公交,可享受7折优惠。到2018年4月底,持卡人使用各类手机支付应用乘坐公交,享受用0.1元乘车优惠。

【公交纯电动充电站工程正式开工】 12月21日,新余市公交纯电动充电站工程正式开工建设,该充电站工程位于天工南大道以东、白竹路以南,占地面积19482.35平方米,总投资约1000万元,是新余市政府2017年重点工程之一,由市投资控股集团负责投资建设,新余公交公司负责使用管理。项目涵盖纯电动车充电设施,包括纯电动公交车、小型纯电动汽车和大型停车场等配套设施。公交纯电动充电站规划设计变压器总容量1800千瓦,纯电动公交车充电桩26根,小型纯电动汽车充电桩16根,除满足公交车充(补)电功能外,同时还满足维修保养、公交停车场、办公培训等功能。该工程2018年上半年建成交付使用。

【新余公交新增20台纯电动公交车】 12月28日,新余公交新增20台纯电动公交车全部到位,并正在进行上线营运前的检测、上牌等相关工作。12月底投放602路、603路、307路和拟试运行的城北微循环公交线路。近年来,新余公交公司大力发展LNG纯天然气、混合动力、纯电动等清洁能源和新能源公交车,加快推动城市公交向节能、低碳、环保、绿色转型发展。未来2至3年,新余市将实现节能环保公交车发展覆盖率100%。(邓清华)

公路建设与管理

【概况】 新余市公路管理局2017年年底职工总人数330人,管养公路总里程352.645公里,其中:国道里程71.094公里、省道里程281.551公里。等级路公路里程352.645公里,其中一级路70.957公里,二级路里程203.756公里,三级路38.212公里,四级路里程39.720公里。高级路面里程351.365公里。全局有桥梁92座,桥梁总计全长4373.70延米,其中大桥5座1574.98延米、中桥34座1946.11延米、小桥53座852.61延米。

2017年,全局干部职工自我加压、负重拼搏、务实奋进,全面完成各项工作任务,全局工作呈现出稳中有进的发展态势。

养护管理:全面加强公路日常养护工作,路况稳中有升。截至年底,投资3300万元完成G220东深线32.163公里分宜段省级示范路建设,路容路貌明显改观。完成优良等路里程276.489公里,优良路率82%。其中,完成干线优良等路里程246.003公里,优良路率85.5%;完成油路优良等路里程239.872公里,油路优良路率87.5%;完成水泥路优良等路里程36.617公里,水泥路优良路率58%。完成整修路面206626平方米/22.96公里,整修标准路肩814909平方米/301公里,清理开挖标准水沟911483米,新补植路树7373株(不含省级示范路的公路绿化)。抢修灾害公路路面127830平方米/15.519公里,坍塌路基边坡337立方米/8处,水毁造成公路损失约2674.055万元,投入抢修经费317.77万元。

工程管理:完成36.277公里养护大中修工程;完成安全生命防护工程13.7公里、灾害防治工程13.5公里;完成危桥改造项目G533樟分线竹山中桥危桥重建工程、S221港东线板桥中桥危桥重建工程和S222棋河线杨桥中桥维修加固工程;S222棋河线凤阳至山塘下(分宜县绕城段)一级公路改建工程15.711公里、S529良九线九龙山至界上段(安福县交界处)二级公路改建工程4.674公里开工建设。

路政管理:全面推行公路管理"路长制",明确公路部门和县乡村职责,以乡镇为网格划分路段,实行"一路一长"的治理模式,形成齐抓共管的局面,占路为市、垃圾乱倒、违章搭建、排水系统堵塞等老大难问题得到有效解决。在全市开展货运车辆密闭运输专项整治行动,路政治超人员全天候上路巡查,严格治理公路抛洒滴漏,重点查处运输建筑垃圾、砂石、土方、混凝土、灰浆等散货的车辆不遮盖篷布上路、带泥上路行为,通过集中整治行动,基本消除路面抛洒扬尘现象。以"全省治超集中整治行动"为契机,公路治超工作得到市政府高度重视,落实县区政府的治超主体责任,不断强化治超责任落实和追究机制。经超限率自检和省交通运输厅第三方机构检测,新余市国省道干线公路站点路段超限率控制在1%以内,完成省政府下达的目标任务。

【省道S222棋河线杨桥中桥维修工程完工】 6月12日,由新余市公路管理局分宜分局施工的省道S222棋河线杨桥中桥维修工程在封闭施工2个月后顺利完工,恢复通车。该局为解决桥面病害,增加桥梁安全性,凿除原来破损旧桥面,加固横隔梁钢板,采用C30环氧树脂混凝土加固横隔梁,重做桥面系。

【县道X010高杨线高岚至操场旅游扶贫公路开工】 7月,位于分宜县境内的县道X010高杨线高岚至操场段路面改造工程暨旅游扶贫公路开工,该线起点高岚集镇,终点操场集镇,全长8.14公里,三级公路,宽7米沥青混凝土路面,投资1073万元,于9月底完工。

【国道 G220 袁河大桥引道路基工程通过交工验收】 8 月 21 日,江西诚源路桥工程有限公司承建的国道 G220 东深线袁河大桥危桥改建工程引道路基工程通过由新余市智通工程咨询有限公司、分宜县交通运输局、第三方检测单位组成的联合中期交验组的验收。

【省道 S529 九龙山至界上段二级公路改建工程开工】 8 月 29 日,省道 S529 良九线九龙山至界上段二级公路改建工程开工。该改建工程起点位于武吉高速九龙山乡路口(原 X312 白万线 K16 + 237),经昌梅村、岸上、刘家、峡石,终点位于吉安市吉安县油田镇界上,全长 4.674 公里,总投资 2800 万元,计划 2018 年 12 月完工。

【大中修工程推行资源循环利用】 8 月,新余市公路管理局 2017 年 36.2 公里大中修工程开工,该局继续采用"全寿命"理念,在穿村镇路段采用全断面铣刨法施工,其余路段采用就地冷再生技术,确保废旧料循环利用。

【省道 S222 分宜绕城段一级公路改造工程开工】 9 月 25 日,新余市重点项目调度会暨集中开工仪式在分宜县城东工业园区举行,市委副书记、市长董晓健下达开工令,此次集中开工的重点项目数量为 50 个,其中省道 S222 一级公路改建项目(分宜绕城公路)位列其中,这标志着该项目正式进入施工阶段。省道 S222 线凤阳至山塘下公路项目起点位于分宜县城北凤阳交警中队与省道 S222 公路相接处,终点位于山塘下与国道 G220 对接,路线全长 15.728 公里,路基宽度为 21 米,外二环线部分为 35 米,双向四、六车道;该项目下穿沪昆高铁、上跨沪昆高速公路、跨越浙赣铁路,沪昆高速公路分宜互通整体移位,高速公路出口主线路线长约 1.2 公里,匝道长约 3 公里,双向四车道。总投资预计将突破 6 亿元,采取政府和社会资本合作(PPP)模式,并采用 BOT(建设—运营—移交)方式建设,江西赣粤高速公路工程有限公司和中交第三航务工程局有限公司、中交第一公路勘察设计有限公司组成联合体成为投资方。

【分宜分局采用新型材料表面处理技术养护路肩】 10 月,新余市公路管理局分宜分局在国道 G220 东深线分宜段路肩上铺上一层铁暗红色的路面材料,这是该局路肩精细化表面处理维修试验工程,也是新余市首次采用此方法养护公路。该材料是一种双组分、新型、耐久、环保、靓丽的路用材料,具有强度高、保色性与耐久性好,涂膜具有非常优异的耐磨性和附着力,具有强大的抗冲击性与坚韧性。 (侯淑敏)

编辑 傅媛媛

信息产业

综　述

【概况】 2017年，新余市获2017年中国新型智慧城市创新50强；在国家信息中心组织的《新型智慧城市发展报告2017》中，入围全国前130名；市政府网站绩效评估全国第二十二名、全省第一，政府网站集约化建设获中国"互联网+政务"50强；"智慧动员"项目在全国大数据与智慧动员内部研讨会暨第十届国防研讨会上作典型发言，并在全国国防科技专题展上单设展位作专题演示。

【全面推进新型智慧城市建设】 "十三五"期间，国家发改委与中央网信办、智慧城市部际协调工作组共同推出100个新型智慧城市试点。新余市以申报全国100个新型智慧城市试点为抓手，全面推进新型智慧城市建设。一是推进新型智慧城市建设。印发《关于成立新余市新型智慧城市建设工作领导小组的通知》和《关于印发创建新型智慧城市建设工作任务的通知》，要求各单位组织实施，对照指标创建工作任务；协调牵头单位积极推进重点项目建设，共收到17家牵头单位上报的项目建设领导小组和工作计划(按季度分解)。涉及政务、交通、社保、医疗、教育、就业、帮扶、电商、环保、城市管理、公共安全、绿色节能、智能设施、信息资源、网络安全、体制机制等17个领域36个项目，其中新建7个、提升26个、完善3个；组织企业3次申报新一代信息技术示范项目，为企业争取资金60万元。二是军民融合创新发展。配合新余军分区实施智慧动员二期工程，依托城市大数据平台，国防动员潜力数据从2万条增长至180万条。9月18日，智慧动员项目在全国大数据与智慧动员内部研讨会暨第十届国防研讨会上作典型发言，并在全国国防科技专题展上单设展位作专题演示。11月，经省委批示同意，全省智慧动员云建设在新余部署推行。三是深度推进社区平台建设。平台进一步扩面，城北街道沿江路社区、平安路社区、新钢等10个社区于2017年6月正式上线运行。完善为民办事系统，对系统进行升级，共计修改完善29项功能。升级新余一网通平台，市民可以通过一个手机APP享受水电气在线缴费，交通违法、公积金查询，家政、志愿者服务等公共服务。四是推进政务云计算中心建设和数据资源整合。全市政务信息资源目录采集率达96.5%；人口信息共享库汇集公安、民政等25个政府部门的3807万条实有人口数据；法人单位共享库汇集工商、质监办等部门68.18万条法人数据；空间地理数据库中1:500大比例尺地形图100%覆盖74平方公里主城区，且100%完成数据更新；大数据平台汇聚户籍、婚姻、房产、公积金等181大类、数据31149.7万条。五是配合推进互联网+政务服务改革。印发《新余市电子证照系统建设工作方案》，搭建全市电子证照共享系统，与全省同步完成与网上审批系统对接。截至年底，系统共注册电子证照72类，开通13类电子证照，制成各类电子证照7943张；配合市行管委改造升级中心大厅硬件设施，部署智能化大厅管理系统，完成"一号申请"系统建设。派驻技术人员进行现场服务，为市行管委开展"一窗受理"提供技术服务；按照市政府办要求，制定全市政务服务网运维管理办法，开展政务服务网培训，协调全市 45 个部门对市政务服务网开展多次整改，落实政务服务网五员报告，保障政务服务网稳定运行，为全市政务服务做到“一网通办”提供技术支撑。全年系统共受理各类业务 13011 件，办结 12959 件；协助市行管委建成“中介超市”管理系统。

【大数据经济发展开局良好】 “两中心一基地”顺利建成并投入运行。新余大数据产业园又称“两中心一基地”（即浪潮云计算大数据中心、智慧新余展示中心、“互联网＋”双创基地），于 2017 年 2 月开始建设，6 月 22 日揭牌试运行，总投资 2.68 亿元。互联网 IT 企业纷至沓来。大数据产业园入住浪潮集团、科大讯飞、泰豪集团等上市公司新余分公司，北京锐软、合肥万户等企业在新余注册分公司并入驻产业园，除外，数十家本地软件企业强烈要求进驻。同时，基于智慧动员项目的推广，中科院和市投资控股集团共同孵化创立江西新云信息科技有限公司，为发展新余市大数据经济产业探出发展新路子。各级领导充分肯定大数据产业园建设。新余市大数据产业园于 2017 年 6 月建成，省委常委、省委秘书长刘捷等领导出席揭牌仪式。自揭牌并正式运行以来，省委常委、常务副省长毛伟明、省军区司令吴亚非、重庆警备区副司令南小冈、市委书记蒋斌、市长董晓健等领导到大数据产业园指导，充分肯定大数据产业园的建成和运行；河北石家庄市、安徽太和县、江苏宿迁市、江西宜春市和上饶市等单位到大数据产业园参观学习。全年共接待各级领导指导参观 18 次 260 余人，为促进新余市大数据产业的宣传和发展营造良好氛围。

【重点应用系统广泛使用】 截至年底，“智慧新余”共计 13 大系统工程，建好 32 个项目，在建 19 个项目，筹建 3 个项目，总投资达 9.11 亿元。数字化综合办公平台功能更完善。数字化综合办公平台于 2017 年 3 月开始升级改造，10 月 15 日建成正式运行。办公平台用户超过 1.6 万人，每天约 1000 人同时在线使用，收发文件累计超过 100 万份，每年节省办公经费 3400 万元左右。江西省委办公厅、南昌市委办公厅和石家庄市委办公厅等多家单位到新余考察办公平台建设运行情况，交流无纸化办公经验。深入推进社会信用平台建设。8 月，新余在全省率先实现与省信用平台的信息共享，实现与省信用信息平台对接，建立信息实时共享交换机制，全年累计向省信用平台提供信息数据 350 余万条。做好社会信用大数据建设有关工作，截至年底，全市共收录 708 家机关事业单位和 28011 名公职人员的信用数据，为相关单位和部门在干部提拔使用、评先评优、职称评聘等方面使用信用评级结果，共提供 780 多份信用报告。加快推进信息惠民项目建设。指导协助市民政局在全省率先建成居民家庭经济状况核查系统，贫困群体 100% 建档，实现精准扶贫；指导协助市卫计委建成人口健康综合信息平台，全市居民电子健康档案建档人数 105.97 万，建档率为 86.62%；市民可以通过网站、手机 APP、微信等方式预约挂号，调阅本人的门诊、住院记录及化验结果；指导协助市文广新局搭建覆盖全市的文化消费信息资源共享服务平台，推出“新余文化惠民卡”，建立市文化旅游微信公众号和移动 APP；指导协助市公安局、市交通局建成城市主干道绿波、诱导系统及智能停车系统，智能停车位达 1000 个；全市 36 条公交线路 100% 实现电子站牌实时预报；金融 IC 卡＋银联云闪付暨交通一卡通互联互通成功开通，乘客使用手机银联钱包，即可实现扫码付款，出行更加方便快捷。

【政务网络安全稳定运行】 保障视频系统运行正常。全年无差错保障视频会议 129 次（其中国家级 28 次、省级 81 次、市级 20 次），保障次数创历史新高，有力提升全市政府各部门工作运行效率和政务信息化应用水平。创新视频会议召开新模式。经过几年运行探索，新余在以往仅有市政府视频会议室的基础上，通过技术设备引入和技术协调，新增市委视频会议室、市信息化服务中心视频会议室、市人社局视频会议室，可在多会场同时召开视频会议，满足大规模视频会议需求。保障政务网平稳运行。做好7×24小时日常值守和机房值班，确保“两会”期间、春节和国庆期间、中共十九大期间不发生重大网络安全事故，及时排除网络故障，重点做好政务网数据中心、市委市政府局域网、市党派楼的技术服务。全年进行应急发电3次，提供上门服务200余次，确保政务网络平稳运行。完成市委网络机的迁移改造和市委、市政府2座办公楼原有信息设备的替换升级，并配合市政府应急办，对应急系统进行资源迁移，提升网络性能，满足大楼日常网络办公需求和安全需求。政府网站建设再获佳绩。新余市政府网站集约化建设方案获中国“互联网+政务”全国优秀实践案例50强称号，这是市政府网站连续3届获得荣誉，也是全省设区市唯一获得该荣誉的地市。在2017年度全国政府网站绩效评估中，市政府门户网站在参评的300家地市中获得第二十二名，评估成绩总分全省第一。

【扎实推动宽带中国建设】 启动小区千兆到户改造。向省电信公司申请建设资金，扩大施工队伍力量，加快工程施工进度，完成电信光网升级；同时进行设备扩容和升级，完成37个OLT的上行万兆改造，完成15个EPON设备到10G-EPON，并完成孔目江一号等10个小区的千兆到户改造。2017年，新余市电信业务总量高速增长，增幅55.6%，位居全省前列。推动移动通信、铁塔加快建设。按照新余铁塔公司《新余市2016—2018年公众移动通信基础设施建设项目第二期项目》，2017年前三季度完成新建铁塔290座，共享改造254座，实际完成投资3400万元。全年完成投资4000万元。出台《新余市人民政府办公室关于支持移动通信基站建设的实施意见》，以支持移动通信基站建设，加快信息网络服务普及，促进经济社会转型发展。 （宋　涛）

无线电管理

【概况】 2017年，新余市无线电管理局贯彻落实中共十九大和中共中央总书记习近平系列重要讲话精神，深入开展“两学一做”学习教育常态化制度化活动，按照全省无线电管理工作要点，围绕“管资源（管理无线电频谱）、管台站（管理无线电台站）、管秩序（管理电波秩序），服务经济社会发展、服务国防建设、服务党政机关，突出做好重点无线电安全保障。”的工作要求，不忘初心，团结奋进，圆满完成全年工作目标任务。获全省无线电频谱使用评估专项活动先进单位；评为省工信委综治维稳信访工作先进单位。2017年，高新区无线电协管办被省无线电办公室评为全省无线电协管先进单位，分宜县无线电协管办黄晓波被评为全省无线电协管先进个人。无线电台站数量增长迅速，截至年底，全市共有各类无线电台（站）6010余台部。

【无线电管理宣传工作】 根据省工信委2017年无线电管理工作要点和相关文件部署，利用“2·13”世界无线电日、“5·17”世界电信日以及“9·11”无线电管理条例颁布纪念日等主题宣传活动时机，联合各县区无线电协管办和三大运营商开展形式多样、主题鲜明的无线电宣传活动。一是通过政府平台召开新闻发布会，加强新版条例宣传，并充分利用主流媒体进行舆论引导。二是聚焦主题，面向公众广泛开展宣传。举办大型无线电宣传活动，做到“六进”（进机关、进社区、进学校、进农村、进公园、进设台单位）；利用手机短信，扩大宣传覆盖面；利用广场电影，吸引民众直接感受，播放电影15场，至少1万市民接收到5分钟的插播无线电宣传片的教育；零距离的体验，使宣传工作接地气聚人气。全年共发送短信110余万条，摆放展板80块、易拉宝20块、横幅40条，派送宣传彩页1.5万余份。通过广播电视宣传报道：省广播电视台1次，市电视台3次，市广播电台轮转播放20次，召开新闻发布会1次。发表各类文章：刊登在《中国无线电》3篇、《无线电管理工作通讯》13篇、国家无线电网站9篇、《江西日报》2篇、市级报纸6篇。各信息汇编采用情况：省工信委采用68条、市政务信息采用2条、市法治新余信息采用6条。

【无线电行政执法工作】 按照相关文件精神要求，及时将文件精神向移动、电信、联通等电信运营公司分管领导通报，要求其加强网络数据筛查，积极提供伪基站线索。多措并举，适时开展航空无线电专用频率保护工作，切实落实航空无线电专用频率保护工作长效机制，共开展航空频段专项监测600小时。开展无线电发射设备销售备案管理专项行动，促进无线电发射设备管理走上正轨。开展无线电发射设备销售备案管理专项行动。从10月开始，重点对辖区内无线电发射设备销售商进行上门走访核查、发放告知书、填写登记表、签订承诺书，共备案无线电发射设备销售商户12家。2017年，开展无线电行政执法9次；受理无线电干扰投诉6起，处理6起，排查高铁干扰3起，伪基站1起；处理3家违规设置使用广播电视频率的单位，有效维护无线电安全，确保社会和谐稳定。

【无线电设台审批工作】 2017年共受理台站设置申请8次，批复设台申请8次，审批台站数量314个，核发电台执照数214个，新设4G基站数214个，新设业余无线电台数1个，均在规定期限内办结。

【无线电监测工作】 坚持做好日常无线电监测和野外电磁环境测试工作。全年共进行27次野外电磁环境测试，保存频谱图213张，对31个国家下发的重点频段占用度进行93次昼夜值班监测，全年共监测22876小时，完成重大活动保障10次，受理干扰申诉6起，其中排查高铁干扰3起，伪基站1起，监测行驶5000公里，监测值班达到3936小时，有力地维护新余市电磁环境安全。

【无线电监考工作】 根据省工信委的统一部署和有关主考部门的请求，确保高考、公务员招考、研究生招考、执业医师资格考试、会计师资格考试、中小学教师招考、“三支一扶”“村官”等各类考试无线电安全，赴南昌保障全国司法考试南昌考点无线电安全。2017年，共保障各类考试16次，监测考点20个，考场1249个，出动人员75人次。发现作弊信号3起，实施无线电阻断3起，切实维护考试的权威性、公正性和严肃性。

【无线电频谱使用评估专项活动】 按照国家、省无线电办公室的统一部署和要求，切实掌握相关频段的实际使用和台站设置情况，逐步建立新余市频谱使用评估常态化运行机制。从3月开始，开展全市无线电频谱使用评估专项活动。此次专项活动对全市广播电视、公众移动通信、航空通信频段进行数据采集、存储与分析，详细掌握全市相关频谱资源的使用情况，并对其频谱使用进行评估，陆续开展频谱评估移动路测、频谱评估固定监测、非法用频整治等各项工作。路测共计行车1500余公里，监测数据记录超过20G，整治处理非法信号5个。这项活动得到市委常委、副市长周杰的批示肯定，市政府副秘书长王喆出席专项活动动员部署会议并讲话。

（罗　俊）

邮　政

·新余市邮政管理局·

【概况】 2017年，新余市邮政管理局紧紧围绕“服务、发展、安全”三大主题，坚持“高标准、高质量、创一流”管理理念，以全国、全省邮政管理工作精神为指导，全面贯彻落实邮政管理各项工作，获江西省邮政管理先进单位、普遍服务和特殊服务优秀单位、市场监管工作优秀单位等多项荣誉，同时较好地完成地方政府安排的相关任务。

【推动行业建设】 2017年，新余市邮政业务市场增长平稳，全市邮政行业业务总量2.03亿元，同比增长17.66%，人均用邮量14.26件。为更好地满足新余市机关、社会团体、城乡居民日益增长的用邮需求，新余邮政管理局立足政府、着眼民生，充分发挥政府与企业间的桥梁纽带作用，积极为企业争取扶持政策、帮助企业提升服务能力，大力推动全市邮政行业升级建设。为邮政企业争取电商项目扶持资金20万元;帮助企业新增快递城市社区街道服务网点18个,农村服务网点7个;推动快递网点标准化建设12处,全市网点标准化率达到82.25%;促成快递园区新增分拣转运场地2800平方米;新增智能包裹云柜83台,投递格口4951个,快递行业服务能力得以显著提升。

【服务经济发展】 密切关注地方经济发展动态,深度融入地方经济发展服务,精准挖掘快递行业服务地方经济的切入点,大力推行"快递+现代农业""快递+制造业""快递+电商"等"快递+"服务工程,为地方企业、产业和快递服务业共建发展平台牵线搭桥。推进快递下乡,拓宽农产品进城和工业品下乡双向流通渠道,扩大百丈峰有机米、湖头莲藕、仙女湖米粉、习字号麻花等农产品寄递销售规模。新余蜜橘寄递销售超过15万公斤,快递综合服务带动罗坊牧草、草种、生物肥料等特色农业的发展,创造产值800余万元;联合新余市高新区管委会,组织召开快递服务制造业座谈会,提供"订单末端""仓配一体化""入厂物流"等配套服务,促进快递行业更好地服务新余光电信息、锂电、生物医疗、装备制造等行业,全年共创造包裹150余万件,带动相关行业产值2.4亿余元;助推快递企业融入地方电子商务产业发展,促成快递行业与金利达、全城、杭新林、吉时代等电商企业快速对接,提供"门对门、点对点"服务,2017年邮政快递服务的电商企业已达300余家,带动电子商务交易额90余亿元。

【整治市场环境】 严格市场准入,对于申请办理变更手续的网点,按照标准化网点设计要求进行审核,从源头上提高网点准入门槛。加大执法力度,对快递企业私自设点、无证经营、不达标等违法行为开展专项整治活动,共关停或取缔7处不达标网点,约谈企业3家,确保企业依法经营;开展机要通信安全监督检查,做好县级城市《人民日报》《江西日报》当天见报情况的调查;开展邮票发行销售监督检查和"扫黄打非"等专项检查;与烟草公司建立协调机制,加大寄递渠道非法涉烟行为的整治力度,查处各类品牌假冒香烟5400余条,价值200余万元。全年共开展执法检查604余人次,共下发责令整改通知书20份,约谈企业6次,办案12起,处罚16.6万元,责令停业整顿2起,开出全省快递业第一张反恐罚单,对相关责任企业进行罚款和责令停业整顿,增强企业依法经营意识,得到省公安厅的认可。

【强化行业监管】 严守"两条红线",严格遵照《邮政法》和"两个管理规定"开展监督工作,确保邮政普遍服务网点总数基本稳定。加强社会监督,组织监督员参加"两会"、中共十九大等重大活动安全检查,保障重大政治活动期间寄递渠道的平稳畅通。指导监督员开展普遍服务和快递市场的调查,发掘行业服务存在的问题。落实安全责任,制定《新余市关于落实企业寄递安全主体责任的实施方案》,明确总体目标要求及各阶段任务安排。督导快递企业建立安全生产机构、配备安全管理人员,健全内控机制。严格落实寄递安全管理3项制度。抓好实名收寄信息系统推广应用工作。实现实名信息系统企业全覆盖、网点全覆盖、人员全覆盖,散件率和总实名率都达到100%。督导快递企业加大收寄验视力度。对不执行收寄验视制度的企业进行约谈和处罚,全年共检查企业35家,检查105人次,各企业收寄验视率大幅提升,有效把住寄递渠道源头关卡。抓好过机安检工作。督促已经配备安检机的快递企业做好出港快件的安检工作,确保安检员持证上岗,100%安检,无遗漏、无死角、无盲区,全年安检机运行良好,未有过机的漏网问题件流向外地。 (吴 喆)

·中国邮政集团公司新余市分公司·

【概况】 中国邮政集团公司新余市分公司下辖分宜县分公司和渝水区分公司,在职员工523人,其中合同工288人、劳务用工235人,人均劳动生产率25.12万元。中共党员156人,下设2个党总支,5个在职党支部和2个离退休党支部。全市设有邮政支局所48所(市分公司31所,县分公司17所),其中自办邮政支局30所(市分公司17所、县分公司13所);邮政储蓄网点28个,便民服务站点373个、邮乐购站点320个。网点遍布全市各街道、乡镇乃至行政村,实现快速便捷精准服务。开办邮路12条,日单程运行里程达1083公里,全年运行39万公里。2017年实现收入1.31亿元,绝对值增长2000万元,增幅17.68%,连续2年增幅实现2位数以上增长,企业运行状况良好。

【加强管理提升普遍服务能力】 坚持"人民邮政为人民"的服务宗旨。2017年,抓好"双提"工作,即邮车、邮路、邮政营业网点服务能力大幅提升、普遍服务能力较大提高,为当地老百姓提供代缴水、电、煤、通信、有线电视等费用,方便人们的生活。为着力解决快件投递"最后100米"问题,按照"公共、开放、综合、便民"原则,公司整合企业及社会资源,服务好地方经济社会发展。

【爱心扶贫助推农村电商脱贫】 落实中央、省委和市委精准扶贫决策部署,成立扶贫领导小组和驻村工作队,做好分宜县洞村乡谷山村定点帮扶工作,全年实施帮扶项目1个(谷山村委电商服务站),投入帮扶资金4万元,累计投资8万元,在帮助帮扶村产业培育、贫困农户脱贫致富上取得明显成效。电商扶贫站点建设在全市实现省级贫困村的全覆盖。2017年12月15日,新余市人民政府常务会议讨论通过新余市商务局、新余市扶贫办和移民办提请的《关于给予新余市邮政分公司"邮乐小店"助力新余电商精准扶贫有关支持措施的请示》。全市邮政电商工作通过开展"公益扶贫,新余邮政在行动"系列活动,将"农产品进城"与"精准扶贫"结合起来,定期帮助贫困户销售农产品,引领当地农民增收脱贫。在土特产品返城工作上助推南安香瓜、凤阳菱角、仙女湖小鱼和新余蜜橘等农特产品,线上和线下销售额100余万元。

【"方寸"联姻助推旅游品牌发展】 围绕全市"打造精美特新中小城市典范"发展战略,建设"工小美"城市目标,充分发挥集邮文化宣传效应,通过邮票的"方寸"天地与"旅游"文化联姻,推出《傅抱石——毛泽东诗词写意》《美丽新余》《分外宜人地天工开物城》等集邮宣传册,展现新余辉煌历史和发展成就。成功争取到2018中华全国爱情集邮文化嘉年华的举办权。

【创新思维打造服务综合平台】 依托自身实物流、资金流和信息流"三流合一"的功能优势,打造覆盖城乡、服务多样、惠及民生的现代化综合服务平台。倡导实施"快件下乡"工程,将社会快递公司快件交由乡镇邮政所代为投递,年均代投快件近10万件,实现农户收件不出村,解决快递公司农村快件投递难问题。截至年底,投资200万元购置27台智能包裹柜打造城市包裹投递便民服务圈,分别安置在政府、校园、社区和商圈等区域,为所有快递公司免费提供智能柜代投服务,为用户提供24小时包裹自取服务。 (黄聪艳)

通　信

·中国电信股份有限公司新余分公司·

【概况】 2017年,中国电信新余分公司学习贯彻中共十九大精神,坚持党建统领发展全局,坚决贯彻市委市政府及省公司工作部署,团结带领广大干部员工凝心聚力抓发展、真抓实干促转型,全力推进企业转型发展取得新成效,较好完成年初制定的营收目标,收入市场份额绝对值列全省第四位。

【党建统领强化管理】 一是深入学习贯彻中共十九大精神。扎实开展中共十九大精神"大学习、大宣传、大落实"活动;公司领导班子成员带头讲党课,掀起学习贯彻中共十九大精神热潮。二是党建责任纵向化穿透到位。制定党委"三重一大"事项清单，进一步完善“三重一大”议事决策机制；健全党建保障机制，完成党群、纪检单设；落实“支部建在部门”要求，全市共设党支部11个。三是学做结合一体化推进。扎实推进“两学一做”教育常态化制度化，有效推进“一部一品”创建，实现党建发展双促进。四是两个责任落到实处，顺利通过省公司党委巡察整改验收，企业基础管理更加规范，员工纪律意识明显提升。

【经营发展稳步提升】　围绕规模与价值提升目标，一心一意谋发展、全力以赴抢市场。一是用户规模持续提升。坚持流量牵引、价值引导，全渠道集中火力强攻不限量，大力拓展移动业务，至年底移动用户累计数同比增长12.3%；移动过网份额绝对值列全省第六位。坚持融合牵引、攻守结合，常态化开展小区渗透式营销，做好宽带保存激增；精心组织开展广场舞大赛，较好树立电信电视良好品牌。二是云网业务取得重大突破。组建行业信息化攻坚团队，强化领导协理与团队协作，实现云网业务重大突破，全年累计签约重大项目20多个，累计签约金额较上年大幅提升。三是创新业务发展迅速。4G户均流量列全省第二位；天翼视讯活跃率列全省第一位。

【支撑能力持续增强】　一是网络能力有效提升。加快L800M工程建设，建设进度全省第一；4G网络覆盖率98.6%，城区行政村光宽全覆盖；光网利用率有效提升，提升幅度列全省第二位；NB－IOT网络基本实现全域覆盖。二是装维及客户服务快速提升。“当日装”竣工及时率列全省第三位；“当日修”修复及时率列全省第二位；服务投诉处理及时率、投诉用户处理满意率均居全省第一。

【基础管理不断夯实】　一是加快推进市场化改革。务实推进划小承包，实现划小单元全面承包；完成易问系统上线，强化快速、便捷的倒三角支撑。二是关心关爱员工。逐项落实关爱员工办实事清单，完成营业部“四小”改造及员工食堂一楼环境改造，持续改善基层员工工作生活条件；开展困难员工募捐；常态化开展健步走等文体活动，进一步丰富员工业余文化生活。同时，做好信访、维稳、安全生产等工作，保障企业良好发展环境。

（廖卫华）

·中国移动通讯集团江西有限公司新余分公司·

【概况】　2017年，新余移动公司全面贯彻落实习近平新时代中国特色社会主义思想和中共十九大精神，紧紧围绕“大连接”战略，围绕“发展提速、进位赶超”目标，坚持四轮驱动，实施四大工程，全年完成运营收入4.91亿元，完成50个NB－IOT基站开通，4G基站总数到达2083个，实现自然村95%覆盖，行政村以上全覆盖。全年建成宽带信息点8.3万个，宽带用户覆盖率达99.29%。全年新增4G终端44.82万台，4G客户净增11.45万户；宽带净增3.27万户，与竞争对手份额相当；全年累计挖掘重点信息化项目74个，物联网到达数3.29万户，基本完成年初制定的各项目标。

【客户发展保持优势】　坚持市场挖潜和存量保有并重，实施“份额提升加速”工程。一是新增市场稳步掌控。优化划小单元组织架构，强化区域中心营销力与执行力，重点突破小微市场。以卡槽抢占和资费迁转为抓手，精准营销，深化号卡融合，深挖市场潜力。二是存量维系多措并举。因户施策开展星级客户维系营销，加强高星级客户的专项维稳，降低离网风险。三是竞争对抗不断强化。加强大市场和小微市场存量用户维系，紧盯新增市场拓展，持续开展“三进三拓”营销宣传。

【四轮驱动深入推进】　精耕细作细分市场，加快实施“四轮驱动加速”工程。一是全民4G不断加速。聚焦规模发展，推进2G、3G换机，紧盯触点营销，加速资费套餐迁转、升档和饱和度运营，深耕流量经营。二是品质宽带实现突破。以家庭宽带为切入点，通过融合率管控和酬金牵引，加大家庭产品的渗透。三是集客市场贡献提升。智慧攻防提份额，实现专线业务突破，全年新增专线484条。

深入挖掘物联网市场,陆续拓展美天科技、公交一卡通等物联卡大单,全年累计达成重点信息化项目合作26个。四是数字服务深入探索。聚焦视频、彩印、音乐三项产品,结合新入网、存送、终端活动开展融合营销。数据业务收入排名全省前列。

【运营支撑能力增强】 坚持客户意识,着力实施"品质领先工程"。一是服务基础得以夯实。聚焦热点投诉问题的解决与跟踪,全年共收集问题207个,解决率达91.8%。明确以客户需求为导向的触点服务规范,打造宽带装维服务体系,实现服务显性化。二是网络能力更加巩固。重点打造"即报即装"品牌,着力提升宽带品质,宽带新装成功率达93.3%,全省第一。三是渠道产能逐步提升。常态开展渠道能力提升工作,制定渠道专项激励政策,关联三项重点业务产能提升。持续增强线上渠道营销能力,线上业务办理全省前列。

【协同保障基础夯实】 坚持基础管理是高效运营的保障,实施"协同保障"工程。一是组织流程不断优化。聚焦业务发展中的痛点难点风险点,深入推进流程优化整体提效,促进管理提升。全年完成20项流程优化,16个审批流程的行权评估及66个微创新。二是降本增效成效显著。搭建成本台账,精细管理资源投入。加强方案效益预评估及投入产出活动可行性分析,强化营销活动过程质量跟踪,使降本增效落到实处。三是队伍能力日益增强。修订并下发系列干部管理办法,完善选人用人相关配套制度。优化干部结构,加强中层干部及后备队伍建设。全年组织32场培训活动,参加培训的员工人数达400多人次。四是风险管控持续深化。开展重点领域及关键岗位员工廉洁风险专项排查治理,累计排查廉洁风险93个,发现各类违纪违规问题28个,新增或修订制度27项,制定防控措施、预警及处罚措施61项。

【从严治党纵深推进】 坚持党建业务协同发展,实施"党建廉洁"工程。一是扎实开展整改落实。全力推进巡视、巡察反馈意见整改,全面完成集团巡视反馈54项问题的整改,省公司巡察反馈的50个问题,已整改48个。二是全面加强党的建设。全年开展13次党委中心组学习及"两学一做"四个专题学习研讨,在全公司掀起中共十九大学习热潮。全面落实"从严治党"主体责任,主动开展履职、约谈、问责工作,形成"抓书记、书记抓"的工作局面。持续推进党建工作规范化建设,夯实党建基础。开展宽带下乡、校园秋开等党员主题活动,在企业经营中发挥先锋模范作用。三是持续强化反腐倡廉。充分运用"四种形态",推动主责部门设置"四道防线"主动进行问责,实现抓早抓小。全年共问责违规人员78人次,对1家代维公司和42家网点进行处罚。严格落实廉洁谈话、廉洁汇报、廉洁承诺、述职述廉、党员领导干部个人重大事项报告制度。认真开展"强党性、敢担当、有作为"为主题的大讨论活动,加强对员工的廉洁教育。

【社会价值愈发彰显】 服务地方发展,努力践行企业社会责任,塑造良好企业形象。融入地方经济发展,全面实现4G村村通、百兆宽带乡乡通、千兆宽带进小区。做好全市大型活动、防汛救灾等重大通信保障任务,应急保障能力全面增强。积极承担社会责任,开展各类志愿活动20场次,参与人数380余人,完成20个志愿服务项目的申报立项和活动开展。协助做好全市文明城市创建、社区帮扶、新农村示范点帮建工作,认真落实精准扶贫要求。全年推荐好人好事97条、好人线索138人次,圆满完成市文明委下达的任务。参与破获2起伪基站案及恶意破坏光交案,持续强化电信诈骗拦截和不良信息治理。 (刘永荣)

·中国联通新余市分公司·

【概况】 2017年是新余联通全面开展企业"混改"的重要之年,也是公司快速发展,进一步做大做强的一年。新余联通以党建为统领,紧紧围绕"深化落实聚焦战略,牢牢把握十二字方针"的工作部署，不断增强企业综合实力和核心竞争力，聚焦发展，开拓创新，上下同欲，推进公司迈上快速健康发展之路。

狠抓党建。一是深入推进“两学一做”学习教育常态化、制度化。公司领导班子成员带头讲党课，组织党委中心组集中学习10余次；公司利用“主题党日”活动之际，组织开展党课学习20余次；组织参观廉政警示教育基地1次，聘请新余市讲师团成员讲党课1次。二是开展形式多样的党员活动。2017年，公司进一步加强班子及党员队伍建设，制定“提升执行力，党员作表率”活动的实施方案，建立健全基层党组织和党员发挥作用长效机制，号召公司广大党员干部在提升执行力上下功夫、作表率，着力解决业务发展、客户服务等方面存在的各类问题。结合“党员回归社区”“帮扶颐养之家”“精准扶贫”等工作，公司班子带领党员开展义务劳动20余次，走访慰问贫困户10余次。三是大力开展党风廉政建设。公司党委认真落实党风廉政建设主体责任，逐级签订党风廉政建设责任状，全面履行“一岗双责”。公司修订完善“三重一大”决策制度实施细则，凡重大事项，以党委会议集体研究决定，不搞“一言堂”。在2017年的重大节日期间，公司纪检监察均对食堂、公务用车、违规购买各种节礼、违规发放过节费、违规旅游等工作开展专项检查，确保过“廉洁假日”；顺利完成全省光改专项检查工作。

服务地方。根据市委、市政府工作要求，公司切实落实好城市信息化建设、文明城市创建、精准扶贫、新农村建设等各项工作，为服务地方城市建设、经济发展贡献企业的力量。2017年，公司投入近百万元对抱石、康盛、仙来、长青4家自有厅进行升级改造，将其打造成全业务连锁化零售标杆门店，为用户提供更加舒适的服务环境。同时，各营业厅严格按照文明城市创建要求，完善厅内服务设施，增强创建氛围，提升服务人员服务技能，更好地满足用户的各类服务需求。公司组织志愿者队伍，定期到公司创建活动所挂点的社区开展清理“牛皮癣”、清扫小区、发放宣传单、交通劝导等各项活动，全年共开展各类活动20次，参加人数达到100余人次，投入资金约4万余元。在精准扶贫方面，公司认真执行扶贫政策，公司主要领导、扶贫组成员定期到扶贫村委、贫困户家中走访，了解他们的生活状况，努力改善他们的生活条件。同时，公司投入资金5万余元，开展产业扶贫活动，为贫困户带来稳定的收入。公司另投入4万余元，用于改善扶贫村委的信息化建设条件以及办公条件，提升村委信息化工作的能力。

自新余联通与新余市政府签订云端智慧城市建设战略合作协议以来，新余联通顺应互联网发展大趋势，借助自身在移动互联网、云计算和大数据、物流网等方面的网络技术优势，致力于提升新余市信息化水平，打造成为行业的领先者。公司陆续参与建设全市党政信息网、智慧城市、智慧农业、智慧教育、智慧社区、精准扶贫等多个信息化项目，在“信息强政、信息兴业、信息惠民”等方面取得一系列成绩。2017年，公司完成全部7个基地，3个中心的建设任务，共投入资金400万元。

控制成本。2017年公司逐步“去终端化”取消存费送机合约，转向发展松耦合、薄补贴用户；进一步加强固网ONU及TV机顶盒管理，引导用户自购终端，提高终端再利用率；同时加大清理低效、无效渠道的力度，严格控制无效、低效佣金发放，提升渠道终端获利水平，进一步优化佣金和补贴标准，确保现金流和成本效益。2017年，公司网络线通过2GG1800、3GU2100频点腾退，2G、3G网络减容减频等方式，在做到减容不降感知的同时，全年仅节省电费就达40余万元。公司从招待费、车辆管理、物业管理、水电费用等方面进一步压缩成本，完善管理体系，落实管控措施，实现行政线成本的再压降。

转换机制。一是根据集团总部“倒三角服务支撑体系”的实施方案，持续推进组织架构优化，推进营销模式的转型，推进基层网格综合化，提高一线人员复用效率。公司向“小机关、大一线”结构转型迈出坚实一步，全年机关人员（含网络线人员）有10余人下沉到基层一线，机关人员数量减少12.5%。二是进一步简政放权，打造“倒三角”服务支撑体系，全力支撑服务基层。坚决下放有利于解放和发展生产力的权力，实施权力清单制度，全力服务支撑基层责任单元。从管理理念、管理模式和运营机制3个方面推进倒三角服务支撑体系变革，以适应移动互联网时代的发展要求，适应通信行业市场竞争的要求，适应深化改革激发活力提升效率的要求。三是基于“增量收益分享”机制，激发基层责任单元活力。公司将资源调配权、人员调配权、薪酬分配权等给予经营单元，进一步实现“责任人、责任田、责任制”综合网络的推进。

促进发展。公司始终围绕全年生产目标，从“提升渠道运营能力、开展用户价值提升、扩大在网用户规模、实现集客转型突破”四方面着手，全面推进公司各项业务快速健康发展。2017年，公司初步建立起“线下+线上”的立体渠道服务体系。一方面持续开展有效渠道数量产能提升工作，增强合作渠道的竞争力；另一方面，通过优胜劣汰，引入新的合作商，淘汰能力不足的渠道，进一步增强渠道整体实力。公司上下坚决贯彻集团“聚焦创新合作”战略，全力推进业务模式转型，聚焦2I业务。通过重建组织结构，保障人、财、物资源投入，优化工作流程，确保2I业务快速健康发展。公司通过建设e站、王族火种等方式，全面打造线上渠道，扩大用户接触面，同时各部门积极开展地推活动300余场，1000余人次参加活动，宣传覆盖人员达到20万余人，进一步提升用户规模。

企业文化。公司工会持续开展丰富多彩的企业文化建设，“2017年度十件文体活动”，大大丰富员工的业余文化生活，加强员工之间的交流与沟通，增强企业凝聚力；“员工岗位大比武”，在增强员工生产技能的同时，在公司内部营造良好的学习氛围；公司通过培训、大讨论、微信、宣传上墙等多种方式，开展企业愿景、使命以及核心价值观等逐步深入人心，在丰富员工的文化生活的同时，营造良好的企业文化，激发员工的使命感和责任感。良好的企业文化使一大批优秀员工脱颖而出，运维部被省公司评为2017年度共建共享、光纤到户先进单位；物资部黄丹培获2017年全省评标专家技能竞赛一等奖，财务部吴婷婷获2017年全省评标专家技能竞赛三等奖；徐英鹂、王春艳、胡郁获2017年全省最美服务明星；袁小平、敖伟获全省优秀客户经理；周怡获2017年全省第二阶段挑战21天PK赛最强督导奖；鄢婧芳获财务线新锐人才，刘青敏、朱海华获网络线新锐人才；邹婵获2017年全省联通工会基层优秀干部，章平获2017年全省联通工会积极分子。（李维欢）

编辑　傅媛媛

农　　业

综　　述

【概况】　2017年，新余市农业农村工作以“农村党的建设、农村颐养之家建设、农村经济发展、农村健康卫生服务、农村建房规划整治、农村环境综合整治、农村集镇服务管理”乡、村两级七项重点工作为载体，以农民增收为目标，以农业现代化为主线，坚持改革创新，主动适应经济发展新常态，着力转变农业发展方式，调整农业产业结构，搞活农产品市场，优化农业发展环境，推进美丽乡村建设，加大脱贫攻坚力度，全面开启乡村振兴新征程，促使农业更强，农村更美，农民更富。农民人均可支配收入达16571元，增长9%，位居全省前列。

【乡村两级七项重点工作成效显著】　以创评“五强”书记为抓手，全力推进农村党的建设。一是着力推进“五强”村书记队伍建设。在全市开展“五强”村党组织书记评选，评选出胡云华等10名“五强”村党组织书记。对评选出来的10名“五强”村书记给予奖励，大力宣传，在全市营造比学赶超、争先创优的浓厚氛围。二是着力推进农村党的建设。开辟“指尖上的党建”，实现对基层党组织的痕迹化和动态化管理。开展好“党建+脱贫攻坚”工作。对派驻“十三五”贫困村的17名第一书记实行负面清单管理。大力发展村级集体经济，采取党建带动、政策推动、资源驱动等方式，进一步发展壮大村级集体经济，全市41个集体经济“空壳村”已全部消除。三是着力筑牢农村基层组织“反腐墙”。全市共调整村（社区）党支部书记40名，49个村（社区）软弱涣散党组织已全部整顿到位。共查处基层“微腐败”问题168起220人，其中涉及乡科级党员干部52起83人，村“两委”干部100起124人。

以“党建+颐养之家”为载体，合力打造农村养老“新余模式”。一是“四动”合力，推进“党建+颐养之家”工作。即谋划策动，融合推动，建点带动，资金转动，全市411个行政村实现颐养之家全覆盖，共建成613个点，入家老人7659人。二是爱心奉献，打造农村养老“三心”幸福工程。全市各级机关干部捐款450余万元，以乡镇商会为主体的本土民营企业家共计捐款2000余万元，党员干部、民间组织到颐养之家开展志愿服务达3000余次。各村建立颐养之家微信群，在外务工的子女远在他乡也能“看”到父母的生活情况，老人能够与远在他乡的子女随时“面对面”聊天。三是创立品牌，初步构建具有新余特色的农村养老服务体系。在全省乃至全国打响“党建+颐养之家”品牌，新华社、中央电视台、人民日报等中央级主流刊物和媒体，以及江西日报、江西电视台等省属主流媒体，纷纷聚焦新余，对“党建+颐养之家”进行采访报道。采取“政府补助、村级配套、老人自缴、自我发展”相结合的建设和运行模式建设颐养之家，逐步建立健全一整套涵盖资金、管理、服务、医疗、保险等各方面的制度机制。“党建+颐养之家”架起一座与群众的“连心桥”，基层党组织的组织力在建“家”、管“家”过程中得到提升。

以培育特色产业为主体，大力发展农村经济。

一是农业产业化经营水平持续提升。全市新增市级家庭农场24家，市级合作社27家，市级龙头企业25家。全市共培育家庭农场875家，发展农民合作社2250家，农业龙头企业303家。拥有国家级示范合作社10家，省级示范合作社42家，省级示范家庭农场30家；申报认定的省级龙头企业52家（含国家级2家），实现销售收入135亿元，同比增长4.3%。二是农业改革创新亮点纷呈。坚持以农业供给侧改革为主线，着力落实三权分置要求，引导农村土地经营权有序规范流转，全市土地流转率达44.27%。稳步推进农村集体产权制度改革试点，6个试点村全面完成集体资产清产核资、登记造册工作。农垦改革走在全省前列，全市三大农垦场全部列为江西省农垦首批绿色生态家园标准化建设试点单位。三是产业扶贫根深叶茂。从全市挑选3000余家各类农业经营主体，采取“公司+合作社+贫困户”“公司+家庭农场+贫困户”等形式，通过帮扶资金入股、贫困户务工等方式，直接或间接带动5000余户贫困户增收。

以农村居民健康幸福为目标，着力提升农村医疗卫生服务水平。一是全市行政村晓康诊所全覆盖。按“六化”要求共建晓康诊所400所，其中新建100所。全市316所村卫生室实行一体化管理，一体化管理率达79%。二是着力提高乡村医生医疗水平。选派100名青年到萍乡卫校定向培养学习，全市举办村医培训班7期，培训村医600余人次，组织全市300名乡村医生开展中医适宜技术浮针和热敏灸技术培训，进一步提升中医服务能力和水平。三是努力筑起农村居民健康堡垒。6个乡镇中心卫生院急救站建成投入运行，30个中医馆建成并投入使用，医联体在乡镇卫生院和社区卫生服务中心全覆盖；基层医疗机构药品耗材采购使用纳入全市公立医院管理平台，确保药品质量和安全，降低采购费用；全面落实医疗保障和健康扶贫政策，为贫困人口健康保驾护航。

以“两清理一严控”为重点，扎实开展农村建房规划整治。一是稳步推进“两清理一严控”工作。全市共拆除违建户数3004户，拆除面积184759.39平方米，处罚123户面积6986.6平方米。建立县（区）、乡（镇）、村委“三级巡查”机制和违法违规建设“三级联动”查处机制及责任追究机制，加大考核问责力度。规范建房审批程序，所有村庄规划都按照征求村民意见、收集村民理事会建议、村委会讨论、乡镇初审、县区规划部门预审、专家评审、公示的程序，规划编制实现乡土化、规范化、法制化。实现村庄规划合理实用、可操作、能落地。二是着力打造样板示范，全市共有55个样板示范村建设点，经过一年的整治建设，示范效果明显。三是加强规划人员管理，全市31个乡镇（办）全部实行规划所和国土所合署办公。

以“保家行动”为中心，倾力建设水清气新、洁净美丽的“后花园”。一是农村面源污染治理工作成效显著。全市禁养区关停或拆迁养殖场6343家，完成总任务的100%；可、限养区关停、拆除或改造养殖场845家完成总任务的91.5%。全市333座水库、2293座山塘全部退出承包养殖，签订退养协议。养殖人员就业转型有序展开，全市共下拨再就业引导资金近3亿元，组织召开“畜禽养殖退养户专场招聘会”10余场，帮助近千人成功再就业。加快养殖小区建设，引导规模养殖企业、本地养殖大户通过租赁、入股等形式联合中小养殖户投资兴建养殖小区。二是村镇生活污水治理进展有序。在积极争取国家专项建设基金的同时，市、县（区）都安排财政专项资金，加快推进乡镇生活污水处理设施建设。引入“政府购买服务+第三方治理”机制，综合采用财政奖励、投资补助、融资费用补贴、政府付费等方式，推动社会资本参与村镇生活污水处理设施建设。村镇生活污水治理设施建设进展顺利，全市89座村镇生活污水治理设施建成投入运行。三是农村生活垃圾专项治理工作打造“新余样板”。率先在全省全域通过省级农村生活垃圾治理考核验收，此项工作两次受到省长刘奇的表扬和肯定批示。实行“村组保洁收集、乡镇清运压缩、县区二次转运、市集中处理”的垃圾处理模式，市、县（区）、乡镇、村四级联动工作网络体系形成且环环相扣，规范有序。建立“月明查、季暗访、媒体通报、领导约谈”督查考核常态化机制，各县（区）每月对辖区农村生活垃圾治理工作进行检查,市暗访组每季度对农村生活垃圾治理进行暗访。每季暗访结束后,对各县(区)、乡镇的检查情况进行统计排名,形成季度暗访通报,并在新闻媒体通报暗访结果。对考核分值低于75分的乡镇,由县(区)主要领导对乡镇主要负责人进行约谈;对排名前10名的乡镇给予奖励。

以实现人民群众美好愿望为根本,努力增强农村集镇服务功能。一是亮化美化,乡风文明,提升农村居民"存在感"。推进以镇容镇貌、交通秩序、占道经营、户外广告、集贸市场、建筑施工现场管理为主的"六项专项整治",全市筹集1.2亿元用于集镇三位一体改造。大力实施农村宣传思想文化"十个有"建设,使之成为农村精神文明建设的有效载体。2017年,渝水区良山镇下保村、罗坊镇湖头村、分宜县站前村获得第六届全国文明村镇称号。组织理论专家深入农村开展政策宣讲,组织文艺工作者编创禁毒禁赌小品下乡演出。围绕服务农村颐养之家、关爱农村留守儿童、帮困扶弱、扶贫脱贫、清洁家园等,组织开展一系列志愿服务活动。二是城乡融合,协调发展,提升农村居民"获得感"。稳步推进"四好农村路"建设,城乡公交一体化在渝水区实现全覆盖。全市26个乡镇的44套红绿灯全部建设完成,正在试运行。全市26个乡镇和12个街道办实现文化广场全覆盖。三是服务优先,政策倾斜,提升农村居民"幸福感"。进一步规范乡镇、村综合便民服务中心建设,全市409个行政村全部建立村级民事代办点,实现全覆盖。促进师资城乡交流,选派234名优秀教师到农村学校开展支教。完善贫困生资助体系,开展农村留守儿童关爱工程。建立和完善农村矛盾纠纷多元化解机制,使矛盾纠纷化解在基层。做好信访工作,全市信访总量、越级上访、到市非正常上访均有所下降。

【新农村建设亮点纷呈】 2017年,新余市把新农村建设作为"三农"工作的总抓手,紧扣"整洁美丽,和谐宜居"要求,围绕"五个突出",积极探索,扎实推进,农村人居环境得到较大改善,为全面决胜小康社会奠定坚实基础。一是突出高位推动,工作态势强劲。推行"月巡查、季督导、年考评"的督查考核机制和"排名通报、定期调度"的工作推进机制,制定严格的考核办法,全面推进"整洁美丽、和谐宜居"新农村建设。2017年,全市共安排501个新农村建设点(省级点348个,自建点153个),涉及4个县区260个行政村,市、县财政专项资金达8280万元,是过去每年布点的近3倍,新农村整治建设力度呈几何级数加大。截至年底,全市村组整治建设完成率达100%,累计完成投资1.86亿元。二是突出规划引领,科学合理布局。重点打造"三线四片"和着力培育良山镇、罗坊镇、钤山镇、九龙山乡等4个美丽示范乡镇。"三线四片":樟排线罗坊十里荷乡观光片、新良线田园风光片、分安线生态新村片、环仙女湖休闲旅游片。罗坊十里荷乡观光片基本成型,新良线累计投资2400多万元,形成"蓝顶白墙红线灰脚"的建设风格;分安线生态新村片完成现场勘测和规划设计。三是突出脱贫攻坚,共享发展成果。在部署新农村建设点上,坚持整体推进,优先安排贫困村组,确保一个不落下。2017年,共安排58个新农村建设点在贫困村组,占布点总数的8.7%,全市贫困村25户以上村组新农村建设覆盖率达83.1%。严格按照新修订的《贫困村退出指标体系》,认真组织开展村庄整治建设,打造分宜洞村乡程家坊、渝水区罗坊镇大港亭等一批精准扶贫示范点。四是突出项目管理,确保建设成效。坚持项目化理念贯穿新农村建设申报、建设、验收全过程。全市501个建设点对照"七改三网"建设和"8+4"综合公共服务项目,按照"缺什么,补什么"原则,分类申报需要建设的项目及资金概算、完工时间、施工范围(四址)等。市县两级新村办在日常工作中严格对照村点所申报项目进行督查验收。五是突出群众主体,共建美丽家园。注重发挥基层党组织领导及理事会牵头作用和农民主体作用,按照"民事、民办、民议"的原则,在每个村都成立理事会,着力在宣讲政策、表率引领、监督管理等方面发挥积极作用。同时,加大创新力度,在商会基础上在全省率先建立新农村建设促进会，以乡情为纽带，开启社会参与新农村建设的新方式。全市社会支持新农村建设资金达1000余万元，农民投资投劳折资达1200余万元。仅渝水区新农村建设促进会常务副会长邹细保就捐资近300万元支持家乡新农村建设。

【为农服务水平全面提升】 一是财政惠农信贷通完成比率领先全省。2017年，全市“财政惠农信贷通”工作按照省里有关要求，确保质量，控制数量，积极做好各项组织协调工作。按照有关程序，认真调查筛选农业经营主体，把防控风险放在更加突出的位置。截至年底，全市完成贷款数量3.85亿元，占省下达计划任务的122.2%。支持经营主体895家，为全市新型经营主体发展壮大、农业产业升级、农民增收致富增添强劲动力。二是“一村一品”空壳村扶持工作有序推进。为进一步扶持“空壳村”集体经济发展，达到精准扶贫的目的，自2015年开始，“一村一品”分批次对抽查认定的全市贫困村和经济薄弱空壳村进行扶持。每年扶持50个左右，用6年左右的时间逐步使全市空壳村摘掉贫困、经济薄弱的帽子。2017年“一村一品”资金重点扶持空壳村50个。三是农民培训和“一村一名大学生”工程扎实有效。2017年，新余市不断完善由市农办抓总、市直相关部门主办的培训网络，以规范化的新型经营主体为重点，建立起稳定的农民培训基地，采取灵活多样的方式，围绕农业主导产业和市委、市政府确定的重点工作，大力开展农民实用技术培训和“一村一名大学生工程”工作。全市共开展农业实用技术培训61期、5200人次，全市实际招收“一村一名大学生工程”学员267名。为“三农”发展培育和储备一批扎根农村、服务农民、发展农业、带头致富的高素质人才。　（徐洪清）

种养业

【概况】 2017年，全市农业工作以中央、省、市农业农村工作会议精神为指导，以推进农业供给侧改革为发力点，促进全市农业转型升级增效和农民增收致富，农业发展各项指标任务均圆满完成。

农业生产形势稳中向好。全市粮食播面达149.91万亩、总产达62万吨，分别增长4.17%、1.4%；受“保家行动”及禽流感影响，畜牧业大幅下滑，全市生猪出栏63万头，存栏35.5万头，分别减少15.4%、30.9%；水产品完成产量3.5万吨，同比增长2.3%，新增水产养殖面积1000亩，达18.4万亩。经济作物产业稳中有增。新余蜜橘产销形势喜人，面积达14.6万亩，产量15.9万吨，增长15%，新余蜜橘品牌价值被权威机构认定为7.25亿元；麒麟西瓜发展至5.9万亩，中药材发展至3.5万亩，葡萄面积1万亩；全市蔬菜播面30万亩，产量50万吨，同比持平。

产业化经营水平持续提升。坚持用工业化的理念抓农业产业化，全市有国家级龙头企业2家，省级52家、市级171家，其中年销售收入10亿元以上的4家，亿元以上的20家。2017年，全市52家省级以上龙头企业实现销售收入135亿元，增长4.3%。百乐大米、增鑫牧业2家企业在新三板上市。全市共有农民合作社2215家，家庭农场875家，省级农民合作社示范社42家，市级示范社85家。省级示范性家庭农场30家、市级示范性家庭农场70家。全市依托新型农业经营主体，大力推广标准化生产，创建一批农产品品牌，目前有中国驰名商标4个、省著名商标35个、省名牌产品12个、认证无公害食品83个、绿色食品17个、有机食品27个、地理标志农产品1个。

农业改革创新亮点突出。坚持以农业供给侧改革为主线，着力落实三权分置要求，巩固扩大土地确权工作成果，引导农村土地经营权有序规范流转，全市土地流转率达44.27%，在南安乡探索实施整乡土地流转。稳步推进农村集体产权制度改革试点，6个试点村全面完成集体资产清产核资、登记造册工作。农垦改革走在全省前例。全市3大农垦场都组建国有资本投资营运公司，全部列为江西省农垦首批绿色生态家园标准化建设试点单位。南英垦区以土地入股、保利集团以现金入股的形式组建渝水区南英农垦集团公司。南英农垦场负责人代表江西在全国农垦工作座谈会上作典型发言。

项目建设稳步推进。一是三争工作成绩显著，共争取项目资金3.2亿元，其中争取2017年垦区危旧房改造配套基础设施建设中央资金9938万元，渝水区列入农业部果菜茶有机肥替代化肥示范县，争取项目资金1000万元。二是招商工作有条不紊，全年共接待客商97批次，洽谈项目46个，总进资2.5亿元，并成功举办2017年江西省新余市农机产业招商推介会。三是重点项目进展顺利，开工建设高标准农田6.18万亩。四是重点项目帮扶进展顺利，万亩优质水稻生产基地10万吨大米仓储加工生产线项目和江西三模工业级无人机生产项目完成全年投资计划。五是民生工程提前竣工，提前完成总投资2亿元，危改面积40万平方米的垦区危旧房4800户。

循环农业成绩斐然。承办全国沼肥生态农业技术培训班，编制完成全市农业可持续发展规划。以蘑菇生产为重点的循环农业发展加速。涌现中田双孢菇、欣欣荣香菇、蘑坊菌业、益丰菌业等大中型项目基地，年可处理农业废弃物10万吨以上。罗坊沼气站采取粪污集中处理、集中供气发电、沼肥综合利用N2N生态循环模式，年处理农业废弃物40余万吨，年产沼气730万立方米，年发电量2000万千瓦时，罗坊下排村千亩绿色水稻种植示范园全程增施沼肥，化肥、农药施用量分别减少75%和35%，品质大幅提升。绿色高效水稻得到推广，再生稻面积达2万多亩，稻鱼立体养殖逐渐被农户接受。以生态循环农业示范园为核心，统筹推进农业物联网、农业废弃物收储运体系、有机肥推广体系等建设，“光伏＋农业”“秸秆—基料—食用菌”“猪—沼—稻”等新模式，被省政府作为全省23项培育经济发展新动能典型经验做法之一予以通报表彰。

“保家行动”成效卓著。为深入推进全市水环境综合治理工作，2017年全面开展“保家行动—畜禽养殖专项整治”工作。全市共有畜禽养殖场7267家，其中禁养区6343家，可(限)养区924家。至2017年12月底，禁养区6343家养殖场全部完成关停或拆迁，完成总任务的100%；可、限养区关停、拆除或改造养殖场845家，完成率91.5%。同时，为进一步保护好环境，对已经拆除的养殖场进行复土、复绿，杜绝废弃养殖场建筑垃圾的二次污染。

一二三产业融合加速。一是休闲农业发展速度加快。2017年，全市共有休闲旅游农业园区及企业291家，农家乐325家，年接待游客160多万人次，全市休闲农业年营业总收入6.2亿多元，带动1.6万多名农村富余劳动力的就业，带动农产品销售10亿元以上，带动农民人均增收800余元。二是农产品加工不断深化。大米主食产品加工走在全省前列，如谷韵米乳饮料附加值提高8倍。全市有各类农产品加工企业75家，形成苎麻、粮食、肉食品、油茶、中药材加工五大产业集群，其中夏布产业被列入全省重点发展的20个示范产业集群之一。“谷韵牌糙米乳”和“原香茶油”产品获2017年全国农交会参展产品金奖。三是农业新业态方兴未艾，凯光田园综合体、下保田园游居综合体项目等如雨后春笋般兴起，带动更多农民从农业产业中增收致富。

产业扶贫根深叶茂。立足资源禀赋，注重选好特色产业，引导贫困户发展蜜橘、油茶、蔬菜、特种水产等产业，选准帮扶主体，采取“公司＋合作社＋贫困户”“公司＋家庭农场＋贫困户”等形式，通过帮扶资金入股，贫困户务工等方式，带动贫困户脱贫。下村镇返乡青年付小华，投资3000余万创全省最大的现代化食用菌生产基地，公司年提供1000万只菌棒，带动周边1000余户贫困户生产菌菇，实现脱贫。

科技创新持续增强。依托袁隆平和唐启升两个院士工作站，提升全市农业科技水平。2017年，超级稻“Y两优1964”亩产950公斤，实现单产“三级跳”。积极推进“互联网＋农业”行动，全市20多家企业建立物联网控制点，益农社遍布每个行政村，形成市、县、乡、村四级联动的农业综合科技服务体系。农机装备水平不断提升，产业规模突破10亿元，全市水稻综合机械化率达75.49%，水稻机插秧走在全省前列，机插秧率达31.3%，南安乡成立全市首家机插机防联合队。承办第三届南方农机展和第三届全省农机手大赛。

【新余蜜橘产值突破4亿元】 近年来,新余市大力发展和推介新余蜜橘产业,产业面积达14.6万亩。2017年全市350余个果园迎来大丰收,总产量达到15.9万吨,同比增产15%以上,总产值突破4亿元。11月2日—5日在长沙召开的2017年第三届果业品牌大会上,新余蜜橘品牌价值经中国农业品牌研究中心和中国果品流通协会共同认定,达到7.25亿元。

【7家企业获得第十三届江西“生态鄱阳湖,绿色农产品”(上海)展销会金奖】 12月8日—11日,由省农业厅主办的第十三届江西“生态鄱阳湖·绿色农产品”(上海)展销会在上海国际农展中心举办,新余市农业局获得最佳组织奖,新余7家企业获得金奖,分别是:江西赣岭茶油开发有限公司、江西嘉福农业科技有限公司、江西绿安食品有限公司、江西华乐食品有限公司、新余市张氏生态蜂业发展有限公司、新余市日鑫食品加工有限公司、江西辛记食品有限公司。

【完成全市农产品质量安全定量检测任务】 2017年全市共完成农产品质量安全定量检测200批次,其中蔬菜水果40批次、猪(牛)肉40批次、淡水产品40批次、猪(牛)尿40批次、禽蛋40批次,相关检测数据、图谱全部录入江西省农产品质量安全监管与追溯平台。

【新余市农作物质量监督检验站通过资质认证考核】 2017年10月11日—12日,省农业厅组成专家考评组对新余市农作物质量监督检验站进行资质认证考评。经过两天的严格考评,考评组一致认为:新余市农作物质量检验站的质量体系和技术能力满足《农作物种子质量检验机构考评准则》和质量体系文件要求,顺利通过资质认证考核。新余市农作物质量监督检验站取得检验合格证后,具备依法开展种子质量检验的能力和资格,为有效地保障全市农业用种的安全提供有力技术支撑。

【新余市首批国有垦区不动产权证书颁发】 10月12日,南英垦殖场领到514本农垦国有土地不动产权证书,自此南英垦殖场农垦国有土地管理工作进入全面颁证阶段,此批证书也是新余市首批国有垦区土地不动产证。

【举办2017年江西省农机职业技能竞赛】 由江西省农业厅、新余市人民政府主办的2017年江西省“振兴杯·中联重科”农机职业技能竞赛26日—27日在江西省新余市青园南方农机城举行。本次竞赛共有12支代表队近200名农机手参赛。竞赛分为理论考试和拖拉机百米障碍赛、拖拉机倒机移库赛、拖拉机挂接农具赛、联合收割机技能赛和农机具维修技能赛5个单项的技能比拼。最终,泰和县农机手周志敏获“江西机王”称号。

【分宜县凤阳镇获全国“一村一品”示范镇】 7月28日,农业部公布第七批全国“一村一品”示范村镇名单,分宜县凤阳镇(凤扬西瓜)榜上有名,凤阳镇也因此成为全市第一个全国“一村一品”示范镇,至此,全市国家级“一村一品”示范村镇达到5个。另外4个分别是分宜县凤阳乡大路边村、渝水区界水乡联盟村、罗坊镇湖头村和仰天岗办事处湖陂村。

【两个园区进入2017年全国农村创业创新园区(基地)目录】 6月7日,农业部公布2017年全国农村创业创新园区(基地)目录,新余市推荐申报的江西省新余市现代农业科技园和新余市渝水区罗坊镇农民创业园榜上有名,将成为全市返乡下乡本乡人员创业创新的重要载体和平台。

【渝水区获批农村产业融合发展省级示范县】 4月1日,渝水区获省发改委等7部门批准,成功入选江西省农村产业融合发展试点示范县。此次全省获批的农村产业融合发展试点示范县共14个、示范乡(镇)52个、示范村500个。除渝水区外,新余市还有罗坊镇、双林镇、钤东街道办3个镇办获批省级试点示范乡镇,湖头村、下保村等40个自然村获批省级试点示范村。

【南英沼气并网发电项目正式点火】 12月1日,南英沼气并网发电项目点火成功,标志着全省首家规模化沼气并网发电项目正式投入运行。南英规模化沼气发电项目总投资8000万元,沼气罐总容积2万立方米,年产沼气730万立方米,年处理粪污、秸秆等农业废弃物40万吨,年发电量2000万千瓦时,为全市农业废弃物资源化利用找到突破口,为发展区域生态循环农业奠定基础。

(廖 裕)

林 业

【概况】 2017年,新余市林业局组织全市林业系统干部职工和林业工作者,在工作上争先创优,在方式上主动创新,在实效上求真务实,展现出亮点纷呈的喜人局面。具体表现为"四提、四创、四显、四超"。

"四提"就是四个全面提升:一是林业"三防"(防火、防虫、防盗)能力全面提升。森林防火、林业有害生物防控工作获省政府表彰,分别获全省第二名和三等奖;林业行政综合执法模式成效明显。二是森林质量全面提升。全市森林覆盖率达51.24%、增长0.8%,林木蓄积总量达714.51万立方米、增长4.95%,乔木林每公顷蓄积达63.96立方米,增长2.66%。三是矿山生态修复技术得到明显提升。得到省林业厅领导和有关研究部门的充分肯定。四是油茶育苗工作得到有效提升。长林系列油茶苗在全国高产油茶种植区栽培使用,74%的种苗来自新余市的种苗供应。

"四创"就是四个改革创新:一是改革创新科技兴林机制。一方面,与中国林科院亚林中心签订林业科技合作协议书,在油茶栽培等8个领域进行全方位合作。另一方面,聘请省林科院等专家组成中药材协同创新团队。二是改革创新油茶产业发展新路径。建立油茶栽培标准示范园10个;在全省率先组建油茶整形修剪技术服务队,探索森林专业消防队"战时"扑火,"闲时"服务的新路子。三是改革创新森林防火考核办法和宣传方式。在全省率先对森林防火指挥部成员单位落实年度森林防火责任情况纳入绩效考核内容;探索森林防火宣传形式,实现森林防火电影放映全覆盖。四是改革创新干部培训方式。在全省率先开辟"绿色讲堂"林业干部政治理论和业务大培训,全年授课12堂,培训干部职工1000多人次。

"四显"就是四个明显成效:2017年全市林业产值达116亿元,同比增长11%。一是油茶产业发展成效明显。全国首条自主研发油茶果加工生产线建成投产,赣岭茶油公司的"原香茶油"获2017年农交会参展产品金奖。举办油茶栽培、整形修枝培训班,培训林农500余人次,精准扶贫面积0.45万亩,参与贫困户106户,户均增收4800多元。二是森林中药材种植等林下经济成效明显。发展枳壳、太子参等中药品种20余个,林下经济发展面积共35.54万亩,产值10.3亿元。三是森林康养旅游业成效明显。仰天岗国家森林公园被评为"省级示范森林公园",凯光亚热带植物园获省首批森林养生基地称号,局直属夏莲林场与下保村联合打造AAAA级乡村旅游景区。凯光亚热带植物园森林康养旅游模式,国家林业局副局长张永利和省政府副省长吴晓军称其在全国、全省可推广、可复制。四是野生动物驯养繁殖产业成效明显。全市现有野生动物人工繁育单位达66余家,众鑫公司创新养殖模式,林下养殖野猪规模全国第一。

"四超"就是四个超额完成:一是超额完成招商引资年度任务。新引进项目6个,实际进资1.13亿元,占年度任务的226%。二是超额完成争取上级资金年度任务。核定资金数1968.62万元,占年度任务的568.83%。三是超额完成造林绿化年度任务。完成人工造林4.65万亩、占计划的233%,完成森林抚育5.4万亩、占计划的180%。四是超额完成高产油茶种植年度任务。

完成油茶新造林7860亩,占计划的262%。油茶低改完成1500亩,占计划的150%。

【与中国林科院亚林中心签订科技合作协议】 为更好地实施科技兴林战略,加快林业科研建设的步伐,全面提高林业建设水平,5月23日,新余市林业局与中国林科院亚林中心签订科技合作协议,双方将围绕森林生态体系、高产油茶、"五山保护"、林下经济、人才培养等方面进行全方位合作。根据合作协议,双方遵循"资源共享、优势互补、互利共赢"的原则,充分利用亚林中心的科研、人才、信息资源优势,引进外援项目,争取外援资金,解决新余林业生态建设存在的主要技术问题,加快推进新余林业现代化建设。其重点领域包括油茶栽培、林下经济发展、森林质量提升、珍贵树种培育、生态修复等方面,解决新余林业建设过程中存在的问题。双方共同开展科研与技术合作,其研究成果共享。

【成立太子参科技创新团队】 为增强太子参产业的创新驱动能力和科技示范引领作用,4月23日由新余市林业局牵头组织的太子参科技创新团队正式在新余市成立,该创新团队由新余市林业局、中国林科院亚热带林业实验中心、省林科院森林中药材研究所、省中医药研究所和江西中医药大学共计19位中药材专家、学者及太子参种植大户组成。太子参科技创新团队将致力于对太子参等中药材在新余市的栽培、药材炮制和新产品开发等环节开展研究,为太子参等中药材产业发展提供一套科学完整的发展数据,努力把森林中药材培育成企业增效、农民增收、生态受益的特色产业。

【森林防火电影全覆盖】 新余市积极拓展森林防火宣传形式,与市电影公司合作,在全市540多个行政村、林场、学校和社区开展以"森林护我家,防火靠大家"为主题的"百场电影进农村、社区、农林垦、学校巡演"放映活动。通过搭建群众文化广场,以群众喜闻乐见的形式宣传森林防火,此举丰富农村文化生活,强化群众的森林防火意识。2017,下乡放映森林防火电影500余场,观看群众达3万余人。

【创新油茶产业发展新路径】 一是建立油茶栽培标准示范园。在全市筛选建设10个3种不同林龄类型的油茶栽培标准示范园,通过强化对比试验,探索形成一套规范的油茶栽培管理技术、管理模式,起到辐射、示范和推广效果,推进全市油茶产业发展。二是在全省率先在森林防火消防队中抽调人员组建油茶整形修剪技术服务队,探索森林专业消防队"战时"扑火,"闲时"服务的新路子。2017年,在全市抽调40名森林防火消防队人员进行集中业务培训,采取"一个一个过"的方式进行轮训,学习油茶修枝整形技术,合格的颁发证书。 （高　浪）

·中国林科院亚热带林业实验中心·

【概况】 2017年,亚林中心提出"立足一个点,打好三张牌"的工作思路,采取"走出去,迎进来;送出去,学进来"的方式圆满完成全年的目标任务。

科研实力明显增强。一是积极组织科研人员申报项目:共申报14项,其中国家自然基金项目3项、中央部门预算林业科技项目6项、中央财政林木良种繁育补贴项目1项、省级良种繁育补贴项目1项,其他项目3项。全年新增项目16项,同比增长78%,到位经费483.6万元,同比增长31%。二是全年24项在研项目有序开展,顺利完成年度工作计划。三是全年发表论文31篇,其中2篇论文分别获中国林学会经济林分会第八届全国会员代表大会会议论文一等奖和三等奖。

技术服务不断深入。一是中心科研团队与新余市天欣源工贸有限公司、分宜县泽和林业开发有限公司等省内外企业保持密切联系,在高产油茶、珍贵树种、中草药、剥麻机升级等方面提供技术指导,解决他们在发展规划、种质资源收集、良种选育、种苗繁育、高效栽培等技术问题。二是油茶科研团队深入江西、湖南等省油茶生产第一线进行现场调研和科技服务,将亚林中心认定油茶杂交良种的区域化试验点,落实到江西吉安水南镇千亩油茶产业扶贫基地、湖南邵东县油茶基地和澧县油茶基地之上。

生态宣教影响不断扩大。充分发挥中心的科技、人才、资源和区位优势,以树木园井冈山干部学院教学点为平台,积极开展生态文明宣教活动。2017年,教学点共接待中央及地方部门参观调研的领导、专家65批次400余人,开展青少年科普教育5次,参与人数达3000余人。

加强森林资源培育。全年共造林777.4亩,抚育11835亩次。完成油茶嫁接苗610万株,培育楠木6万株,杉木轻基质容器苗10万株,闽楠、樟树、南方红豆杉等珍贵阔叶树苗5万株。

强化林政管理。充分调研各场森工生产实际情况,酝酿讨论木竹生产成本,有效压缩生产性支出。全面完成林地年度变更暨森林资源数据更新工作。及时更新数据库,完成林地"一张图"数据与国土土地变更调查数据的衔接。

【亚林中心三个建设项目竣工验收】 11月3日—5日,受国家林业局委托,中国林科院组织专家对中国林科院亚林中心森林植物种质资源保存库建设项目、中国林科院亚林中心所属林场基础设施建设项目及中国林科院亚林中心实验林场森林防火综合治理工程建设项目进行现场竣工验收。专家组通过听取各项目汇报、现场实地踏察、查阅相关竣工档案资料并进行充分的质询讨论,一致认为项目履行基本建设程序,执行"四制"管理;建设资金使用规范,资料齐全,并通过建设行政主管部门统一组织的联合验收,确认工程满足各项设计指标,质量合格,通过竣工验收。

【吴清海率调研组到亚林中心调研】 11月22日,中纪委委员、驻农业部纪检组组长、农业部党组成员吴清海,国家林业局党组成员、副局长张永利,到亚林中心调研。吴清海认真听取亚林中心的汇报,实地考察亚林中心国家油茶良种繁育基地,充分肯定亚林中心在林业科研、绿色产业开发及带动地方经济发展等方面所作出的贡献。希望中心充分发挥平台、人才和学科优势,为国家和区域经济发展作出更大的贡献。 (李翱翔)

水　利

【概况】 2017年,市水务局紧扣全年目标任务,以"河长制"为统领,以"三个转变"为重点,圆满完成2017年各项工作任务。

全市共争取上级各类水利资金28447万元,其中防汛抗旱415万元,水系连通670万元,中小河流治理4025万元,五河治理13658万元,农村饮水安全431万元,小型农田水利5204万元,工程维养1827万元,水库除险加固360万元,圩堤应急除险1336万元,其他521万元。2017年,市本级共投入各类水利资金1950万元。

【防汛抗旱】 一是总雨量基本持平但时空分布不均。全年总降水量1581.1毫米,接近多年均值(1592.8毫米)。其中,5月平均降雨77.9毫米,比多年同期均值偏少67%;6月平均降雨418.1毫米,比多年同期均值偏多65%。二是强降雨较集中且强度大。全年共出现11次较强降雨,其中6月20日—30日持续遭遇强降雨,致使江河水位猛涨,引发山洪地质灾害。三是后期降雨不足旱情显现。7月中旬开始持续晴热高温少雨天气,导致旱情来得早,"双抢"后发展较快,9月上旬旱情加重,个别水源性缺水地区还出现人畜饮水困难。汛期全市有3个县区20个乡镇受灾,农作物受灾面积5.8万亩,受灾人口2.2万人,直接经济损失2100万元;作物因旱受灾面积1.1万亩,林果业受旱面积2.3万亩,直接经济总损失1600万元。由于各级领导重视,各项准备工作到位,应对措施得力,全市未溃一堤、未垮一坝、未发生人员伤亡、未发生城市严重内涝,最大限度地减轻洪涝灾害,圆满实现"五个确保"的防汛总目标。

【河长制工作】 2017年是新余市全面推行河长

制的第一年。新余市认真贯彻落实省委、省政府关于全面推行河长制的决策部署，紧紧围绕河长制工作目标，全力推进思路、制度、能力、行动、宣教升级，努力打造河长制升级版，有力地维护河湖健康，河湖生态环境向好趋势明显。一是思路升级，启动孔目江流域生态综合治理。出台《新余市孔目江流域生态综合治理实施方案》。实施孔目江湿地公园三期工程建设、兴建城防工程等，至年底，占地面积55.83公顷、总投资5958.73万元的孔目江湿地公园三期项目完成主体工程建设任务。二是制度升级，进一步建立完善体制机制。增设1名袁河新余段副河长，由分管农口工作的副市长担任；将袁惠渠灌区管理保护纳入河长制范围，并增设1名副市长担任市河长；增加市人社局和省袁管局为责任单位。全市建立区域与流域相结合的市、县、乡、村四级河长制组织体系，明确市级河长7人、县级河长31人、乡级河长132人、村级河长621人、巡查员或专管员502名、保洁员1791人。新制定河长制工作督查和验收等4项制度，完成市、县(区)河长制体系建立验收工作。三是能力升级，加强河湖长效保护管理。市机构编制委员会批复设立市河长办专职副主任(副县级)和河长工作科。市、县(区)、乡(镇)均结合河湖实际，组织开展"一河一策"实施方案的编制工作。全市共完成45个方案的编制，其中市级4个、县级41个。启动河长制地理信息控制平台的建设工作，初步建立运行新余市河长通，探索河长制的信息化管理方式。四是行动升级，突出问题专项整治精准发力。从2月开始，全市大力开展"保家行动"。截至12月29日，全市禁养区关停或拆迁养殖场6343家，完成总任务的100%；可、限养区关停、拆除或改造养殖场845家(关停或拆迁589家、改造256家)，完成总任务的91.5%。333座水库、2293座山塘全部退出承包养殖。取缔关停不符合产业政策、无照无证、高污染、高能耗以及"十小"企业96家，督促53家排放不达标企业完成整改任务并通过验收。全市高度重视消灭劣V类水工作，市县(区)共制定9个劣V类水治理方案，为治理劣V类水，全市投入资金17.32亿元。摸清全市规模以上入河排污口12个、规模以下入河排污口43个，其中完成审批14个、关闭封堵12个、接入市政管网4个。查处3起非法捕捞、电鱼行为。取缔非法采砂场5家，查封采砂船6艘，吊机2台。省河长办下达的32个问题清单，2017年任务全部完成。五是宣教升级，全方位营造河长制浓厚氛围。市副总河长董晓健市长在春季县级和科级培训班上宣讲河长制。市河长办还在市委党校专门举办一期全面推行河长制工作培训班，邀请省河长办专职副主任姚毅臣给160名县、乡两级河长及河长办工作人员授课，全面普及河长制工作知识。2017年，《中国水利报》《江西日报》《人民长江报》等各类媒体刊登反映新余市河长制工作的报道、信息102条。市电视台拍摄微视频《保家行动之龙门口水库纪实》和微电影《荣誉》，真实反映实行河长制以来新余为整治水环境所做的工作。

【防洪工程】　项目开工以来至2017年12月底，累计完成投资57651.8万元，其中2017年完成工程投资约15010万元；累计完成堤防60.875公里建设，其中完成防洪墙4.300公里，防洪堤56.575公里。

新开工项目：①袁河北堤(坝里至划江大桥段)工程上起划江大桥，下至坝里村的袁河北岸，总长3.333公里。项目于2017年9月开工；至12月底，完成投资约755万元。②袁河南堤(棚下至花田谭下段)工程上起棚下村，下至花田谭下村的袁河南岸，总长5.799公里。项目于2017年9月开工；至12月底，完成投资约630万元。

往年项目：2016年项目袁河南堤花田至航桥段。工程批复概算总投资为9105.35万元。项目于2016年9月开工，截至2017年12月底，主体工程完工。2015年项目：五河治理新余市城市防洪工程(袁河北堤桩号0+000至6+331天工大桥至渝州大桥段)，2015年12月3日签订监理合同、施工合同，施工合同金额为3625万元。施工单位正式进场时间为2015年12月5日，截至2017年12月底，主体工程完工。2014年项目：新余市城市防洪第四期工程城东堤桥下段河道整治工程。此次建设工程用地由市城投集团公司统一征用。工程于2014年10月13日开工建设，至2015年年底，主体工程基本完工，待验收。2013年项目：①新余市城市防洪工程炭湾里至盘古岩段城防堤。该工程列入江西省五河治理计划，2013年3月29日开工建设，工程概算总投资2797.97万元；至2014年年底，工程基本完成。2015年11月27日，组织开展合同工程完工验收。②新余市城市防洪（袁河南堤）工程。该工程为江西省五河重点段防洪应急整治工程的一段，全长1439米，2013年4月签订施工合同，施工合同金额为220.0283万元。10月20日开工建设。至2014年12月底，完成381米堤防填筑，土方约6.3万立方米，投资约96万元，其余段因为建设范围内地面现状高程因修路发生改变，路面高程达到防洪堤设计高程，故而该工程剩余段堤防未实施，待验收。③床上用品厂排涝站，进行机组调试及验收，等待竣工验收。④张家排涝站。进行机组调试及验收，等待竣工验收。⑤新屋排涝站。2014年停工。⑥航桥排涝站。2014年停工。

【病险水库除险加固】 2017年新开工项目：开工建设10座小(2)型病险水库，中央投资360万元。

竣工验收工程：2016年无新开工项目，截至2017年年底，2015年开工的29座小(2)型病险水库除险加固工程全部完成竣工验收，7座小(1)型病险水库除险加固工程全部完成单位工程验收，累计完成投资6790.59万元。

【中小河流治理】 2017年新开工工程：①渝水区蒙河新桥防洪工程位于新余市渝水区水北镇境内袁河支流蒙河中上游两岸，工程区域内涉及水北镇1个镇，工程批复概算总投资为3834.64万元。项目于2017年11月开工。②渝水区新溪乡防洪工程位于新余市渝水区新溪乡境内，袁河支流南安江下游河段。工程区涉及渝水区新溪乡及南安乡2个乡镇，工程批复概算总投资为3984.24万元。项目于2017年11月开工。

往年项目：2009—2015年全市列入建设计划的中小河流治理项目共有12个，截至2017年年底，分宜县杨桥镇城西防洪工程、渝水区南安乡防洪治理工程、分宜县洋江镇防洪工程3个项目完成竣工验收，分宜县杨桥镇（城东区）防洪工程、分宜县洞村乡防洪工程、渝水区水北镇防洪工程、渝水区鹄山乡防洪工程、仙女湖区城区防洪工程5个项目完成分部或完工验收，新余市孔目江生态经济区防洪工程、渝水区人和乡防洪工程、渝水区孔目江（下村工业平台段）河道整治工程3个项目完工待验收，新余市孔目江生态经济区欧里镇防洪工程基本完工。

【中小河流治理重点县综合整治及水系连通试点项目】 2017年无新开工项目区。往年项目：共11个项目区全部开工建设，水北项目区进行完工验收；水西、马洪、罗坊、良山、珠珊、鹄山、下村等7个项目区主体工程完工，并进行单位工程验收；南安项目区完成分部工程验收；界水、欧里等2个项目区分别完成主体工程量90%。

【城乡供水一体化工程】 2017年6月30日，在已批准的《新余市农村自来水工程规划》基础上，市发改委、市水务局联合对《新余市城乡供水一体化工程实施方案（代可研）——渝水项目区》《新余市城乡供水一体化工程实施方案（代可研）——分宜项目区》下达批复意见。批复市城乡供水一体化工程分为2个项目区、8个供水分区，总供水规模44.16万吨/日，概算总投资12.76亿元。项目区受益乡（镇、办事处）37个、村委375个、自然村2762个、农户32万户，规划供水人口118.98万人。2017年9月30日，新余市人民政府办公室印发《关于印发新余市城乡供水一体化实施方案的通知》，实施方案中明确通过两年的工程设施建设和供水管网改造，力争到2018年年底，实现全市50户以上自然村供水管网覆盖率达100%、具备通水条件的自然村当期开户率达50%、项目供水范围内自来水水质合格率达100%“三大目标”，建立“同网、同价、同质、直供到户”的城乡供水安全保障体系，确保农村居民用上安全、方便的自来水。该项目于2017年7月1日开工建设，预计2018年12月底完工。

【高效节水灌溉项目】 ①渝水区2017年高效节水示范县项目。该项目涉及罗坊镇、珠珊镇、下村镇3个乡镇的6个行政村，建设高效节水灌溉项目4000亩，其中低压管道灌溉面积1950亩，喷灌、微灌面积2050亩。工程总概算为586.1万元，其中中央补助专项资金400万元、农民自筹186.1万元。该项目于2017年10月开工建设，12月底完工。②分宜县高效节水灌溉示范工程。该项目涉及操场乡、高岚乡、双林镇、湖泽镇等7个乡镇的11个行政村，建设高效节水灌溉项目6620亩，全部采用喷灌、微灌方式。工程总概算为1062万元，其中中央补助专项资金500万元、省级资金162万元、企业自筹400万元。该项目于2017年9月开工建设，12月底完工。③新余市科森蓝莓基地高效节水灌溉项目。该项目涉及观巢镇港背村委，建设高效节水灌溉项目1623亩，采用微灌方式。工程总概算为451.94万元，其中中央补助专项资金100万元、其他投资351.94。该项目于2017年8月开工建设，12月底完工。

【农田水利基本建设】 完成2017—2018年度冬春农田水利基本建设任务。截至2018年3月底，全市各部门共投入水利建设资金7.21亿元，其中中央投资2.75亿元（其中水利口资金1.60亿元）、省级资金1.68亿元、市级资金0.46亿元、县乡资金0.75亿元、群众和社会资本投入1.57亿元。投入工日1529.3万个，出动机械台班122.2万个，完成土石方758万立方米、混凝土33.2万立方米，修复水毁工程29处，新修防渗渠道535公里，新修、加固堤防33.9公里，清淤沟渠460公里，建设村镇供水工程11处，加固水库4座、整治山塘115座。全市新增供水能力2375万立方米，新增（恢复）灌溉面积1.68万亩，改善灌溉面积5万亩，新增旱涝保收面积2.51万亩，新增节水灌溉工程面积8.38万亩，新增年节水能力1300万立方米，改造中低产田2.2万亩，治理水土流失面积24平方公里，新增供水受益人口1.63万人。

【水土保持】 全市完成31个水土保持方案（其中市直17个、县区14个，报告书27份、报告表4份）审批，确定业主单位开发建设项目防治责任范围848.71公顷，履行水土保持法定义务需水土保持投资13863.12万元；全市共完成生态修复11.4平方公里，治理水土流失面积14.1平方公里。完成7个项目的水土保持设施验收，其中配合省水保处完成2处，市本级独立完成2处，县区完成3处。配合省水土保持监督站对蒙华铁路、中电投分宜电厂扩建项目、省道S314新余河下至分宜段一级公路改建工程进行监督检查。市、县两级对生产建设项目开展水土保持监督检查共14次、30个项目。2017年，首次利用无人机对蒙华铁路、鹄山乡乌脑山矿区等项目开展水土保持监督检查。严格水保规费审核与收缴工作。全年对市职教中心食堂兼学术报告厅建设项目、渝水七小建设项目等10个项目进行减免审核，严格把关，做到应征尽收，应免则免。全市实征水土保持补偿费175.157万元，其中市本级征收127.657万元，县区征收47.500万元。着力抓好水土保持信息化建设和管理。认真做好水土保持生态建设报表；及时填报《全国水土保持重点工程管理系统》规定的上报数据；狠抓《全国水土保持监督管理系统》数据填报工作，补充完善2008—2017年10年396个生产建设项目水保方案信息的录入工作。适时开展全市水土保持规划编制工作，基本摸清全市水土流失的成因和危害，初步探讨水土流失严重区域的治理方案和措施。

【水资源管理】 新余市水生态文明城市顺利通过水利部验收。6月28日—30日，水利部就新余市水生态文明城市建设试点工作进行技术评估，12月29日，江西省人民政府与水利部对新余市水生态文明城市建设组织行政验收，专家评估组认为，新余市在城乡统筹推动水生态文明、湖泊水环境治理、南方乡村水生态建设、水库生态化养殖等方面进行有益探索,形成“强化制度建设、提升水环境质量、彰显乡村特色”的水生态文明城市建设模式,具有重要的借鉴和推广意义,示范引领作用明显,试点理念先进、布局合理、推进有序、成效明显,实现水生态文明城市建设试点整体目标,圆满完成试点工作任务,顺利通过国家验收,为新余市新增一张城市名片。继续开展地表水水质监测工作。对全市11个界河断面、1座大型水库、6座中型水库、3个饮用水源地(含分宜县)的水量水质统一实施监测,并将监测成果及时上报,较好掌握全市水环境状况。全年共受理市长热线18起、各类回复29起。抓好“保家行动”水库退养工作。至2017年5月15日,全市333座水库、2293座山塘全部退出承包养殖,水库退养工作取得阶段性成果。开展入河湖排污口专项整治。组织开展饮用水源地入河排污口排查,重点对仙女湖、孔目江2个饮用水源地排污口进行彻查。截至2017年年底,全市规模以上(日排污量300吨或年排污量10万吨)入河排污口14个,规模以下入河排污口43个。9月下旬绘制《新余市入河排污口分布图》,10月中旬制定《新余市入河排污口专项整治实施方案》,完成永清环保新余垃圾焚烧发电厂、高新区艾格菲畜牧养殖有限公司等15个入河排污口的设置审批。结合廖家江泵站提升改造工程,完成渝水区黄富老、新余一中、廖家江、通济桥下、老码头、珠珊档下、门头里、严家渡、新纺、南湖1、南湖2、通济二桥等排污口的封堵,将污水接入市政管网,进入城东污水处理厂。开展孔目江流域水生态补偿试点工作。对孔目江流域内涉及的分宜县、仙女湖区、渝水区共8个乡(镇、办)纳入水生态补偿。考核因子定为化学需氧量、氨氮和总磷3个因子,水务部门主要负责提供考核断面的水量数据,委托宜春水文局及时准确提供水量数据信息。

【水利规费征收】 全年共征收水利相关规费246.4万元,征收个人防洪保安资金120万元(2017年停征企业防洪保安资金)。

【水利改革】 大幅精简权责清单事项,截至2017年年底全局共有权责清单事项43项,精简率达71%。在全省率先推出“容缺受理”机制、率先开展市级水生态文明村试点建设、率先开展乡镇河流水质抽检。在全市率先推行“挂图作战”方法。

【水资源公报】 2017年,新余市年平均降水量1576.5毫米,比上年少8.5%,较多年平均少0.4%;自产地表水资源量30.73亿立方米,比上年少13.6%,较多年平均多5.1%;地下水资源量7.96亿立方米,比上年少30.7%;总水资源量30.73亿立方米,比上年少13.6%。

2017年,新余市有大、中型水库7座,年末蓄水总量2.36亿立方米,比上年末少0.96亿立方米。其中,大型水库1座,年末蓄水总量2.21亿立方米,比上年末少0.93亿立方米;中型水库6座,年末蓄水总量0.15亿立方米,比上年末少0.03亿立方米。

2017年,新余市总供水量与总用水量持平,为7.97亿立方米,比上年多2.4%。总供水量中地表水源7.62亿立方米,占95.6%;地下水源0.28亿立方米,占3.5%,其他水源0.07亿立方米,占0.9%。总用水量中农田灌溉用水量3.71亿立方米,占46.5%;林牧渔畜用水量0.24亿立方米,占3.0%;工业用水量3.05亿立方米,占38.3%;城镇公共用水量0.24亿立方米,占3.0%;城镇居民生活用水量0.51亿立方米,占6.3%;农村居民生活用水量0.13亿立方米,占1.6%;生态环境用水量0.09亿立方米,占1.1%。总耗水量3.49亿立方米,比上年增加2.6%,综合耗水率43.8%。

2017年新余市废、污水排放量为22852万吨(不含火电和矿坑排水),其中城镇居民生活废水3686万吨,第二产业废水18062万吨,第三产业废水1104万吨。新余市入河废污水量18281万吨,火电厂直流式冷却水排放量1475万吨,矿坑排水量1000万吨。

2017年,新余市人均拥有水资源量3011立方米,比上年少0.6%,比全省人均少37.3%;人均用水量为675立方米,比上年多1.8%,比全省人均多25.7%;万元GDP用水量72立方米,比上年少5.3%,比全省万元GDP用水量少39.5%;万元工业增加值用水量64立方米。城镇居民人均生活用水每人每日168升,农村居民人均生活用水量为每人每日98升,农田灌溉亩均用水量505立方米,农田灌溉水有效利用系数0.5,林果灌溉亩均用水量180立方米,鱼塘补水亩均用水量240立方米。

2017年新余市重要水体水质状况如下:

河流水质:全市监测评价河长为151.7公里,评价结果为:全年Ⅰ—Ⅲ类水占83.7%,劣于Ⅲ类水占16.3%,为江口水库段,主要污染物为总磷。

界河水体水质:全市评价3个界河水质监测断面,其中设区市界断面2个,县界断面1个。全年水质优于或符合Ⅲ类水的断面3个,占100.0%。

水功能区水质:全市共有11个省级水功能区,2017年全年采用全因子(GB 3838－2002中的常规指标)进行评价,全年评价11个,达标10个,达标率90.9%;采用水功能区限制纳污红线主要控制项目进行达标评价,评价项目为高锰酸盐指数(COD)和氨氮,全年评价11个,达标11个,达标率100%。

大中型水库水质:2017年1月、4月、7月、11月分别对全市1座大型水库,6座中型水库进行水质监测评价,全年水质达标水库2个,达标率28.6%,5个不达标,占71.4%。不达标水库有:江口水库,超标项目为总磷(超标0.4倍);彰湖水库,超标项目为总磷(超标0.2倍);鹄山水库,超标项目为氨氮(超标0.5倍),总磷(超标0.6倍);西坑水库,超标项目为总磷(超标0.1倍);龙门口水库,超标项目为总磷(超标0.1倍)。并对7座大中型水库进行营养状态评价。其中,全年4个中营养,占57.1%;3个富营养(均为轻度富营养),占42.9%。

主要供水水源地水质:全市3个主要供水水源地全年水质均合格。

2017年新余市人均用水量为675立方米,万元GDP(当年价)用水量72立方米,万元工业增加值(当年价)用水量64立方米(含火电),不含火电万元工业增加值用水量58立方米。农田灌溉亩均用水量505立方米,农田灌溉水有效利用系数0.5,城镇居民人均生活用水每日168升,城镇综合人均生活用水量(包括城镇公共用水量)每日248升,农村居民人均生活用水量每日98升。

【应急备用水源工程】　自2016年4月上旬的仙女湖水体污染事件发生后,为保障城市基本生活用水需求,市委、市政府成立新余市备用水源地建设领导小组。经过反复对比、科学分析,最终确定高新区狮子口水库为市备用水源地,工程批复总投资7812.22万元(不含净水管)。截至2018年3月底,由新余水务集团负责的管线部分,DN1200源水管完成管道安装7.171公里,占源水管总长的91.94%;净水管完成3.2公里,占净水管总长42.1%。由新余市投控集团负责的取水泵房及双回路动力线部分,已完成混凝土浇筑1506立方米,完成出水管常水位以下部分焊装以及进水栅安装,主体工程土建部分形象进度达85%。

(李新强)

编辑　姚　涛

商业贸易

商　务

【概况】　2017年，市商务局坚持贯彻落实中共十九大精神和习近平中国特色社会主义思想要求，紧紧围绕市委、市政府工作部署，牢牢把握商务经济发展主动权，主动适应经济发展新常态，落实市八届四次全会精神，全力以赴、攻坚克难，全力推进稳增长、调结构、强开放、惠民生等工作，全市商务经济运行平稳、稳中有进、稳中向好。

商务综合行政执法体制改革顺利实施。承担并完成省厅下达的综合行政执法体制改革任务，以市政府办名义下发《新余市商务综合行政执法体制改革试点工作实施方案》，增加市商务综合行政执法支队编制3名，增加副支队长领导职数1名。

重点突出钢铁、新能源、新材料、光电信息和装备制造等主导产业，坚持开放战略，实施招大引强，加快产业集聚；千方百计稳定外贸出口、不断优化结构；全面推进商贸流通业协调发展、积极落实商务惠民政策；积极拓展外经业务，不断推进口岸平台建设，实现商务经济平稳向好发展。全年实际使用外资金额4.35亿美元，增长9.11%，完成103.9%；实际利用省外资金2000万元项目实际进资472.42亿元，增长11.16%，完成101%；实现外贸出口85.36亿元，增长1.52%，完成100.2%；实现社会消费品零售总额269.58亿元，同比增长12.4%，完成102.1%；实现电子商务交易额347.1亿元，增长40.36%，完成100%；新批对外直接投资企业1家、增资2家，实际对外投资7748.93万美元；新余至厦门、宁波铁海联运线路共进出口集装箱3216个，增长6.7%。

【招商引资】　一是找准"切入点"，招商引资力促新旧动能转换。钢铁产业实现由"企业"到"产业"的转变。依托龙头企业新钢公司，以补链、强链为核心，引进一大批配套项目，有力地推动产业升级发展。2017年全市钢铁产业主营业务收入、利润分别完成719.9亿元、47.7亿元，分别增长23.9%、287.8%。装备制造产业打造动能转换的新引擎。依托钢铁产业前端优势，在补链强链的同时，积极打好"延伸牌"，结合全市"中国制造2025"发展规划，通过内引外联，扬优成势推动装备制造产业发展。2017年新签约5000万元以上装备制造产业项目33个，签约金额105.7亿元。投资30亿元的装备制造产业园，投资20亿元的宁夏锦绣物流装备生产等一批重大项目纷纷落户，产业涵盖电气器械及器材制造业、通用设备制造业等7个类别。二是锂电产业成为引领工业转型发展的主力军。抢抓新能源产业发展机遇，大力推进锂电新能源产业招商。引进美国雅保、科能等一批知名锂电企业到新余投资合作。全市基本打通锂矿原料至动力电池生产环节，形成以锂盐、正负极材料、电解液、隔膜、锂电池、电池外壳一条较完整的锂电池产业链。2017年锂电产业主营业务收入增长150.6%。光电信息产业谱写一段从无到有的绚丽传奇。三是光电信息产业是新余市通过承接产业转移、逐步引进、完善并发展壮大的典型代表。初步形成显示屏、电池、摄像头、外壳、配件、整机等较完整的手机触控产业链;以中游封装,下游室内照明,应用开发工程,半导体材料生产为主的LED产业配套体系。龙头企业沃格光电顺利通过中国证监会发审会审核,拟在上交所上市。以沃格、亿铂、伟恒数码等企业为代表的光电信息产业累计实现出口20.99亿元,增长39.38%,占全市出口总额的24.59%,超过钢铁产业出口量成为全市第一大出口产业。

打好"组合拳",构建多元化支撑有力的开放平台。一是园区平台成为推动工业发展的主战场。不断完善园区基础设施、配套功能,形成各具特色、互为补充的平台体系,为不同类型、不同层次企业落户提供良好条件,成为全市产业集聚和经济发展的重要载体。高新区光伏、光电信息、智能制造等8大产业集群齐发力,房地产、商贸物流、餐饮住宿等配套设施逐步健全,人气迅速集聚,成为全市产城融合发展的典范。袁河经开区依托新钢优势打造钢铁产业,积极引进钢铁精深加工、装备制造企业,成为装备制造产业基地。渝水区新兴工业产业园紧紧围绕锂电产业,成为全市锂电产业的排头兵。分宜工业园在围绕传统优势产业的同时,紧盯麻纺产业发展,正式启动全国首个以麻纺为主题的特色小镇建设。截至2017年年底,全市工业园区标准厂房总面积194万平方米,拥有企业700余家,四大园区规模以上主营业务收入、利润总额分别占全市规模以上工业的59.5%和55.1%,成为推动全市工业和经济发展的主战场。二是商协会平台架起招商引资和民生事业的连心桥。不断加强商协会建设,通过扶持商协会发展与招商引资紧密结合,招商引资与返乡创业良性互动,形成商协会蓬勃发展、返乡创业蔚然成风、民生事业相互促进的良好局面。2017年,全市有外地驻余商会12家、新余驻外商会11家,以江西、新余各地商会、企业家为重点的多方位、深层次的招商网络全面建立。依托新余驻外商会,启动实施"渝郎回乡"创业计划,推动新余在外成功人士返乡创业,2017年共签约项目61个、金额276.4亿元。大批渝郎在支持家乡经济建设的同时热心公益事业,其在颐养之家、扶贫助学、新农村建设等方面捐资近5亿元。开放合作平台成为宣传推介新余的示范窗。在北京、上海、深圳、广州以及新余本地举办20余场招商推介会,引进一大批优质项目,打造一系列区域性知名交流合作平台,成为宣传推介新余的主阵地。举办第四届中国江西麻纺博览会,让新余千年夏布这朵传统文化之花,绽放在全国的大舞台,焕发出时代气息。举办第十四届七夕情人节系列活动,成功引进中央电视台七夕晚会在仙女湖举办,使仙女湖旅游品牌的影响力和知名度得到有效提升。举办中央企业、省属企业投资新余洽谈会,通过打造交流平台,近年有23家央企、赣企签约项目落户新余,签约金额270多亿元。三是产业集群服务平台成为服务企业发展的助推器。启动电镀产业园、带钢EPS处理服务平台、赣西危废处置中心及等12个产业集群公共服务平台的建设,建成模具中心、喷涂电泳等10个平台。产业集群公共服务平台的建设,有力地推动企业降本增效和产业集聚,为新余工业经济的发展提供坚实的助力和有力保障。

增强"认同感",打造优环境促发展的新余样板。一是简政放权让"办事"变得高效便捷。在全省率先建立项目预审制度,2017年共召开市级项目预审会1次,预审项目2个,通过2个,通过率100%;县级项目预审34次,预审项目256个,通过项目198个,通过率77.34%,通关项目事先预审,设立"绿色门槛",有效抵制不良项目,同时提升项目全流程审批效率。在外贸、口岸建设方面,大力推进国际贸易"单一窗口"试点工作,化繁为简,报关覆盖率98.3%,列全省第一,得到企业的一致好评。二是完善的政府服务让新余成为投资沃土。在扶持外贸企业发展,助推外贸出口主体崛起,在严格落实外经贸发展资金、企业自营出口等原有惠企政策的基础上,建立出口退税周转金、光电信息产业同城异地采购物流补贴等一系列高质量的优惠政策。加强铁海联运扶持,2017年新余至厦门、宁波铁海联运线路共进出口集装箱3216个,增长6.7%。在融资服务方面,设立1.6亿元的还贷周转金以及10亿元的产业引导基金。14家企业获产业引导专项资金2.6亿元,市级还贷周转金帮助企业倒贷300笔、40亿元。在企业精准帮扶方面,落实“降成本、优环境”专项行动,对落户企业进行“一对一”帮扶,提供保姆式的服务,全年为企业减负30.2亿元。三是信用新余建设让政府成为诚信的标杆。强力推进信用体系建设。一方面,坚持政府带头讲信用,按照“新官要理旧事”的原则,对几年来的政府承诺的优惠政策进行梳理,对依法依规、可以落实的优惠政策,坚决督促各县区落实到位。另一方面,致力于整个社会信用体系的建设。建立企业信用与金融服务一体化平台、企业信用监管警示系统、信用新余等信用平台,2017年,新余市社会信用体系建设考核排名全省第一。率先在全省制定市本级对中小出口企业的信用保险全额支持政策。全市投保出口信用保险企业57家,实现中小企业出口全覆盖,有效化解出口企业的贸易风险。安商制度的落实让城市的气质更加彰显。坚持“营造好企业围墙外的环境,不随意干预企业围墙内的运作”的原则,扎实做好安商、亲商的各项工作。严格落实《新余市规范涉企检查规定》《新余市重大行政执法行为备案办法》、企业“宁静日”等制度,涉企检查变得更加规范,更加有序。多次开展企业周边环境整治,严厉查处破坏经济发展环境和损害投资者合法权益的各种违法行为。

【利用外资】 2017年,实际使用外资金额4.35亿美元,同比增长9.11%,完成年度目标任务。一是全力以赴完成利用外资任务。开展好外资调研工作。根据下达的外资目标任务,结合全市形势,摸底盘查外资项目和数据,对各县(区)的新增项目、待办项目和在谈项目情况作详细了解,对重点企业进行走访,及时协调解决企业遇到的困难。抓好外资调度工作。年初就对各县(区)的利用外资形势进行调查摸底,认真分析,详细掌握县(区)外资项目情况,科学合理地将全市的利用外资目标任务分解到县(区)。每月对县(区)进资情况进行排位并通报,督促县(区)按进度完成利用外资目标任务。做好外资项目的跟踪落实。强化外资项目跟踪制度,建立健全利用外资项目协调推进机制,协调市场监管局、外汇管理局和银行等涉外部门,帮助投资者解决企业设立登记各个环节的问题。推动时有企业增资扩股、并购重组。结合外资统计制度的调整,推动以外商投资企业再投资形式进资,外商投资企业再投资进资占比超过90%。其中,2016年年底美国雅保公司收购江西江锂科技有限公司项目;2017年实现外汇进资1879万美元,协助赛维公司完成破产重组。二是做好外商投资企业备案服务工作按照有关要求完善网上办事机制,全面落实企业通过网络平台免费办理事项机制,提供委托代邮备案通知书、上门预约指导等服务。定期安排窗口工作人员进行业务和法规理论学习,不断完善服务程序,规范服务行为,严格按章办事。针对县(区)商务部门外资专业人员少,工作内容杂的特点,定期组织有关人员参加业务培训,督导县(区)外资备案工作,对存在的问题及时帮助整改。三是全面做好外资企业联合年报工作和存量调查工作。全市共有99家外资企业参加2017年的外资企业联合年报。市商务局联合市财政局、市国税局、市地税局、市统计局、质监局等部门,进一步优化年报程序,简化年报手续,全面实行无纸化申报,不收取纸质材料,为企业节约时间和人力、物力成本,提高工作效率。四是积极做好招商引资工作。牵头组织新余市参加2017年赣港经贸活动、厦门投资贸易洽谈会等招商活动,推动县(区)与客商对接,活动期间新余市实现签约外资项目7个,签约金额70568万美元。

【利用内资】 一是内资项目稳步提升。通过指导、协调全市有关单位和各县区的内资项目,加强与省商务厅对接、沟通、联系,保证新余市内资良好发展。全年全市利用省外2000万元以上新合同项目211个,实际进资472.42亿元,完成年目标任务101.05%,位居全省第九、四个小设区市第二;增幅11.16%,位居全省第九、四个小设区市第三。二是项目建设有序开展。采取报表调度、现场核查、企业调研等多种方式切实推进项目建设。按省统计口径,全年全市新签约省外资金项目193个,总投资418.705亿元。其中,注册项目186个,注册率96.37%；实际进资86.86亿元，进资率20.74%；开工项目162个，开工率83.94%；投产项目65个，投产率33.68%。按市统计口径，全年全市新签约项目355个，总投资619.466亿元，实际进资186.9亿元，进资率30.17%，开工项目345个，开工率97.18%，投产项目239个，投产率67.32%。三是专业招商有成效。综合采取专门微信群、新余商务发布、《招商引资周刊》等新方式，督促各单位“走出去”“引进来”。全市成立16个市直专业招商小分队和21个市直招商引资责任单位。市直专业招商小分队全年共引进资金36亿元，完成年度目标任务112.5%。其中，新项目97个，实际进资22亿元；增续资项目24个，实际进资5.34亿元；总部经济项目14个，实际进资7.87亿元，争取上级资金项目4个，实际进资0.79亿元。责任单位小分队全年共引进资金19.08亿元，完成年度目标任务181.69%。其中，新项目52个，实际进资8.13亿元；增续资项目19个，实际进资2.065亿元；总部经济项目18个，实际进资4.14亿元；争取上级资金项目9个，实际进资4.7398亿元。此外，市光电信息产业招商小分队在谈项目共计104个，15个项目落户，总投资额达80.3亿元。其中，已投产项目5个、已开工项目13个、未开工项目2个。落户项目中，10亿元以上项目4个。四是商会组织快速发展。2017年，新成立6家商会，即新余市丰城商会、广州市江西新余商会、新余抚州商会、福建省江西新余商会、泉州新余商会、新余温州商会。截至年底，全市共有外地驻余商会、新余驻外商会23家，其中，外地驻余商会12家，新余驻外商会11家。乡镇商会建设也是如火如荼、遍地开花，2017年筹备成立9家，分别是杨桥镇潭湘村商会、欧里商会、九龙山商会、良山商会、新溪商会、河下商会、湖泽商会、安仁商会、分宜县城北商会。

【对外贸易】 2017年，全市实现外贸进出口总额182.34亿元，同比增长46.73%。进出口增幅排名全省第一。其中，进口总额96.98亿元，同比增长141.36%，进口增幅排名全省第二；实现出口总额85.36亿元，同比增长1.52%，完成年目标任务的100.2%，出口总量排名全省第九、四个小设区市第二。一是推动产业结构调整，培育外贸新增长点。2017年，大力培育沃格、雅保等光电信息、新能源企业成为出口新增长点，全力推动外贸出口平稳增长。1—12月，以沃格、亿铂、伟恒数码等企业为代表的光电信息产业累计实现出口20.99亿元，同比增长39.38%，占全市出口总额的24.59%，超过钢铁产业出口量成为新余市第一大出口产业；以赣锋锂业、雅保等企业为代表的新能源产业实现出口12.48亿元，实现同比增长4.61%；以瀚德科技、澳力特等企业为代表的装备制造产业实现出口7392万元，同比增长140.32%。二是机电产品出口持续增长。新余市机电产品出口继续保持良好的增长态势。2017年，全市机电产品出口35.4亿元，同比增长21.5%，占全市出口总值的比重由2016年的34.6%提高到41.4%。三是多措并举，助推企业开拓国际市场。为帮助外贸企业开拓国际市场抢争订单，组织全市40余家(次)外贸企业参加华交会、广交会、东盟博览会、高交会、香港电子展、美国食品展、德国电子展等境内外专业展会。2017年，全市投保出口信用保险企业57家，实现中小企业出口全覆盖，有效化解出口企业的贸易风险。四是加大宣传，帮助企业用足用好用活外贸政策。深入开展“降成本优环境专项行动政策集中宣讲活动”，3月27日，牵头举办赣西三地外贸政策宣讲会，150余家外贸企业参加会议；4月20日，召开全市出口退税政策宣讲会；5月，深入赣锋锂业、亿铂电子、法瑞新、沃格电子、凸凸科技、杰锋包装等外贸企业开展上门宣讲政策。2017年，累计争取上级资金超过600万元，其中为50余家次企业申请展会支持资金超过300万元。积极推动贸易新业态发展，出台《新余市外贸综合服务企业认定和管理办法(试行)》。五是优化服务，积极为企业解决实际困难。优化服务模式，对重点企业、重点项目实行领导负责制、部门跟进制，着重依托新材料、光电信息、麻纺织加工及特色农产品等产业支撑，积极培育外贸龙头骨干企业，带动中小企业扩大出口规模。全年，新余市生产型企业出口占比、高新技术和机电产品出口占比继续位居全省前列，连续8年入选《中国海关》杂志发布的中国外贸百强城市。

【外经口岸】 外经方面：组织企业参加98厦门投洽会、第十四届南宁东盟博览会；新增对外直接投资企业1家，增资2家，实际完成对外投资7748.93万美元。积极推动新余企业与东盟、非洲国家的产能合作，促进光伏、新材料、对外承包工程、特色农业走出去。重点是开拓以浙华公司在老挝市场为中心的东盟基础设施建设，以德谨信公司在非洲赞比亚为中心的原矿、建材、农业实体开发，江西德谨信实业有限公司在非洲赞比亚卢萨卡投资建设水泥厂项目，总投资3.5亿元，中铁二十四局集团新余工程有限公司在孟加拉达卡承包水厂管道项目，合计1.94亿元。口岸方面：成功争取省商务厅批准新余市陆路口岸查验区项目，积极协调，坚持每月上门沟通情况，及时解决口岸查验区建设中遇到的问题，截至年底，完成一期工程建设用地3.73万平方米(56亩)收储，并完成土地平整。全力推进国际贸易“单一窗口”标准版应用，成立工作领导小组，组织各县区外贸企业开展8次业务培训，强化工作调度，做到每家企业报关报检实时跟踪，实现单一窗口覆盖率双双突破90%，其中报关覆盖率获得全省一名。继续推进铁海联运工作，出台《新余市人民政府关于扶持铁海联运的若干意见》，全年，新余至厦门、宁波铁海联运线路共进出口集装箱3216个，同比增长6.7%。

【市场体系建设】 一是推进农贸市场建设改造。2017年建设改造县城区农贸市场1个，乡镇农贸市场2个，建设改造面积约7.2万平方米，投入资金约3100万元。二是市场建设。2017年重点推动华乐食品有限公司、金土地食品有限公司农产品流通设施项目、分宜县农产品批发采购交易中心等项目，投资总额达13亿元。三是农村电商建设。推进农村e邮、阿里村淘、云终端等乡镇电商服务中心和村级电商服务站点建设，完成超过20个服务中心和100个服务站点建设。分宜县电子商务交易额达64.85亿元，电商入统企业45家，电子商务从业人员2万人。通过弘毅、云中云、阿里巴巴进行电商基础及升级培训达到3920人次。四是做好汽车流通工作。2017年共审核通过526辆老旧报废汽车。对市二手车交易市场进行备案登记，全年全市二手车交易10930辆。

【市场运行监测】 全年，共发布商务预报、信息等共800余篇，其中商务部采纳30篇。与此同时，每周多渠道及时有效发布市区生活必需品每周监测报告，在《新余日报》、交通广播电台、中国新余网、新余政务微信平台共发布新余生活必需品监测报告100余篇。做好全市生活必需品市场供应应急管理工作，验收2016年猪肉活体储备任务，建立规模为200吨的市级活体生猪储备，加强生活必需品市场的监测，做好暴雨汛期及节日期间的市场保供和稳定工作，保障生活必需品市场供应充足、价格稳定，不脱销、不脱供。

【市场管理】 一是社会消费品零售总额稳定增长。社会消费品零售额完成269.58亿元，同比增长12.4%，完成年度目标任务，全省排名第四，四小设区市排名第一。2017年，全市新增限上批零住餐企业43家，退出16家，净增27家，完成年度目标任务。二是双打工作有序开展。重新调整全市打击侵犯知识产权和制售假冒伪劣商品工作领导小组成员名单，组织收听收看全国打击侵权假冒工作电视电话会议，印发《2017年新余市打击侵犯知识产权和制售假冒伪劣商品工作要点》《新余市2017年打击侵权假冒广场宣传活动方案》等文件。开展各类专项整治活动。全年开展互联网打假、成品油市场、农资打假、红盾护农等整治行动。全年共立案67起。其中，检察院批捕一起制作、销售假劣香烟案4人。抓好舆论宣传。4月26日在华润万家广场举办2017年打击侵权假冒宣传活动，商务、科技、公安、市场和质量监管等10家单位参加，活动通过成果展示、案例曝光、发放宣传材料、现场答疑等形式，向社会展示全市打击侵权假冒工作进展和成效，向广大群众宣传打击侵权假冒重要意义，提高消费者识假辨假能力，增强公众保护知识产权及维权打假意识，形成守法光荣、违法可耻的良好社会氛围。三是做好全省打击侵权假冒考核工作。12月12日—13日，省打击侵权假冒工作考核组对新余市打击侵权假冒工作进行现场考核，市政府向考核组汇报全市打击侵权假冒工作开展情况，考核组对新余的工作表示肯定。开展“老字号”活动。新余市渝州绣坊有限责任公司（注册商标“夏绣”）和江西恩达麻世纪科技股份有限公司（注册商标“恩达家纺”）2家企业成功入选江西省第三批“江西老字号”企业，全市“江西老字号”企业增至3家。组织企业参加厦门中华老字号博览会和杭州中国中华老字号精品博览会，渝州绣坊有限责任公司荣获2017厦门国际投资贸易洽谈会第一届中华老字号投资博览会“最具品牌影响”银奖。开启“第二届新余老字号”评选活动，共有19家新余企业入选。四是促进中小商贸流通企业发展。2017年，集中组织30多家家居行业的小微企业举办“中国好家居开年大聚惠”和“惠动中国·以人民的名义放价”市场开拓活动。为企业提供70余次免费的法律咨询服务，通过手机短信向近300家企业免费发送法律风险提示22期。全力开展融资服务，“互助合作基金”授信基金会员107家，贷款余额7765万元，保证金余额1242.946万元。

【开展行业整治和安全生产检查】 一是开展为期2个多月的成品油市场整治。联合公安、市场监管、消防等部门开展联合执法5次，暗访2次，出动执法人员93人次，出动车辆18辆次，执法检查加油站点、储油点及流通油罐车非法售油易发地40个，查处非法储油点2个，暂扣柴油11.31吨，拆除油罐2个，查处油罐车5辆，成效显著。二是开展新钢公司及周边地区废旧金属收购站点清理整顿。联合市公安局、市场监管局、渝水区综治办和新钢公司武保处等部门就新钢公司及周边废旧金属收购站点进行拉网式执法检查，共计出动人员30多人次，执法车辆6辆次，共检查废旧金属收购站点15家，统一登记造册，对无证收购、流窜收购的站点和人员进行重点排查，其中证照齐全的9家，异地经营的1家，异地搬迁1家，无证无照4家，收缴废钢铁约800公斤，锰铁约400公斤，铝粒子50公斤，下达整改责任通知书1份，移交公安机关进一步处理1家。三是开展典当、寄卖、融资租赁行业非法集资风险排查。重点对典当企业是否存在关联公司、非法集资和吸收存款、违规借款，质抵押手续是否齐全，有无抽逃资金、超范围经营、超比例放款等违规行为进行全面检查。通过认真排查，没有发现非法集资、吸收或变相吸收公众存款现象。四是加大对商场超市、典当拍卖、药品流通等行业安全检查工作。重点检查步步高、华润万家、沃尔玛、洪城大厦、福来乐超市、四平家电、国美电器、腾达电器等8家重点企业，严格按照省商务厅检查内容要求，做到不留盲区，不留死角。对国药控股、青春康源、便民大药房、黄庆仁大药房等8家企业和门店进行安全检查，传达省商务厅关于做好药品流通行业安全生产工作有关精神，检查消防设施配备和安全责任落实情况，总体表现良好，未发现安全隐患问题。

【电子商务】 全年完成电子商务交易额347.1亿元，同比增长40.36%。2017年，出台《新余市农村电商服务网点建设实施方案》，全市完成25个乡镇电商服务中心和173个村级电商服务站建设。一是加大培训与宣传力度。2017年。为企业提供岗位所需人才，全市学校开设电子商务专业班招收学生4000余人，人社部门认定6所电子商务培训机构。采用走出去和请进（专家）来授课的方式，加大人才培训，组织“万名电商知识普及培训工程”“网创大赛”和“校企合作培训”等活动。邀请国内知名专家到新余开展电子商务理论实践相结合的知识讲座，同时鼓励有关部门和企业走出去，积极到外面学习先进经验、参加培训活动等，培训人员达11000余人。通过开展“电子商务宣传月”活动，加强企业宣传力度，着重营造电子商务发展氛围，在省、市各类主流媒体宣传新余市电商发展环境。覆盖农村电子商务、跨境电子商务、电商培训、电商孵化、“互联网+”等多个领域，促使“创新潮”“创业潮”双潮涌动。二是电商物流效应日趋显现。2017年4月，新余市获省商务厅认定为第四批省级城市配送试点城市，该项目的实施有利于促进新余市物流合理规划和城市物流节点，优化物流配送组织方式，创新物流配送经营模式，推进现代物流技术应用，形成具有布局合理、运行高效、通畅有序、便利消费的城市配送网络体系。全市呈现“四通一达”和邮政快递，本地同城配送等多家企业共同发展局面，全年快递件共计24606万件。三是有力推进电商扶贫工程。根据市委、市政府《关于扎实推进精准扶贫工作的实施意见》精神要求，联合市扶贫办、市商务局、新余邮政公司完成全市17个贫困村电子商务服务站点建设。积极协调阿里村淘、农村E邮、云中云、益农社等电商平台向贫困村扩展，推进贫困村电商服务站点建设，推动蜜橘、茶油、米粉、玉米等农产品网上销售，17个贫困村电子商务服务站点全年销售农产品和代购交易约2000余万元，带动一批产业发展，如百丈峰大米、玉米、地瓜、米粉、火龙果、麻辣系列产品等，直接为贫困户增收创益，为贫困户创造一个可持续发展的脱贫之路。

【精准帮扶企业】 根据市政府下发的《关于精准帮扶企业营造良好环境的实施意见》文件精神，按照行业划分，由市商务局成立精准帮扶商贸专责小组。商贸专责小组帮扶联系企业10个，涉及市直部门帮扶单位有7个，分别为市商务局、市委宣传部、市农业局、市城管局、市社联、市残联、新余调查队。结合工作实际，市商贸专责小组制定帮扶办工作职责，建立帮扶工作制度、规范帮扶内容、确定帮扶单位由1名县级干部作为挂点帮扶领导和1名联络人。市商贸专责小组对照市精准帮扶办的考核办法考核各帮扶单位挂点帮扶领导和联络人，对帮扶联系工作开展情况、帮扶联系工作成效、阶段性帮扶联系工作开展情况、企业对帮扶联系工作的评价列入考核内容。市商贸专责小组要求各帮扶单位挂点帮扶领导每月深入帮扶企业至少1次，与企业沟通联系每月至少2次，了解项目建设、生产经营实情，及时协调解决项目建设、生产经营过程中遇到的困难和问题。每月8日之前将挂点帮扶企业月报表，并报送商贸组专责小组办公室，并精准帮扶工作建立台账。市商贸专责小组每月对各单位帮扶联络人进行调度，听取帮扶工作情况汇报，对存在的困难和问题进行商讨，对难于解决的问题报送市帮扶办进行集中调度解决。每季度对帮扶企业进行实地督查，听取各企业对帮扶工作的评价，并做好记录，个别企业对帮扶工作不满意的方面，立即督促帮扶单位进行整改。2017年，8位挂点市领导共深入企业14次，10个帮扶单位挂点领导共深入企业335次，平均每位领导走访企业33.5次。收集挂点帮扶企业存在的困难和问题18个，帮助企业解决问题和企业认同销号的问题共有18个，问题解决率达100%。 （胡 青）

供 销

【概况】 2017年，新余市供销合作社按照中央、省、市关于深化供销合作社综合改革的决策部署，狠抓改革任务落实，大力创新社有企业管理，积极发展农村电商，着力搭建为农综合服务平台，稳步推进重点项目建设，进一步提升农业社会化服务层次和水平。全系统在改革创新中求发展，呈现出综合实力不断增强、服务能力持续提升的良好态势，获2017年度全省供销合作社系统综合业绩考核一等奖。

【完成综合改革销号任务】 市委将深化供销合作社综合改革工作列入2017年全市改革项目库，成立农业和农村改革专项小组，确定分管副市长林愚为供销社综合改革的领衔市领导。市委书记蒋斌、市长董晓健、市委副书记曾萍、组织部部长赖国根、副市长林愚等市委、市政府领导对全市深化供销合作社综合改革工作作出重要批示，市委副书记曾萍、副市长林愚分别调研全市深化供销合作社综合改革工作，对改革工作进行部署、督察落实。市深化供销合作社综合改革领导小组建立健全综合改革督查制度,加强对县、区综合改革的督察和指导,推进改革进程。新余市社作为全市深化供销合作社综合改革牵头单位,全面推进综合改革工作。县、区供销社牵头组建的农合联完成注册,实现县级农合联全覆盖,提前完成年度销号任务。市、区社积极参与组建省供销集团的投资公司,整合利用现有资源,实现优势互补,提高企业经济效益。同时按照省供销社要求,成立新余市供销合作社社有资产管理委员会,切实加强社有资产管理。同时,市社召开新余市全面深化供销合作社综合改革新闻发布会,通过新闻媒体向全社会介绍全市全面深化供销合作社综合改革进展情况。

【多举措推进社有企业改革】 在综合改革过程中,新余市社以"企业兴,则供销强"的经营理念,大力推进社有企业改革创新。成立会计核算中心,对各企业的所有经济活动进行统一集中核算,取得良好成效。2017 年,共清收回笼资金 1160 万元,社有资产抵押率提高 25%,利息支出减少 250 万元,经营管理费用同比减少 150 万元。加快企业转型,对资产经营型企业进行再重组,面对个别企业存在经营亏损严重、银行贷款压力较大等问题,将几家纯资产经营的企业全部合并到资产管理公司,实行几块牌子、一套人马管理。对业务经营型企业进行经营方式创新,一家低效运转的企业经营考核指标由原来的每年 14 万元增加到 70.5 万元。对一家传统业务经营亏损企业采取"休克"疗法"止血",业务经营得到巩固,扭亏为盈,年新增效益 75 万元。提升企业资产收益,市社直属企业市新合作资产管理公司腾空 2 层办公楼用于出租,每年增加租金收入 40 余万元。市同盛实业集团有限责任公司处置部分资产,减少企业负债 1000 万元,市优质农产品批发市场二期出租率同比增长 15%,总出租率达 93.2%,租金收益每年增加 40 余万元。优化企业人才队伍,对市社直属企业员工实行定员定岗、竞争上岗,建立"能者上,劣者下"用人机制,裁减企业用工 29 人,占企业总人数的 39%,有效解决企业人员结构不合理、人浮于事等问题,降低企业运行成本。

【稳步推进农村电商发展】 全市供销社大力推进农村电商发展,牵头组建全市首家农村电子商务协会,打造分宜县供销电商服务中心、新余微联盟商城"两大网络平台",并实现与全国供销总社"供销 e 家"的对接,全系统建立 136 个村级电商服务站,助推"农产品进城,工业品下乡"。分宜县社的江西莱东家电子商务有限公司以"电子商务平台+农民专业合作社+安全检测+连锁配送"生鲜直营模式,为当地农村种、养殖户提供直接、便利的销售渠道,为城市居民提供安全、新鲜、优质、优价的生鲜食品,让农民与消费者多方受益,化解本地农产品销售难题。2017 年,"莱东家生鲜电商项目"被列为县政府重点建设项目加以扶持。总投资3000 万元的"莱东家二期"于 2017 年 10 月中旬正式开工,并申报 2018 年分宜县重点工程项目。

【搭建为农综合服务平台】 全系统积极搭建农村综合服务平台,不断提高农业现代化水平,努力在促进农业增效、农民增收上发挥作用。分宜县社组建县级惠农服务公司,通过承接农业部门农业社会化服务体系项目建设任务,新增 1000 多万元的稻谷烘干及其他农技设备。分宜县社组建的钤山、洋江惠农服务中心托管 1.2 万多亩良田,并将大田托管与推广优质水稻相结合,每年可生产优质水稻 75 多万公斤,为当地农户增收 200 多万元。洋江镇惠农服务中心大力开展优质水稻品牌推介,举办"分宜县首届稻花节",广泛开展订单农业。钤山镇惠农服务中心建立微信公众号为广大农民提供信息服务。并购置 5 台大型农机,水稻收割价格每亩比市场价格优惠 5—10 元,仅此一项每年为农民减少 10 万余元。该惠农中心与申通、圆通等 5 家快递公司合作,投资 10 万余元打通从全国各地物流直通县城至钤山镇的农村电商物流通道。渝水区社投资 100 多万元新建罗坊供销社惠农服务中心与民钰种养等 8 个农民专业合作社合作,在罗坊镇建立 46 个农村综合便民服务点。市社直属企业市新合作农资连锁有限公司充分发挥农资供应主渠道作用，严把商品质量关，全力做好全市农资商品的组织供应服务工作。该企业被中国农业生产资料流通协会评为2016年度中国农资流通企业综合竞争力百强企业。

【提升基层组织服务功能】 全市供销社系统完成13个基层社改造提升，其中渝水区社投资100多万元在罗坊供销社老酒厂地块新建5间店铺，5间办公用房，并成功申报省社2016年度江西省现代流通服务建设引导资金50万元。全系统新领办创办农民专业合作社13个，培育省级示范社6个。民钰种养农民专业合作社被省供销社确定为全省3家农民专业合作社资金信用互助试点单位之一，取得江西省农民专业合作社信用互助业务资格认定书，并开展社员资金互助业务，互助金额达577万元，惠及社员116户，有效解决社员生产资金短缺及贷款难、贷款贵的问题。

【重点建设项目稳步推进】 新余市社直属企业市再生资源公司总投资28977万元的再生资源深加工及废金属综合利用项目进展顺利，一期积极开展业务，占地面积5万平方米(75亩)的二期固体废弃物综合利用项目主体工程完工。同时，公司利用项目场地，将全市30多户废旧塑料回收加工经营大户全部纳入基地集中统一管理，全面规范废旧塑料回收加工业务，防止二次污染，保护生态环境。2017年，该公司获国家废钢铁加工行业准入资格。

【精准扶贫有实效】 新余市社根据市委、市政府有关加强扶贫帮扶工作的文件精神，制定帮扶方案，明确目标，责任到人，对"一对一"帮扶贫困户的致贫原因进行分析，了解当地的产业、资源特点，种、养传统和优势，引进蔬果大棚等产业项目，市社投入产业帮扶资金11.5万元，由"输血型"扶贫向"造血"扶贫转变。分宜县社为帮助双林镇建设村摆脱贫困村帽子，指导下属江西菜东家电子商务有限公司，结合公司电商优势，对建设村种植优质农产品走向广阔市场进行详细策划，从产品种植、管理，到产品上市的包装与销售，制定既走高端路线又走本地市场的全程帮扶方案，并免费提供价值1.4万余元的农产品包装箱，使建设村的优质农产品产品摆脱叫好不叫座的困境，帮助村民走上共同富裕之路。渝水区社通过打造"合作金融+精准扶贫""合作金融+产业扶贫"等多元化合作金融服务模式，招募贫困户设立8个综合经营扶贫站，切实解决当地贫困户资金缺乏，因为残疾等各种原因创业、就业难等困难，有效提升贫困户的"造血"功能。

(熊文珍)

粮　食

【概况】 截至年底，全市粮食行业有机构34个，从业人员1701人。其中，行政、事业单位7个、国有企业6个，共593人；民营企业21个，共1108人。全市现有粮食仓库404座，仓容(稻谷)6.86亿公斤(其中地方国有粮食企业3.95亿公斤、中储粮企业1.65亿公斤、民营企业1.26亿公斤)。2017年，全市粮食系统努力践行为耕者谋利，为食者造福，为业者护航的行业服务宗旨，认真履责保粮安，自我加压促改革，主动作为兴粮业，强化服务惠粮农，粮食流通改革发展取得良好成效。

【全面提升粮食安全保障能力】 认真履行粮食流通监管职责，落实国家粮食收购政策，发挥国有粮食企业主渠道作用，开展预约收购、订单收购，确保农民余粮应收尽收，全市收购稻谷1.65亿公斤。牵头落实市粮食安全责任制考核办公室工作职责，发挥考核"指挥棒"作用，促进粮食安全保障体系不断完善，全市新增仓容1000万公斤；市、县(区)级粮食实物储备2550万公斤、市级食用植物油储备70万公斤全部落实；建立粮油应急保障配送中心5个、应急供应网点37个、应急加工企业5家，实现1县3区全覆盖；建立超标粮食处置长效机制，地方临储粮处置全程监管，确保不流入口粮市场，全市共处置地方临储粮6000万公斤；全面开展粮食安全隐患"大排查、快整治、严执法"集中行动，规范“双随机一公开”检查，市粮食局、农发行新余市分行、中储粮新余直属库联合建立《全市政策性粮食巡查制度》，开展全市粮食库存检查，在企业全面自查基础上，随机抽查全市50%的库点，33.1%的粮食库存量，总体上账实相符、储存安全。

【实现粮食产后服务体系全覆盖】 出台《新余市粮食产后服务体系建设实施意见》，组织各地抢抓机遇，在全省先行先试，建设粮食产后服务体系，从“开门收粮”向“五代服务”（代清理、代干燥、代储存、代加工、代销售）转变。渝水区通过全省竞争性参评，获批“粮食产后服务中心推进县”项目，粮食产后服务中心（7个）集中度位列全省第一，“五代服务”辐射全市。积极引导社会资本有序发展粮食烘干产业，全市建立专业化烘干企业40余家，粮食年烘干量达1.25亿公斤，直接为农民节粮减损1000余万元。在全省率先建立高水分粮收储机制，为符合条件的种粮大户、烘干企业开辟售粮绿色通道。新粮公司牵头成立新余市粮食烘干产业协会，互相监督加强自律，合理议价收购农民高水分粮，拒收“黑心粮”，解决种粮农民粮食整晒难、存储难、销售难等问题，受到广泛好评。

【在全省率先实施国有粮企二次改革】 对市直5家国有粮食企业进行整合重组，组建新余粮油发展有限责任公司，下设粮油收储、粮油贸易、仓储物流、粮油工业、资产营运5家分公司，实行统一财务核算、经营管理和制度管控。企业管理体制机制实现根本变革，建立法人治理结构，制定绩效考核、薪酬分配、人事管理等制度办法；企业资产实力得到增强，一批历史遗留问题，特别是一些久拖未决的“糊涂工程”得到妥善解决，盘活闲置资产3000余万元；企业经营能力明显提高，由原粮收储“一进一出”向“产购储加销”全产业链拓展，“四五六”（四个项目、五项计划、六项举措）新粮产业振兴行动开始逐步实施。仙女湖区农工局积极谋划区内粮食企业跟进市直国有粮企二次改革，为企业寻求发展之途。

2017年6月26日，新余粮油发展有限责任公司举行开业揭牌仪式

【培育产业主体促进粮油经济发展】 积极引导粮食企业适应粮食供给侧结构性改革新要求，对接国家“优质粮食工程”，落实“江西好粮油”行动计划，启动新余“好粮油行动”行动计划，组织新余南方粮食交易市场新余市分会场迁址并建立优质粮油电商平台，开展全市优质粮油集中展示，为增加优质粮油有效供给，建立“优粮优价”交易机制奠定扎实基础。积极扶持粮食龙头企业做优做强，新粮公司与天晟农业、雨禾农业合作建设粮源基地7000余亩，在南安乡通过土地流转再扩大粮源基地工作取得实质性进展，试产的“南安大米”投入市场获得良好口碑；引进广东亚通物流在新余合作设立分公司达成初步协议。金土地成为中国大米加工企业50强，重启大米加工业。天欣源油茶与赣岭茶油实现产销对接。全市粮油加工业总产值、销售收入均突破26亿元，提前完成“十三五”目标。

【项目申报工作】 组织专人密切跟踪，跑省赴京，加强项目申报对接。经省、国家有关部门逐级认定，4个项目落地，可争取上级资金1.02亿元。其中，渝水区“粮食产后服务中心推进县”项目(7个产后服务中心)1750万元；渝水区“中国好粮油”行动示范县项目7000万元；分宜县、渝水区粮油质检中心项目600万元；全市粮食系统27个粮库“智慧粮仓”项目850万元。正在申报项目2个。其中，项目拟结合市第三粮库退城进郊，打造粮食应急储备、冷链物流、主熟食加工等9个板块，构建军民融合粮食产业体系，新粮公司与仙女湖区管委会签订项目合作建设框架协议书。 （胡娇娇）

石　油

【概况】 2017年，面对主要竞争对手和市场发生的根本性变化，中国石化销售有限公司江西新余石油分公司坚持构建零售大格局，坚持量效综合平衡，果断理性参与竞争。全年实现经营总量完成年度计划的102%。零售量完成年度计划的101%。直分销完成年度计划的105%。非油品销售同比增长40%，完成年度计划的112%。全年实现报表利润完成年度计划的105%。人均收入同比增幅全省平均水平，基层一线员工人均收入同比增幅高于公司平均水平，保持薪酬增长态势。积极推进《新余市人民政府与中国石化销售有限公司江西石油分公司战略合作框架协议》落地，筹备与新余投资控股集团有限公司成立合资合作公司，保持网络发展优势。全力护航中共十九大顺利召开，全年未发生安全、环保、质量、数量、“小金库”等方面上报等级事故(件)、未发生进京赴昌上访和负面舆情。获新余市2017年“服务经济发展奖”。

【竞争“三部曲”量效兼顾】 一是突出零售核心。汽油方面，开展与第三方合作、会员制营销、限时优惠、加油赠送洗车券、加油卡“五进”等专项营销活动，稳量增量效果明显。全年汽油零售销量同比增长8%。调整高标号汽油加油机布局，增加高标号汽油加油枪。全年高标号汽油零售销量同比增长21%。柴油方面，开展点对点竞争，21座加油站开展差别化经营，最高优惠幅度1.3元/升。采取定站定枪定价、非车轮子灌桶、加油卡积分优惠等方式开展精准营销。加大柴油联名卡推广力度，发卡2702张，累计消费突破2500吨。竞争“三部曲”从第一部逐步向第二部、第三部转变。获零售量月度先进红旗1面。市场整顿方面，多次向市领导以及有关职能部门汇报工作，出人出钱出物，全力配合政府加强市场整顿。配合政府查扣非法经营小配送车38辆、非法储油窝点9个、企业私设自备油罐2个；罚没油品242吨，处罚金额14万元。二是抓住直分销关键。2017年直分销的关键是卖好油，把油卖出好价格、卖出好销量、卖出好效益。在巩固现有市场、柴油销售的同时，紧盯社会加油站等中间客户，扩大汽油销售。获直分销月度先进红旗2面。

【非油品业务初具规模】 规范铺货陈列，做实门店销售业务，做好卓玛泉、尾气处理液、燃油宝、赖茅等核心商品销售。实现基础品类营业额同比增幅27%，毛利额同比增幅41%，重点商品营业额同比增幅46%。仙女湖第二加油站便利店获得“最美收银台陈列奖”。新增渝水新欣、渝水第九等2座爱义行汽服门店、樟树河东整车销售站点投营。分宜昌山、分宜洪阳等2座宝利德汽服门店安装自助洗车机。充分利用30座加油站进出口、围墙等闲置位置，拓展广告业务。推广江西石油微信营销平台，加大推广微信业务，开启微信吸粉工作，调动顾客关注度，注册会员约4.4万人，绑卡会员约1.8万人。开展油非互促、电子券、微信卡券等活动，提高顾客回头率。获非油品营业额月度先进红旗1面。

【拓展合作新模式】 积极落实省政府《支持中国石化江西石油分公司销售网络发展协调会议纪要》、省公司熊墨宥书记和新余市市长董晓健会谈精神，《新余市人民政府与中国石化销售有限公司江西石油分公司战略合作框架协议》全部完成前期工作，待双方签字生效。新余新阳、分宜东兴等2座新建站均完成主体结构，油罐安装到位；樟树仁大加油站破土动工；樟树阁山加油站正在办理施工许可。9月30日取得渝州加气站燃气经营许可证；樟树大桥加气站通过施工许可，待省公司投资批复。统筹推进加油站双层罐综合改造工作。截至年底，完成22座加油站双层罐综合改造工作。

【压实安全环保“六个必”】 践行安全首位意识，抓好安全环保“六个必”责任落实，营造安全工作齐抓共管的氛围。扎实开展“强三基、反三违”“设备管理提升年”“我为安全做诊断”等主题活动，狠抓风险识别、隐患排查，落实治理、整改措施，从严考核问责追责，保持企业安全平稳发展。全年签订《HSE管理目标责任状》6份、《安全承诺书》579份；开展HSE教育培训1004人次，开展应急演练705次；收到诊断建议4014条，采纳394条，奖励14400元；开展督检查56次，综合性检查11次，共查出问题975条，立行立改问题932条，整改率达96%；检测职业危害因素，组织451名员工进行职业健康体检；油品出入库检测1737批次，加油站抽检油品375批次，抽检率、合格率均为100%；HSE考核36人，处罚金额10300元。

【聚焦执行力改进机关作风】 扎实开展执行力提升年活动和改进机关作风建设工作，10月底出台《新余石油分公司机关员工绩效考核办法》，实现考核全覆盖。稳步推进“三项制度”改革，新增委托站6座，累计达35座，其中“家庭承包”站4座；修订完善《新余石油分公司2017年加油站月度绩效考核办法》，让一线员工知道自己每加1吨油所获取的报酬。圆满完成公务用车改革，核减公务车7辆。全员落实“一降一控”目标，公务性支出连续5年保持下降态势。6月底仙女湖油库开通铁路专用线，实现铁路一次物流入库，辐射宜春、萍乡98号汽油供应。樟树中心油库增设2个汽油发油货位，解决发油瓶颈。及时复测、核减运距，降低运费。获物流运行月度先进红旗1面和利润月度先进红旗1面。加快推进计量自动化管理，所有加油站实现地罐交接。推广实施现场督查管理系统，实现督查时间、地点、内容、整改情况电子痕迹化管理。顺利完成樟树油库家属区“四供一业”分离移交工作。选拔7名75后主任助理及经理助理，打通员工晋升通道。通过竞聘，强化加油站站长和直分销客户经理队伍，淘汰6名站长和2名客户经理，选拔4名基层表现优秀的大学生担任站长。积极推进“师带徒”、技术比武和技能鉴定及职称评审等工作。

【狠抓党建促稳定】 掀起学习宣传贯彻中共十九大精神热潮，引导广大党员干部自觉把思想和行动统一到中共十九大精神上来。推进“两学一做”学习教育常态化制度化工作，细化实施方案和计划表。认真落实“三会一课”，严肃组织生活。全力推进“转观念、勇担当、创效益”专题讨论，收集讨论撰稿19篇。持续开展“齐心协力抓经营”系列活动，围绕春运市场“抢量抢效当先锋”。将党建工作考核结果列入基层班子考核，占比为20%。按照“9+2”标准化建设要求，将渝水石油党支部打造为分公司示范党支部。新余石油获新余市“2016年度市直单位党建工作优秀单位”称号。分层级落实党建工作责任,将党委7项主体责任、落实“一岗双责”工作分别细化为19条和15项,签订《党风廉政建设责任状》158份。在系统内外媒体上刊稿596篇,未出现重大负面舆情。举办“探秘智慧能源”公众开放日活动。开展“走基层、访万家”“真困难、真帮助”活动,看望慰问困难职工54人次,发放各类帮扶资金共计8.4万元。仙女湖石油团支部获“全国五四红旗团支部”称号。做好西南角职工住房拆迁置换工作,协调职工安置和相应补偿费用。在中共十九大召开期间、各种重要和特殊敏感时期未发生进京赴昌上访事件。获2017年新余市“劳动关系和谐企业”称号。

(陈　文)

烟　草

【概况】 2017年,全市烟草系统紧紧围绕全市中心工作和省局(公司)工作会确定的“三个层次”目标定位,咬住“二三七”目标和“三个位次前移”新要求,克服年初卷烟市场低迷、年中机构调整和全年市场假烟频现等阶段性矛盾和重重困难,加快专卖、营销、管理的“三个转型”和强化党建工作,全体干部职工认清形势、团结进取、迎难而上,提高执行力,提升工作效能,全面完成年度各项工作目标,实现新余烟草新作为。全年实现税利4.38亿元,同比增长9.63%,增幅高于全省平均水平4.31个百分点,增幅排全省系统第二;实现税金(含企业所得税)31618万元,同比增长11.37%。

【党建引领添动力】 牢固树立“抓好党建是最大政绩”的观念,强化党是领导一切的意识,重视党建,抓实党建。强化政治理论学习,强化基层党的建设。完善全市系统落实基层党建工作责任制考核办法、党员领导干部基层联系点制度,开展“提高执行力、党员作表率”主题活动,积极参与共产党员示范市创建活动,完成党建工作总体要求写入公司章程,健全党建工作部门。经市直机关工委批准成立市局机关党委并选举产生第一届机关党委和机关纪委,设置党建工作科,撤销城区局支部。各基层党组织贯彻落实基层党建“五化”要求,开展“先锋创绩”活动,推动在职党员回归社区工作落到实处;扎实开展新农村援建和精准扶贫工作,全市系统共投入扶贫帮困资金32万余元,共帮扶64户,实现11户脱贫。

【专卖转型净市场】 树立向专卖管理要市场、要销量、要效益的理念,强化既重案件查办更重市场管理的观念,专卖管理实现3个转型:“单兵”作战向联合执法转型、一般性监管向重点区域监管转型、日常查处向市场管控转型;在全市系统编织监管网,快速应对市场管控的新变化,发挥市场管控体系导向作用,形成“守土有责、管好市场”共识,各类专卖案件指标和判刑人数相比往年大幅提高,市场管控水平明显提升。全市共查处案件数量1215起,同比增长31.07%。其中,5万元以上大要案23起,同比增长21.1%;查获非法卷烟652万支,同比增长53.9%(其中查获假烟数量296.52万支,同比增长23倍);破获1起国标网络案件和1起省标网络案件,刑拘13人,取保候审1人,网上追逃1人,逮捕8人,判刑7人。

【营销转型育品牌】 2017年,市公司紧紧围绕经济运行核心指标,做好品牌培育、卷烟销售工作,实现营销服务思想、营销职能、品牌培育机制3个转型,加强网建基础、突出品牌培育、推进网格化建设,经济运行质量不断提升。全市系统卷烟销售实现42644箱,同比增长3.67%;省产烟销售13054箱,同比增长26.41%;“金圣”系列销量8595箱,同比增长41.98%。

【管理转型抓精益】 企业管理从粗放式向精益化转型,着力在员工队伍建设、人力配置优化、薪酬改革激励、成本费用管控、制度闭环建设、考核引领作用、科技创新等方面系统性发力,依据质量体系标准,筑牢管理基础,充分发挥好对标指标的标杆作用为目标的实现而服务。既注重年度结果考核更注重月度过程把控，强化经济运行质量提升和基础工作考核的监督作用。对标指标持续改善，11项对标指标中8项指标优于去年同期水平，有4项指标全省排名前5名；物流综合指标全省进位3名。持续开展精益管理创新，全市系统取得获得软件著作权1项，实用新型专利1项。

（彭　欣）

盐　业

【概况】 根据国务院〔2017〕211号和〔2017〕460号文件精神，盐行业进入市场化的快车道，市场管理、销售由盐业公司包揽的体制已经打破，政企分开、管办分离势在必行。新余公司于2016年1月进行改制工作，干部和员工进行身份置换，形成干部能上能下，员工能进能出的用人机制，增强企竞争力活力和适应市场变化的经营模式。深入开展，增品种、提品质、创品牌的"三品战略"，以食盐物流配送为龙头，积极开展"店达"销售业务，食盐碘盐合格率，食用碘盐覆盖率取得新进展。2017年12月26日国务院出台《食盐专营》管理办法，为加强食盐管理，保障食盐加碘工作有效实施，确保食盐质量安全和供安全，保护人民群众身体健康打下坚实基础。

为加快盐业转型发展，顺应盐业新形势的发展，2017年12月新余盐业公司与樟树盐业分公司2个地市级公司进行合并，新余公司的辖区较之前扩大3倍，包括新余市（分宜县）、樟树市、丰城市、新干县、峡江县。2017年，员工80多人，辖区人口350万人。公司下辖5个盐业配送站，即新余盐业配送站、分宜盐业配送站、樟树盐业配送站、丰城盐业配送站、新干盐业配送站、峡江盐业配送站。为打造物流配送一体经营方式，新余盐业公司于2015年11月动工，投资1300万元，在高新开发区兴建1789.92平方米办公楼1栋，2560.88平方米仓库1栋。集办公物流配送于一体。该项目于2016年8月竣工。2017年1月投入使用。

积极开展店达业务。一是调整内设机构，加强区域管理，全面推进"店达"业务。随着江盐华康店达业务的推进和运行，积极推进店达业务加盟商建店开发、食盐销售、非盐产品营销工作，进一步优化现有渠道，提升江盐华康的品牌效应，打造江盐华康"三品战略"。二是加强业务培训，提高业务素质。多批次派员参加江盐华康组织安排的店达业务培训。通过培训，为打造华康"店达商城"生活家，推进渠道品牌建设，掌握营销方法、智巧，提升自身业务素质打下良好基础。三是推进"店达"业务工作，为企业发展助力。店达业务工作是江盐华康新的一项工作内容，也是江盐华康实施渠道再开发优化整合和企业转型发展的一个重要的步骤。新余公司店达业务工作在公司领导的重视下按照江盐华康总部的要求正在扎实推进。鉴于盐业完全市场化，新余盐业公司对全市盐产品不再统购统销，其生产经营情况不能反映全市盐业发展状况，故本年鉴对新余盐业的记载截止于2017年12月底。

（胡建民）

编辑：傅媛媛

经济管理与监督

计划管理和经济调节

【概况】 2017年,全市发改系统始终坚持稳中求进工作总基调,适应新常态,贯彻新理念,应对新挑战,纵深推进供给侧结构性改革、"三区两典范"等方针政策,在稳增长、调结构、促改革、惠民生等方面采取一系列措施和办法。

2017年,全市主要指标全面完成预期目标;转型升级步伐加快,三次产业比重为6:50.4:43.6,第三产业占比较上年度提高1.8个百分点,规上工业实现利润增长57%,工业经济综合效益指数提高59个百分点,增幅均列全省首位;重点项目连续两年保持高速增长;争取资金政策踏上新台阶,获23项国家、省级政策;"降成本优环境"专项行动被省发改委评为第二名;生态工作成绩斐然,73项生态文明重点工作顺利推进,合同环境服务第三方治理获省长刘奇点赞。全市经济社会发展稳中有进、稳中向好、稳中提质。

【主要经济指标运行上升】 发挥发改部门牵头抓总作用,逐项分析、逐月调度,经济运行向好的发展趋势进一步巩固,12项主要经济指标全面完成年初预期目标,形势好于2016年。全年生产总值达1108.5亿元,增长8.5%;财政总收入144.2亿元,增长5.1%;规模以上工业增加值增长8.5%,规模以上工业主营业务收入1508.1亿元,增长19%;固定资产投资1035亿元,增长12.3%;社会消费品零售总额269.6亿元,增长12.4%;出口总额85.4亿元,增长1.5%;实际利用外资4.35亿美元,增长9.1%,省外2000万元以上项目资金472.4亿元,增长11.2%;城镇居民人均可支配收入34775元、增长8.1%,农村居民人均可支配收入16581元、增长9.1%;居民消费价格指数涨幅2%,完成3%以内的控制目标。着力抓电煤储备、抓运行调度,保障能源稳定,2017年夏季新余市电力负荷再创新高,但未出现拉闸限电,未发生大面积停电、电网瓦解等事故,成功应对电力迎峰度夏、气电迎峰度冬的考验。

【重点项目建设】 在2016年打赢"翻身仗"的基础上,2017年项目个数较2016年增长6%,总投资增长44%,年度计划投资增长31%,均创近年来新高。过10亿元的项目有19个,过5亿元的项目有39个,过亿元的项目有108个,列入省重点的项目有11个。城乡供水一体化、江西雅保、江西科能、赣锋锂业、木林森、绿起公园等一批重大项目建设推进顺利。全系统服务项目意识更强,县区和责任部门的比拼意识更强,投资近50亿元的分宜电厂扩建项目在"11·24"丰电事故导致江西省火电项目全部停工的严峻形势下取得延期开工批复,并于9月8日全面复工建设;投资近40亿元的环城路项目第一时间获得省发改委批复;应急备用水源建设项目第一时间审批;蒙华公司新余综合基地落户并于年内建成,累计投资2.4亿元;新余煤储基地成功招商,内蒙古世林集团拟投资10亿元打造蒙华铁路江西境内唯一煤储基地;蒙华铁路新余段红线内征迁工作完成,争取红线外房屋纳入征迁范围，获得1.4亿征迁安置资金；新吉铁路纳入全省城际网规划并完成预可研工作；大唐新电二期项目获延期开工批复；分宜通用机场列入省规划；等等，一大批重大项目和事项顺利推进。

【“三争”工作】 将“三争”工作纳入委内绩效考核，鼓励勤争多跑，干部争资跑项的热情高涨，共争取各类上级资金24.12亿元。其中，争取到上级无偿补助资金10.22亿元，同比增长34%，创近年来新高；渝水区城投获准发行城市地下综合管廊专项债券13.9亿元，创近年来单笔发债额度新高；市城投集团成功发行6亿元新钢棚户区改造收益债券。此外，共争取到赣锋锂业国家级企业技术中心、渝水区获省级循环经济示范县、高新区军民融合智能装备制造产业基地等23项国家、省级政策，一大批好政策增添新余市发展的底气。

【深化重点领域改革】 供给侧结构性改革纵深推进。“降成本优环境”专项行动被省发改委评为设区市第二名，抓好省100条和新30条政策落地见效，全年为企业减负30.2亿元。开展政策宣讲2000余场次，编印政策咨询联系表，企业帮扶APP正式上线，为企业解决困难644件，解决率84.3%，企业普遍反映得到实惠。去产能工作稳步推进，分宜2对煤矿、仙女湖3对煤矿经过省、市、县三级验收，全部关闭到位；新特板簧、分宜龙鼎地条钢生产设备拆除到位。新宜吉六县跨行政区转型合作顺利推进，经省领导同意，省发改委正式印发实施方案。价格改革持续深化。公立医院综合改革走在全省前列，获国务院副总理刘延东、时任省长刘奇的肯定批示，调整公立医疗服务价格1723项。实行差别化机动车停放管理收费政策。农业综合水价改革走在全省前列，城区居民生活用水全部实行阶梯水价。电力、天然气价格改革进展顺利，输配电价改革为企业降低每千瓦时0.040—0.045元用电成本。深化“放管服”改革，对各项行政审批事项进行减“证”便民服务，缩减申请材料20%，使流程优化提速30%，承诺期限压缩50%。社会信用体系建设措施得力，起草守信激励和失信惩戒的实施方案及实施细则，社会组织和企业信用体系建设基本完成，企业信用平台正式上线。户籍制度改革取得成效，户籍人口城镇化率提高1.7个百分点，达42.3%，转户2.3万人。

【生态文明建设】 充分发挥“牵头人”“指挥员”“战斗员”3个角色作用，重点做好发展绿色产业、整治突出环境问题、创新生态制度3篇文章，牵头推进73项生态文明重点工作。生态创建成效显著，“十二五”节能、能耗总量和强度双控、控制温室气体排放3项考核获省政府通报表扬，万元GDP能耗预计下降4%，超额完成省下达任务，分宜县列入省级绿色低碳示范县，渝水区列为全省生态文明示范区。“蓝天”“保家”两大行动攻坚战役获得阶段胜利，水生态文明试点通过国家技术验收，领导干部自然资源资产审计在央视刊播，罗坊循环农业推广加快，全国农业能源现场会在渝水区召开，合同环境服务第三方治理获省长刘奇点赞，城乡污水处理、渝水区垃圾分类试点、孔目江流域补偿改革等事项顺利推进。

【推进新旧动能接续转换】 深入贯彻新发展理念，出台实施《加快发展新经济培育新动能的实施意见》，建立“1+7”工作推进机制，产业结构得以优化，第三产业增加值增长9.3%，占GDP比重达43.6%，较上年度提高1.8个百分点，新增规模以上服务业企业21户。以项目建设为抓手，将新经济新动能项目优先列入全市重点项目建设计划，推动新经济项目117个、总投资422亿元、年度计划投资140亿元，占市重点项目比重均超过半数，各项要素向新经济聚集。新制造、新服务、绿色、智慧、分享五大经济领域齐头并进，形成“4+X”新型产业体系，新动能培育实现“多点开花”。在新经济的带动下，全市规上工业实现利润增长57%，工业经济综合效益指数提高59个百分点，增幅均列全省首位。赣锋锂业国家级企业技术中心以及沃格光电、盛泰光学、分宜亚林中心3家省级工程研究中心获国家和省认定。建成模具制造中心、LED检测中心等10个产业集群公共服务平台。大力推进乡村振兴战略。1个区、3个乡镇、40个村委获省级产业融合试点示范。“双创”深入实施,科技创新载体建设得到进一步加强,新增省级工程技术研究中心3家,重点实验室2家,新认定高新技术企业13家,赣锋锂业、沃格光电分别入选国家知识产权示范和优势企业。

【推进惠民利民工程】 光伏扶贫、生态扶贫等行业扶贫稳步推进,34个省级贫困村100千瓦光伏扶贫电站全部并网发电,共计3.4兆瓦。大力推进民生项目,争取社会事业项目资金3000万元,修建学校、足球场、敬老院等民生场所7个,分宜二医院、高新一中等项目推进顺利;争取保障性住房资金1.6亿元,用于6053套新建保障性住房配套基础设施。 (王 信)

价格管理

【概况】 2017年,全市价格工作紧扣稳中求进的工作总基调,围绕全市经济社会发展大局,认真履职,充分发挥价格杠杆在保增长、扩内需、调结构中的重要作用,积极稳妥推进价格机制改革,着力化解民生价格矛盾,优化发展环境,保持市场物价基本稳定,全年居民消费价格总水平(CPI)上涨2.0%与全省持平,在全省十一个设区市从高到低排列居第六位,处中等水平,实现省下达新余市3%以内的物价调控目标。启动价格上涨联动机制,有效应对市场价格波动,对低保对象等四类人员发放价格临时补贴67.6万元,对困难群众用水、电、气价格优惠214万元。全年共完成涉案物品价格认定119件,标的额2600余万元。“12358”价格举报平台全年受理案件251件,办结率达100%。

【有效调控“菜篮子”价格】 针对市场“菜篮子”价格偏高,市发改委发挥价格调节基金“四两拨千斤”的作用,经市政府批准,整合启用价格基金300万元,对全市5家大型蔬菜标准园及蔬菜加工、仓储、冷链和市城10个蔬菜生产基地59家鲜活农产品直销店及“菜篮子”电子交易平台给予奖补扶持。同时,为稳定市场肉价启用价调基金48万元,对新余市渝州农业有限责任公司生猪活体储备相关费用进行补贴,稳定猪源和市场预期,稳定市场猪肉价格。

【出台加快推进价格机制改革实施方案等配套政策】 制定加快推进价格机制改革实施方案。为贯彻落实省委省政府关于加快推进价格机制改革的精神,制定出台《新余市加快推进价格机制改革实施方案》,对改革的重点任务进行分工,明确责任和时间节点。2017年新余市水电气、医疗服务等领域各项价格机制改革工作有序有力、全面纵深推进。新余市政府定价比重小于3% 市场价格机制基本形成。制定公平竞争审查制度。经市政府第二十七次常务会议研究通过由市发改委拟定的《新余市人民政府关于在市场体系建设中建立公平竞争审查制度的实施意见》。进一步规范政府行为,维护公平竞争秩序,充分激发市场活力。完善停车收费管理政策。制定下发《关于新余市机动车停放服务收费管理有关规定的通知》,明确政府和社会资本合作建设停车设施,由投资者协议确定收费标准;具有自然垄断经营特征的停车设施实行政府定价,并根据不同区域、不同位置、不同时段实行差别化收费政策;社会资本全额投资建设的停车场由经营者自主定价,调动整合社会资源,激活市场活力。

【稳步推进农业水价综合改革】 按省要求农业水价综合改革2020年年底前完成。2017年新余市农业水价综合改革先行先试、稳步推进。成立以分管副市长为组长,市水务局、市财政局、市发改委等部门分管领导为成员的市农业水价综合改革工作领导小组;印发《新余市农业水价综合改革实施方案》;县(区)也出台开展农业水价综合改革的实施方案;渝水区水价改革试点项目顺利推进;市水务局、市发改委、市财政局联合制定新余市农业用水价格核定管理试行办法。

【调整公交票价】 合理制定城市节能环保公交车票价。为推进新能源公交车的使用,理顺公交票价机制、大力推进节能环保建设,促进公交事业可持续发展,2017 年 1 月 10 日起,新余市制定实施节能环保公交车票价,每人次 2 元,原普通燃油车每人次 1 元不变。通过差别化票价政策,有利于推动公交企业更多购置使用节能环保公交车,淘汰老旧燃油公交车。制定新余高铁站至分宜客运票价。9 月 1 日起,新余高铁站至分宜县城全程运营里程 46 公里,车辆为高级旅游客车,票价每人次 6 元,实行一票制。线路开通方便两地乘客从出行,提升新余高铁站影响力。调整新余至分宜城际公交票价。经市九届人民政府第二十九次常务会议同意,按照“财补不增加、群众可承受、企业有发展”的原则,自 2017 年 12 月 1 日起调整新余至分宜城际公交客运票价,由现行 4 元/人次调整为 5 元/人次,并继续实行阶梯票价。票价调整后,新余至分宜城际公交实行新运营模式 1 人 1 座,不再车内设立乘客站立区,乘客的安全和舒适度提升,运行时间效率提高。

【进行输配电价市场化改革】 根据省发改委关于江西电网 2017—2019 年输配电价改革有关精神,积极推进发电侧和销售侧电价市场化,发电企业和用电户直接交易,双方协商定价。可为企业降低用电成本每千瓦时降低用电成本 0. 040—0. 045 元,全年为企业共降低用电成本 1257 万元。

【出台天然气价格浮动机制改革方案】 市发改委出台关于调整市城区非居民用天然气价格并建立价格浮动机制的通知,逐步放松非居民用天然气价格管制,允许新余燃气有限公司冬季时段销售价格按照国家基准门站价格顺价上浮(不超过 0. 17 元/立方米);推进压缩天然气(CNG)子站销售价格市场化改革,允许经销公司冬季时段销售价格可按照 CNG 母站价格顺价上浮(不超过 0. 10 元/立方米)。增加企业定价自主权,为企业带来活力。

【第三次调整公立医院医疗服务价格】 按照“总量控制、结构调整、有升有降、逐步到位”的原则,2017 年 9 月 28 日 0 时新余市第三次医疗服务价格调整工作顺利实施。全市共调整医疗服务项目 1723 项,其中调增项目 1522 项、调减 201 项。主要包括全部取消药品加成,包括市、县(区)、乡(社区)三级公立医疗机构和新钢、新余矿业两家国有企业职工医院;降低药品耗材价格、大型医用设备检查、部分检验等服务价格;提高体现医务人员技术劳务价值的诊疗、手术、护理、康复等服务价格。市、县两级医院平均调增幅度分别为 57%、48%。同时,全面放开民办医疗机构医疗服务价格,并对公立医疗机构市场竞争比较充分、个性化需求比较强的 120 项医疗服务项目实行市场调节价。

【继续实行清费减负降成本】 根据国家和省统一部署和要求,扎实做好中央、省、市清费减负政策措施的落地。从 2017 年 4 月 1 日起,取消非刑事案件财物价格鉴定费、机动车抵押登记费、环境监测服务费等 12 项涉企行政事业性收费,停征卫生检测费、产品质量监督检验费等 23 项涉企行政事业性收费。取消预防性体检费、兴奋剂检测费等 4 项涉及个人等事项的行政事业性收费,停征婚姻登记费、依申请提供政府公开信息收费 2 项涉及个人等事项的行政事业性收费。从 6 月 1 日起,取消劳动能力鉴定费、异地绿化费等 5 项行政事业性收费。自 7 月 1 日起,降低电信网码号资源占用费、公民出入境证件费、水土保持补偿费等部分行政事业性收费标准。按省发改委的统一部署,自 7 月 7 日起,取消地震安全性评价费、新建建筑物防雷装置检测费,放开气象专业有偿服务费、数字证书服务费、航空地面延伸服务费、特种设备人员培训费、外派劳务人员培训费、木竹检量费。自 8 月 1 日起,取消和暂停商业银行部分基础金融服务收费;降低增值税税控系统产品及维护服务价格;同时减少经营服务性收费政府定价项，由30个调整为27个，其中涉企的收费项目由11个调整为8个。规范商会协会收费行为，强化收费管理，对行业协会商会及民办非企业单位举办展览会、交易会、研讨培训等活动的有偿服务收费行为进行规范。上述降低、取消、停征、放开收费等，1年减轻企业负担3000多万元。

【再次启动物价上涨联动机制发放价格临时补贴】 根据《江西省发改委等五部门关于进一步完善社会救助和保障标准与物价上涨挂钩联动机制的通知》文件精神，鉴于新余市2017年10月居民消费价格指数（CPI）同比上涨3%，达到文件规定的居民消费价格指数单月同比涨幅达3%即需启动社会救助和保障标准与物价上涨挂钩联动机制。为确保困难低收入群体基本生活不因物价上涨而受影响。经市发改委、市民政局、市财政局、市人社局、市统计局、新余调查队联席会议研究，并报市政府批准，在全市启动社会救助和保障标准与物价上涨挂钩联动机制。从2017年10月起，对全市城乡低保对象、特困人员、享受国家定期抚恤补助的优抚对象、领取失业保险人员等四类人员发放物价补贴。补贴标准为城镇每人每月15元，农村每人每月9元。2017年10月，全市发放价格临时补贴676167万元。其中，①城市低保人数17079人，发放价格临时补贴256185元；农村低保人数35770人，发放价格临时补贴321930元。②城市特困人员94人，发放价格临时补贴1410元；农村特困人员3896人，发放价格临时补贴35064元。③城市优抚对象973人，发放价格临时补贴14595元；农村优抚对象4392人，发放价格临时补贴39528元。④领取失业保险金497人，发放价格临时补贴7455元。

【继续对低收入群体实行价格政策倾斜】 继续对困难群众水价优惠，市城区2017年7月—12月困难群众水价低保户共1007户，优惠水量42243吨，按1.35元/吨计费，每吨优惠0.85元计算，共计优惠水费35906.55元；残疾户共388户，优惠水量3708吨，按2.2元/吨计算共计优惠水费8191.15元。以上共计44097.7元，水价政策对困难群众1年优惠88195.4元。对全市约3万户困难群众用电继续给予优惠，优惠金额214万元。同时对入住新余规模大、功能最完善的保障性住房小区吉泰苑小区的低收入困难群众物业服务收费标准，按不高于核定标准的70%收取，即每月每平方米0.84元，低于同地段同品质住房30%以上，在全省同类住房中物业服务收费处于较低水平，体现政府对低收入困难群体的关怀。（曾　飞）

统计工作

【概况】 2017年，市统计局紧紧围绕全市中心工作，扎实推进统计改革创新，全面提升统计能力、数据质量和服务水平，圆满地完成各项工作任务，为加快建设“三区两典范”，重铸新时代“工小美”新辉煌，提供更加优质高效的统计服务。

加强统计信息化建设。升级改造市级网络视频会议系统。做好“新余统计”微信平台发布。加强统计信息安全保护，对新余统计内外网及4个应用系统开展等级保护备案和全面的信息安全测评。

加大统计分析研究。《新余统计》再次被市委办、市政府办评为“全市优秀简报”。全年编发《新余统计》43期，《统计专报》2期，在《发展论坛》《新余社会科学》上刊登8篇。其中，《工业生产低速增长，实现“开门红”难度较大》《实体经济发展情况比较分析探讨》《“四小市”实体经济发展情况比较分析探讨》等3篇报告得到市长董晓健批示。“新余市争当全省全面建成小康社会先行区短板研究”“新常态下新余经济增长质量和效益研究”“新余市工业产业结构分析研究”等3个课题成为全市社会科学研究项目，其中重点项目1项。

继续开展对全市各单位的统计工作考核。制定完善《2017年全市部门统计工作考核办法》《2017年全市县区统计工作考核办法》，内容调整归并为统计工作规范化建设、统计项目审批备案、统计调查的实施、统计数据质量控制、统计资料发布、依法开展统计工作。

【统计管理体制改革】 深入贯彻中央和省有关文件精神,草拟《关于深化统计管理体制改革提高统计数据真实性的实施意见》。着手建立乡镇(街道)首席统计员制度,形成文件报市政府审核。按照加强统计系统党的领导,遵循统计工作规律,完善统计法规,健全统计数据质量责任制,以及《中华人民共和国统计法》要求,研究制定新余市的贯彻落实办法,建立县区统计局局长向市统计局党组述职制度。邀请省统计局专家对新余市县领导干部进行统计法和统计知识培训。首次将统计法和统计知识纳入市委党校县干班培训课程。

【开展第三次全国农业普查】 组织全市近2000名普查人员完成全市407个行政村、19.58万户农户、2076户农业规模户、1777个农业生产经营单位的普查现场登记。对普通农户表、规模农户表、经营单位表利用PDA现场采集普查数据,进行现场询问、填报、审核,严格按照时间节点要求完成普查数据报送工作;收集农委、工商、民政、扶贫等相关资料,做好村表、乡表数据的收集、审核和上报工作。按照省普查办的质量控制要求,开展数据审核、查询、验收,重点解决编码、PDA录入、逻辑关系等问题。加大现场登记阶段的督查检查力度,及时发现问题,立即加以纠正;做好普查数据质量验收检查,严格开展事后质量检查,确保农业普查数据质量。

2017年1月,副市长万广明(右三)视察全国农业普查工作

【经济运行分析联席会议制度】 进一步完善联席会议制度。制定下发《关于完善新余市经济运行分析联席会议制度的通知》,市长任联席会议领导小组组长,常务副市长任常务副组长,成员单位扩大到22个市直部门和4个县区。进一步明确各成员单位职责分工和工作要求,按月向统计部门报送部门基础数据及分析材料。年内全市召开联席会议4次,分析情况、找准问题、提出对策,推动全市经济平稳健康发展。

【自然资源资产负债表编制试点】 向省统计局申请成为2017年全省自然资源资产负债表编制试点地市之一。根据江西省试点的要求和新余市实际,制定《新余市自然资源资产负债编制方案》,下发《关于印发〈新余市自然资源资产负债表编制制度〉的通知》,明确部门职责、工作内容和工作流程。分别召开部门座谈会和业务培训会。对各单位提供的2014年、2015年、2016年的自然资源相关统计资料进行整理,编印汇总资料。

【绿色发展评价】 根据全省的统一部署,组织力量开展绿色发展评价工作,制定新余市绿色发展评价方案,方案7项一级指标,58项二级指标,并附有详细的部门分工、指标解释。多次与市生态办联合召开全市绿色发展评价体系会议,专门布置并组织完成全市数据收集和整理,完善"绿色发展"统计数据库。

【企业入库工作】 建立"四上"企业入库管理微信群,畅通部门沟通渠道,提高工作效率。采取走下去,请进来的方式,深入主管部门、工业园区、创业园区、大型商贸体调研企业生产经营情况,摸排符合入库标准的企业。全年新增一套表法人单位128家,比上年多增13家。分企业类型看,工业44家、建筑业14家、房地产6家、批零住餐43家、服务业21家。

【一套表调查单位数据核查】 按照省统计局统一部署,印发《新余市一套表调查单位核查工作方案》。在全市范围内抽取90家样本单位,逐一进行自查和实地核查。对发现的关停企业进行清理,对出现偏差的数据进行纠正,做到把一套表调查单位查清、查实,把统计源头数据搞准、搞实,提升统计数据质量。

【科学发展综合考评监测工作】 市委书记蒋斌高度重视科学发展综合考评工作,多次作出指示、批示,提出进入四小市前两位的明确要求。为压实责任,推进工作,市政府组织召开全市科学发展考评推进会议4次,市领导及各责任部门主要领导出席会议,找差距、提思路、定措施。在市考评领导小组及考评办的基础上,成立科学发展综合考核督查协调领导小组和办公室,专门从市委办、市政府办、市绩效办、市发改委、市统计局抽调人员,负责日常工作,牵头对全市责任单位开展全面督查指导,每周开展日常督查,每半月召开全市性调度会,不定期进行专项督查。撰写考评指标全面性分析专报3次,动态性指标分析专报1次,刊发科学发展考评周报8期,为市领导指导科学发展综合考评工作提供有效参考。

【统计服务和咨询】 召开3次统计新闻发布会,发布全市经济运行最新情况,参加市政研室组织的新闻发布会通报全市小康进程监测结果。共有400多条次统计新闻信息被各类网站、媒体采用。《五年砥砺奋进,谱写华彩篇章》被新余电视台选送江西电视台在江西新闻中播出,《关于推动我市工业企业开展创新活动》的政协提案被列为第一号提案。上半年经济运行分析和前三季度经济运行分析分别被国办专报部分采用。

【其他调查】 完成1%人口变动情况抽样调查工作数据评估,开展企业生产经营景气状况专项调查、企业创新相关政策落实情况调查、规上服务业“营改增”问卷调查、公众文化设施调查、“四众”平台和“重点互联网”平台等专项调查。 (谌 业)

统计调查

【概况】 2017年,国家统计局新余调查队认真贯彻落实中共十九大精神和习近平新时代中国特色社会主义思想,严格落实江西调查总队统计调查工作会议精神,以提高统计调查数据质量为主线,以加强依法统计调查为保障,以强化统计调查分析为抓手,以提供优质高效统计调查服务为目标,锐意开拓进取,奋起攻坚克难,较好地完成各项工作任务。

【监测经济民生发展状况】 加强城乡居民收支、居民消费价格、规模以下工业服务业、工业生产者价格等常规调查。改善统计调查方式方法,提高统计调查数据质量,真实、准确、全面、及时反映新余市民生发展状况。调查数据显示:2017年新余市城镇居民可支配收入34775元,比上年增加2612元,增长8.1%;农村居民人均可支配收入16581元,比上年增加1378元,增长9.1%,城乡居民可支配收入绝对值均列全省第二位。居民消费价值指数CPI较上年同期上涨2%,涨幅较2016年扩大0.5个百分点,仍旧运行在合理区间,居民生活成本得到有效控制。规模以下工业实现增加值18.80亿元,现价发展速度109.13%,可比价增长速度5.03%,呈现稳中有进发展态势。

【服务地方中心工作】 受市扶贫开发领导小组委托,国家统计局新余调查队为新余脱贫攻坚问题整改工作第三方机构,负责核查评估工作,接到任务后,新余调查队高度重视,召开党组会议专题研究讨论,统一思想,提高认识,强化统筹安排,精心组织落实,7月3日—5日深入全市一县三区,对8个乡镇、3个贫困村和5个非贫困村的脱贫攻坚工作开展情况进行核查评估,入户核查脱贫户43户,未脱贫困户37户,随访非贫困户14户,电话抽查和现场询问帮扶干部80名。通过第三方核查评估工作,精确掌握脱贫攻坚工作进展情况,找准工作中的短板和不足,并提出针对性强的建议,为市委、市政府科学掌握全市脱贫攻坚现状提供参考依据,促进全市脱贫攻坚稳步推进。

【提升统计调查服务水平】 努力发挥调查队自身优势,密切跟踪当前社会经济生活中的重点、热点和突发事件,及时组织专题调查。2017年,共撰写报送经济信息162篇,调查分析22篇,工作动态78篇。其中,上报中办国办9篇、国家统计局领导批示4篇、国家统计局采用12篇、《中国信息报》采用14篇、省级媒体39篇、市级媒体57篇。在《中国信息报》和国家统计局内网的用稿量位居全省各设区市调查队前列。为各级党政领导和上级单位了解新余市经济社会运行情况提供优质高效的信息服务。

【强化统计调查法治建设】 奋力提升依法治统水平。选派5名业务骨干参加统计执法证资格培训和考试,其中4人通过考试获得统计执法资格,进一步充实执法人才队伍。聘请专职律师作为单位法律顾问,为单位法律事务提供咨询和指导,有效提升依法治统水平。加大执法检查力度。准确把握《统计违纪违法责任人处分处理建议办法》《中华人民共和国统计法实施条例》的红线底线,持续加大统计执法力度,严肃查处统计违纪违法案件,对12家调查对象开展统计执法检查,全力营造依法统计、依法治统浓厚氛围。开展统计法治宣传教育。借助微信、微博、手机客户端等新媒体开展以案释法。落实"谁执法谁普法"责任制,利用"12·4"宪法日、统计开放日等重要时间节点向社会各界广泛宣传《中华人民共和国统计法》《统计违法违纪行为处分规定》等统计法律法规。新余调查队加强统计法律法规宣传的工作做法——《新余调查队:四个维度提升统计普法宣传效果》被国家统计局网站第一时间刊载。

【夯实统计调查基层基础】 深入落实中共十九大精神,认真贯彻中央领导关于统计工作的批示指示精神,不断完善统计调查改革。加强对样本网点的维护与管理,有效夯实统计调查基层基础工作。加强对县区城乡住户调查的指导,强化对城乡居民可支配收入调研分析能力;加强数据解读力度,进一步夯实月度劳动力调查基础,为国家发布劳动失业率提供可靠数据;继续做好规下服务业、规下工业、采购经理、小微投资、居民消费价格、限下贸易行业抽样调查工作,使调查样本和数据能更好地反映新余市经济社会发展情况。

（刘　波）

国有资产管理

【概况】 2017年,新余市国资委按照"打基础、强监管、促发展"的总体要求,不断深化改革,规范监管,强化措施,真抓实干,开拓国资事业的新局面,确保国有资产保值增值。截至2017年底,出资监管企业资产总额达538.6亿元,净资产达251.3亿元,均比上年有所增长;全年实现营业收入6.6亿元,国有资产保值增值率达101%。市投控集团公司全年融资总额达87.252亿元,市国资公司监督各单位国有资产经营收入(进财政专户)1248万元,市国信担保公司全年担保企业达185户,担保融资额达20.7亿元。

【国资国企改革】 拟制国资国企改革的纲领性文件,全方位规划新余市国资国企改革的顶层设计。拟草完成并在市委深化改革领导小组会上通过《关于进一步深化国资国企改革的实施意见》,以市委、市政府名义印发。该文件从健全国有资产管理体制、调整优化国有资产布局、完善现代企业制度等方面,全方位规划全市国资国企改革的总体部署。拟制国资国企改革的一系列子文件，形成一整套的国资国企改革配套文件。拟草完成并在市委深化改革领导小组会上通过《市属国有企业领导人员管理暂行办法》《市直党政机关国有资产经营监督管理办法》两个文件，并将以市委办、市政府办名义印发。同时以市个国资委名义印发《选派到市国资委出资监管单位挂职锻炼领导人员奖励暂行规定》《新余市国资委直接监管企业分类考核实施细则》等文件，逐步形成新余市国资国企改革"1+N"政策体系。扎实推进国有企业公司制改革，全面建立现代企业制度。市属20家国有企业中有8家需要进行公司制改革，全面完成公司制改革任务。

【国资国企监管】 强化企业的经营目标考核。与出资企业签订2017年经营目标责任书，有经营增长指标、成本控制指标、党风廉政建设的一票否决，增强企业经营者干事创绩的积极性和遵纪守法、廉洁自律的自觉性。加强企业的内部监督。加强国有企业财务总监监督，对重点监管企业分别交叉委托1名财务总监。充实企业内部纪检力量，各企业均设有1名分管纪检的副职领导、设立纪检监察室，负责企业内部的纪检监察。构建廉政风险防控体系，组织出资监管企业层层签订《党风廉政建设责任状》。加强企业的外部监督。加强监事会监督，向所有监管企业派出监事会，公开招聘6名专职监事，确保每个企业有1名专职监事全天候在企业进行监督。按照"三重一大"决策执行的有关规定，加强国有企业"三重一大"重大事项的监督。

【央企省企入余】 成功承办中央企业省属企业投资新余合作洽谈会。举全委之力多次研究部署洽谈会的客商邀请，多次拜访省国资委领导和相关央企省企客商，多次与县(区)进行协调。此次洽谈会得到省国资委、新余市委、市政府的高度重视和大力支持，省国资委党委书记、主任陈德勤出席大会并作重要讲话。在各方的支持配合和共同努力下，使此次洽谈会得以成功举办。省政府副省长李贻煌、新余市市长董晓建均对洽谈会给予高度评价，认为这次活动是新余市历史以来规格最高、规模最大、效果最好的央企、省企对接活动。洽谈会共邀请13家驻赣央企、21家省国资委出资监管企业及一批国有企业主要负责人参会，嘉宾客商达120余人，签约项目21个，签约投资金额达138.5亿元。

【闲置资产清查】 为摸清市本级行政事业单位闲置房产和土地情况，搞好闲置资产的清理整合盘活，提高国有资产的经营使用效益，市国资委拟制并以市政府办公室名义印发《清理整合盘活市本级行政事业单位闲置房产和土地的实施方案》，并会同市财政局、市机关事务局对市直单位闲置房产和土地，以及超标配置办公用房进行调查摸底，形成核查情况报告。48家行政事业单位应腾空办公用房总面积达78725平方米，闲置土地总面积246756平方米。

【社区移交工作】 着力推动国企社区移交。2017年共有7家驻市中央企业、2家驻市省属企业提出移交申请，截至8月27日，市政府与提出申请的所有企业均签订移交框架协议，到年底按照有关程序做好移交的各项准备工作。推动国企"三供一业"移交。以市政府名义出台《关于剥离驻市中央、省属国有企业办社会职能工作方案》《关于印发〈新余市关于推进中央驻余企业分离移交"三供一业"工作的通知〉等三个文件的通知》等，按计划有序推进。

【加强企业党建和企业人才队伍建设】 认真履行党委党建工作责任制。加强国有企业党建工作，推动监管企业党建入章，将党组织嵌入到企业法人治理架构中，在公司章程中明确党组织的地位和作用，积极探索企业党组织发挥作用的有效途径。进一步理顺和加强国有企业的干部管理，推动企业党组织书记与董事长由同一人兼任，董事长与总经理分设；出台《2017年新余市国资委各出资监管企业党建及党风廉政建设工作考核细则》，将国企党建、意识形态工作、党风廉政建设等要求列入国企领导人员考核内容,直接与其薪酬挂钩,推动企业党建工作与企业发展的相互融合。加强国有企业人才建设工作。认真贯彻落实《党政领导干部选拔任用工作条例》,严格按照干部任免工作程序,选拔任用干部。根据市委提名,任命出资监管企业领导人3名。市国资委对9名试用期满的企业领导人进行全面、客观的考核评价,正式任职。完成5家企业领导班子选配工作。(黎小方)

市场和质量监管

【概况】 2017年,全市市场和质量监管系统以深入推进"两学一做"学习教育常态化制度化为契机,坚持深化改革、强化监管、优化服务,当好市场监管主力军,全力服务新余经济社会发展大局,各项工作取得新成效。

2017年,制定《大案要案集体审理制度》,共组织27个案件的集体审理。制定《行政执法错案责任追究暂行规定》《执法办案考核办法》,对内设机构各个执法职能部门及其执行法规、规章、执法责任、办事程序和年终考核都作明确的规定。加强学法普法工作,形成以培训和考试促进学法,以宣传和竞赛强化普法的常态化格局。新余市代表队在全国食品安全法律知识竞赛中获江西省团体二等奖,1人被选中参加全国比赛,获半决赛第二赛区一等奖。

【食品安全监管】 全面开展全省第一批国家食品安全示范城市创建试点(南昌、新余两市入选)工作,全力推进"三大工程"创建。一是实施"食安前哨"工程。依托食品检验技术手段,全市共安排食品抽检5946批次,达1000人5.2份抽检样品,新余成为全省最早超过1000人4份的设区市。二是实施"智慧监管"工程。在全省率先开发"守望食安"手机APP,实施食品安全智慧监管。三是实施"示范引领"工程。开展餐饮服务单位星级评定,36家餐饮服务单位获得星级评定。开展"洁厨亮灶"工作,对全市807家餐饮单位进行"洁厨亮灶"改造,16家餐饮单位获评省级示范单位,101家餐饮单位获评市级示范单位,打造2条"洁厨亮灶"示范街。启动创建放心肉菜示范超市活动,洪客隆投资发展(新余)有限公司成为全省首批4家"放心肉菜示范超市"之一。

【药械安全监管】 加大安全用药月系列宣传,扎实开展药品监管人员培训以及药品生产、药品流通、医疗器械专项整治等活动。放宽地域限制优化竞争机制,促进药品流通良性发展。突出重点,有针对性地抓好药品质量监督性抽验。全年完成药品抽验1109批次(完成任务数的184.83%),对有不合格报告的58批次依法予以严肃查处,有效保障群众用药安全。全年完成药品不良反应监测报告1243例、医疗器械不良事件报告254例、药物滥用报告312例、化妆品不良反应报告72例,四项指标均超额完成省食药监局下达的工作任务。

【商事制度改革】 大力推行企业"先照后证""五证合一、一照一码""多证合一、一照一码"、简易注销和个体工商户"两证整合"等改革,扎实推进电子营业执照和企业登记全程电子化,市场准入便利程度大幅提升。2017年,全市新登记各类市场主体10900户,同比增长11.45%;新增注册资本(金)达796.36亿元,同比增长74.05%。全市各类市场主体达61289户,同比增长29.97%;注册资本(金)达3161.14亿元,同比增长45.36%。这项工作在全省有影响,推进商事制度改革的信息在省委办公厅《工作情况交流》上专题刊登。

【信用监管体系】 在全省率先推动县区政府将市场主体年报工作纳入政府重点工作督查范围,2016年度年报公示工作全面告捷。以市政府名义印发《新余市企业信用体系建设工作方案》,牵头抓好全市企业信用体系建设。采集企业信息数据39.1万条,上线运行企业信用评价系统,设A(信用优秀)、B(信用合格)、C(信用基本合格)、D(一般失信)、E(严重失信)5个等次,先行在"四上企业”中开展企业信用评价,评价机制客观真实更趋完善,完成市委、市政府交办的企业信用体系建设阶段性任务。

【创新打击传销举措】 积极推动渝水区、高新区组建打传专业队,集中优势兵力开展“让传销远离新余”行动,严厉打击重点地区的传销活动,取得事半功倍的效果。2017年,全市共取缔传销窝点240个,解救被困人员172人,教育遣散一般参与人员1600人,对传销头目、骨干以及涉传房东,立案56起,处罚51人。依法查处昌坊某企业涉嫌传销案,及时移送公安机关,进入起诉阶段,刑拘3人,冻结涉传资金2000余万元。

【优化大众消费环境】 以“放心消费”为引领,以“服务承诺”为基础,以“执法维权”为保障,打造一批安全消费示范街、示范店、示范超市,消费环境持续优化。2017年,共受理各类咨询、投诉、举报共计4700余起(其中咨询4300余起、投诉396起、违法行为举报25件),为消费者挽回经济损失150余万元。全年各类举报投诉处置率、办结率均达95%以上。

【强化各类市场监管】 强化网络经营监管,争取地方政府支持,建立“新余市网络市场监管部门联席会议制度”,初步形成部门协同、联合监管新机制,构建网络市场监管工作新模式。严厉打击商标侵权行为,建立完善企业商标知识产权保护机制。加强广告监测,严格日常监管,开展虚假违法广告专项整治,保持对违法广告整治高压态势。2017年,全市共监测各类广告2万余条次,发现违法违规广告10余条次,广告违法率持续下降。强化农资、成品油、合同监管,有力维护市场经营秩序。切实做好禽类市场监管,为辖区有效防控H7N9禽流感疫情做了大量工作。

【综合执法改革】 统一市场监管执法主体,促进市场监管执法主体从多头执法向统一执法转变,市场监管执法效能显著提升。2017年,全局共查结各类违法经营案件156件,同比增长27.3%。加强对公用企业的执法检查,责令2家公用企业退回违规向服务对象收取的96万元押金,受到社会普遍好评。2017年,开展“双随机、一公开”工作,通过“双随机”开展抽查158次,涉及抽查事项59项,抽查对象722户,参与抽查人员585人次。

【质量强市工作】 大力实施名牌战略,重点培育和扶持具有竞争力的企业争创名牌。全面落实标准化战略,助推产业结构调整。不断夯实质量工作基础,策应供给侧改革要求。2017年,江西新余国科科技有限公司入选第三届中国质量奖受理名单(制造业),全省仅3家企业入选。分宜县成功创建苎麻产业质量提升示范区,成为江西省第一批国家级产品质量提升示范项目之一。

【特种设备安全管防并举】 密集开展特种设备专项整治活动,不断完善特种设备安全监察平台数据,高效运行电梯110紧急救援平台,持续加强特种设备安全监察工作,有效保障全市1.3万余台特种设备安全运行。2017年,共出动检查人员260人次,检查特种设备生产使用单位96家,下达《特种设备安全监察指令书》82份。受理举报投诉18起,处理检验机构报告的重大隐患19起,涉及超期未检设备140多台。培训特种设备作业人员127人,复审核证195人。

【标准计量工作】 在全市选择一批基础较好、带动力较强的优势特色产业开展标准化试点,并对参与国际、国家标准制(修)订的企业给予奖励和扶持。2017年,对3个国际标准和11个国家(行业)标准、1个团体标准的起草单位给予33万元的奖励,极大调动企业抢占标准“制高点”的积极性。组织开展化肥生产企业和经销企业监督检查工作,抽查化肥500余包,重点检查化肥定量包装是否达标,所使用的计量器具是否检定合格。扎实开展检验检测服务业统计,全市43家检验检测机构全部上报数据并通过审核,完成率100%。开展管理体系获证企业统计,全市共有管理体系认证证书464个，其中2017年新办理的管理体系证书134个。

【检验检测工作】 加强市综合检验检测中心实验室建设，筹集1200万元实施能力提升改造，食品检验项目和参数达732个，成为全市统一、权威、高效的综合检验检测技术平台。2017年，共完成食品检验1231批次、药品检验1100批次、保健食品检验60批次、化妆品检验40批次、工业及消费品检验351批次、计量器具检定2.31万台（件），全面完成检验检测任务。 （兰 晶）

国土资源管理

【概况】 2017年，新余市国土资源局按照“服务发展、保护资源、维护权益”履好职、尽好责，助推全市经济平稳健康发展和社会和谐稳定，取得新成绩、作出新贡献，继续保留全国文明单位，获全省国土资源系统好班子等国家、省、市荣誉。

【助推地方发展】 牢牢把握服务地方发展定位，积极推进供给侧结构性改革，进一步强化土地、矿产等资源要素保障。2017年，完成市、县（区）、乡（镇）三级土地利用总体规划调整完善，确保省及市重大重点项目、民生工程及时落地；国家电投江西公司分宜电厂扩建项目、面积66.56万平方米（998.35亩），获用地批复；国省道一级公路绕城改建工程（环城路）、总用地面积169.84万平方米（2547.53亩），全部取得用地批复。全市国有建设用地招拍挂65宗、面积220.13万平方米（3319亩）、成交18亿元（市本级成交6亿元），为350亿元不动产办理抵押登记（为政府融资近100亿元）。做好原钢丝厂380亩土地出让，为市财政创收4亿元。渝水区石竹山—上高县樟木桥超大型硅灰石矿争取上级地勘资金2636万元，探明硅灰石矿资源量矿石量12737万吨、矿物量7414万吨，该矿硅灰石资源量为世界第一，开采经济效益巨大。省测绘地理信息局向新余市赠送地理国情普查成果，“智慧新余时空信息云平台”（一张图工程）建设有序推进。全市“降成本、优环境”享受国土惠企政策205家，为企业节约成本2.66亿元。

【守好土尽好责】 出台《新余市城市规划区外农村宅基地管理办法》，全面完成全域永久基本农田划定；市、县（区）、乡（镇）、村层层签订耕地保护责任状，渝水区被省政府评为2016年度全省耕地保护优秀县（区）。土地开发新增耕地2046亩、“旱改水”新增水田1783亩，全市耕地不低于122.04万亩、基本农田不少于104.12万亩年度目标顺利实现。消化批而未用地3840亩、仅环城路区位调整消化2168.23亩。卫片检查、土地全域性督察各项工作顺利推进，实现市政府“零约谈、零问责”。全市各类矿山企业均编制《矿山地质环境恢复治理方案》，累计缴存保证金1亿元。积极参与、支持全市“保家行动”“蓝天行动”“2017绿盾行动”“水污染防治”“土壤污染防治”“五山保护”“河长制”“生态文明先行示范区建设”等专项活动，全力助推乡村振兴战略。

【维护群众权益】 完成环城路57.4公里全线征地拆迁，征地4260亩，并及时拨付、支付被征地农民补偿款。全市地灾期间实现人员零伤亡，共投入资金700万元治理地灾隐患，减少经济损失785万元。2017年为老弱病残群众、入学务工人员和企业等单位个人共发放不动产权证书23179本、证明14266份。全市所有乡镇实行规划所、国土所合署办公。为新农村建设点分宜县凤阳乡西茶村自筹资金31万元，加强基础建设、改善村容村貌，并争取土地开发、整理项目共2个、面积2300亩、投资660万元。为省级贫困村渝水区水北镇琴山村投入帮扶资金14万元，争取土地开发项目1个、面积300亩、投资60万元，给予“结亲”贫困户3000元发展产业，全年走访慰问及物资2000元。对涉及群众权益的信访、上访全部办结，人大建议、政协提案均予以回复，群众、代表、委员满意率100%。同时，坚决贯彻落实好市委、市政府脱贫攻坚、农村七项重点工作、两清理一严控、“颐养之家"建设等工作部署不打折扣、不离大局,适时启动、稳步推进农村宅基地制度改革试点工作。

(王建刚)

行政服务管理

【概况】 2017年,新余市行政服务管理委员会以"集中、精简、高效、便捷"为服务宗旨,以企业和群众满意为根本,进一步提高思想认识,理清工作思路,历练服务队伍,增强行动自觉,在办理环节和时限上做"减法",在服务和保障上做"加法",以实际行动为新余市经济社会加速发展推波助力。

2017年,市行政审批服务中心办理服务事项49980件,办结率达100%;中介超市共为政府投资项目摇号选取320个中介服务事项,总选取金额997.6万元,对比市场价节约资金216.98万元,资金节约率17.9%;市公共资源交易中心共组织各类项目交易1013宗,成交金额29.58亿元,节约(增收)资金1.55亿元;市汽车经济服务中心办件65944件,办结率达100%,新车上牌24317辆;16个专业办事大厅共办理服务事项416.09万件,办结率达100%。

【提升政务服务工作效能】 一是力争标准化、规范化,"一窗式"审批让政务服务更加高效便捷。出台《市行管委推进行政审批标准化体系建设实施方案》,确保每一事项面对同类申请主体实行"同标准审核""无差别审批",实现五个"标准化":①实现行政审批和公共服务事项目录管理标准化。全面梳理进驻中心的服务事项,对照新余市"三单一网"公开的权力清单,是否应尽必进。经过清理,中心行政许可事项由286项清理为251项。②实现审批事项标准化。办事指南以标准化、规范化方式明确每一审批事项的名称、受理范围、设立依据、审批主体、审批条件、申请材料、审批流程、审批时限、收费情况等要素。③实现报件材料标准化。制作标准化受理清单,明确需提交材料的名称、依据、格式、份数、签名签章等要求,并提供规范表格、填写说明和示范文本,制订出相应的示范文本或样表,供办事人员填报参考。④实现审批条件标准化。重新审定审批条件,各职能部门结合本地实际,对审批条件加以界定、明确和细化。除法定材料外,不再要求服务对象提供其他材料。取消258项事项的"其他条件""其他材料""申请材料齐全、符合法定形式"等材料非明确性的前置条件。⑤实现审批流程标准化。中心把窗口承诺服务时限在标准中公开,并且承诺时限比法定时限必须减少三分之一以上,经审查,中心全部事项法定时限4864个工作日,承诺件办件时限1758个工作日,整体压缩三分之二。2017年11月初,新余市智能大厅建设项目完成招投标工作。二是突出人性化、高效化,规范"部分证件补办手续"让群众办事更加方便快捷。2017年5月,出台《新余市部分证件补办服务指南》,统一规范户口簿、本地身份证、异地身份证、居住证、驾驶证、行驶证、结婚证、社保卡、特种作业人员操作资格证、特种设备作业人员证、道路运输证、道路运输人员从业资格证、残疾人证、不动产权证等14个与群众生产生活密切相关并且容易遗失的证件补办流程,涉及公安、民政、人社、交通运输、安监、国土资源、市场和质量监督管理、残联等8个部门。《服务指南》呈现四大特点:①统一受理要素。明确受理单位、咨询方式、申请材料、补办时限、收费标准、收费依据、办理依据、流程图、示范文本9个要素,让办事者办明白事、交明白费。②减少补办材料。所有证件补办依据必须严格遵循相关法律法规,规范证件补办程序,限制自由裁量权,切实维护群众合法权益,对无省级及省级以上审定依据的证件,一律取消,补办材料由43个精简为31个,减少27.9%。③减缩补办程序。对证件补办流程中的证明和盖章环节进行全面梳理,取消各类无谓证明,凡没有法律法规依据的,原则上一律予以取消。④减短办事时限。14个补办事项中居民户口簿、居住证、驾驶证、行驶证、结婚证、特种作业人员操作资格证、道路运输人员从业资格证、道路运输证、残疾人证等9个证照,只要申请材料齐全的当场可办理,即办件占64.3%,不动产权证、社会保障卡等复杂事项办结时限也比省里规定缩短10—15个工作日。截至2017年年底,全市共补办各类证件35850件。三是追求智能化、快捷化,初步显现“互联网+政务服务”数据共享的成果。①改造升级中心大厅硬件,初步实现“一号”申请。2017年6月,市行管委改造升级中心的硬件设施,配备智能叫号机、政务公开查询机、自助终端等设备,开发智能化大厅管理系统辅助“一窗式”审批服务改革,促进实体办事大厅与网上大厅智能化结合,实现公安、市场监管两个窗口单位“叫号服务”。②大力推进“一网通办”。配合市政府办出台《新余市加快推进“互联网+政务服务”工作实施方案的通知》,指导全市“互联网+政务服务”工作;草拟《新余市加快推进“互联网+政务服务”实施细则安排表》;向市信息化中心提出技术化需求,完善“一网”审批技术服务;推广试点电子证照应用,对新增证照实行电子签章;优化建设项目并联审批系统,精简审批前置条件和办理环节。③全力协助做好乡村两级重点工作。出台《市行管委关于进一步加强乡镇便民服务中心建设的指导意见》印发至县(区)行管委;5月,对一县三区乡镇(街道)综合便民服务中心的重点督查;组织召开乡、村两级重点工作暨乡镇综合便民服务中心工作调度会;指导规范乡镇便民服务中心办理事项,各乡镇综合便民服务中心办事指南基本形成。④实时监察,提高审批效能。通过新余市政务服务网和全省网上审批电子监察系统对网上审批事项进行全程实时电子监察,对限时办结、规范服务等及时预警与纠错,确保网上审批未出现审批“亮红灯”现象,通报12期,纳入监察的41个市直部门网上共受理13972件、回复咨询61条,没有单位出现红灯纠错现象和在线投诉。

【规范管理“中介超市”】 着力构建网络服务平台,进一步提高中介超市服务效率。为配合网络平台运行,中介超市对库内中介机构进行全部重新审核,重新入驻。共有124家中介机构入驻网络服务平台。经过半年的紧张筹备,2017年12月26日,江西省首个集“网上入驻、在线选取、在线评价”于一体的中介超市网络服务平台正式上线运行,平台在高新区、分宜县、渝水区设立系统服务终端,中介服务费5万元以下的政府投资项目,项目单位可直接在本县区完成咨询、选取、评价、投诉等工作,实现市县区中介服务一体化,大大节省项目单位的成本。着力完善中介超市各项功能,进一步规范中介机构管理。加大对选取项目跟踪服务力度。有效保障项目审批进度,每季度组织项目单位、主管部门、“中介超市”三方对中介机构围绕满意度、服务质量、效率、执业规范等进行全方位评价,评价结果在超市网站进行公示。着力加快发展中介组织,进一步激发市场活力。2017年共引进38家机构入驻“中介超市”,进一步加强中介服务市场竞争,激发市场活力。实行中介服务目录清单管理,做好目录的衔接调整。行政审批部门严格按照目录行使职权,凡未纳入清单的中介服务事项,一律不得作为行政审批受理条件。

【整合公共资源交易平台】 加强软硬件设施建设,优化服务环境。公共资源交易中心密切配合省公管办做好新余市公共资源网上交易系统的升级改造工作,为各类公共资源网上交易提供先进的软硬件设备,加强场地标准化和开评标设施建设。为优化服务软环境,中心省级文件要求,理清服务事项,制定开标区和评标区管理规定,对公共资源交易行为进行严格规范。扎实做好公共资源交易平台整合工作。全市建设工程交易、产权交易、政府采购、林权交易全部整合纳入到“公共资源交易网”进行交易,全市乡镇公共资源交易统一在市、县公共资源交易中心规范进行,改革成效明显。完成网上交易系统与上级电子服务系统的对接。积极配合省公管办、省水利厅、省财政厅、省招投标办公室等部门完成水利工程交易子系统、政府采购交易子系统、房建与市政工程交易子系统的对接和调试运行工作。市公共资源网上交易系统与省电子服务系统形成对接,运行平稳有序,省公共资源交易网与全国公共资源交易网进行有效链接,形成互联互通。

2017 年 7 月,新余市行政服务中心办证大厅一角

【打造汽车经济服务“绿色通道”】 不断完善市汽车经济服务中心绿色通道服务功能,提高服务质量。明确专人负责绿色通道服务工作,对进入绿色通道服务的大型货运公司和外地到新余市发展的货运、物流企业在办理车辆有关手续时,采取“一企一策”的服务方针,重点扶持优势企业和特色企业,在第一时间帮助企业代办完毕相关证照。严格落实规章制度,抓好阳光审批服务。中心严格执行《十二项服务制度》,做好“七项特色服务”工作,虽然地处偏远,2017 年预约服务和延时服务就分别有 575 件和 691 件,深受办事者好评。

(敖白玫)

安全生产监督管理

【概况】 2017 年,全市安全生产工作以安全生产大排查、夏季百日、大检查集中行动为抓手,结合新余市实际,狠抓煤矿、非煤矿山、危险化学品等高危行业领域防范措施的落实,集中组织开展安全检查和隐患排查治理,严厉打击非法违法生产经营行为,督促企业落实安全生产主体责任,有力的保障全市安全生产形势的持续稳定,为新余经济建设创造良好的安全生产环境。

2017 年,全市共发生各类生产安全事故 51 起,死亡 45 人,同比事故起数减少 7 起,死亡人数减少 12 人,发生较大道路交通事故 1 起,死亡 4 人。其中,工矿商贸企业事故 17 起,死亡 18 人;生产经营性道路交通事故 34 起,死亡 27 人。“两会”、两节、中共十九大等关键时段安全生产形势平稳。

【安全生产基层基础建设】 为有效遏制较大以上事故发生,促进全市安全生产形势持续稳定向好,多措并举夯实安全生产基层基础建设。争取各项保障措施。2017 年,市政府从人、财、物各方面加大投入,年初追加安全生产专项经费 50 万元,增加安监部门 1 个内设机构,增加行政编制 1 名,增加正科级领导职数 1 名;配备 1 辆执法用车,用以强化安全生产工作保障。全面贯彻落实安全生产领域改革发展实施意见。省委、省政府关于安全生产改革发展实施意见的文件出台后,印发新余市推进安全生产领域改革发展的具体政策措施和实施意见。超额完成煤炭化解过剩产能工作任务。2017 年,新余市确定的 5 处矿井全部关闭到位,超额完成全年煤炭化解过剩产能关闭矿井工作任务。推进隐患排查治理信息系统运行。新余市隐患排查治理信息系统在全省运行情况评比中名列前茅,并将在全省作典型性发言。完善应急救援平台功能建设。全市重大危险源实现在线图像监控,另外与省安监局和市政府应急平台实现互联互通,通过市政府应急平台实现与县区政府、公安等 15 个部门的互联互通,形成纵向和横向的应急指挥系统。推行“双随机一公开”监督检查。按照“双随机一公开”的要求编制安全生产监督检查计划,制订执法检查对象名单库和执法时间安排,明确各项监督检查“双随机”抽查企业的数量比例和执法工作日,严格按照“双随机一公开”开展执法检查。强化应急救援队伍和物资装备建设。组建11支兼职矿山救护队，同时与江西省矿山救护总队签订救护协议，以市综合应急救援队伍为核心，新钢等企业的专业救护队为重要补充，构建以重点企业为依托的专、兼职危化品应急救援队伍；另外建立全市应急物资装备数据库，有240家企业1万余条应急物资装备种类数量信息纳入应急平台。加强调查摸底和职业病危害项目网络申报。全市通过作业场所职业病危害申报与备案管理系统进行网上申报企业总数达439家，其中审核通过370家，申报在岗职工人数67267人，接触职业危害人数18307人。规范事故信息报告。印发关于加强生产安全事故信息报告工作的通知，明确事故信息报告的责任主体、时效性、主动性、准确性等内容。

【安全生产大检查和打非治违】 开展全市安全生产大检查。为确保中共十九大期间的安全平稳，按照全国、全省统一部署，在全市开展为期4个月的安全生产大检查，取得效果明显。安全大检查期间，全市各级全市各级、各部门共组织督察组2288个，参检人员7315人次，检查企业2759家次，发现隐患3296条，下达整改指令1623次，责令停产指令42次。开展年初安全生产大排查。为认真汲取“11·24”丰城电厂事故教训，按照全省统一部署，新余市组织开展岁末年初的安全生产大排查。通过强化落实煤矿、非煤矿山停产整顿措施，落实乡镇驻矿盯守措施、落实危化品企业“四个停产”措施等重点举措，有力确保全市安全生产形势的稳定。开展夏季百日安全专项行动。5月，动员部署开展全市夏季百日安全专项行动。活动期间，全市各级、各部门共组织督察组453个，参检人员1504人次，检查企业682家次，发现隐患1252条。开展汛期安全生产检查。汛期期间，共查出安全隐患76条，下达执法文书35份，并对5家非煤矿山企业违法违规行为进行处罚，共计罚款6.7万元。开展节日等关键时期的集中安全检查。春节、“两会”“五一”、两节及中共十九大等重要时期，均提前部署，制定印发检查通知，动员全市开展安全检查。同时，部署重点行业的安全检查，组织专项检查组，对重点企业、重点环节开展专项检查，督促企业做好节日期间的安全生产工作，有力地保障关键时期的安全平稳。

【安全生产领域专项整治】 针对各领域的特点，迅速部署重点领域安全专项整治，突出隐患整改、整治的闭环管理，不断加大隐患排查治理力度。煤矿方面，严把复产安全检查验收关，历时近3个月完成全市煤矿体检工作，共检查矿井32处，发现隐患700余条，下发执法文书28份，责令停止作业40处，“体检”罚款9万余元。非煤矿山方面，以推进采空区、停产停建矿山监管等6项专项整治工作为重点，共检查企业36家，下达执法文书22份，查处隐患66条，打击破坏台阶等非法违法行为企业5家次，处罚9万元。危险化学品方面，以危险化学品综合治理为抓手，加大对重大危险源、危险工艺、危险装置在线监测和连锁的管控，组织危化品领域专项检查组，对标对表、逐项检查，规范检查过程，共检查企业107家次，查处隐患82条。工贸行业方面，强化金属冶炼、粉尘防爆、涉氨制冷专项整治，检查金属冶炼企业5家，查出隐患15条，处罚企业1家，处罚金额5万元；检查粉尘防爆企业6家，查出隐患10余条；共验收涉氨制冷5家，做到全覆盖，下达停产整顿文书2份。

【安全宣教和安全文化创建】 围绕全国安全生产月活动这一品牌，认真谋划部署，广泛宣传动员，精心组织开展一系列的安全生产宣传贯彻活动，加大宣传报道力度，营造全市安全生产舆论氛围。开展安全生产咨询日活动。6月16日，由市委宣传部、市安监、市公安局等8家、单位联合在抱石公园广场举行“安全生产月”宣传咨询日活动。现场宣传展板60余块，发放各类安全手册、宣传单等近1万余份，接受群众咨询8000余人次，解答群众难点疑点350余条。开展“安全发展”主题宣讲活动。组织宣讲团或志愿服务组织，深入重点企业、重点单位开展对口宣讲，市安监局在煤矿、危化等重点行业领域开展宣讲宣传10余次。开展全市大型综合演练。6月29日上午,市政府应急办会同市安监局、新钢公司联合举行一场不打招呼、不定时间、贴近实战的危险化学品泄漏火灾事故综合应急演练,市公安局等13家单位参加演练。开设宣传广播节目。市安监局与市广播电视台合作,每天中午新余交通广播播出《话安全》栏目,普及安全生产知识,强化全民安全意识。开展《中华人民共和国职业病防治法》宣传周活动。宣传周活动期间,累计发放资料7800余份,宣传挂图100余张,接待咨询500余人次。组织各类安全生产培训。2017年,组织煤矿事故警示教育、市安委会成员单位专题培训、乡镇监管人员专题培训等大型培训5次。同时在未成立安全生产考试中心的情况下,整合利用社会资源,采取请进来、走出去的方式,顺利完成全年安全生产培训任务。截至2017年年底,共考核三项岗位人员3490人,其中特种作业人员3295人,主要负责人和安全管理人员195人。加强安全文化创建。2017年,大唐国际新余发电有限责任公司通过达标评审,被评为省级安全文化示范企业。 (曾淑勇)

海　关

【概况】 2017年,新余海关认真践行"四好"总体要求,全面推进"五型海关"建设,紧紧围绕辖区经济社会发展及外贸形势,立足新余海关关情,深入思考谋划,研究制定新余海关"四强四优"工作思路,圆满完成全年的工作。

2017年,进出口货物总量909万吨,占南昌关区进出口总量的57%;税收入库8.5亿元,同比增长27%;进出口货物总值80.78亿元,同比增长10%;审批减免税1463万元,同比增长1.3倍;备案金额2.1亿美元,同比增长65%。出口通关时间0.01小时,同比减少98.31%;进口通关时间0.33小时,同比减少87.78%,均为历史新高。

2017年,新余海关顺利通过全国文明单位复查,获江西省文明单位,1人被江西省直机关工委选树为共产党员先锋示范岗。查验稽核科获得江西省"2016年度打击骗取出口退税和虚开增值税专用发票专项工作成绩突出集体"称号。

加大监测预警分析力度。加大对新兴贸易业态的研究和支持,紧密结合外贸形势变化,着重开展重点商品专项统计分析和监测预警,提供及时的、高质量的分析报告,为地方党政决策提供参考。2017年,撰写统计分析17篇,被总署海关要情采用4篇,提炼形成4篇分析简报、1篇工作专报供省委、省政府经济决策参考,其中工作专报还获得省领导批示。

【全面推进深化改革】 开展政策宣讲解读。利用微博、微信及时宣传中共十九大精神及海关出台的新政策;将对海关政策、服务举措的宣传融入外勤作业,重点加强对企业的实地指导,规范企业的生产经营管理行为;开展专题政策宣讲会,印发宣传册1200多份,覆盖辖区所有重点进出口企业。推进全国通关一体化改革。9月21日,同步对接全国出口通关一体化,并于当天顺利完成首票出口全国通关一体化报关单报关业务,全程用时25秒。深入推进放管服改革。切实落实取消行政审批事项工作,优化内部审核,90%的加贸业务核批时间由原先的2—3个工作日缩减为1个工作日,全年备案2.1亿美元,为企业节约流动资金4亿元。推进税收征管方式改革。引导企业开展无纸化报关、汇总集中征税业务,宣传"自主申报、自行缴税"举措,于6月28日完成首票"自报自缴"货物通关业务。

【全面加强实际监管】 牢固树立总体国家安全观,落实海关"既管进出口也管安全"的大安全意识,充分发挥"近企"优势,开展好精准"画像"监管,多方位、多层次筑牢安全监管防线,不断强化监管现场安全管理,做到管住管好。推行监管、稽查、缉私协同工作模式,提升稽核查疑难作业实际查发效果。2017年,开展稽查作业10起,办结作业查发案值5937万元,为新余海关历史最高查发案值;与缉私局、稽查处开展联合专项行动,查获擅自处置固体废物情事1起,线索移交缉私部门刑事立案，该案后经缉私局扩案调查，涉案固体废物近万吨，在央视新闻频道进行重点报道。精准分析防控虚假贸易。加强商品进出口量突增突减、新注册企业和漂移企业、大金额报关单的监控、对跨关区报关单、企业外汇5个方面数据分析，提升管控虚假贸易主动性和震慑力度。2017年开展巡查95次，对31家注册登记失实的企业通关锁定并下调26家企业信用等级。保持打击走私高压态势。不断提升自主查发能力，增强反走私综合治理成效，净化市场环境，2017年查发移交案值7141万元，同比增长66%，位列南昌海关各现场第一。

【创建“党建+”品牌】 创建“党建+班前半小时学习”，以党小组为单位，利用每天上班前半小时的时间，党员轮流上讲台，党员口头表达能力和业务能力显著提升。创建“党建+移动服务窗口”，利用互联网平台切实解决服务企业“最后一公里”问题，2017年新余海关微博、微信分别推送信息120条和114条，解决咨询答复16人次，通过移动服务窗口服务企业35家，回答和解决问题28个。创建“党建+窗口”，设立党员咨询窗口，提升窗口工作成效，树立海关良好形象，2017年共收到企业感谢信和锦旗共36封(面)。创建“党建+跟踪服务机制”，2017年跟踪服务企业28家，领导带队开展关企座谈会15次，帮助企业用好减免税政策，减免税审批货值2043.3万美元，减免税款1590.7万元，切实为企业解决资金困难。 (廖思玉)

出入境检验检疫

【概况】 2017年，江西检验检疫局新余办事处深入贯彻落实中共十九大精神，发扬“实、干、拼”精神，以实的举措，严的作风，通过促进“六项发展”，质量管理水平得到新提升，服务新余经济发展取得新成效。

2017年，共受理出入境货物报检1299批1.67亿美元，货值同比增长8.1%。其中，出境928批1.46亿美元，货值同比增长32.3%；入境371批2055万美元。受理出境货物包装报检391批。出具各类检验检疫证单1573份。查处进口工业品不合格15批，不合格率4.46%；出口危险货物不合格检出13批，其中危险货物7批、危险货物包装6批，批次不合格率1.88%；完成7批退运调查，完成率100%；截获进境有害生物11批次24种次，其中在进境粮食的后续监管中截获法国野燕麦、硬雀麦等进境植物检疫性杂草种子；受理集装箱检验检疫1230标箱，消毒处理1089标箱，消毒率88.5%，检出不合格进出境集装箱8标箱，不合格率0.65%。

【完善对外平台建设】 推进新余陆路口岸作业区和国际快件监管中心建设，指导承建企业完善两个平台的检验检疫功能区规划，承建企业形成设计方案报送省商务厅口岸办审批立项，该项目一期(国际快件监管中心)建设启动，项目建成后可降低进出口企业运输成本，提高进出境快件业务通关速度，服务跨境电子商务成长，促进开放型经济发展。

【推进生态保护和生态安全】 加大对获得生态原产地产品——恩达牌苎麻产品的服务力度，提升产品在国际市场的整体形象、消费者信心、国际知名度和信誉、产品附加值等，促进企业扩大出口，同时积极推动新余蜜橘等特色产品申请生态原产地产品保护。

【开展全申报工作】 深入查找2016年全申报工作绩效考核中企业覆盖率较低的不足之处，梳理出未覆盖到的出口生产企业进行有针对性的走访，宣传检验检疫政策及开展全申报工作的重要意义，指导企业充分利用优惠原产地政策和应对技术性贸易壁垒措施，争取相关企业的支持配合。2017年，出口商品全申报9745批，货值6.06亿美元，出口生产企业66家，出口商品品种143种。

【原产地证签证工作】 截至年底，累计签发原产地证1272份，签证金额2.55亿美元，共减免进口国关税约1300万美元。通过调研、宣传、精准帮扶等途径多措并举抓好原产地签证工作。走访签证企业调研宣传、找准切入点，提升自贸区原产地证签证量，累计签发证书742份，签证金额2.03亿美元。采取多元化宣传，通过新余日报、新余新闻、业务交流平台等渠道宣传原产地证的重要意义，激发企业申领证书的积极性。开展原产地助力优进优出“双百帮扶计划”活动，精心挑选6家原产地签证重点企业开展精准帮扶，上门进行原产地政策宣传，制定“一对一”个性化帮扶方案，实现增十、清零、破壁、减退等目标任务，推动新余外贸“优进优出、优质优价”，服务钢铁、新能源、新材料等商品扩大出口。

【推进大通关建设】 为降低企业出口成本，提高通关效率，全面推广检验检疫系统的使用。所有出入境货物的检验检疫均使用E－ciq主干系统，达到一次报检和数据共享目的，实现检验检疫全国一体化。3月起推广电子检验检疫网上申报系统，提供免费报检公共平台，减少企业软件使用费用。5月起启用全国检验检疫无纸化系统，企业仅需上传电子资料即可完成报检申报工作，新系统启用以来，共受理报检1538批次，覆盖率达100%。

9月27日，正式启用“单一窗口”国家版系统，进出口企业可用该系统，从而实现“一次申报、一次查验、一次放行”，报检覆盖率达40%以上。

【落实免征减负政策】 严格落实质检总局国质检财函〔2017〕140号文件，自2017年4月1日起，停征出入境检验检疫费，降低企业进出口成本，并在电子显示屏、触摸屏、公告栏公示收费和减免收费的文件依据、收费标准、收费项目、服务内容等清单。在省局公布的《江西检验检疫随机抽查事项清单》的基础上，制定新余办事处的“一单两库”，即随机抽查事项清单、检查对象名录库和检查人员名录库，对清单内的抽查事项严格落实“双随机、一公开”工作机制。

【扶持锂电产业】 通过实施“无纸化报检”“上线中国电子检验检疫主干系统”“启用中国电子检验检疫网上免费申报系统”等检验检疫信息化工程，极大地优化检验检疫流程，实现检验检疫全流程电子化作业以及办理报检业务“低耗时、零费用”，大幅缩短出口锂电产品通检时间。同时，通过签发优惠原产地证及减免检验检疫费，全年为锂电企业节约商务成本600余万元。

2017年，出口氢氧化锂1.22万吨，货值1.25亿美元，同比分别增长81.36%，39.31%。在“监管有效，风险可控”前提下，贯彻落实降低口岸查验率措施，将出口氢氧化锂口岸查验率由100%降低到2.5%，实施完全由检验检疫业务系统自动抽取的“双随机”查验机制，最大限度规范查验人员自由裁量权。该举措平均可降低10天口岸查验时间，每月可节约口岸查验费用8万余元。

【建立新能源重点实验室】 利用获批的“国家新能源产品检测重点实验室”的先机，把握住发展的良机，积极与渝水区政府合作，共同建设国家新能源产品检测重点实验室。开展设备选型、实验室规划和草拟合作协议等前期工作，待实验室建成，将改写江西省无一家相应的检测机构的历史，彻底解决企业认证周期长、手续繁、成本高的问题，将有力地推动新能源产品出口和新余新能源产业的发展。

【严控流程时限】 开展检务工作安全风险隐患排查和专项整治，全面排查检务工作8个方面的存在的问题与不足，分析检验检疫超流程的原因，及时进行整改并提出纠正措施，提高工作质量。按照“减环节、优流程、压时限、降成本、提效率”的要求，新余办事处制定相应压缩检验检疫流程时长的工作举措，检验检疫流程时长分别压缩至出境0.44天、入境1.01天，平均0.58天，同比分别压缩93.99%、90.33%和93.15%。

（李　刚　程　颖）

编辑　刘　霞

财税·审计

财　　政

【概况】 2017年,面对复杂多变的宏观经济形势,面对各种矛盾和困难,全市各级财政部门和广大财政干部,坚持稳中求进工作总基调,认真贯彻落实新发展理念,围绕供给侧结构性改革主线,积极组织财政收入、争取上级财政资金、加强政府投融资管理、优化支出结构、深化财政改革,切实增强财政工作的责任感和使命感,努力克服政策性减收等因素影响,较好地完成全年工作目标任务。

2017年,全市财政总收入完成144.2亿元,同比增收7亿元,增长5.1%。其中,一般公共预算收入完成92.6亿元,同比减收3.1亿元,下降3.3%。总收入中税收收入完成108.1亿元,同比增收7.7亿元,增长7.7%,税收收入占财政总收入比重为74.9%,同比提高1.7个百分点。

总收入分部门:国税部门完成56.7亿元,同比增收22.2亿元,增长64.2%;地税部门完成51.4亿元,同比减收14.5亿元,下降22%;财政部门完成36.1亿元,同比减收0.7亿元,下降1.9%。

总收入分级次:市本级完成32.9亿元,同比增长1.4%;高新区完成21.5亿元,同比增长6.3%;分宜县完成31.5亿元,同比增长5%;渝水区完成36.5亿元,同比增长8%;仙女湖区完成21.8亿元,同比增长5%。

【财政收入稳步提高】 面对"营改增"及政策性减税降费等因素,全市各级财税部门克服困难,积极作为,圆满完成年度预算目标任务。2017年全市财政总收入完成144.2亿元,同比增长5.1%;县区级财政总收入完成111.3亿元,同比增长6.2%,占全市财政总收入的比重为77.2%;乡镇级财政总收入完成65.8亿元,同比增长6.4%,占全市财政总收入的比重为45.6%。全市一般公共预算收入完成92.6亿元,同口径比增长4.4%;税收收入占财政总收入比重74.9%,较上年提高1.7个百分点。2017年总部经济完成税收34.3亿元,两个区税收占比超过90%,收入质量显著提升。其中高新区93.2%,较上年提高22.3个百分点,渝水区90.1%,较上年提高0.7个百分点。

【资金保障能力增强】 一是统筹调度争取上级财政资金工作。按照《新余市争取上级资金考核奖励办法》,各级财政部门高度重视争取上级财政资金工作,2017年争取各类财政资金135.8亿元(含财政债券资金75.9亿元),较上年同期增加30.3亿元,增长35.8%。其中,上级财政转移支付资金共计59.9亿元,较上年同期增加5.5亿元,增长10.0%。二是积极争取财政债券资金。2017年,全市争取财政置换债券资金66.8亿元,新增债券资金9.1亿元;2015—2017年累计争取债券资金157.6亿元,年度节约资金成本超过5亿元;23亿元新增债券资金主要用于棚户区改造、公路等市政基础设施建设、义务教育教学设施提升、公共医疗卫生事业发展等重点民生领域。

【债务风险有效管控】 一是做好政府债务风险管控工作。政府债务管理以风险管控为核心,通过控制债务总量、剥离经营性债务、调整债务结构、降低债务成本、促进平台公司转型升级等一系列措施,政府债务风险得到有效管控。二是全市多渠道筹集资金,全力保障项目建设顺利进行。通过银行贷款、中期票据、企业债等方式筹集资金134亿元,超额完成2017年融资任务。三是科学编制2018年市本级政府性投资备选项目库。按照"保重点、保续建""量入为出,先急后缓""化债务、控风险"的原则,结合财力情况,实地核查98个投资项目,对2018年尚不具备实施条件的项目提出停建或缓建的建议。

【金融支持扩面增效】 一是扩大还贷周转金规模。2017年市财政增加6000万元注入还贷周转金,使还贷周转金财政资金总额达1.74亿元,累计帮助525户企业,倒贷资金129.87亿元,节约企业成本超过1.5亿元。二是全力做好"财园信贷通""惠农信贷通"和"科贷通"工作。发放贷款总额12.84亿元,惠及1062户中小微企业,平均每户企业获得贷款120.9万元。三是加大财政贴息力度。2017年,财政安排专项贴息资金2000万元,为34户企业提供担保贴息;安排邮政小额担保贴息200万元,为829户个体工商户提供贷款贴息;安排小额创业贷款贴息200万元,为2411人创业提供贷款贴息;做好农业保费补贴工作,全年下达农业保费资金1179万元。

【加大重点领域保障力度】 一是保障教育文化事业发展需求。全市教育支出完成21.23亿元,同比增长2%。发放普通高中学生及高校学生资助金1800余万元,惠及近9000户困难学生家庭;拨付中等职业学校国家助学金及免学杂费495万元,惠及5000余名学生。二是支持社保体系建设。全市社会保障和就业支出完成22.69亿元,同比增长21.8%。市本级争取上级财政给予企业退休职工养老金补助1.12亿元,并在年初预算中安排6000万元用于弥补企业养老保险缺口。将失地农民纳入城乡居民养老保险范围,未来3年筹集资金19.05亿元。开展农村颐养之家建设,全市37个乡镇409个行政村实现颐养之家全覆盖,年初预算安排运行经费1000万元,建设经费1636万元。三是加大保障性住房建设支持力度。2017年,中央、省共下达全市保障性住房补助资金4.93亿元,确保全市廉租住房租赁、棚户区改造、公共租赁住房建设等工作顺利推进。

【规范财政资金管理】 一是扎实做好专项资金绩效目标考核,有重点地选择部分专项资金进行预算绩效目标考核,并以此作为下一年度预算安排的主要依据。二是全面推进预决算和"三公"经费公开,接受社会和舆论监督。三是加大财政监督检查力度,做好会计监督检查、2016年民生资金监督检查、差旅费管理情况专项检查等工作。组织开展预算编制执行情况自查自纠工作,对预算编制不合理、非税收入未列入预算管理或未及时入库、公务卡强制结算执行不到位、单位内控和监管不到位等问题提出整改建议。四是加强财政投资评审管理,通过公开招标向社会购买服务形式择优选取17家中介,组建中介评审库。2017年,评审中心累计完成评审项目208个,报审金额24.14亿元,审定金额20.35亿元,核减金额3.79亿元,核减率15.7%。

【深化财政事业改革】 一是全面落实"营改增"政策,四行业减税达14亿元。二是根据中央、省各项行政体制改革要求,做好"放管服"工作,取消、停征、免征及减低有关收费标准,2017年市本级减轻企业负担约8000万元。三是按照省财政厅关于省属国有企业下放的财政体制改革安排,做好新钢公司税收测算和社会接管工作,积极向省财政厅争取补助体制。四是加强财政专项资金整合力度,按照专项资金的性质、用途、效益等方面实际情况,进一步压缩专项资金,提高专项资金整合力度,做到集中资金办大事。五是探索化解政府债务改革。市委、市政府高位推动债务化解工作,出台一系列制度文件,推动全市债务管理水平不断提升。六是调整市与县(区)财政体制,根据市本级与县(区)发展实际,为增强市本级调控能力,试行县(区)财政体制上解。

【精准扶贫落到实处】 一是加大脱贫攻坚保障力度。2017 年,中央、省财政下达全市扶贫专项资金 4802 万元,同比增长 9.6%;市、县财政预算安排扶贫专项资金 3807.3 万元,同比增长 257.8%。二是全力推进财政涉农扶贫资金统筹整合工作。纳入整合范围涉农财政专项资金 48722 万元,计划整合 45768.4 万元,计划整合率 93.9%,高出省考核标准 13.9 个百分点;实际整合 45403 万元,实际整合率 99.2%。支出整合资金 40796 万元,支出进度 89.1%,高出省考核标准 9.1 个百分点。三是加快资金拨付进度。2016 年度,财政专项扶贫资金结余结转率为零;2017 年各级财政专项扶贫资金 8609.3 万元,结余结转率 2.6%。

【完善农发项目管理】 一是争取上级项目资金成效明显,2017 年共争取上级农业综合开发项目财政资金 6660 万元,世界银行贷款可持续发展项目资金 1196 万元。二是进一步理顺和规范市直农业综合开发产业化项目的管理,2017 年 10 月撤销市直农发产业化项目资金专户,由高新区、仙女湖区具体履行原市直农发产业化项目申报、资金管理、组织实施等工作。三是创新检查验收模式,2017 年首次引入第三方参与农业综合开发项目年度检查验收,委托其参与全市 2016 年度农业综合开发高标准农田建设、世界银行贷款可持续发展项目的全面复核及部分产业化项目的检查。(孙杨生)

税　务

·新余市国家税务局·

【概况】 2017 年,新余市国家税务局以“提升税收治理能力和水平,服务地方经济社会发展”为主线,以提高组织收入质效为中心,锐意进取,统筹推进依法治税、税收改革、纳税服务、队伍建设等重点工作。全年完成财政口径税收收入 56.67 亿元,同比增收 22.16 亿元,增长 64.2%,占省财政下达调整后部门预算(56.4 亿元)的 100.48%,税收增幅在全省 11 个设区市中排名第一;完成海关代征税款 7.71 亿元,同比增收 1.16 亿元,增长 17.7%,为地方经济发展作出突出贡献。新余市国家税务局蝉联第五届全国文明单位,被国家税务总局评为“全国百佳国税地税合作市级示范区”等,实现全市国税工作新突破、新跨越。

【抓好组织收入】 把提升收入质量、严控税收风险和落实优惠政策作为工作着力点,依法治税迈上新台阶。开展收入质量疑点核查,做到应抵尽抵、应退尽退;全面筛查出口退税、营改增企业、乡镇商贸税收、再生资源经营等 6 个主要风险来源,采取有力措施规范税收秩序;稽查局尖刀作用充分发挥,保持打击涉税违法犯罪高压态势,查处违法企业 52 户、非法发票 665 份,对医药行业涉税违法开展专项整治。坚决落实简并税率、小微企业税收减免等系列税收优惠政策,全年累计减免增值税 2.8 亿元,所得税 1.29 亿元,办理出口退税 3.79 亿元;692 户企业享受小微企业税收减免 873.26 万元,政策实际受惠面达 100%。

【深化税收改革】 坚持从改革的广度、力度、深度上持续用力,各项改革工作蹄疾步稳、厚积成势,突破一些关系税收事业长远发展的重要关口,管理效能实现新突破。征管体制变革稳步推进。按照统筹协调、重点突破、分步实施的原则,在机构数量、级别、职数基本不变的前提下成立风控中心和第一、第二直属税务分局,实现“四个转变”,创新管理机制。二分局实现车购税业务迁移零投诉。营改增后续管理全面落实。出台“两业”税收管理办法,落实后续管理指引,综合治税的广度和力度明显加强。全市管理服务营改增四大行业纳税人 8009 户,入库“营改增”试点行业增值税税收 11.99 亿元,同比增收 6.21 亿元。“放管服”改革持续发力。加强规范性文件制定管理,全力推动大众创业万众创新。深入开展“降成本、优环境”专项活动,深化行政审批项目后续管理。此外,还统筹推进"电子税务局""数字管理制度体系""税收法律顾问"等10余项改革工作,做法和成效被新华社、江西电视台等多家媒体报道。

【创优纳税服务】 主动作为,持续发力,为各类市场主体减负担、降门槛、创条件、增便利,营商环境开创新局面。提升站位更主动。积极策应发展战略,出台《关于助推我市金融新业态发展的意见》,促进金融产业新业态发展;主动走访市"一带一路"文化经济贸易促进会,收集企业的涉税诉求,经验做法被《经济日报》头版报道。便民举措更高效。组织重点行业企业所得税培训讲座7场800余人次,对新钢公司、金融企业等进行"订单式"专题辅导。深入开展"春风行动",确定五大类48项便民措施。巩固信用体系建设,促成各商业银行共发放贷款35笔,贷款金额1.42亿元,有效缓解小微企业融资难、融资贵问题。联合办税更融合。在全省率先实现国地税联合办税全覆盖,全市办税服务厅"一窗一人一机"联合办税模式推行到位。拓展分宜县局在全省范围率先实现办税服务彻底联合的经验成果运用,在全市共建联合办税服务大厅4个、联合办税服务窗口31个。

【营造干事氛围】 带好队伍固本、真情服务暖心,强化让干部一生向上、一心向善的正面导向,塑强新余国税精神,持续激发干部队伍工作热情,干部队伍迸发新活力。创新人才培养机制。打造数字人事"新余样板",积极推动"一人双岗",工作成效分别获得市委、市政府和省国税局主要领导批示肯定,并在国家税务总局"数字人事"专栏刊登。抓好专题教育培训,科级领导干部95人在延安接受党性教育,48名业务骨干前往青岛开展稽查专项整治业务培训。加强国税文化建设。积极组织志愿服务、义务献血和结对帮扶,联合社区共同开展重阳节文艺汇演等。第一直属税务分局获"全国巾帼文明单位""全国青年文明号"和"全国三八红旗集体"称号。 (刘隐乐)

2017年8月,新余市办税大厅联合办税模式

·新余市地方税务局·

【概况】 2017年,全市地税系统认真学习贯彻落实中共十九大精神,积极践行“强党建、促改革、转作风、谋发展”工作要求,组织收入稳中有进、服务发展有为有位、征管改革蹄疾步稳,各项工作成效显著。2017年5月12日,国务院“放管服”督导组充分肯定市地税局在深化国地税合作“放管结合,优化服务”的做法。

2017年,面对复杂严峻的经济税收形势和“营改增”等结构性减税带来的收入压力,全市地税系统坚持依法治税,大力挖潜增收,全年组织各项税费54.52亿元。其中,地税收入51.39亿元,剔除“营改增”因素增收5.19亿元,增长11.4%,圆满完成税收任务。

积极策应“工小美”战略,出台《服务新余“工小美”税收优惠政策和服务举措40条》。服务“一带一路”发展大局,对全市26家“走出去”企业逐户走访,形成《新余市“走出去”企业调研情况的报告》,经验做法在全省推广,《经济日报》头版头条进行重点报道。精准对焦“重点项目”,出台《全市地税系统对重点建设项目税收实行跟踪管理实施方案》,实现优化服务与控管税源“双提升”目标,2017年全市“重点项目”实现税收收入8773万元。全面落实税收优惠政策,出台《新余市地方税务局支持企业降低成本优化发展环境政策服务举措40条》,全年共减免各项税费3.9亿元,有力地促进地方经济发展。

2017年,全系统涌现出一大批先进集体和个人,市地税局获“全国巾帼建功先进集体”“全国文明单位”称号,市地税局直属局获“全国工人先锋号”,分宜县地税局连续4届,仙女湖区地税局连续6届获“江西省文明单位”称号,高新区地税局获“江西省五一劳动奖”。

【征管改革创新】 率先启动“自然人税收管理服务系统”建设,自然人税收管理服务走在全省乃至全国领先行列,该项目获全省地税系统创新项目一等奖,省委、省政府信息和《江西卫视新闻》分别予以重点报道,2017年全市自然人税收收入23.44亿元,占总税收比45.6%,同比增收12.4亿元,增幅112%;率先实行全市“一级稽查”,撤销县局稽查局,增设执行科,编制《“一级稽查”工作制度》,确保各项工作流程明晰、责任分工明确、互相监督制约,高效有序运转。全年共查结34户,入库查补税款3359.7万元,同比增收1649.3万元,增幅96%。一级稽查工作也得到省局肯定;率先推进全市“一级督察内审”,构建“四个一”工作新模式。2017年开展执法督察、财务审计等项目27个,核查疑点数据1765条,查补税款4983万元,财务问题整改519个,涉及金额329万元,整改率和处罚率都实现100%。构建全市“一级督察内审”经验做法被总局《督审工作动态》刊发推广;构建特色风险管理,创建全市“集中统一分析、分类分级应对”模式,开展国地税联合风险管理应对,推行风险管理与数据治理相结合,实现与国税数据协同治理。2017年,推送风险任务3653户,入库税款3.68亿元,风险应对完成率95.6%,税收贡献7.1%。

【“放管服”新举措提质增效】 新余地税顺应建设服务型政府要求,以“提速”为目标,以“创响”为主题,以“便利”为落脚点,创优12366纳税服务平台,开设纳税服务微信平台,完善纳税信用体系建设,大力推进税银互动,实现全市15家商业银行全覆盖,共为27户企业发放信用贷款1.76亿元。持续开展便民办税春风行动,制定5类21项53条便民服务措施,“始于纳税人需求,基于纳税人满意,终于纳税人遵从”的服务大格局日趋完善。全面深化国地税合作,制定《新余市国地税合作市级示范区建设方案》及其13个合作实施方案,通过“1+N”模式对《国地税合作规范3.0》明确的51个合作事项进行落实,率先开展协同“以票控税”、房地产税收一体化管理等合作事项。以市政府名义下发《进一步深化全市国地税合作的意见》,新余市获全国百佳国税地税合作市级示范区。深化国地税联合办税,实现全市所有县(区)局联合共建办税服务厅全覆盖,实现纳税人“进一个厅、选一个窗、办两家事”。省政府11月20日《每日要情》刊登市地税局创新推动“放管服”改革的经验做法。

【推进税收法治建设】 新余地税不断探索税收法治的实现形式,走出一条具有新余地税特色的依法治税新路子。全面推进法治型地税机关建设,制定《全市地税系统“十三五”时期全面推进依法治税工作实施方案》,将依法治税纳入税收工作总体规划。分宜县地税局被授予2017年全省地税系统法治基地称号。全面贯彻落实《江西省税收保障条例》,在全省率先将税收保障工作纳入政府绩效考核。全面规范税收执法,下发《新余市地税局关于进一步规范和改进税收执法工作的通知》,严格进户执法,避免多头执法,交叉检查。全面规范金融创新,出台《新余市地方税务局促进金融创新产业发展税收优惠政策和服务措施20条》,进一步促进全市金融创新产业稳步健康发展。全面备战环保税开征,提请市政府下发环保税开征工作通知,建立财政、地税、环保等多部门协作机制,召开环保税开征新闻发布会和动员部署会,全面开展税务干部和纳税人培训和辅导,确保开征工作有序推进。 (胡小云)

审　　计

【概况】 2017年,全市审计机关紧扣党委、政府工作中心,以改革创新为引领,开拓进取,苦干实干,依法履职,为全市经济社会持续健康发展提供有力的支持,审计的震慑力、公信力得到新的提升,审计反腐“利剑”作用和建设性作用更加凸显。全年全市审计机关共完成审计单位130个,其中审计项目125个、专项审计调查项目5个。查出主要问题金额262804万元,其中违规金额2555万元、损失浪费金额345万元、管理不规范金额259904万元;审计发现非金额计量问题223个;损益(收支)不实金额28432万元;出具审计报告和专项审计调查报告225篇。审计处理处罚金额2924万元,其中应上缴财政1155万元、应减少财政拨款或补贴543万元、应归还原渠道资金261万元、应缴纳其他资金895万元、应调账处理金额70万元;移送司法机关、纪检监察机关和有关部门处理事项38件,移送处理人员122人,移送处理金额6089万元。审计促进整改落实有关问题金额86万元;审计促进拨付资金到位103万元;核减投资额543万元;移送处理落实事项16件。审计提出建议498条,被采纳265条;促进被审计单位制定、完善规章制度6项;提交审计信息9篇,被批示、采用5篇。向社会公告审计结果3篇。

2017年,新余市保障性安居工程跟踪审计项目和分宜县医疗保险基金专项审计项目获得江西省审计厅优秀审计项目表彰,渝水区财政惠农补贴“一卡通”资金和村级使用的涉农财政资金专项审计获江西省审计厅表彰。

【国家重大政策措施落实情况跟踪审计】 围绕全市民生实事、改革创新事项和重点建设项目清单,关注项目落地、资金保障、简政放权、政策落实、防范风险五个方面,对“三单一网”等4项政策落实情况和市养老福利院项目建设等11个市重点项目推进情况进行跟踪审计,揭示部分政策措施未完全落实到位、部分项目进展缓慢等问题,通过审计,从体制机制层面提出促进改革的审计建议,促进政策措施的落实,推进重点项目建设进度,规范建设程序。

【财政审计】 关注本级预算执行和其他财政收支情况,促进规范管理、提高财政资金使用绩效、建立公共财政制度;完成教育、民政、卫计等7个部门市本级专项资金绩效审计,审计发现绩效问责的主体责任未落实、资金使用与预算目标不符等问题,从加强预算绩效管理、强化支出责任等提出审计建议。

【经济责任审计】 完成92名领导干部的经济责任审计,查出问题金额79714万元,向市纪委和市检察院移送问题线索2件。通过审计,加强对权力运行的制约和监督,促进领导干部守法守纪守规尽责。

【固定资产投资审计】 对2016年政府购买投融资项目工程结算评审服务的项目进行抽审,共抽审3个项目,送审金额8747.32万元。在中介审核、财政复核的基础上,审计再审减金额543.94万元,节约财政资金6.22%,促进建设单位规范工程项目管理。

【民生资金审计】 保障性安居工程审计查出问题金额4541万元,追回违规资金2658万元、取消保障资格或调整待遇351户、清退保障性住房21套,25名公职人员违规享受保障待遇等5件问题线索移送监察机关等处理;对渝水区财政惠农补贴"一卡通"资金专项审计,查出挪用资金、违规申报获取资金以及侵占、私分等3475万元,向纪委移送问题线索31件,涉及人员97名,37人受到党纪政纪处分(其中开除党籍1人、留党察看1人、严重警告8人、警告27人),26人受到诫勉谈话、警示谈话、批评教育等组织处理,追缴违规资金477.8万元,促进建立健全规章制度6项。

【企业审计】 为进一步落实中央关于深化国有企业和国有资本审计监督的要求,大力推进国有企业审计全覆盖,对市国资委管理和委托管理的11家市属国有企业2016年经营情况开展审计调查,揭示部分企业损益不实、违规经营、出借资金逾期较多存在风险、长期投资效益低下、国有资产闲置浪费严重等问题,从建立监管合力、建立违规经营投资责任追究机制等方面提出审计建议。

【自然资源资产审计】 对自然资源资产审计范围进行延伸探索,一是由领导干部离任审计向任中审计延伸,二是由领导干部自然资源资产离任审计向探索区域性自然资源资产专项审计延伸。开展仙女湖区管委会主任自然资源资产任中审计和仙女湖湖泊生态保护专项审计,通过审计,推进《新余市仙女湖水体保护条例》立法进程,为全市全面开展"保家行动""蓝天行动"打下坚实的基础。全市自然资源资产审计形成"一二三四五"工作方法,工作经验走进全省审计系统课堂,以视频会议的形式向全省推广新余"生态审计"经验。新余市自然资源资产审计引起中央电视台焦点访谈、新华社、《人民日报》等多家国家级媒体关注和报道。

【审计整改】 市人大按照"抓精抓细抓实"的要求,对审计查出问题整改情况加大督办力度,制定《关于审计查出问题整改情况满意度测评的实施方案》,在新余市九届人大常委会第七次会议上,首次由市人大常委会对市文广新局、市粮食局和市林业局3家单位的审计整改情况进行满意度测评,有力地推动审计整改工作。

【审计组设立临时党支部】 结合审计工作实际,把党旗插在审计现场第一线,通过成立临时党支部的形式,让审计现场在哪,党支部就建在哪,党建工作就开展到哪,"一卡通"资金审计和自然资源资产审计等重大审计项目,审计组都建立临时党支部,开展"比业绩,比作风,比效率"的"三比"活动,评选岗位先锋,大力弘扬"工匠精神",充分发挥党员先锋模范作用。 (刘凤生)

编辑 姚 涛

金　融

综　述

【概况】 2017年，全市金融工作贯彻落实全国和全省金融工作会议精神，践行创新、协调、绿色、开放、共享的发展理念，以支持实体经济发展为主线，按照“保障需要、适当超前，引领推动”的工作思路，紧紧围绕“提质增效做实”中心任务，持续加大金融改革力度，努力提升金融服务水平，不断优化金融发展环境，在攻坚克难中取得新成效，获得省金融办通报表扬。

2017年年末，各项融资总额1573.40亿元，比年初增加3.43%。其中，直接融资金额369.53亿元，占融资总额的23.49%，包括企业上市股权融资114.37亿元、企业债券融资178.28亿元、企业私募融资33.16亿元、企业金融租赁融资11.22亿元、发行信托融资32.50亿元；间接融资金额1203.87亿元，占融资总额的76.51%，包括驻市银行贷款余额768.18亿元、驻市银行开立保函及信用证等表外业务提供贷款融资252.28亿元、异地银行贷款余额174.9亿元、小额贷款公司贷款余额8.51亿元；驻市银行贷款占全市银行贷款的81.45%，异地银行贷款占全市银行贷款的18.55%。

银行业。2017年年末，全市15家银行业金融机构存款余额为1082.72亿元，比年初增加113.86亿元，增幅11.75%；驻市和异地银行本外币贷款余额为943.08亿元，比年初增加48.34亿元，增幅5.4%。驻市银行存贷比达70.95%。

证券业。2017年年末，全市8家证券营业部新开户数为10150户，证券交易额192.03亿元，实现营业收入1243万元、净利润289万元，上缴税金72万元。截至年末，8家驻市证券营业部总开户数达53.42万户，证券交易额累计达2844亿元，实现营业收入13088万元、净利润7655万元，上缴税金1586万元。

保险业。2017年年末，全市有保险机构24家，其中寿险12家、财险12家。全年保险机构实现保费收入22.60亿元，同比增长7.31%；累计赔付支出7.64亿元，同比上升1.05%。其中，12家财险公司实现保费收入7.12亿元，同比增长11.21%，累计赔付支出3.43亿元，同比上升6.27%；12家人寿险公司实现保费收入15.48亿元，同比增长5.61%；累计赔付支出4.21亿元，同比下降2.85%。

金融机构体系建设再添新活力。引进北京昆仑万维股份有限公司在分宜县发起设立新余市昆仑万维网络小额贷款有限公司，注册资本为5亿元；新设立新余高新区聚能担保有限公司。截至年末，全市共有各类（准）金融机构63家。其中，银行业金融机构15家，保险机构分支公司24家，证券公司营业部8家，期货公司营业部1家，商业保理公司1家，融资性担保机构5家，小额贷款公司9家。

金融支持实体经济取得新成效。一是金融支持实体转型显著。截至年末，中长期贷款大幅增长，较年初新增55.89亿元，增幅17.64%，高于各项贷款增速10.15个百分点。涉农贷款大幅增长，较年初新增37.42亿元，增幅14.22%，高于各项贷款增速6.73个百分点。二是银企合作更加深入。8月24日，2017年江西省“百家银行进千企”（新余站）政银企对接会召开，15家银行与342个项目签订163.4亿元授信协议。三是上市挂牌工作取得重大突破。江西新余国科科技有限公司在深交所创业板成功上市（2017年全省仅新增2家A股IPO上市公司；时隔7年，继赣锋锂业后新余市新增上市公司），泰达长林新三板挂牌申请获通过，江西省联合股权交易中心（四板）成功挂牌企业107家。四是引进险资卓有成效。中国人民财产保险股份有限公司江西省分公司与新余市政府签订1亿元全面战略合作协议，支持新余市范围内的农业种植（养殖）大户、家庭农场、专业合作社和农业企业的发展，有效解决农业生产经营主体融资难、融资贵的问题。

金融发展环境获得新提升。一是不良处置与不良实现“双下降”。截至年末，全市15家银行业金融机构不良贷款余额和比例分别比年初减少26.41亿元，下降4.19个百分点，不良贷款处置超额完成年初计划全年处置不良贷款23亿元任务。二是企业信用建设迈出步伐。自2015年引进第三方评级机构以后，共对1091家企业进行第三方信用评级，并发布2015、2016年企业信用白皮书，对于评级在2B以上的企业给予享受含财园信贷通等多方式的政府扶持政策。三是严打犯罪行为。查处一家打着贸易为幌子实质进行非法经营电子交易的公司窝点，确保交易场所规范有序健康发展。

【专业团队驻点帮扶赛维重整】 市金融办派出3人工作团队，驻点省政府办公厅集中办公，配合研究推进赛维重整工作的具体事项，协调调度赛维重整有关工作情况和编辑动态专报，及时向省政府领导汇报赛维重整最新进展情况。配合省金融办做好各金融管理部门、中银协以及债权银行的沟通协调工作，争取各方的理解与支持，确保赛维成功完成移交重整。2017年，处置赛维不良贷款22.5亿元，累计处置33.19亿元，较峰值下降57.42%。随着赛维重整成功，不良贷款余额和不良率分别下降到25.88亿元、3.37%。

【协调推动信贷投放不良处置】 年初，给各银行金融机构下达2017年全年处置23亿元不良贷款和新增75亿元融资贷款指导值，并将完成情况纳入年终绩效考核。每月调度各驻市银行不良贷款处置进度和贷款发放进度。对短期内存在资金链紧张的企业，通过提供倒贷资金的方式进行定向帮扶，帮助企业渡过难关。截至年末，累计完成还贷周转525户、867笔，还贷周转金额132.22亿元，为企业节约还贷成本1.56亿元。

【推进企业上市（挂牌）工作】 针对2014年出台的《新余市人民政府关于大力发展和利用资本市场的意见》等政策文件于2016年12月到期的情况，出台《新余市人民政府关于大力发展和利用资本市场意见》，继续支持资本市场发展。每月调度1次企业上市（挂牌）工作，不定时走访重点拟上市（挂牌）企业，有针对性地帮扶企业协调解决上市（挂牌）工作中遇到的问题。将各县区企业挂牌“新三板”和直接融资工作纳入全市绩效考核范围，按季进行考核。不定期举办资本市场专题培训暨经验交流会，为企业传达资本市场最新政策解读，帮扶重点企业对接多层次资本市场，提高对资本市场的认识。与江西联合股权交易中心（“四板”）开展联合办公，资源共享，推动中小企业挂牌“四板”。2017年，实现江西新余国科科技有限公司深交所创业板上市、泰达长林“新三板”挂牌、107家企业“四板”挂牌。

【维护地方金融和谐稳定】 建立新余市金融稳定协调合作机制。通过建立市金融稳定协调合作机制，联动发力，积极应对潜在金融风险，把其化解在源头。严打非法集资犯罪行为。联合公检法、市场监管局等部门严厉打击非法集资案件10起，涉案金额5361万元，涉及集资人数562余人。严打非法从事交易场所业务行为，抓获吉林贵金属交易中心和吉林再生资源交易中心在新余的代理商。强化宣传教育。5月，举办大型防范非法集资和普及金融知识宣传活动，各行业主管部门充分利用微信公众号进行广泛宣传；全市金融机构网点，通过播放滚动字幕、制作宣传手册，形成全面覆盖、全年贯穿的宣传阵势。开展专项排查。6月、10月，会同市场监管、公安等部门在成长大厦、复兴大厦、新东方大厦开展专项排查活动，并将3家涉嫌非法集资企业移交至公安部门立案处理。确保金融稳定。全力配合做好全会特别是中共十九大期间的金融风险监测、预警、防范和处置工作，未发生重大金融风险，确保金融平稳运行。

（彭燕玲）

银行·银监

·中国人民银行新余市中心支行·

【概况】 2017年，中国人民银行新余市中心支行贯彻落实中央经济工作会议、第五次全国金融工作会议和上级银行工作会议精神，结合实际，科学执行稳健中性的货币政策，提高金融管理和服务水平，把防控金融风险放到更加重要的位置，更加重视金融精准扶贫、脱贫攻坚，促进新余经济平稳健康发展；以党建为统领，争先创优，忠实履职，强基础、提质效、稳发展，着力推进活力、智慧、魅力中支建设，再次获评全国文明单位，组织人事、法律事务等11项专业工作进入上级行考评A档。截至年末，全市政府债务融资置换64.4亿元，不良贷款核销40.7亿元；全市金融机构本外币各项存款余额1082.7亿元，比年初增加113.8亿元；本外币各项贷款余额768.2亿元，比年初增加53.5亿元。

【支持中小微企业发展】 实施精准扶持。出台《新余市央行资金定向精准扶持计划》，向辖内地方法人金融机构投放支农再贷款（含扶贫再贷款）4.6亿元、支小再贷款2亿元，引导银行对优质客户、重点客户基本实行基准利率或进行下浮。截至年末，累计办理再贴现16.6亿元，惠及中小微企业451户，降低融资成本超过1200万元。相关工作金融时报以《江西新余：降成本中的“金融担当”》为标题报道推介。促进融资便利。组织技术力量完善“小微E贷通”平台功能，提升查询分析、利率监控、过度授信监测及时性和准确性，既便利小微企业融资参考，也有利于金融风险管理。截至年末，“小微E贷通”访问人数超过1.9万人次，贷款申请总量达1305笔，涉及申请企业或个人1268户，贷款申请总额达22.2亿元；成功获取贷款的企业或个人1215户，占申贷总量96%；成功获取贷款总额17.8亿元，申贷成功率达79.9%。增加信贷产品。从多渠道、多角度、多层次满足不同小微企业客户的需求。指导督促新余农商银行相继完善并创新推出“物业贷”“生意贷”“消费贷”“联保贷”“光伏贷”等多款信贷产品，截至年末，该行共发放“光伏贷”275笔，累计放款1102.4万元。指导分宜九银村镇银行通过“三选一优化”开辟小额信贷扶贫新局面，共发放“村官贷”贷款18笔，累计发放贷款金额达306万元。

【推动融资服务创新】 创新抵质押方式。重点联合市知识产权局督促指导银行加快专利质押信贷产品设计，完善业务流程，加强宣传营销。9月，江西佳沃以2项发明专利及4项实用新型专利为质押，成功从九江银行新余分行获得5000万元流动资金贷款，成为江西省首批通过专利权质押获得贷款的企业之一。利用政府增信。与市科技局、县（区）财政、银行机构等多方协调与沟通，推出“科贷通”贷款产品，推动解决中能电气等科技型企业资金短缺，技术有效转化困难问题。截至12月末，累计发放政府增信类贷款15.2亿元，其中财园通9.4亿元、惠农通3.6亿元、科贷通1.9亿元、出口信贷通0.3亿元。工作做法得到南昌中支领导签批肯定。推动信用放款。推动渝水区湘淮村镇银行与渝水区政府完善“信用评价+信用放款”模式，取得较好示范作用。截至年末，信用贷款授信总额2.5亿元，农户信用贷款余额1.7亿元。金融时报以《信贷春雨“润”新余》为标题进行报道推介。

【开展金融精准扶贫】 加强政策引导。为落实《江西省产业扶贫贷款贴息管理(暂行)办法》,推动出台《新余市金融扶贫工作实施方案》《新余市精准扶贫贷款贴息管理(暂行)办法》。截至年末,发放扶贫再贷款3.4亿元,带动精准扶贫贷款投放总量3.1亿元,惠及建档立卡贫困户1300余户,户均增加年收入2100元。加强工作督导。加强与民政局、财政局等部门的沟通,明确职责,落实小额扶贫贷款任务。截至年末,有6家银行机构参与小额扶贫信贷工作,小额扶贫贷款余额7906万元,户贷比达33%。同时,对全市17个金融扶贫服务站进行标准化建设,对包括牌匾规格、服务设施、工作档案等进行规范,统一人员、统一设备、统一制度、统一考核。辖内完成金融扶贫服务站在贫困村的全覆盖。注重因势利导。针对人保财险公司授权开办支农融资项目、负责保险支农融资业务具体实施的情况,协调推动项目在辖内实施。省人保财险公司与新余市政府签订《全面战略合作协议》,将为新余有需求的农业大户、种养大户、农业龙头企业提供1亿元融资额度,融资金额30万元的首笔保险支农融资项目成功签约。实施产业主导。做好挂点贫困村—高岚乡盆溪村的脱贫攻坚工作,到该村走访慰问贫困户、开展精准扶贫调研超过160人次,赠送慰问品、慰问金折合人民币10万余元,帮助引进以养殖龙虾为主的农业生产企业——新余天恩生态农业有限公司。相关工作金融时报以《铺好脱贫路》为标题进行报道推介。

【规范人民币跨境结算业务】 加强双向平衡管理。根据年初总行双向平衡指导政策,全面加强对跨境人民币业务真实性的审核,要求银行办理1000万元以上的业务均须报经人民银行审核通过。加强业务检查力度。每月对银行的业务报送情况进行非现场监测,发现问题及时整改,并定期发布全市通报;对工商银行开展现场检查,督促其做到业务合规。加强业务宣传推介。分别在新余赣西学院、江西工程学院等地宣传跨境人民币业务,并提示相关风险点。截至年末,辖内银行机构累计为新钢股份、赛维LDK、赣锋锂业等19户企业办理跨境人民币结算业务,实际收付金额13.7亿元。

【合力守牢金融风险底线】 推动新余市金融稳定协调机制落地。主动加强与地方政府沟通协调,达成金融监管和风险处置协同合作共识,推动市政府主导成立金融稳定协调合作机制和金融稳定协调合作领导小组,在人民银行设立办公室,牵头制定《新余市金融稳定协调合作机制议事规则》《新余市金融稳定协调合作领导小组办公室工作规则》,协调筹备召开金融稳定协调领导小组第一次会议。推动重点企业金融风险早期识别工作。推动市政府出台《新余市重点企业金融风险早期识别工作方案》,成立由市政府分管金融工作副市长任组长、分管金融工作副秘书长任副组长的推进小组,在人民银行设立办公室。结合新余实际,参照市工信委发布的重点企业名单,将授信额度2000万元以上的企业纳入监测范围,将已锁定对新余市具有重大影响的企业8家及核心担保圈企业131家纳入早期风险识别样本企业。建立银行风险联合防控工作机制。联合市金融办、新余银监分局下发《关于建立新余市银行业风险联防控联席工作机制的通知》,建立新余市银行业风险联防联控联席会议制度,成员包括市金融办、人民银行、银监局、银行业协会、各银行业金融机构主要负责人。联席会议每季召开1次,共同协商金融风险研判、处置不良贷款、失信联合惩戒等问题。积极推动优化辖内货币金融环境。推动市委市政府出台《关于防控金融风险、支持实体经济发展的若干意见》,从点燃经济金融新引擎、深化金融服务创新、防范化解金融风险、重塑社会信用环境等4个方面出台具体措施20条。与市场和质量监督管理局成功签订信息共享协议。与法院协调,推动成立金融债权案件联席会议机制暨金融债权案件快速处置协商机制。

【加强重点金融风险监测评估】 夯实风险监测评估基础。要求地方法人机构严格执行《关于进一步规范地方法人金融机构风险监测评估工作的通知》，明确落实地方法人金融机构风险监测月报、监测指标季报制度。按照南昌中支统一部署，组织对交通银行新余分行和孔目江成功村镇银行开展八大金融风险现场评估。与银监分局共建新余市金融风险“一本账”，要求各家银行按月、季、半年和年度报送重点风险信息。科学研判重点企业风险。实行重点企业名单制管理，持续跟踪监测赛维公司、江锂科技等重点企业，主动与政府、银行共享信息资源，积极参与市委市政府组织召开的赛维专题协调会、江锂债权人会议，督促地方政府落实好金融风险处置责任。上报监测信息12期，均被南昌中支领导签批。科学研判重点机构风险。根据全省区域金融风险监测情况，向成功村镇银行、建行、农行就不良贷款率偏高或拨备率不足发出风险提示函，要求制定风险化解方案，明确工作目标，及时落实风险防范、化解措施，于每季度后第一个月15日前报送风险化解进展情况。要求孔目江村镇银行发起行指导、督促其防范化解风险。新余农商行结构化融资业务的风险评估引起南昌中支高度重视，并向省联社发出风险提示，要求其在全省开展风险摸排。相关工作经验在全省金融稳定工作会上作经验交流并在总行《存款保险通讯》第2期推介，风险监测工作金融时报报道推介。

【稳步推进存款保险】　做好存款保险评级缴费工作。按照工作要求，制定工作方案，如期开展辖内4家投保机构现场评级工作，确定评级等级和适用费率。召开存款保险费率改革座谈会，督导投保机构按时完成费率核定相关资料，按期缴纳保费。成功上线存款保险评级数据采集系统、存款保险统计系统。开展存款保险制度研究。配合南昌中支完成存款保险评级操作规程、法人投保机构存款保险风险处置办法、主监管人制度、早期风险纠正等制度研究；配合总行开展存款保险风险处置办法、金融机构央行评级管理办法及评级综合评分指标体系的研究，完成《存款保险现场核查手册》中应付利息核查、营利性指标核查部分的编写。开展存款保险主题宣传活动。组织开展《存款保险条例》颁布实施两周年系列宣传活动；与市金融办、银监分局联合主办“防范非法集资、普及金融知识、维护金融稳定”集中宣传日活动；组织辖内法人银行机构参加江西省银行业金融机构“践行新理念、建功十三五”存款保险业务知识竞赛。

【有效加强金融管理】　实现金融管理全覆盖。严格执行《新余市金融机构服务与管理实施细则》，将服务主体延伸至辖内银行业金融机构和证券公司、保险公司。指导九江银行分宜县支行做好开业筹备工作。组织召开专题会，宣讲南昌中支新修订的综合评价办法，要求全辖金融机构对存在的问题限期整改，一把手亲自把关。开展执法检查常态化。对工商银行新余分行和国盛证券新余营业部开展综合执法检查，检查项目涵盖征信、国库、人民币、金融消费权益保护等多方面，查实问题40余个。不定期组织开展反洗钱、支付结算、金融统计等专项检查，实现检查常态化，业务、机构全覆盖，督促金融机构认真遵守法律法规和人民银行各项规定，依法合规经营，消除风险隐患。相关做法在全省依法行政推进会上经验交流。打击非法集资见成效。作为新余市打击与处置非法集资工作领导小组成员单位之一，会同市场管理、公安司法部门严厉打击非法集资，成功破获江西昌坊互联网科技有限公司非法集资、传销案。

【做好金融统计研究】　加强沟通协作，做好统计调查与监测。加强数据采集管理和名录更新，全力推进金融业综合统计，将住房公积金纳入报数范围，报数机构扩大至68家，编写《新余市金融业综合统计工作简报》11期。组织召开新余市经济调查工作会议和企业生产经营状况座谈会，走访百乐工贸等重点企业，强化银企沟通互动。适时替换景气企业3家，维护企业信息24户。新增房地产统计监测系统。依托金融学会平台，营造学术科研氛围。市金融学会成功举办“金融转型发展”研讨会。邀请上海国家会计学院金融研究所所长单喆慜举办“财务管理及财务报表分析”讲座。完成《大数据金融与中小企业发展:新余案例》《国际金融区块链发展对我国的启示》等调研报告和编译稿件20多篇。独立承担南昌中支“企业杠杆率测度与影响因素研究”重点研究课题,协助完成《基于区块链技术的数字货币监管体系研究》,参与编撰《摆脱贫困的金融力量——来自红土地的探索与实践》。深入开展政务信息调研。密切关注国内外经济金融动态和辖内金融运行状况,积极推介重点亮点工作经验做法,为上级行决策提供信息支撑。截至年末,共编报各类信息调研205篇,其中7篇调研稿件、14篇编译稿件被总行采用,3篇稿件获省委省政府刊用,1篇稿件被国办采用,2篇调研稿件《信用卡中介组织野蛮生长》《四因素导致信用卡透支不良率居高不下》获总行领导签批。

【完善支付体系建设和科技保障】 优化支付结算环境。持续抓好ACS运行管理,会计核算业务差错率严控在百分之一以内。全年累计办理ACS业务4501笔,成功率99.5%,同比提升0.2个百分点。强化管理引导,推动辖内电子商业汇票业务发展,辖内4家银行累计办理电票再贴现35笔,金额10.5亿元。推动全辖653个助农取款点逐步升级为金融综合服务站。加大银行卡受理市场建设力度,在仙女湖名胜风景区布放2台自助售票终端,实现自助售票、取票;在市公安局出入境大厅布放10台自助签注机,实现自助办理护照刷卡缴费,3分钟完成港澳团队旅游再次签注。强化支付结算业务监管。督促辖区银行机构和非银行支付机构严格落实客户身份识别和实名制要求,持续组织开展打击电信网络诈骗犯罪。严格实施账户行政许可,加强账户分类管理,开展2016年账户检查问题整改情况“回头看”。截至年末,共核准开立银行结算账户5420户,核准撤销银行结算账户1545户,变更账户938户,规范做好“三证合一”账户变更1741户,新增银行机构代码3个。全力保障网络与信息安全。顺利完成一体化终端安全管理系统在辖内的安装任务。按要求完成办公大楼整体修缮期间临时中心机房建设并成功切换。全面加强对桌面终端管理和移动存储介质管理,坚决杜绝泄密事件的发生。圆满完成重要敏感时期信息安全保障任务,顺利完成业务网移动线路网络带宽升级及链路测试,独立完成县支行交换路由一体机的上线及线路带宽升级工作,确保辖内网络与信息系统持续、稳定、安全运行。认真做好CA证书管理。在总行举办的IT基础设施知识竞赛中,3名参赛人员全部进入全省前3名,代表江西参加总行决赛。成功推进新余智慧公交云闪付应用项目建设。与市运管处和公交公司负责人沟通协调,促成新余公交公司、武汉公用电子正式签订三方业务合作协议书。组织召开技术研讨会,确定技术方案。12月9日,新余市金融IC卡+银联云闪付暨交通一卡通互联互通成功开通。联合市公交部门举办新闻发布会,联合江西银联、新余公交以及辖内各商业银行开展专项营销活动,金融IC卡云闪付和各类手机Pay闪付开始在出租、停车、菜场、便利店等民生领域广泛应用。

【履行经理国库和货币发行职责】 夯实国库会计核算基础,确保国库资金安全。开展国库业务管理工作自查,规范国库会计核算业务操作与管理,继续推进国库标准化管理工作,开办非经营性国有资产收入直缴入库业务,规范储蓄国债发行与管理。截至年末,办理各级预算收入153.9亿元,其中中央预算收入54.1亿元、省级预算收入7.2亿元、地方预算收入92.6亿元;办理地方预算支出168.8亿元;承销发行储蓄国债(电子式)10期、3366.2万元,储蓄国债(凭证式)6期、3596.0万元;通过直缴入库收纳非经营性国有资产收入1071万元。制作完成“传承红色精神,服务社会民生”国库主题宣传微电影。推进国库信息化建设,提升调研分析水平。协调做好第二代TIPS上线工作,加强国库监管子系统的数据监测,进一步扩大财税库银横向联网业务量。全年累计TIPS业务量占总业务量的90.2%,同比上升2.6个百分点。进一步提高国库统计分析月报质量,深入开展专题调研,《新余“财政惠农信贷通”发展现状及存在问题》等调研报告在《江西国库》全文刊用。多措并举严控假币浓度。制定印发《人民银行新余市中心支行关于进一步做好银行业金融机构假币浓度压降工作的指导意见》。分5期对全市700余名银行机构清分人员和网点临柜人员开展反假货币知识及实操能力培训,开展多层次、多形式反假货币宣传活动。对市中国银行、农业银行和工商银行负责人约见谈话,提出整改要求。辖内假币浓度保持全省最低水平并在全省降低假币浓度专题会上作经验介绍,相关做法在《金融时报》报道推介。科学规范确保现金供应。加强发行库和钞票清分规范管理,强化货币发行业务规范操作,科学调拨发行基金,深化小面额现金供应长效机制,确保普通纪念币发行安全有序。截至年末,全市累计投放货币51.8亿元、累计回笼62.4亿元,净回笼货币10.6亿元;调入发行基金71.2亿元,调出发行基金10.4亿元;钞票处理中心2台清分机共清分100元残损券112.4亿元、50元残损券3.3亿元,均超额完成上级下达的工作任务。有序推进硬币自循环工作,实现硬币网络预约兑换,在市、县城区布放硬币自助兑换机15台,全市配备硬币清分包装一体机2台和便携式小型硬币清分机5台。依托银行主办网点“兑零兑残专用窗口”和农贸市场“金融便民服务站”,开展“兑零兑残”乡村行活动,为城乡居民提供零钞和残币兑换服务。截至年末,累计为市民群众兑换零钞441.3万元、换取残损人民币91.1万元。人民币管理工作得到南昌中支领导签批肯定。

【强化反洗钱监管和征信管理】 强化反洗钱监管。部署落实《金融机构大额交易和可疑交易管理办法》(即“3号令”)相关工作任务。健全市58家义务机构反洗钱监管档案,开展监管“回头看”。认真开展反洗钱分类评级,约谈5家C类机构负责人。根据“双随机”原则,对大地财险、湘淮村镇银行、国盛证券开展现场检查。抽调业务骨干参加南昌中支对东方证券、汇民商务、总行对平安银行的现场检查。推动案件调查。通过省、市人行多次与市、区两级公检法部门会商情报,挖掘线索,4月,新余市渝水区人民法院一审宣判被告人杨某犯洗钱罪,成为新余市首例以洗钱罪定罪案件,相关分析材料得到南昌中支领导批示并报总行。9月,新余市渝水区人民法院一审判决万某犯洗钱罪成立,推动辖内以洗钱罪定罪案件取得新进展。结合辖区实际,编发《新余市洗钱风险提示》2期,2篇调研报告分别在《中国反洗钱实务》《中国信用卡》刊用。继续配合打击跨境非法转移资金、地下钱庄、逃税等专项行动。强化征信管理与服务。推动县区财政部门对新余市73家符合条件的参评工业企业拨付担保费补助奖励,补助资金共计2111.9万元。规范评级市场,推动评级业务发展,出台《信用报告业务窗口操作规范》,完成《从非现场监管角度看:银行业金融机构征信管理现状》调研报告。9月,促成赣锋锂业成为全省首家与人民银行总行征信中心成功签订应收账款融资服务平台对接合作备忘录的核心企业。截至年末,应收账款融资业务突破100亿元,帮助百余家本土企业盘活应收账款238亿元。相关工作得到南昌中支领导签批肯定。认真做好信用信息服务工作。截至年末,全市共发放机构信用代码证5170张,在反洗钱业务领域应用217笔,指导金融机构应用2237次;累计查询个人信用报告18.8万笔,企业信用报告查询1.2万笔。持续推进社会信用体系建设。充分利用数据库推进中小微企业信用体系建设。继续推进信用农户培育与成长工程,加快农村信用体系建设。截至年末,新增农户信用档案18462户,新增信用农户18113户、新增信用村6个。相关做法《打造“四大模式”让信用成为扶贫先行》得到南昌中支领导签批肯定,江西日报以《新余农户信用档案可换“贷款”》为标题在头版报道推介。“6·14”信用记录关爱日期间,在江西工程学院举办“诚信文化伴我行”主题活动,聘请10名高校学生担任信用知识义务宣讲员。与新余学院合作,开设“征信管理与经济生活”选修课,属全省首创。

【加强外汇管理与服务】 强化监管,防范异常资金流动。对新余水务等8家企业约见谈话,督促规范外汇业务,要求银行加强对其跨境资金真实性的审核,涉及金额超过5亿元人民币。对个人购付汇业务、服务贸易外汇业务现场核查,涉及银行6家、企业1家;对1家企业外债结汇现场检查;针对现场核查和检查中发现的异常情况,形成案例7篇。对2家企业和2家银行发放风险提示函,将3家出口不收汇名录企业降为B类。开展打击逃汇、骗购汇专项行动,对1家企业出口少收汇线索进行现场检查,根据延期收款未报告进行立案处罚,处罚金额5万元人民币。撰写《对外直接投资加快背景下需加强对企业的风险提示》被外汇局管检司《外汇检查工作动态》第17期刊用。探索构建区域跨境资金流动协同监管机制取得成效,经验材料获南昌中支领导签批肯定。积极引导,服务辖内涉外经济发展。响应"一带一路"倡议,灵活利用外债新政策引导中资企业进行跨境融资,主动为企业办理外债签约登记。指导青春康源、雅保锂业、新钢股份境外借款1.4亿美元。联合市商务、税务部门对辖区内10多家涉外企业进行实地走访和政策宣讲。帮助赣锋锂业汇出资金7750万美元,成功收购澳大利亚RIM公司和美洲锂业股权,获得矿产包销权。为赣锋锂业办理内保外贷,获得境外2500万美元贷款,认购澳大利亚Pilbara新增股份。相关工作得到新余市政府、南昌中支领导签批肯定,金融时报以《新余市外汇局助力企业扬帆起航》为题报道推介。

【推动普惠金融发展】 组织开展金融法治知识宣传。推动举办全市首届金融法治宣传公益广告作品征集活动,43家金融机构参与。将征集的47幅作品通过"新余发布"微信公众号等媒介开展网络评选活动,吸引2.3万人参与、0.6万人投票。同时,将征集作品在赣新路口地下通道开辟全市首条"金融法治文化长廊"。相关做法被总行条法司《金融法治动态与参考》推介,并在全省金融法治暨金融消费权益保护工作会上作经验交流,市法建办向全市机关单位推介。组织开展"金融知识普及月"活动。开展"支付安全 情系民生""存款保险,保护你珍贵的存款"大型主题集中宣传活动,承办江西省"金融知识普及月"活动启动仪式,首次与市银监分局、保险行业协会、金融办、广播电视台联合开展金融知识宣传普及和"最美金融"评选活动。工作做法得到南昌中支领导签批肯定。持续推动县域普惠金融发展。按照南昌中支下发的江西省普惠金融发展指导意见,分宜县支行以农村金融综合服务站建设为重点,部署市农业银行、农商银行和邮储银行在杨桥镇顾村、洞村乡和钤山镇等地开展试点建设。同时,参与南昌中支《江西省农村金融综合服务站标准化建设工作指导意见》(初稿)的撰写,创新运用"党建+普惠金融"模式,联合钤山镇长埠村党支部,开展金融知识进乡村、进"颐养之家"主题活动。

(钟会根)

·中国银行业监督管理委员会新余监管分局·

【概况】 2017年,中国银行业监督管理委员会新余监管分局以服务实体经济为核心,牢牢把握分局"2017·整改规范提升年"主题,在"破弱点、解难点、创亮点"上下功夫、做文章,有效实现党建主业和监管主责"两融合、两促进、双提升"。

2017年,全市银行业总体运行平稳,向好趋势渐显,上缴税收4.44亿元,较上年增长7.35%。资产负债规模加速扩张。至年末,资产、负债总额分别为1201.86亿元、1176.62亿元,增速分别提至12.75%、13.43%,同比分别增加9.5和10.47个百分点,打破近两年个位数增长的僵局。存贷款稳步增长。各项存款余额1082.72亿元,增速11.75%,为2016年的近两倍,全省排名前移2位;各项贷款余额768.2亿元,增速7.48%,同比小幅上升0.8个百分点。资产质量明显好转。信用风险查增部分处置整改到位,赛维风险处置取得阶段性进展,不良指标大幅双降,其中不良余额50.22亿元,减少26.41亿元,下降34.46%;不良率6.54%,下降4.19个百分点。盈利水平有所提升。银行业全年累计实现拨备前利润18.84亿元,同比多盈15.02%。

【提升服务实体经济质效】 指导辖内银行业加大对实体经济的支持力度，在优化产业结构和供给侧结构性改革上浇灌金融活水。辖内银行业全年信贷净投放53.49亿元，加上赛维处置部分，合计新增91亿元贷款，比上年增加27.44亿元，增长43.17%，在赛维不良集中大额核呆的现实情况下，仍然实现较大幅度的增长。从定位纠偏、考核通报着手，聚焦行业需求，引领银行业提升服务实体经济质效。主动策应市委市政府提出的经济工作要求，督促银行机构在"做大总量、盘活存量、优化增量、提升质量"上下功夫。2017年末，全辖贷款余额768.02亿元，较年初上升7.49%；全辖存款余额994.24亿元，较年初上升16.03%。企业联合授信管理初步试水，满足大型、龙头企业金融需求，提升银行资金信贷效率。同时，严格落实"降成本优环境"专项行动的"80条"政策及小微企业收费优惠政策，有效为企业压降成本空间。

【策应供给侧结构性改革】 发挥债委会功能与作用，全辖共组建债委会41家，涉及贷款54.12亿元，化解和缓释信贷风险资产11.56亿元，帮助29户企业办理续贷27.61亿元，通过贷款利率优惠政策减少企业利息支出2634万元，真正为企业减负让利。重点督促农商行发挥主席行作用，通过采取担保代偿收回不良贷款、诉讼保全银行债权等方式累计缓释风险3.88亿元，占全市的33.54%，其做法在全省银行业债权人委员会作经验交流。

【支持小微和"三农"等薄弱领域发展】 持续加强政策引导、现场督导、监督检查、考核通报、银企对接、"银税互动""金融扶贫"等，督促银行机构落实发展普惠金融尽职免责制度，提升精准扶贫、支农支小等金融服务均衡化水平。全市银行机构累计发放银税合作贷款81笔，金额17236.6万元，惠及小微企业52户；全市涉农贷款余额300.61亿元，增幅14.22%，高于各项贷款增幅6.74个百分点。全市4家法人机构均全面完成小微"三个不低于"和涉农贷款"一个高于"目标。其中，村镇银行农户贷款占比65.52%，较年初上升8.60个百分点；户均贷款28万元，占年初下降1.23万元。推进精准扶贫和脱贫攻坚"百日行动"，扶贫小额贷款余额3248.6万元，较年初增长377.74%；产业扶贫贷款余额31274万元，较年初增长23.79%，体现监管为民的承诺。

【构建金融风险联合防控机制】 联合出台《新余银行业联防联控联席会议制度》，探索建立与市政府金融办、人行、司法、工商、税务等部门沟通协作的银行业风险联防联控工作机制，推动市政府成立市长任组长的金融工作协调领导小组，组织银协开展打击逃废债严惩"三个一批"专项整治活动，对辖内首批43户逃废银行债务整治名单进行通报，督促加强联合授信业务准入控制与管理，切实重整金融生态环境。修订完善《分局非现场监管工作规程》，加强银行经营异动情况监测、农合机构大额贷款、异地贷款、同业业务等"五单一报告制度"和月度监测，通过开展走访基层、约见高管谈话、下发工作要点、非现场风险提示单和监管意见书等手段，摸底数、强监测、重督导、勤提示。

【开展银行业员工行为整治】 统筹调配分局16名人员参加"三三四"市场乱象异地交叉检查，揭示被查农商行同业业务违规和村镇银行违规放贷等问题，建议并作出45万元行政处罚，并对11位责任人进行内部问责。同业业务检查做法和成效在全省银行业市场乱象综合整治监管检查推进会上作大会交流。编发《案防制度汇编》，组织案防知识竞赛，形成协调有序、边界清晰、责任明确的案防工作机制。组织"灰名单"90名人员开展案防合规考试，平均分74.15分，及格率79.55%。扎实开展"清雷行动"，对省局提供线索的8名涉嫌违规从业人员违规行为开展深入核查，并对2名从业人员分别作出5万元罚款和责令纪律处分的处罚决定。

【有序推进重点风险处置】 在全市银行业风险集中暴露、风险防控任务繁重的艰难形势下，打赢重点领域风险化解“攻坚战”，严防严守风险底线，确保金融稳健运行，实现由2015年、2016年的“控险”转换为2017年的“化险”。紧扣处置风险这一主题，强监测，勤督导，各项工作进展顺利并取得积极成效，辖内重点风险化解（截至2017年年末）实现四个“大幅下降”。不良贷款大幅“双降”，不良贷款余额50.22亿元，较年初减少26.41亿元，下降34.42%；不良率6.54%，较年初下降4.19个百分点，全年累计处置不良贷款37.51亿元，是上年的2.14倍，为历年之最，列全省首位，提前实现年初既定的8%压降目标。重点企业风险大幅下降，全年处置赛维不良贷款22.5亿元，累计处置33.19亿元，较峰值下降57.42%，损失拨备覆盖率实现100%，6家机构中有2家将赛维公司不良贷款全部处置完毕。重点领域风险大幅下降，担保圈不良贷款余额3.08亿元，较年初减少1.29亿元，降幅达29.52%，其中1家机构实现担保圈风险全部出清。重点机构风险大幅下降，新余农商行处置消化查增不良贷款8.68亿元，占全部查增后不良贷款的78.26%，结构化融资业务余额较峰值减少31.16亿元，降幅达49.86%，推动成功村镇银行全年核呆4510万元，实现较大突破。

【抓好消费者权益保护】 对辖内4家法人机构开展银行业机构声誉风险排查，扎实做好“金融知识进万家”宣传月活动，持续加强银行业消费者权益保护工作；对辖内6家银行机构的6个消费者权益保护站进行考核评价，对辖内4家法人银行机构消费者权益保护工作体制机制建设自查情况开展督查，扎实推进辖内银行业消费者权益保护组织体系和制度体系建设，建立健全银行业消费者权益保护监管机制和保障机制。优化信访举报和消费者投诉处理流程机制建设。面对金融消费者投诉日益增长、缠访闹访现象不断增加的复杂形势下，分局干部职工始终坚持“问题到我为止、将矛盾化解在基层”的原则，妥善处理金融消费者投诉和信访，有效保护消费者的合法权益。

【提升监管法治化水平】 2017年，分局将推进依法监管作为一项重要工作来抓，紧密结合实际，坚持任务导向和问题导向，坚持底线思维和法治思维，以提升依法监管能力和有效性为目标，不断加强法治宣传教育，深入推进法治新余建设，提高社会公众金融法律法规知识水平。召开党委会研究法治工作任务，制定分局2017年法治工作要点，明确责任部门、责任人和完成时间，将法治工作与监管工作、党建工作同筹划、同部署、同落实。将法治建设工作纳入年度科室和个人考评，对违规违纪行为实行“一票否决制”，保持分局成立10多年始终“不发一案、不倒一人”的良好局风局貌。切实规范行政处罚委员会工作，加强重大监管决策法定程序、重大决策合法性审查机制的落实，出台《新余银监分局行政许可规程》《关于简政放权提高行政审批效率的通知》《行政处罚委员会工作规则》，确保新的行政许可规章和行政处罚规章得到全面落实。组织全局员工参加全市法律知识考试、保密知识测试、积极推进法治宣传教育，增强员工学法、知法、懂法、守法的自觉性，有效防范监管法律风险。

（张 晓）

·中国工商银行股份有限公司新余分行·

【概况】 2017年，面对着严峻复杂的经营形势和环境，中国工商银行股份有限公司新余分行秉承“支持地方、服务经济、回报社会”的发展理念，将自身发展融入新余经济社会发展中，为新余再铸“工小美”新辉煌作出积极贡献，取得经济效益和社会效益的“双丰收”。经营效益好于预期，全年实现拨备前利润2.73亿元，同比增加0.2亿元。信贷业务稳步增长。各项贷款余额97.65亿元。其中，法人贷款余额51.54亿元，较年初增加6.58亿元；个人贷款余额34.36亿元，较年初增加2.51亿元；票据贴现余额11.75亿元。负债业务高速增长。各项存款余额125.93亿元，较年初增加11.44亿元。其中，储蓄存款余额72.36亿元，较年初增加5.67亿元；对公存款余额53.57亿元，较年初新增5.77亿元。客户结构不断优化。日均金融资产1万元以上客户9.8万户，较年初新增

0.4万户;新开有效对公账户943户,日均5万元以上优质客户净增141户;三方存管客户较年初新增1.59万户、同比多增0.7万户;新增企网证书动户数641户;工银融e联动户数净增3.6万户,工银融e行客户净增2.21万户。

【服务实体经济】 2017年,分行立足新余经济产业转型升级,坚持以“服务实体经济发展”为己任,紧紧围绕城市基础设施、棚户区改造、PPP项目等国有背景项目和上市、拟上市公司开展服务工作,稳步推进资产业务提质增效。全年累计发放项目贷款5.3亿元,较年初新增1.54亿元。加大对养老保险、失业保险等民生领域金融支持力度,成功发放全省工行系统首笔“失地农民基本养老保险”贷款1.59亿元,深化与社保机构的合作,为失地农民提供优质的金融服务。拓宽与上市、拟上市公司的合作,实现辖内上市公司业务全覆盖。

【践行普惠金融】 分行切实履行大行责任,积极践行普惠金融。创新小微金融服务,助推新余“双创”事业。专门设立“小微金融业务中心”,通过“批量化、标准化、一站式”服务方式,为小微企业提供专业、高效、便捷的金融服务;创新推出财园通、快易贷等特色产品,满足不同类型企业的多样化融资需求。全年累计发放财园通4700万元、快易贷1470万元。持续加大民生项目支持力度。全年累计投放消费贷款3.42亿元,有力地支持市民消费需求;投放个人住房贷款7.31亿元,较年初净增3.37亿元,帮助更多市民圆“住房梦”,为新余市房地产“去库存”贡献应有力量;大力推进信用卡发卡及购车、消费等分期付款业务发展,全年信用卡净增发卡1.47万张,累计分期付款发生额3.35亿元,同比多增458万元;抢占二维码市场,大力推广“二维码+POS”营销模式,全年二维码商户新增2803户,列全省工行系统第一。

【维护地方金融生态】 2017年,分行统筹运用批量打包、现金清收、以物抵债等各类处置方式,加快不良贷款清收处置,全年累计清收转化处置不良贷款6.03亿元,为新余打造良好的金融生态贡献国有大行的力量。同时,大力营造敬畏信贷、敬畏制度、依法合规的信贷文化,对信贷资产质量管控良好的客户经理,树立先进典型,在全行进行宣传和表彰,对不良额和不良率较高的客户经理,实行下岗清收或转岗,并扣发原绩效奖励。

【营造合规经营氛围】 突出警示教育。召开“全面从严治党、从严治行”警示教育大会,要求党员干部严于律己;组织全体管理人员参观反腐倡廉警示教育馆,举行廉洁从业集体宣誓。创新合规教育方式。将制度、纪律以PPT、H5的方式制作《廉政微课堂》,在全行的微信群里发送给员工;将典型案例编写为《案例半月谈》,作为教育员工的教材;对员工日常操作的重点风险、易忽视的环节编制成《操作风险提示》,让内容接地气、形式聚人气,全年累计编发电子刊物29期。坚持从严治行。坚持“严管就是厚爱,信任不能代替制度,信任决不放弃监督”的原则,强力推动“逢查必究、逢查必罚”的监管模式,营造“不能、不敢、不想”的氛围。夯实内控基础。组织开展“十大重点领域和关键环节”专项检查、银行业“三三四”市场乱象综合整治等专项检查和主题活动,深入推进内控合规“执行强化年”主题活动,扎牢合规经营的篱笆。

（黄江涛）

·中国银行股份有限公司新余市分行·

【概况】 2017年,面对复杂的宏观形势和严峻的市场环境,中国银行股份有限公司新余市分行贯彻落实上级行战略发展目标,坚持稳中求进总基调,主动作为,创新工作举措,积极支持地方经济发展,深化科学化管理,推进现代化管理,全力推进“做大做强个金业务,做优做稳公司业务,做实做牢风控案防,抓好党建带好队伍”工作方略,取得较好经营成效。获得“全国文明单位”“中国银行文明单位”“江西省文明单位”等称号。截至12月末,各项人民币存款50多亿元,各项外币存款3500多万美元,各项人民币贷款40多亿元,实现净收入1亿多元,拨备前利润近1亿元,净利润超1亿元。

【支持地方经济发展】 面对着前三季度无新增授信客户发起权的困难,积极向上级行争取政策支持,综合施策,充分运用贴现、保函、投行及其他表外授信产品支持服务实体经济有效发展。2017年,累计投放各类授信50亿元,表内外授信余额60多亿元,有力地支持新余经济发展。经过与上级行的10余次汇报沟通,通过关联交易名单管理准入、售汇业务因客授权等方式,为新钢股份、新钢国贸、新钢进出口、赣锋锂业等重点企业叙做开证、结售汇、保函、国际结算服务,支持其"走出去"。联合市外汇管理局,利用外汇政策和优质到位服务,营销美国雅宝收购项目的12个资本项目的登记落户于新余,带动非贸易结算量6200多万美元,刷新新余当地资本项下并购及收购金额最大、涉及股东最多的FDI业务历史记录。充分发挥"中银信贷工厂"优势,倾力支持中小微企业发展,全年新增小微企业客户近40户,贷款增速50%以上,申贷率95%以上,中小微企业"三个不低于"工作全面达标。关注支持水电、医疗、教育等民生工程发展,累计为市人民医院、新余水务、工程学院投放各类贷款3亿元。全年累计投放经营贷款、中银e贷等个人贷款6亿元,发放各类卡分期业务3亿元,支持市民的自主创业。

【防范化解各类风险】 2017年,为尽快处置化解大额公司不良,为授信客户破产重组创造有利条件,腾空信贷规模,多次赴上级行争取政策支持。经过长期不懈努力,成功打包转让赛维公司、江锂科技等5户大额不良20多亿元;积极配合做好赛维公司破产重组;切实履行江锂科技债委会主席职责,推动江锂科技破产重整;积极推动弘旺公司的风险化解和破产重整;加大中小企业、个人贷款、银行卡不良清收处置力度。在内部管理方面,加强党风廉政建设和企业文化建设,开展形式多样的学习教育活动,定期发送警示用语,举行内控合规"金风鸣安"竞赛、基层网点风险管理考试、"创建平安中行"宣传活动,参加渝水区法院庭审警示教育,到市委党校开展廉政教育,观看蝇贪之害警示教育片,培育"人人讲合规、时时想合规、事事重合规、处处都合规"的合规文化;开展员工家访和行为分析,强化安全、风险等重点排查和管控,认真落实惩处和责任追究制度。全年迎接各类行内外检查10余次,未出现案件、无重大责任事故、无重大业务差错、外部监管处罚为零,实现连续32个平安年。

【创新转型升级金融服务】 为全面落实服务实体经济、发展普惠金融、推进精准扶贫的国家战略,2017年成功召开云端银行易惠通新闻发布会,创新推出"易惠通"手机APP。易惠通APP项下共"中小通""扶贫通""个贷通""鸿运通""开户通"等30余个子模块,为客户提供存贷理汇通、吃住购行医等全方位线上生活服务和金融服务。为使云端银行易惠通快速落地于新余,全行285位员工、22个机构部门、18个党组织组建20个宣传营销小分队,开展党建+云端银行易惠通专题活动。活动中,共有近3000人次累计进入300余家党政机关事业单位、学校、医院、社区、园区、乡镇、园区工矿企业及各类组织,开展600余场云端银行易惠通宣传推广营销活动,让易惠通APP被广大群众所认可,取得较好的经济效益和社会效益。在推广"易惠通"的同时,大力推进智能柜台建设,金融服务更贴近现代客群需求;升级抱石支行为虚实结合网点,为客户提供更加便捷、高效的金融服务,升级后各项指标考核均位居全省前列;改造装修仙来中大道支行,提升客户体验。 (胡 卉)

·中国农业银行股份有限公司新余分行·

【概况】 2017年,中国农业银行股份有限公司新余分行贯彻落实上级行各项工作会议精神,按照"发展至上、富民为先"的发展理念,围绕全市经济金融中心工作,坚持"上总量、调结构、控风险、优服务",持续加大对全市实体经济、小微企业、"三农"、个私经济支持力度,基本完成各项工作目标任务。

信贷投放平稳增长。截至2017年年末，各项贷款净增3.47亿元，其中法人贷款净增4.77亿元，个人贷款净增2.90亿元，贴现受规模影响下降4.20亿元。实体贷款净增7.67亿元，实体贷款增量四大行第一。人民币核心存款日均增量9.65亿元，人民币各项存款时点增量7.79亿元。各项核心业务指标平稳增长。

基础管理有效提升。全年党风廉政工作取得良好成效，多次获得系统内落实党风廉政建设责任制先进单位。“三铁”（铁账、铁款、铁规章）创建居全省系统前列，连续3年获评“二级分行运营基础管理先进单位”。

社会责任较好履行。全年共缴纳税款1833万元，其中国税税款1372万元、地税税款461万元，在全市金融系统内排名第三。开展文明交通劝导及创建全国文明城市网格化管理结对帮扶活动，落实“门前三包”工作职责。大力推动金融扶贫工作，渝水支行与渝水区政府开展金融精准扶贫信贷合作，建立政银联动扶贫新机制，创新金融产品服务，推广“公司+农户”入股分红模式，在信贷规模紧张的情况下，一周内投放扶贫贷款1015户，金额4066万元。

【以“发展至上”为引导强化服务】 突出支持重点企业、支柱产业。主动围绕全市产业转型升级，加强对市重点产业和项目对接，大力支持交通运输、轨道交通、城市地下综合管廊、燃气供水、棚户区改造、水利、通信等重大基础设施建设。2017年，投放政府购买服务4户，金额共计8.5亿元，其中投放市城投4亿元、百丈峰实业2亿元，聚能地产1.5亿元。积极跟进省道S222项目，为其授信4.16亿元，计划2018年投放，并开立2000万元国内非融资性工程项下履约保函。倾情助力中小企业发展。以工业园区为切入点，“财园信贷通”为重点产品，加强对中小企业信贷支持。为新余（温商）五金工具城首批21家小微企业提供综合金融服务，预计可投放贷款7000万元。准入新余聚能担保公司，在财园通政策收紧的背景下，为新余国家高新技术产业开发区内的小微企业在农行融资拓宽担保渠道。强化服务“三农”县域经济。投放赣钤实业贷款1亿元，推进分宜县道改造工程，支持县域基础设施建设。截至2017年年末，涉农贷款余额15.6亿元，较年初净增3.5亿元，增幅达28.93%，高于全行贷款增速。积极推广惠农e贷。通过大数据及网络技术向农户快捷发放信用贷款，截至2017年年末，发放惠农e贷445万元，服务三农工作得到社会各界的认可。

【以“风险防控”为重点提升质量】 严格客户准入管理。严格“三查”制度和信用卡业务“三亲见”制度，对不同层级客户，明确分支行行长、分管行长以及前台部门经理参与现场调查，严格按照制度要求准入客户。加强潜在风险化解。剔除赛维因素，全年实现不良贷款双降。持续强化存量贷款客户的风险缓释，对暂时出现困难的企业，坚持不抽贷、不压贷，提高倒贷效率，为企业减负；对部分比较困难的企业，采取再融资进行风险缓释，重点组织做好新余市丰立物资贸易有限责任公司贷款的债务重组和赛维破产重整工作。（王佳佳）

·中国农业发展银行新余市分行·

【概况】 2017年，中国农业发展银行新余市分行认真贯彻年初行长会议精神，坚持以“守正创新、守善发展”为指引，按照省分行党委“发展第一、党建并重、科学管理”的总体要求，稳中求进谋发展、精益求精优管理、真抓实干强党建、和谐立行抓作风，较好地完成全年既定目标和工作任务，保持持续稳健发展的良好势头。

【“三个关键”助推业务快速发展】 2017年，累放各项贷款40.22亿元，同比多投16.72亿元，增幅71%；截至年底，贷款余额76.29亿元，比年初增长14.34亿元，增幅23.14%。一是抓突破。抓好扶贫贷款认定。在新余没有国定贫困县的情况下，结合扶贫贷款认定政策，对2017年新发放及待发放贷款进行汇总分类核实，准确完成认定工作。同时,加大对产业扶贫、网络扶贫项目营销支持。全年新认定精准扶贫贷款36.86亿元。其中,产业精准扶贫贷款2.59亿元,项目精准扶贫贷款34.27亿元;精准扶贫贷款余额净增14.42亿元,占全行贷款各项净增额的100.94%。抓好平台突破。2017年,与渝水区、分宜县等政府机构签订金额200亿元的战略合作协议,为新余市分行传统粮食信贷业务和中长期贷款业务的突破式发展搭建新平台。二是抓特色。结合新余市大力推进国家全域旅游示范区和仙女湖国家AAAAA级景区创建工作,重点支持地方特色乡村休闲旅游产业和休闲农业发展,向渝水区休闲农业与乡村旅游、仙女湖区失地农民集中安置、河下镇改善农村人居环境建设等项目投放资金17亿元。不忽视中间业务和国际业务发展,抓好新余市分行的传统特色和拳头产品。累计实现中间业务收入80.18万元,同比增长22.93万元,增幅40.05%;累计办理国际结算本埠业务量938.69万美元,全省排名第二,实现国际业务收入29.3万元,位居全省第一。三是抓投放。重点通过建立信贷投放沟通、调度、跟踪三项工作机制,全方位提高信贷投放工作的计划精准度、进程加速度、管理可控度。全年累计投放中长期项目贷款31.83亿元,同比多投放21.23亿元,在提前置换贷款16.48亿元的情况下,实现23.07%的增长速度。同时,对接地方党政规划和市政建设,把网络扶贫、农业产业园、PSL项目作为中长期贷款项目营销重点,统筹资源,挖掘潜力,为下一步项目营销和投放搭台铺路。截至2017年年末,全行累计营销储备贷款项目8个,金额44.58亿元。其中,完成调查评估2个,金额10亿元;上报申请评估2个,金额11.08亿元;前期营销4个,金额23.5亿元。

【"三个功夫"提升经营质效】 一是存款创效。重点抓好顶层触动、项目撬动、监管推动,将省分行存款目标细化分解至辖内各开户行,实行"一把手"负责制,强化存贷投同步一体化营销,抓实中长期贷款营销、发放、支付、收回等各环节的增存工作,加强与大客户的沟通协调力度,关注重点客户资金走向,做好存款日常监测通报,推动全年全程持续抓存款。2017年,全行各项存款余额27.51亿元,比年初增长15.41亿元,增幅127.35%;各项存款日均余额21.76亿元,同比增长5亿元,增幅29.83%。二是风控提质。成功全额清收柳新实业公司剩余的500万元不良贷款,实现不良贷款余额清零。发挥日常监测、例会分析、信息提示、督促处置、排查整改的风控网络合力,化解风险隐患。发布信贷风险预警信息24期,提前处置化解信贷风险信号48个,涉及贷款企业19户;累计退出风险企业3户,涉及金额2700万元。做好应对"永恒之蓝"病毒防范工作,抓实员工违规违纪、公款购买消费白酒和会计制度落实情况等基础排查工作,将信息、声誉、操作等各类风险隐患扼杀于萌芽阶段,为提高全行风控质量做到有效化解、弥补短板、打好基础。三是营运增效。用好差异化利率定价政策,全行全年累计上浮贷款利率35笔,金额4.72亿元。完善头寸限额管理,本着"少批量、保重点、少闲置、勤调度"的信贷资金管理原则,科学合理地核定头寸限额,适时控制调整,降低资金运营成本。2017年,资金头寸旬平均135万元,较上年同期减少113万元,节约成本22万元,信贷资金营运率达100.76%,资金营运效益明显。至12月底,实现账面利润1.10亿元,同比增幅30.13%。

(周慧瀚 黄怡惠)

·中国建设银行股份有限公司新余市分行·

【概况】 2017年,中国建设银行股份有限公司新余市分行贯彻落实总行、省分行工作会议精神,立足支持地方经济建设,坚持"控风险、调结构、进位次、促转型、强管理"的工作主线,按照打造成为"小而特、小而精、小而全"二级分行的工作思路和要求,全面提高风险管控水平,全面推进业务转型,全面加强党的建设,各项业务保持平稳发展。存款保持稳定增长。截至2017年年底,金融资产日均余额新增11亿元,增幅10.4%;一般性存款日均余额新增9.31亿元。贷款结构持续改善,各项贷款余额新增2.34亿元,其中普惠金融贷款四季度新增4070万元,完成省分行计划的116%。经营效益稳定增长。实现拨备前利润完成省分行年度计划的113%,中间业务净收入比上年提升3.36个百分点。基础性业务发展加快。电子银行移动交易占比较上年提升26.7%,手机银行活跃用户数增幅45.4%,善融商务交易额、个人商城、悦生活商户、微信银行用户增长居同业前列。

【支持地方经济建设】 2017年,分行以支持地方经济建设为己任,按照市委、市政府提出的建设"工小美"城市工作部署,立足工业城市特点,积极推进产业结构调整,进一步发挥建设银行优势,加快产品和业务创新,助推新余经济发展和百姓创业富民。加强对重点项目重点企业的支持,对钢铁、新能源、光电信息、装备制造全市四大主导产业及其上下游提供重点信贷支持,到年底支持信贷资金余额达32.1亿元。加大民生领域融资支持,加快对各级城投公司、污水处理项目、环城公路等重点项目的营销,加强对医院、学校等领域的信贷支持,当年信贷投放2100万元,融资授信额度5000万元。积极支持小微企业发展,设立普惠金融部,加大对小微企业营销力度,"小微快贷"累计发放贷款215户、金额7862万元。加快个人贷款发展,持续加大个人住房贷款营销,至年底个人贷款新增2.65亿元、计划完成率117%。

【打好资产质量保卫战】 强化贷后管理。按照"分类管理、集中监控、及早发现、应对及时、风控有效"的原则,对信贷风险做到早发现、早决策、早行动,有效防范信贷业务风险。加强对信贷客户风险隐患的监测与排查,采取主动措施进行风险化解。成立贷后管理团队,严格实行信贷管理操作精细化全流程控测,落实信贷管理及贷后管理规定动作执行到位。强化重点客户风险防控。加强信用风险敏感性分析,定期召开不良贷款和潜在风险客户贷款分析诊断会,认真梳理重点客户风险状况,问题贷款客户逐户商讨研究应对措施,落实责任,争取主动,及时化解并消除风险隐患。全力推进不良"双降"。加大对不良贷款处置,对列入不良贷款的客户,制定"一户一策"措施。通过催讨、转让、核销、代偿等形式,减少不良贷款余额。2017年,不良贷款实现双降,不良贷款余额较年初减少1.38亿元,不良贷款率较年初下降2.9个百分点。

【加快网点转型发展】 抓好物理渠道建设,新增铁路、冶金学院的离行式自助银行,对暨阳、北湖、人民路3个分理处机构升格为支行。加快"智能替代"工作,顺应"互联网+"发展趋势,根据"一点一策"原则,通过走进社区、走进学校、走进收费单位等,实施精准营销,在促进客户数量增长同时,实现客户质量快速提升。强化服务营销管理,开展导入式培训,开展网点星级评定,仙女湖、高新、渝水支行被评选为三星级网点,同时推动网点向全渠道经营模式转变,将网点打造成为客户营销、客户体验和产品展示平台,强化员工规范化服务,提升客户满意度。加快普惠金融发展,组织参加"普及金融知识万里行"服务宣传活动,在全市24个乡镇设立31个"裕农通"服务网点,将建行服务延伸到乡镇。

【强化内控管理】 认真做好银监"三三四"系列专项整治自查和持续整改工作。根据统一部署和要求,开展专项整治自查工作,对银监重点整治"三套利""三违规""四不当"市场乱象等金融违规行为进行自查整改。做实做细合规工作。开展"合规建行 知行合一""不越底线、不踩红线、不碰高压线"专题教育等活动,组织全体员工手抄《合规承诺书》,签订"合规经营责任书",分解和落实合规管理责任和岗位责任,提升各层级人员合规经营责任意识。同时,加强反洗钱、反假币工作,反洗钱分类评级被市人民银行评为A类A级。全面加强内控管理。加强保密和印章管理工作,加强档案管理规范化建设,持续开展金融消费者权益保护工作。强化安全保卫工作,创建平安建行,开展安全教育"一日一题"、安全演练"一月一练"、安全知识"一季一考"专项活动,强化"四级

管理、五极防范”，强化对“点、库、楼、房、区”等重要部位管理，组织进行安全隐患大排查，确保安全生产。 （张凌韬）

·交通银行股份有限公司新余分行·

【概况】 2017年，面对环境复杂多变等情况，交通银行股份有限公司新余分行牢固树立合规意识，持续夯实内控基础，紧紧围绕“深化改革、转型发展、从严治党”的三大任务，扎实开展各项工作，取得较好的成绩。获评总行“职工之家”称号，在省分行运动会上团体总分实现“八连冠”。截至2017年年末，本外币资产规模达141.79亿元，较年初增加31.79亿元，增幅28.9%；各项存款余额达132.57亿元，较年初增加23.99亿元，增幅22.1%；各项贷款余额64.63亿元，较年初增加3.29亿元，增幅5.36%；实现账面税前利润1.9亿元。

【稳中求进支持实体经济】 面对经济大环境影响及前期投放的项目贷款逐步到期等困难，分行认真贯彻落实全市信贷工作会议精神，积极做好项目储备，2017年项目储备金额约25亿元。全年累计投放对公贷款23亿余元。一是做好市内重点项目工程的持续跟踪工作，新增重点项目贷款投放14亿元。二是发挥小微企业专营机构作用，通过完善管理机制、建设专业队伍等方式，充分利用交通银行总行全牌照经营优势，以金融产品创新为先导，不断丰富信贷产品体系，为广大小微企业提供涵盖贷款、结算、财富管理等内容的优质金融服务。2017年，向小微企业累计投放贷款68笔，金额总计2.85亿元。三是做好表外业务。2017年，新增类信贷业务投放2亿元。截至2017年年末，银行承兑汇票业务余额3.8亿元，保函业务余额1.38亿元，国内信用证业务余额2.1亿元。

【严格管理夯实风险管控】 分行多措并举推进风险防控工作，做到依法合规经营。一是加强重点风险领域管理。加大对不良资产的清收力度，做到逐户建立台账、专人管理。二是加强内控合规管理。扎实开展“新五大领域”深化治理，抓好“三违反、三套利、四不当”的自查、排查工作，持续加强案件风险排查和员工行为管控。三是夯实安保基础。成立安全保卫综治工作领导小组，健全安全保卫制度，提高预警能力，组织维稳、国家安全等内容学习，开展防抢劫、防火灾等演练活动，提升全员安保意识，确保分行业务平稳发展。

（董湖江）

·新余农村商业银行股份有限公司·

【概况】 2017年，新余农村商业银行股份有限公司贯彻落实省联社、人民银行和银监部门工作部署，主动策应新余市委、市政府决策部署，坚持“稳中求进”的总基调和“固本强基、提质增效、转型升级、创新驱动”的总要求，统筹抓好稳增长、调结构、优管理、防风险、强党建各项工作，坚定走差异化发展、特色化经营、精细化管理道路，着力推进转型升级，总体实现高质量、有效率、可持续的发展。获得“省联社清收盘活先进单位”等称号。

截至2017年末，全行各项存款余额241.33亿元，增加17.44亿元，增长7.79%；各项贷款192.97亿元，增加20.31亿元，增长11.76%；贷款增幅、增量均位居全市银行业金融机构第一位，存贷款市场份额稳居全市银行业机构之首。各项收入14.88亿元，同比增加2100万元，拨备前利润5.65亿元；账面净利润1.69亿元，同比增加4400万元，增长35.28%；资本充足率13.2%，上升0.31个百分点；贷款专项损失准备充足率122.48%，上升1.01个百分点；贷款损失准备覆盖率155.92%，上升5.72个百分点；贷款拨备率7.44%，上升0.19个百分点。

【全力促进业务增长】 常态化开展“深度四扫”，开展主题营销活动8次，基础客户不断增加。优化“福满溢”存款业务系统，及时合理调整利率，有效稳定储蓄存款客户。深挖存量客户朋友圈及上下游资源，持续开展“向存量要增量”的“圈链”营销,成功营销新余市残疾人联合会基建账户,成功营销五河治理项目、市人民医院综合大楼等9个重点项目资金3.65亿元。获得省人力资源和社会保障厅农民工工资代发准入资格。成功发行首期4.5亿元同业存单。小微金融债券信用评级工作有序推进。"社区通"业务位居全省第一位。"校园通"入驻学校户数214户,线上缴费金额2526万元,缴费金额1.5亿元,线上缴费数及缴费总额均排名全省第一。全面开展"百福金"贵金属巡展活动,实现全省巡展面最广、销售金额最大、销售收入最多的优异成绩。

【着力推动结构调整】 严格按照省联社和监管部门要求,严控新增大额贷款,严控行业集中度高的贷款投放,专注支农支小主业,新增贷款70%以上投向涉农领域和小微贷款。与下村商会、欧里商会签订全面合作战略协议,支持商会及会员发展。与渝水区法院合作,率先推出"司拍贷"业务。推出百福系列"光伏贷""众农贷"营运汽车按揭等创新信贷产品。小微贷款余额84.16亿元,增加8.95亿元,增幅11.90%;涉农贷款余额122.16亿元,增加12.9亿元,增幅11.80%,涉农贷款和小微贷款分别实现"一个高于"和"三个不低于"的目标。抵质押贷款、500万元以下贷款及1000万元以下贷款占比较上年分别提高4.33、2.93和7.15个百分点,信贷结构显著优化。小微贷款户数突破1万户,达10979户,新增3074户,增长38.9%;"三农"贷款户数近6000户,其中"80后""90后"客户1864户。财政惠农信贷通、财园信贷通贷款余额分别为2.51亿元、5.55亿元,贷款投放均位居全市银行业金融机构首位。精准扶贫贷款余额2.17亿元,惠及1561户贫困户。向人民银行争取支小再贷款、扶贫再贷款各2亿元,预备质押1.3亿元额度的常备借贷便利。35周岁以下存款客户占26.89%,提高4.62个百分点,客户结构进一步优化。

【强力抓好风险防控】 配合银监部门及省联社等开展检查,强化防范风险能力,提升风险防控水平。完成操作风险、抵质押品管理、电子银行业务及常规序时审计等10个专项审计项目;完成"三违反""三套利""四不当""信用风险排查""两会一层风控责任落实"等11个风险排查项目,加强相关问题整改,进一步防范经营风险。完成离任离岗审计56人次。深入开展"2017合规强化年"活动。召开结构化融资业务集中汇报会10次,调整优化风险化解方案。对8个项目派驻客户经理,收回结构化融资业务本金5亿元。借助法院、房管局、住房公积金管理中心、交警部门等系统,查扣"老赖"动产、不动产归还贷款。创新开展商业保险特色清收新路,风险化解取得重大进展。

【致力优化内部管理】 按照厉行节约、量入为出、增收节支的原则,加强费用预算编制,强化财务预算管理,严控费用列支,业务及管理费用同比减少402万元。加强招投标采购管理,完善招投标机制,通过商务谈判等多种形式,节约采购费用130余万元。城东、城北、新钢、岭泉4个分理处成功升格为二级支行,扁平化管理的步伐进一步加快。"百福信用卡"成功发行,结束全市无本土信用卡品牌的历史。对福满溢协议存款管理系统等4个系统进行优化,开发结构化融资管理系统和客户经理绩效管理系统,科技保障进一步增强。亚新分理处成为全省农商银行首家无现金柜台智能网点。智能机器人"小新新"成为大堂经理的一员。在23个网点配置27台智能柜台,覆盖率近50%。推出"移动办贷",智慧银行建设走在全省农商银行前列。率先引入光伏电站运营维护系统,对"光伏贷"进行贷后实时监控,开创贷后管理网络监控的先河。开展信贷、风控、柜面等一系列业务培训;组织高管人员参加省联社组织的清华、厦大、浙大培训,干部员工综合素质和业务能力进一步提高。在新余市银行执行外汇管理规定情况年度考核为A类,全市仅2家银行获此荣誉。成功参与承办第11届中国农村金融发展论坛,送选论文被论坛审评组评为"优秀论文"。在新浪财经和银华基金共同举办的2017"银华杯"十佳银行理财师大赛中,获得"十佳银行理财团队"第二名的成绩,是全国唯一获奖的农商银行。大力推进文明优质服务提升,渝水支行营业部、城南支行营业部、孔目江支行营业部、高新支行营业部获得2017年全省农商银行文明优质服务“百佳网点”称号,孔目江支行营业部获得“全国三星级网点”“最具人气金融网点”“最美金融网点”称号。加强党的建设和企业文化建设。设立党群工作部,加强党建工作力量。举办4期“百福读书会”,邀请4位国内知名专家学者做客“百福大讲堂”。制作开业5周年宣传片及宣传册,编辑《百合花开》12期。开展最美员工评选活动,员工先进事迹集结成《百合故事荟》。参与各类公益事业,全行及员工共投入资金180余万元。（邓海平）

·中国邮政储蓄银行股份有限公司新余市分行·

【概况】 2017年,中国邮政储蓄银行股份有限公司新余市分行锐意进取,真抓实干,不忘初心、砥砺前行,圆满完成各项任务指标,“小”市做出“大”作为,获得省分行第二届审查人技能大赛团体一等奖。截至2017年年底,各项贷款余额超47.7亿元;实体贷款净增12.7亿元,贷款增量、增速均位于全市同业前列。全年累计投放“三农”贷款33.7亿元,惠及农户超过2.12万户;累计发放小微贷款49.6亿元,服务个体工商户、小微企业主超过2.3万户。

【“大公司”业务快速拓展】 在公司贷款方面,与辖内上市公司签署战略合作协议。10月10日,与江西赣锋锂业股份有限公司举行全面战略合作协议签约仪式,成为全省邮储银行第一个与上市公司签订战略合作协议的分行。多项创新业务实现全省乃至全国首笔落地,理财质押开票、银票质押外汇贷款在内的多项业务均得到省行及总行的高度肯定,多次评选为全国、全省优秀案例进行推广。在小企业金融方面,不断深化平台合作。与高新区、市科技局、市工信委等10多个政府部门建立战略合作关系,就扶持小微企业达成专项合作12个、意向贷款近10亿元。在票据业务方面,发展再贴现业务。共办理再贴现业务22笔、7.58亿元,占全省交易量的42%,在全省及新余市金融机构中均列第一位。

【“大零售”业务持续推进】 消费贷款发展迅速。非住房类年净增1.7亿元,完成省分行计划182.01%,列全省第二位。其中,信用消费贷款年净增1.62亿元,净增量为上年增量的6倍之多。小贷业务成绩喜人。年净增7600万元,完成省分行计划158.05%,列全省第二位。同时,行领导带头走访再就业担保中心、科协、农工部等农口部门,深化业务合作。扶贫工作深入推进。对精准扶贫分片包干区做到“三个全覆盖”,建立720户建档立卡贫困户档案,对符合条件的贫困户发放5万元扶贫贷款。

【风险管控凸显新成效】 成立市分行主要领导亲自挂帅的清收工作领导小组,通过领导挂点、部门协作、责任到人,对清收活动统一调度督导。定期下发《逾期及不良监测周报》,监测全行的逾期及不良贷款变动趋势,实时下发各类风险提示,确保风险关口前移。通过加强与法院、律师事务所、拍卖公司、担保公司等外部单位的沟通联系,加大不良清收力度。全分行年末不良贷款率0.4%,低于全省平均水平,资产质量列全省第四位。全分行清收移交后不良共1338.79万元,核销呆账574.6万元,清收和核销完成率均列全省第二位,获得全省“不良贷款百日竞赛优秀组织单位”三等奖。

【发展质效实现新提升】 品牌口碑更响亮。行领导挂点全市“三区一县”,主动向地方党政领导汇报工作,得到各级领导的频频点赞;围绕市政府“百家银行进千企”活动,主动带头走访、对接企业,有力地支持新余市重大项目建设,促进地方经济发展。配合省分行做好环鄱阳湖国际自行车大赛,品牌知名度和影响力不断提升。会计营运更高效。条线考评获得全省一等奖,并获全年资金安全效益一等奖;全年假币浓度为零,是全省唯一的零假币市分行;获得“全省公司结算重点业务操作技能竞赛”团体三等奖，会计营运“双降”PK赛先进组第一名。财务管理更科学。成本管控更加有力，加强约束性成本与重点费用标杆管理，对成本运行情况进行动态跟踪监控分析；严控“三公”经费开支，强有力执行中央八项规定。利率管理更加有效，全行建立利率市场化机制，建立利率定价授权底线机制；信贷资源配置更加合理，按月下达计划，按阶段进行监控，按日监测投放，做到有保有压。综合条线管理考评中获得全省二等奖。人力支撑更到位。严格落实选人用人程序，全年共选拔5名优秀人才充实到中层干部队伍，选拔3名高级副经理。强化教育培训工作，共组织各类培训47期，1987人次，参加省分行举办的各类培训29期，66人次。授信管理更精细。在省分行组7EC7的授信审查人技能大赛中获得个人第一名、团体第二名。由授信管理部牵头的产品创新工作获全省考评第一名。编写逾期不良案例集，对典型案例进行深入剖析，创新贷审会运行规则，业务部门负责人列席并提交部门授信意见，工作要求明显高于省分行制度要求，达到“叫醒更多人、睁眼管风险”的目的。安全保卫更给力。层层签订安保综治责任书，做好“三防”工作；组织形式多样的学习培训，定期开展安全演练，提升员工安全防范意识；做好网点安防检查，落实隐患整改，全年圆满实现“三无”的安防工作目标。（刘 闯）

·江西银行股份有限公司新余分行·

【概况】 江西银行股份有限公司新余分行属省内一级分行，下辖2家二级支行、1家小型支行、2家社区支行及5个离行式自助银行。拥有在职员工107人，本科以上学历占98%，员工平均年龄28.5岁。至2017年年末，资产规模达74.59亿元，表内外用信余额104.89亿元，其中发放政府平台类贷款82.99亿元、发放上市公司贷款2.9亿元、发放小企业贷款19亿元，实现税收1401.98万元。

【支持重点项目和重点企业】 2017年，分行将信贷投放重点放在全市重大重点项目，用信金额共82.99亿元。其中，全力配合市政府失地农民养老保险补缴工作，分别向渝水区社保、仙女湖区社保提供10亿元、1.4亿元信贷资金；向市城投公司投放38亿元，支持6个市重点项目，包括仙女湖钟山峡铃阳湖景区旅游基础设施改造项目建设6亿元、渝水区地下综合管廊项目建设5亿元、高新区项目建设10亿元、渝水区袁河片区滨江路棚户区改造项目建设6亿元、仙女湖城区污水管网项目建设及仙女湖区失地农民集中安置项目等工程款项4亿元、渝水区雨污水管网分流一期项目建设2.6亿元。此外，全力支持重点企业，与沃格光电、新钢股份、木林森、信诚集团、金锂科技、卓照光电等建立战略合作关系，共授信11.04亿元，扶持新余市实体经济发展。

【支持小微企业发展】 分行致力于破解小微企业融资难题，通过建设专业服务机构小微贷款中心，推出“金手指微贷”等专业金融产品，满足小微企业“急、少、短、频”的融资需求。至2017年年末，发放小微企业贷款3278笔，支持小微企业1472户，授信余额达2.6亿元。

【产品和服务创新】 分行以消费贷款、住房贷款、汽车贷款、信用卡分期等贷款业务为核心，以社区支行为载体，为新余市民提供便捷的金融服务，打通普惠金融的“最后一公里”。在服务渠道方面，通过与互联网平台合作，通过网上银行、手机银行、微信银行、直销银行等电子服务渠道体系，为金融消费者提供支付结算、购买金融产品、快捷申请消费贷款等服务，满足企业和个人主体多样化的金融需求。至2017年年末，个人消费贷款余额达到47916万元，信用卡新增发卡2587张，净增手机秒贷客户5028户。在保护金融消费者权益方面，开展走社区、进商圈金融知识宣教活动和反洗钱、打击非法集资、电信诈骗等活动，设立消费者权益保护站，做好日常客户身份识别、风险等级划分、可疑交易识别等工作，建构特殊群体服务通道，完善薄弱环节，提升金融服务水平。（陈慧敏）

·赣州银行股份有限公司新余分行·

【概况】 2017年,赣州银行股份有限公司新余分行贯彻落实监管部门的要求,面对复杂的经济形势,坚定发展信心,明确发展思路,凝心聚力,团结奋斗,紧紧围绕工作重点,把风险防控放在更加突出的重要位置,全力"控风险促发展",全行各项业务发展总体平稳。截至2017年年末,各项存款余额36.26亿元,较年初增长2.2亿元;各项贷款余额为26.12亿元,比上年末增长2.15亿元;全年累计实现利润2344万元。

【强化信贷管理防范风险】 循序渐进,严控风险,做好授信审查。2017年,分行在信贷投向上,仍以政府性平台贷款为主,个人消费类贷款为辅,逐步做大零售市场业务,实行"一大一小"战略。在政府类平台贷款方面,以监管部门的有关意见和财政部下发的有关文件通知合规整改为主线。截至2017年年底,实现平台类贷款有效投放7.65亿元,占所有贷款的29.29%,比年初增加1.95亿元,增幅36.47%。在个人消费贷款方面,以住房按揭和总行推出的"白领贷"等产品为切入点,结合国家和地方去房地产库存为契机,增加有效按揭信贷投放,提高不断提升金融服务水平和知名度,增加基础客户群体,为分行下一步转型发展奠定好零售业务基础。截至2017年年底,实现个人消费类贷款有效投放5271.5万元,占所有贷款的2.02%;比年初增加1747.17万元,增幅49.57%。在小微贷款方面,积极稳妥支持小微企业的发展。截至2017年年底,小微企业贷款余额19.59亿元,占所有贷款的75%;比年初增加1.54亿元,增幅8.54%,小微贷款户数达174户。组织配合内外部审计检查。一季度开展信贷条线检查,要求支行对检查发现的问题及时整改、反馈;对接银监局案防工作评估现场检查,评估结果良好,被评级为绿牌。二季度开展"三套利"(监管套利、空转套利、关联套利)专项治理工作专项排查活动、"违法、违规、违章"行为专项治理工作专项排查活动、赣州银行授信管理制度执行情况专项检查的自查、贷款中间环节收费专项整治的排查工作、市场乱象的专项排查工作,对排查出来的问题及时整改。三季度开展"三套利"市场乱象的整改问责工作和授信面签自查。四季度根据江西银监局《关于开展2017年度建议检查项目的通知》精神,由总行审计部牵头,对新余分行管控有效性进行全面检查。加快不良资产清收工作。成立资产保全部,采取集中业务、集中人员、集中清收方式实施不良资产内部剥离,全力开展不良资产专项行动,争取不良清收工作取得效益。通过找准清收突破口,细化清收具体责任到个人,采取"多上门、勤协调"的沟通策略进行不良贷款清收攻坚;通过积极与公安、法院等部门进行沟通、协调,增加对"老赖"的心理压力,利用法律手段加快不良资产清收。截至2017年年底,分行存量风险资产压降数为12739.90万元,其中现金收回4889.78万元、转化续作7850.12万元。通过诉讼方式收回的风险资产1842.56万元。

【全面提升内部管控能力】 深入贯彻落实总行"强质提效年"活动的会议精神,提高员工思想意识,每季度传达总行会议精神,积极布置每阶段工作,建立风险防控、质效的长效机制,要求员工将正确的理念贯彻到各项工作中。严格落实责任制,层层签订工作责任状,将各项工作落实到人、责任到人。以条线检查和内审检查相结合,以员工行为排查和业务工作检查相结合,做好每日风险监控、不定期检查和专项检查,做到内控工作按月自查、按季核查,以检查促合规,以检查防案件。加强对柜面业务的检查与辅导,建立柜面监督、会计辅导、工作通报的工作机制,对辖属支行开展柜面风险排查,督促财会重点岗位不定期轮岗,形成财会自查和监管的合力。加强财务管理,稳步推进财务会计标准化建设。2017年,分行财会部对支行检查账户管理、会计人员履职、大额存款、中间业务、挂失业务、票据业务(含查询查复)、会计人员行为、印章管理、协助有权机关查冻扣情况、事后监督履职情况等22项业务进行监督检查;对各家机构的柜面业务总量11.08万笔进行事后监督检查，防范柜面操作风险，保证分行业务健康发展；做好全行的对账工作，主要是加强银企账务核对工作的管理，建立健全统一、高效的对账体系，2017年有效对账率不断提高，尤其面对面对账率基本达100%。

【多措并举拓展市场份额】 储蓄存款方面，通过"金融知识万里行活动""金融知识进万家活动""支持'双创'暨小微企业金融服务宣传周活动""网络安全宣传周活动"等当地银行业系统集中宣传和"进学校""进乡村""进社区""进厂区企业"等自有平台的宣传活动，做好金融知识宣传的同时，推广分行的金融产品和服务政策。紧跟新产品节奏，大力推广"商户通"营销活动。策应总行科学发展思路，创新利润来源，改变收入结构，加快零售业务转型。大力营销理财产品，理财业务发展迅速。截至2017年年底，共销售理财产品7.63亿元，较上年同期增幅154.33%；理财日均2.74亿元，较上年同期增幅182.47%。对公存款方面，全力对接新余市大项目。新余市首个国家级PPP项目即新余市国省道一级公路绕城改建工程（环城路）在分行开立账户，项目总投资38亿元，是新余市最大的民生工程。分行营业部成功竞标新余市投控集团3亿元70天大额对公存款。渝水支行成功为渝水区市场建设投资公司办理定活易业务产品业务，实现存款业务的新突破。此外，分行履行社会责任，助力精准扶贫，投入资金6.5万元。（曹　莹）

·九江银行股份有限公司新余分行·

【概况】 九江银行股份有限公司新余分行成立于2015年11年10日。成立后，抢抓发展机遇，突出服务职能，坚持业务发展与风险防范两手抓，有力支持地方经济建设发展。至2017年，下辖7家营业网点，实现市、县（区）全覆盖。

2017年，九江银行股份有限公司新余分行实现账面利润2283.05万元，上缴税收511万元。截至2017年年末，资产总额29.33亿元。各项存款稳步增长，存款余额25.32亿元；较上年末增加10.66亿元，增幅72.71%。贷款规模有效增长，各项贷款余额14.99亿元（实际贷款投放余额21.59亿元）；较上年末增长1.73亿元（实际增长8.33亿元）。

【大力支持政府工程】 2017年，分行响应政府号召，对政府推出的重点项目予以授信支持。大力支持民生工程项目建设，在城区污水管网、乡镇污水处理、经济社会服务中心等项目上加大信贷投放力度。全年授信资金21.59亿元，有效解决政府、企业、个人的融资需求。

【零售活动亮点纷呈】 2017年，分行以社区支行为中心，通过每周社区活动、每月高端客户活动、金融知识进万家、征信教育进校园等方式，让新余市民更好地了解九江银行零售业务特点。通过社区活动，进一步加强银行卡、个人理财、个人贷款、信用卡、移动支付等个人业务，为新余市民提供更高效便捷的金融服务，满足不同层次客户金融需求。截至2017年年底，个人客户达31272户，累计办理借记卡12769张，个人消费贷款余额达4.9亿元。（刘淑琳）

证　券

·世纪证券新余营业部·

【概况】 2017年，世纪证券新余仙来中大道营业部有正式员工31人，平均证券从业年限为10年。其中，本科以上学历20人，占员工总人数的64.52%；证券从业年限10年以上有15人，占员工总人数的48.39%。截至2017年年底，营业部共有客户数约6.2万户，同上年相比增加约1600户；客户总资产26.66亿元，同比减少1.12亿元；全年各项业务实现交易总量达575.64亿元，同比减少79.19亿元；营业收入2543.96万元，同比减少629.09万元;全年实现净利润1564.12万元,同比减少141.54万元;全年上缴税收205.14万元,同比减少106.07万元。各项业务指标均比上年有所减少,但在逆势中跑赢市场;新开客户数、业务收入及税前利润在公司分支机构中均名列前茅。

【加快创新转型步伐】 随着多层次资本市场体系的建立和完善,新股发行体制改革的深化,新三板、股指期货等制度创新和产品创新的推进,营业部坚持以客户为中心的服务宗旨,努力进行业务创新、经营方式创新和组织创新。通过各种方式开展新业务学习,不断加强新产品、新业务的研究与培训。2017年,组织员工参加公司及营业部各项专业培训20余次,参加各项专项课题的投稿、演讲及技能比武竞赛,加强人才培养,以一流的人才队伍、丰富的专业经验、稳健规范的经营作风为广大投资者提供全方位的专业服务,加强行业竞争优势。

【加强投资者风险教育】 2017年,营业部紧紧围绕"投资者保护·明规则、识风险"这一主题,遵循长期性、实用性、有效性的原则,统一安排和部署,积极开展投资者教育工作。利用海报、横幅、广播、视频滚动播放、面对面等方式开展场内存量客户投资者教育工作,对场外的客户多采用发送短信、QQ群、电话回访等方式进行风险教育工作。做到针对不同特点的客户采用不同的宣传方式。6月,营业部连续举办2次"落实投资者适当性管理"为主题的股民学校,以面对面的方式向营业部客户宣传讲解《证券期货投资者适当性管理办法》,引导投资者进行适合其风险承受能力的金融产品投资。开展反洗钱业务宣传和培训,主动参加主管部门组织的反洗钱户外活动,全年累计开展金融宣传和反洗钱宣传等专项活动10余次。多次组织人员参加各种专业论坛及培训,提升客户服务的专业性。

【注重风险合规管理】 营业部始终把风险合规管理放到首位,将员工合规行为纳入全年考核,认真组织开展"员工执业行为规范"专项教育活动。加强员工合规监管,做到相互监督,堵塞合规风险漏洞,及时应对处置,坚决守住日常执业行为、禁止行为合规风险的底线,切实保护好投资者的合法权益。

【加速推进业务转型】 营业部主要收入来源于传统业务,盈利模式单一,传统业务竞争不断加剧。随着客户需求的日益多元化,对业务产品及服务能力提出更高的要求。为更好地发挥营业部中介服务的功能,营业部努力提高拓展服务的内涵和价值。一方面,通过不断增加营销方式,健全考核管理制度,提高人员积极性,同时结合公司新产品的特点为新业务网罗客户资源。另一方面,加强营销人员与各银行网点的沟通合作,实现资源与信息共享,稳健的推进各项业务发展,同时营造全员参与新业务的学习氛围,加快推进新业务转型向着专业创新的业务模式进行,实现营业部盈利模式的转变。 (傅思平)

·海通证券新余营业部·

【概况】 2017年,在证券市场持续低迷的困境中,海通证券新余劳动南路营业部适时转变经营理念,探索适合自我发展的经营模式。在依法合规的基础上,坚持"以利润为目的,以客户为中心"的经营理念和"做大市场规模、提高市场占有率"的经营目标,全体员工鼎力奋进,抢抓先机,实现业务的稳健发展,营业部经营指标完成情况仍居公司前列。全年上缴税收3477.53万元(含限售股减持所得扣缴税额),被当地税务部门纳入重点税源企业。开展"改革立新功,实干创佳绩"党建主题活动,以"E海通财APP"新装机数及微信公众号新关注数为抓手进行劳动竞赛,引导党员凝心聚力。响应公司组织的"小橘灯"捐书活动,向赣州市宁都县田头镇2所小学和新余市开明书院捐献图书,被共青团新余市委评为"2017年度1%工程志愿活动爱心企业"。

【完善特色服务体系】 2017年,营业部合理优化微信公众号“海通赣新财富”(htgxcf),不断丰富公众号各项功能体系,完善线上与线下相结合的客户服务品牌。通过微信公众号开通一站式业务办理服务,提高对客户的基础业务服务效率,借此吸引、稳定、凝聚现有和潜在的客户。在资讯推送方面,投资顾问团队通过“首席评论”“投顾服务”“业务办理”“首席评论”“研报精选”“盘面热点聚焦”等栏目,提高资讯推送的及时性及专业性,增加客户黏度。公众号关注人数达到3万余人。“海通赣新财富”在2017年券商中国“券商金榜”公布的年度最具影响力订阅号推送榜中名列榜首,全年推送量2264篇。

【客户管理向精细型转变】 完善基础服务,深化专业化、细节化服务。一是重视客户分类服务工作,建立有效服务体系。制定《核心客户服务方案》,以资产和交易量两个重要的指标作为标准,将营业部客户分进行细分,责任分配、落实到人。二是分解细化指标任务,建立计分及计价考核体制,落实目标责任。对公司下发的各项考核指标进行分解,逐月考核,逐项落实,奖罚兑现。三是精准营销,有的放矢,细分客户,逐户分配至每位客户经理,通过交流沟通,提高客户黏性,从而提高有效户率和资产流入。四是以新股网下投资者申购为抓手,增强高净值客户的服务体验,吸引高净值客户增量资金。

【履行适当性管理职责】 贯彻落实《证券期货投资者适当性管理办法》,开展投资者教育工作,为营业部依法合规经营保驾护航。为保证营业部全体员工全面掌握新规,利用每周一晚的培训时间对监管政策制度、公司适当性工作要求、各业务适当性流程、相关系统操作方法等进行培训,并开展适当性管理知识竞赛检验学习效果。为向客户传导正确的投资理念,提倡理性投资,通过周末理财大讲堂、理财沙龙等形式加强投资者适当性管理的宣传,有效提高投资者的风险意识和风险防范能力。开展形式多样的反洗钱宣传教育活动,让广大投资者更加具备风险责任意识。2017年,在全市金融法治宣传公益广告作品征集评选活动中获得“十佳作品奖”。　　(黄　芳)

·大通证券新余营业部·

【概况】 2017年,大通证券新余营业部实现营业收入1166.97万元,营业支出369.7万元,净利润808.11万元。客户总资产13.28亿元,全年市场占有率0.0648‰,平均佣金费率0.77‰。

【搭建安全诚信交易平台】 营业部按照监管部门的要求做好各项工作,为广大投资者搭建一个安全、诚信的证券交易平台。配合新余市人民银行、江西证监局、江西证券业协会等有关部门,落实投资者适当新管理、反洗钱、打击非法集资、打击非法证券活动等有关宣传工作。做好营业部信息公示管理工作。在柜台摆放大通证券新余营业部营业执照及许可证正本;在过道走廊上设立投资者园地、投诉流程、员工公示栏等,要求客户服务岗、综合岗定期对投资者园地、员工公示栏进行内容更新。所有业务严格按照公司规章制度和流程办理,做到合规经营。根据《证券期货投资者适当性管理办法》,购置录音、录像设备,进一步规范柜台业务,规范员工的操作流程。

【防范强制平仓风险】 营业部时刻关注融资融券客户负债到期及维持担保比例低于平仓线的风险。当客户合约即将到期时,及时通知客户办理合约展期或偿还负债;当客户信用账户维持担保比例较低时,尤其是接近警戒线时,建议客户时刻关注自己的信用账户,在维持担保比例低于平仓线时,建议客户减少部分负债或追加保证金以提高维持担保比例,防范强制平仓的风险。经营业部的提醒,在2017年未出现被强制平仓的客户。

【树立客户咨询服务品牌】 2017年年初,营业部提出“通过服务带动营销,树立客户咨询服务品牌”计划。通过以客户服务带动营销,树立客户咨询服务品牌，扩大客户咨询服务影响力，吸引增值服务客户，稳健保持营业部的增长态势，谋求新的突破。

【宣传开发创新业务】 营业部加强对存量客户融资融券、个股期权、港股通、约定式购回、小额贷、信托以及公司通达类产品等创新业务的宣传与开发力度，向广大投资者详细介绍这些创新业务。按照《证券期货投资者适当性管理办法》的要求，向投资者推荐适合的创新业务，注重客户分类、风险的提示、法规的普及、业务流程的讲解以及系列产品的比较，注重创新业务对于不同投资者需求的宣传。 （彭菊菊）

保 险

·中国人民财产保险股份有限公司新余市分公司·

【概况】 2017年，中国人民财产保险股份有限公司新余市分公司紧紧围绕新余市创建三区两典范、再铸“工小美”新辉煌的建设目标，将公司发展与新余社会经济发展紧密相连，主动融入、积极参与、勇于担当、全程服务，充分发挥保险的社会管理和经济补偿职能，为保障社会稳定、促进经济发展、科学制度改革、造福人民群众尽心尽力，彰显国有保险龙头企业的社会责任。全年累计实现保费收入3.82亿元，市场份额保持在54.97%以上；累计支付各类保险赔款1.88亿元，同比上升7.12%；自缴各项税金3120.59万元，代扣代缴个人所得税524.59万元，代收代缴车船使用税1772.72万元。

【推进“三农”服务工程】 将开展农险业务作为服务“三农”的突破口，大力推进产品、服务和人员“三下乡”，通过发挥保险机制功能作用，把中央的强农、惠农、富农政策落到实处。2017年，累计为12.38万户农户提供14.33亿元的风险保障，处理农险理赔案件18387起，支付赔款2124万元。其中，累计承保水稻114万亩（早、中、晚稻），覆盖面达82%；承担风险保障4.45亿元，支付赔款1178.6万元，赔付率51.68%；承保能繁母猪和育肥猪共计27.94万头，覆盖面为35%；承担风险保障1.54亿元，支付育肥猪赔款569.8万元，赔付率116.3%；承保商品林63.87万亩，公益林62.93万亩（覆盖面达100%），承担风险保障8.3亿元，有效提高农业、农户抵御自然灾害能力。强化农村网络建设，解决最后“一公里”问题。建成三农营销服务部5家，乡镇保险服务站32个，乡镇覆盖率达100%，村级保险服务点384个，行政村覆盖率达95.77%，配备专职农险工作人员26人，聘请三农保险协保员416人，初步形成覆盖全面、功能齐全的“三农”保险服务组织架构，是新余市唯一一家能够在广阔农村地区做到“网络连成片，服务面对面”的保险机构。同时，积极融入农村电商合作项目，与渝水区供销合作社签订战略合作协议，初步共建20—50个村级站点，为符合专业大户、农村专业合作社和农业化企业等新型农业经营主体提供全方位保险保障和金融服务，共同打造“供销社+人保”“三农”服务综合平台。加大帮扶力度，为农户生产生活提供资金支持。在脱贫攻坚方面，对接扶贫政策，开展定点帮扶和结对帮扶，安排驻村工作队每月到帮扶点工作15次以上，提供各类帮扶资金共计7.1万元，全方位参与保险助推脱贫攻坚工作。在新农村建设方面，为水西镇珍田村委提供帮扶资金3万元，进行村庄环境改造；为该村水稻、房屋等提供保险服务，支持该村发展农业生产。

【推进“民生”保险工程】 围绕新余构建和谐社会的需要，开展民生保险项目，进一步推广农房保险、农机具保险、精神病人监护人责任险、社会治安保险、借款人意外保险等多个险种，为群众的生产、生活提供全方面的保险保障，解决发展后顾之忧，助推当地政府部门的社会管理升级。承保农机具保险，为农户承担风险保障520万元。首创推出“党建+颐养之家”团体农村小额意外伤害保险，突破商业保险不能覆盖65岁以上老人的局限，弥补基本医疗在保障范围和保障程度方面的不足，为4734名农村老人承担2.18亿元的风险保障，覆盖面达100%。承保全市6516户农村建档立卡五保户的农房保险，覆盖面达72.4%，承担风险保障1.56亿元。推广严重精神障碍患者监护人责任险，为全市300多户精神病患者家庭累计提供1.8亿元的风险保障，实现全覆盖。与新余市县(区)两级法院签订《执行无忧悬赏保险、诉讼保全责任保险服务合作协议》，提供风险保障4.1亿元。

【推进"民安"保障工程】　公司把发展现代保险服务业放在经济社会工作整体布局中统筹考虑，以满足社会日益增长的多元化保险服务需求为出发点，以完善保险经济补偿机制、强化风险管理核心功能和提高保险资金配置效率为方向，改革创新、承担职责、履行义务，为保障人民群众生活稳定提供坚强后盾。在交通安全管理方面，与市公安交警部门建立合作机制，在理赔过程中严格履行"重合同、守信用"的原则和"主动、迅速、准确、合理"的理赔方针，加强车险案件第一现场快速查勘工作。对市区内的保险事故，一般在接到报案后半小时内赶赴事故现场，并做好救助、查勘和矛盾化解工作，有效提高城市道路通行效率和交通事故处理效率，实现道路交通事故快速处理，改善交通状况，减少事故发生。2017年，累计提供风险保障562.24亿元，办理18702起车辆交通事故赔案，支付赔款1.48亿元，同比增长7.18%。在促进教育事业发展方面，主承保覆盖全市大、中、小、幼学生的校方责任保险及学幼险，进一步健全校园安全伤害事故风险管理机制，为17.82万名学生提供保险保障，处理案件1191个，赔款296.49万元，共有近1万人受益；在调解医疗纠纷方面，推广医疗责任保险，配合市医疗纠纷调解委员会，成立资金池，确保赔款在24小时内支付到位，化解医疗矛盾纠纷，促进构建和谐医患关系，全年提供风险保障1213万元，支付赔款近157.77万元。在社会治安治理方面，依托社会治安保险，配合市综治办切实做好社会治安综合治理，充分发挥保险的社会稳定器作用，全年为4.2万户居民提供8.2亿元的风险保障，累计为1056户家庭支付赔款94.43万元。在创建食品安全示范市方面，充分发挥保险的风险管理和经济补偿功能，为全市10个学校、7500名中小学生提供2300万元的食品安全责任保险保障，不断提高食品安全事故预防和救助水平，切实保护广大群众的合法权益。

【推进"民富"支持工程】　公司主动融入地方社会经济大局，努力提升科学发展能力，积极推进业务创新，不断增强保险服务能力，进一步发挥保险服务经济社会发展、实现共同富裕的"助推器"作用。围绕新余社会经济建设的需要，积极推进企财险发展，为新钢、赛维等几十家企业提供风险保障资金79.68亿元，赔付企业财产损失468.39万元(其中赔付瑞晶太阳能188.85万元，赛维123.03万元)。落实省安监厅的精神，保险与安全预防相结合，加强安全督导，积极推动地方性安全生产责任险发展，为全市112家非煤矿企业提供4.7亿元风险保障，支付赔款138.68万元，为全市20家煤矿企业提供1.2亿元风险保障，支付赔款98.62万元。服务新余市供给侧结构性改革，推进新能源、新材料、新经济保险等新兴商非发展，实现重点新材料首批综合应用保险的突破，为企业创新发展提供有力支撑。围绕解决"三农"经济融资难题的需要，响应总、省公司的支农融资战略布局，对接"险资入余"项目，为"三农"发展提供1亿元融资额度，解决"融资难、融资贵"的问题，同时为农业大户、家庭农场、专业合作社和农业企业提供全面的保险保障，提高其抵御各类风险的能力。全年发放融资款项30万元，累计收到18家客户2470万元的融资意向申请，切实提高农村地区的内生发展动力和"造血"功能。其中，江西凯光新天地生态农林开发有限公司500万元融资项目通过总公司融决会，随后确定放款日期并发放融资款。

【推进"民心"关怀工程】　关心群众，为党旗添光彩。围绕共产党员示范市创建设，开展"党员示范

有担当 行业服务树榜样”活动，带领广大党员干部走访慰问慰问颐养之家老人、良山镇敬老院军转退伍老人和渝水区福利院儿童，捐赠大米、食用油、牛奶等生活物资共计2000余元；服务全市精神文明创建工作，深入开展网格化帮扶，全年累计组织员工开展综合文明劝导14次，提供帮扶资金8000元。开展“关爱环卫工人，夏季送清凉”活动，为环卫工人免费提供固定休息点和饮水点。关心客户，为公司添亮彩。坚持“人民保险 造福于民”的经营理念，全力推进“以客户为中心”的全面转型，着力构建以职场环境、柜面服务、查勘定损、理赔后续服务等各环节为跟进的服务标准化体系，继续实行“理赔无忧——车险快捷”服务承诺，实现“异地出险，就地理赔”的“全国通赔”服务，同时为客户提供“一小时赔付”、车辆保养、车辆年检、免费救援、生日祝福、影院等人性化的增值服务项目，加大员工服务标准的培训力度，建立服务标准的考评、监督机制，不断提升服务品质和服务能力，获得广大客户的一致好评。2017年，公司全市立案结案率100.99%，案均报案支付周期8.8天，同比缩短0.83天；车险人伤5000元以下小额快捷处理率达64.91%；万元以下案件理赔周期为8.8天，同比提速8.62%；会员服务8896人次，亿元保费保监局有效投诉量为零件。

（袁楚芸）

·中国太平洋财产保险股份有限公司新余中心支公司·

【概况】 2017年，中国太平洋财产保险股份有限公司新余中心支公司围绕总公司“巩固成果、深化转型、迎接挑战”的工作思路，以江西分公司“攻坚破局、转型升级”的工作目标为中心，牢牢把握“稳中求进”的工作总基调，聚焦客户经营，聚焦品质管控，聚焦创新发展，强化风险管控，坚守合规底线，贯彻执行江西分公司2017年发展指引、经营指导思想和工作要求，充分调动全体员工的积极性，基本完成各项工作目标任务。截至12月底，实现保费收入5137.89万元，同比下降8%，市场占比7.4%。其中，车险实现保费收入4673.56万元，同比下降0.7%，市场占比8.15%；非车险实现保费收入464.33万元，同比下降47.11%，市场占比3.85%。综合成本率为112.07%，比同期上升27.41个百分点。其中，综合赔付率为75.39%，比同期上升25.27个百分点；综合费用率为36.68%，比同期上升2.14个百分点。代收代缴车船税金额为353.64万元，同比增长20.31%。上缴税费金额为615.65万元，同比增加18.74万元，增长3.14%。

【全面提升经营保障能力】 延续周例会制。从中支到部门（团队）每周必须召开周例会，及时掌握各项工作进度、工作中遇到的困难、员工工作状态、费用结算进度、市场动态等，做到早发现、早部署、早处理，提升执行力。建立周工作计划制。各部门（团队）在每周五下班前将下周工作计划上报总经理室。通过周工作计划，提前了解和掌握各部门（团队）工作安排、合理性、预判其结果等，做到提前督导，提高工作效能。建立培训学习制。每月月初各部门制定月培训学习计划，每周二为固定培训日。延续车商与理赔沟通联络会议机制。及时掌握送修、保费入账情况，对查勘员下发资源利用考核方案，资源利用率从55.46%提升至60.62%，提高有限资源的精准投放，提升送返修比，促进车商业务发展。加强依法合规经营。在财务管理、工号权限、理赔诉讼管理、单证管理、印章管理等方面进行自查自纠，将存在的部分问题进行整改。加强与当地政府相关部门联络，提升公司品牌形象。组织党员干部参与文明城市创建、志愿服务活动，参加市金融办举办的金融系统宣传月、市消费者协会组织的“3·15”宣传咨询服务、市保险行业协会主办的“7·8”全国保险公众宣传日、新余市“12·4”全国法制宣传日等活动，捐赠3万元资金帮扶分宜县钤山镇苑坑村种植药材。

【个人客户三大渠道齐头并进】 在电网销方面，2017年，电网销作为个人客户核心的主要渠道之一，公司把存量市场的个人业务作为重点突破方向。强化电销续保牵引，做好电销续保牵引工作，提高获客能力。持续做好提前签单保全保足工作，提升保费充足率。严格按品牌识别，重点投放AB类客群。加大推广新技术运用力度，提高新技术使用的覆盖率。在交叉销售方面，交叉销售是个人分散性业务的重要入口。充分利用寿险丰富的人力资源，加大客情维护，提升举绩率，从5.3%提升到13.84%。推广移动设备出单，全力推动交叉销售非车险业务拓展，加强续保追踪，提高续保率，加强对"孤儿单"的管理。在车商方面，车商团队坚持以新车获取为主，紧盯市场新车销量，全力开拓新车市场。优化资源配置，费用进行差异化投放。紧盯自主品牌业务，提升自主品牌业务市场份额。深化渠道改革向县域延伸，逐步实现县域城区均衡发展。送返修资源进行精准投放，提升理赔资源利用率。加强新技术运用，提高专员的产能效能。加强分散型业务拓展，提升"车+意"渗透率。

【提升法人客服核心业务占比】 加大团车核心业务攻关力度，严格控制营运货车占比。经结构调整，营业用车从33%调整到19.45%。2017年，在分公司条线的大力支持下，新增10家党政机关和企业用车，党政机关客车同比增幅37.2%，企业客车同比增幅14.1%，剔除营运车外车险同比增长5.29%。加强本地非车攻关力度，充分发挥全体干部员工社会资源，深挖潜在客户。2017年，首次获得渝水学平险10%的份额，为以后拓宽学平险奠定基础。

【以理赔服务促进业务发展】 加强理赔人员服务意识，提升业务水平，为客户提供专业、优质的理赔服务。打假、专修、直供、全损、追偿、专票六大减损齐发力，共同做好控成本，全年共计减损金额314万元。未决案件清理常态化，大额案件勤跟踪。2017年，未决案件249件，较上年减少37件。加快小额案件处理时效，缩短理赔周期，降低案均赔款。加大送返修资源管控，利用有限的资源做到精准投放。

【发挥专业销售团队作用】 深化个人业务渠道化改革，全力打造电网销、交叉、车商三大主渠道，强化条线化管理，淡化机构的行政概念，实现管理去行政化、职责标准化、个人业务经营渠道化。整合电网销及交叉销售渠道的客户送返修资源，提高产能配比，通过车商渠道发展，为电网销及交叉销售渠道获取新增客户，初步形成"渠道融合、统筹发展、相互促进"格局。三大渠道实现专人专岗，按月统一考核，定期实施考核淘汰，增加专员队伍活力，提升专业化水平。不断推动法人业务团队化发展，提升专业化经营水平。有计划地组织非车险业务条款和业务拓展方法进行培训，培养员工非车险业务拓展兴趣和业务拓展能力，特别是加大分散型非车险业务的拓展力度，摆脱非车险业务依赖经纪业务的被动局面。聚焦重点险种、区域、渠道，通过项目制培育非车险客户，充分利用好公司内部资源——三大渠道拓展非车险个人分散型业务，交叉销售渠道实现保费25.37万元，车商渠道保费18.04万元，电网销渠道6.5万元。30个个代营销员招募到位。（董耐金）

编辑　邹澄洪

教育·科技

教　　育

【概况】　2017 年,全市有各级各类学校 665 所,其中高等院校 5 所、中等职业学校 12 所、普通高中 19 所、初中 21 所、特殊教育教学校 2 所、小学 254 所(含教学点 160 个)、幼儿园 352 所。全市在校(园)学生(幼儿)274609 人,其中普通高校在校生 37848 人、中等职业学校学生 13673 人、普通高中在校生 25303 人、初中在校生 44955 人、特殊教育学校学生 229 人、小学在校生 104303 人、在园幼儿 48298 人。全市有专任教师 15998 人,其中普通高校教师 2772 人、中等职业学校教师 779 人、普通高中教师 1474 人、初中教师 2695 人、特殊教育教师 35 人、小学教师 5333 人、幼儿园教师 2910 人。全市学前三年毛入园率达 89.6%,普惠性幼儿园占比率达 75%,九年义务教育巩固率达 99.3%,三类残疾少年儿童义务教育入学率达 94%,高中阶段毛入学率达 91%,职业院校毕业生在本地企事业单位就业率达 10.29%。

【学前教育】　大力实施第三轮学前教育三年行动计划(2017—2020),规划新建公办幼儿园 8 所,全市学前三年毛入园率达 89.6%,全市普惠性幼儿园达 272 所,占比 75%。渝水区被列入江西省学前教育改革发展试验区。6 月 24 日,市城北幼儿园、蓓蕾幼儿园、铁路幼儿园和中心幼儿园等 4 所市直公办幼儿园在市中心幼儿园,由人大代表、政协委员、家长代表、公证人员现场监督,摇号产生 500 名幼儿新生。

【基础教育】　积极推进乡村小规模学校适度集中办学试点工作,2017 年全市合并乡村小规模学校 65 所,其中高新区 3 所、分宜县 41 所、渝水区 21 所。全市乡村小规模学校下降 33%,盘活师资 136 名,教育资源进一步优化。进一步深化“片区 + 盟校”办学模式改革。“小学 + 初中九年贯穿式培养”模式初具模型,进一步促进对口中小学校在育人文化、体艺特色项目等方面无缝衔接、精准培养,《江西教育》等媒体进行专题报道。启动普通高中学生综合素质评价改革。组建全市 21 家单位和群团组织参与的青少年校外教育工作联席会议。在全市确定 10 余个公益类校外活动场所,采取第三方评价的方式,准确、客观纪录学生社会实践等素质发展经历,以成绩为唯一评价标准的做法正在被打破。严格规范招生办学行为,切实保障教育公平。继续执行小学阶段不招收低龄生、义务教育阶段不招收借读生、高中阶段不招收择校生,进一步巩固“零择校”。成功争取清华大学和北京大学在新余市设立自主招生考点。2017 年普通高考全市录取本科以上考生 3687 名,录取率高于全省平均水平,其中录取清华北大 5 人,艺体等特色专业考生 827 名,占比达 8.64%。

4 月 17 日,新余市教育局下发《新余市 2017—2018 学年度义务教育学校招生工作方案》,继续严格实行义务教育划片、就近、免试入学,重点关注特殊群体就读需求,确保转户籍农民子女和外来人员随迁子女 100% 在城区就学。首次将新余实验学校纳入全市统一招生范围,在城区公办学校学位不足的情况下，统筹新余实验学校部分初中学位用于解决外来人员、务工人员随迁子女就读，并同等享受“两免一补”和中考均衡生招生优惠政策。享受自主择校的企业股权人子女投资金额提高到3000万元。

11月23日，新余市人民政府下发《关于统筹推进县域内城乡义务教育一体化改革发展的实施意见》。意见提出，加快推进县域内城乡义务教育学校建设标准统一、教师编制标准统一、基本装备配置标准统一。城区新建、改扩建一批学校，增加义务教育学位；生源较少的农村适度向中心村和乡政府所在地集中办学，提升办学效益和质量。到2020年，全市县域内城乡义务教育学校建设全部达标，基本消除大校额、大班额，办好保留的教学点。全面落实教育精准扶贫政策，特殊群体接收义务教育权利全面保障，九年义务教育巩固率达99%以上，城乡基本公共教育服务均等初步实现。

12月，高新区义务教育均衡发展顺利通过国家督导评估认定，新余市在全省率先成为全域通过义务教育均衡发展国家督导评估认定的设区市。

【职业教育】 产教融合、校企合作进一步深化，有6所职业院校13个专业的754名学生在25家企业开展现代学徒制试点工作。全市职业院校学生在本地企事业单位顶岗实习、短期用工达2200余人次；1137名职业院校毕业生在新余本地就业，本地就业率达10.29%。中等职业教育资源整合基本完成。中等职业学校“文明风采”竞赛取得历史性突破，共获得国家级一等奖2个、二等奖3个、三等奖4个、优秀奖2个；获得省级一等奖16个、二等奖33个、三等奖19个。

【特殊教育】 采取进入特教学校、特教班、随班就读、送教上门等多种方式逐步解决辖区内未入学适龄残疾儿童少年就学问题，全市三类残疾儿童少年义务教育入学率达90%以上。分宜特殊教育学校成立并招生开学。市特殊教育学校开办高中部（班），开设3个专业，为残疾学生提供就业支持保障。

【素质教育】 未成年人思想道德建设。以社会主义核心价值观教育为统领，着力提升学校未成年人思想道德建设工作水平，新余市被评为全国未成年人思想道德建设先进城市。深入推进“红色、绿色、古色”和“我们的节日”主题教育活动，组织全市近15万名中小学生参与清明祭英烈、诵读中华经典、向国旗敬礼、生态文明教育等系列活动。开展“法润花季”青少年主题法治教育，为全市各中小学校配备103名法治教师和107名法治辅导员。举行全市美德少年评选活动，评选出美德少年40名，新余市学生何小清获评全国“最美中学生”称号。

校园文明建设。积极开展“美丽校园、快乐成长”创建活动，校园文化和育人环境明显改善，新余学院、市暨阳学校、渝水区仙来学校被评为全省首届文明校园，仙来学校被评为第一届全国文明校园。

校园足球。全市共有33所全国青少年校园足球特色学校，5所省级青少年校园足球特色学校。市暨阳学校获2017年全省校园足球锦标赛小学女子组冠军。一名学生入选欧洲青少年足球集训营，受到国家主席习近平的接见。

体艺教育。少儿体操获全国幼儿基本体操表演大会金奖。参加第十三届全运会摘得两金一铜，小将谭雪琴夺得跆拳道女子49公斤级比赛冠军，为江西代表团收获首枚金牌；运动员周鹏获得男子200米双人皮划艇冠军。市蓓蕾幼儿园少儿舞蹈《头脑总动员》获第九届全国“小荷风采”舞蹈大赛金奖，市五一路小学舞蹈《白兰花》获全国青少年网络电视大赛特等奖。创新教育成效显著，获国际青少年科技创新设计大赛一等奖、全国中小学生电脑制作大赛能力挑战赛一等奖和全国青少年航模总决赛一等奖等多个奖项。

【教师队伍建设】 2017年通过赴外选聘、参加全省统一招聘共新进教师253名。全面推进义务教育学校校长教师交流轮岗工作,全市交流轮岗达633人,其中校长37人、教师596人,占应交流人数的18.26%。加强教师培训,全年组织校长和教师参加国培、省培轮训和信息化、专业化学科技能培训达5000余人次。深入开展"新形象、新风采"师德师风主题教育活动。市第一中学年级主任范承保获全国五一劳动奖章1人;3人获全省师德先进个人称号。市四中、分宜六中、市暨阳学校、渝水八小、市蓓蕾幼儿园和市特教学校6所学校顺利通过首批省师德师风示范校复评,渝水区良山中学、市西湖小学和市六中获评第二批省师德师风示范校。开展"千名人才基层行"活动,选派40名教师赴农村学校开展教学教研指导活动300余次。大力开展送教下乡活动,全年选派242名优秀教师到农村学校开展支教。积极开展评选推优活动,1人被评为"新余市突出贡献人才",40人被评为省、市学科带头人和骨干教师。

【教育信息化】 信息化基础设施建设得到新改善,全市宽带网络校校通覆盖率98.29%,优质资源班班通覆盖96.68%,教师"网络学习空间"开通率96.31%,均高于全国、全省平均水平。教育公共服务能力取得新进展。教育信息化技术支持服务体系高位运行;"智慧校车"管理平台实现全市覆盖。信息技术应用呈现新态势,"智慧课堂""精准教学""数字书法""数字地理"等新型教学形式落地生根。优质数字教育资源覆盖面实现新拓展,市直4所小学、分宜2所中心学校和12所教学点开展"专递课堂"试点进展顺利,探索出网络支教新模式。12月1日,为进一步提升教育信息化水平,新余市人民政府办公室下发《关于加快推进教育信息化工作的实施意见》。

【学生资助】 学生资助体系不断完善,实现从学前教育阶段到大学阶段全覆盖,2017年累计资助金额达4690.263万元。其中,为149487名义务教育阶段学生免除学杂费、免费提供教科书;为5697名义务教育阶段住宿生提供生活补助,补助金额654.1万元;资助学前教育幼儿1585人,累计金额151万元;资助普通高中贫困家庭学生5131人,累计金额1026.2万元;资助贫困家庭高考新生1307人,累计金额486万元;高校学生生源地助学贷款1161人,累计金额927.245万元;中职学校国家助学金资助7642人,累计金额764.2万元。对全市各级各类学校建档立卡贫困户子女信息及其享受贫困生资助政策情况进行全面核查,为3289名未申请资助金的建档立卡贫困户子女全部补发资助金128余万元。2017年3月30日,中央电视台新闻联播节目对新余市学生资助工作进行专题报道。

【校园安全】 完善校园安全管理考评制度,强化安全隐患排查。全年共组织校园及周边整治行动、校园安全隐患排查等大规模安全检查4次,出动执法人员3200余人次,检查校园周边各类经营场所和经营摊点近1190余家次,查处违规网吧1家,游戏室4家,桌球室1家,收缴校园周边小商店盗版书刊280余册,下达监督意见书260余份。派出"护学岗"近100人次,查处校园周边道路交通违法行为200余起。推进平安校园建设,常态化开展学生防溺水、食品安全、交通安全、校园欺凌、消防安全等专项治理,有效杜绝校园重大安全事故发生。参加全省首届平安校园建设优秀成果评选活动,新余市5项参评成果全部获奖,其中一等奖3项,二等奖和三等奖各1项。

【教育投入】 2017年全市财政性教育经费总投入23.1亿元,全市财政教育支出21.4846亿元、较2016年增长3.03%。义务教育薄弱学校基本办学条件进一步改善,2017年全市新建校舍37.99万平方米,采购教学设施设备6738万元。建立市直教育系统校建和政府采购管理制度,完成采购金额1451.4万元,节约采购资金249万元。市九中教学楼和市城北幼儿园教学楼主体工程建设顺利完成。12月2日,渝水区在渝水七小建设基地举行渝水七小新建项目、渝水六小新建教学楼、渝水中心幼儿园新建教学楼和珠珊中心学校(深圳市新余商会名誉会长、深圳弘基集团董事长刘火根捐建)新建项目集中开工仪式。12月4日,新钢一小教学楼项目开工建设。12月19日,市一中第五教学楼、市四中第五教学楼高新一中小学部和高新区中心幼儿园开工建设。全市农村义务教育校舍维修改造工程、中小学校舍安全建设工程、高中扩充工程、学前教育建设工程等完成年度目标任务。　(刘红平)

·新余学院·

【概况】　2017年,学校确立应用型人才培养目标定位,遵循“求新、求实、求善”的校训,为实现特色鲜明的高水平应用型本科院校建设目标,不断优化教学条件、强化教学建设、深化教学改革、细化教学管理,培养质量持续提升。学校获教育部产教融合创新基地首批试点高校、教育部产学合作专业综合改革项目实施高校、国家大学生创新创业训练计划联合基金项目实施高校、教育部卓越创新联盟首批成员单位、国家级语言文字规范化示范校、中国应用技术大学联盟成员单位、江西省首批转型发展试点高校等称号。

校园占地面积133.34万平方米,建筑面积38.7万平方米,其中教学行政用房20.4万平方米、学生宿舍14.3万平方米;教学科研仪器设备总值9185.5万元;建有162个校内实验(训)室,建有校外实习实训基地163个;图书馆藏书152.71万册,数据库27个。校园网络全覆盖,网络出口总带宽4500M。校园环境优美,办学条件完善。

学校设有13个二级学院,有全日制在校本科生6459人、专科生4454人,其他学生2434人(其中留学生149人)。有32个本科专业,涵盖工学、文学、理学、医学、教育学、管理学、艺术学七大学科门类。建有国家级教学改革试点专业1个、省卓越工程师培养计划试点专业2个、省特色专业(示范专业)12个,省专业综合改革试点项目3个,省高校人才培养模式创新实验区4个。学校拥有江西省材料物理与化学重点建设学科,建有江西省太阳电池新材料与应用重点实验室等3个省级科研平台。近年承担国家、省、市级科研项目428项,其中国家级项目8项,省级项目254项,教师发表学术论文2209篇,其中核心期刊358篇,三大索引收录论文271篇,获得专利授权538项。

学校现有教职工810人,其中专任教师542人。聘请以业界专家为主的外聘教师155人。学校专任教师中具有正高级职称的50人,副高级职称129人;具有博士学位的24人、硕士学位的388人;“双师型”教师185人。各类高层次人才共108人次,其中省百千万人才工程人选4人,省“青年科学家培训计划”入选1人,省级教学名师4人,省高校中青年骨干教师16人。专家引领、骨干支撑、多元结构、持续优化的师资队伍正在形成。

【党建工作】　学校党委牢固树立抓好党建是最大政绩的理念,统筹谋划,精心组织,召开新余学院第一次党代会。以良好的精神状态,扎实的工作作风学习贯彻中共十九大精神,组织开展“喜迎十九大,永远跟党走”庆祝教师节暨迎新生合唱晚会,通过“主题党日”活动、“三会一课”和开设党校培训班等形式,全校各级党组织共开展专题学习88次,征订并下发《党的十九大报告读本》等学习资料共计2228册,组织马克思主义学院校园宣讲团深入各二级学院、班级、社团、宿舍进行宣讲,实现学习宣传中共十九大精神全覆盖。党政班子成员共为学生上党课和思政课16次,参加主题党日、团日和班会132次。全校44个党支部共开展专题学习572场,讲党课256次。把深入学习中共十九大精神和习近平新时代中国特色社会主义思想作为“必修课”,做到学思践悟。以开设党校“周末讲坛”为平台,以“学习十九大,做合格党员”为抓手,大力开展以弘扬井冈山精神为核心的理想信念和党性教育,不断提高党员干部的政治觉悟和思想境界。加大党建经费的投入,将党员人均经费提高到600元,投入经费55万元,为党建工作提供经费保障。打造“党建+真人图书馆”“学生宿舍党员工作站”“让党员在志愿服务中闪光”“以文化人、以德润生”“学好外语,讲好中国故事”等一批党建工作品牌,其中“党建+真人图书馆”获全省高校基层党建工作优秀案列一等奖。

【思政建设】 学校不断创新思想政治工作方式方法，全面贯彻落实全国、全省高校思想政治工作会议精神，积极构建大思政工作格局，在2017年全省高校思想政治工作专项督查中，学校得分名列第一，受到省委领导和同行的高度评价。2017年，共组织开展党委中心组专题学习13次；学校推荐的《积极对标新时代教育新要求—新余学院“三个创新”建设高水平应用型本科院校》在新华社《江西领导专供》内参上发表，2篇案例成功入选《铸魂——江西高校思想政治工作百佳案例集锦》一书。大力提升思想政治理论课教学质量，制定《新余学院思想政治理论课教学质量年专项工作实施方案》；暑期在苏州大学举办专题培训班，提高思政教师的业务素养；深化思政课教学改革，开展“故事教学法”，投资100万元建设思政智慧课堂和投资500万建设红色教育VR教学中心，将VR技术融入思政理论课教学；及时将习近平新时代中国特色社会主义思想纳入思政课教学内容、搬进课堂。学校出台二级学院党组织书记、党员院长思想政治理论课授课制度。实施校领导“思想政治工作体验日”和“学生生活体验日”活动，在学生中组织红色主题实践活动，不断拓展开展大学生思想政治教育的新途径新载体，江西教育电视台对学校思政工作中的创新案例进行连续报道。注重以文化人以文育人，开展一系列积极健康的校园文化活动，周末文化广场、“真人图书馆”等活动逐渐形成品牌，深受师生喜爱。打造“最关爱学生校园”“最具爱心大学”初见成效，学校被评为江西省高校首届十大文明校园。

【师资建设】 大力实施“人才强校”战略，加大师资引进力度，共举办33场师资招聘会，其中博士招聘会15场，引进硕士以上学历中青年教师134人。教师年龄结构进一步优化，师资队伍结构得到改善，整体素质明显提升。积极争取新余市高层次人才优惠政策，全力落实高层次人才相关待遇，为学校新进教师申请高新区公寓30余套，帮助新进教师解决生活和工作中的难题，保证人才引得进、用得好、留得住。

【干部队伍建设】 坚持正确的选人用人标准，严格干部选拔任用程序，从严管理监督干部。2017年共调整13名正处级干部职务，对10名副处级干部进行试用期满考察和正式任命，1名副处级干部到龄免职保留原职级待遇；二级党委共调整科级干部60人，其中提拔33人。新提拔的干部在新的岗位上积极工作，发挥表率作用，其德才表现受到广大教职工的认可。

按要求组织全校91名处级干部如实报告个人有关事项，对填报的有关事项认真检查、仔细核对并录入管理系统，形成并上报《新余学院处级领导干部个人有关事项报告材料汇总综合报告》。按要求完成个人事项抽查核实工作，全年随机抽查4人、重点抽查3人，上报抽查核实材料。督促领导干部加强家庭、家教、家风建设，从严管理好亲属和身边工作人员。

【本科评估建设】 围绕学校党代会确定的建设特色鲜明的高水平应用型本科院校目标，全校上下积极作为，按照评估指标体系要求逐项落实，形成人人知晓评估、人人参与评估、人人为评估作贡献的强大合力，为顺利完成本科教学工作合格评估奠定坚实基础。开展应用型人才培养“人才观、质量观、教学观”教育思想大讨论活动，激发教育教学改革发展的动力与活力，精心制定评估专家组进校评估工作方案，做好正式评估期间各项工作，12月7日，顺利完成教育部本科教学工作合格评估专家组的进校考察。

【教学科研】 以迎接本科教学工作合格评估为契机，不断更新教育思想观念，办学思路更加清晰，教学中心地位更加牢固，师资水平进一步提升，教学管理更加规范。办学条件明显改善，建成理工楼群、室内体育馆，改造第二实验楼，整合校内实验实训场所，新建38个实验（实训）室，建设12个智慧教室和17个示范性校外实习基地。开展2016版人才培养方案和课程教学大纲的修订完善工作，探索和构建符合学校定位与培养目标的应用型人才培养方案，切实提高教育教学质量。获批2个本科专业，新增7个本科专业学士学位授予权。

横向科研项目实现新突破，与江西省文学艺术界联合会与签订战略合作框架协议，建立江西省网络文学研究基地，与新余市渝水区文广新局签订合作协议，依托学校师资成立"新喻明清匾额文化研究"课题组。科研项目申报和立项数保持良好的发展态势，省级以上科研项目申报160余项，举办学术讲座共23场。以"11311工程"为着力点，全力推进"产教融合、校企合作、协同创新、协同育人"的人才培养新理念签约单位99家，深度合作企业33家。教育部高教司"产学合作、协同育人"项目——学校与杭州万霆科技共建的装配式建筑技术人才培养与创新基地落成。国育华渔VR世界实验室通过教育部审核入选首批试点学校。与江西恩克新材料股份有限公司共同承担的"晶硅线切割微粉除铁新工艺技术研发项目"通过江西省科学技术厅成果鉴定。学校转型发展成果作为全国29所参展地方高校之一，参加教育部首次"地方本科院校转型发展成果展"，引起与会代表的关注和好评。

【招生就业】　积极争取上级对学校本科招生计划的大力支持。2017年，省教育厅下达学校本科招生计划2505名，较往年翻一番。学校及时停止专科招生，促进在校生本、专科结构比例的合理调整。进一步开拓就业市场，畅通毕业生就业渠道。结合"11311"工程开展，共建设合作就业基地92个，举办各类招聘会89场，共有316家用人单位来校招聘，提供就业岗位15864个，岗位和毕业生人数比达4∶1。2017届本科毕业生就业率为90.06%，专科毕业生就业率为89.67%，本、专科生平均就业率89.78%，三项指标均高于全省平均水平。

【创新创业】　学校加大对创新创业教育工作投入力度，8月成立创新创业学院，双创大楼投入使用。2017年有65项大学生创新训练项目验收合格，产生学术论文、实物模型、软件设计、研究报告等创新成果66项。积极开展创业培训及创业活动，举办就业创业讲座17场，开展一系列创新创业方面的校园文化活动、科技竞赛活动和社团活动，新建44个创新团队。创业孵化中心、青年创客工场等创新创业平台运营良好。开展第三届"互联网+"创新创业大赛，全校项目参赛创新高，选报的"享停车"和"九方伯乐"2个项目获得省级创新创业赛铜奖。

【综合保障】　多渠道筹措办学资金，有效地保障学校各项事业任务的资金需要。2017年共组织各项收入2.2亿余元，其中财政生均拨款及中央专项资金1.16亿余元。债务结构得到持续优化，争取中央债务专项资金3000万元，银行贷款利息降到1500万元以下，财务状况得到进一步好转。积极推进校园基本建设，校园功能不断完善，完成理科楼建设、室内体育馆、校友塔、智慧教室、书香教室建设。持续推进后勤改革，不断提高后勤服务质量，物业管理运行高效。全年校园保持安全稳定，无任何政治案件、重大安全责任事故和重大群体性事件，实现重大治安事件和刑事案件零发生率，师生的安全感和满意度稳步提升。　　（廖林强）

·新余市成人教育中心·

【概况】　2017年，市成人教育中心、市广播电视大学党委、行政团结带领全体干部职工，真抓实干，开拓创新，推动转型发展，全面完成各项目标任务。中心（电大）党建工作、业务工作以及自身建设等方面得到进一步发展，各项工作上台阶。获西北工业大学、东北师范大学网络教育优秀校外学习中心。

根据国家开放大学转型发展要求，结合中心（电大）发展实际需求，调整更名5个内设机构，新设立招生办、培训教育处、网络教育处、信息技术处等部门。同时，推荐提拔1名副县级干部、1名副科级干部，3名中层领导干部进行调整交流，通过一系列工作，干部队伍结构更加合理，干事创业的热情更加高涨。

坚持理论学习和教学实践相结合,积极探讨新形势下办学新思路、新方法,党员和领导干部写读书笔记累计37万余字,发表调研文章7篇、各类新闻稿件37篇,其中舆情信息列全市前茅。

市成人教育中心、市广播电视大学获得诸多荣誉。"一村一名大学生工程"得到省委农工部和检查组高度评价,获得考核总分第一名。"五强书记""社区教育"个典型事例入选江西省广播电视大学"十大新气象"。微视频《电大,你的身边学堂》获全省一等奖。培训社区教育工作,渝州绣坊张小红获全国"十佳"百姓学习之星,"新余市乡村大讲堂"入选全国终身学习品牌项目,获2017年度全省社区教育工作先进单位。

【招生工作】 超额完成招生任务,稳步推进学历教育工作。全年招生2135名(不含省一村一名的95名),其中开放教育1553名(校本部1315人、分宜工作站159人、康程达教育中心79人)。超额完成省电大下达的招生任务。网络教育招生582人。按时按质按量完成省委农工部"一村一名大学生工程"95名招生任务和新余市"一村一名大学生工程"200人招生任务。举办"五强书记"和残疾人学历提升班,获全省招生工作综合奖,

【农村帮扶扶贫工作】 以宣传十九大精神和连心、强基、模范三大工程为主题,积极开展三基宣传工作。从领导做起组织和5个行政村建立结对关系,深入乡村120余人次,投入资金1万余元,有效促进农村思想宣传工作,密切党群关系;以基层党组织负责人为对象,开办"五强"书记学历班,招收书记学员76名,在全省电大系统引起很大反响;以建设山水美为激励,开展党员志愿服务活动,组织690人参加活动,为新余市文明创建做出积极贡献。按照"领导挂点、单位包村、干部帮户"的帮扶体系,与仙女湖区昌田村委进行对接,采取校领导+支部+两委委员形式,同9户贫困户开展结对帮扶。发挥当地旅游产业资源优势,与当地圆梦国开发集团签订协议,投入资金8万余元作为产业基金入股,每年按10%利润分红。2017年帮助3户贫困户脱贫,得到市扶贫开发工作领导小组点赞。

【校园安全】 学校的重大风险主要有:综合治理、考风考纪和异地生源。为防患办学风险,学校认真落实社会治安综合治理责任制,坚持依法办校、依法治校。组织4次集中学法活动,参加"百万网民学法律"活动,参观禁毒、拒邪、防艾教育展览;邀请网信办专家宣讲《中华人民共和国网络安全法》,增强网络安全意识;安装校园天网工程,校园安全视频实行全覆盖。狠抓考风考纪。进一步加强考前诚信教育与宣传工作。要求层层签订考试责任书,要求班主任考前通过短信平台及QQ群对学生进行诚信考试宣传,学校宣传栏张贴相关考试法规制度,端正考风,严肃考纪;10月,开展严肃校纪、考风考纪教育活动,出台"五条禁令",严格落实考风责任制,加强考风考纪组织领导,认真做好考前培训,确保考点安全稳定。严格联合办学的审批,限定省外生源。

【教学质量】 一是"一村一名大学生工程"有新突破。2017年,深入持续地推进新余市"一村一名大学生工程"。全面完成省、市两级下达的"一村一名"招生指标,完成教学科研任务和教学实践基地的建立和善。建立健全"一村一名大学生"创业协会党支部,配备办公设施和产品展览室。组织完成全省"一村一名大学工程"教学检查评估考核,得到省委农工部和检查组高度评价,获得考核总分第一名。岁末年初,组织召开全省"一村一名学生工程"10周年总结表彰暨工作推进会。制作拍摄全市"一村一名大学生工程"10周年成专题片,举办全市"一村一名大学生工程"10周年成果展览,江西日报和江西卫视作专题宣传报道,新余日报刊登专版宣传,在全省电大系统引起良好反响。二是教育信息化建设有新突破。完成"新余市成人教育中心(电大)无线校园网"项目的建设,切实有效地服务现代化教育教学工作,中心(电大)信息化水平迈上一个新台阶。积极维护微信公众号、网站。全年微信公共平台发布报道160余篇;校园网发布文章330余篇;完成中心(电大)"党建

在线”栏目的建设、维护，更新工作，上传资源18条。开放教育3个专业实现远程论文答辩和11个专业实现QQ视频答辩。三是教学与科研有新突破。完善和制定招生、教学、班主任、“一村一名大学生工程”等各项制度17项。加强对教学点的管理，校领导深入各教学点调研4次。加强学籍管理。全年为1648名新生、2052名老生进行信息核对工作，为3700多名在校生课程注册30549门次，按时完成23名学员转学、转专业、复学等工作，共组织1240名毕业生的信息采集。为2611名学员分别办理开放、成招等本、专科毕业审核、办证及证书发放等工作(其中成招学生137人、开放学生2474人)。突出教学过程管理工作。组织学员和相关教师积极参加中央、省校的网上教学活动40余次，认真抓好自学环节和辅导环节的管理，全年组织完成138个专业班级的189门(共1044课时)的辅导任务，其中本科34门(224课时)、专科155门(889课时)；网上答疑269门；196门网上形考作业的组织工作以及68个专业班级实践环节的管理工作，共组织50余名教师指导批阅、答辩本科论文166篇，批阅专科论文1400篇。助力计划5分钟微课项目，获得国家开放大学资金立项，为江西省唯一获奖项目。做好考试考务工作。全年共组织电大开放教育15673人次笔试课程的考试、3321人次机考课程考试工作，3397人次网考课程考试工作；完成开放教育64门试卷出卷、562人次的试卷印刷及评阅工作，完成江西电大成人高考27门试卷出卷、67人次的试卷印刷及评阅工作；完成7人次学位英语报考工作，全年录入、上报形考成绩16421门次；到省电大核查成绩66门次。全年实现考试安全有序，无责任事故发生。全年发表论文6篇。四是培训社区教育有新突破。加快发展非学历培训教育，成立创新创业定点培训机构，创建培训基地，选派两名教师参加省人保厅组织的培训师培训。2017年，完成新型职业农民等各类培训377人次，其中承接170人的新型职业农民培育的培训项目，培训总资金46万元。创新培训方式，组织全市专业技术人员公需科目在线学习培训1.6万余人。积极推进社区教育，正式挂牌成立渝水区社区学院，在全市46个社区成立社区学校，形成城区三级社区教育网络格局。

（袁　瑛）

·新余市职业教育中心·

【概况】　新余市职业教育中心孕育“以就业为导向、以服务为宗旨、以质量求生存、以管理树形象、以特色谋发展”的办学理念，形成“文化合格、品行优良、技能过硬”的人才培养计划，确立“实训基地、技师摇篮、和谐校园”的校园创建目标。学校开设以数控技术为核心，模具、汽修、电子电气、3D打印为延伸的机电类专业群；以学前教育为主，电会、酒店管理、工艺美术、电子商务、航空服务、计算机为辅的现代服务类专业群；以对口天津单招为主、省内高职单招为辅的特色高考重点班。在校学生4153人。学校积极搭建企业与毕业生交流平台，为企业提供人才资源，为学生提供就业保障，巩固100%的就业率，做到学校、家长、企业“三满意”。

2017年，是学校教育改革发展的关键年，学校不断深化改革、加快发展，在校园基础建设、教育教学、未成年人思想道德建设、招生就业、校企合作等方面取得成效，被授予首批全国职业院校数字校园建设实验校、全国国防教育特色学校、全国青少年校园足球特色学校，获全国文明风采竞赛优秀组织奖。

【基础建设】　一是改善校园基础设施。在抓好新教学楼、学生宿舍综合楼、校园道路改造等工程扫尾工作，开工新建食堂兼学术报告厅的同时，抓好校园绿化、地下实训场除噪、教学楼大厅改造、宣传栏、阶梯教室、模拟法庭、心理咨询室、禁毒教育基地等配套项目实施，课桌椅、学生床、一体机、数字阅读机等配套设备采购，推行物业社会化管理，优化学校办学和管理环境。为解决校建资金问题，学校克服重重困难，全年争取项目资金1098万元。二是充实教学实训条件。新建会计手工做账、会计模拟沙盘、雕刻工艺、施工材料与施工工艺、中式铺床、加工中心(FANUC 系统)、数控车工(FANUC 系统)、工具钳工、汽车发动机、数控仿真机房、技能竞赛机房等11个实训室(区)。并对各专业实训基地进行整合,组建更符合学校专业群建设要求的9个校内实训基地。三是提升信息化建设水平。投入30万元升级校园数字化管理平台,并启用手机移动端,优化办公流程,提高管理效益。自主开发校本数字资源10套,丰富信息化教学资源。投入36万余元完善校园监控系统,监控点位达到188个,覆盖全校80%的公共区域。2017年12月,学校顺利通过数字校园建设实验校中期验收,被中央电教馆授牌为全国职业院校数字校园建设实验校,信息化建设迈上新台阶。

【教育教学】　一是狠抓教育教学质量。学校师生在各级各类竞赛中捷报频传。在全国中职院校“创新杯”信息化说课大赛中,教师冯春辉获一等奖,杜林花等6位教师获三等奖。指导学生在第十三届全国中等职业学校“文明风采”竞赛活动中获得二等奖1个、三等奖3个、优秀奖2个。在省信息化教学大赛、省技能大赛、省“文明风采”等比赛中共获得省级一等奖9个、二等奖23个、三等奖22个。考入天津职业技术师范大学64人,其中本科51人。首次组织学生参加省内高职单招考试,录取86人。二是创新教学常规管理。学校积极组织教研活动,累计举办校级公开课70节,参与听课教师1755人次。各教研室组织开展校内竞赛10余项,参赛学生1300余名。推行学生网上评教,对任课教师进行分项量化打分,促进课堂教学质量的提高。举办第三届“职业教育活动周”系列活动,首次在抱石公园进行公开展演,全方位展示学校办学成果和师生风采。举办“振兴杯”省级三类职业技能竞赛暨“我能出彩”学校第三届学生专业技能大赛,共设有10个赛项16个比赛项目,200余名学生报名参赛,营造比学赶超的良好氛围。

【德育工作】　一是强化德育阵地建设。与团市委共建“向阳花”禁毒教育基地,选用学生作基地讲解员,分步骤组织各班级参观,通过观看图片资料、展示仿真毒品等提高青少年防毒拒毒能力。新建模拟法庭,安排20个班级进行案件模拟审理,将法律知识的被动宣讲模式转换为互动体验的实践学习模式,进一步增强学生法律意识。这两项工作得到团市委的肯定,团省委带队来校进行观摩。完善学校宣传栏和橱窗建设,用以展示学生技能作品,宣传防溺水、防治肺结核以及消防等安全知识,充分发挥校园宣传栏的教育阵地作用。二是丰富主题教育活动。学校以培育社会主义核心价值观为核心,充分利用传统佳节和各种纪念日,开展中华传统美德、革命英烈和时代楷模教育等活动,切实抓好未成年人思想道德建设。全年组织开展学生志愿者服务活动20余次,总服务时长达1283小时,增强学生社会实践能力,促进文明和谐校园建设。举办校园才艺大赛、红五月合唱比赛、广播体操比赛等大型活动,组建合唱团、篮球社、街舞社及小品社等6个社团,发挥活动育人作用,提高学生操行素养。

【招生就业】　一是稳步扩大招生规模。随着办学质量的提高、社会认可度的提升,学校招生连连攀升,汽车维修、学前教育、数控技术、航空服务与高铁乘务、工艺美术、电子商务等专业全部满额,在严格限制进生的情况下,全年招生人数突破历史记录达1829人,其中春季分流790人,招生人数逐年递增,办学规模明显扩大。此外,学校招收退役士兵培训131人,西南网大等63人。二是拓宽学生就业渠道。与江西汉腾汽车有限公司等企业续签“现代学徒制”试点校企合作协议,实现订单式培养、零距离就业。创新校企合作办学,与江西盛泰光学有限公司合作开展暑期勤工俭学活动,深化校企合作、缓解用工压力的同时助力改善部分贫困学生生活,得到用人企业高度评价。与新余精诚精密机械有限公司设立“精诚精密奖学金”,鼓励相关专业学生努力学习,成效明显。邀请合作企业举办多场校园招聘会,优先推荐学生本地就业,2017年学校毕业生就业率达98.48%,本地就业率稳定在40%以上。　(黄裕嘉)

·江西工程学院·

【概况】 江西工程学院有天工、仙女湖2个校区，占地面积118.82万平方米(1782.37亩)，建筑面积38.03万平方米。馆藏图书100.49万册，教学仪器设备总值7555.79万元。拥有10个二级学院和4个教学部，实际开设专科专业40个，本科专业20个。全日制在校本、专科生12845人。

学院有教职工865人，其中专任教师615人。专任教师中具有研究生学位的224人，占专任教师总数的36.4%，具有副高以上职称的190人(其中教授38人)，占专任教师总数的30.89%；兼职教师230人(其中正高4人，副高34人，博士24人、硕士148人)，“双师型”教师93人，占专任教师总数的15%；专任教师中有博士生导师3人、硕士生导师6人；享受国务院政府特殊津贴专家2人、省管专家1人、省级教学名师6人、省级中青年骨干教师10人。

学院实行董事会领导下的院长负责制，健全党团组织、学术机构和教职工代表大会制度，建立健全学院章程及各项规章制度，实行全员竞聘上岗和全面预算管理，实行以岗定责、以绩定薪的结构薪酬制度，办学行为规范。

学院秉承“勤朴敏信”的校训和“自立自强、乐业乐群”的精神，坚持“教学为主、人才为尊、法德为基、创新为魂”的治校理念，形成“教研学做一体化”的办学特色，营造“读书有沙龙、学科有竞赛、讲台摆擂台、论坛连歌坛”的校园文化。坚持个性化素质教育，强调承认个性差异，珍重个性特点，张扬个性优势，强化个性素质，为社会培养10多万余名技能型应用型人才，造就数10位亿万富翁和一大批拥有千万资产的企业家。毕业生中，涌现出孙清焕、李国平等企业家，其中孙清焕多次登全球福布斯富豪榜，2017年晋升江西省首富。学校在2016年中国大学造富榜上进入百强，排76位，是全国唯一一所进入民办高校。

【教学建设】 学院分本科和专科两层次。本科专业有电子信息工程、机械设计制造及其自动化、网络工程、新能源科学与工程、电子商务、土木工程、工程造价、环境设计、金融工程、通信工程、物联网工程、车辆工程、贸易经济、视觉传达设计、商务英语、光电信息科学与工程、财务管理、软件工程、工业设计、自动化共20个本科专业，高职专业共开设40个。按照办学定位和人才培养层次定位，不断调整优化专业结构，大力发展与经济建设紧密结合的应用型专业。7月，申报音乐表演、国际商务、学前教育3个本科专业；9月，申报无人机应用技术、嵌入式技术与应用、铁道交通运营管理、汽车智能技术、电子竞技运动与管理、舞蹈表演、网络新闻与传播、食品营养与检测、国际邮轮乘务管理、智能产品开发10个高职专业。一是全面修订2017版本、专科人才培养方案。结合学院办学定位、服务面向、办学特色以及理论教学体系和实践教学体系研究的新成果，修订本、专科专业人才培养方案66个，从组织分院开始修订工作，共召开6次本科专业和4次专科专业人才培养方案答辩会，20个本科专业人才培养方案定稿，专科专业正在修订中。按照人才培养方案要求，组织各教研室修订和制定本、专科课程教学大纲、考试大纲、实验、实训大纲，12月底20个本科专业教学大纲修订完成。二是加强优秀教学团队建设。开展优秀教学团队创建活动，制定《江西工程学院开展优秀教学团队创建活动的实施方案》。根据方案评审要求，评选出土木工程专业、电子信息工程专业、电子商务专业、财务管理专业、机械设计及其自动化、工商企业管理专业、视觉传达设计专业7个优秀教学建设团队并给予立项。三是加强重点专业建设。制定《江西工程学院重点专业建设实施方案》，并评选出电子信息工程、网络工程、电子商务、机械设计制造及自动化、新能源科学与工程5个本科重点建设专业，建设周期两年。为进一步加强学科、专业建设，贯彻“人才强校”战略，建立一支素质高、业务精、教学能力强、结构合理、富有敬业精神和改革创新意识的教师队伍，推动教育教学改革，促进学校教学工作纵深发展，制订《江西工程学院专业带头人评选方案》。根据文件要求,评选出5个重点建设专业负责人。

【科研工作】　学院立项省部级以上课题24项,全校教师共发表各类论文400余篇,其中被SCI、EI、ISTP、CSSCI收录的论文6篇,共出版专著、教材10部,获国家发明专利授权取得新突破。根据学校的办学定位、学科专业建设方向以及人才队伍的基本结构状况组建机器人应用研究、智能制造、能源与环境、互联网+应用经济学研究、土木工程、计算机与互联网+以及大数据7个科研团队,并成立26个名师工作室。大学科技园获批为省级大学科技园,成为新余首个高校科技园。申报的机器人技术应用重点实验室获新余市科技局批准建设。2017年学院获邀参加被誉为"中国科技第一展"的中国国际高新技术成果交易会,参展的有多自由度美女迎宾机器人、工业机械臂下棋机器人、解魔方机器人、智能魔镜、脑电波控制机械臂、Nao机器人6个产品,均是学校推出的最新科研技术成果,受到广泛关注,其中工业机械臂下棋机器人获高交会组委会颁发的优秀产品奖。

【技能竞赛】　3月31日,在2017年新余农商杯"互联网+"创业创新大赛中,学院参赛项目"嘀嗒快烘"获得二等奖(季军);4月14日,第十届"全球数学建模能力认证杯"数学中国数学建模网络挑战赛的第一阶段竞赛,学院数学建模代表队揽获全国一等奖2个、二等奖1个、三等奖4个;5月23日,学院在全省大学生电子专题设计竞赛上(本科组)夺银;7月2日,第十届"中国电机工程学会杯"全国大学生电工数学建模竞赛,学院获得全国一等奖3队,全国二等奖3队,全国三等奖一队;7月24日,第十届全国大学生先进成图技术与产品信息建模创新大赛,学院获得尺规绘图全国二等奖2个,三维建模全国二等奖2个;8月26日,学院学生作品—"自动泊车系统"在2017年全国大学生电子设计大赛江西赛区评比中获二等奖;9月15日,第八届中国大学生服务外包创新创业大赛,学院获国赛二等奖;11月,在2017年高教社杯全国大学生数学建模竞赛中,学院获得本科组全国一等奖2个、二等奖2个,江西省一等奖4个、二等奖4个、三等奖6个;11月4日,2017第七届中国教育机器人大赛在湖南长沙湖南商学院举行,学院斩获智能机器人搬运项目冠军和机器人游中国第二名;12月2日,2017年江西省大学生信息技术知识大赛,学院夺本科组团体总分第一名,其中本科专业组18人获一等奖、本科非专业组25人获一等奖。

【师资建设】　为保证学院人才培养的质量,学院始终把师资队伍建设摆在突出的战略地位。12月,学校为配齐配强本科专业教师,对本科主讲教师共认定324人,其中符合岗位320人(占98.8%),高级教师107人(占33%),35岁以下112人,硕士学位以上61人(占青年教师的54.5%)。一是学院高度重视师德师风教育。坚持政治素质和业务素质并重的原则,把思想教育、政策导向和物质激励有机结合起来,增强思想政治教育的针对性、有效性。定期开展十佳师德师风标兵、优秀青年教师评选活动,提高教师职业道德水平和思想政治素质。健全适应学院发展要求的教师管理制度。积极推进分配制度改革,在收入、职务晋升等方面向教学一线、高学历高职称教师倾斜。二是坚持内培外引,提升师资队伍整体水平。学院在中青年教师中实施硕士化工程,鼓励35岁以下的青年教师参加脱产或在职攻读硕士及以上学位,并在经费上给予支持,不断提升教师的学历、学位层次,改善教师队伍的学历结构。学院出台关于引进优秀高层次人才的暂行规定,大力引进学院教育事业发展急需人才。2017年,学院共引进硕士学历(学位)研究生54名,副高及以上职称教师32名,提高学院师资队伍整体水平。

【基础建设】　天工校区体育馆完成项目立项、规划审批及8部委联审等手续,取得建设规划许可证。天工校区8、9、10、11、12、13栋学生宿舍两边及中心食堂东马路两边人行道改造约1160米,校园主干道、全部改成彩色路沿石。完成仙来校区室外给水主管及消防管改造，大大提升全校师生的安全度。完成中心食堂东面水沟污水处理改造工程。投入约218万元精心打造天工校区沁心湖的绿化、美化和亮化工程，校园环境得到优化。完成天工校区C栋教学楼的教室改造工程，仙来校区教工楼、教学楼、B2栋、B4栋学生宿舍屋面翻新防水隔热改造工程，A教学楼一至四楼的维修改造工程、实验中学运动场改造工程，仙女湖校区实训大楼网架维修工程。投入500多万元对教工食堂、天工食堂一部、中专食堂、科技园食堂、民族食堂等进行硬件设施提升改造。电表智能化改造继续推进，对学生公寓用电线路进行增容改造。完成教职工公寓楼、留学生公寓、中心食堂北面一卡通二楼的装修改造工程。仙女湖校区学生宿舍改造床位近2000个，新装空调106台。为方便教师子女就近入学，投入约650万元，完成建筑面积约3000平方米的新余城北天工幼儿园的新建工程。

【交流与合作】 稳步推进国际和地区间交流互访、校际合作办学、开展短期交流学习、师生海外提升学历、邀请国外合作院校教师到校讲学交流等主要工作，实现学院来华留学生到学院求学零的突破。3月，科特迪瓦共和国驻华使馆大使多索·阿达马前往学院，就开展国际教育合作事宜进行考察和洽谈，科特迪瓦驻华使馆大使秘书翻译英凡、北京国际和平文化基金（和平与教育）副秘书长司艳玲随同考察。4月，组织安排20多名教师进行双语教学的培训，为学院来华学生的教学工作奠定基础；英国埃塞克斯大学教授到校讲学，学校国家交流处处长杨名顺赴马来西亚城市理工大学进行交流考察。5月，泰国西北大学教师到校讲课。6月，学院7名学生成功通过赴美交流学习审核，成功赴美学习交流。同月，中国台湾地区大仁科技大学助理校长冯启宏博士到学院交流讲学。9月，学院在常务副校长的带领下赴宜春学院学习来华留学的相关管理工作；印制江西工程学院来华留学手册，完善留学生管理办法。10月，学院迎来第一批15名来华留学生到校学习。11月安排教师赴北京参加相关的外事交流活动会议。

【党建工会工作】 2017年，顺利召开第一次党员代表大会，选举产生新一届党委和纪委。发展党员74人，预备党员转正53人，党员队伍不断扩大。召开第五届一次教职工代表大会暨工会会员代表大会，强化民主管理，汇聚发展能量。

【学院荣誉】 1月7日，在2016年度江西省高校汽车专业与行业产教融合“十佳院校”评选中，学院被评为全省产教融合“十佳院校”；5月2日，在第三届全国民办高校辅导员工作高峰论坛上，学院教师张忠山获得“2017年全国民办高校优秀辅导员”称号；6月1日，在江西省高校学生公寓管理专业委员会2017年年会暨革命传统文化进学生公寓研讨会上，学院再次获得2016年度江西省高校学生公寓（宿舍）管理先进集体称号；8月23日，学院选送的关于大学生基层就业、自主创业和就业帮扶事例材料，获江西省高等院校就业工作二等奖1名、三等奖2名、优秀奖1名；11月24—26日，参加江西省教育厅、江西省体育局主办的2017年江西省校园啦啦操比赛，学院夺得大学生甲组（普通本科组）第一名，被评为“体育道德风尚奖”，教练员钟磊教师获“优秀教练员”称号，2名学生被评为“体育道德风尚运动员”；11月28日，学院申报的《构建“三读”联动德育体系 创新思想政治工作模式》获2017全国民办高校学生工作创新成果评选三等奖；12月20日，在新余市文明办举办的“新余有爱 身边好人”第十三期新余好人评选活动中，学院退休教师陈平璋荣登“新余好人”榜。

（廖小春）

·赣西科技职业学院·

【概况】 赣西科技职业学院形成以工科为主，融文、理、经、艺等于一体的学科专业格局，硬件建设、师资队伍、信息化水平、校内外实验实训教学条件等整体达到教育部部颁标准，能较好地满足现代职业教育的需要。

学院始终秉承“厚德博学、知行合一”的校训精神，本着“为社会服务、为学子负责、办人民满意学校”的宗旨，与时俱进，致力于培养专业技能突出、综合素质全面的技术技能型人才，为区域经济社会的发展作出贡献。

2017 年，学院按照“十三五”发展规划，继续朝着建设人民满意、特色鲜明的高职院校的目标坚定前行，各项工作稳中有进，亮点倍出。4 月，在江西省第八届“文明风采”大赛中，学院学生作品，获得省级一等奖 6 个、二等奖 12 个；4 月 28 日，中央电视台新闻综合频道、朝闻天下等多个栏目在黄金时段对学院倡导的“光盘行动”进行专题报道；5 月，在第十三届全国职业院校“文明风采”大赛中，学院在“征文演讲”“职业生涯规划”“摄影”“才艺展示”四个大项中获国家一等奖 2 个，二等奖 2 个、三等奖 1 个、优秀奖 5 个。

【教育经费投入】 为加强学院基础建设，改善教育教学条件，2017 年各项教育事业投入 3300 多万元。其中，拿出专款 360 万元对大专部食堂全部改造，添置新的设施，建设大学生孵化基地、学术报告厅和艾森青年社区。进一步改善办学条件，夯实办学基础。

【招生就业工作】 2017 年学院安排在江西、甘肃、贵州、广西、山西等 22 个省市招生，共录取考生 2263 人，志愿报考人数达 3000 余人，录取率达 99.2%，实际注册新生 1800 人，江西本省单招考试录取人数 613 名。2017 年，学院毕业生就业率达 85.39%（省教育厅审核就业率），比上年同期提高 5.27%，毕业生到基层就业和自主创业人数明显增加，模具定向班、汽车检测维修专业学生就业率明显提高，到基层就业的毕业生达 10%，参军入伍 11 人。学院大学生创业引领计划 1—3 季度超额完成省厅下达的任务 11 项全省排名三十三位，毕业生整体就业质量比 2016 年略有提高。邀请有关专家、校友和用人单位人事经理举办就业、创业主题报告会 4 场，举办毕业生大型双选会 2 场，专场招聘会 30 场，提供岗位数近 2000 个，现场达成就业意向的有 600 人。

【师资队伍建设】 积极引导和鼓励专业教师参加国家级、省级组织教师培训。2017 年参加国家级、省级培训的教师 11 人次，组织 45 人参加教师职业资格证培训，15 名教师获得教师资格证。4 名教师通过中级职称评审，5 名教师全部通过初级职称评审。加师资引进和培养，根据学院人才强校战略以及教师引进、培养、稳定和激励政策，2017 年共招聘新教师 63 人，博士学历 1 人、硕士学历 9 人、本科学历 35 人、专科学历 18 人，教授 3 人、副教授 2 人。

【教学教研竞赛】 全年申报 5 项省级教育规划课题和 4 项教改课题。举办教育教学研讨会 3 次、青年教师汇报课教研活动 2 次。任爱华获 2017 年江西省机械设计与制造技能赛项专科组三等奖指导教师；黄小芬获江西省大学生职业发展与就业指导课程教学教案及说课视频比赛二等奖；叶美珍获 2017 年全省高校公共安全教育教师教学能力展示三等奖；江西省大学生技能竞赛服装组比赛，学院获得服装制版与工艺项目三等奖；参加江西省首届高校科技成果对接会，学院有 1 个科研专利项目、10 多个创客项目进行实物展示，参观人数突破 1000 余人次/天，新能源工程系推荐的全景摄像机和艺术设计系推荐的夏绣项目成展会“明星”，省委教育工委副书记、教育厅厅长叶仁荪等领导莅临赣西科技职业学院展区，对参展项目给予高度评价。

【创新创业工作】 2017 年，学院根据“十三五”发展规划目标，按照“巩固成果、拓展领域、扩大总量、提高质量”的思路，进一步深化学院大学生创新创业教育工作改革，专门腾出场地，建设大学生孵化基地和艾森青年创业社区。为 10 名创业大学生提供创业担保贷款使其成功创业，引进大学生创新创业孵化基地入驻项目 13 个，其中申请营业执照、税务登记证 2 家。

【信息化建设】 2017 年完成校园数字化平台的基础硬件建设及办公自动化平台（OA）、数字化教务平台和数字化学工管理平台3个应用系统的建设。

【平安校园建设】 2017年投资5万多元采取增、改、补办法，新购一批消防器材；投资2万多元对校园电子警报系统和摄像监控系统进行增设、更换和设备改造升级；积极开展消防逃生、反恐演练，邀请市法院、检察院、公安、消防等到校宣讲法律知识讲座10场次；组建校园安防队伍，制定维稳工作预案，有效处置校内安全隐患；积极参加省厅组织的安全教育说课比赛，取得三等奖；组织1500名新生参加全省安全知识网上答题，参考率100%，平均分达93.18分。

【社会公益行动】 在董事长詹慧珍的带领下，学院联系企业工作取得明显成效，学院捐资10万元帮扶建设的"佬表情"面条厂实现规模化生产，产量和经济效益大幅提升，带动一批贫困家庭实现精准脱贫。11月9日，学院被授予"千企帮千村"精准扶贫行动先进民营企业称号，詹慧珍董事长荣登11月份中国好人榜(助人为乐类)。

(姚继超)

·江西新能源科技职业学院·

【概况】 江西新能源科技职业学院是全国首家也是唯一的新能源专业学院。学校确立以新能源产业技术各门类专业为特色优势，以电子信息技术、计算机技术、建筑与土木工程、智能制造技术、物联网技术等一系列专业群并重发展的人才培养新格局。学校占地面积460亩(规划面积800亩)。建筑面积16.65万平方米。其中，教学科研行政用房8.98万平方米，教学科研仪器设备总值4506.47万元。学校有8个教学二级学院(部)，有专任教师284人(其中教授22人、副教授67人、高级工程师43人)，"双师型"教师占67%。教师中有博士13人，硕士118人。国家统招全日制大专学生6000余人。校内实验实训场所44个；校外实习实训基地60个；建立校企合作关系的新能源企业60余家，为学生的顶岗实训和就业提供良好平台。

学校坚持立德树人这一根本任务，稳中求进、内涵发展，围绕"加强校风建设，深化规范管理"这一主题，依法办学、从严治校，推进教学改革，深化产教融合，凝聚办学特色，实现各项工作的新发展、新跨越。

【健全管理机构】 4月1日，学校召开第四届理事会第一次会议，成立新一届理事会。杨秀英任理事长，黄国钧、邓晓阳、廖晓云为副理事长，张向东、顾吉仁、陶瑞民为理事。进一步明确理事会作为最高决策机构，对学校改革发展重大事项决定的范围。实行理事会领导下的校长负责制，校长依法行使教育教学和行政管理权，全面负责学校的教学、科研、人事、财务等行政管理工作。党委支持并推动董事会依法办学，支持校长依法管理，发挥党委的政治核心和监督保障作用。法人治理结构的进一步完善，强化管理职能，为学校的依法行政、民主管理和科学决策奠定制度保障。

【师资队伍建设】 按照理事会要求，学校加大师资队伍引进和建设力度，积极引进高职称、高学历人才，共引进高职称、高学历人才67人。高职称、高学历人才的引进，改善教师队伍的结构，提升教师队伍的素质。选派2名教师参加泰国辅仁大学攻读硕士研究生。派遣教师外出进修学习达40人次，举办相应的学习班或培训10次。

【教育教学研究】 为提升科研水平，学校加大科研管理工作力度，成立科研处，进一步营造学术氛围、凝练学术特色、增强创新能力，促进学校内涵建设。学校申报省教育厅教改课题并批准立项2个，申报省教育厅人文社科课题并批准立项2个，新余市科学技术课题立项2项；申报新型实用专利6项；发表论文25篇。根据学校《职业教育创新发展行动计划(2015—2018年)实施方案》要求，学校启动3个省级骨干专业(光伏发电、光伏材料、新能源汽车)，两个"现代学徒制"试点项目(光伏发电、光伏材料)，两门网络资源共享课程(电动汽车结构与原理、光伏电站建设与施工),1 个教学资源库(光伏发电专业教学资源库)科研课题的建设工作。成功注册“新余神州光伏技术研究院”,为强化学校科研功能搭建一个良好的平台。

【学生技能培养】 根据教育部和省教育厅有关比赛文件精神,组织师生参加教育教学与各类技能竞赛项目,硕果累累,再创历史新高。学生共获得国家级一等奖 7 个、二等奖 13 个、三等奖 12 个,共计 32 个;省级特等奖 3 个、二等奖 7 个、三等奖 8 个,共计 18 个。11 月 22 日,由腾讯网主办的 2017“回响中国”腾讯网教育年度总评榜荣耀盛典上,学校荣登 2017“回响中国”教育年度总评榜“品牌实力民办高校”。12 月 25 日—27 日,机电工程学院学生晋书涵、潘文虎、李雪峰、江旺在院长顾吉仁、专业教师何小思的带领下赴北京参加中国教育电视台《少年工匠》栏目录制。经过技能比拼,晋书涵获评“优秀少年工匠”,潘文虎、李雪峰、江旺获评“少年工匠”的称号,并获得栏目特邀专家的好评。展现学生扎实的专业技能和专业素养。

【校园文化建设】 充分发挥校园文化的育人导向和娱乐功能,开展“深入学习贯彻十九大精神、不忘初心跟党走、青春建功新时代”系列活动。例:黑板报比赛、演讲比赛、征文比赛、手抄报比赛、朗诵比赛、校园红歌比赛、书法、绘画及设计大赛。活跃校园文化生活,抵御社会低俗文化和不健康思想倾向的侵袭,促进青年兴趣爱好和各项特长的全面发展。重视校园文化活动的阵地精品化,把推进中华优秀传统文化、红色文化、绿色文化和高雅艺术进校园落到实处,为广大青年健康成长提供广阔舞台和有力的载体。广泛开展“赣鄱青年说”主题活动,评选和树立宣传青年五四奖章、向上向善好青年、青年好网民、优秀青年志愿者、大学生自强之星、六有大学生、学习中共十九大标兵等青年典型,通过交流访谈、网络直播、邀请青年典型结合成长经历讲述青春励志故事,引导和激励广大青年胸怀理想、矢志奋斗、报效祖国。组织相关人员学习教育部新修订颁布的《普通高等学校学生管理规定》,结合学校实际,修订和备案《学生管理规定》及《学生学籍管理办法》《学生违纪处分规定》《学生申述处理办法》《学生日常行为管理规定》,严格管理,保障学生权益。

【学生就业工作】 学校高度重视就业工作,积极做好 2017 届毕业生就业签约上报、毕业生就业方案和报盘工作。为 253 名 2017 届毕业生办理《就业创业证》、257 位 2017 届毕业生求职补贴服务工作。毕业生获得国家一次性求职补贴 25.7 万元,获取率居新余 5 所高校首位。学校成功地举办 2017 年校园双选会,共有 140 家新能源类、机电类、管理类、“互联网 +”类等企业参加双选会,为 1670 名毕业生提供 529 条就业信息、7960 个就业岗位。该次企业参会数量、企业提供岗位数量、毕业生参与人数均为校园双选会历史之最,为毕业生顶岗实习和就业提供较好地发展平台。

【创建平安校园】 严格落实工作责任制,定期考核监督。加强学校安全知识教育培训和应急演练,拓展学生安全每日提醒渠道,组织开展大学生安全教育日和学生安全知识网络竞赛活动。加强学校安全稳定工作信息收集研判,完善重大决策风险评估机制。开展学校安全隐患和矛盾纠纷排查化解,化解加强校园安全管理。加强校园反恐防范工作,加强学校安全监管。加强防交通事故、防溺水、防诈骗、校园网贷等安全教育,严格校园食品和学生用品质量安全监督管理。加大安全用电等的管理检查力度,严格控制超负荷使用电器设备,严禁乱拉、乱扯电线和使用电炉。加强与高新区管委会、水西镇党委、镇政府的沟通协作;加强与属地公安局、派出所、消防大队、交警大队、乡镇综治办、村委会等部门的联系,经常互相走访,交流信息,分析舆情,研究治安形势和应对措施,为学院创建平安和谐校园保驾护航。

【深化产教融合】 根据学校统一部署,每个专业与省内 3 家企业签订校企合作协议。2017 年组织并输送 600 多名学生到浙江鸿禧能源股份有限公司、江西瑞晶能源有限公司等20多家企业跟岗实习;1346名学生参加顶岗实习,全校顶岗实习率为87.80%,为探索教学改革掀开新的一页。

(李陆根)

科　技

【概况】 2017年,新余市科技工作积极争创国家创新型试点城市,深入实施创新驱动“3315”工程,科技工作取得新的突破,全社会研发经费投入15亿元,占生产总值比重1.4%;新增博士后创新实践基地2家、国家级技能大师工作室1家、省级研发平台5家,建成1家覆盖全市的科技协同创新综合服务平台,加州农业袁隆平院士工作站成立。新增国家高新技术企业13家;争取省级以上科技项目49项、资金1467万元;专利申请量2210件、授权量942件,每万人发明专利拥有量达2.94件;高新区动力电池产业集群列入科技部第三批创新型产业集群试点;新增百千万人才工程国家级人选1人、省级人选2人,获国务院特殊津贴3人、省政府特殊津贴2人,新增省主要学科学术和技术带头人4人。

【科技政策法规实施与建设】 2017年,市科技局制定发布《关于修改〈关于办理科技成果登记的通知〉的通知》《关于印发新余市“科贷通”融资管理办法的通知》《关于印发新余市科技型中小企业认定管理办法(试行)的通知》《关于上调授权发明专利奖励标准和取消专利申请资助的通知》等政策措施,极大促进新余科技事业以及知识产权工作的开展。

【战略性新兴产业】 全年获批省级工业重大专项、工业支撑项目、火炬项目等战略性新兴产业项目5项,资金160万元。市科技局围绕新材料、新能源、生物医药等新兴产业,组织实施27项市级战略性新兴产业计划项目及重点研发项目,安排科技专项资金150万元。全市高新技术企业享受所得税减免总计1.33亿元,33家科技企业享受企业研发费加计扣除政策,加计扣除金额达1.17亿元,调动企业创新的积极性。全市高新技术产业增加值达120亿元,同比增长15%。

【科技计划及项目管理】 全年全市获批国家、省级科技项目49项,争取省级科技项目经费1467万元,创历史新高,其中赣锋锂业公司获省科技创新“5511”专项项目3项,是全省唯一获3个“5511”专项支持的企业。2017年下达市级科技计划项目179项,市级科技项目管理严格按照全市行政审批“三单”管理要求,全面落实科技项目网上申报和科技项目异地专家评审制度,实现“两不知道”原则和“三不见面”要求(即评审专家不知道申报单位及课题负责人,评审专家不与项目申报者、中介机构、行政主管部门人员见面),真正做到项目管理“公开、公平、公正”。

【科技经费投入及管理】 下达市级科技计划项目经费1000万元。对项目安排和经费使用,主要按照“前资助、后补助”和政府购买服务的方式进行,加大普惠性奖励,实行以奖代拨,充分发挥财政资金的引导性作用,调动科技创新的积极性。

【科技创新平台建设】 批准组建新余市汽车涡旋式空调压缩机工程技术研究中心、新余市机器人技术应用重点实验室等8家市级工程技术研究中心(重点实验室)。积极培育国家及省级众创空间和省级科技企业孵化器,“支点众创空间”被评为国家级众创空间,江西工程学院大学科技园被评为省级大学科技园,共新增省级工程技术研究中心4个、省级重点实验室1个、国家级众创空间2家、省级众创空间各1家、省级科技企业孵化器2家、省级大学科技园1家。

【科技成果】 全市登记科技成果41项,其中发明专利授权登记23项、科技成果验收登记18项,结论均为国内先进及以上。结论为“达到国际先进水平”的有4项,分别是江西赣锋锂业股份有限公司的“低磁性电池级氢氧化锂”、江西瑞晶太阳能科技有限公司的“5BB 大尺寸电池片的高功率多晶光伏组件”“1500V 系统电压组件”和新余钢铁股份有限公司的“基于正火工艺的高强移动式压力容器用钢开发研究”。通过修订新余市成果登记管理办法文件，畅通项目验收登记成果的渠道。

【科技奖励】 2017 年新余市科技成果奖励取得成绩显著：新余钢铁股份有限公司参与的“热轧板带钢新一代控轧控冷技术及应用”项目获 2017 年国家科技进步二等奖；江西沃格光电股份有限公司承担的“平板显示器用防静电超薄镀膜基板加工技术研发及产业化”和江西赣锋锂业股份有限公司承担的“锂矿石提锂制备高纯锂盐技术及产业化应用”均获 2016 年省技术发明奖三等奖；江西恩达麻世纪科技股份有限公司承担的“苎麻高支混纺技术开发及产业化应用”获科技进步奖三等奖。积极组织企事业单位申报下一年度国家、省科技奖，申报 2017 年度省科学技术奖 11 项，比上年增加 3 项，其中科技进步奖 8 项和技术发明奖 3 项。有 7 个项目顺利通过网评进入答辩。其中一项被省科技厅提名 2018 年度国家技术发明奖。

【重点新产品】 全市共有高品质 LED 面板灯、有机物高效发酵系统装置、PR105 · 25KS 驱动桥等 43 项产品获批省级重点新产品。

【知识产权工作】 全市专利申请量 2210 件，同比增长 22. 5%，授权量 942 件。全市每万人有效发明专利拥有量达 2. 94 件，高出全省平均水平 50%，稳居全省第二位。新钢、赛维 2 项发明专利获江西省专利奖，占全省发明专利获奖数的 1/4，创下新余市参评省专利奖以来最好成绩。两家企业入选国家知识产权示范和优势企业。一是深入推进入园强企“十百千万”工程。出台文件调整相关专利奖励政策，将授权发明专利奖励标准由原来的 2000 元上调至 4000 元。企事业专利试点示范工作成效显著，2017 年，组织江西沃格光电有限公司和江西赣锋锂业有限公司积极申报国家知识产权优势和示范企业，并全部获得批准，全市国家知识产权示范企业数量居全省第二。二是大幅提升高校知识产权水平。市内高等学校建立起人员、场所、经费三落实和管理人员专业化的知识产权管理体系，完善知识产权管理的各项规章制度。建立有效激励机制，激发和保护高校师生发明创造热情。2017 年继续执行大学生零费用专利申请政策，陆续为新余学院、江西工程学院等高校 300 余名在校大学生免费申请专利 492 件，进一步促进大学生的创新创业热情。三是加大专利行政执法力度，切实维护专利权人合法权益。全年共办结专利案件 35 件，其中专利侵权纠纷案件 6 件、查处假冒专利案件 14 件，专利标识标注不规范行为 4 起，结案率 100%，完成省知识产权局下达的全年专利行政执法任务目标。开展电子商务领域专利执法维权“闪电 +”专项行动，组织专人对江西金利达电子商务有限公司和全城电商发展有限公司等优秀电商平台开展线上专利商品专项巡查行动，帮助企业甄别假冒专利和专利侵权产品，努力打造成电商平台“正版正货”示范区。四是完成专利权质押融资贷款 1. 14 亿元。8 月，江西佳沃新能源有限公司以代表公司核心技术的 6 件专利作为质押，成功从九江银行新余分行获得 5000 万元流动资金贷款，成为全市首家通过专利权质押获得贷款的企业，标志着全市知识产权质押融资业务取得实质性进展。全年共办理 4 笔专利权质押融资贷款，为赣锋锂业、佳沃新能源等企业解决资金需求 1. 14 亿元。

【农村科技管理工作】 加强农村科技管理工作，指导协助渝水区良山镇下保村委成功申报 2017 年中央引导地方科技发展专项资金、分宜县人民政府承担的国家科技富民强县专项行动计划“10 万亩苎麻种植加工与销售一体化”后续项目顺利通过验收、新余仙女湖景笙农业综合开发有限公司承担的《丹桂带腋叶片扦插繁育技术中试及示范》国家农转项目顺利通过验收。继续做好科技特派员工作。11 月 24 日，新余市科技特派团富民强县工程启动会在新余市科技局召开。

【科技企业管理】 加强国家高新技术企业的认定工作，对基本符合条件的企业进行认定前帮扶和培育工作；2017年，新认定（或复审）江西佳沃新能源有限公司等20家高新技术企业，全市高新技术企业累计达到76家。2017年，经新余市科技型中小企业认定评审工作小组评审，江西海宸光电科技有限公司等52家企业通过新余市科技型中小企业标准和认定。

【技术市场和科技中介服务管理】 全年新余市登记技术合同88份，合同金额4.0亿元，比上年增长17.6%。新余市有“新余山海企业服务有限公司”和“新余市生产力促进中心”2家省级技术转移示范机构。新余市各科技中介服务机构主动开展科技政策、项目、人才、技术等咨询服务，提升企业创新能力。新余市科技情报研究所联系50多家企业参加“赣东北（景德镇）科技创新成果在线对接会”“省科技活动周暨上饶科技创新成果对接会”等成果对接会；组织人员上门为园区企业开展科技咨询，积极筛选符合条件的企业申请民营科技型企业、高新技术企业，帮助企业打造科技品牌，为企业编写项目可行性分析报告，通过建设企业数字化图书馆，扩大科技资源共享服务的支持范围。新余山海企业服务公司努力做好企业科技成果对接工作，在分宜县工业园、袁河经开区、中心城区设立工作站，并安排专人对接各园区企业，真正实现科技入园、服务入园，及时掌握企业科技需求，实现有效对接。市生产力促进中心作为江西省精准帮扶专家顾问团（新余团）的组员单位，把企业精准帮扶工作和科技成果转移转化相结合，积极配合江西省精准帮扶专家顾问团（新余团），为企业提供精准科技服务着力完善科技服务体系。

【科技人才】 新增国家科技创新创业人才1人，“省主要学科学术和技术带头人”4人。全市累计国家中青年科技创新人才1人、创新创业人才2人，省主要学科学术和技术带头人12人。

【科技体制改革】 制订《推进岗位廉能风险防控工作的实施方案》，清理职权37项，绘制权力运行流程图37个，排查廉政风险点94个，制定防控措施109条，对存在的可能风险及时采取有效措施，规避风险。

【科技合作与交流】 市科技合作中心按照《新余市促进产学研合作办法》，以科技型企业为主体，按照“风险共担、互惠互利、优势互补、共同发展”的原则，鼓励各单位与高校、科研单位开展多种形式合作，对共建研发平台、承担国家863计划、星火计划、实施各级对外科技合作较好的项目，给予政策或资金支持。全市企业积极对接高校寻求合作院校，与中科院等国内知名院校开展科技合作。新钢公司与东北大学合作完成的“热轧板带钢新一代控轧控冷技术及应用”项目获2017年国家科技进步奖二等奖。江西赛维LED太阳能高科技有限公司与浙江大学开展多晶硅提纯与绿色回收利用技术开发项目，江西盛泰光学有限公司与清华大学开展智能终端的虹膜识别微型摄像头模组关键技术研究项目获省科技厅重点研发计划项目资金支持。市科技合作中心根据全市主导产业和重点企业的技术需求，引导企业加快推进产学研合作工作。赴省科学院、中科院苏州纳米所、中科院宁波所等进行对接，促成“锂离子固态电解质材料与固态电池”等一批合作项目落地。主动对接全省赣商大会，成功主办“新余市2017年院士（专家）科技与产业对接会”，邀请到加拿大工程院院士及中科院4个院所、2所大学等国内外顶尖科研人才20余人，为全市钢铁、光伏、新材料等产业发展问诊把脉，促成中科院厦门稀土所、中科院苏州纳米所与企业的合作。挂牌成立中国地质大学新余新能源材料研究院、赣锋锂业锂基新材料联合研究中心、盛泰光学微型摄像模组联合研究中心等合作研发机构。截至年底，全市科技型企业与省内外70余所高等院校科研院所开展产学研活动并建立研发机构或实验室，成为全市企业参与产学研合作的重要载体。

【新余市院士（专家）科技与产业对接会召开】 为加强新余市企业与国内外科研院所科技人员的

交流与合作,借助海内外赣籍科技人才力量,提升全市科技创新能力和整体水平,11 月 29 日,2017 年新余市院士(专家)科技与产业对接会在市会展中心举行。省科技厅党组副书记、知识产权局局长谢金水出席并讲话,市委副书记曾萍致辞,加拿大工程院院士陈掌星作相关报告。副市长徐绍荣主持会议。会议由江西省科技厅、新余市人民政府主办,新余市科技局、市委组织部、市委宣传部、市工信委、市商务局、市教育局承办。会议邀请加拿大工程院院士陈掌星、中科院苏州纳米所研究员陈名海等一批与新余市产业发展密切相关的专家,旨在深化全市产学研合作,提升企业科技创新能力,助推产业转型升级发展。全市钢铁、新能源、光电信息、装备制造等主导产业的60 多家企业代表、县区科技局负责人近 200 人参加会议。

【社会发展科技工作】　联合市发改委、市工信委、市环保局组织江西雅保锂业有限公司等 4 家企业申报 2017 年江西省节能减排科技创新示范企业,其中 3 家被认定为 2017 年江西省节能减排科技创新示范企业,新余市共有 26 家江西省节能减排科技创新示范企业。2017 年,获得社发类省级科技计划项目立项 8 个,共获得省级项目资金 173 万元支持。

【科普工作与科技宣传】　多次举办“三下乡”活动,新余市科技局联合市科协、市卫生局、市农业局、市气象局、市计生委、市疾病预防控制中心、渝水区等 18 个市区相关单位在渝水区水西镇、分宜县杨桥镇等乡镇开展科技宣传、科技咨询、免费发放科技物品、农林物资、计生用品及义诊义治等活动。

【开展科技大调研活动】　深入科技创新第一线,面向企业开展科技大调研活动。利用 100 天左右的时间,对全市 100 家企业开展“双百”调研帮扶活动。做到“两送、两询、两谋”,即:送政策、送科技信息;询生产困难、询技术难题;谋科技创新、谋企业发展。通过调研,全面掌握全市科技型企业的创新现状,收集到企业技术疑难问题60 余项,并以此建立企业科技创新动态数据库。　(朱永辉)

编辑　李凤平

2017 年科技下乡宣传活动现场

文化·报纸·广播电视

文　化

【概况】 2017年，市文广新局以高度的文化自觉，聚焦“三区两典范”建设总目标，牢固树立共产党员“做示范、打先锋、站排头”意识，打好国家文化消费试点城市和国家公共文化服务体系示范区两张国字号金字招牌，着力夯实文化发展基础，着力提升文化发展品质，着力提高文化治理能力，各项工作取得好成绩。新余市被文化部批准为国家文化消费试点城市，以四个小地市排名第一的成绩再度获得2017年度全省设区市文化工作目标管理考评综合先进单位，实现综年先进的“两连冠”，被国家新闻出版广电总局评为农家书屋建设十周年先进集体、渝水区通洲办石洲管理处上屋村被评为全国示范农家书屋，分宜县图书馆、渝水区罗坊镇罗家村农家书屋获第七届全国“服务基层、服务农民”先进单位。

【文化产业发展增添动力】 一是国家文化消费试点城市创建工作取得成功。2017年2月，新余市被文化部确定为第一批第二次国家文化消费试点城市，加冕“国字号”为全市文化产业发展注入新动力。作为文化消费试点工作标志性项目——文化消费智能综合服务平台确定项目建设单位并积极实施。5000张(每张100元)文化消费惠民卡有序发放。二是文化产业发展向好。在利好消息的带动下，全市2017年文化产业主营业收入达到170亿元，超额完成0.14亿元，比上年增长17.7%；文化产业增加值41.3亿元，较上年增长11.4%，占GDP比重达到3.75%；新增“三上”企业15户，超额完成任务数4户。三是招商引资持续发力。与市委宣传部、市商务局联合举办2017年新余(深圳)文化产业专题推介会，签约项目10个，签约资金11.8亿元，超额完成市委市政府下达的招商引资任务，争取上级资金636万元，超额完成市政府下达的目标任务。四是扶持民营经济不遗余力。全力落实好国家省市扶持民营经济发展主要政策。指导新余市凯光新天地、渝州绣坊、江西星漫文化传播有限公司、新余森楷科技发展有限公司等4家企业申请2017中央国家部委各类资金235万元。

【现代公共文化服务体系日趋完善】 国家公共文化服务体系示范区工作转入为期2年的后续建设阶段，现代公共文化服务体系建设不断完善。一是文化设施促提质，按照乡、村两级7项重点工作要求，全市乡镇全部建有面积不少于600平方米文化广场。二是文化服务促提效，为确保到2018年全面完成后续建设工作任务，不断推动基层文化设施效能提升，持续推进全市公共文化标准化、均等化建设，在全市开展基层公共文化服务设施效能督查工作，对全市乡镇、村(社区)的效能情况进行全面摸排并向县区发出整改报告。三是惠民活动更均衡，2017年共举行“新余有爱、文化惠民”“我们的节日——百姓大舞台·大家一起来”“书香新余，全民阅读”“心灵驿站”等各类大型品牌惠民服务项目70余场次,惠及群众近20万人次。全市公共文化场馆免费开放接待市民超百万人次。新余文化艺术大学2017年共开展3期免费培训,累计开设18个艺术培训门类,培训人数达9066人次,完成送戏下乡205场,观众15万余人次,开展自办文体活动367场,参与群众32万余人次,放映农村公益电影6225场,观众近63万人次,"流动银幕"城市社区电影免费放映200场次,观众2万余人次。四是课题研究再获肯定,在实践的同时,积极开展理论研究工作,《关于国家公共文化服务体系示范区创建的实证研究》成功完成结题报告通过"十三五"江西省社会科学规划项目结项鉴定,获得良好成绩。

【艺术创作生产活跃繁荣】 坚持以中共中央总书记习近平在文艺工作座谈会和中国文联十大、中国作协九大开幕式上的重要讲话精神为指引,把创作生产优秀文艺作品作为中心环节来抓,在资源有限的情况下,努力出精品、攀"高峰"。文艺演出精彩纷呈。"喜迎十九大"第四届全市文化活动月系列活动、隆重纪念建军90周年文艺晚会和美术书法作品展览、新年音乐会、春晚、文艺界中秋联欢晚会等活动,凝聚起向上向善的强大力量。艺术创作生产硕果累累。全市文艺工作者紧紧围绕纪念3个90周年和"深入生活 扎根人民"等主题,创作一批文艺精品。以"振兴新余版画工程"为引领,以新余版画名家工作室为创作基地,全市美术创作再创佳绩,有5幅作品入选国家级展览,其中罗保根的《乡村组画》和陈艳的《竞技》入选全国第二十二届版画展(全省仅3件作品入围);陈雪岩的雕塑作品《筹军粮》入选庆祝建军90周年全国美术展览暨第十三届全军美术作品展览(全省仅有7件作品入选);雕塑《佳人抚鸣琴》入选第四届今日丝绸之路国际美术邀请展;张金梅的山水画《万里长江一楼收》入选"重温经典"第三届娄东(太仓)全国山水画作品双年展。新余版画名家工作室专家和学员在领衔人陈祖煌的带领下,创作的63幅作品入选省、部级展览。传统艺术得到保护传承。实施戏曲振兴工程,实施版画振兴工程,"戏曲进校园"活动受到光明日报、江西电视台等多家媒体关注报道。艺术精品走得出、引得进。组织举办2017"春雨工程"江西新余文化志愿者服务青海西宁行——夏布艺术作品展,将具有新余浓郁地方特色的夏布文化艺术精品送出省外,走进青藏高原。成功邀请中央电视台七夕特别节目《中国七夕节·天下有情人》在仙女湖举办,引入中国儿童艺术剧院"温暖童心——优秀儿童剧走进新余"公益演出10场,其中进福利院、幼儿园6场。

【优秀传统文化广为弘扬】 认真落实中共中央总书记习近平关于传承弘扬中华优秀传统文化的重要讲话精神,积极构建本土优秀传统文化传承体系,不断推动本土优秀传统文化创造性转化、创新性发展,在获得"中国七仙女传说之乡"称号后,新余市再添"中国夏布技艺之乡",本土特色文化加冕国字号荣誉。新余市博物馆获江西省第一次全国可移动文物普查先进集体,并被省文化厅列为文创产品开发试点单位。加强文物保护和传统村落古建筑工作,组织6个古村落成功申报为首批省级传统村落,待批省保数量增加至18处。申报中央苏区文物保护、国家公共文化补助、省基层文物保护项目10个,所有方案均通过省级评审上报。做好传承保护宣传工作,开展"5·18"博物馆日、首个"文化和自然遗产日"主题活动,组织24个非遗项目200余人展示展演具有浓郁新余特色的非遗,让市民感受传统文化的精彩魅力。《新余市非遗图典》编辑完成,积极推动"毛衣女下凡传说"申报国五批代表性项目目录。

【文化市场综合管理规范有序】 为营造健康有序的文化市场环境,全年共出动执法人员9846余人次,检查文化经营场所3662多家次。承担国家五部委督办的大案要案1件并对犯罪嫌疑人实施抓捕。为确保广播影视安全播出,强化"守土有责、守土尽责"意识,查处违规设台、广播电视台违规播放广告等问题,确保播出安全。此外,积极组织开展优秀影片展播、纪念建军90周年和喜迎中共十九大系列活动。

【文化宣传成效显著】 继续加大文化宣传力度，传统戏曲进校园活动被《光明日报》刊登、2017新余新年消息被中国文化报头版报道、“江西新余 学校社区合作共赢”被中国文化报综合新闻版头条大篇幅介绍。新余文化工作2017年10余次被江西卫视新闻、江广新闻播出。政务微博在全省政务微博总榜最高排名达到第二名。政务微信被评为新余市十大微信公众号。2017年，新余数字文化微信平台编发信息近500条，微博1200余条，国家级媒体10余条，省级媒体150条，市级媒体300条。

报 纸

【概况】 2017年，新余日报社围绕市委市政府中心工作，切实关注民生，聚焦社会热点，突出抓好时政报道，加强新闻宣传策划，全年开辟大小专栏30余个，统一全市上下思想，为建设“三区两典范”、提前全面建成小康社会凝心聚力、鼓劲加油。

全力做好中共十九大宣传报道。十九大召开前开设“砥砺奋进的五年”“喜迎党的十九大”栏目，为大会的召开营造浓厚氛围；大会召开期间开设“十九大时光”栏目，第一时间宣传报道中共十九大精神；大会之后开设“学习贯彻党的十九大精神”“贯彻十九大 走进新时代”“十九大精神在基层”“以十九大精神为指引 开启新余发展新征程”等系列专栏，全面深入宣传报道中共十九大精神，全年刊发有关党的十九大稿件500余篇。

精心打造“改革创新 实干兴余 再铸工小美辉煌”专栏。把该专栏列为全年的重点栏目，做到每期报纸至少有1篇专栏报道。同时根据不同时期的要求，在大专栏下开设“改革创新、实干兴余 争创三区两典范”“改革创新、实干兴余再铸工小美辉煌”“改革创新、实干兴余 再铸工小美辉煌之工业经济”3个子栏目，就放管服改革、供给侧结构性改革、教育改革、财政金融改革、医疗改革、社会管理体制改革等进行深入采访和报道，并就工业、农业、三产发展和生态文明建设及三区两典范建设的典型事例进行全面报道宣传。

阶段性开辟重点专栏。先后开辟“脱贫攻坚 新余争先”“保家行动”“蓝天行动”“齐心协力共创全国文明城”“争做‘五强’书记大家谈”“渝郎回乡 共创辉煌”“新春走基层”“创建仙女湖5A景区”等一系列专栏，在报道上做到有气势、有深度、图文并茂。策划的“助力文明交通 打造城市休闲后花园”“分宜首届龙舟文化旅游节”等版面制作有特色。

切实加强舆论监督。采写的披露性报道《孔目江垃圾死鱼谁来管》，市委蒋斌书记、市委常委宣传部部长郭力根作了批示，随后全市开展以水环境整治为内容的保家行动。新余发布开通的掌上问政栏目，对许多市民的反映诉求，做到件件有回复，及时交有关部门处理，累计帮助市民解决诉求500多件，架起一座党委政府与百姓的连心桥。

2017年，新余日报社共有25件新闻作品获省级以上新闻奖，在江西省报业协会年会上，再次被评为2017年度全省报业优秀单位。9月1日，《新余日报》改版，撤并《新余晚报》，由对开四版改为对开八版。

【媒体融合发展稳步推进】 截至2017年年底，新余发布“两微一端”粉丝突破190万，新余发布客户端下载用户数突破20万，微信公众号粉丝达11万，微博粉丝量达161万，新余发布被评选为“江西十大传播力微信公众号”，同时入围2017年全国百强“两微一端”候选。借助新余发布“两微一端”移动新媒体的传播优势，结合市委市政府中心工作，成功策划“新闻扶贫 我们在行动”“脱贫攻坚记者行”“新余记忆”“我自信，我的美好生活”“新余·一个人·一座城”等一系列新闻行动。其中“新闻扶贫行动”通过线上线下活动和新媒体平台影响力和公信力，帮助农户将葡萄、杨梅、玉米等农产品销售一空，帮助贫困户，提升报社的公益形象和社会影响力；“新余记忆”栏目连载多期，唤起新余人的集体记忆，受到网友一致好评。同时，新余发布成功策划多条 10 万 + 微信稿件，其中“新余十佳商会带头人”阅读量和投票数双双突破 30 万，创下新余发布单条点击量最高纪录。

【报社经营稳中有进】 将报社的广告和报纸发行等经营性业务交由新报传媒公司负责经营，按照市场化规律自主经营，做到人员、财务分开，促进报社广告经营管理更加规范有序，持续健康发展。公司充分发挥市场主体作用，努力创新经营思路，在保持报纸广告经营收入基本稳定的基础上，千方百计做大新媒体广告增量。一是稳步推进广告业务。重点加强与行政事业单位的战略合作，合办专题专栏，与各学校、金融单位、市直各局(办)、乡镇建立协作关系，做好活动的策划，以活动带广告。如中共十九大专题宣传、彩虹跑、全民 K 歌大赛、歌唱大赛、车展等。在新媒体广告方面，成立联合编辑室，承办各单位的微信微博客户端。大力开展商业服务，承办全市餐饮单位星级评定活动、最美残疾人评选等，新媒体广告产值达 100 多万元。二是抓好自办发行工作。狠抓投递质量和征订盲区，实现全市城乡无缝隙覆盖，2017 年报纸发行量达 1.32 万份。三是稳步推进印刷产业发展。面对纸张等原材料价格不断上涨，企业成本大大增加的不利因素，印刷厂加快管理创新的步伐，完善工艺流程，实行规范化管理，拓宽印刷业务，2017 年实现产值 548.5 万元。

【外宣工作再创新绩】 2017 年，报社在人民日报、新华社、光明日报、经济日报等中央主流纸媒上稿 60 余篇，比 2016 年翻一番，其中头版 3 篇，超额市委宣传部年初下达任务 100%；在中央级网络媒体发表 74 篇，超额任务 54 篇；省级网络媒体 80 篇，超额任务 50 篇，有力地宣传全市经济社会的发展变化。

【成立新媒体中心视频部】 8 月 22 日，“余视频”公众号开通，开创报社办视频新闻先河，先后推出“夜新余”“带着老伴遗照去旅行”等有影响力的视频作品，同时参与“全民 K 歌”“爱国主义歌曲大赛”、端午龙舟等直播活动。（宋　琳）

广播　电视

【概况】 2017 年，新余市广播电视台以中共中央总书记习近平系列重要讲话精神和治国理政新理念、新思想、新战略为指导，以中共十九大精神为统领，牢牢把握正确的舆论导向，坚持正面宣传为主，传播好声音，传递正能量，强化日常技术维护，加快设备改造步伐，拓宽合作领域，做大活动蛋糕，进一步深化文化体制改革，注重队伍建设，广播电视事业得到全面发展。

新闻宣传有新突破。内宣在保质保量完成日常时政报道的同时，中共十九大宣传浓墨重彩。新余市广播电视台及早安排，提前谋划，成立专门的宣传领导小组，制定宣传方案。中共十九大前，按照上级要求在电视新闻综合频道重播或转播《大国外交》《辉煌中国》《将改革进行到底》等 6 部央视大型专题片以及大型综合节目《还看今朝——江西篇》，在全市营造喜迎中共十九大的浓厚氛围。在《新余新闻》《新广新闻》《仙女湖新闻》《文旅报道》《工业新余》等新闻类广播电视栏目以及官方微博微信和手机客户端统一开辟《喜迎十九大》《十九大时光》《砥砺奋进的五年》《学习贯彻十九大精神》等常规专栏和《空中看新余》《守住青山绿水》等特色专栏，11 月，开设《十九大精神在基层》专栏。通过多媒体融合，浓墨重彩地报道全市各地各部门广大干部群众喜迎中共十九大、学习十九大、宣传十九大、落实十九大精神的工作动态、先进典型人物，各行各业以十九大精神为引领，各项重点工程、重点项目和重点工作的年度目标完成情况。中共十九大前后，广播电视共发稿 99 篇，网络新媒体发稿 235 篇。

主题宣传重点突出。主要围绕中国人民解放军建军暨八一南昌起义、井冈山革命根据地创建和秋收起义 3 个 90 周年，以及市委市政府的中心工作、重点项目、重大工程、重要活动，广播、电视先后策划推出《创新引领、绿色崛起、担当实干、兴赣富民》《再铸工小美辉煌》《脱贫攻坚 新余争先》《建五强书记队伍促

“三农”工作发展》《绿色发展看新余》《水环境专项整治——保家行动》《砥砺奋进的五年》《“渝郎”回乡》等33个专栏，做到周周有主题宣传内容，月月有主题宣传重点，较好地报道全市在经济、政治、文化、社会、生态文明建设等方面所取得的成绩。

文化旅游宣传接地气。新余市广播电视台将二频道改为文化旅游专业频道，陆续推出《新余文化旅游》《仙女湖新闻》《人文新余》《飞越新余》《新余微电影》《美图新余》《仙女湖讲坛》等文化旅游类栏目和《支书说事》《民情日记》等农村特色栏目和版块。这些栏目板块充分挖掘抱石、夏布刺绣等文化，展示新余市著名景点、古村落、城市风光、乡村风貌、历史遗迹、非物质文化遗产、传统手工艺，以及全市农村党建、新农村建设中涌现的新人新事，采取体验式报道、讲故事等表现形式，现场感强，贴近群众，贴近生活，让受众在轻松愉悦的氛围中了解新余市的文化底蕴，欣赏新余市的山水之美，得到受众的一致好评。

民生新闻分量增加。《新余新闻》由15分钟延长至20分钟后，进一步增加民生新闻的分量，广大采编人员针对人民群众关心的热点问题，走基层、转作风、改文风，采写大量反映社情民意的稿件，策划推出的《回眸2016》《新春梦想》《踏青赏花 约“卉”春天》《“粽”情端午》《劳动美 节日乐》等系列报道接地气，既展现新时代新余人民的精神风貌，又弘扬新余本土风土人情。开辟“记者走基层 乡村振兴看新余”栏目，大篇幅报道全市在振兴乡村工作中取得的成绩，以及村容村貌、农村产业发展、乡村治理等方面的先进典型和经验做法。新闻综合广播频率在清明期间开办公益特别节目—文明祭扫，经济交通广播频率通过高密度的播报路况信息、新闻资讯以及邀请听众通过微信平台参与主题讨论，达到协助交管部门疏导交通、服务听众的目的。《党风政风热线》与《新广新闻》《新余新闻》节目联动，完成29期，29个上线单位500多人做客节目，平均每期涉及12个党风政风建设、民生发展等问题，办结率100%。第十四届“高考爱心车队”参与人数达到1259人。

新媒体影响力明显增强。新余网络台装机量达11.8万户，实现新余网络台装机量“10万+”目标。与广播、电视同步开辟各类主题专栏33个，更新推送各类信息资讯2684个。官方网站更换各类广告图片89个、首页幻灯片267个，开辟《新余市互联网违法和不良信息举报平台》和《新余市网络辟谣平台》。网站更新新闻视频3298个，广播音频268个。官方微博每天更新3条以上的微博，共发布1016条微博。官方微信共推送1287条微信，其中，阅读量上千的有456多条，阅读量上3000次的有58条，阅读量上7000次的有12条，阅读量上万的有7条，最高阅读量达4.3万人。在官方微信上开展两次网络投票，粉丝量为4.8万人。

技术保障有新提高。强化日常设备维护，狠抓技术人员素质，加快设备改造步伐，改造技术功能用房，技术保障能力大幅度提高，确保重要时期的安全播出。国庆阅兵和中共十九大前，新余市广播电视台高度重视，成立重要时期安全播出领导小组，签订《重要时期安全播出责任状》，制定《重要时期安全播出应急预案》，实行台领导带班制。技术部门提前对播出设备进行全面的检修维护，确保设备时刻保持良好的技术状态。国庆和中共十九大期间安排技术人员在播出机房坐岗，强化技术巡查，随时处理各种突发事件。与供电部门联系，专门配备临时移动发电车，保证中共十九大期间广播电视台的正常供电。由于措施得力，国庆和中共十九大期间没有出现任何播出故障。全年实现播出安全无事故。

完成2017全市青年创业典型颁奖会、市委书记蒋斌专访、全市庆祝建军90周年晚会、“黄金100秒”仙女湖区评选、2018少儿春晚启动仪式及第一场海选等大型活动现场录制22场次。

产业创收有新动作。努力拓展合作空间，做大做强活动经济，想方设法稳住传统广告，全年实现产业收入10225.83万元，同比增长9.6%。活动经济迈向新台阶。合作创收迈出新步伐。在继续办好《工业新余》《创业就业周刊》《金色田园》《我爱我家》《新余党建》《警方在线》《健康新余》等合作栏目的同时，与仙女湖管委会合作开办《仙女湖新闻》，栏目紧紧围绕仙女湖区的时政及民生热点展开报道，展现仙女湖区在创国家 AAAAA 级风景名胜区、打造有地域特色的乡村旅游、农村七大重点工程、民生建设等工作上的进展以及成效，为拓宽产业发展打造一个新的平台。在承办好就业招聘大会、文明建设进社区、创业典型评选和仙女湖第三、四届车展，以及黄埔军校夏令营等公益活动、品牌活动的同时，首次承办“黄金 100 秒仙女湖评选”和“影像仙女湖”作品（视频类）全国有奖征集两项高规格大型活动。与江西省广播电视台合作，争取到江西省少儿春晚宜春、新余赛区的承办权。此外，承办百丈峰首届登高文化节，与中国科学院脊椎动物与古人类研究所合作举办恐龙展。这些活动的举办，既取得良好的经济效益和社会效益，又锻炼队伍，为今后举办各类活动积累经验。充分利用社会力量合作经营传统广告产业，采取承包分成合力发展的模式，传统广播影视广告产业逐年大幅度下滑的局面初步扭转。

电影发行放映市场持续稳定繁荣，全年影院完成电影放映 6 万场次，观众 100 万多人次，农村放映电影 4106 场次，观众 47.85 万余人次。

改革创新有新成就。媒体融合由相加走向相融。将原有的广播新闻部、电视新闻综合频道、电视公共频道、新媒体运营中心合并，组建融媒体新闻中心，下设信息采集部、编辑制作部、重点报道部、网络传播部，并搭建起稿件共享平台，建立每日新闻会商制度，实施全台采编人员“一岗双责”制，初步形成“一次采集、多种生成、多元传播”的媒体融合新格局。新组建的融媒体中心打破广播、电视、网络新媒体“各干各”的部门运行机制界限，真正实现资源共享，形成强大的宣传合力。《新余新闻》由 15 分钟延长至 20 分钟，信息量进一步加大，全年播发稿件 3467 条，同比增长 35.7%。对广播两套节目进行大调整，主持人也进行重新优化组合，两套节目主持人互相打通，大大提高收听率。改革创新促进采编播队伍理念、素质的提高，同时促进节目的创优。全年，获江西新闻奖二等奖作品 2 个、江西新闻奖三等奖 7 个；获江西广播电视奖一等奖 1 个，江西广播电视奖二等奖 4 个，江西广播电视奖三等奖 5 个；获江西广播电视播音奖二等奖二个。

【对外宣传新突破】 新余市广播电视台紧紧围绕市委市政府党建 + 颐养之家、五强书记、扶贫攻坚、改革创新、乡村大讲堂等中心工作，深挖题材，加强与省级和中央级媒体的沟通联络，一大批反映全市中心工作的大稿、要稿在中央台、省台刊播，呈现出大稿要稿多的喜人局面。8 月 25 日，央视《新闻联播》头条“砥砺奋进的五年”专栏《筑牢安全网 保障困难群众基本生活》，大篇幅报道新余市党建 + 颐养之家的经验做法，一改全市 9 年没有上《新闻联播》头条的局面。12 月 18 日，中央人民广播电台《新闻与报纸摘要》又在头条报道新余市新农村建设、城乡一体化供水、农村建设大型沼气站，搭建绿色生态农业的报道，实现中央电视台《新闻联播》、中央人民广播电台《新闻与报纸摘要》双双上头条的历史记录。全年，广播在江西广播电视台《全省新闻联播》上稿 467 条，头条 32 条，单发头条 18 条；在中央人民广播电台上稿 15 条，其中《新闻和报纸摘要》10 条，头条 1 条，《全国新闻联播》5 条。电视在江西广播电视台《江西新闻联播》上稿 433 条，头条 44 条，其中单发头条 9 条；在中央电视台各栏目上稿 69 条，其中《新闻联播》15 条，头条 1 条。在中央人民广播电台、中央电视台上稿数量超历史，在省台上稿数量和头条连续 10 年列全省四小地市第一。

【广播电视节目制播实现数字化】 为适应融媒体时代发展要求，近年来，新余市广播电视台想方设法筹集资金加快设备改造步伐，在完成对电视节目制播设备数字化改造后，2017 年对广播中心进行全面升级改造，建成数字广播一体网系统，系统主要包含数字直播调音台、音频自动播出工作站、音频录制编辑兼编单工作站、音频存储服务器、播出内容监录、全天候慢录等，至此，新余市广播电视台实现广播、电视节目制播全数字化。系统的建成，优化广播节目制播工作流程，实现对广播节目制播智能化管理和控制。　（李四清）

编辑　姚　涛

卫生计生·体育

卫生计生

【概况】 2017年,新余市把卫生计生工作作为管长远、管关键、管发展的大事要事来抓,在深化医改、公共卫生服务、能力建设、健康扶贫、计划生育等方面作出大量卓有成效的工作,其中公立医院改革得到国务院、中央深改组、国家和省卫生计生委的充分肯定。

重点工作有新成效。公立医院改革试点出新成果。将新钢中心医院、新余矿业医院等国有企业医院纳入改革并取消药品加成,同步调整市、县、乡三级公立医疗机构服务价格,完成新一轮公立医院药品联合议价并推行"两票制",在城镇职工医保正式实施按病种分值付费,三级公立医院配备总会计师,医联体实现全覆盖,这些改革举措走在全省乃至全国前列,3次在全国全省会议上介绍经验,受到国务院通报表彰,中央深改组专刊刊发新余市公立医院综合改革经验,入选全国首批公立医院综合改革示范市。一是健康扶贫取得过硬成绩。健康扶贫各项政策措施全面落实并建立"第五道保障线",65735人免缴基本医疗参保费,开设扶贫床位258张,为43285人贫困人口购买商业补充保险,专项救治建档立卡重大疾病患者546例,贫困人口电子建档率100%、签约服务率100%,贫困人口住院费用个人自负比例仅为8.62%。二是农村卫生事业实力增强。建成2个医学共享中心、6个乡镇120院前急救站点、100个村晓康诊所(村卫生计生室)、免费订单定向培养乡村医生130名。三是计划生育管理服务到位。全面落实计划生育目标管理责任制,全市人口出生率、二孩占比在预期范围内,出生人口政策符合率、自然增长率在省下达目标范围内。查处"两非"案件30例,占省下达任务的187.5%。

卫计民生有新成绩。计生特殊家庭关爱加码。扶助标准每人每月增加100元,开展免费体检,每户60岁以上计生特殊家庭获得1部老年机(含每月15元话费),每户计生特殊家庭都有一个市直单位负责结对帮扶。卫生公共服务给力。人均经费提高到50元,电子建档率达91.51%,管理重点人群31.5万人,重大疾病免费救治4197例。疾病防控有力。扎实做好人感染H7N9防控和处置,及时处置17起食源性疾病暴发事件,甲乙类传染病报告发病率172.82/10万(下降4.65%)。母婴安全保障升级。组建市危重症孕产妇和新生儿救治中心、县级产科急救中心,全市免费婚检率达81.75%,免费孕前优生健康检查率96.7%,妇幼卫生项目各项工作达到目标要求。综合执法能力提升。全面推进"双随机一公开"抽查,查处案件242件。爱国卫生有为。通过省卫生城市复评和"双考评",推出首批健康乡镇、健康村、健康单位、健康家庭。

卫生能力建设有新成果。信息化格局初步形成。建成联通市、县、乡、村四级的卫计专网,"健康新余"APP基础环境改造基本完成,省妇幼管理系统全功能开放试点正在全市各级医疗保健机构推广实施,启动大健康新余统一结算支付平台项目。医疗服务实力显著增强。新增省级重点专科2个、省市共建学科3个、省县共建学科5个、市级学术和技术带头人4人，建立名医工作室3个，科研立项90项，招聘硕士研究生14名，选派55名卫生专业人才名到基层开展支援活动。全国群众满意卫生院11个，国家优质示范社区卫生服务中心2个，仙来湖社区卫生服务中心被评为全国百强社区卫生服务中心。医疗质量管理持续加强。组建19个专业医疗质量控制中心，开展处方点评、病案管理督查、病历评级、消毒供应室验收评估、院前急救网络医院复评等系列活动，全市实行临床路径管理的医疗机构入径数占出院病人比率提高至38.43%。医疗责任保险实现公立医疗机构全覆盖，在全省医政重点工作推进会上得到表扬。《新余“处方”——记新余市医疗纠纷调解》入选国家卫计委第二届平安医院微电影微视频。新钢中心医院获评“2017年全国改善医疗服务示范医院”。中医药发展进入快节奏。启动市、县中医院整体迁建工作。争取上级资金300万元，建成30个中医馆，在全省率先实现全覆盖。新增省级临床重点专科和基层特色专科3个，经省立项的中医药科研课题5项。向基层推广应用热敏灸、浮针等一批中医药适宜技术。市中医院院长邹卫兵入选第六批全国老中医药专家学术经验继承指导老师。

光明日报
GUANGMING RIBAO
习近平会见美国国务卿蒂勒森
“挖”人才创一流的隐忧
——高校人才“孔雀东南飞”现象透视
【党的十九大代表选举】
河北严格党代会代表人选条件
涉“负面清单”者概不推荐
“浙江文丛”出版 展现千年浙学文脉
严谨求实是教材生命
新余医改：让百姓就医有更多获得感

2017年3月20日，《光明日报》头版报道新余医改新成果

卫计党建有新成就。“两学一做”学习教育丰富多彩。以学习中共十九大精神和中共中央总书记习近平系列讲话精神为主线，举办各类报告会2次、领导讲党课24次、集中学习讨论会132次，同时开展走访养老院、颐养之家、义务劳动等活动，市人民医院“温馨港湾”志愿服务、市疾控中心“撰写政治生日感言”、市卫计综合监督局“法润花季课堂”有特色。全面从严治党蹄急步稳。压实基层党建和党风廉政建设责任，出台《进一步贯彻中央八项规定改进工作作风的实施细则》，制定252条具体岗位风险防控措施，全面签订廉政承诺书，开展廉政谈心谈话、党建述职、党风廉政述职、大型医院巡查活动，深入开展“红包”等问题治理，排查处理问题线索11个，党纪政纪处分13人，组织处理17人。党员先锋尽显活力。推出健康新余先锋行活动，选树一批先锋示范支部、先锋示范科室、党员先锋示范岗，组建党员志愿服务队14支，开展健康教育进社区36次、健康义诊进乡村58次、90位医疗专家进基层3600多次，党员干部在项目建设方面发挥主力军作用。争先创优亮点纷呈。各地各单位分层推出一批名优秀护士、最美护士。市人民医院普外三科获评“全国优质护理服务表现突出病房”，市中医院获评全省卫生计生系统先进集体，市妇幼保健院副主任医师郭璐萍获得“白求恩奖章”，获评“全国三八红旗手”“全国岗位学雷锋标兵”“2017最美医生”，助产士张慧萍、宋梅芳、彭丹凤获得坚守产房三十年资深助产士奖章，市卫生计生委被评为全国卫生计生系统先进集体，是全省唯一一个获此殊荣的设区市卫生计生委。

【首次在全国卫生计生工作会上作典型发言】 1月6日，2017年全国卫生计生工作会议在北京召开，市委副书记、市长董晓健受邀参会并代表新余市作题为《坚持政府主导 抓住关键环节 系统推进城市公立医院综合改革》的典型发言，向大会介绍新余市城市公立医院综合改革经验和做法，是本次大会唯一作典型发言的地方市政府。董晓健介绍新余市全面推进城市公立医院综合改革，取得医院运行机制更活、管理体制更顺、医疗服务水平更高、人民群众受益更多的改革成果。一是破除“以药补医”，重建公立医院运行机制。落实基本建设等9项投入政策，建立公立医院债务及财政保障医保基金“托底”机制，取消加成，调整医疗服务价格，实行药品带量采购和耗材阳光采购，医院收入结构得到优化，服务性收入占医疗收入比重达55%；群众就医负担明显减轻，市级公立医院门诊均次费用、住院均次费用增幅较改革前分别下降10.6个百分点和3.6个百分点。二是缓解“供需矛盾”，推进分级诊疗试点工作。强基层，解决“接得住”问题；用杠杆，解决“愿意去”问题；调功能，解决“转得下”问题。全市就医秩序日渐向好，基层医疗机构门诊人次和住院人次分别同比增长22%和15%。三是坚持“放管结合”，搭建现代医院管理体制。理顺管理体制，完善监督机制，把握管理重点。四是培育“核心能力”，筑牢人才信息支撑。加快学科人才建设，推进信息化建设。

【市妇幼保健院医生郭璐萍获“白求恩奖章”】 8月17日，在全国卫生计生系统表彰大会上，市妇幼保健院郭璐萍获得“白求恩奖章”，这也是“白求恩奖章”1994年颁发至今江西省两名获得者之一、新余市第一位获得此殊荣的人士。郭璐萍是市妇幼保健院一名妇产科医生，2014年11月29日，主动请缨加入中国第二十一批援外医疗队赴突尼斯进行医疗援助。在援非的15个月里，她以多年丰富的临床治疗经验和大爱情怀赢得当地民众的信任，展示中国援非医生大爱无疆的良好形象，2017年11月被誉为“最美援外医生”。

【“春立阳光计划”项目在市人民医院授牌启动】 3月10日，由中华慈善总会与北京市春立正达医疗器械股份有限公司联合发起的“春立阳光计划”项目在市人民医院正式授牌启动，市人民医院成

2017年11月，郭璐萍获“最美援外医生”

为该项目的定点医院。“春立阳光计划”是为全髋严重关节病的贫困患者免费提供置换人工关节手术所需的内固定材料。2009年，中华慈善总会与北京市春立正达公司联合发起“春立阳光计划”项目，至年底在全国已有数十家医院成为项目定点医院。

【市人民医院全面推行分楼层“一站式”住院服务】 7月17日，市人民医院推出分楼层“一站式”住院服务，在住院部护士站设立“一站式”住院服务点，病友在服务点就可“一站式”办理入院手续、中途缴费、出院结算。免于病友乘坐电梯、来回奔波、排队、等候等诸多不便，并且大大缩短办结时间，每办理一份出院手续由原来的30—48分钟缩短为现在的8—15分钟，切实改善群众就医体验。

【市中医院与省人民医院建立医疗联合体合作关系】 4月10日，市中医院与省人民医院正式签订医疗联合体合作协议，这标志着两院正式建立医

疗联合体合作关系。根据两院协议，市中医院在医疗管理、人才培养、远程会诊、科研项目等方面将会得到省人民医院的大力支持和帮助。两院建立并开通"双向转诊"绿色通道，能实现医院的急危重症患者通过24小时绿色救治转诊通道转院至省人民医院接受治疗。与此同时，市中医院诊疗技术方面将会获得省人民医院专家的倾力指导，患者不出市区就能获得省级医疗诊治服务。

【市人民医院胸痛中心和脑卒中中心建设全面启动】 6月2日，市人民医院召开胸痛中心、脑卒中中心建设启动大会暨胸痛中心全院培训会。胸痛中心可为急性心肌梗死、主动脉夹层、肺动脉栓塞等以急性胸痛为主要临床表现的急危重症患者提供快速诊疗通道。高级卒中中心可为卒中患者提供标准化诊疗服务。胸痛中心与脑卒中中心在运行中强调有关学科之间相互协调，建立良性的整合机制，从而实现高度组织化管理急性胸痛、脑卒中患者的医疗模式，为患者提供高质量、标准化、效价比合适的优质医疗服务，最终达到"三个提高、三个降低"的重要目标：即提高急救水平、提高患者生存质量、提高不同医疗机构之间的均等性，降低因急性胸痛、脑卒中造成的死亡，降低卒中复发、降低医疗费用。 （饶晓君）

体 育

【概况】 2017年，新余市体育工作在解放思想，改革创新，谋划发展方面采取切实措施，取得满意成效。全局党员干部特别是领导干部，围绕为民务实清廉的主题，以实现群众期盼为目标，大力发展群众体育，广泛普及全民健身活动，不断增强体育中心对外开放能力和为民服务水平，全面完成2017年度目标考核任务。

【群众体育】 深入贯彻《全民健身条例》，广泛开展《全民健身》活动，全年共开展150多项次全市性健身活动，全市各业、各业应立制宜开展各种小型多样的全民健身活动1300余项次，全市经常性参加体育锻炼人数达总人口的34%，成功举办市第三届妇女运动会、市第二届残疾人运动会、市直机关工委运动会、新钢运动会等，成功承办江西省第三十六届钓鱼比赛、环仙女湖全国山地自行车邀请赛、第三届环仙女湖国际马拉松赛等群众赛事等赛事。全市共建有44个体育单项协会，365个全民健身站点，参加体育活动人口达40余万人，全年共培训一级社会体育指导员50人、二级社会体育指导员298名、三级社会体育指导员100名，参加国家级社会体育指导员培训人数12人，相比上年增长11.58%；在十三届全运会群众比赛项目中新余市运动员熊芷菡获攀岩项目第一名。全年新建农村以行政村为单位的农村体育健身场所和社区健身路径130余个，新建乡镇体育健身路径工程1个，村级11个。截至2017年年底，全市城市社区健身场所实现全覆盖。全市全民健身环境进一步优化，新余市体育局被国家体育总局授予2013—2016年度全国群众体育先进单位。

【竞技体育】 全市在训运动员1730人，其中注册运动员1198人，达优116人，达良138人；往省队输送体育人才21名，注册教练员95名，开展项目14个，有国家级体育俱乐部5所，全年下拨各类支持经费达200余万元，市体校获"国家高水平体育后备人才基地"和"国家田径单项奥林匹克高水平后备人才基地"称号；在参加全省少儿系列锦标赛中，新余市14个项目有11个项目团体总分进入全省前6名；组队参加2017年江西省首届"新星计划"跨界、跨项青少年锦标赛，获团体总分第三名。新余市运动员在全国第十三届运动会获"两金一银两铜"，金牌总数占江西省代表团的28.6%，新余市运动员谭雪琴摘得江西省首枚金牌。大力推广校园足球运动，全市市一级中小学实现全覆盖。2017年，新余市一名运动员入选快乐国家少儿足球德国夏令营，得到中共中央总书记习近平的亲切接见。成功承办省级以上比赛5项次，首次承办全国第十三届运动会群众比赛乒乓球预赛暨"李宁·红双喜杯"2017年全国业余乒乓球锦标赛（南部赛区)、"奇胜杯"拳时代国际搏击赛新余站、"大风车杯"全国幼儿大众蹦床表演大会等,市体育局被省政府授予突出贡献奖单位。

【体育产业】 体育场馆经营稳步增长。市体育中心场馆经营总收入达197万余元,增幅超10%。体育场馆免费和底收费对外开放4000多场次,场馆使用率达95%以上。市体育局中心闲置资产开发取得可喜成绩,引进体育类舞蹈培训、太极、瑜伽、射击等体育本体产业项目和特色餐厅,汽车美容等商企入住体育中心开展合法经营。体育彩票销售再创新高。全年累计销售1.5亿元,同比增长78%。

【"奇胜杯"拳时代国际搏击赛】 5月27日,在新余市体育中心举办的"奇胜杯"拳时代国际搏击赛新余站圆满落幕。本次比赛有法国、巴西、俄罗斯、西班牙、比利时、哈萨克斯坦等6支外籍团队及河南、山东、江西等3支国内团队参赛,吸引全市3000余名市民观看,属新余市首次举办职业级国际性自由搏击赛事。

【全国业余乒乓球锦标赛】 6月2日—4日,中华人民共和国第十三届运动会群众比赛乒乓球预赛暨"李宁·红双喜杯"2017年全国业余乒乓球锦标赛(南部赛区·星期壹俱乐部)在新余市体育中心举行。上海、江苏、浙江、安徽、福建、江西、湖北、湖南、广东、广西、海南、重庆、四川、贵州、云南等15支代表队近600余名领队、教练员、运动员参赛,另有国家体育总局、中国乒协、江西省体育局、江西省乒协官员及裁判长、副裁判长、骨干裁判员近70余人参与大会工作。

【"大风车杯"2017年全国幼儿大众蹦床表演大会】 6月18日,"大风车杯"2017年全国幼儿大众蹦床表演大会在市体育馆举行,全国44支队伍,300余名幼儿参加比赛。由国家体育总局体操运动管理中心、中国蹦床与技巧协会主办,中国大众蹦床推广委员会、新余市体育局、新余市教育局、江西大风车教育投资有限公司联合承办。

2017年新余市运动员参加第十三届全国运动会获奖情况

地点:天津　　时间:9月2日—7日

姓名	性别	项目	成绩	名次
周　鹏	男	皮划艇静水200米双人	32.711	1
		皮划艇静水200米	35.655	2
谭雪琴	女	跆拳道(49公斤以下级)		1
黎淑金	男	国际式摔跤(59公斤)		3
张　驰	男	皮划艇静水(1000米四人)	3:00.00	4
何翀浩	男	游泳(4×100自接力)	3:19.08	4
李　蓉	女	举重(75公斤)	245KG	5
徐江琪	女	田径(女子20公里竞走团体)	6:22.55	7
周　涛	女			
陈玉敏	女			
廖燕平	男	田径(男子20公里竞走团体)	5:57.55	8
董小敏	男			
胡　韬	男			
章赛一	男			
钟嘉未	女	田径(跳远)	6.06米	8

2017年新余市开展体育项目、在训运动员和教练员配备情

序号	开展项目	在训运动员人数	教练员配备人数
1	田径	152人	4人
2	游泳	65人	2人
3	举重	23人	2人
4	摔跤	70人	3人
5	乒乓球	120人	4人
6	网球	106人	4人
7	篮球	115人	4人
8	武术套路	60人	2人
9	跆拳道	35人	1人
10	皮划艇	26人	1人
11	赛艇	23人	1人
12	羽毛球	640人	52人
13	市足球协会办(足球)	112人	6人
14	新钢一小体操跳水基地(体操)	75人	4人
15	新钢一小体操跳水基地(跳水)	108人	5人
合计		1730人	95人

(彭金敏)

编辑　李凤平

人力资源和社会保障

综　述

【概况】 2017年,市人社局坚持“民生为本,人才优先”工作主线,着力稳就业、重保障、强人才、惠民生、促和谐,全面完成各项目标任务。12333电话咨询服务中心被评为全国示范单位,劳动监察局被评为全国清理整顿人力资源市场秩序工作先进单位,分宜县社保局获“全国人力资源和社会保障系统先进集体”称号;农民工工资实名制监管信息化工作全省排名第一;拖欠农民工工资治理工作及“党建+社区+军转服务中心”先进经验在全省维稳工作简报上作经验交流;在全省率先开展大病医保精准扶贫和军转干部进高校培训试点;开发的创业贷款贴息核算系统在全省推广;社保卡推广应用、按病种分值付费、全程医疗监督和一站式结算工作在全省作先进典型发言;司法系统工资制度改革工作全省通报表扬;全面完成城乡居民基本医保制度整合和信息系统建设,实现全国跨省异地就医;创新开展“百名技师育高徒”活动等。

【就业创业工作扎实有效】 一是全力推进大众创业万众创新。全年新增创业孵化基地1家,累计建成创业孵化基地10家,落实4家市级创业孵化基地扶持资金200万元;新增创业培训定点机构2家、电子商务培训定点机构1家。二是扎实做好招工稳工工作。每周二、周五举办定期室内招聘会,组织“迎新春、稳就业”市、县(区)联合就业招聘大会、“春风行动”就业招聘大会、春季人才招聘大会等系列招聘活动。全年共举办各类招聘会130余场,3000余家企业提供3.3万余个就业岗位,新增城镇就业2.48万人,完成目标任务的114.81%,城镇就业率达96.6%。三是统筹推进重点群体就业。组织实施高校毕业生就业创业促进计划,建立市内用人单位用工信息和高校毕业生信息对接平台,做好去产能职工安置工作和退役军人公益性岗位开发与安置工作。全年共招募“三支一扶”人员46人,完成目标任务的115%。帮助0.22万名困难人员就业,完成目标任务的136.37%,零就业家庭安置率达100%。新增农村转移劳动力1.62万人,完成目标任务的120.07%。其中,省内新增转移1.07万人,完成目标任务的130.02%。新增家庭服务业从业人员0.32万人,完成率100.92%。四是大力促进创业带动就业。创新创业担保贷款方式,切实做好国家创业担保政策调整,充分发挥创业贷款扶持创业、带动就业的龙头作用。全年新增发放创业担保贷款4.39亿元,完成目标任务的134.77%,直接扶持个人创业2651人次,带动就业11383人次,到期贷款回收率达99.81%。五是切实加强职业培训管理。加强培训监管力度,规范全市SYB创业培训师资管理,对培训机构组织的各项培训实行远程监控;全年共开展省内工业园区定向培训1.34万人,完成目标任务的100.86%;开展家庭服务业从业人员培训0.26万人,完成目标任务的160.62%;开展创业培训0.46万人,完成目标任务的110%。六是全面落实就业创业政策。全年共发放稳岗补贴、社保补贴、培训补贴、一次性求职补贴、见习补贴等

3268.52万元。七是全面推进基层平台规范化服务建设。制订《新余市人力资源社会保障基层平台规范化服务业务办理标准》，全面完成41个乡镇办（工业园区）的人力资源和社会保障服务平台建设，落实配套资金324.5万元。

【社保体系持续完善】 一是全面推进基金征缴工作。全市城镇企业职工基本养老保险参保27.23万人，征缴基金23.19亿元，分别完成目标任务的100.64%和181.31%；机关事业单位养老保险参保为3.54万人，征缴基金4.9亿元，分别完成目标任务的109.02%和109.62%；基本医疗保险参保118万人，完成目标任务的111.7%；征缴基金12.4亿元；失业保险参保11.32万人，征缴基金0.34亿元，分别完成目标任务的103%和113.16%；工伤保险参保23.1万人，征缴基金0.48亿元，分别完成目标任务的100%和154.48%；生育保险参保13.73万人，征缴基金0.14亿元，分别完成目标任务的100.14%和129.64%；城乡居民基本养老保险参保47.21万人，完成目标任务的102.63%。二是加强社会保险扩面征缴和清欠力度。严格执行《新余市加强社会保险扩面征缴工作方案》《关于开展社会保险扩面征缴工作的通知》等文件精神，加强扩面征缴工作；积极推进助保贷款工作，为经济困难中断缴费人员提供续保途径；做好社保欠费和改制企业挂账费用的清理回收工作，全年共对70家重点欠缴单位进行欠费催缴，下达催缴通知书53份，涉及金额8038万元；完成改制企业清欠5053万元，申报2家企业社保债权458万元。三是积极推进全民参保登记工作。制定《新余市全民参保登记工作实施方案》，开展全民参保登记宣传月活动和入户调查工作，全市全民参保登记入户调查率达100%。四是提高社会保险待遇水平。完成企业退休人员养老金调整工作，月人均增资140.75元，调整后全市参保退休人员人均月养老金达2255.89元；完成全市机关事业单位退休人员养老金调整工作，月人均增资195.16元，调整后全市参保退休人员人均月养老金达4398.16元；实现退休人员养老金的“十三连调”；发放441名十四类参战退役士兵补助费233万元；提高未参保城镇大集体企业退休职工（含未参保返城知青）养老生活月补助标准；完善养老金直发工作，做到与银行全面实现养老金发放数据直通。五是稳步推进异地就医即时结算工作。完成全国跨省异地就医系统建设，实现异地就医即时结算，并在全省率先设立异地就医结算专窗。六是建立新型城乡居民医疗保险管理制度。完成城乡居民医疗保险信息系统建设，全面实现基本医疗保险、大病保险、贫困人口重大疾病医疗补充保险、医疗救助结算费用的“一站式”即时结算。七是切实推进医保定点医药机构准入协议管理工作。制定《2017年新余市基本医疗保险定点医药机构评估准入工作方案》，完成医保定点医药机构评估准入工作，全市共有39家医药机构参加评估，其中30家获得通过。八是大力推行医保支付方式改革。在全市3所公立医院推行医保“病种分值付费”结算系统，实行总额控制下的按病种分值付费方式，通过分值、系数等指标引导患者合理就医和资源合理分配，医疗费用支出更加科学合理，医保控费管理更加精细。九是推进医疗服务智能监控系统建设。建设规范标准的监控基础信息库，启动医疗全程监管，打击违法违规行为，确保医保基金安全。医疗服务行为管理从由人来监管变成由信息系统来监管，从根本上解决监管人员不足、监管难以到位的问题。十是抓好基金监管工作。组织开展医保审计专项整治行动自查自纠，市本级医疗保险基金审计发现问题65件，整改61件、正在整改4件，追回医保基金1038.21万元，补征补缴基金338.08万元。十一是强力推进被征地农民参加基本养老保险工作。完成5.43万名被征地农民参加基本养老保险参保登记工作，到位配套资金14.44亿元。十二是积极争取上级资金。全年共争取到位上级就业、社保等各类资金13.6亿元，促进社会经济发展，维护社会和谐稳定。

【人才队伍建设步伐加快】 一是加强高层次人才队伍建设。全年引进博士8名，认定高层次人才

60 名,为 2 名高层次人才配偶子女对口安置工作。二是加强专业技术人才队伍建设。新增博士后创新实践基地 2 家;新增百千万人才工程国家级人选 1 人,省级人选 2 人;获国务院特殊津贴 3 人,获省政府特殊津贴 2 人;评选出 18 名市学术和技术带头人。三是加强技能人才队伍建设。全市共开展职业技能提升培训 807 人次,开展职业技能鉴定并发放证书 1494 人次;新增国家级技能大师工作室 1 家,省级技能大师工作室 2 家;2 名选手进入全省"我最喜爱的赣鄱工匠",评选 15 人受奖名单;组织开展新余市"振兴杯"职业技能大赛,共有 202 人参加 6 个项目的比赛,其中汽车维修项目在全省比赛中获得团体奖第二名,获得个人第三、四、五名,为近年来最好成绩;开展首期高技能人才继续教育,选送 30 名高技能人才到武汉工程职业技术学院培训。四是加强智力引进。帮助恩达公司申报获批江西省引进国外智力成果示范推广基地,组团参加第十五届中国国际人才交流大会,为 27 名外籍人士办理外国专家证和外国人来华工作许可。五是加强人才服务。安排 13 名高层次人才入住人才公寓,组织 2 个批次 30 名专家赴外地休假疗养,完成按月享受国务院特殊津贴、省政府特殊津贴专家情况核查工作,兑现高层次人才各项补助资金近 40 万元。六是做好援疆工作。选派 5 名专业技术人员赴新疆阿克陶县开展对口支援工作,并组织相关部门赴新疆看望慰问。七是组织人事考试。组织人事考试 5 次,参考人数 1.28 万人次,处理各类考试违纪人员 3 人。八是加强人才培训。组织开展新录用公务员和事业单位工作人员初任培训以及机关事业单位工勤人员晋升岗位等级培训,共计 632 人;利用成教中心远程教育网络开展 2017 年专业技术人员继续教育培训,网上注册人数达 16045 人。

【人事制度改革不断深化】 一是进一步加强公务员队伍建设。全年共完成 70 名公务员考试录用、4 名"团圆机制"异地分居民警调入、41 家市直单位 118 名科级非领导职务任免备案工作。二是积极推进事业单位人事制度改革。完成 90 名中小学教师招聘工作,帮助教育、卫生系统引进急需紧缺人才 41 名;组织开展 186 名事业单位工作人员公开招聘工作;办理事业单位工作人员流动 101 人次,岗位聘用(续聘)审核备案约 600 人次。三是进一步规范机关事业单位人员调配。组织开展市直机关事业单位公开选调人员工作,15 个市直单位提供选调岗位 28 个,109 人报名参加考试,共产生选调人员 19 名;组织开展教育系统公开选调教师工作,500 余人报考 9 所学校的 14 个岗位,共产生选调教师 10 名。四是扎实推进政策性安置工作。全年共接收军转安置计划 44 名,其中 6 名自主择业,37 名安置到机关事业单位,1 名退档;安置随军随调家属 8 名;在全省军转安置工作会议上多次受到省政府和省军区领导表扬;在全省率先开展军转干部进高校专项培训试点工作,共 46 名军转干部参加专项培训;组织开展 75 名退役军人参加的政策宣讲培训班;走访慰问企业军转干部近 600 人次,发放各类企业军转干部解困维稳资金 52.4 万元;圆满完成 10 名退役运动员安置工作。

【工资收入分配改革稳慎推进】 一是按时完成司法系统工资制度改革。兑现全市员额内法官、检察官工资;按时完成全市员额内法官、检察官,司法辅助人员及法检两院行政人员的绩效考核奖金的核定工作,受到省司改领导小组的通报表扬。二是积极做好市直公立医院薪酬制度改革试点工作。会同市财政局、市卫计委出台《新余市公立医院薪酬制度改革试点实施方案(试行)》,探索建立适应新余市医疗卫生行业特点的公立医院薪酬制度,合理确定公立医院薪酬结构。三是认真做好工资福利工作。共办理各类工资审批审核业务 2 万余人次,完成工资档次晋升、年终一次性奖金、绩效工资、绩效奖励经费等审核工作。四是加强企业工资分配指导调控。出台《新余市年度市属国有企业在岗职工平均工资审核认定办法(试行)》等文件;组织开展全市国有企业在岗职工平均工资调查摸底;认真落实最低工资动态调整机制,扎实推进企业工资集体协商。

【劳动关系和谐稳定】 一是加强劳动保障日常监察力度。全年共检查用人单位2116户次，涉及劳动者15.7万余人次，为2345名劳动者追讨工资1422.64万元；妥善处置各类劳资突发事件10件，涉及劳动者3000余人，涉及金额1500余万元。二是开展专项执法检查。组织开展“农民工工资支付”“清理整顿人力资源市场秩序”及“打击强迫劳动、禁止雇用童工等违法犯罪”“遵守劳动用工和社会保险法律法规情况”等专项执法检查，督促企业解决拖欠劳动者工资430余万元，补签劳动合同8900余份，为1200余名劳动者办理社会保险，对130家企业下达行政处罚决定。三是全面落实农民工工资保障金和应急周转金制度，为农民工欠薪治理上“双保险”。全年共为18个建筑项目缴存农民工工资保障金2200万元，为41个施工项目退付农民工工资保障金2300万元；农民工工资应急周转金累计490万元。四是大力推进农民工工资实名制监管信息化。全年有29个项目纳入农民工工资实名制监管信息化系统，基本涵盖全市新建、在建工程项目，共涉及建设、监理、施工企业114户，发放工资近2500万元，惠及农民工近3000人。五是开展劳动保障书面年度审查工作。严格落实用人单位劳动保障诚信等级评价办法，全年共评定“A”级以上诚信企业18家，其中诚信示范企业1家，“AAA”级诚信企业6家，“AA”级诚信企业6家，“A”级诚信企业5家。六是加强争议调解仲裁工作。全市共建立劳动人事争议基层调解组织140个，配备专兼职调解员410名，调解劳动人事纠纷226件，调解成功率75%；全年共受理仲裁案件672件，涉案金额2500余万元，结案率达96%。七是妥善解决群众合理诉求。全年共受理工伤认定699人次，劳动能力鉴定552人次，接听12333电话咨询服务40.64万人次，接待来访647批次，受理来信102件，合理诉求全部得到圆满解决。同时对不合理的诉求，敢于直面，顶住谩骂、人身攻击等压力，坚持原则底线，坚持动之以情，晓之以理。

【信息化建设稳步推进】 一是做好信息系统的运维保障工作。全年共组织数据巡查365次，妥善处置突发医保刷卡中断事件18次，确保广大市民能够顺利就医刷卡。二是扎实做好社保卡发放管理服务。全面启用社保卡替代医保卡和养老金存折，4月，完成首批养老金进社保卡切换工作；全市共制发社保卡105.1万张，持卡人口覆盖率达91%，位居全省第一。三是顺利完成门户网站升级改版。新的局门户网站于6月正式上线，全年局门户网站访问总量达393万人次，日均访问超过10767人次，发布各类信息约500条。四是开发“掌上社保”手机APP。逐步将医疗、养老、工伤、生育等险种纳入软件覆盖范围。启动人脸识别系统建设，争取到项目资金60万元。

【脱贫攻坚成效初显】 一是大力推进就业精准扶贫。出台《新余市推进就业扶贫工作实施意见》《新余市就业扶贫车间(示范点、基地)认定办法》等规范性文件；全年共提供职业指导359人次，职业介绍1527人次，创业服务148人次，职业培训765人次；举办扶贫专场招聘会16场，组织26次送岗位信息下乡入村活动，开发扶贫就业专岗481个；大力开展扶贫车间建设，共设立扶贫车间58个，给予培训补贴、场租水电物业一次性运行费补贴等27万余元；全年共帮助2325名建档立卡农村贫困劳动力实现就业；全市2家工业园区被授予省级就业扶贫示范园区、18家企业被授予省级就业扶贫示范点。二是积极实施大病医保精准扶贫。出台《新余市城镇职工大病医保资金精准扶贫实施办法》，在全省率先实施大病医保基金结余部分开展精准扶贫，共发放38名重特大患者扶贫资金57.9万元。三是加大产业创业扶贫力度。全年共发放10名建档立卡贫困人员个人创业贷款115万元，为2家吸纳贫困人员就业30人以上的企业发放创业贷款440万元；为贫困村争取“一村一品”项目资金70万元。 (何阳洋)

就业创业

【概况】 2017年，按照全省就业工作座谈会和全市人力资源社会保障工作会议的部署,以落实国家新一轮就业创业政策为主线,以高校毕业生、建档立卡农村劳动力、就业困难人员就业和企业用工为重点,统筹推进创业服务、就业招聘、就业扶贫、职业培训等各项工作,确保就业创业目标任务按时实现,保持全市就业形势的基本稳定,为新余经济社会发展大局提供较好的就业支撑。全市新增城镇就业 2.48 万人,完成目标任务的 114.81%。新增家庭服务业从业人员为 0.32 万人,完成率 100.92%。帮助 0.22 万名困难人员就业,完成目标任务的 136.37%。零就业家庭安置率 100%,城镇就业率 96.6%。新增农村转移劳动力 1.62 万人,完成目标任务的 120.07%。其中,省内新增转移 1.07 万人,完成目标任务的 130.02%。省内工业园区定向培训 1.34 万人,完成目标任务的 100.86%。家庭服务业从业人员培训 0.26 万人,完成目标任务的 160.62%。开展创业培训 0.46 万人,完成目标任务的 110%。其中,电商培训 0.1818 万人,完成目标任务的 101%。失业保险参保 11.32 万人,征缴 3394.83 万元,完成目标任务的 113.16%。

【落实就业创业政策】 受理和拨付各项就业创业补贴资金,合理编制 2017 年市本级就业专项资金预算安排。全年共受理(拨付)各类就业创业补贴资金 3268.5 万元,其中社保补贴 753.1 万元、岗位补贴 69.0 万元、稳岗补贴 1934.7 万元、见习补贴 57.6 万元、一次性求职补贴 107.8 万元、培训补贴 135.9 万元、一次性创业补贴 0.6 万元、创业培训补贴 9.7 万元、技能提升补贴 0.1 万元、创业孵化基地建设补助资金 200.0 万元。针对就业专项资金总量不足的情况,调整社保补贴政策,并在新闻媒体予以公示,提高政策执行的透明度。

【开展公共就业服务】 举办“迎新春、稳就业”大型招聘会、“春风行动”等 5 场大型户外招聘会,提供就业岗位 3.3 万个次,达成就业意向 0.4 万人。坚持每周 2 次人力资源市场日常招聘会,同时在就业创业微信平台、就业创业网、大厅触摸屏定期发布和更新用工信息,为用人单位和求职人员搭建长效供需平台。对重点用工企业提供专项服务,会同县区就业机构,对赣锋锂业、雅保公司、盛泰光学、绿洲橡塑等用工(人才)紧缺企业提供专项服务,基本解决用工问题。在日常招聘中抓好企业入场关,杜绝在市场内出现以招聘、介绍工作为名从事传销活动现象。

【重点群体就业创业】 开展高校毕业生创业培训,建立市内用人单位用工信息和高校毕业生信息对接平台,对离校未就业毕业生督促基层平台进行实名制登记和跟踪服务,开展新余市 2017 年高校毕业生就业服务月暨公共就业创业服务进校园活动,促进高校毕业生就业创业。做好去产能职工安置和信息录入工作,5 家关闭煤矿提供未有安置任务的承诺书,完成职工安置信息上报任务。配合民政部门做好涉军人员公益性岗位开发与安置工作。

【推进就业精准扶贫】 出台《新余市推进就业扶贫工作实施意见》《新余市就业扶贫车间(示范点、基地)认定办法》。帮助 1670 名建档立卡农村贫困劳动力实现就业,开发扶贫就业专岗 336 个。全市 3 家企业被人力资源社会保障部办公厅、国务院扶贫办综合司认定为国家级就业扶贫基地;2 家工业园区被授予省级就业扶贫示范园区、18 家企业被授予省级就业扶贫示范点;设立扶贫车间 21 个,吸纳就业人数 1915 人,给予扶贫车间培训补贴 5 万元、场租水电物业等一次性运行费补贴 4.8 万元。

【就业创业培训改革】 实现市本级享受政府补贴的定点培训机构远程监控全覆盖,实行身份证刷卡签到制度,对培训过程进行监控。清理规范 SYB 师资聘用工作,明确规定具有 SYB 证书的系统内工作人员原则上只能受聘一家培训机构,且不得存在有偿受聘行为,不得利用聘用师资关系谋取其他利益。规范创业培训有偿授课行为,创业培训(含电子商务培训)师资人员全部入库,实行动态管理，开班时随机抽取培训教师，要求一次完整的创业培训必须由3名（含3名）以上具有创业培训教师资质的人员共同完成。

【开展创业创新活动】　组织开展2017年创业典型评选表彰活动，评选出大学生创业典型、返乡创业典型、其他创业典型三类共计15人。举办第二届创业典型颁奖仪式，并对入选典型颁奖。征集首届全国创业就业服务展示交流活动主题展示项目，上报省厅6个项目。经人社部批准，在新余举办一期创业培训师资班，增加创业培训师资储备。审批11家青年见习单位，招募新增见习学员185人。认定新余市成人教育中心为市创业培训定点机构，微联盟职业培训学校为渝水区创业培训定点机构，认定云为媒职业培训学校为电子商务定点机构。开展课题研究，向市委政策研究室提交《推动大众创业万众创新》课题报告。

【平台规范化服务建设】　在全市推进基层平台规范化服务建设全覆盖，市级每年配套320万元给县区。制订《新余市人力资源社会保障基层平台规范化服务业务办理标准》，对基层平台标准进行量化。在全市范围内开展基层平台交叉检查，将考核结果与经费拨付、星级评定挂钩。　（李智明）

社会养老保险

【概况】　2017年，全市社保经办机构围绕保障和改善民生，扎实做好扩面征缴等工作，推进社保领域各项改革落实落地，提升经办服务效能，确保养老金按时足额发放，为决胜全面建成小康社会作出积极贡献。全市城镇企业职工基本养老保险参保人数（含离退休人数）为27.23万人，完成年任务的100.64%；在职参保人数19.03万人，完成年任务的100.14%。全年基金征缴23.19亿元，完成年任务的181.31%。参保离退休人员82944人，全年支付养老金21.19亿元，同比增长1.7亿元，增长率8.72%，养老金支付率、社会化发放率和直发率均为100%。全市机关事业单位养老保险参保人数（含离退休人数）为35703人，其中在职24564人，离退休11139人；全年基金征缴4.90亿元，支付养老金5.7亿元。争取到位中央和省级财政补助、省级调剂金等上级资金10.27亿元，较2016年增长45.82%（其中市本级7.97亿元，较2016年增长39.35%）。完成全市机关事业单位退休人员养老金调整工作，月人均增资195.16元，调整后全市参保退休人员人均月养老金达到4398.16元；完成企业退休人员养老金调整工作，月人均增资140.75元，调整后全市参保退休人员人均月养老金达到2255.89元，实现退休人员养老金的“十三连调”。

【加强扩面征缴】　推进社保扩面，纳入县（区）、有关部门年度绩效考核内容，建立工作情况定期通报和督办检查制度，并多次召开领导小组联席会议，加强部门协调，强化社保执法。2017年，城镇企业职工基本养老保险参保人数（含离退休人数）为27.23万人，占年任务的100.64%；在职参保人数19.03万人，占年任务的100.14%。完成推进助保贷款工作，全年为30名困难人员发放助保贷款90.12万元，累计发放助保贷款人员87人，助保贷款金额254.66万元。做好被征地农民养老保险工作，全市被征地农民参加职工养老保险总人数为40065人，到账金额10.28亿元。

【养老保险制度改革】　一是积极推进机关事业单位养老保险制度改革。督促和指导各县区贯彻落实各项政策，加快推进机关事业单位工作人员参保缴费相关工作，及时将新划分公益一类、二类事业单位及其他应保未保单位和人员按规定纳入参保范围，并确保养老金按时足额发放。各级经办机构使用全省统一的机关养老保险信息系统进行日常业务经办，对改革后退休人员进行待遇改办，同时进行养老保险费结算准备工作。二是落实阶段性降低社保费率的政策。企业职工基本养老保险单位缴费比例由原来的20%调整为19%，失业保险单位缴费比例由原来的1.5%调整为1%。

2017年共为企业降低人工成本养老保险3202万元,失业保险2506万元。

【加强基金监管】 推进挂账资金清偿和欠费清理,将改制企业基本养老保险欠费挂账清欠工作纳入改制企业主管部门2017年度全市绩效考核其他工作任务,全年完成改制清欠5053万元。跟进企业债务重整,参与僵尸企业破产重整,对江西华电、广播电视报社两家企业申报社保债权3268072.76元,保障破产企业职工权益。

【退休人员基本养老金实现十三连调】 再次提高企业和机关事业单位退休人员基本养老金。采取定额调整、挂钩调整与适当倾斜相结合的办法,兼顾企业和机关事业单位退休人员,兼顾公平与效率。按定额调整,每人每月增加48元;挂钩调整,企业退休人员按缴费年限挂钩调整,缴费年限15年以下(含15年)的每人每月增加45元,缴费年限超过15年的人员,按每满一年增加3元调整,累计缴费年限尾数不足一年的按一年计算。机关事业单位退休人员按基本养老金水平挂钩调整,每人每月按本人2016年12月基本养老金的3.2%增加。在定额调整、挂钩调整的基础上,对年满70周岁的退休人员再按高龄倾斜调整标准调整,年满70周岁不满80周岁的高龄人员,每人每月增加30元;满80周岁以上的高龄人员,每人每月增加40元。高龄计算的截止时间为2016年12月31日(按照办理退休手续时确定的出生年月为准)。全市参与调待的机关事业单位退休人员10574人,月人均增资195.16元,调整后全市机关事业单位退休人员人均月养老金达4398.16元;参与调待的企业退休人员74924人,月人均增资140.75元,调整后全市企业参保退休人员人均月养老金达2255.89元。实现退休人员基本养老金实现十三连调。

【提高企业离休人员基本养老金】 从2016年7月1日起,提高企业离休人员基本养老金水平。企业离休人员,比照赣府厅发〔2016〕69号文对机关事业单位离休人员增加离休费的办法增加基本养老金。企业离休人员增加基本养老金,按机关同类人员的每月增资额增加。未明确职务的离休人员,按其离休前标准工资(1985年工改前五类区工资标准)对应标准增加基本养老金。抗日战争时期参加革命工作的离休干部,如果按本人离休时职务或按本人离休前标准工资(1985年工改前五类区工资标准)对应标准增加的基本养老金低于按县处副职增加的基本养老金,按县处级副职的标准增加基本养老金。按干部管理权限经组织批准享受厅、处级政治、生活待遇的离休人员,分别按副厅(局)、副县(处)级标准增加基本养老金。企业和机关事业单位中华人民共和国成立前参加革命工作并符合原劳动保障部《关于建国前参加革命工作的老工人退休待遇的通知》规定的退休人员("建老"人员),按每人每月400元增加基本养老金。

【全民参保登记工作】 制定《新余市全民参保登记工作实施方案》,成立新余市全民参保登记工作领导小组。以应保未保人员为重点,有针对性开展宣传,11月5日在全市范围内开展全民参保登记宣传月活动,有效发挥"互联网+宣传"优势,营造全民参保登记氛围。严格进行数据比对,按照全省统一的数据项转换标准,将参保人员相关信息转换上报到省级全民参保登记初始基础数据库,勘误信息20余万条。积极组织并指导县区开展入户调查工作,制定《新余市全民参保登记入户调查工作方案》,充分调动乡镇、街道等基层工作人员的积极性,合理安排部署工作人员。截至年底,完成入户调查并反馈上报,入户调查率达100%。

(胡细平)

医疗保险

【概况】 2017年市医疗保险管理局坚持依法办事,着力服务民生,切实落实社会保险领域相关改革任务,抓好医疗、工伤、生育保险各项工作落实,全面完成各项工作目标任务。全市基本医疗保险参保人数为118万人,完成全年任务的111.7%。其中城镇职工基本医疗保险和城乡居民基本医疗保险参保人数分别为18.97万人、99.1万人。征缴基金12.4亿元。其中,城镇职工基本医保征缴5.9亿元,完成全年任务的109.7%;城乡居民基本医疗保险征缴6.5亿元。工伤保险参保人数为23.1万人,完成全年任务的100%;征缴基金0.48亿元,完成全年任务的154.48%。生育保险参保人数为13.73万人,完成全年任务的100.14%;征缴基金0.14亿元万元,完成全年任务的129.64%。

【城乡居民基本医疗保险】 2017年1月1日城镇居民医保和新农合正式并轨运行,建立统一的城乡居民基本医疗保障制度。完成城乡居民整合信息系统建设。联合开发团队于9月14日进驻新余,在省人社厅指导和相关部门通力合作下,完成政策文件梳理、人员数据整理与迁移、医保定点机构网络改造和系统功能测试等工作,仙女湖区、高新开发区于9月29日成功上线城乡居民医保信息系统;渝水区和分宜县在10月29日成功上线。随着一县三区城乡居民医保信息系统的平稳运行,新余市全面实现基本医疗保险、大病保险、贫困人口重大疾病医疗补充保险、医疗救助结算费用的"一站式"即时结算,方便参保群众。实现城乡居民医疗保险八统一。即统一覆盖范围、统一筹资政策、统一待遇水平、统一医保目录、统一定点管理、统一基金管理、统一经办流程、统一大病保障。2017年,应参保102.71万人,实际参保人数101.53万人,参保率98.68%。截至2017年年底就医购药114103人次,住院145832人次,门诊就医797656人次;共发生医疗费用87519.18万元,统筹基金支付金额48567.51万元,定点医药机构家庭账户支付金额2724.39万元;慢性病门诊114827人次,医疗费用5090.55万元,医保支出2742.07万元。医疗费用全部按协议支付到位。社会保障卡的制发权限下放到县(区),实现城乡居民参保缴费、信息查询、费用结算"一人一卡,一卡通用"。

【推进异地就医即时结算】 完成全国跨省异地就医系统建设。成立新余市跨省异地就医结算系统建设领导小组,制定《新余市跨省异地就医结算系统建设工作方案》,对新余市医保系统及异地就医接口改造,升级新余市社保卡读写终端动态库和业务系统动态库。5月,跨省异地结算系统联调测试通过,被人社部批准为跨省异地结算城市;6月,通过跨省异地就医住院费用直接结算实地测试。在全省率先设立异地就医结算专窗,实行异地就医备案工作一站式服务,获省人社厅领导肯定。根据《关于进一步做好我省跨省及省内异地就医直接结算人员异地就医备案服务的通知》文件精神,优化跨省异地就医直接结算人员异地就医备案手续,简化流程。至年底备案1700余人,结算126人次,费用213万余元。

【深化医保支付方式改革】 推行按"病种分值付费"的医保支付方式。在借鉴其他地市经验基础上,开发更加科学的医疗保险"病种分值付费"结算系统,在3所公立医院市本级职工医保住院患者中正式实行。实行总额控制下的按病种分值付费方式,使医疗费用支出更加科学合理,医保控费管理更加精细化,确保医保基金平稳运行,医疗保险制度持续健康发展。推进医疗服务智能监控系统建设。贯彻落实人社部《关于进一步加强基本医疗保险医疗服务监管的意见》,强化医疗服务行为过程的监管,开发医疗保险智能监控系统,挖掘和应用医保大数据,以业务系统为源头建设规范标准的监控基础信息库,并同步启动事前、事中、事后监控系统建设,加强对医疗服务行为的监管,打击违法违规行为,确保医保基金安全。加大异地就医费用监管。由局领导带队,分2批到北京、上海等12所医院对大额票据进行实地核查。票据合格率100%,尚未发现假发票、发票数据与实际数据不符的现象。

【实施健康扶贫工程】 在全省率先开展城镇职工大病医保精准扶贫工作。制定《新余市城镇职工大病医保资金精准扶贫实施办法》,拟对每年政策范围内累计个人负担部分医疗费用较多的大病参保群众,按50%左右比例由城镇职工大病医疗保险盈余资金给予二次补偿扶贫。全年给38名重特大患者发放扶贫资金57.9万元。实施城乡居民医保精准扶贫。全市建档立卡贫困人员21659人,全部参加2017年城乡居民基本医疗保险、大病保险及大病补充医疗保险,个人缴费150元/人,由财政全额补助,参保率100%,各项医疗待遇落实到位。

【基本医疗保险定点医药机构准入协议管理】 根据《江西省人力资源和社会保障厅关于进一步完善基本医疗保险定点医药机构协议管理的通知》,取消两定医疗机构资格审查项目,建立定点医药机构评估准入机制,制定《2017年新余市基本医疗保险定点医药机构评估准入工作方案》,合理确定定点医药机构准入条件,统一评估规则和程序,鼓励和引导各种所有制性质、级别和类别的医药机构公平参与竞争。6月中旬完成市本级基本医疗保险定点医药机构评估准入工作,共有45家医药机构(医疗机构6家、零售药店39家)申请准入评估。经专家组评估,共有30家医药机构(医疗机构1家、零售药店29家)顺利通过评估,淘汰15家(医疗机构5家、零售药店10家),通过率66.7%(医疗机构通过率16.7%,零售药店通过率74.3%)。评估工作邀请纪检组人员全程进行监督,并在门户网站进行公告、公示,做到公平、公正、公开。

【社会保障卡全面取代医保卡】 3月1日起,全市城镇职工、城乡居民全面停用原医保卡刷卡就医购药,正式启用社会保障卡。截至年底,共制发、启用社会保障卡105.1万张,依托“多险合一”系统,实现全市社会保障卡“一卡通”,为实施跨省异地就医、省内异地就医奠定良好基础。　(何　强)

编辑　谢　坤

旅游业·园林·文博

旅游业

【概况】 2017年，紧抓旅游“双创”工作这一主线，突出工作重点，不断夯实旅游发展基础，精准实施品牌营销推介，积极开展旅游招商，着力提升行业管理，奋力添彩“山水美市”。全年接待游客量、实现旅游总收入均同比增长25%以上。市旅游发展委员会获评全省乡村旅游工作先进单位；良山下保村评获省AAAA乡村旅游点；江西恩达麻世纪科技股份有限公司入选全省工业旅游点；获评全省十佳诚信旅行社1家、全省十佳诚信旅游餐饮企业2家和全省十佳诚信导游员1人；获2017江西红色博览会最佳组织奖、最佳展位奖及全省旅游推介暨旅游演艺大展播最佳组织奖。

【“双创”工作进展有序】 对照国家全域旅游示范区创建要求，制定《新余市创建国家全域旅游示范区工作方案》和《新余市加快推进仙女湖创建国家AAAAA级旅游景区工作的意见》，明确创建目标，细化工作任务，制定措施办法。设立市旅游“双创”办公室，制定《新余市旅游“双创”工作绩效考核办法》，将旅游“双创”工作纳入全市绩效考核内容。召开全市旅游“双创”动员大会。加强工作调度，强化督导检查，每月编发《旅游双创工作简报》。同时，各县区分别召开动员部署会议，制定实施方案，进一步细化创建目标和措施。仙女湖进一步优化景区管理体制机制，引进成立新余爱必依景区管理公司，全面推进景区管理市场化运作。编制创AAAAA提升规划，总计投资5.37亿元，用于打造17个重点提升改造项目。完成游客中心、生态码头等9个项目建设。增资扩股引进省旅游集团。从5月1日起，景区所有景点向市民免费开放。深挖仙女文化和爱情文化，以“七夕”为主题成功举办七大系列活动，不断扩大“仙女下凡地”的品牌影响力。进一步修订完善景观质量评审材料，着力提升景区旅游服务形象和服务水平，积极加强与国家旅游局、省旅发委的沟通汇报，主动邀请专家现场指导，努力做实创建基础功。

【乡村旅游提质升级】 持续3年开展旅游“厕所革命”行动，年内完成新建旅游厕所40座。全面完善旅游公共服务配套建设。加快推进旅游公路建设，变“有路通景区”为“路路通景区”。完善标识标牌设置，改建扩建游步道、停车场，升级餐饮住宿服务设施等。进一步完善全市旅游基础数据建设工作，全市3家AAAA级景区的监控视频全部接入国家旅游局数据平台。制定《关于加快我市乡村旅游发展的实施方案》，大力挖掘红色、古色、绿色资源，不断丰富乡村旅游产品供给。良山下保村评定为省AAAA级乡村旅游点，凯光欢乐谷水公园、昌坊度假村祥和园、仿古街建成投入运营，市旅发委和分宜县旅发委同时获全省乡村旅游工作先进单位。

【营销推介精准有效】 坚持“对外做响品牌营销，对内搞好节庆活动”的营销策略，植根新余文化，突出地方特色，实施大策划、大宣传、大推介，聚集人气，扩大影响。举办北京仙女湖旅游推介暨七夕节活动发布会、福州旅游营销推介暨产业招商专题推介会等专场推介会。借力“江西风景独好”系列宣传活动,深化赣西旅游联盟合作,积极参加各类特卖会、推介会,广泛宣传推介新余旅游。在高铁南昌至萍乡沿线站和南昌地铁投放“仙女下凡地 抱石故园人”的主题形象宣传广告,强化重点客源市场营销。开通首趟福州至新余旅游专列。强化平面媒体和网络平台宣传。设立《新余文化旅游》电视栏目,与市史志办联合编撰发行《文游新余》。在主流媒体刊发新余旅游报道109篇,新余旅游公众号推送微信213条,人民网、新华网、凤凰网、腾讯新闻等媒体采用转载41条;新余旅游网站发布信息1149条。积极创设各具特色的节庆活动,年内共举办新溪油菜花节、洋江龙舟文化旅游节、凯光郁金香节等13场,深受游客好评。与央视合作制作的《爱在仙女湖》的《天下有情人》“七夕”特别节目,让仙女湖再度走进千家万户,进一步扩大仙女湖景区影响力,“七夕”节后,仙女湖门票收入同比增长81.3%。

【产业招商富有成效】 围绕“双创”工作,精心编印招商手册,认真进行项目包装,举办福州、杭州、南昌等旅游专场招商推介会,着力“招大商”。新余爱必依景区管理公司成立并投入运营。仙女湖旅游股份有限公司以增效扩股方式引入省旅游集团,注册资本从2亿元增加到5亿,进一步深化与省旅游集团战略合作。重点引进渔仙旅游特色小镇、通航小镇等重大项目。摩尔庄园、凯光欢乐谷水上乐园等项目陆续开园迎客。市旅发委招商小分队完成招商引资任务2.38亿元。新增19个洽谈项目,新引进签约项目10个,新增5000万元以上二产项目1个、3000万元以上一产三产项目1个、总部经济项目4个。

【行业管理进一步提升】 积极开展旅游市场秩序整治,实施旅游市场“双随机一公开”抽查,严厉查处虚假旅游广告、不合理低价游、非法经营旅行社业务等不法行为。全面推行旅游电子合同和电子导游证,切实加强旅游合同监管。开展执法检查次数90余次,检查旅游企业150余家次,下发限期整改通知书48份,约谈4家旅行社负责人。受理旅游投诉案件35件,立案办理12件,接受游客咨询电话386个,理赔金额24051元,有力维护游客和旅游企业的合法权益,2次收到游客送来维权感谢锦旗。深入开展安全排查整治,切实消除事故隐患,有效防范各类涉旅安全事故。累计检查景区、旅行社、星级饭店等旅游企业达64家,检查180人次。发现整改隐患16处。进行行业全员免费培训,深入开展“优化发展环境、提升服务技能”系列旅游服务质量提升活动,举办旅游服务技能竞赛和文明导游风采大赛。积极开展游客满意度调查与评价,改进和提升旅游服务质量和水平。全年新增旅行社4家,注销旅行社1家,变更旅行社2家,新增旅行社门市部19家。（刘艳霞）

园　林

【概况】 2017年,市园林局以园林管理精细化为目标,抓实抓细抓新园林工作,推进园林绿化管理机制的市场化改革,加强园林养护精细化管理,大力提升园林绿化功能品位和水平,改善城区人居生态环境,确保各项工作有序开展,成效明显。

完成公园街道樟树、紫玉兰、合欢等树木补植1000余株、灌木2万余株、草皮3万余平方米,完成全市公共绿地春冬季施肥100余吨。

对公园设备和园林设施进行常态维修,完成公园零星设施维修金额200余万元。其中,北湖公园维修庭院灯23盏、更换水龙头18个、腐烂木栈道200根、地面松动地砖40余处,实施园内厕所屋面防漏处理及下水管疏通。抱石公园维修照明灯300余盏、栏杆150余米、地面铺装及沥青路面200平方米、围墙800米,更换水龙头75只、管材126米,对6座厕所进行维修,投放生石灰10吨及硫酸铜200公斤净化水质,清理垃圾、水草30车;湿地公园维修照明灯200余盏、水龙头20个,维修厕所3座。

开展抢险救灾及抗旱保绿工作,出动洒水车

浇水800余车,清理倒塌树木300余处,湿地公园浮桥抢险拆装4次、湖面水草大规模打捞3次,计费用100余万元。

完善绿地管理。全面实行公园、道路绿地网络化管理,制定《新余市园林局园林绿化巡查管理制度》等3项管理制度,及时处理数字化城市管理案件1500余件,并按规定及时处理占绿、修剪、移植、毁绿等案件30余件,协助办理建设项目绿化联审联验50余件。

加大绿地养护检查考核力度,强化园林部门的职能管理,严格实行量化考核,将考核结果与养护费挂钩,强化管护责任,不断提升园林综合管理水平,建立科学规范、管理精细、长效化的绿化管养考核机制,构建人与自然和谐相处的城市环境。

加大国家检疫性病虫害(松线虫、白蚁、红棕象甲等)的防治工作,对公共绿地内加拿利海枣、华棕等热带植物进行分类单列另聘请专业队伍进行养护管理;完成抱石公园264株患松线虫害的松树技术处理;聘请专业白蚁防治公司对北湖公园、抱石公园及竹山路、北湖路、长青路等绿地的白蚁进行全面防治。

加强节日美化。针对元旦、"五一"、国庆、春节等重要庆典或节日的实际,在城区重要节点位置设置造型花柱16组、摆放草花15万盆、悬挂灯笼5530只、红旗3800面、栽植草花40万盆,扮靓美化城区环境。

【抓好项目建设】 精心组织启动一批公园设施改造工程,改善城市环境,完善公园功能。一是继续推进孔目江湿地公园三期工程建设。紧扣"绿""水"两大主题,将湿地生态与湿地休闲功能融为一体,充分利用孔目江自然资源,做足水文章、倾力打造孔目江湿地生态园林景观,建成具有浓郁地方特色的江西生态湿地和国家湿地资源"保护—利用—提高"的示范点。工程于2016年8月动工,至2017年年底完成工程进度的60%。通过三期续建,提高湿地公园的整体生态效应,进一步巩固生态文明建设成果,提升全市公共服务设施服务功能。二是高品质提前完成绿起公园(新建北湖公园至仰天岗纪念碑广场城市绿轴工程)建设。工程于2016年6月开工,经过多方努力提前2个月完工,于2017年10月向市民开放。公园以生态建设为契机,串通北湖公园与仰天岗森林公园,极大地满足市民休闲娱乐需求,强化新余北湖片区的景观特色,提升城市的景观面貌。三是完成湿地公园提升改造工程。完成沿湖8221平方米的木栈道维修,沿线设置电动车防护栏以及沿路8089平方米仿木栈道维修以及木栈道沿线照明、休闲座椅、景观设施、环卫设施的维护及更换等。工程于6月开工,12月底全面完工。该项目建设极大改善湿地公园的整体游览环境,为市民提供一个良好的娱乐活动场所。四是完成城区老公园维修改造。完善城区老公园功能,改善城市环境,对长林湖、三叠园、晚晴湖等公园基础设施(灯具、路石、座椅、路面、小品等)维修改造,以提升城市公园的服务功能和水平。工程于6月底开工,11月底全面完工。五是提前完成抱石公园景观塔塔基塌陷维修工程。工程于6月挂网招投标确定施工队伍,经过3个月的紧张施工,于9月29日全面完工,提前30天完工。工程投资约300万元,全程采用现代科学技术进行修葺,以确保城市特色资源的永续长存,维修改造后的景观塔大大提升景观塔的景观效果,满足观光、服务功能,同时也能给市民带来更好的观景体验。六是完成抱石公园、北湖公园木栈道提升改造工程。对抱石公园、北湖公园木栈道进行维修更换,加装护栏,并进行无障碍设施改造,满足居民日常游憩的需求。工程于6月底开工,于11月底全面完工。七是完成城南百花湖公园改造工程。完善百花湖公园配套设施,增加公共敞开空间,满足市民休闲活动需求,同时对百花湖公园南大门进行全面维修、改造等。工程于6月底开工,于11月底全面完工。

【完善园林养护购买服务招标评标办法】 针对以往园林绿化养护购买服务招标采用最低中标法评标导致投标单位恶性竞争,严重影响正常的养护工作,为优化和解决在服务外包过程中出现的问题,改进存在实践当中不合理的外包模式,市园林局积极借鉴其他地市服务外包的先进经验，对城管体制改革、社会化职能移交涉及渝水区、仙女湖、新钢、铁路绿地养护管理项目于2017年9月公开招标采购，采用综合评分法进行评标，建立良性服务市场。

【移交市政公用设施】 根据《新余市人民政府办公室关于印发新余市剥离驻市中央省属企业办社会职能工作方案的通知》等文件精神，园林局积极配合城管体制改革，派员到实地进行对接核实，稳妥有序推进绿地移交工作，完成高新区、仙女湖区、渝水区、高铁区、仙来办等公共绿地和新钢、铁路等社会职能公用绿化及伴山公园的苗木清点移交工作。

【实施城区道路交通隐患点改造提升】 对市公安局认真摸排、梳理出的第一批20个道路交通隐患点涉及园林局方面的抓紧落实到位，完成仰天岗大道中心隔离花圃9条便道地砖的拆除；修剪青年路、天工北大道、赣西大道影响交通通行、超出绿化带的苗木；完成北湖路与狮峰路口和长林北路四中西门口部分绿化带的撤绿工作；实施青年路（五一路立交桥下）增绿工作。（张小彬）

文　博

【概况】 2017年，全市文博工作者依照“保护为主，抢救第一，合理利用，加强管理”的文物工作方针，紧紧围绕文物保护、博物馆纪念馆管理、展览教育、文物执法宣传工作任务，坚持文物保护与文物利用、与城乡建设、与经济建设、与民生改善“四个统筹协调”，积极传承和弘扬中华优秀传统文化、发挥文化遗产的社会教育功能，文博工作取得明显成效。被中国博物馆协会接纳为团体会员，获江西省第一次全国可移动文物普查先进集体。被省委宣传部等单位列为江西省学雷锋志愿服务首批示范单位。

文物保护项目建设稳步推进。一是加强层级申报工作。推荐6个古村落成功申报为江西省首批省级传统村落；推荐18处文物点申报第六批省级文物保护单位。二是做好文物保护项目实施。完成渝水区水北余庆堂、分宜刁凿齿墓维修保护工程施工；完成分宜苏区革命遗址群修缮工作。三是配合基本建设做好文物保护调查工作。开展上新公路水北、鹄山段，省级5221线付加圩至下村加山段一级公路改建工程文物保护实地勘探；开展110kv新建新良山变电站站址、网视未央农业产业园等重点工程考古调查；完成全市革命标语普查、原中央苏区文物保护项目利用情况调研工作；调查新发现水北清代民居。

积极展示，进一步发挥文物资源在传承和弘扬中华优秀传统文化的重要作用。①自办、联办、引进专题展5个。②完成彩色村《新余历史文化长廊》展览、全省花博会《新余历史文化》布展工作。③分宜县博物馆正式对外免费开放参观。④为纪念抗战爆发70周年，市博物馆举办读抗战家书公演活动。⑤开展爱国主义教育基地共建工作，与市武警支队、市警官学校、江西工程学院等7单位签订共建协议，并多次开展主题教育活动。⑥7月7日，为纪念抗战爆发80周年，赣西抗战博物馆正式开馆免费参观；9月22日，蒋国珍纪念馆建成开放；10月1日，新余匾额博物馆正式开馆。⑦夏布绣博物馆外展获佳绩，首次亮相第十二届中国（义乌）文化产品交易会，《时代印迹》获工艺美术银奖；《寓见美好》夏布绣宫扇获创新设计奖。⑧罗坊会议纪念馆入选全国红色旅游经典景区。

加强文物保护宣传，积极做好文保安全工作。①组织文物工作者学习国务院印发的《关于进一步加强文物工作的指导意见》和国务院办公厅印发的《关于进一步加强文物安全的实施意见》。②加强《中华人民共和国文物保护法》宣传。③圆满完成公安部消防总局消防安全检查和全国文物安全大排查；进行全省文物工程交叉检查和省级以上文保单位安全重点检查；抓好文物日常消防检查工作。④开展“5·18”国际博物馆日和“文化与自然遗产日”、法制宣传日、科普宣传周等文物专题宣传活动。⑤配合做好招商市情片、文化旅游频道、新媒体宣传等工作。⑥探索文创产品开发。市博物馆列入省文化厅文创产品开发试点单位；加强民办博物馆指导，协助成功申报国家文物局“互联网+中华文明”项目1个。

项目申报。申报中央苏区文物保护、国家公共文化补助、省基层文物保护项目10个，所有方案均通过省级评审上报，到位资金111万元。

【罗坊会议纪念馆入选全国红色旅游景区】 3月，国家发改委、国家旅游局等14个部委联合印发《关于印发全国红色旅游经典景区名录的通知》，名录收入全国300处红色旅游经典景区，经典景区都是选择革命文物资料丰富、基础设施较完善、陈列展览效果较好、教育功能突出、有一定品牌知名度的红色景区，罗坊会议纪念馆位到我省赣西11处红色旅游系列景区一同入选。罗坊会议纪念馆坐落在渝水区罗坊镇袁水河东岸之彭家洲。1973年兴建，建筑占地面积1.2万平方米，馆址是一座带有民族风格的四合院式建筑，内设有序厅、展厅、会议室、接待室、教学培训中心等，有《罗坊会议》《兴国调查》《新余革命斗争史》3个专题部陈列。展览通过丰富的革命文物和珍贵的历史照片、文献史料，利用绘画、情景复原、雕塑等艺术形式，展示毛泽东、朱德、彭德怀等老一辈无产阶级革命家在1930年10月—11月期间，在罗坊进行伟大革命实践活动及丰功伟绩。这里每年的“六一”“七一”“八一”“十一”等节假日，成为社会各界、人民团体、学校、部队、党团重要活动场所，是江西省爱国主义教育基地和井冈山干部学院现场教学点。

【调查新发现——清代民居】 8月，为配合全市新农村建设，做好文物保护调查研究工作，考古工作者在水北镇泉塘村委谢家村发现清代民居一栋。建筑坐西朝东，砖石木结构。外观民居，建筑南北两面夹风火山墙，前置露天院落，墙体青砖砌置，硬山顶，双坡屋面，青瓦覆盖；建筑内部上为穿斗式梁柱构架，中为木柱支撑联成网，底下为石柱础垫基，地面青砖铺设。从建筑实测平面看，主体建筑为正方形，单进三开间，中为厅堂，分前后两室，左右设有对称式厢房各三间，通进深20.80米，其中主体建筑深12米，院落深8.80米，从建筑布局看，地势前低后高，依山而建，中轴线上一正一附，属于典型的南方封闭式带地方特色院落民居，在新余地区保留少见。据《水北泉塘桂氏族谱》载：桂姓始祖于元至元年间（1264—1294）由浙江乌苟巷前龙迁至泉塘桂家，清光绪年间，由桂家分居于谢家，因村始居谢姓，后离居，桂姓继居，沿用原名。据考证，建筑系清光绪二十年（1894）孟秋月桂荣创建，至今有120余年历史。

【赣西抗战博物馆】 2014年9月，新余市企业家、收藏家宋子枫创办，初名“湘赣边区抗日战争博物馆”，展馆位于市区城南抱石公园内，是一家以抗战为主题非国有博物馆；2015年5月始，进行展览筹备、展品整理、陈列大纲撰写、展板设计制作等工作；2016年6月，陈列展览经省委宣传部、省委党史研究室、省文化厅、省文物局等有关部门组成专家组审核通过，改名为“赣西抗战博物馆”，馆名由原上海劳动妇女战地服务团老战士林曼萍题写；2017年7月7日，为纪念抗日战争爆发80周年，正式向广大市民免费开放参观。博物馆设立在一座占地约3000平方米仿古建筑小院，院内设有室内外两个展区，室外展区主要是张自忠、罗卓英等抗日将领在抗战时期亲笔题写的牌刻；室内展区分为4个展厅，多以珍贵图片、文献史料、实物为主。第一展厅：（一）“七七”卢沟桥事变，抗日战争爆发；（二）侵华日军在赣西暴行；（三）日军在新余暴行；（四）江西国共合作抗战局面形成；（五）江西抗日救亡团体发展；（六）江西抗战进程。实物展示有：①全国抗战宣传杂志、报刊、课文；新喻县抗战时期政府布告、壮训名单与证章、部分乡村公所调令、布标；②国民革命军八路军装备、抗战时期中国军队装备、敌后抗日武装主要装备；③新余人民抗战时期使用过梭镖、大刀；④抗战时期密明码电报书、电报纸、电报文。第二展厅：（一）人民动员，抗战在新余；（二）新余抗战活动；（三）上高会战;(四)新余人民支援上高会战;(五)中共在赣西组织领导抗日活动;(六)赣西敌后救亡运动。实物展示有:缴获侵华日军大衣、头盔、水壶、文件包、饭盒、急救药品、望远镜、军刀、各式指挥刀、炮弹、手雷、子弹、空投弹、国旗、防毒面具及配件等;中国军队使用的武器、冲锋号、餐具。第三展厅:(一)新余中共党组织的恢复和重建;(二)上海战地服务团在新余。实物展示有:战地服务团在新喻使用识字课文、笔架、编印出版的《战地二年》书籍、钢笔、布标、标语等。第四展厅:(一)赣西抗战丰碑;(二)活跃在全国抗日战场上的新喻子弟;(三)血肉之躯铺筑胜利之路;(四)中央陆军军官学校黄埔军校的新喻子弟;(五)新喻县抗日阵亡将士名录;(六)分宜县抗日阵亡将士名录。实物展示有:张自忠将军敬师碑、宣传抗战匾牌等。共展出藏品实物约1000件。

【农民自办新余匾额博物馆】 渝水区珠珊镇洋津有一农民名叫罗志鸿,1990年年初中毕业后在外游学,1996年拜师学艺做雕木工,1998年接触古玩成为收藏爱好者,2008年在抱石文化街租房开设"半闲堂"经营古董买卖。20年间走村串户、省吃俭用、四处举债积累收藏品2000余件套,2017年筹资70万元自办私立博物馆,因陈列展览以匾额为主,故取名"新余匾额博物馆"。2017年10月1日正式向社会民众免费开放参观。新余匾额博物馆位于新欣南大道新余大桥旁聚福大酒店,馆房是一栋临时租用二层楼房,面积3000平方米,馆内设有7个展厅。(一)匾额展示厅,展示明清至民国时期匾牌300余块,内容有功德声望匾、科举匾、堂号匾、字号匾、牌坊匾、祝寿婚庆匾、褒奖匾、官署门第匾等;(二)碑石展示厅,展出历代墓志铭160余方;(三)陶瓷展示厅,展出汉至民间时期文物200余件,如汉陶器、明清青花瓷等;(四)红色收藏厅,主要展示毛主席像章、纪念章、语录以及革命战争年代重要物件等;(五)锡器展示厅,展出各种造型锡壶百余件;(六)民俗文化展示厅,展出近现代农耕器具、家具、纺织车、生活习俗品、喜庆用品、床花等近500件;(七)收藏馆展厅,主要展示古籍、字画、铜器、铁器、钱币、石器、木雕件等。馆内还开设有新余文化讲坛、书画讲座、文物鉴赏、文创产品等平台。江西省电视台都市频道、新余市综合频道、渝水电视台、《江西日报》《江西法制报》《新余日报》、腾讯新闻、网易等新闻媒体先后做现场采访、新闻报道。

【蒋国珍纪念馆开馆】 蒋国珍(1930年—2016年)男,中共党员,新余市渝水区罗坊人,师范学历,教师,1959年被错划为"右派分子"后下放农村。1979年重返罗坊中学教师岗位,将国家补发22年工资9600元捐献希望工程。此后又毕生倾其所有捐资助学,资助、奖励学生2万余人,累计金额20余万元。曾获"全国老干部先进个人""中国最美乡村教师""中国好人""江西省十大公益慈善人物";2011年7月,获"全国优秀共产党员",受到中共中央总书记胡锦涛等中央领导亲切接见;2011年9月,获"第三届全国道德模范提名奖"。2016年6月15日病逝,享年86岁。蒋国珍纪念馆位于渝水区罗坊镇蒋国珍小学内,深圳赣森实业有限公司董事长胡三根捐资100万元兴建,展馆通过情景还原,陈列有蒋国珍生前故居、旧物、生活用品、工作笔记、教学物品、奖章、书信等。2017年9月22日,纪念馆举行开馆仪式。 (胡小勇)

编辑 姚 涛

县区概况

分宜县

【概况】 分宜县位于江西省中部，辖7镇、3乡、1个街道办事处。总面积1391.76平方公里，其中城区建成区面积13.8平方公里。粮食种植面积28260万平方米，有林地面积69700万平方米。森林覆盖率64.3%，城区绿化率40.53%。年末常住总人口31.65万人，其中非农业人口17.54万人，全年出生人口4312人，人口自然增长率7.64‰。

2017年，地区生产总值(GDP)246.88亿元，同比增长8.6%。其中，第一产业增加值22.26亿元，增长4.5%；第二产业增加值105.84亿元，增长8.2%；第三产业增加值118.78亿元，增长10.1%。人均生产总值78354元，增长8.2%。税收占财政收入比重60%。地方财政收入26.14亿元，增长5.3%。地方财政支出39.29亿元，增长4.6%。工业增加值88.42亿元，增长8.7%；占地区生产总值的35.8%；规模以上工业增加值46.55亿元，增长8.7%，占地区生产总值的18.86%；外贸出口额14.75亿美元，增长32.3%。全年500万以上固定资产投资214.09亿元，增长12.1%。实际利用外资合同金额0.99亿美元。主要工业产品：原煤54万吨，水泥240万吨，驱动桥5400台，发电量17.3亿千瓦小时，苎麻布1266万米。全年粮食总产量16.06万吨，增长1%。主要农产品：西瓜1742公顷，产量3.6万吨；蔬菜4015公顷，产量5.4万吨；生猪出栏26.1万头，猪肉2.22万吨；禽蛋产量7575吨，增长33.18%；水产品1.7万吨，增长3%。万元GDP能耗0.315吨，城市污水处理率90%。城镇居民人均可支配收入29596元，增加2243元；农村居民人均纯收入16166元，增长1335元。全县年末金融机构人民币的各项存款余额153.26亿元，比年初增加18.96亿元；住户存款余额89.68亿元，比年初增加10.77亿元。城镇新增就业4762人，新增转移农村劳动力3571人。城乡居民养老保险参保率98.63%，全县基本医疗保险参保人数31.68万人，其中城乡居民医疗保险参保人数28.7万人，参保率达106.3%。社会保险基金征缴总量4.25亿元。货币化安置16户。全年减贫1234人。无扶贫移民搬迁人数。

【分宜县融入经济全球化】 2017年1月，江西雅保锂业公司正式成立并授牌，标志着这次跨国并购重组工作取得圆满成功，标志着分宜县第一家全外资企业正式成立，标志着分宜融入经济全球化步伐。这次跨国并购工作起始于2015年底，历时一年多。其间，省市领导都对这个项目高度重视，省、市各相关部门也一直在为该项目的促成给予全方位的指导、关心、支持和帮助。在多方的共同努力下，2016年12月，企业双方在美国夏浩特签订4万吨电池级氢氧化锂扩产项目投资合作备忘录，江西雅保锂业公司正式变更为美国雅保的全资子公司，雅保公司成功完成对江西江锂新材料科技有限公司锂业务的收购。江锂新材料的锂盐总产能为1.5万吨/年。雅保正在筹划江西分宜扩建项目的工程设计，此项扩建将使雅保锂业额外增加氢氧化锂产能2万—2.5万吨/年。为确保扩产项目进展顺利，分宜县实行重点帮扶，确保一期项目在年底前投产。项目将朝着着力技术创新、重视安全生产、加大环保投入的目标进行，朝着花园式工厂的目标把公司打造成现代企业的样板，国际经营的典范。雅保公司总部位于美国北卡罗来纳州夏洛特市，是一家全球性特种化学品公司，在锂、溴和炼油催化剂领域占据领先地位，公司带动全球若干重大产业的公司发掘并释放潜能。

【打造县域经济发展强力引擎】 分宜县是全省工业重点调度县，凭借着扎实的基础和丰富的矿产资源，多次荣获全省综合经济发展先进县。但进入新的发展时期，煤炭、矿山等资源型产业难以为继，县域经济发展困难重重。如何重振县域经济雄风？分宜县在新旧动能转换上动脑子、下功夫，通过转型升级传统产业，加速培育新兴动能"双管齐下"，打造县域经济发展的强力引擎，实现分宜发展"凤凰涅槃"。分宜县推动美国雅保并购重组江锂新材料，对时有产能进行改造升级，同时推进国能电池4亿安时储能电池项目，加大正、负极材料和电解液、隔膜、外壳包装等新项目引进力度，形成完整的锂电产业链。承接沿海地区光电信息产业梯度转移，大力实施手机触控及LED产业3年倍增计划，引进一批LED光电信息、手机零配件及整机生产企业，卓照光电、盛泰光学等企业生产经营蒸蒸日上。升级传统制造企业，落实装备制造3年行动计划，重点支持分宜驱动桥、宏大电机等企业新产品研发上市和老产品改造提升，促使"分宜制造"向"分宜智造"转变，同时强化电力、煤炭、矿山、水泥建材等企业的管理和资源整合，加大精准帮扶力度，推动分宜海螺、分宜电厂、珠江矿业等"老牌"骨干企业经营态势稳中向好，让"老产业"成为"新智造"的领头羊。此外，强力推进麻纺特色产业在创品牌、强产业、建平台等方面久久为功、持续发力，麻纺产业呈集群化发展态势，成为分宜的一张名片。

【"党建+颐养之家"破解养老难】 分宜县高度重视农村养老服务体系的建设，在新余市率先提出"党建+"理念，全面推进颐养之家工作，探索出一条党组织主导引领、党员志愿者服务、老人自我管理、社会力量广泛参与的破解养老难的新路。全县131个行政村和11个城市社区颐养之家实行全覆盖。分宜县在场所建设、颐养模式、资金筹措和管理服务等方面下功夫，有效满足老年人生活照料、情感交流、精神慰藉等基本需求，实现老人颐养在村（社区），就近居家养老的美好愿景。按照"就简实用、相对集中"的办法，采取利用闲置的村级组织办公场所、小学校舍等集体房产资源改扩建，动员引导党员干部、热心公益事业的村民免费提供或低价出租空置多余房屋，争取爱心企业、个人、社会组织等出资新建等方式，解决颐养之家场所问题，尽量不增加村级负担。同时，采取"政府补助、村级配套、个人出资、社会捐助"等多种模式，建立多元化、长效稳定的经费筹措机制。颐养之家建设经费按每个村10万元的标准，由市、县、乡三级按4:4:2比例分担；运行经费在"入家"老人每月自缴200元的基础上，由市、县两级财政每月每人各补贴50元，不足部分通过乡、村自筹和社会捐助解决。2017年，县财政安排经费656万元、党员干部和企业、社会各界人士捐助350多万元全部用于颐养之家建设和开销。

【文化活县好戏连台】 为营造良好的电影文化生态环境，分宜县启动"喜庆十九大优秀电影宣传月"展映活动，精心选购十几部优秀影片在全县文化广场、社区、企业、农村、军营和中小学校等地进行公益电影展映，回顾党的光辉历程，以激励党员和广大群众的爱国热情，自觉接受党的优良传统教育。活动开展以来，进广场放映12场、进社区放映14场、进农村放映128场、进军营放映2场、进学校放映电影65场，观影人数达3万余人。中共十九大闭幕后，分宜县准确把握十九大精神，大力创作采茶戏《"十九大精神"传万家》、快板《颐养之家美名扬》、相声《火警电话》等宣传中共十九大精神的文艺作品。在距离县城最远的操场乡太湖村、上松村颐养之家，分宜县老年艺术团的"红色文艺轻骑兵"精心准备的《"十九大精神"传万家》

《颐养之家美名扬》等节目，为村民们送上一场精彩的“学习宣传党的十九大精神”文化盛宴。在国家级传统村落——分宜县钤山镇防里村的祠堂里，快板《乡村振兴暖人心》、小品《一个也不能少》、音乐说唱《迎亲路上》等中共十九大精神宣传文艺节目赢得村民阵阵掌声。分宜县组建文艺轻骑兵 28 支，走进基层巡回展演 118 场。

【全面完成山塘水库退养】 2017 年，全县 824 座水库山塘全面有序地退出承包养殖，进入渔业捕捞、后期管理服务、巩固“保家行动”和持续“一库清水”时期，建立水质保护长效机制。全县有小(2)型以上水库 108 座，承包养殖 85 座；山塘 716 座，承包养殖 408 座，水库山塘共计 824 座，承包养殖 493 座，承包率 60%。由于历史原因，长期以来水库水面实行租赁承包，受经济利益的驱动，承包者实施投饵养殖，每年向水库山塘投放大量的猪粪、无机肥，导致水质严重污染，极大地威胁人民群众生产生活安全。为切实维护人民群众自身利益，保护水环境和水质安全，确保水质达标，3 月，分宜县决定在全县范围内全面禁止水库、山塘投饵(投肥投粪)养殖，禁止水库、山塘围栏围网养殖，实行人放天养；今后不得再将水库、山塘等公共水域水面渔业养殖权对外承包，已经租赁的限期收回；明确要求 2017 年年底所有水库山塘全部退出承包养殖，水库山塘水质达到《地表水环境质量标准》(GB 3838—2002)Ⅲ类水质标准。完成水库山塘退养，时间紧、任务重、刻不容缓，分宜县采取一系列坚决果断措施，高位强力推进退养工作，迅速成立水库山塘退养专项整治领导小组，县主要领导任组长披挂督阵，成员单位按照责任分工全力抓落实，绘制全县水库山塘退养作战图，挂图作战，联合会战，每日一通报、每周一调度，及时汇总进展情况；各驻村帮扶单位下到挂点村，督促协调帮助挂点村按期完成退养任务；各乡镇作为限期收回养殖承包权的责任主体和实施主体，全面履行责任，落实专职人员，细化明确责任，按照属地负责的原则，各类水库由乡镇科级干部分库分塘包干负责，每座水库山塘都有退养责任人。落实退养经费，制定奖励办法，核拨奖励资金，县财政筹措 2073 万元作为奖补资金，支持全县水库山塘的退养工作。通过县、乡(镇)、村三级联动，9 月底全面完成山塘水库的退养任务，提前 3 个月告捷。

【发展“楼顶经济”推进光伏扶贫】 光伏扶贫作为国务院扶贫办确定实施的“十大精准扶贫工程”之一，在分宜县得到强力推进。一方面，县委县政府整合扶贫资金，购买中电长城新建的 3.38VMW 兆光伏发电站，将所得收益统筹分配给建档立卡贫困户和贫困村，按照每人 3000 元的基数，将县光伏电站部分股权分配给全县 8166 名贫困人口，保障每人每年收益不低于股本金的 10%。另一方面，县扶贫移民局与江西省中恒新能源开发有限公司签订合作合同书，授权该公司在 2017—2019 年期间，建设分布式光伏发电站示范基地，主要是在农户住房屋顶上铺设太阳能电池板，通过分布式太阳能发电，将农户打造成“微型太阳能电站”，在开发利用太阳能资源的基础上，保障农户连续 25 年产生稳定的收益，实现扶贫开发和新能源利用、节能减排相结合，发展“楼顶经济”。该公司预计 3 年期间，在全县投入 12 亿元，拟建设 30—60kW 村级站 130 个，建设 3—5kW 农户小型光伏发电系统 2 万余户，切实增加村级集体收入，帮助农户脱贫致富。截至 2017 年 8 月底，分宜县有近 600 个农户安装太阳能电池板。

【城乡供水一体化项目进展顺利】 2017 年，分宜县坚持“城乡统筹、资源整合、规模发展、专业运营”总体思路，以建立“同网、同价、同质、直供到户”城乡供水安全保障体系，确保农村群众用上安全方便的自来水为目标，大力实施城乡供水一体化项目工程建设。项目建设进展顺利，完成投资 5000 余万元。预计 2018 年 10 月底前，完成水厂、加压站、管网新建与改造任务，50 户以上群众有强烈要求的自然村全部通水；2018 年 12 月底前，实行“三大目标”，城乡供水一体化工程全面投入营运，全县农民群众喝上干净、卫生的放心水。该项目区包括分宜县11个乡(镇、街道办)和仙女湖区2个办事处,共划分6个供水分区,规划供水人口26.77万人,供水总规模8.16万吨/日,总投资49668万元。分宜县通过2年工程设施建设和供水管网改造,实现全县50户以上自然村供水管网覆盖率达100%,具备通水条件的自然村当期开户率达50%、项目供水范围内农村自来水水质合格率达100%的"三大目标"。

【主要负责人】

县委书记	李逸翔
县人大常委会主任	袁传胜
县长	胡　军
县政协主席	朱运书

（杨　诚）

渝水区

【概况】　位于江西省中部偏西,辖6镇5乡6街道办事处。总面积1273平方公里。总人口70.67万人,人口自然增长率9.9‰。2017年,地区生产总值273.41亿元,增长8.5%。其中,第一产业增加值31.97亿元,增长4.4%,第二产业增加值114.58亿元,增长8.2%,第三产业增加值126.86亿元,增长10.4%。财政总收入36.5亿元,增长8%。其中,税收收入32.9亿元,占财政总收入比重90.1%。固定资产投资311亿元,增长12%。新增规模以上工业企业16家,实现规模以上工业增加值60.75亿元,增长8.1%;主营业务收入267.2亿元,增长11.3%;利税总额21亿元,增长25.3%。外贸出口总额13.6亿元,增长24.8%。实际利用外资1.21亿美元,增长18.5%。实际引进内资152.04亿元,增长11%。社会消费品零销总额166.3亿元,增长12.7%。城镇居民可支配收入3.59万元,增长8%;农村居民人均可支配收入1.7万元,增长9%。社会保险基金收入15.7亿元,社会保险基金支出7.1亿元,年末滚存结余17.5亿元。各类民生支出19.3亿元,2153名特困人员纳入救助供养范围,650户1631名贫困人口成功脱贫。

工业经济。2017年新增规模以上工业企业16户,实现规模以上工业增加值60.75亿元,增长8.1%;主营业务收入267.19亿元,增长11.3%;利税总额21亿元,增长25.3%。江沃锂离子电池、碧水新村EPS带钢、中辉新材料等一批工业项目竣工投产。13万平方米现代装备标准厂房、40万平方米光电产业园等基础设施稳步推进。中车集团粮食烘干机、煤储基地等一批重大项目成功落户。全区121个区级重点项目,完成投资41.1亿元,占年度计划任务的112%;51个市级重点项目,完成投资30.1亿元,占年度计划任务的106%。

农业生产。2017年,渝水区粮食播种总面积78.15万亩,粮食播面平均亩产424公斤,粮食总产33.1万吨。油料作物总播种面积8.32万亩,油料播面平均亩产129公斤,油料总产1.07万吨,其中,油菜收获面积3.92万亩,亩产100.4公斤,总产3934吨。全区蔬菜播种面积16.95万亩,蔬菜年总产量29.8万吨,总产值5.4亿元。全年完成水面养殖4.95万亩,水产品总产量2万吨,其中特种产量6000吨,渔业总产值3.5亿元。新余蜜橘种植面积10万亩,其中挂果面积6.7万亩,总产量13.6万吨,形成七里山、罗坊、蒙山三大万亩新余蜜橘基地。

电商服务。全区2017年新增入库规上服务业企业14户,实现服务业增加值127.8亿元,增长11.2%,占GDP比重为46.4%,其他营利性服务业规上企业营业收入增幅55%,达到全省平均以上增幅。电商发展势头强劲,与阿里巴巴农村电子商务合作协议正式签订,180家农村淘宝村级服务站成功落地,43个农村电商服务站运行良好。成功举办花海艺术节、新余蜜橘采摘文化节等文化旅游活动,全年实现旅游总收入40亿元。

财政税收。全年完成财政总收入36.5亿元,增长8%。其中,税收收入完成32.9亿元,占财政总收入比重90.1%,高于全省平均水平11.3个百分点,财政收入质量连续3年保持较高水平。全区一般公共财政预算收入完成19.2亿元，完成年初预算的106%。金融保障更加有力，全年共争取省级新增债券资金2.58亿元，全部用于背街小巷、老旧小区、城中村、棚户区改造、义务教育学校建设等公益性项目支出。“财园信贷通”“财政惠农信贷通”“科贷通”全年共向企业放贷7.1亿元，比上年增加1.88亿元，惠及企业和农业经营主体497户。企业税收增加明显，全年重点税源企业入库4.13亿元，同比增长37%，增收1.12亿元。首次将区乡两级预算单位公共消费支出纳入网络动态监管，确保“三公”经费等公共消费支出得到有效压缩，全区“三公”经费财政拨款支出比上年压减10.3%，同比实现五连降。

生态建设。率先在全省实施“路长制”，“河长制”工作体制机制不断健全。生态补偿金制度、生态环境保护巡察制度、绿色差异化考核制度和领导干部自然资源资产离任审计制度不断完善。2017年，全区2855户禁养区养猪场全部关停拆除，1336座山塘水库全部退出承包养殖，25家废水不达标的企业全部整改，瑞晶太阳能、永清环保等20户重点企业排放在线监测系统建设稳步推进。姚圩、良山垃圾分类试点取得实效。全省卫生城市复审、农村生活垃圾治理专项整治通过省级验收。良山下保村入选全国美丽宜居村庄，罗坊生态循环农业小镇列入省级特色小镇创建名单，花田、湖头、彭家列为全国首批绿色村庄，澎湖、大港亭列为全省生态村庄，下寸、西江、哲山列入省级传统古村落名录。

基础设施。2017年，全社会固定资产投资311亿元，增长12%。全区11条背街小巷、14个老旧小区、4个城中村改造全面完成。袁河三甲医院、市中医院搬迁等7个重点城建项目房屋征收有序进行。新钢山上片危旧房改造、滨江小区分房工作全面完成。蒙华铁路安置房建设扎实开展。成立2000万元集镇提升改造基金，集镇面貌持续改善，鹄山、界水等5个农贸市场新改扩建工程投入使用。良山工业大道路面维修、珠姚线等城乡道路建成通车。50公里自然村通水泥路、15座危桥改造、60公里农村公路生命防护工程基本完成。绕城路渝水段征地拆迁和水芳线、河良线、观界线改造升级有序推进。4.1万亩高标准农田、袁河南联圩除险加固、中小河流重点县综合整治及水系联通、城市防洪工程珠珊段等项目建设稳步推进。乡镇红绿灯建设、城乡公交建设实现全覆盖。

脱贫攻坚。整合财政涉农扶贫资金2.7亿元。建成就业扶贫基地19个，吸纳就业1456人。投资7948万元，用于购买3VMW光伏发电站、2.7万平方米标准厂房和扶持发展特色扶贫产业，确保每个贫困人口每年至少增收720元。发放各类教育扶贫补助790万元，惠及贫困生8396人。率先在全省实施“健康扶贫+民事代办”，建档立卡贫困人口住院自付医疗费用在10%以下。806户“四类对象”危房改造全面完成。4500户南英垦区危房改造稳步推进。

社会事业。38件民生实事除南英垦区街道改造、文体中心建设因规划原因取消外，其余36件基本完成。建成颐养之家259个，实现181个行政村全覆盖。渝水区中心幼儿园、渝水六小教学楼、珠珊九年一贯制学校、渝水七小等4个项目全面开工。罗坊、良山、水北等3个乡镇院前急救站建成运行。乡镇敬老院锅炉改造全面完成。乡村小规模学校适度集中办学顺利推进。傅抱石艺术馆基本完工。158个标准化晓康诊所投入使用。罗坊中心卫生院入选全国群众满意乡镇医院。白竹路、沙土等2个社区卫生服务中心被评为全国优质服务示范社区服务中心。文明城市创建扎实开展，良山下保、罗坊湖头入选全国文明村镇，仙来学校获评全国文明校园。社会信用体系建设扎实推进。40个社区微型消防站建成使用。

【全省首条带钢EPS生产线开工建设】 1月，全省首条、全国第三条带钢EPS生产线在渝水区袁河经济开发区开工建设。EPS中文译名是板材绿色表面清洁技术，是一种新型的板材表面清洁方法，可对带钢企业所有冷轧带钢集中清洗，包括新钢公司生产的外销热卷带钢。该项目由新余市久隆带钢有限公司投资建设，总投资2亿元，规则用地160亩，总建筑面积11万平方米，项目一次性规划一次性建成，于8月完工。项目建成达产后，具备年处理60万吨带钢的能力，可实现年销售收入24亿元以上，年利税3600万元。项目的实施大大提升新余市带钢产品的品质，并带动全新余市60万吨带钢下游产业，形成百亿五金制品产业规模，同时每年可减少2万吨废酸回收处理和大量有毒污泥的排放。

【牵手阿里巴巴打造农村淘宝】 2月9日，渝水区与阿里巴巴中国软件有限公司正式签订农村电子商务合作协议，计划在2018年建设180家农村淘宝村级服务站，每个村级服务站配备1名合伙人。通过搭建区村两级服务网络，打通信息渠道、物流渠道，解决农村买东西难、卖产品难等问题，实现网货下乡和农产品进城的双向流通。按照合作协议，阿里巴巴开展农村地区电商人才培训，乡村淘帮手体系建设，农资电商试点工作，每年为渝水区提供电子商务培训服务。为推动项目落地，区里及时召开会议，研究制定村级服务站人员培训、奖励、补贴等相关政策。2月26日，在区里举行的阿里巴巴农村淘宝首次招募会上，全区有450名返乡高校毕业生、电脑创业青年报名。区里结合各地农资需求、特色农产品产业发展情况，扩大相关产品在阿里巴巴下属电商平台的在线销售，实现农村流通换档升级，助推区域经济发展。

【跻身省级循环经济示范县区】 8月，江西省发改委下发《关于印发2017年省级园区循环化改造试点及循环经济示范城市县试点名单的通知》文件，在全省获批的6个循环经济示范市县区中，渝水区成为新余市唯一入围的县区。渝水区牢固树立“创新、协调、绿色、开放、共享”的发展理念，紧紧围绕打造美丽中国“江西样板”的目标，积极探索通过发展循环经济实现经济发展方式转变的途径和措施，加强环境保护与治理，提高资源节约与综合利用水平，实施一系列促进循环经济发展的措施。跻身省级循环经济示范县区，标志着渝水区正式迈上大力推进循环经济发展的新征程，将在安排国家和省级各类专项资金时给予倾斜，对基础条件好、改造潜力大、工作措施到位的地方优先推荐申报国家级试点示范。对此，渝水区将对工业循环经济、节能减排、清洁生产、生态保护、废利行业扶持等政策进行全面梳理和整合，加大财政投入，建立财政专项扶持发展基金，强化从生产到消费、再到资源回收利用等各领域的政策引领作用。争取通过3—5年努力，构建资源节约利用效率高、经济增长质量效益好、生态环境水平优的循环经济发展体系，努力创建国家循环经济示范县区。

【袁隆平院士工作站挂牌】 9月4日，袁隆平院士工作站揭牌仪式在渝水区珠珊镇加州农业科技发展有限公司举行，杂交水稻之父、中国工程院院士袁隆平出席揭牌仪式，这标志着该工作站在渝水区正式挂牌成立。袁隆平院士工作站团队作为专门从事杂交水稻研究的团队，多年来攻克发展超级水稻的一个又一个难关，取得一次又一次的突破，2000年超级杂交水稻实现农业部制定的第一期亩产700公斤的目标，2004年实现第二期亩产800公斤的目标，2011年超级稻第三期目标“Y两优2号”亩产900公斤高产攻关获得成功，2014年，成功实现第四期超级杂交稻“Y两优900”亩产1000公斤的目标，这些杂交水稻正在积极推广应用，比一般水稻产量高出200—300公斤，比一般的高产杂交水稻高出100公斤，下一步的目标是攻关每公顷产量17吨，进一步探索水稻产量的上限值。袁隆平院士工作站在渝水区挂牌成立，是渝水区与院士专家长期合作交流的一个重要平台，必将为渝水区带来更多的优秀人才，培育更多的优良品种，开创更多的科研成果，成为与院士专家合作共赢示范区、技术创新的试验田、产学研一体化的孵化器，推动渝水区农业产业迈上新的台阶。袁隆平院士表示，渝水区昼夜温差大，生产条件好，推广的超级杂交水稻亩产超过1000公斤大有希望，院士工作站专家将通过与渝水区广大农民深度合作，将渝水区的杂交水稻亩产提升100公斤，这个目标有信心、有能力实现。

【南英农垦集团股份有限公司成立】 9月22日，渝水南英农垦集团股份有限公司揭牌仪式在新余市城北御天城商业广场举行，标志着渝水区在农业转型发展和打造现代农业企业集团迈入新的征程。南英农垦集团股份有限公司属下南英垦殖场地处新余市东北部，总面积270平方公里，垦区土地平整，土质肥沃，是江西省农垦首批绿色生态家园标准化建设试点单位。垦区紧抓改革机会，在省市农垦部门的关心和支持下，努力将自身打造成具有国际竞争力的现代农业企业集团。此次改革，南英垦区以土地入股占公司股份49%，保利文化集团以现金入股占股份51%，组建渝水南英农垦集团股份有限公司，计划总投资15亿元，一期投资6亿元，通过共同开发把南英垦区打造成以高端休闲养老、循环农业、红古绿三色旅游为亮点的特色小镇。

【1336座山塘水库全面退出承包养殖】 春节后，渝水区全力推行"保家行动"。作为"保家行动"的三大战役之一，山塘水库退养成为三大战役中的先头战，截至5月底，全区所有山塘水库实行退出承包养殖，签约率达百分之百。山塘水库退养工作开展以来，区委、区政府高位推动，成立以区长为组长，分管副区长为副组长，区委宣传部、区监察局、区公安局、区水务局、区农业局、区环保局为主要成员单位的工作领导小组，并制定《渝水区水库山塘退养专项整治工作方案》。方案划定整改时间红线，要求自4月1日起，不得将水库、山塘对外承包，已经租让的，在10月底前依法依规收回。方案明确退养目标，到2018年年底，所有水库水质不低于《地表水环境质量标准》Ⅲ类标准。区里一方面严格按照工作要求、时间节点落实整治任务，推进山塘水库实现退出承包养殖；另一方面，坚持疏堵结合，促进产业转型。区财政先行安排转型资金，解决山塘水库退养再就业引导资金，引导支持退出水库承包人员流转山地发展林业经济或转型粮食烘干机项目、蘑菇种植项目等。在山塘水库全面退养完毕之后，区里不忘做好回头看工作，确保山塘水库退养不反弹。区水务局拟定15个方面水库退养验收标准，对水库水质进行不定期检测，并存入档案，实行一库一档，定期公布，接受群众监督。充分发挥公安部门的震慑作用，严厉打击山塘水库退养后毒鱼、炸鱼、电鱼等行为。监察部门发挥应有职能，对明退暗包、责任缺失、监管不力的行为人追究相应责任，情节严重者，依法追究刑事责任。

【举办首届新余蜜橘采摘文化节】 10月27日—29日，首届新余蜜橘采摘文化节在渝水区姚圩镇七里山举行。渝水区新余蜜橘有种植面积10万亩，投产面积6.7万亩，总产量13.6万吨，形成七里山、罗坊、蒙山3个万亩新余蜜橘基地。其中，七里山新余蜜橘基地是连片面积最大的基地，种植面积达2.1万亩。新余蜜橘以其品质优、味甜、肉嫩、化渣等特点，受到消费者喜爱，并获得"国家绿色果品生产基地""国家农产品地理标志产品""中国果品区域公用品牌50强"等荣誉，产品出口印度尼西亚、泰国、马来西亚、新加坡等国际市场。本次活动，除了蜜橘采摘，还开展文艺演出、橘王评比、"橘美人"形象大使海选、新余特色美食展、山地自行车比赛、山地马拉松比赛、亲子文化节、"九九"重阳送橘子等丰富多彩的十大主题活动。采摘活动吸引中新社、农民日报、江西日报、江西省广播电视台、新浪网、凤凰网、中国江西网等10余家中央省级媒体记者齐聚渝水，全方位、立体化、多角度宣传报道文化节，市内1.3万余游客参与其中，形成良好的新余蜜橘品牌效应。

【投资900万元建设乡镇红绿灯】 渝水区针对乡镇十字路口和紧邻国道、省道的农村路口缺少相应红绿灯，加上农民群众交通安全意识淡薄，导致交通事故频发这一现象，有针对性地开展乡镇红绿灯建设工作。2017年，投入资金900万元，在11个乡镇、2个工业园区建设23个道路交通路口红绿灯系统，初步实现全区乡镇和工业园区红绿灯全覆盖，为农村道路交通安全编织一道"防护网"。为做好这一民生工程，渝水区与新余市交警共同协作，对全区各乡镇主要路口的交通情况进行实地勘查调研,并征求道路交通管理参与者及当地群众的意见,按照"统一规划、统一技术标准、统一招投标"原则,科学合理布点建设红绿灯。在建设过程中,充分发挥各部门的职能作用,建立红绿灯安全管理责任制,督促供电、通信等单位做好线路管网改建升级,财政、审计、监察等部门做好资金筹措、审核、拨付及工程招投标验收等工作,同时从工程预算、招投标等环节加强监督管理,确保资金专款专用,顺利推进工程建设。借助广播、电视、微博、微信、宣传栏等媒介,加大交通安全宣传,营造文明安全出行的浓厚氛围。乡镇红绿灯建设投入使用后,渝水区交通秩序明显好转,交通事故下降50%,道路畅通率提升70%以上,受到群众的一致好评。

【通过国家慢性病综合防控示范区评估】 12月,国家卫生和计划生育委员会正式下发文件,渝水区通过国家慢性病综合防控示范区建设评估。渝水区高度重视慢性病防控工作,根据《健康中国2030规划纲要》和《中国防治慢性病中长期规划2017—2025》总体部署,坚持政府主导、各部门协作、社会动员、全民参与慢性病综合防控工作机制,构建慢性病综合防控体系,并以远程医疗和颐养之家为依托,积极探索慢性病防控新模式。2013年通过省级慢性病综合防控示范区建设评估后,区里多次召开部门协调会,着手准备申报国家级慢性病综合防控示范区。2017年7月,国家卫生和计划生育委员会派出专家组对渝水区建设国家慢性病综合防控示范区进行评估。专家组在查阅资料后,深入全区颐养之家、健康主题公园、健康社区、健康单位、健康餐厅、健康小屋、医院及社区卫生服务中心等,实地察看全区国家慢性病综合防控示范区建设情况,对各项指标进行详细的评估,并获得通过。通过国家慢性病综合防控示范区评估,进一步规范渝水区慢性病管理,提高慢性病管理水平。

【蒋国珍纪念馆落成】 蒋国珍纪念馆9月22日举行揭牌仪式。该馆由深受蒋国珍助学精神影响的深圳赣森实业有限公司董事长胡三根无偿捐赠100余万元建设而成。纪念馆通过情景还原,展出蒋国珍故居、旧物、生活用品,获得的全国、全省、全市的奖章,以及学生写给教师蒋国珍的书信等方式,展示全国道德模范提名奖获得者、全国优秀共产党员蒋国珍平淡、艰苦而光荣的一生。蒋国珍是新余道德的标杆,新余精神的旗帜,他一生了无牵挂,但心中装的是学生,倾其所有40万元人民币,支持资助2万多名学生,值得新余人民永远记在心头,并永远铭记学习他的精神。

【主要负责人】

区委书记	何慕良
区人大常委会主任	李克华
区长	李　虹
区政协主席	王钦国

(龚招生)

新余高新技术产业开发区

【概况】 新余高新技术产业开发区下辖1镇2办事处,总人口16万人,辖区面积266平方公里,园区规划面积100平方公里。2017年实现地区生产总值(GDP)315.58亿元,同比增长8.6%;完成财政总收入21.5亿元,同比增长6.3%。主营业务收入同比增长12.34%;工业增加值同比增长8.86%;固定资产投资同比增长12.2%;利税总额同比增长33.66%;进出口总额同比增长46.73%,其中出口同比增长56.34%。园区综合排名在全国高新区从130位上升到98位,上升32位。

招商引资。全年新签约项目122个,签约金额260多亿元;引进省外2000万元以上项目资金127亿元、增长10.43%,实际利用外资1.76亿美元、增长5.04%。

项目建设。全区50个市重点项目完成年度投资64.8亿元,完成任务数的104%,沃格光电玻璃精加工、赣锋锂业锂离子动力电池、木林森LED灯具线路板等33个项目建成投产。新增规模以上工业企业16家,总数达179家;新增高新技术企业12家,总数达51家。

科技创新。赛维LDK太阳能高科技、赣锋锂业、沃格光电分别获得国家知识产权示范和优势企业。青春康源成功申报省中药配方颗粒科研专项立项,赣锋锂业成为全省唯一获3个科技创新"5511"专项支持的企业。沃格光电玻璃面板镀膜中心、青春康源中药饮片中心获批省级工程技术研究中心;赣锋锂业锂电材料及应用重点实验室获批省级重点实验室;华腾地毯、木林森光电科技公司获批省级企业技术中心;赣锋锂业院士工作站揭牌。

企业服务。一是加大企业和在建项目帮扶力度。坚持领导挂点联系帮扶。制定高新区精准帮扶企业工作方案和高新区在建项目推进工作方案,每个重点企业或项目安排一个挂点帮扶领导小组,每月定期走访,协调解决具体问题。组织部门对口帮扶。筛选推荐重点企业纳入帮扶对象,精确对接帮扶单位,合理安排相应职能部门对口帮扶,最大化提高部门帮扶效率。按照省、市"降成本、优环境"工作部署,认真落实省、市出台的优惠政策,并出台《新余高新区关于支持鼓励工业骨干企业加快发展的若干意见》《新余高新区企业考评奖励暂行办法》等惠企政策。二是加大企业融资支持力度。建立政银企对接工作机制。召开银政企对接会,加强银企信息沟通,发挥银行主渠道的作用解决企业融资问题。推动企业多元化融资。通过"财园信贷通""惠农信贷通"等渠道为企业融资。三是强化园区人力资源支撑。全年共举办大型招聘会10场,周末招聘会38场(次)。积极打造就业服务平台,116家园区企业注册"新余高新就业网"平台。全年为企业解决生产经营过程中的困难和问题1360多个,为企业节省生产成本5亿多元、解决融资20多亿元。全年清收盘活闲置低效土地1320多亩、闲置厂房38万多平方米。全区城镇新增就业1.04万人,新增转移农村劳动力0.256万人。赛维LDK公司重整取得重大成功,保持秩序不乱、生产不断;赛维LDK光伏硅公司重整以来的经营情况明显改善,获得省政府主要领导批示肯定。2017年度,高新区获省"锂电新材料产业基地""战略性新兴产业聚集区"和"省军民融合智能装备制造产业基地"称号。江西青春康源集团有限公司荣膺"全国厂务公开民主管理先进单位"称号。

企业发展。近2年泰达长林、增鑫科技公司在"新三板"挂牌上市。泰达长林管道科技(江西)股份有限公司2017年主营业务收入2048.12万元,同比增长2.11%;纳税315.66万元,同比增长2.61%。江西增鑫科技股份有限公司2017年主营业务收入38840.25万元,同比增长121.11%;纳税总额976万元,同比增长33.51%。赣锋锂业、百乐米业、青春康源跻身2017年全省民营企业百强,沃格光电、东鹏新材料、青春康源中药饮片公司入选省专业化小巨人企业。

城市建设。加快推进城市基础设施项目建设。2017年跨上新铁路桥梁、玉龙路(纵三路至纵八路)等7个道路桥梁项目竣工运行,累计投资5000多万元。推进污水主管网普查维修工作,完成接污水处理厂污水总管网普查(清泥检测)及维修工作,共10公里;完成东兴路污水主管网普查(清泥检测)及改造施工图设计,共5.5公里;完成春龙大道污水主管网普查(清泥检测),共4.1公里;完成西城大道污水主管网普查(清泥检测),共4.5公里;完成赛维大道、渝东大道管网普查(清泥检测),共25.7公里。绿化提升南源路、光明路、泉州大道等5条干道沿线及企业外围区域,年度完成草皮铺植20万平方米。

脱贫攻坚。建立覆盖区、镇(办)、村三级扶贫信息管理系统,下派46名驻村第一书记及驻村工作队,减贫任务圆满完成,扶贫资金保障有力,产业扶贫成效明显,"三项政策"落实到位,建成扶贫车间13个,建成村级光伏扶贫电站8个,306名贫困人口实现脱贫。高新区建档立卡贫困户廖新生(水西镇江边村委村民)身残志坚、脱贫不忘党恩,被省政府授予2017年度"全省脱贫攻坚奋进奖"称号(该奖项全省仅5人)。

颐养之家。实现颐养之家自然村全覆盖。全区建成"颐养之家"83个,入家老人1230人。党员干部和社会各界捐款240余万元,41家企业与颐养之家结成爱心帮扶对子。

保家行动。辖区禁养区459家畜禽养殖场关停253家,拆迁206家;可(限)养殖区135家,关停70家,其他65家生态化改造任务过半。全区32座水库、237座山塘全部退出承包养殖。启动17个农村污水处理设施建设,46个行政村全面实施垃圾集中收集处理。256家重点排污工矿企业,实现达标排污企业224家,停工停产32家。委托第三方监测机构全面监测,监测企业及泄洪渠等点位106个。

社会事业。2017年,全区城镇新增就业1.04万人;新增转移农村劳动力0.256万人;职工养老保险参保10700人;社保基金征缴3300万元;城乡居民养老保险参保44981人。2017年,城乡居民医保参保人数达12.22万人,参保率达98.3%。水西逸夫小学东扩工程完工,引进的民办新余东旭学校基本建成,高新一小获国家卫计委健康教育和健康促进示范单位,义务教育均衡发展顺利通过国家督导评估认定,教育水平不断提升。完成3所中医馆和16所晓康诊所建设,水西卫生院异地新建项目顺利完工并投入使用。

【江西省首条高容量锂离子动力电池全自动化生产线试产】 3月,该项目在新余高新区赣锋锂业股份有限公司完成安装并试产。项目总投资约6亿元,达产后可形成6亿瓦时高容量锂离子动力电池的产能,年产值约15亿元。赣锋锂业是中国锂行业首家上市公司,拥有14个全资子公司和7大生产基地,专业从事锂及锂化合物研发、生产与销售,产品涵盖锂及锂系列合金、锂盐、锂电材料、有机锂、锂电池等5大类30多种,是国内锂系列产品品种最齐全、产品加工链最长、工艺技术最全面的专业生产商,产品销到美国、日本、韩国、欧盟及东南亚等国家和地区,还销往中国台湾地区。

【汇亿新能源2G瓦时锂电池生产项目开机试产】 4月,高新区汇亿新能源锂电池生产项目一期开机试产,形成2G瓦时18650、20650锂电池生产线,年产值超过7亿元。江西省汇亿新能源有限公司注册资金5000万元,一期项目计划投入2.8亿元,设备采用自动化生产线,形成50万只/天18650、20650电池生产线,为集锂电池研发、生产、运用、销售等为一体的综合性公司。

【6家企业入围2017年省重点出口企业】 5月,省开放办授予高新区法瑞新、伟恒数码、亿铂电子、汶赋德、赣锋锂业、沃格光电等6家企业为省重点出口企业。对入围的全省重点出口企业,江西省将进一步完善重点企业无障碍联系机制,并在政策上予以重点支持,有利于新余市企业享受更多优惠政策,扩大出口规模。

【沃格光电公司on-cell触控显示研发生产项目竣工投产】 该项目8月正式投产。项目总投资1.15亿元,占地236亩,规划产能第4.5代TFT-LCD用镀膜玻璃基板9.6万片/月,on-cell触碰显示玻璃基本10万片/月。江西沃格光电股份有限公司(公司原名:江西沃格光电科技有限公司)是国内平板显示(FPD)光电玻璃精加工行业的领先公司之一,主营业务是FPD光电玻璃精加工业务。被评为“省级企业技术中心”“省级博士后创新实践基地”“专精特新企业”和“江西省知识产权优势企业”等称号。

【园区服务平台建设】 代办服务中心共为园区200多家企业代办397项审批事项;政策咨询、会计服务等5个服务性平台已上门免费为企业提供服务,法律服务中心接受100多家企业的法律咨询,解决企业法律问题480余个,审查修改合同及其他法律文件110件;锂电检测中心、计量理化中心、模具中心等生产性服务平台为区内外企业开展业务,陆路口岸平台、分布式天然气发电项目和电镀中心项目正在加快建设。以上已开展的代办服务可为园区400余家企业减少政策咨询、法律服务、会计服务等费用3000多万元。

【工业地产三期和重工业地产项目投入使用】 三

期项目总投资1.5亿元,用地面积8.07万平方米(121亩),总建筑面积12.58万平方米,于12月交付使用。重工业地产项目总投资6500万元,占地面积66667平方米(100亩),总建筑面积35249平方米,于11月交付使用。

【主要负责人】

党工委书记　喻国杰

党工委副书记、管委会主任　徐冬春

（龚卫亮　肖　鸿　杨小明）

仙女湖风景名胜区

【概况】 仙女湖风景名胜区位于新余市城区西南郊16公里处,管辖区面积480平方公里,下辖7个乡镇(办事处)54个行政村(社区),总人口10万。

2017年,仙女湖风景名胜区牢牢把握旅游功能区的发展定位,坚持打旅游牌、吃绿色饭、走生态路,保护好仙女湖一湖清水,按照以旅游工作统揽全局,抓五项重点推动发展的总体工作思路,全力以赴创建国家AAAAA级景区,促进全域旅游发展,努力把仙女湖建设成为国内湖泊型景区第一方阵、国内外知名的旅游休闲度假目的地、旅游产品创新试验示范基地、新余现代服务业发展的新增长极。全区实现生产总值74.58亿元,增长8.5%;固定资产投资132亿元,增长12%;财政总收入21.79亿元,增长5%;仙女湖景区实际售票28.1万张,增长45%;门船票收入2521.13万元,增长14%;城镇居民人均可支配收入35642元,增长8%;农村居民人均可支配收入16936元,增长9%。

旅游发展。以仙女湖创国家AAAAA级景区为主抓手,大力推进全域旅游发展。一是推进创AAAAA项目建设。以项目化思维推动创AAAAA工作,全力推进17个创AAAAA项目建设,完成游客中心、商业街叠水景观、生态码头、停车场、旅游厕所、音乐水秀、智慧旅游等一批项目建设,从根本上改变仙女湖给游客的第一印象。二是深挖仙女湖旅游文化。抓住中央实施中国传统节日振兴工程的契机,打造“中国七仙女传说之乡”文化品牌,在全国率先策划举办首届“中国七夕节”活动,成功举办央视七夕晚会,抢占中国七夕文化高地,奠定仙女湖景区文化的唯一性。在福州、深圳、南昌等地举办多场文化旅游推介和参展活动,举办第三届爱奔跑仙女湖国际马拉松赛、环湖国际自行车赛、路亚大赛等旅游赛事活动,仙女湖旅游知名度和市场影响力大幅提升。三是推进景区体制机制改革。引进大集团整体开发运营,推动仙女湖旅游走企业化、市场化、专业化发展道路,重构仙女湖旅游组织体系、产品体系、服务体系。1月17日,成立江西仙女湖旅游股份有限公司作为景区投融资主体;3月1日,引进上海复星集团爱必依公司作为景区专业运营机构,实行景区统一运营管理;12月23日,引进江西省旅游集团投资控股江西仙女湖旅游股份公司,进行仙女湖旅游业态全新布局和旅游资源整合提升,构建全新的发展大格局和投融资机制。四是开展仙女湖景区创AAAAA工作对接申报。在做好自身创建工作的同时,密切保持与上级主管部门的对接。2017年1月省旅发委正式向国家旅游局推荐仙女湖创AAAAA申报。3月10日,市长董晓健率队专门赴国家旅游局对接汇报创AAAAA工作;6月15日国家旅游局规划财务司副司长吴科锋到仙女湖视察指导;8月17日,省旅发委主任欧阳泉华对仙女湖创AAAAA工作作出给予大力支持的重要批示,并专门成立支持仙女湖创AAAAA工作指导组。五是发展全域旅游。通过AAAAA景区创建,带动全域旅游发展,构建湖内湖外一体化发展生动局面,初步形成以仙女湖景区为核心,以凯光休闲旅游度假区、仙女湖欢乐大世界、仰天岗国家森林公园、孔目江国家湿地公园、新余国家现代农业科技园、昌坊乡村旅游度假区、白梅古村等为支撑的大旅游格局。与此同时,大力推行旅游发展成果全民共享,从2017年5月1日起,仙女湖景区率先在全省推行向本地市民免门票政策,社会反响强烈,截至年底,景区共接待本地免票市民近9万人次。

项目建设及产业发展。按照高质量发展的要

求,积极谋划,努力夯实实体经济基础,提升区域经济发展质量和效益,发展后劲稳步增强。一是强化实体招商。对接渝郎回乡、赣企入余、赣港经贸合作大会,全年共签约项目45个,合同金额64.96亿元,完成进资17.56亿元。引进10亿元以上项目3个,央企入赣项目1个。与中汽零集团、深圳维世达胜凯医疗、昌飞集团、杭州金诚集团、江西旅游集团等成功签约。在全市率先成立金融创新试验园,园区累计落户企业3000余户,2017年实现税收近12亿元。全区新增市场主体580余家。二是加快项目建设。全年共安排重点项目53个,总投资70.36亿元,年度完成投资26.6亿元。国省道一级公路绕城改建项目、蒙华铁路等全市重大项目全面铺开。东鑫曜阳国际老年公寓一期装修全部完成,欢乐大世界完成土地平整和水乐园土建工程,仙女湖国际汽车文化产业园卡丁车赛道和相关配套设施基本建成,赣岭茶油全国首条油茶果机械化加工生产线实现投产,新沃、中沃新能源物流成功落户,东风本田、广汽本田建成运营,仙女湖渔仙旅游特色小镇获批为省级特色小镇。三是创新发展园区经济。全区建成金融创新试验园、商贸物流园、现代农业科技园三大园区经济平台。在全市率先成立金融创新试验园,大力发展总部经济,园区累计落户企业3000余户,2017年实现税收近12亿元,成为全区财政收入的重要支撑。仙女湖商贸物流园形成汽车经济、商贸经济、仓储物流经济三大产业集聚平台,园区落户汽车4S店24家,仓储物流企业32家,以及万商红商贸城、正大钢材市场2个大型专业市场,成为全市商贸经济的重要板块。现代农业科技园落户农业龙头企业20余家,新引进摩尔庄园、都市休闲农业科技馆等龙头企业,成为集科技示范、休闲观光、农耕体验于一体的都市休闲农业园区。

2017年3月1日,仙女湖爱必依景区管理分公司成立

环境保护与治理。始终坚持更高标准更严要求,落实各项保护措施,切实保护一湖清水。一是推进“保家行动”。将仙女湖全境划定为畜禽养殖禁养区,全区664家养殖场在全市率先关停拆除到位;55座小(2)型水库、217座山塘、43座水塘全部实现“人放天养”;率先在全市完成工业废水治理任务。“蓝天行动”“四尘”“三烟”“三气”等大气污染防治措施全部落实到位。二是抓环保问题整改。从严落实水源地一、二级保护区“禁餐”“禁泳”“禁钓”等措施,全面加强仙女湖饮用水源地保护;打好劣Ⅴ类水歼灭战,对辖区所有入湖口、排污口进行专项整治,对重点断面水质实现一对一专项治理;115个“水上漂”和57个违章构筑物全部予以取缔。三是加大生态保护投入。完成仙女湖片区污水管网三期工程建设,全面启动仙女湖水体生态环境改善与水生态保育工程、入湖河流生态修复与清水入湖工程建设、钤阳集镇污水处理工程、仙女湖上游滨湖污水处理及管网工程等环保项目建设。邀请国家、省水环保专家会诊水质,建立空气质量实时监控网络,聘请第三方定期对重点断面进行水质检测,污水处理设施全面启用。起草全市第一部实体性地方法规《仙女湖水体保护条例》。完成造林9013亩,封山育林3000亩,森林抚育面积6500亩。科学实施仙女湖食物链调控工程,增殖放流鱼苗500余万尾。四是抓城乡环境整治。推进农村垃圾综合治理,全面推行

"村组保洁、乡镇收集、县区运转、市集中处理"的城乡环卫一体化生活垃圾收运处理模式；沿湖集镇生活污水实现集中收集处理，在沿湖自然村探索开展"党建+旅游虚拟股份"环保工作机制，较好地实现农业农村垃圾源头减量化目标。

社会事业。全面落实各项扶贫政策，大力推进脱贫攻坚"八大工程"，率先在全市实现村级光伏扶贫产业全覆盖。2017 年，区级产业扶贫工程让贫困户户均收益达 1190 元，区财政配套扶贫资金投入达 400 余万元，全年实现减贫 136 户 301 人。建成"颐养之家"供养点 91 个，"入家"老人 980 人，自然村覆盖率达 87%。成立商会、乡贤会 5 个，欧里商会、观巢商会共捐资 160 多万元支持公益事业。精神文明创建成果丰硕，仙女湖区成功获评为第五届全国文明单位。52 个行政村卫生服务室标准化建设全部完成，基本公共卫生服务一体化管理达到 100%。仙女湖中学与北师大新余附校完成合并，北师大附校顺利开办高中。义务教育均衡发展顺利通过省级检查验收。继续加大对二本以上学生和贫困学生进行奖励扶持力度，发放高考优秀学子奖励金 59.8 万元。全面完成 4 所乡镇卫生院中医馆建设，完成棚户区改造 382 户，农村路网改造投资额 2200 万元，实现投入翻倍增长目标，改造村级公路 44.7 公里。启动天然气"过山""入湖"工程，市政配套设施更加完善。全区没有出现较大及以上安全事故、没有发生重大群众性事件，社会大局和谐稳定。

党的建设。全面学习宣传贯彻中共十九大精神，举办 2 期学习贯彻十九大精神专题研讨班，开展十九大精神"六进"宣讲活动。认真开展创建"共产党员示范市"十大活动，党组织战斗堡垒作用和党员先锋模范作用得到更好发挥。坚持正确选人用人导向，按照"五强"标准对村(社区)"两委"干部进行三级评议，突出抓好"五强"书记队伍建设，加强对村"两委"干部培训教育，对 10 名优秀村党组织书记进行表彰，推荐 2 名优秀村党组织书记获全市"五强"村书记表彰，其中 1 名村党组织书记转为乡镇事业编。紧盯责任落实，强化督查问责，出台创 AAAAA、脱贫攻坚、环境保护三项重点工作问责办法。旗帜鲜明地为担当实干的干部撑腰鼓劲，为敢于担当者担当，全区上下崇尚实干蔚然成风。

【仙女湖湖泊生态保护项目获国家专项资金】 1 月，仙女湖湖泊生态保护项目获 27347 万元国家专项资金。其中，市本级 970 万元、分宜县 12948 万元、仙女湖区 13429 万元。此次专项资金全部用于仙女湖流域污染源治理、生态修复与保育以及饮用水水源地综合整治工程等。

【《仙女湖新闻》正式开播】 2 月 28 日，由仙女湖区委、区管委会与新余广播电视台共同打造的《仙女湖新闻》开播。栏目围绕仙女湖区委、区管委会中心工作和全区经济发展大局，打造展示仙女湖区创 AAAAA 国家景区提升攻坚窗口，在新余电视台公共频道、文化旅游频道和新余广播 FM94 综合广播频率播出。

【成立仙女湖旅游产业发展基金】 2 月，仙女湖区成立 1000 万元仙女湖旅游产业发展基金，重点用于旅游产业发展、完善旅游公共服务设施投资以及打造仙女文化、爱情文化等活动，加快仙女湖国家 AAAAA 级旅游景区创建工作，打造旅游产业转型的增长极。仙女湖旅游产业发展基金由区本级财政核拨。2017 年，旅游宣传推介累计投入 671 万元，央视七夕晚会投入 321 余万元；当年游客人次及旅游收入大幅增长，全区共接待游客 726.87 万人次，同比增长 10.4%；旅游总收入 63.43 亿元，同比增长 21.21%。

【仙女湖旅游推介暨中国七夕节活动发布会在京举行】 3 月 10 日，"仙女下凡地抱石故园人——江西新余仙女湖旅游推介暨中国七夕节活动发布会"在北京维景国际大酒店举行。国家旅游局港澳台司副司长祁丽娟、港澳处处长倪利生，中央军委政治部歌舞团一级编剧、中国音乐文学学会副主席、著名诗人、词作家贺东久，著名青年歌唱家、中国人民解放军火箭军政治部文工团副团长陈思思,中国民协副主席、北师大博士生导师、教授万建中,市委副书记、市长董晓健,市委常委、宣传部部长郭力根,区委书记周俊华,区委副书记、区管委会主任章丽萍,市旅发委主任黄道阳,仙女湖区在京的其他党政班子成员及上海复星爱必侬旅游发展有限公司副总经理杭昱出席活动。新华社、《人民日报》《经济日报》、中央人民广播电台、中央电视台、新华网、人民网、中新网、光明网、央广网、央视网、中国青年网、《香港商报》、香港大公文汇传媒集团、新浪网、腾讯网、凤凰网、环球旅游网、中国旅游新闻网等近40家新闻媒体纷纷报道本次新闻发布会现场情况,仙女湖的知名度享誉海内外。

【举办新余市第二届"彩虹跑"活动】 4月8日,新余市第二届"彩虹跑"活动在仙女湖举行。活动由仙女湖区管委会、新余日报社联合主办,共吸引来自新余及周边县市2000余名跑步爱好者参加。

【举办第三届仙女湖车展】 4月21日—23日,仙女湖第三届车展在仙女湖万商红广场举行。本次车展由仙女湖区管委会、新余市商务局、新余市广播电视台,新余日报社、新余市汽车流通行业协会等单位联合主办,展会设有汽车展位85个,汽车参展商38家,参展汽车品牌45个,汽车展区面积30600平方米。展会期间现场成交车辆743辆,成交总金额逾亿元。

【仙女湖渔业有限公司碳汇渔业院士工作站授牌】 4月,仙女湖渔业有限公司碳汇渔业院士工作站获市人才办、市科协授牌。为发展仙女湖碳汇有机渔业,仙女湖渔业有限公司与中国工程院院士、原中国科协副主席、山东省科协主席、碳汇渔业理论提出者唐启升教授,合作建立碳汇渔业院士工作站,推进仙女湖区绿色低碳渔业实现规模化、标准化、集约化生产经营。

【何洪成获第十三届"全国见义勇为模范"称号】 4月24日,由中宣部、中央综治办、公安部、中央军委政法委员会、全国总工会、共青团中央、全国妇联、中华见义勇为基金会联合举办的第十三届全国见义勇为英雄模范评选表彰活动公布获奖名单。新余市"最美新郎"何洪成因勇斗歹徒被授予"全国见义勇为模范"称号,并在人民大会堂受到中央有关领导接见。何洪成是仙女湖物流园区管理局职工。

【仙女湖景区对新余市民免费开放】 为体现仙女湖旅游景区开发建设的公益性,让市民共享旅游发展成果,助推新余市创建国家全域旅游示范区、仙女湖创建国家AAAAA级景区,经市九届人民政府第十次常务会议审议通过,自2017年5月1日起,仙女湖旅游景区向全市市民免费开放。新余市行政区域内市民持本人有效身份证件,在余高(中职)院校学生凭学生证,外商凭市商务局相关证件,驻新余行政事业单位、国有企业职工凭工作证,均可免门票进入仙女湖景区。景区内游船、停车、导游讲解、游览车及休闲娱乐性项目等有偿服务性收费按原标准收取。5月1日,仙女湖景区向新余市民免费首日开放,当天到达景区游客达3万余人,购买门船票游客10073人,"五一"景区游客呈现井喷状态。2017年度,实现接待旅游人次294.34万人次,同比增长18.6%。门票收入26723.34万元,同比增长18.51%。

【举办2017"安格拉斯"路亚黄金联赛】 5月19日—21日,2017"安格拉斯"LUREPRO路亚黄金联赛在仙女湖景区开赛。比赛设置20万奖金,有全国各地共55艘艇计110名职业钓手参赛,CCTV-5、旅游卫视、湖南快乐垂钓、四海钓鱼、乐视体育、华人频道、新华网、光明网、腾讯网、新浪网、网易新闻、搜狐体育等媒体对该赛事进行转播报道。

【北京师范大学新余附属学校高中2017年实行自主招生】 4月18日,经新余市教育局研究决定和北京师范大学对外合作办学部同意,北京师范大学新余附属学校高中2017年实行自主招生。2017

年该校计划招收高一新生180人，均为统招生；分4个教学班，实行小班制教学，并实行录取人数"上封顶""下不保底"。

【《仙女湖志》编纂工作启动】 6月16日，在仙女湖风景名胜区管理委员会成立17周年之际，仙女湖区正式启动《仙女湖志》编纂工作。该志是仙女湖立区以来首部志书，旨在记录自1958年江口水库建成以来，仙女湖风景名胜区经济社会发展所经历的变革以及各项事业所取得的成就，具有里程碑式意义。志书编纂由仙女湖区党政办公室牵头，聘请3位退休老干部组建编辑部，计划用3年时间，于2020年建区20周年之际成书出版。

【央视《黄金100秒》栏目在仙女湖景区举行选拔活动】 7月22日，中央电视台综艺频道《黄金100秒》栏目在仙女湖景区举行首场初选。活动由中央电视台《黄金100秒》栏目组、中共仙女湖区委、仙女湖区管委会联合主办，新余市广播电视台、新余市广播影视有限公司承办。比赛分初选、复选、决选3个阶段，并均在仙女湖景区进行，共吸引23名(组)新余本地才艺选手报名参加。经过前期多轮选拔及央视导演组现场最终评选，共有4组选手收到《黄金一百秒》的栏目邀请，分别为张华等5人表演的《舞侠》，李慧表演的《大鱼》，张鑫豪表演的《lemontree》和谭家聪表演的《月半小夜曲》。

【央视七夕特别节目在仙女湖录制】 8月18日，2017中央电视台综艺频道七夕特别节目《天下有情人》在仙女湖完成全部录制。晚会以讲述仙女湖"七仙女传说之乡"故事、"七夕节"传统文化和习俗为形式，弘扬和展示中国优秀传统文化，通过挖掘、传承和创新本土文化，集中向全世界观众展示新余城市形象和仙女湖旅游资源，进一步做大做强仙女文化品牌，提升新余旅游名片的影响力和知名度。晚会于8月28日农历七夕节当晚在中央电视台综艺频道播出。

【百万教育基金奖励高考学子】 8月22日，仙女湖区举行2017年优秀高考学子奖励表彰大会，现场发放高考优秀学子奖励金59.8万元，对2017年234名考入二本以上的高校学子(含7名贫困生)进行不同程度的奖励。仙女湖教育奖励基金于2016年由江西仙女湖渔业有限公司出资100万元赞助，用于奖励在高考中取得优异成绩的学子和扶助各类贫困家庭学生完成学业。

【仙女湖区率先实现全区禁养目标】 8月31日，仙女湖区范围内664家畜禽养殖场全部按要求关停拆除到位，其中1000头以上养猪场22家，1000头以下养猪场(户)571家，其他畜禽养殖场(户)71家，在全市率先实现全区禁养目标。

【第八届环鄱阳湖国际自行车大赛(仙女湖站)暨全国山地自行车邀请赛开赛】 9月20日，2017年第八届环鄱阳湖国际自行车大赛(仙女湖站)暨全国山地自行车邀请赛在仙女湖火热开赛。本次大赛由江西省人民政府主办、江西省体育局及省11个设区市承办、深圳市天珺体育咨询有限公司策划执行，大赛总赛程1289公里，转场里程1756公里。国际自行车赛仙女湖站线路为仙女湖管委会广场门楼至大广高速立交桥下绕12圈，再经老码头到圣集寺终点，共89.1公里，有180名选手参赛。全国山地自行车邀请赛仙女湖站线路为仙女湖管委会广场门楼出发，经老码头到圣集寺终点，共26.5公里，有336名选手报名参赛。最终，仙女湖赛段前3名分别由美国选手塞缪尔·杜雷、中国台北选手彭源堂以及荷兰选手乔·库伯夺得。

【观巢镇"十样锦"入选江西省第五批省级非物质文化遗产名录】 11月，江西省第五批省级非物质文化遗产代表性项目名录公布，仙女湖区观巢镇传统音乐类项目"十样锦"成功入选，全省共72个项目入选。观巢"十样锦"产生于明朝永乐年间，至今有600多的历史，为观巢镇独有的一种民间乐器合奏。十样锦乐器众多，有笙、箫、唢呐、笛子、高胡、二胡、鼓板、大锣、平锣、均锣、大钹、小钹、甲板、摇铃等十几多种乐器。十样锦演奏考究，表演时小鼓与板由一人敲击，安放在一个架子上，其余均为一人一种乐器。小鼓手是领队，先敲板，再敲鼓，循环敲打一次，发出"夹咚夹咚"声后，其他乐器全部跟上，顿时，鼓、锣、铛、钹、笛、琴、唢喇齐鸣，浑厚的乐声响彻云霄。常见演奏曲调有《开张大吉调》《皆大喜庆调》《送考接官调》《高中金榜调》及《小桃红》《十八莫》《探妹调》《梅花三弄》《喜庆调》等数10个。该项目演出队曾多次参加省、市、区农民艺术节汇演和各种比赛，获专家和观众好评，称其为"未加雕琢的艺术璞玉"。2009年"十样锦"被列入新余市首届非物质文化遗产名录，2015年列为全市"一乡一特、一村一品"品牌。2017年11月该项目入选江西省第五批省级非物质文化遗产代表性项目名录，有利于解决保护资金困难问题，扩大项目在省内的知名度，对于项目的传承和保护将起到积极推动作用。

【举办2017中国新余"为爱奔跑"仙女湖国际马拉松赛】　12月10日，2017中国新余"为爱奔跑"仙女湖国际马拉松赛在仙女湖畔盛大开跑。比赛由中国田径协会、江西省体育局、新余市人民政府主办，仙女湖风景名胜区管理委员会、新余市体育局，新余市旅游发展委员会承办。此次比赛分为全马（42195米），半马（21097.5米），徒步（10000米），迷你（6000米）4个组别。报名人数达9987人，其中全马772人、半马2332人、徒步组2312人、迷你组4571人。其中，来自肯尼亚、乌干达等26名外籍选手参加。全马男子组杜士洋、祝柯柯、朱坤分别夺得冠亚季军。全马女子组Tseginesh Mekonnin、吴昊旻、杨玉双分别夺得冠亚季军。半马男子组Alex Nganga、Peter Kiama Ndungu、Chemwok Eliud Kipchirchir分别夺得冠亚季军。半马女子组甄燕南、Janet Moraa Isaac、黄佳敏分别夺得冠亚季军。

【全市第四季度重点项目开工仪式在仙女湖举行】

12月15日，全市2017年第四季度重点项目开工仪式在仙女湖区举行，全市共43个重点项目集中开工，投资总额达111.5亿元。仙女湖区集体开工重点项目28个，总投资68.1亿元。其中，生态旅游项目16个，总投资43.8亿元；社会民生项目7个，总投资7.9亿元；文化创意等服务业项目3个，总投资15.0亿元；城建交通项目2个，总投资1.4亿元。

【江西省旅游集团入股江西仙女湖旅游股份有限公司】　12月23日，江西仙女湖旅游股份有限公司增资扩股签约仪式在北湖宾馆举行。仙女湖区管委会和中国水务集团以仙女湖旅游股份公司增资扩股的方式引进江西省旅游集团，对标仙女湖创AAAAA景区工作，从旅游产品策划、项目建设、市场营销、客源导入、经营管理等方面，大力推进仙女湖景区快速健康发展，使之成为新余市生态文明建设和社会发展新的引擎。增资扩股后，江西仙女湖旅游股份有限公司注册资本增加到5亿元。市委书记蒋斌，省旅游集团董事长曾少雄，市委常委、常务副市长万广明出席签约仪式。市委常委、宣传部部长郭力根主持。

【主要负责人】

区委书记	周俊华
管委会主任	章丽萍

（罗　佳）

编辑　傅媛媛

人　物

全国五一劳动奖章获得者

范承保

男，汉族，1977年8月出生，中共党员，新余市第一中学年级主任。2009年大学毕业至2017年，连续18年始终未脱岗的班主任、年级主任，始终贯穿“严而不酷，爱而不过”的德育原则，在无微不至关心学生学习和生活的同时，更关注学生心灵的成长，总是用细腻敏锐的心灵随时捕捉学生的思想动态、心理隐患，帮助学生解决种种的心理问题，以自信快乐的心态健康成长。多年来，在抓好班集体常规管理的同时，形成鲜明独特的管理育人理念，所带班集体班风正气良好，学生品德高尚，成绩遥遥领先，共有12名学生考取清华北大，2011年高考，所带班级7名学生考取清华北大，4名同学保送清华北大（全省第二）。学生多人被评为“市十佳学生”“省三好学生”“省优秀学生干部”“省级优秀学生”。

全国巾帼建功标兵

万桂兰

女，1966年2月出生，江西蓝天宇家纺用品有限公司总经理。她于2003年创立“江西蓝天宇家纺用品有限公司”，成功注册“雨兰”“朵慕”商标，其中，“雨兰”遍布全国，门店数量达500家，并成为“中国驰名商标”，“雨兰”品牌的创新转型成功，获得多项国家纺织设计专利。从2016年开始，雨兰“青花系列”产品大部分通过欧盟生态100（OEKO－TEX Standard 100）认证，在行业率先向国际质量要求看齐。她不忘关注弱势群体，热心公益事业。长期资助孤儿、贫困学生，为多所小学留守儿童成立图书室；汶川、雅安、芦山地震时捐款捐物，得到社会各界一致好评。曾获全国“杰出创业女性”“江西省三八红旗手”“江西省杰出创业女性”称号、江西省用户满意活动卓越领导者、全省就业创业优秀个人、省“爱心奉献奖”、全市“创新创业最美女性”、新余市春蕾计划爱心使者、新余市第一批女大学生创业导师、新余市十大杰出创业女性、“全区十佳人大代表、政协委员”。

全国维护妇女儿童合法权益先进个人

黄志勇

男，1957年3月生，江西新余人，中共党员，江西省心理学会常务理事，新余市心理学会会长，江西心舟心理咨询中心首席咨询师。2003年开始创办《中国心理服务》网站，普及宣传心理学知识；2007年开展心理咨询师考证培训，培养心理学人才500余名；2009年组建成立新余市心理学会并任会长，在他的带领下，新余的心理学事业走在全省前列；2010年任新余市妇女儿童心理援助中心主任，深入学校、企业、机关、社区开展讲座200多场，公益咨询上万人次，为保护妇女儿童的权益做了大量工作；2013—2015年在全省率行开展“婚姻危机干预”项目，即时挽救濒临破碎的婚姻500多对，被《中国社会组织》杂志誉为“幸福家庭的守望者”。2015年被评为“新余好人”，2016获中国心理学家大会“了不起的咨询师”全国10强，2017年获全国维护妇女儿童权益先进个人。

李雪梅

女，1974年12月出生，河北磁县人，江西省新余市妇女联合会权益部部长，李雪梅从事妇女维权工作10年来，大胆探索维权新途径，在流动妇女之中成立流动妇女平安之家，协调司法部门建立婚姻家庭纠纷调解委员会，推动婚姻登记处设立离婚咨询调解中心，在未成年女童中开展防性侵教育，依托心理咨询中心对妇女开展心理援助服务。积极协调公、检、法等部门为受害妇女伸张正义，做到维权案件件件有着落，事事有回音，处理有结果。李雪梅身为法院妇女维权合庭人民陪审员和市婚姻家庭纠纷人民调解员，多次参与婚嫁家庭纠纷的调解，真正做到案结事了。在维权工作中，她熟悉党的方针政策和相关法律法规，做到用真情感动人，用道理教育人，用真心温暖人，维护妇女儿童的合法权益，树立起妇女干部的好形象，得到领导和广大妇女儿童的肯定和好评。

2017年第六届全国助人为乐道德模范提名人物

唐才英

女，汉族，1936年1月生，新余市分宜县人民医院退休职工。

30多年来，唐才英不离不弃、无私付出，省吃俭用、含辛茹苦，抚养10名无血缘、无亲缘的弃婴长大成人、读书成才，以实际行动谱写一曲大爱之歌，被人们称为“爱心妈妈”。

她收养第一个孩子是在1982年3月10日，当时在菜地种菜回家，发现被遗弃在铁路旁、冻得瑟瑟发抖的芳芳。尽管自己有5个孩子，最小的才11岁，家里再多一个孩子生活会更清苦。但为救孩子，她毫不迟疑地把芳芳抱回家。为让孩子有个合法身份，唐才英抱着芳芳来到民政、公安、计生等部门，为芳芳上户口。由于没有奶水喂养，全靠喝奶粉，每月光奶粉钱就要16元，那时唐才英月工资仅30元，生活的担子更重了。但为孩子，她不但尽心尽力做好在医院的本职工作，下班后又到医院后勤部门帮忙洗衣服、被子等，甚至在家里后院养七八头猪，尽量多赚点钱，让孩子吃得好点。

1997年，她收养3个弃婴，其中一对是双胞胎兄弟。她总是那个理由：丢掉的孩子也是一条命。3个孩子不会吃饭，唐才英就小心翼翼地喂，常常忙得自己吃饭的时间都没有；担心3个孩子从床上掉下来，她就加高床沿，轮番搂着睡，让孩子感受着母亲的呵护。

随着孩子慢慢长大，要吃饭读书，这个大家庭的生活也越来越拮据。唐才英时常在工作之余外出捡些垃圾废品填补家用，宁肯自己少吃点少穿点，也绝不苦了这些孩子。她常说：“再苦再累，也要供他们读书。”她深知教育的重要性，关心孩子不仅要让他们吃饱穿暖，更要教会他们如何做人。根据每个孩子的不同性格和爱好，她因材施教进行教育和培养。她鼓励他们读书，教他们学做家务，学做好人，培养他们独立生活的习惯和能力。现在，收养的10个孩子中，与她生活在一起的仍有5人，一家人其乐融融。

唐才英荣登“中国好人榜”，被评为2017年第六届全国助人为乐道德模范提名奖。

2017年中国好人榜人物

邱乐安

男，1984年10月出生，新余市渝水区人，新余市都康有机农业有限公司总经理。科技兴农，帮贫济困，带动1600余户周边农户创业致富。2017年5月入选"中国好人榜"。

他大学毕业后，怀揣着对大城市的向往，背上行囊一个人南下广州。2004年一直有着创业梦想的他在广州开始自己的第一次创业。一个偶然的机会他得知自己的家乡对农业种植、旅游开发很重视。邱乐安想了整整一星期，决定回报那个生他养他的地方。2008年毅然决定回家第二次创业。

回到家乡后，他得到区委、区政府及村干部和村民的大力支持，在界水联盟村担任有机蔬菜项目负责人。为了不辜负村民对他的信任，几年来，他积极带领全村村民发展有机农业，促进村域经济快速发展，使农民收入实现快速增长，他通过指导村民学习有机瓜果种植技术，带领1600余户周边农户共同致富，2013年联盟村人均收入达10058元，解决当地20余户贫困户就业。

为让更多的村民从一个门外汉尽快转变成一位致富能手，身为有机蔬菜园区负责人的他多处走访，四方取经，空闲时间也马不停蹄奔走田间，悉心指导村民田间管理，把自己积累的种植技术和经验无偿传授给周边村民和前往参观学习的外村群众，在他的带领下，界水乡联盟村形成以有机产业为主导其他农业产业共同发展的村域经济发展格局。截至2017年6月，联盟村建成总占地面积3000亩的有机园区，有花菜、卷心菜等10多个蔬菜产品获得中绿华夏国家有机认证中心的有机食品认证。有机果蔬的种植面积53.3公顷，年收入1000万元；有机蜜橘种植面积33公顷，年收入200万元。产品曾被评为第七届中国国际有机食品博览会金奖，入选三绿工程"江西好产品"，成为全省唯一经农业部认证的有机蔬菜生产公司。

他热心公益事业，长年结对帮扶2名贫困学生。同时对当地的敬老院不定期地送温暖，赢得社会广泛赞誉。邱乐安当选赣青扶贫使者、全国及江西省青年致富带头人，并获得第二届中国创翼青年创业创新大赛"银翼"奖。

黄梅生

男，1959年11月出生，新余市分宜县人，分宜县教体局退休干部、分宜德仁苑负责人。2017年6月入选"中国好人榜"。

他勤恳从教40年，从代课教师、民办教师做起，担任过农村中学的教导主任、副校长、校长、分宜县教体局副局长兼分宜一小校长等，2008年中央文明委授予他"全国未成年人思想道建设先进工作者"；2010年被评为江西省劳动模范；2012年被评为"全国关爱留守儿童百名爱心校长"；2015年被评为"江西省优秀志愿者"；2017年入选2017年"四个100"最美志愿者。他是分宜德仁苑的负责人，更是一名志愿者，他的志愿行动走过10个不平凡的春秋，他用爱撑起235名孤儿的成长梦。

他创办新余市第一个"分宜一小爱国主义教育基地"；他作为"江西省家庭教育讲师团成员"，主讲、撰写数10篇教育文章和报告；他倡导要"赏识每个孩子，培育一代新人"，他以"一身正气为范、两袖清风为高、三尺讲台为乐、四方桃李为荣"。他善于创新，做法独特，使分宜一小的未成年人思想道德建设工作，成为江西省的一面旗帜。该校承办过分宜县、新余市、江西省加强和改进未成年人思想道德建设现场会，得到省委宣传部和省内外广大教育工作者的一致肯定和高度赞扬。

他躬耕为教，刻苦钻研，创新素质教育模式，走出一条"家庭、学校、社会教育三结合"的新路子，创造性开展"感恩教育""社区家长会""小记者看家乡""爷爷奶奶家长培训学校"等颇具特色的活动，成功创办新余市第一个"爱国主义教育基地和素质教育强化训练基地"，以及全县60余名免费食宿的孤儿之家——"德仁苑"，谱写一曲曲动人的育人之歌、爱心之歌。

为把感恩的种子植根于孤儿心中，黄梅生不仅自己做志愿者，还引导孤儿们长大后也去当志愿者，他在德仁苑组建"分宜德仁苑娃娃志愿者"。这批小小志愿者，在市民广场清扫垃圾、去福利院为孤寡老人洗脚、到消防大队当起"小小宣传员”等。

胡丽鹏

女,1968年11月出生,江西省新余市人,现任新余市仙女湖畔生态农业开发有限公司董事长。打造良心企业带动周边农民致富。2017年7月入选“中国好人榜”。

2006年,她承包一片荒山来养殖鸡苗,虽然简陋,但她凭着诚信、坚强和实干,不久就积累丰厚的资本。有了资金,胡丽鹏采用“走出去,请进来”的方式,远赴德国考察,投资3000多万元引进具有世界先进水平的德国进口设备,将原来简陋的鸡舍设备全部更新,进行全方位的设备技术改造,提高蛋品质量,养殖规模由之前的36万羽扩大到50万羽,日产有机鸡蛋26万枚,成为赣西地区蛋品市场供应的重要基地。

收益提升了,能做的事就更多了,2010年,胡丽鹏创办新余市仙女湖畔生态农业开发有限公司。公司以蛋鸡养殖为主导,发展文化旅游,生态农耕,花卉等产业,建立岩宏养殖场、岩宏山庄、岩宏有机肥厂,发展固定员工86人,季节性员工300余人,拥有资产总额9000万元,年均公司销售收入达6000万元。公司被省评定为省级优秀农业产业化龙头企业、全国五一劳动奖状获得单位、江西省AAAA级乡村旅游示范点、全省休闲农业示范点。

“喝水不忘挖井人”,胡丽鹏从创业以来,一直受到大家的帮助,成功后也愿意回馈社会,帮助社会需要帮助的人,向社会奉献一份绵薄之力。截至2017年,胡丽鹏多次参加爱心捐助和帮扶活动,累计捐款金额200多万元,被时代楷模评委会评为第十届爱心中国十大杰出企业家。同时为更好地带动周边农户致富,她十分重视发展“公司+合作社+农户”的经营模式,积极促进全县种养户组建农民专业合作社,通过农民专业合作社促进休闲渔业发展,实行“统一技术指导、统一农资采供、统一注册品牌、统一产品销售”的产业化经营管理模式,带动全县3500多户农户从事休闲渔业产业化经营和蛋鸡规模化养殖,散养土鸡达30多万只。农户在公司产业化经营的带动下,有效地促进农民就业和增收。

周亮亮

男,1983年8月出生,江西省新余市人,新余市邮政分公司投递员。在投递这个岗位一干就是8年,未出现一次失误。2017年9月入选“中国好人榜”。

周亮亮跟大多年轻人不一样的是,他对投递工作有着满腔的热情和对业务的精益求精。投递这个岗位,辛苦而且工资不高,多年来,无论刮风下雨、酷暑严寒,从未有过退缩,有着不同于普通80后的执着。

本着虚心好学、踏实肯干的工作态度,他从一个业务不熟,经常找不到客户地址的新员工,很快成长为一个被众多客户称赞,并被高度认可的“绿衣天使”。公司委以重任,将一号段道路线交给他投递,一号段道主要服务于市委市政府和一些党政机关,服务质量和时限要求较高,但周亮亮周到的服务获得机关单位的好评,也获得广大用户的称赞。在周亮亮看来,每封信都是一个嘱托,每个邮件都是一份信任。正如他所说:“丢失一封邮件,如同退回一颗心,那多么的令人失望!”由于他的用心服务,段道上实现零差错和用户零投诉。

8年来,周亮亮重复这样的动作上万遍,按时将报刊信件准时送到客户的手中。他投递出报刊149万余件,信件6.19万余件,包裹2.96万件,从未出现过一次错投、误投、丢失的情况。他投递的邮件当日妥投率达98.91%,3日妥投率达99.79%。

周亮亮细心周到的服务,赢得广大用户的称赞。2015年获江西邮政“百优”报刊揽收能手,2016年获江西省包裹决战“双十一”先进个人,荣登江西省第二届“最美快递员”。

詹慧珍

女,1961年4月出生,江西省新余市人。江西省工商联副主席,省妇女儿童基金会副理事长,省光彩事业促进会副会长,民建新余市副主委、市妇联兼职副主席、市工商联副主席、江西省第十届人大代表、第十一届省政协委员，新余市第五、六、七、九届人大常务委员会委员、第八届市政协常务委员。任赣西职业教育集团、华丽集团、赣西科技职业学院董事长。长期投身公益慈善事业，爱心事迹广为传播。2017 年 11 月入选“中国好人榜”。

她从一把剪刀开服装店起步，创办赣西科技职业学院。她不仅仅是一位成功的教育管理者、更是一位名副其实充满爱心的慈善家，长期投身公益慈善事业，尽心尽力发挥一个教育界、经济界人士回报社会、关爱社会的作用，把回馈社会作为责任和义务。人们亲切地称她为“詹妈妈”“爱心天使”。

1996 年以后，詹慧珍与团市委、市残联等举办 19 期培训班，参加人员 3196 人次，免收培训费 202 万多元。2011 年 6 月，为支持新农村建设，捐赠 20 万元人民币建设姚圩镇万全村农民文化活动中心，为孤儿、残疾人、灾区孩子减免学杂费，免费培训下岗工人、失地农民 1 万多人；2012 年为新余市特殊学校、新余市工商联组织的对贫困学生、孤儿、残疾人、江西省永丰县沙溪镇年坑村小学、江西省残联福利基金会捐款共计 10 万元，捐给江西省光彩事业促进会组织的“双百・同心”振兴赣南等原中央苏区广昌行启动仪式 30 万元。2013 年 7 月，向江西省妇女儿童基金会捐款 18 万元；2014 年在民建组织的献爱心活动中，捐献 4 万元给贫困学生。2015 年，捐赠给江西省妇女儿童发展基金会、新余市水北镇孤寡老人、新余市“春蕾圆梦”助学活动和扶贫项目中共计 20 余万元。2016 年，在关爱孤寡老人、新余市春蕾助学活动、新余市姚圩镇河埠村的精准扶贫等活动中共计捐款 20 多万元。为贵州、广西、云南、甘肃、四川、江西等贫困地区贫困村的 512 名贫困学生，提供扶贫资金共 310 万元。2017 年，捐赠“颐养之家”贫困户扶贫基金、爱心助学活动等共计 40 余万元。多年来，她满腔热情参与各项社会活动及公益事业，无偿施以援手。为希望工程、汶川、玉树抗震救灾捐款、捐物，为贫困生、孤儿、下岗职工子女减免学费，参与工商联“爱心助学”活动等，累计捐资捐物约 5000 万元。

国家级非物质文化遗产代表性项目（夏布绣）代表性传承人

张小红

女，1958 年 4 月生，江西瑞昌人，汉族。江西渝州绣坊有限公司创办人，高级工艺美术师、中国刺绣艺术大师、中国工艺美术学会刺绣专业委员会理事、国家级“张小红技能大师工作室”领办人、全国三八红旗手、全国技术能手、中国十佳民间艺人、江西省突出贡献人才、江西省文化名家。2017 年获全国事迹特别感人的百姓学习之星，同年被确定为国家级非物质文化遗产代表性项目（夏布绣）代表性传承人。

受家族长辈的熏陶，张小红从小热爱刺绣。下岗以后，她重拾刺绣技艺，并远赴苏州等地学习名家刺绣，刺绣技艺日益精进。2002 年，学成归来的张小红创办“百灵刺绣室”，踏上刺绣艺术的探索和创作之路。经过不断地摸索，她开创性地将本土夏布与艺术刺绣结合，创立新的绣种——夏布绣。2004 年，她成立新余第一家刺绣专营型公司——渝州绣坊，开始致力于夏布绣艺术产业的发展。她的夏布绣多幅作品分别被中国工艺美术馆、中国刺绣艺术馆、中国邮政邮票博物馆等国家级博物馆永久馆藏。夏布绣被列为江西名、优、特产品参展 2010 上海世博会，并多次被授予江西省名牌旅游商品。公司自主创新研发的夏布绣博物馆衍生品成为“中国百佳旅游商品”。2013 年，夏布绣被非遗保护协会刺绣专业委员会列为全国 28 绣种之一，填补江西艺术刺绣绣种的空白。2014 年，夏布绣被列为国家级非物质文化遗产保护项目，渝州绣坊被列入国家级夏布绣非物质文化遗产保护单位、省级非遗夏布绣生产性保护示范基地，夏布绣产业发展项目被录入文化部特色项目库,国家人社部授予“张小红技能大师工作室”。截至2017年底,她创新的夏布绣拥有实用新型在内的69项国家专利和“夏绣”“渝州绣坊”“巧妹”等5项注册商标。

在发展夏布绣艺术和产业化的同时,她不忘服务社会,热心公益。2014年,顶着巨大的经济压力,她自筹资金建成国内首个民营型、公益型、专业型的特色刺绣博物馆——新余夏布绣博物馆。夏布绣博物馆以江西历代传统的民间刺绣及创新的夏布艺术刺绣和活态传承的传习所为主要内容,全方位、多角度的展示新余地域民间夏布刺绣之创新,其目的使之真正成为服务经济发展,提高全民素质,浓缩地域特色,推动生态和谐的窗口,免费向社会开放。同年9月,共青团新余市委将新余夏布绣博物馆确定为“新余市大学生社会实践基地”“新余市青少年传统文化教育基地”“新余市青年商会会员单位”。

多年来,她面向社会共免费培训800多名绣艺师,并主动接纳失地女工、下岗女工、残疾人士学习夏布绣技艺,带动相关就业近2000人。培养出新余市首届工艺美术大师3名、夏布绣市级非遗传承人3名、夏布刺绣美术师8名、初、中、高级工艺美术职称人员18人。在她的培养和带动下,夏布绣产业得到长足发展。由来她培养出的多位绣艺师走向自主创业,在江西省内有10家夏布绣工作室和公司。夏布绣逐渐成为一个地方文化品牌,是新余乃至江西的一张亮丽的文化名片。

2017年新余市获江西省五一劳动奖章名单

林向阳　分宜县钤北客运公司安全保全部部长
严清根　江西江锻重工有限公司班长
胡小兵　新余市袁河金属制品有限公司生产车间主任
胡有珠　新钢公司烧结厂
胡云华　新余市荣和生态农业开发公司总经理
唐叶平　仙女湖区旅游服务公司轮机长
黎　明　新余市中医院主任医师

2017年新余市获全国、全省三八红旗手名单

新余市获全国三八红旗集体名单

新余市国税局征收局第一办税服务厅

新余市获江西省三八红旗集体名单

江西雨兰家纺用品有限公司

新余市获江西省三八红旗手名单

丁喜红　新余市公安局渝水分局天工路派出所
姜雪丽　新余市渝水区检察院
肖　晗　新余市望城检察院民事检察科科长

市级领导及市直单位负责人名录

（以2017年12月底在任领导为准）

中共新余市委员会

书　　记　蒋　斌
副 书 记　董晓健
　　　　　曾　萍（女）
常　　委　万广明
　　　　　郭力根
　　　　　李新华
　　　　　邹健生
　　　　　赖国根
　　　　　黄文辉
　　　　　卢　伟
　　　　　周　杰
秘 书 长　李新华
副秘书长　李冰平
　　　　　姚灵目
　　　　　胡向理

新余市人大常委会

主　　任　胡高平
党组副书记、副主任　姚尚伟
副 主 任　张柱根
　　　　　邹永清
　　　　　刘超杰
　　　　　涂　群
　　　　　马小红（女）
秘 书 长　黎兵根
副秘书长　王新平
　　　　　李育蓉（女）

新余市人民政府会

市　　长　董晓健
副 市 长　万广明
　　　　　陈文华（女）
　　　　　林　愚
　　　　　徐绍荣
　　　　　徐文泊
　　　　　肖铁军
　　　　　周　杰
秘 书 长　傅水珠
副秘书长　钟桂林
　　　　　邹建福
　　　　　卢永宁
　　　　　彭九根
　　　　　许春忠
　　　　　王　喆（挂职）

政协新余市委员会

主　　席　卢伟平
党组副书记、副主席　贺为华
副 主 席　黄永旭
　　　　　邹基云
　　　　　傅明明
　　　　　孔祥筛
秘 书 长　单巍全
副秘书长　聂艳华
　　　　　严晓青（女）

中共新余市纪律检查委员会

书　　记　邹健生

副 书 记 杨 帆

熊小青

秘 书 长 邓迪荣

常 委 付敏华

李继勇

朱雪桂(女)

市中级人民法院

院 长 熊春安

党组副书记、副院长 罗长义

市人民检察院

检 察 长 施兆荣

党组副书记、副检察长 欧阳峰

市委各部门、直属机构、直属事业单位

市委办公室

主 任 李冰平

市委保密机要局

局 长 胡春华

市委组织部

部 长 赖国根

副部长 涂 群

市委宣传部

部 长 郭力根

常务副部长 刘文冰

市精神文明建设指导委员会办公室

主 任 胡永良

市委统战部

部 长 李新华

常务副部长 袁芙蓉(女)

市委政法委

书 记 黄文辉

常务副书记 晏小明

市综治办

主 任 晏小明

市委610办

主 任 张 健

市委政研室

主 任 卢 贺

市直机关工委

第一书记 李新华

书 记 陈晓泉

市委农村工作部(市政府农村工作办公室)

部 长 何志勇

市委市政府接待办

主 任 (空缺)

市委信访局(市政府信访局)

局 长 简志刚

市委老干部局

局 长 欧阳珍

市委台湾工作办公室(市政府台湾事务办公室)

主 任 陈 岗

市机构编制委员会办公室

主 任 温 林

市史志办

主 任 黄福生

市委党校

校 长 曾 萍(女)

常务副校长 干华明

新余日报社

社 长 胡春俊

总编辑 刘平珍

市广播电视台

台 长 陈跃敏

总编辑 王晓峰

市政府工作部门(含部门管理机构)、直属机构和直属事业单位

市政府办公室

党组书记 傅水珠

主 任 钟桂林

市政府法制办公室

主 任 邓文忠

市民族宗教事务局

局　长　徐徕水

市发展和改革委员会

主　任　夏文成

市工业和信息化委员会

主　任　刘力恒

市教育局

局　长　胡绍华

市科技局

局　长　曹建祥

市公安局

局　长　肖铁军

副局长　何春霞(女)

市监察局

局　长　杨　帆

市民政局

局　长　彭水萍

市司法局

局　长　敖带芽

市财政局

局　长　黄小基

市人力资源和社会保障局

局　长　敖新春

市住房和城乡建设委员会

主　任　张晓明

市房产管理局

局　长　敖小忠

市城市管理局(市城市管理行政执法局)

局　长　肖秋根

市交通运输局

局　长　张有红

市水务局

局　长　郭瑞新

市农业局

党组书记　蔡青云

局　长　邱生平

市林业局

局　长　黄国庆

市商务局

局　长　孙昕晖

市文化广播电影电视新闻出版局(市版权局)

局　长　刘献忠

市卫生和计划生育委员会

主　任　曹卫红(女)

市审计局

局　长　(空缺)

市环境保护局

局　长　黄华磊

市国有资产监督管理委员会

主　任　易　勇

市体育局

党组书记　陈　鹏

局　长　宋三保

市统计局

局　长　李永刚

市粮食局

局　长　李国俊

市安全生产监督管理局

局　长　黄立新

市外事侨务办公室

主　任　潘丽云

市市场监督管理局

局　长　刘清明

市人民防空办公室(市民防局)

主任(局长)　李志伟

市旅游发展委员会

主　任　黄道阳

市公路管理局

局　长　邱绍辉

市成教中心(新余电大)

主任(校长)　彭基勇

党委书记　伍金珠

市机关事务管理局

局　长　王军琪

市档案局

局　长　朱宜英(女)

市行政服务管理委员会

主　任　何国新

市规划局

局 长 梁 彤

市供销社

主 任 甘向明

市政府驻南昌办事处

主 任 裴晓林

市政府驻上海联络处

主 任 邱新林

市政府驻北京联络处

主 任 陈先明

江西省职业教育园区党工委、管委会

党工委书记 周俊华

管委会主任 章丽萍(女)

市人大常委会专门(工作)委员会及内设机构

办公室

主 任 王新平

财政经济委员会

主任委员 肖劲鸿

副主任委员 罗庆贺

内务司法委员会

主任委员 黄慧莲(女)

副主任委员 晏 锋

法制委员会

主任委员 张柱根

副主任委员 黄慧莲(女)

郑 军

邓文忠

教科文卫工作委员会

主 任 丁莉莉(女)

建设环境资源工作委员会

主 任 胡小莉(女)

农业和农村工作委员会

主 任 肖 青

外事华侨民族宗教工作委员会

主 任 黄应生

选任联工作委员会

主 任 华红兵

法制工作委员会

主 任 郑 军

市政协专门委员会及内设机构

办公室

主 任 聂艳华

提案委员会

主 任 蔡小莲(女)

文史委员会

主 任 孙小平

经济科技委员会

主 任 章一帆

台侨和外事委员会

主 任 谢瑞华(女)

教文卫体委员会

主 任 廖建文

社会和法制委员会

主 任 宋 琳

群众团体和民主党派、工商联

市总工会

主 席 谢桂生

常务副主席 赖新云

团市委

书 记 (空缺)

市妇联

主 席 黄鸿珍(女)

市科协

主 席 杨 峰

市文联

主 席 龚 云

市社联

主 席 龙生仁

市残联

理事长 彭小林

市红十字会

会 长 (空缺)

专职副会长　刘家迪

市侨联

主　席　蔡巾帼(女)

民革新余市委员会

主　委　严晓青(女)

民盟新余市委员会

主　委　陈文华(女)

民建新余市委员会

主　委　邹基云

民进新余市委员会

主　委　刘　鹄

农工民主党新余市委员会

主　委　蔡小莲(女)

九三学社新余市委员会

主　委　刘超杰

市工商联

党组书记　彭志清

主　席　孔祥筛

市属企业

市国资公司

董事长、总经理　刘志斌

市投资控股有限责任公司

董事长　邹国平

总经理　张浪平

(市委组织部)

2017年新余市取得高级专业技术资格人员名单

序　号	姓　名	工作单位	资格名称
1	林爱红	新余市现代农业科技园管理委员会	高级农艺师
2	刘焦华	新余技师学院	高级讲师
3	胡桂连	新余技师学院	高级实习指导教师
4	何新雨	新余市森林资源监测中心	高级工程师
5	朱宜春	新余市夏莲林场	高级工程师
6	张爱琼	新余市科技情报所	高级经济师
7	刘　华	江西赛维LDK	高级工程师
8	陈艳萍	新余市污染物总量控制中心	高级工程师
9	程　磊	新余市环境保护局高新区分局	高级工程师
10	郑剑霞	新余市环境保护局高新区分局	高级工程师
11	罗光华	江西赣锋锂业股份有限公司	高级工程师
12	邓招男	江西赣锋锂业股份有限公司	教授级高级工程师
13	熊训满	江西赣锋锂业股份有限公司	教授级高级工程师
14	何　亮	江西赛维LDK	教授级高级工程师
15	白有仙	江西赣锋锂业股份有限公司	高级工程师
16	王　彬	江西赣锋锂业股份有限公司	高级工程师
17	朱实贵	江西赣锋锂业股份有限公司	高级工程师
18	雷　琦	江西赛维LDK	高级工程师
19	黎建忠	新余市审计局	高级审计师
20	李雅茗	新余市文化馆	群众文化研究馆员
21	钟伊妮	新余市文化馆	群众文化副研究馆员

续表 1

序　号	姓　名	工作单位	资格名称
22	杨万勤	新余学院图书馆	图书资料副研究馆员
23	张金梅	新余市抱石画院	二级美术师
24	刘志刚	新余市博物馆	二级美术师
25	胡春俊	新余日报社	主任编辑
26	罗绍锋	新余广播电视台	高级工程师
27	甘胜祥	新余市建筑设计院	高级工程师
28	周武平	新余市建筑设计院	高级工程师
29	严小武	新余市园林局	高级工程师
30	敖秋平	新余市市政工程管理局	高级工程师
31	胡建华	新余市高新区建筑工程质量安全监督站	高级工程师
32	胡绍强	新余市规划设计院	高级工程师
33	崔艳萍	新余市规划设计院	高级工程师
34	艾　娇	新余市规划设计院	高级工程师
35	董小伟	新余市规划设计院	高级工程师
36	盛云飞	江西瑞耀建设工程有限公司	高级工程师
37	黄白兰	江西瑞耀建设工程有限公司	高级工程师
38	龚建勇	新余市仙女湖区城乡建设交通局规划科	高级工程师
39	付小明	新余市环境卫生管理处	高级工程师
40	廖文景	新余市仙女湖区城乡建设交通局工程质量监督站	高级工程师
41	占小毛	新余市公路管理局渝水分局	高级工程师
42	廖志兵	新余市公路管理局渝水分局	高级工程师
43	熊明清	新余市下村超限超载车辆检查站	高级工程师
44	袁金华	新余市下村超限超载车辆检查站	高级工程师
45	黄海兵	新余市公路勘察设计院	高级工程师
46	莫莎琳	新余市长青小学	中小学高级教师
47	肖兼波	新余市长青小学	中小学高级教师
48	聂　霞	新余市新钢第一小学	中小学高级教师
49	钟伟来	新余市新钢第一小学	中小学高级教师
50	张艺毅	新余市城北幼儿园	中小学高级教师
51	叶志芳	分宜县二小	中小学高级教师
52	潘小卉	分宜县一小	中小学高级教师
53	金　凡	分宜县三小	中小学高级教师
54	毛小青	新余市渝水一小	中小学高级教师
55	刘建军	新余市渝水二小	中小学高级教师

续表2

序 号	姓 名	工作单位	资格名称
56	黄茶根	新余市渝水三小	中小学高级教师
57	李春莲	新余市渝水第四小学	中小学高级教师
58	刘脉香	新余市渝水第六小学	中小学高级教师
59	万惠梅	新余市渝水区良山一小	中小学高级教师
60	简 蜂	新余市渝水区仙来学校	中小学高级教师
61	刘 云	北师大新余附校	中小学高级教师
62	彭 娟	新余市西湖小学	中小学高级教师
63	宋忠平	新余市高新区水西镇丁下小学	中小学高级教师
64	黄 梅	新余市高新区白水塘小学	中小学高级教师
65	周 艳	新余市高新一小	中小学高级教师
66	胡晚梅	新余市五一路小学	中小学高级教师
67	易彬彬	新余市铁路小学	中小学高级教师
68	龚国文	新余市明志小学	中小学高级教师
69	刘玉琳	新余市中心幼儿园	中小学高级教师
70	胡 强	新余市第三中学	中小学高级教师
71	李娆春	新余九中	中小学高级教师
72	黎 杨	新余九中	中小学高级教师
73	黄慧敏	新余九中	中小学高级教师
74	敖检根	新钢中学	中小学高级教师
75	吴 蓉	新钢中学	中小学高级教师
76	邓洪云	新钢中学	中小学高级教师
77	谭检香	新钢中学	中小学高级教师
78	潘建生	分宜县第五中学	中小学高级教师
79	陈福星	分宜中学	中小学高级教师
80	潘斌诚	分宜县第二中学	中小学高级教师
81	陈青青	分宜中学	中小学高级教师
82	熊 琴	新余一中	中小学高级教师
83	吴祥平	新余一中	中小学高级教师
84	董乐胜	新余一中	中小学高级教师
85	敖剑军	新余一中	中小学高级教师
86	陈煌生	新余一中	中小学高级教师
87	黄军平	新余一中	中小学高级教师
88	钱伟保	新余一中	中小学高级教师
89	曾小华	渝水一中	中小学高级教师

续表3

序号	姓名	工作单位	资格名称
90	龚　明	渝水一中	中小学高级教师
91	胡金兰	新余五中	中小学高级教师
92	黄鸿根	新余市渝水区鹄山中学	中小学高级教师
93	刁小鸿	新余市渝水区鹄山中学	中小学高级教师
94	李反根	新余市渝水区鹄山中学	中小学高级教师
95	潘满生	新余市渝水区鹄山中学	中小学高级教师
96	刘菊根	新余市渝水区姚圩中学	中小学高级教师
97	何轻宝	新余市渝水区姚圩中学	中小学高级教师
98	廖芳根	新余市渝水区姚圩中学	中小学高级教师
99	简　健	新余市渝水区姚圩中学	中小学高级教师
100	艾立国	新余市渝水区姚圩中学	中小学高级教师
101	傅六芽	新余市渝水区新溪中学	中小学高级教师
102	熊贵林	新余市渝水区新溪中学	中小学高级教师
103	何志勇	新余市渝水区人和中学	中小学高级教师
104	刘春保	新余市渝水区人和中学	中小学高级教师
105	汤根芽	新余市渝水区水北中学	中小学高级教师
106	李小平	新余市渝水区南安中学	中小学高级教师
107	林　群	北师大新余附校	中小学高级教师
108	张勇平	北师大新余附校	中小学高级教师
109	陆文珍	北师大新余附校	中小学高级教师
110	邹建中	新余四中	中小学高级教师
111	汤如刚	新余四中	中小学高级教师
112	熊益伟	新余四中	中小学高级教师
113	方明敏	新余四中	中小学高级教师
114	欧阳奕	新余四中	中小学高级教师
115	罗翠松	新余市人民医院	主任医师(省市类)
116	姚　祺	新余市人民医院	主任医师(省市类)
117	邓　红	新余市中医院	主任医师(省市类)
118	杨　琳	新余市妇幼保健院	主任医师(省市类)
119	喻永锋	新余市渝水区城南街道胜利南路社区卫生服务中心	主任中医师(乡镇类)
120	黄信能	新余市水利规划设计室	高级工程师
121	周细根	新余市城市防洪工程管理处	高级工程师
122	陈新育	新余第二医院	副主任医师(省市类)
123	袁　云	新余第二医院	副主任医师(省市类)

续表4

序 号	姓 名	工作单位	资格名称
124	胡小保	新余市中医院	副主任医师(省市类)
125	沈四妹	新余市中医院	副主任医师(省市类)
126	甘辉虎	新余市中医院	副主任中医师(省市类)
127	占欢腾	新余市中医院	副主任中医师(省市类)
128	皮 鹰	新余市中医院	副主任中医师(省市类)
129	张艺峰	新余市妇幼保健院	副主任医师(省市类)
130	刘 静	新余市妇幼保健院	副主任医师(省市类)
131	毛 蕾	新余市人民医院	副主任医师(省市类)
132	廖生根	新余市人民医院	副主任医师(省市类)
133	肖 琼	新余市人民医院	副主任医师(省市类)
134	陈慧芳	新余市人民医院	副主任医师(省市类)
135	简 静	新余市人民医院	副主任护师(省市类)
136	邹 华	分宜县中医院	副主任医师(县区类)
137	潘思生	分宜县人民医院	副主任医师(县区类)
138	谢柳青	分宜县中医院	副主任中医师(县区类)
139	袁国华	分宜县中医院	副主任中医师(县区类)
140	杨 竹	新余市渝水区疾病预防控制中心	副主任技师(县区类)
141	李小军	新余市渝水区城南街道胜利南路社区卫生服务中心	副主任医师(乡镇类)
142	李 晓	新余市渝水区城南街道胜利南路社区卫生服务中心	副主任中医师(乡镇类)
143	艾建华	新余市渝水区城北街道沙土社区卫生服务中心	副主任医师(乡镇类)
144	刘小军	新余市渝水区下村镇中心卫生院	副主任药师(乡镇类)
145	曾启辉	新余市仙女湖区河下卫生院	副主任医师(乡镇类)
146	陈丽萍	新余市仙女湖区河下卫生院	副主任护师(乡镇类)
147	彭电落	新余市渝水区城北街道仰天社区卫生服务中心	副主任护师(乡镇类)
148	余美夫	新余市第四中学	中小学正高级教师
149	黎 敏	新余市第一中学	中小学正高级教师
150	周小红	新余市规划设计院	高级工程师

2017年新余市部分副县级以上逝世人员

姓名	原工作单位及职级(待遇)	享年(岁)	逝世时间
单宝生	渝水区九龙垦殖场干部(享受副县级待遇)	89	1月31日
罗少人	市经贸委总工程师(副县)	89	2月14日
关长发	长林集团职工医院院长(副县)	88	2月15日
龙成焕	市检察院纪检组长(副县)	70	2月19日
曹绍琇	市政协经科委主任(正县)	83	3月1日
严镇东	市人民医院干部(副县级待遇)	85	3月7日
戴维福	市五交化公司副经理	100	3月18日
敖小黄	市委党校常务副校长(正县)	72	4月16日
李建立	市人大常委会巡视员(正厅)	63	7月21日
王福海	市粮食局调研员(正县级)	90	6月15日
刘虎林	市经贸委助理调研员(副县)	82	6月17日
陈自秀	市人大内务司法委副主任委员(正县)	75	6月21日
梁梦海	市政协主席(正厅)	80	7月4日
张传京	市乡镇企业局调研员(正县)	86	7月9日
欧阳奇	市纺织厂教育科协理员(副县)	87	8月4日
张志强	市供销合作社纪委书记(正县)	70	8月19日
刘忠义	市经济体制改革委主任	83	9月27日
凌　浩	市人大常委会主任(正厅)	84	9月30日
廖彩人	市进修学校校长(副县)	85	10月8日
刘永国	市检察院副县级检察员	76	10月19日
陈垂铭	市计委主任(副县)	86	11月4日
易幼华	市农业局调研员(正县)	80	12月11日
胡祚培	市机械工业局副局长(正县)	77	12月23日

编辑　傅媛媛

附　　录

政府工作报告

——2018年1月2日在新余市第九届人民代表大会第三次会议上

常务副市长　万广明

各位代表：

现在，我受市长董晓健同志委托，代表市人民政府向大会报告政府工作，请予审议，并请各位市政协委员和列席会议的同志提出意见。

一、2017年工作回顾

2017年，在省委、省政府和市委的正确领导下，全市上下认真贯彻落实市第八次党代会和市委八届二次、四次全会精神，以务实的精神、落实的办法、坐实的结果，积极应对持续的经济下行压力，全力打好防范化解重大风险、精准脱贫和污染防治攻坚战，奋发有为，开拓进取，全市经济运行质量和效益不断提升，社会发展活力和动力不断增强，人民群众满意度和获得感不断提高。预计(下同)全年实现生产总值1170亿元，增长8.5%；财政总收入144.1亿元，增长5%；固定资产投资1036亿元，增长12.5%；社会消费品零售总额269亿元，增长12%；出口总额92.6亿元，增长10%；实际利用外资4.2亿美元、增长5%，省外2000万元以上项目资金467.5亿元、增长10%；城镇居民人均可支配收入34736元、增长8%，农村居民人均可支配收入16571元、增长9%；居民消费价格指数涨幅控制在3%以内。

(一)聚焦提质增效抓产业，转型步伐越来越快。工业经济持续向好。规模以上工业增加值增长8.3%，主营业务收入增长18%。坚持改造提升传统产业与培育发展新兴产业并重，出台《新余市“中国制造2025”实施方案》《关于加快发展新经济培育新动能的实施意见》和全力支持新钢跨越发展30条措施，深入实施锂电、手机触控、LED、装备制造产业集群三年倍增计划，钢铁、新能源、光电信息、装备制造四大主导产业主营业务收入分别增长15.3%、30.4%、80.2%、19.6%，其中锂电、手机触控和LED等新兴产业分别增长150.6%、40.2%和358.8%。更加注重工业经济的发展质量和效益，规模以上工业实现利润增长57%，其中新钢实现利润增长10倍；工业经济效益综合指数提高59个百分点。充分发挥园区工业主战场作用，新增标准厂房59万平方米，建成产业集群公共服务平台10个，高新区获评省战略性新兴产业集聚区、省锂电新材料产业基地，渝水区新兴工业产业园列为全省产城融合示范区。精准有力帮扶企业，14家企业获产业引导专项资金2.6亿元。市级还贷周转金规模达2.4亿元，帮助企业倒贷300笔、40亿元。赛维重整取得阶段性成果，可望实现突破。新增入规工业企业38户。第三产业日益壮大。实现增加值445亿元、增长9%，新增规模以上服务业企业18户。全市金融机构人民币存、贷款余额分别增长12.3%和4.6%，不良贷款率下降4个百分点，金融风险化解工作成效明显。新余国科在创业板成功上市，泰达长林在"新三板"挂牌，沃格光电主板上市材料获受理，昆仑乐云网络小额贷款公司成功设立。电子商务实现交易额350亿元，增长35%。旅游"双创"工作稳步推进，成功引进复星爱必侬公司运营仙女湖景区，在仙女湖录制的央视七夕晚会反响强烈，乡村旅游蓬勃发展，旅游业接待游客和旅游收入均增长22%。文化产业增加值增长11.4%，占生产总值比重提高到3.75%。第四届国际麻纺博览会、第三届南方农业（工程）机械展销会成功举办。现代农业加快发展。全面落实粮食安全责任，建设高标准农田6.2万亩。52家省级以上龙头企业实现销售收入135亿元，增长4.3%。特色农业势头良好，新余蜜橘产销两旺。农产品加工不断深化，夏布产业列为省示范产业集群。循环农业加快发展，南英2万方特大型沼气工程并网发电，蘑菇产业年处理农业有机废弃物10万吨以上。农村土地经营权流转率达44.3%。创新能力不断提升。全社会研发经费投入15亿元，占生产总值比重达1.4%。新增博士后创新实践基地2家、国家级技能大师工作室1家、省级研发平台5家，建成1家覆盖全市的科技协同创新综合服务平台。加州农业袁隆平院士工作站成立。新增国家高新技术企业13家。争取省级以上科技项目49项、资金1467万元。专利申请量1860件、授权量1018件，每万人发明专利拥有量达2.8件。高新区动力电池产业集群列入科技部第三批创新型产业集群试点。新增百千万人才工程国家级人选1人、省级人选2人，获国务院特殊津贴3人、省政府特殊津贴2人，新增省主要学科学术和技术带头人2人。

（二）强化引擎拉动抓项目，发展后劲越来越足。重点项目成果丰硕。安排重点建设项目199个，总投资增长44%，完成投资198亿元。其中，工业项目97个，完成投资112亿元。一批对全市发展具有重大战略意义的项目全面铺开，国省道一级公路绕城改建、城乡供水一体化工程顺利推进；城市供水应急备用水源主体工程基本完工；蒙华公司综合基地落户我市并顺利建成，新余煤储基地项目全面启动；国电投分宜电厂扩建项目全面复工；新余至吉安城际铁路纳入全省城际网规划；分宜通用机场列入省民用机场布局规划。一批对产业转型升级具有重大影响的工业项目加速推进，沃格光电玻璃精加工、赣锋锂业1.5万吨电池级碳酸锂项目建成投产，新钢煤气综合利用高效发电一期工程并网发电，江西雅保5万吨氢氧化锂项目稳步推进。招商引资量质齐升。致力招大引强，突出领导招商、聚焦产业招商、狠抓实体招商，举办或参加各类专题招商推介活动27场，引进悦新大健康产业园、温商五金工具产业基地、科能4亿安时锂电池、牧星现代生态养殖小区、仙女湖航空运营基地等投资10亿元以上项目19个。创新开展资本招商，引进金融创新项目19个、金额18.3亿元。实施"渝郎回乡"工程，共签约项目61个、金额276.4亿元。政策资金争取得力。共向上争取项目266个，增长7.7%。争取上级财政资金59.9亿元、增长10%，其中国家资源枯竭城市转型试点年度绩效考核通过国家评估，获上级补助资金2.86亿元；五河治理工程项目获中央预算内资金1.36亿元。获批财政债券资金75.9亿元，增长66.4%。

（三）围绕舒适宜居抓融合，城乡面貌越来越新。城乡规划更加完善。完成孔目江片区控制性详细规划、海绵城市和综合管廊专项规划等规划编制，创新开展城市设计，实现了农村建房规划建设三级管理网络全覆盖、20户以上村庄规划编制全覆盖。城市功能不断提升。大力实施城市升级三年行动计划，全年安排城建项目27个，完成投资11.7亿元。绿起公园、胜利北路改造、主城区公厕新建等项目顺利建成，11处背街小巷、14个老旧小区、4个城中村基础设施改造全面完成。新增纯电动公交车20辆，新建公交电子站牌100座，实现市、县城区至各乡镇公交全覆盖。第一批20个交通隐患点治理改造全面完成，货车超限超载集中整治深入开展。大数据产业园投入运行，入选中国新型智慧城市创新50强。乡村建设亮点纷呈。乡、村两级七项重点工作成效明显，交通信号灯建设实现乡镇全覆盖，"晓康诊所"实现行政村全覆盖，农村生活垃圾治理在全省率先全域通过考核验收，501个新农村建设点完成投资1.5亿元。罗坊生态循环农业小镇、分宜麻纺小镇被评为全省第一批特色小镇，良山镇下保村入选全国环境整治示范村。完成通自然村水泥路建设147.4公里、公路安全生命防护工程254公里。在全省率先完成新一轮农村电网升级改造"两年攻坚战"工程。

（四）突出关键环节抓改革，体制机制越来越活。35项重点改革项目年度任务全面完成。行政管理体制改革取得新成效。行政审批标准化体系全面建立，政务服务更加高效便捷。"双随机一公开"监管工作改革全面推进，市直行政执法单位全部接入全省统一监管平台。机构编制管理改革扎实推进。在全省率先开展的城市执法体制改革试点工作成效明显，各项改革任务全面完成。经济体制改革实现新突破。供给侧结构性改革深入推进。大力实施降成本优环境专项行动，输配电价改革为企业降低用电成本每度4分以上，规模以上工业每百元主营业务收入成本降低2.2元，全年为企业减负30.2亿元。房地产去库存工作成效显著，中心城区新建商品房住宅去化周期缩短至7.6个月。新宜吉六县跨行政区转型合作试验区建设稳步推进。积极化解政府性债务，超额完成年度目标。市本级行政事业单位闲置资产清理整合盘活工作有序开展，市属国企公司制改革全面完成，三大农垦场均组建了国有资本投资营运公司。社会管理体制改革迈出新步伐。社会组织和企业信用体系建设基本完成，公职人员信用评级结果运用力度加大。社区数字化综合服务管理平台升级完善，新增4个社区上线运行。出租汽车行业改革稳步推进。

（五）立足和谐共生抓环保，生态环境越来越美。环境治理力度加大。大力实施"保家行动"，集中开展畜禽养殖、水库退养、工业污染水环境专项整治，关停拆迁禁养区养殖场6339家，333座水库、2293座山塘全部退出承包养殖，废水排放不达标的53家企业全部整改。11个国控、省控监测断面有7个达到Ⅲ类水质标准，消灭劣Ⅴ类水工作初见成效。大力开展"蓝天行动"，集中实施"四尘""三烟""三气"综合整治，城区空气质量优良率达86.2%。土壤污染防治工作方案编制完成，原前卫化工厂场地土壤综合治理与修复工作积极推进。生态保护成效明显。推行分布式为主、集中式为辅的城乡污水处理新模式，89座村镇生活污水处理设施建成投运。加大工业企业污染防治力度，新钢焦炉除尘（二期）、6号高炉和4号烧结机除尘改造设施建成投运。完成仙女湖和孔目江水源地规范化建设及防护工程，饮用水源地周边环境风险源全部消除。强化环境执法监管，先后开展环保专项行动22项，依法关停取缔"散乱污"企业57家。新增造林4.7万亩。制度体系更加完善。生态保护红线、城镇开发边界划定工作扎实开展，永久基本农田划定工作全面完成。河长制工作体制机制不断健全，孔目江流域生态补偿成效明显，全国水生态文明城市建设试点通过验收。第一部实体地方性法规《仙女湖水体保护条例》，已提交市人大常委会审议。领导干部自然资源资产审计工作走在全省前列。分宜县被确定为全省绿色低碳示范县，渝水区列为全省生态文明示范区。

（六）坚持不忘初心抓民生，惠民成果越来越实。45件民生实事基本完成。脱贫攻坚更加扎实。贫困人口识别退出进一步精准，全市共有建档立卡贫困人口8634户21003人。出台《关于进一步加强社会扶贫工作的实施意见》，共安排419个单位、所有在职领导干部、"两代表一委员"、26个商（协）会、1200家民营企业与贫困对象结对帮扶，实现贫困村、贫困户帮扶全覆盖。创新开展"播爱使者"活动，帮助单身贫困群众解决婚恋问题。深入推进八大扶贫工程，配套财政扶贫资金3807.3万元，3479名贫困人口实现脱贫。就业创业更加充分。新增城镇就业2.2万人、就业率达

96.6%,新转移农村劳动力1.6万人。新发放创业担保贷款4.2亿元,直接扶持2411人创业,带动10544人就业。社会保障更加有力。未参保城镇大集体企业退休职工养老生活月补助标准由375元提高到395元,全民参保登记计划全面启动。被征地农民参加基本养老保险工作强力推进,2018年可按规定发放待遇。城镇居民医保和新农合正式并轨运行,跨省异地就医结算系统全面启用。为11万名65岁以上老人购买了意外伤害保险,为2.6万名80岁以上老人发放了高龄补贴。建成颐养之家603个,入家老人7597人,实现全市行政村颐养之家全覆盖;市养老福利中心建成运营。发放廉租房租赁补贴5268户、856.6万元,改造棚户区5488户、垦区危旧房4800户。公共事业更加繁荣。在全省率先通过义务教育基本均衡发展的国家认定,乡村小规模学校适度集中办学试点成效明显,成功争取清华大学和北京大学在我市设立自主招生考点。城市公立医院综合改革获国务院通报表扬,被确定为首批国家级示范城市。成功入选国家文化消费试点城市,获评全国未成年人思想道德建设工作先进城市,国家食品安全示范城市创建、国家公共文化服务体系示范区后续建设工作稳步推进。成功举办环鄱阳湖仙女湖站国际自行车大赛、环仙女湖国际马拉松等赛事,第十三届全运会上获金牌2枚。社会治理更加有序。"共产党员示范市"创建工作全面启动。"新余有爱"志愿服务品牌深入人心。商(协)会建设成效显著。积极推行领导包案化解社会矛盾工作机制,群众诉求渠道更加畅通。法治新余和平安新余建设深入推进,国家安全人民防线进一步加强,没有发生较大及以上安全事故,没有发生重大群体性事件,没有发生重特大刑事案件,全市社会和谐稳定。统计、海关、检验检疫、民族宗教、外事侨务、涉台事务、档案、地方志、公积金、机关事务、防灾减灾、妇女儿童、青少年、老龄、计生、科普、气象、人防、邮政通讯、烟草、盐业、海事、民兵预备役、社科研究、红十字会人道援助和慈善、残疾人事业等工作取得新成绩。

各位代表!过去的一年,我们扎实推进"两学一做"学习教育常态化制度化,认真学习宣传贯彻党的十九大精神,"四个意识"更加牢固;我们全面推进依法行政,严格落实法治政府建设工作要点,行政决策科学化、民主化、法治化水平进一步提升;我们不断加大对"为官不为"等问题的治理力度,严肃问责了一批懒政怠政干部,机关作风持续好转,行政效能不断提高;我们深入开展"红包""违插"等问题专项治理,突出重点领域、重点岗位和关键环节的风险防控,严肃查办了一批违法违规案件,政府自身建设不断加强。

过去的一年,克服了很多困难,化解了不少矛盾,成绩的取得实属不易。这得益于中央、省委省政府和市委的坚强领导,得益于市人大的法律监督和市政协的民主监督,得益于社会各界和全市广大人民群众的积极作为。在此,市人民政府向全市广大工人、农民、知识分子、干部和历任老领导、老同志,向各民主党派、工商联、无党派和社会各界人士,向驻市人民解放军、武警官兵和公安干警,向驻市中央和省属单位,致以崇高的敬意!向所有关心、支持新余发展的同志们、朋友们,表示衷心的感谢!

回顾过去一年的工作,我们清醒地看到,与人民群众日益增长的美好生活需要相比,全市经济社会发展不平衡不充分的问题依然突出:经济发展总量偏小,发展质量和效益还不高,创新意识和能力还不强,新兴产业支撑作用还有待提升;政府性债务化解难度不小,财政收支平衡压力较大;生态环境保护任重道远,呵护青山绿水、蓝天白云还有很多工作要做;城乡基础设施还有不少短板,公共服务供给水平与群众需求仍有不少差距;少数干部担当勇气、创新精神和实干劲头还不足,干部作风建设还需持续加强,等等。对此,我们一定认真对待,切实加以解决。

二、2018年工作安排

2018年是贯彻党的十九大精神的开局之年,是改革开放40周年,是决胜全面建成小康社会、实施"十三五"规划承上启下的关键一年。政府工作的总体要求是:全面贯彻落实党的十九大、中央经济工作会议和省委十四届五次全会精神,以习近平新时代中国特色社会主义思想为指导,按照高质量发展的要求,坚持稳中求进工作总基调,坚持新发展理念,坚持以供给侧结构性改革为主线,突出抓重点、补短板、强弱项,统筹推进稳增长、促改革、调结构、惠民生、防风险各项工作,促进经济社会持续健康发展。

全市经济社会发展的主要预期目标是:生产总值增长8.5%;财政总收入增长7%;规模以上工业增加值增长8.6%,主营业务收入增长8%;固定资产投资增长11%;社会消费品零售总额增长11.5%;外贸出口总额增长3%;实际利用外资增长6%,省外2000万元以上项目资金增长7%;城镇居民和农村居民人均可支配收入分别增长8%和8.5%;居民消费价格指数控制在3%左右。节能减排完成省下达的计划任务。

围绕上述目标,重点做好以下工作:

(一)出好"三记硬招",在工业经济上奋力崛起。坚持工业立市、工业强市不动摇,把创新作为引领发展的第一动力,把实体经济的重点放在制造业上,加快打造全省产业转型升级典范。

出好新旧动能转换招。积极申报"中国制造2025"国家级示范区,加快培育一批具有创新能力的排头兵企业,着力构筑新型制造业体系。全面落实支持新钢跨越发展30条措施,推动新钢实施5-10个产业延伸合作项目,加快发展非钢产业。积极稳妥做好赛维重整工作。全面完成产业集群三年倍增计划,力争锂电、手机触控产业全年主营业务收入均达220亿元,LED和装备制造产业均达200亿元。充分发挥高新区军民融合智能装备制造产业基地的示范带动作用,加快推进军民融合产业深度发展。

出好实体经济帮扶招。深入开展降成本优环境专项行动和企业精准帮扶,全面落实各项惠企政策,切实提高企业全要素生产率。用活用好产业引导专项资金和工业发展基金,支持重点企业发展和产业集聚壮大。出台金融机构支持地方经济发展考核奖励办法,充分调动金融机构信贷投放积极性。不断完善园区基础设施,加快建设配套服务体系,积极盘活园区闲置资产,切实提高标准厂房利用率。确保新增入规工业企业38户以上。

出好创新驱动引领招。积极争创国家创新型试点城市,深入实施创新驱动"3315"工程,力争全社会研发经费投入占生产总值比重达1.5%。新增国家高新技术企业10家,申报省级以上项目40项,实施市级科技重点项目20项,新增市级科技研发平台6家。力争专利申请量达1900件,每万人发明专利拥有量达2.9件。推动企业省级以上科研平台向全市开放,组建锂电、钢铁产业技术创新联盟。加大人才引进力度,着力引进战略性新兴产业紧缺人才和高层次人才。

(二)瞄准"三个提升",在三产繁荣上精准发力。围绕提升供给质量和水平,加快推动服务业发展壮大,确保新增入规服务业企业10户以上,实现增加值增长9%。

推动生产性服务业向专业化提升。引导金融机构创新信贷产品,优化投放结构,加大对"三农"和小微企业支持力度。全面完成产业集群公共服务平台建设三年行动计划,不断提升平台服务水平和运营效益。加快发展现代物流业,基本建成陆路口岸查验区和电子口岸。大力发展工业设计,引领产业向价值链高端提升。充分发挥国际麻纺博览会等会展平台作用,不断提升产业影响力和竞争力。

推动生活性服务业向品质化提升。深入推进国家全域旅游示范区创建,着力抓好市、县、乡三级节点基础设施建设。全力推进仙女湖创建国家5A级景区,加快提升景区品质和形象。大力推动新余国际广场、上亿广场等重点商贸项目建成投运,加快建设跨区域农产品流通基础设施。大力培育文化龙头企业,加快发展文化产业新兴业态,力争产业增加值占生产总值比重达3.9%。

推动新兴服务业向规模化提升。加快发展农村电商,建成10个乡镇电商服务中心和50个村级电商服务站。充分发挥大数据产业园带动效应,抓好云计算中心二期建设,吸引更多IT企业落户,大力培育智慧经济。培育壮大家政服务龙头企业,加快推进家政服务业市场化、产业化步伐。积极争取社区健康养老管理体系建设省级试点，努力打造健康养老服务品牌。积极发展体育产业，加快推进体育与旅游、文化等产业融合发展。

（三）做优“三篇文章”，在投资增效上敢抢敢拼。大力实施项目带动战略，全力做好建项目、引项目、融资金“三篇文章”，在项目扩量和提质上下工夫、出实招、求实效。

做优重点项目建设文章。全年计划安排重点项目200个、年度计划投资200亿元，其中工业项目投资额占比达到50%以上。不断完善市领导挂点、市直单位帮扶机制，继续开展分季度、分县区重大项目集中开工活动，加快推进重点项目管理数字化、信息化。重点抓好投资过10亿元的“三个一批”重大项目建设，全力推进国省道一级公路绕城改建、蒙华铁路新余段、国电投分宜电厂扩建等一批基础设施项目建设，加快推进大唐新余二期扩建项目，做好新余至吉安城际铁路和分宜通用机场项目前期工作，建成城市供水应急备用水源工程；切实抓好东鹏化工2.5万吨锂盐、江西雅保5万吨氢氧化锂、科能4亿安时锂电池等一批工业项目建设；加快推进悦新大健康产业园、南英垦殖场综合开发、分宜麻纺小镇、河下渔仙小镇等一批现代服务业项目建设。

做优招商引资提质文章。立足四大支柱产业和特色优势产业，围绕大企业紧盯大项目，实行产业链精准招商、配套招商，组织参加23场招商推介活动，推动招大引强实现再突破。鼓励园区龙头企业围绕产业链、产业群自主招商，吸引投资商集聚发展。深入推进赣企入余、“渝郎回乡”，发挥商会招商、乡贤招商更大作用，以感情待人，以事业留人。出台全市统一的招商引资优惠政策，抓好政策兑现落实，打造透明、可预期的投资环境。

做优融资渠道拓宽文章。增强资本市场服务实体经济功能，积极有序发展股权融资，鼓励优质企业发行债务融资工具。充分运用人保财险“政融保”融资模式，着力破解新型农业经营主体融资难、融资贵问题。引导企业加快直接融资步伐，出台企业上市三年行动计划，推动沃格光电在主板上市。准确研判政策走向，加强项目谋划储备，力争争取上级资金增长10%以上。

（四）走好“三步路子”，在融合发展上协调推进。坚持高标准规划、高质量建设、高效能管理，全力推进城乡基础设施建设，不断提升城乡发展质量，让城市更有品位、农村更有活力。

走好城市品质提升路。完成城市近期建设规划和南部片区空间规划，加快高铁新区控规修编工作，全面落实海绵城市、地下综合管廊等各类专项规划，深入推进城市设计，谋划好城市“美”的空间。加大存量土地盘活力度，努力解决土地供给不足与城市加快发展的矛盾。加快推进城市升级三年行动计划，全年安排市本级城建项目32个、年度计划投资12.5亿元，其中城区生活污水治理、袁河公园等新建项目23个，中洲城区棚户区改造、孔目江湿地公园三期等续建项目9个。深入实施交通安全隐患治理工程，大力推进5条背街小巷、2个老旧小区基础设施改造，切实改善城区居民生活环境。

走好美丽乡村振兴路。按照产业兴旺、生态宜居、乡风文明、治理有效、生活富裕的总要求，持续开展乡村两级七项重点工作。扎实推进城乡公厕新建改造，全力推进农村环境综合整治，建设好整洁美丽的“后花园”。坚持政府引导、企业主体、社会参与的运作模式，加快编制特色小镇建设专项规划，加大项目谋划和推介力度，引进更多社会资本建设好全市第一批8个特色小镇，力争成功申报国家级、省级特色小镇各1个。大力推进“四好农村路”建设，不断完善城乡路网体系，完成县道升级改造34.2公里、安防工程建设180公里。深入推进城乡公交一体化，逐步将农村客运纳入公共交通服务体系。全面建成城乡供水一体化工程，实现50户以上自然村供水管网全覆盖。扎实推进分宜小康用电示范县建设。

走好现代农业发展路。坚持质量兴农、绿色兴农，加快推动农业供给侧结构性改革，促进农村一二三产业融合发展。稳步推进农村集体产权制度改革，抓好土地整治补充耕地工作，引导土地集中连片流转，发展多种形式适度规模经营。引进培育龙头企业，做大做强特色农业，加快发展休闲农业，着力打造一批生态艺术性田园游居综合体。深入开展绿色生态农业“十大行动”，大力推广罗坊区域生态循环农业模式，加快建设一批绿色农产品规模化生产基地。加大农产品宣传推广力度，着力打造一批有影响力、有竞争力的品牌。认真开展第三次全国土地调查。

（五）下活“三枚棋子”，在改革创新上全力攻坚。坚持向改革要动力，以改革促发展，继续在重要领域和关键环节下好改革“先手棋”，全力打造优质高效的发展环境。

下活行政管理体制改革棋。继续推进“一窗式”审批服务改革，基本实现“前台综合受理、后台分类审批、统一窗口出件”。加快推进“互联网+政务服务”，积极开展“一次不跑”政务服务事项改革。全面深化商事制度改革，重点抓好“证照分离”先行先试工作，稳妥推进电子营业执照和企业登记全程电子化。巩固城市执法体制改革成果，全面理顺工作职责，加快形成权责明晰、高效有序的城市管理模式。坚持问题导向，深入推进开发区改革和创新发展。

下活经济体制改革棋。积极推动新宜吉六县跨行政区转型合作试验区建设，着力推进试验区工作协商机制的建立，加快实施一批实质性合作项目。认真落实赣西经济转型发展战略，积极谋划一批我市牵头的合作事项，全力推动三市合作项目落地见效。加快化解政府性债务，全面完成年度任务。推进市以下财政事权与支出责任划分改革，加快理顺市与县（区）共同财政事权。完善国有资产集中统一监管体制，推动国有企业做强做优做大，做好国有企业社会职能承接工作。

下活社会管理体制改革棋。稳步推进价格改革，进一步减少政府定价项目。深入推进社会信用体系建设，完善社会组织与企业信用体系，强化信用评级结果运用，探索开展自然人信用数据征集工作。切实加强社区治理体系建设，努力推动社会治理重心向基层下移。稳妥推进殡葬改革。

（六）做到“三个坚持”，在绿色发展上持之以恒。树立和践行绿水青山就是金山银山的理念，像对待生命一样对待生态环境，坚决打好污染防治攻坚战，还自然以宁静、和谐、美丽。

坚持以过硬的举措开展环境整治。推进“保家行动”常态化，全面完成可（限）养区养殖场生态化改造和山塘、水库水质达标整治工作，加快畜禽养殖废弃物资源化利用步伐。抓好仙女湖、袁河、孔目江、袁惠渠等流域的污染源治理、生态修复和饮用水源地综合整治工作，建成村镇生活污水处理设施61座，坚决消灭劣Ⅴ类水体，确保集中式生活饮用水源地水质达标率为100%。深入开展“蓝天行动”，持续加大工业大气污染整治力度，加强“四尘”“三烟”“三气”联合防治，确保空气质量优良率、PM2.5等约束性指标控制在省政府下达的目标范围内。完善土壤常规监测体系，有效防范土壤污染。

坚持以最严的标准加强生态保护。坚决把好项目准入关，从源头上防止环境污染和生态破坏。持续开展环保专项行动，进一步强化重点行业和重点区域的环境执法监管，提高环境突发事件的应对能力，确保环境安全。严格实施生态红线管制，打好环境执法组合拳，严肃查处环境违法行为，促进环境守法成为常态。

坚持以完善的制度构建生态屏障。严格落实环境保护党政同责、一岗双责责任制，加快编制自然资源资产负债表，强化生态文明建设工作考核。积极推进环境污染第三方治理，拓宽合同环境服务、碳排放交易试点领域。建立健全跨区域联合治污工作机制，推动水、大气污染防治实现跨流域、跨县（区）联防联控。积极推广绿色建筑和装配式建筑，加快推进生活垃圾分类管理和餐厨垃圾资源化利用，深入开展创建节约型机关、绿色家庭、绿色学校、绿色社区和绿色出行等行动。

（七）织密“三张网络”，在民生改善上久久为功。坚持在发展中保障和改善民生，多谋民生之利、多解民生之忧，全力办好40件民生实事，让改革发展成果更多更公平惠及全市人民。

织密民生底线保障网。坚决打好精准脱贫攻坚战，充分发挥社会力量作用，切实抓好八大扶贫工程，力争有条件的行政村建设50千瓦光伏电站，确保34个省级贫困村光伏扶贫扩面工程顺利并网,保证现行标准下的脱贫质量既不降低标准、也不吊高胃口。坚持更加积极的就业创业政策,大力推进创新创业平台建设,努力实现更高质量和更充分的就业。加强社会保险扩面征缴,继续实施全民参保登记计划。完善各项救助保障制度,实现城乡低保应保尽保。巩固完善农村"颐养之家"建设,加快推进城区居家和社区养老平台建设,不断满足城乡居民的养老服务需求。

织密社会事业繁荣网。坚持教育优先发展战略,加快推进高新一中、北湖小学、松山小学等学校建设,着力解决"择校热""大班额"等突出问题;努力提升学前教育普惠水平,探索推行小升初招生改革,积极应对高考制度改革,加快发展社区教育。深入推进健康新余建设,继续巩固公立医院综合改革成果,加快推进市中医院迁建、市妇幼保健院改扩建等项目建设,着力解决"看病难、看病贵"问题。努力创建国家卫生城市。全力推进国家文化消费试点城市创建,继续做好国家公共文化服务体系示范区后续建设工作。广泛开展全民健身活动,力争在第十五届省运会取得优异成绩。关心支持妇儿、老龄事业,发展残疾人事业和慈善事业。加强国防后备力量和人民防空建设,推进"双拥"和优抚安置,巩固和发展军政军民团结。

织密社会治理和谐网。坚决打好防范化解重大风险攻坚战,做好重点领域风险防范和处置,严厉打击违法违规金融活动,加强薄弱环节监管制度建设,促进形成金融和实体经济、金融和房地产、金融体系内部的良性循环。启动第六届全国文明城市创建工作。加强社会主义法治文化和公共法律服务平台建设,加快构建城乡立体化、信息化社会治安防控体系,依法打击和惩治黄赌毒黑拐骗等违法犯罪活动,保护人民人身权、财产权、人格权。大力实施食品安全战略,加快推进国家食品安全示范城市创建工作,让人民吃得放心。牢固树立安全发展理念,严格落实安全生产责任制,坚决遏制重特大事故发生,提升防灾减灾救灾能力。畅通信访渠道,加强预防和化解社会矛盾机制建设,提高对各类突发事件的预警预防和应急处置能力。

各位代表!中国特色社会主义进入新时代,对政府工作提出了新的更高要求。我们将牢固树立"四个意识",夙夜在公,埋头苦干,在新时代担当新使命,以新作为创造新业绩。

守住法治底线,始终做到依法行政不越界。认真落实"三重一大"报告和政府法律顾问制度,抓好重大行政决策的合法性审查,确保政府行为于法有据。加大执法活动监管力度,严格落实行政执法评议考核制度,进一步规范执法行为。持续推进政务公开,主动接受人大法律监督、政协民主监督和社会各界监督,认真办理人大议案、政协提案及其意见建议。

牢记使命担当,始终做到奋发有为不懈怠。扎实开展"不忘初心、牢记使命"主题教育,坚决反对形式主义、官僚主义,持续纠"四风"改作风。大力开展调查研究,不断加强学习和实践,培养专业能力,弘扬专业精神。坚持把雷厉风行和久久为功有机结合起来,勇于攻坚克难,以钉钉子精神做实做细做好各项工作。着力治理庸懒散,坚决向不作为、慢作为、乱作为等问题亮剑,确保政令畅通、令行禁止,不断优化发展环境。严格落实正向激励、澄清保护和容错纠错机制,给干事者鼓劲,为担当者撑腰。

永葆廉洁本色,始终做到秉公用权不任性。坚持挺纪在前,全面履行党风廉政主体责任和一岗双责,认真落实八项规定。抓住重点领域和关键环节,加强对项目招投标、政府性采购、土地出让等工作的监督管理,严肃查处侵害群众利益的不正之风和腐败问题。坚持用制度管权管事管人,严防权力失控、决策失误、行为失范,持续推动干部清正、政府清廉、政治清明。

各位代表!站在新时代,我们豪情满怀;展望新征程,我们信心倍增。让我们紧密团结在以习近平同志为核心的党中央周围,在省委、省政府和市委的坚强领导下,奋力攻坚、奋勇向前,在建设"三区两典范"、再铸"工小美"辉煌的道路上迈出更加坚实的步伐!

2018年民生实事一览

序号	实事名称	具体事项
一、提高公共服务水平		
1	开工建设4所学校	高新一中中学部。2018年开工建设,2019年建成。可新增学位2000个。
2		北湖小学。2018年完成前期准备工作,2019年完成主体工程。可新增学位3000个。
3		松山小学。2018年完成前期准备工作。可新增学位3000个。
4		水西中心幼儿园。2018年完成主体工程建设。可容纳幼儿600名。
5	实施城区4所学校基础设施建设或改造	①完成市三中运动场改造,面积2086.4平方米; ②完成市三中学生公寓楼改造,可新增床位600个。
6		市五中新建一栋综合教学楼,2018年完成前期准备工作,2019年完成主体工程,可新增学位1500个。
7		北师大新余附属学校新建一栋宿舍楼,2018年开工,2019年建成,可新增床位1600个。
8		完成市民学习中心改造,可容纳260名市民现场学习、5000名市民在线学习。
9	推进2所医院迁扩建	开工建设市中医院新院。
10		改扩建市妇幼保健院。
11	推进村卫生计生室中医角建设	在400个村卫生计生室各建设一个面积不少于10平方米的中医治疗室,配置与中医业务相适应的基本设施和诊疗设备。
12	推进家庭医生签约服务	为35%的城乡居民、65%的重点人群(0—6岁儿童、孕产妇、65岁以上老年人、高血压、糖尿病、严重精神障碍患者等)、100%的贫困人口提供家庭医生签约服务。
13	推进突发公共卫生事件应急处置能力建设	①完成市紧急救援中心调度指挥系统升级改造,购置部分车辆及车载装备; ②购置一批突发公共卫生事件现场应急处置装备。
14	新建多功能运动场2个	在景江花园、毛家村新建多功能运动场各1个。
15	新建群众体育健身场所30个	新建群众体育健身场所30个。
16	推进市广播电视台高清制播平台建设	包括基础平台技术支撑系统、高清综合制作系统和高清数字播出系统,2018年启动建设,2019年建成。项目建成后,将推动节目制作和播出由标清走向高清,有力提升市民收视满意度。
17	推进城区居家和社区养老平台建设	2018年建设25个居家和社区养老服务站点,2019年实现全市城区居家和社区养老全覆盖,解决城区经济困难的高龄、失能、半失能老年人的养老和护理问题。
二、提升道路通行能力		
18	修建茶山西路西延段	道路长1150米、宽24米,连通劳动北路与竹山北路。
19	实施主城区2条道路"白改黑"工程	对赣西大道(天工大道—中山路段)水泥路面加铺沥青砼面层,并增加花岗岩平石。
20		对白竹路(清宜公路—长青立交桥段)水泥路面加铺沥青砼面层,并增加花岗岩平石。
21	完成团结西路提升改造	完成团结西路(五一南路—天工南大道段)提升改造,长1.1公里。
22	实施道路交通安全隐患治理工程	完成20处(城区14处、乡村6处)交通安全隐患点治理改造。
23	推进公路中央隔离设施建设	完成国道G220、G533(原樟排线的仙女湖天仙路—分宜北环路段)中央隔离设施新建工程,长17.2公里。
24	完成2座危桥改造	拆除S221港东线脑上中桥危桥,新建一座长37米、宽12.5米的桥梁。
25		拆除S221港东线潭江中桥危桥,新建一座长60米、宽12.5米的桥梁。

续表

序号	实事名称	具体事项
三、完善城乡基础实施		
22	实施道路交通安全隐患治理工程	完成20处(城区14处、乡村6处)交通安全隐患点治理改造。
26	实施主城区厕所新建及改造工程	①新建公共厕所3座; ②改造公共厕所10座。
27	实施农村厕所新建及改造工程	①新建公共厕所50座; ②无害化改造户厕6600座。
28	新建2座钢结构人行天桥	位于劳动路与民阜路交叉口(桥南)。
29		位于劳动路与青年路交叉口(桥北)。
30	推进主城区桥梁 加固维修及栏杆提升改造	①对孔目江大桥、通济一桥、通济二桥、劳动路立交桥桥梁进行加固维修; ②对劳动路立交桥栏杆及人行道、渝州大桥栏杆进行提升改造。
31	推进主城区人行道提升改造	对主城区部分人行道提升改造,面积4.2万平方米。
32	完成站前路公交站台雨棚化改造	完成站前西路、站前东路共20个公交站台雨棚化改造。
33	推进主城区垃圾中转站除臭改造	完成主城区15座(城南7座、城北8座)垃圾中转站除臭改造。
34	实施长林小区排水箱涵加盖工程	完成长林小区排水箱涵加盖工程,长380米。
35	新建袁河公园	位于五一路与仙女湖大道交界处,占地800亩。
36	推进主城区绿地景观改造	①在湿地公园、体育公园、滨江公园、新欣大道部分绿地种植月季15万株; ②对中山路两侧夏鹃换种。
四、改善居民生活环境		
37	完成5条背街小巷改造	(1)改造对象:里木塘路、谷丰巷、云水南路、紫燕路、团结东路; (2)改造内容:道路硬化、亮化及地下管网改造等基础设施工程。
38	完成2个老旧小区基础设施改造	(1)改造对象:清泉花园小区、富花苑小区; (2)改造内容:化粪池和下水道改造、空地或道路硬化和沥青铺设、道路亮化等。
39	完成垦区危旧房改造6120户	①介桥垦殖场1620户; ②南英垦殖场4500户。
40	完成棚户区改造6123户	①市本级1406户; ②高新区1466户; ③分宜县505户; ④渝水区2502户; ⑤仙女湖区244户。

《政府工作报告》注释

1.“新三板”:指由中国证监会、科技部发起和组织,并经国务院批准设立的专为国家级科技园区非上市科技公司提供的代办股份转让平台。

2. 旅游“双创”:指全市争创国家全域旅游示范区,仙女湖景区争创国家5A级景区。

3.“渝郎回乡”工程:指市委、市政府打造的内联外引招商平台,政府提供政策、平台、服务,支持在外的优秀企业家和成功人士返乡创业。

4. 乡村两级七项重点工作:指农村党的建设、“颐养之家”建设、经济发展、健康卫生服务、建房规划整治、环境综合整治、集镇服务管理。

5.“晓康诊所”:指为让农村居民方便快捷获得基本健康卫生服务,政府投资建立的村卫生计生服务室。

6.“双随机一公开”:指随机确定抽查对象、随机选派执法抽查人员,向社会公开抽查结果。

7.“四尘”“三烟”“三气”:“四尘”即工地扬尘、道路扬尘、运输扬尘、堆场扬尘;“三烟”即餐饮油烟、烧烤油烟、垃圾焚烧浓烟;“三气”即汽车尾气、工业废气、燃煤烟气。

8. 八大扶贫工程：指产业扶贫、安居扶贫、健康扶贫、教育扶贫、设施扶贫、保障扶贫、就业扶贫、金融扶贫。

9. “四个意识”：指政治意识、大局意识、核心意识、看齐意识。

10“红包”“违插”专项治理：指对领导干部收受红包、违规插手工程项目问题进行专项整治。

11. 创新驱动“3315”工程：指“十三五”期间我市实施的创新驱动战略，即新增30个以上创新平台和载体、新增30个以上创新人才和团队、实施100项以上重点科技项目、新增50家以上国家级高新技术企业。

12. “政融保”融资模式：指中国人保财险推出的一款“支农融资”的创新金融产品，由新余市人民政府与中国人保财险新余分公司、新余国信担保公司合作，支持地方农业企业发展，有效解决农业生产经营主体融资难、融资贵的问题。

13. “四好农村路”：指建好、管好、护好、运营好农村公路。

14. 绿色生态农业“十大行动”：指绿色生态产业标准化建设、“三品一标”农产品推进、绿色生态品牌建设、化肥零增长、农药零增长、养殖污染防治、农田残膜污染治理、耕地重金属污染修复、秸秆综合利用、农业资源保护。

15. “一窗式”审批服务改革：指为实现群众办事“一号申请、一窗受理、一网通办”进行的制度改革。

16. “一次不跑”政务服务事项改革：指企业和群众办理政务服务事项时，通过全程网办、上门服务、帮办代办、邮递办理等措施，实现企业和群众办事无须前往政府部门或办事大厅，让办事“零”跑动。

17. “证照分离”：指除涉及国家安全、公共安全、生态安全和公众健康等重大公共利益外，把能分离的许可类的“证”都分离出去，分别予以取消或改为备案、告知承诺等管理方式，对暂时不能取消也不适合采取告知承诺制的行政许可事项，提高审批的透明度和可预期性，切实破解“办照容易办证难”“准入不准营”等问题。

18. “三重一大”报告制度：指重大问题决策、重要干部任免、重大项目投资决策、大额资金使用必须经集体讨论做出决定的制度。

19. “三区两典范”：指新余争创全省全面建成小康社会先行区、全省改革创新先行先试示范区、美丽中国“江西样板”特色区、全省产业转型升级典范和精美特新中小城市典范。

20. “工小美”：指新余工业强市、区域小市、山水美市的城市特色。

市委文件目录

余发〔2017〕1号　关于切实加强乡村两级工作的意见

余发〔2017〕2号　关于印发《中国共产党新余市委员会工作规则》的通知

余发〔2017〕3号　关于表彰党管武装工作先进集体和先进个人的通报

余发〔2017〕4号　关于切实加强和改进城市规划建设管理工作的实施意见

余发〔2017〕5号　关于深入推进城市执法体制改革改进城市管理工作方案

余发〔2017〕6号　关于表彰2016年度全市农业农村和扶贫开发工作先进集体和先进个人的决定

余发〔2017〕7号　关于表彰2016年度全市政法工作先进个人的决定

余发〔2017〕8号　关于印发《中共新余市委常委会2017年工作要点》的通知

余发〔2017〕9号　关于加强和改进保密工作的实施意见

余发〔2017〕10号　关于加强和改进新形势下

党校工作的实施意见

余发〔2017〕11号 关于2016年度全市县级领导班子和领导干部绩效考核以及部分驻市单位绩效评议情况的通报

余发〔2017〕12号 关于加快发展新经济培育新动能的实施意见

余发〔2017〕13号 关于表彰2016年度全市社会治安综合治理目标管理先进集体的决定

余发〔2017〕14号 关于印发新余市县级领导班子、领导干部绩效考核和驻市单位绩效评议实施办法(试行)的通知

余发〔2017〕15号 关于表彰全市"五强"村(社区)党组织书记的决定

余发〔2017〕16号 关于表彰全市非公有制经济组织和社会组织先进基层党组织的决定

余发〔2017〕17号 关于表彰第五届"新余市突出贡献人才"的决定

余发〔2017〕18号 印发《关于创建"共产党员示范市"的实施方案》的通知

余发〔2017〕19号 关于加强和改进人民政协民主监督工作的实施意见

余发〔2017〕20号 印发《关于全力支持新钢跨越发展三十条措施》的通知

余发〔2017〕21号 印发《关于加强我市党内法规制度建设实施方案》的通知

余发〔2017〕22号 关于进一步推进农垦改革发展的实施意见

余发〔2017〕23号 关于认真学习宣传贯彻党的十九大精神的通知

余发〔2017〕24号 关于废止和宣布失效一批党内规范性文件的决定

余发〔2017〕25号 关于加强和改进机关党建工作的实施意见

余发〔2017〕26号 关于经济建设和国防建设融合发展的实施意见

余发〔2017〕27号 关于进一步推进农村集体产权制度改革促进村级集体经济发展的实施意见

市政府文件目录

余府发〔2017〕1号 关于进一步加强高技能人才队伍建设的意见

余府发〔2017〕2号 关于加快推进制造业与互联网融合发展的实施意见

余府发〔2017〕3号 关于北京师范大学新余附属学校与仙女湖中学合并及后续合作办学事宜的函

余府发〔2017〕4号 关于进一步加强农村村民建房规划建设管理的意见

余府发〔2017〕5号 关于下达2017年全市开放型经济工作目标任务的通知

余府发〔2017〕6号 关于加快推进新型工业化考评的意见

余府发〔2017〕7号 关于衔接省政府取消和调整一批行政权力项目的通知

余府发〔2017〕8号 关于创新驱动"3315"工程的实施意见

余府发〔2017〕9号 关于印发新余市国家公共文化服务体系示范区后续建设规划(2017—2018年)的通知

余府发〔2017〕10号 关于进一步规范集镇管理工作的意见

余府发〔2017〕11号 关于印发新余市商务综合行政执法体制改革试点工作实施方案的通知

余府发〔2017〕12号 关于进一步支持建筑业发展的意见

余府发〔2017〕13号 关于印发新余市"十三五"控制温室气体排放工作实施方案的通知

余府发〔2017〕14号 关于印发新余市债务化解工作实施方案的通知

余府发〔2017〕15号 关于衔接国务院、省政府取消一批行政许可事项和其他行政权力事项的

通知

余府发〔2017〕16号　关于印发新余市统筹整合资金推进高标准农田建设实施方案的通知

余府发〔2017〕17号　关于印发新余市税收保障办法的通知

余府发〔2017〕18号　关于大力发展和利用资本市场的意见

余府发〔2017〕19号　关于印发新余市"十三五"节能减排综合工作方案的通知

余府发〔2017〕20号　关于印发2017年新余市水污染防治工作计划的通知

余府发〔2017〕21号　关于印发新余市土壤污染防治工作方案的通知

余府发〔2017〕22号　关于印发新余市"十三五"深化医药卫生体制改革规划的通知

余府发〔2017〕23号　关于对2017年6月30日之前制定的规范性文件清理情况的通知

余府发〔2017〕24号　关于在市场体系建设中建立公平竞争审查制度的实施意见

余府发〔2017〕25号　关于优化建设工程防雷许可的实施意见

余府发〔2017〕26号　关于统筹推进县域内城乡义务教育一体化改革发展的实施意见

余府发〔2017〕27号　关于取消和调整一批行政权力项目的通知

余府发〔2017〕28号　关于推进装配式建筑发展的实施意见

余府发〔2017〕29号　关于进一步做好全市就业创业工作的意见

编辑　李立峰

索　引

说明：

本索引为主题词索引，除数字和字母开头的主题词统一放在前面外，按主题词后的阿拉伯数字表示该词所在页码，数字后的英文字母 a、b 分别表示该页文字的左、右栏。同一主题的内容在文中多处出现的，在其主题词后用不同的页码标明。对大事记、人物、附录等类目不作主题索引。

【D】

【F】

【G】

【H】

【J】

【K】

【L】

【M】

【N】

【P】

【Q】

【R】

【S】

【T】

【W】

【X】

【Y】

【Z】